Intermediate Russian

The Twelve Chairs

INTERMEDIATE RUSSIAN

THE TWELVE CHAIRS

by

Slava Paperno, Alice Stone Nakhimovsky
Alexander Nakhimovsky, Richard L. Leed

and

AN OVERVIEW OF RUSSIAN CONJUGATION

by

Alexander Nakhimovsky

Slavica Publishers

ISBN:0-89357-294-2

Copyright © 2001 by the authors. All rights reserved.

Printed in the United States of America.

Slavica Publishers
Indiana University
2611 E. 10th St.
Bloomington, IN 47408-2603
USA

[Tel.] 1-812-856-4186
[Toll-free] 1-877-SLAVICA
[Fax] 1-812-856-4187
[Email] slavica@indiana.edu
[www] http://www.slavica.com/

TABLE OF CONTENTS

Introduction and Acknowledgements v

Lesson 1 — О книге «Двенадцать стульев» 1
    Dialogues   1. Что за…; 2. пожалуй; 3. почитать/прочитать 4
    Translation   Direct and reported speech 8
    Roots   один-, мр- 9

Lesson 2 — Кончина мадам Петуховой (Episode 1 on the CD-ROM) 10
    Roots (A)   вет-, пй- 13
    Dialogues   1. Ты что? 2. и 'at all'; 3. А что? 4. про; 5. не забудь; 6. Это ты; 7. от 'for use against' 16
    Translation   Что, чтобы 19
    Roots (B)   серед-/серд-, серд- 'heart,' серд- 'anger' 20

Lesson 3 — Делай с кистями! (No film episodes) 22
    Dialogs   1. Сережка; 2. Кать! 3. Как же! 4. Его не смоешь; 5. emphatic и;
                    6. помнить vs. напомнить; 7. Что вы хотели? 27
    Roots   рост-, дорог- 'dear,' дорог- 'road' 28
    Translation   Чтобы plus past vs. infinitive 31

Lesson 4 — Остап Бендер — великий комбинатор (Episode 2 on the CD-ROM) ... 34
    Dialogs   1. Спрашивала/спросила; 2. whether; 3. если + future; 4. солнце and жара 38
    Translation   Reporting yes-no questions 42
    Roots   ясн-, двор-, лий- 44

Lesson 5 — Лед тронулся (Episode 3 on the CD-ROM) 46
    Roots   ключ-, ден- 50
    Dialogs   1. даром; 2. numeral/noun inversion; 3. процент; в/на in quantities; 4. справиться (govt.) 51
    Translation   *if/then* constructions (conditional) 54

Lesson 6 — Где ваши локоны? (Episode 4 on the CD-ROM) 58
    Roots   сп/н-, пуст/к- 'allow,' пуст- 'empty' 63
    Dialogs   1. Я умывался! (Imperfective stating a fact); 2. have/get something done (shave, haircut)
                    3. Пал Палыч; 4. наверное = наверно; 5. полночи vs. полночь; 6. видеть во сне 64
    Translation   'would' 67

Lesson 7 — Второй стул (Episodes 5 and 6 on the CD-ROM) 70
    Dialogs   1. если-less conditionals; 2. на (улице) Плеханова; 3. ключ от; 4. украсть у кого;
                    5. курсовая работа; 6. успеть vs. удаться; 7. обратиться к; 8. б = бы; 9. не стать 76
    Translation   Translating English passive 80
    Roots   вéд-, вёд- 81

Lesson 8 — Общежитие (Episode 7 on the CD-ROM) 84
    Roots   общ-, гост- 90
    Dialogs   1. видно, слышно; 2. устроиться; 3. где vs. где-нибудь; 4 попасть; 5. жаль;
                    6. останавливаюсь, остановился 'stay, am staying' 91
    Translation   видеть/слышать, как 96

Lesson 9 — Людоедка Эллочка (Episodes 8–10 on the CD-ROM) 98
    Roots (A)   дар- 'give,' дар- 'hit' 103
    Dialogs   1. оказаться; 2. разве vs. правда; 3. бросить; 4. слышал/думал (что); 5. вообще-то;
                    6. Да что ты (говоришь)? 7. начать(ся) с чего vs. кончить(ся) чем; 8. нехватать;
                    9. не по средствам; 10. ни 'ever' 104
    Translation   то, что constructions 107
    Roots (B)   дел- 'do,' дел- 'divide,' зр- 'see,' зрей- 'ripe' 110

Lesson 10 — Безвыходное положение голого инженера (Episode 11 on the CD-ROM) 112
    Dialogs   1. Perfective (repetition); 2. и 'even'; 3. пойдем(те); 4. купаться (pleasure); 5. лень;
                    6. по такой жаре; 7. лучше; 8. на улицу; 9. 2nd Sg. 'one'; 10. А что такое? 11. может не 118
    Translation   то, как in time clauses 122
    Roots   мый-, крый-, иск-, тр- 125

Lesson 11	— Два визита к Изнуренкову (Episode 12 on the CD-ROM)	128
Roots (A)	клад-	133
Dialogs	1. пока; 2. выкинуть номер; 3. что такого; 4. Мне в голову не пришло; 5. Я ничего не могу с собой поделать; 6. уверенность в себе; 7. отказаться от; 8. действовать на нервы; 9. перестать *vs.* прекратить *vs.* остановить; 10. не думала 'didn't intend'	134
Translation	пока	138
Roots (B)	лёг- 'lay,' лёг- 'light'	141

Lesson 12	— Мы разошлись, как в море корабли (Episode 13 on the CD-ROM)	142
Dialogs	1. случиться *vs.* быть; 2. разверни… узнаешь 'if'; 3. почитай; 4. по сторонам; 5. ведь; 6. не считая; 7. и 'either'; 8. чуть *vs.* почти	149
Roots	суд- 'judge,' суд- 'vessel,' вин- 'guilt,' вин- 'wine'	150
Translation	'have to'	154

Lesson 13	— Ночь на Волге (Episodes 14 and 15 on the CD-ROM)	158
Roots (A)	след-	165
Dialogs	1. Aspect in commands; 2. можешь не; 3. делать карьеру; 4. погонишься… поймаешь 'if'; 5. почему бы не… 6. Это вы (а не я)	166
Translation	Vocabulary review	169
Roots (B)	долг-, дол-	171

Lesson 14	— Межпланетный шахматный конгресс (Episode 16 on the CD-ROM)	172
Dialogs	1. Что это 'why'; 2. в клею (Locative); 3. 'job'; 4. разные, всякие; 5. надо бы; 6. отдыхающий (participles used as nouns); 7. informal word order	179
Translation	Using participles	183
Roots	яв- 'appear,' им(ён)- 'name,' им- 'have,' им- 'grasp'	186

Lesson 15	— Держите гроссмейстера! (Episode 17 on the CD-ROM)	188
Dialogs	1. лучше всех/всего; 2. кто… тот; 3. концерт-то (particles); 4. обязательно; 5. Вам выступать? (Dative + infinitive); 6. повезло 'lucky'; 7. может (быть)	193
Roots	ок-, мысл-, корот-	196
Translation	Passive participles	199

Lesson 16	— Бывший член Государственной думы (Episode 18 on the CD-ROM)	202
Dialogs	1. по сколько? 2. бутылки сдавать; 3. всё равно что…; 4. пошли 'let's go'; 5. сколько…столько; 6. столовка; 7. взять 'buy'; 8. тем более, что; 9. word order: subject last; 10. надо было 'should have'; 11. и 'just'; 12. просто 'just'; 13. приобрести *vs.* получить *vs.* достать *vs.* взять; 14. и 'even'; 15. кормить/поить/одевать; 16. зарабатывать на жизнь	210
Translation	Passive participles	215
Roots	тяг-/туг-, низ-	216

Lesson 17	— Снова Москва (Episodes 19 and 20 on the CD-ROM)	220
Dialogs	1. как раз; 2. пожар; 3. еле; 4. администратор; 5. да и идите; 6. хватить; 7. сдача/сдачи; 8. испортился характер; 9. спросить (у) кого; 10. обижаться	225
Translation	Deverbal adverbs from Perfective and Imperfective verbs	229
Roots	волн-, вол-; дуй-/дых-/дух-/дох-/дым-	230

Lesson 18	— Сокровище (Episode 21 on the CD-ROM)	236
Dialogs	1. немедленно; 2. Отстань! 3. Дай(те) 'Let'; 4. Getting hurt; 5. интересовать(ся), интересно; 6. смотрю; 7. Жизнь идет	242
Translation	Deverbal adverbs and participles	245

GRAMMAR: An Overview of Russian Conjugation 249

TABLES FOR CONJUGATION 286

RUSSIAN-ENGLISH GLOSSARY 289

RUSSIAN ENDINGS 329

INTRODUCTION

This textbook is designed for students who have had at least one year of Russian. It follows *Beginning Russian* by Leed, Nakhimovsky, and Nakhimovsky, though that book is not prerequisite to this one.

The main part of this book consists of 18 lessons, all having the same structure except for the last, a review. A lesson consists of three main sections and two smaller sections of supplementary materials:

Text	Three Dialogs	Four Groups of Exercises	Supplementary
Text Glossary	Dialog Comments	Text exercises	Additional Reading
Text Comments		Dialog Exercises	Roots
		Grammar exercises	
		Translation exercise	

The next part of the book is a grammar section entitled *An Overview of Russian Conjugation,* which contains a detailed analysis of the verb system: the prefixes, suffixes, and the types of roots that play a role in Russian word formation.

Two reference sections follow the *Grammar*.

The first is the *Russian-English Glossary,* which provides extensive information on inflection (stress patterns, irregular forms, aspect partners, etc.) and gives the English translations that the words have in the contexts of this book.

The second reference section, at the very end of the book, is entitled *Russian Endings;* this is a concise review of the rules for adding endings onto stems, along with illustrative paradigms of all inflected parts of speech. The rules given in this section are essentially the rules of *Beginning Russian,* but some of them are more detailed, as befits the student who has had the wisdom and courage to continue the study of Russian beyond the elementary stage.

Audio cassette recordings may be purchased from Tape Sales, The Noyes Lodge Language Learning Center, Cornell University, Ithaca, N.Y. 14853, tel. 607-255-3827, fax 607-255-6882, e-mail: dmlsales1@cornell.edu, Web site http://noyeslodge.cornell.edu/.

Slavica Publishers also carries a set of three CD-ROMs for Microsoft Windows and Macintosh called *12 Chairs Interactive,* a slightly edited videotape version of the 1971 Soviet film *Двенадцать стульев,* and computer-based exercises for Microsoft Windows called *Intermediate Russian Exercises*. These materials are coordinated with this textbook and can be used in the same course.

TO THE TEACHER

The first printing of this book has been used at many schools around the world. For one sample syllabus and course description you may visit the Web site of the Russian language program at Cornell University:
http://russian.dmll.cornell.edu.

Apart from a few corrections, the omission of the English-Russian word index, and the addition of the CD-ROM concordance to the table of contents, this second printing is identical to the first. The book can be used in the third, fourth, or fifth semester of college study. It may be covered in two semesters of four meetings per week.

Although there is considerable overlap between the three main sections of each Lesson (Text, Dialogs, and Exercises) in terms of vocabulary and grammar, it is possible to use the three sections independently and skip one of them entirely. This is true for all sections except the last exercise of each Lesson, the translation exercise, which is a review of both the Text section and the Dialog section

HOW TO USE THE INDIVIDUAL PARTS OF THE BOOK

TEXTS

The *Texts* should be used with audio tapes. Part of the work with the Texts is aimed at teaching the student to scan Russian text for general understanding. With that in mind, we used the following trick: only *some* of the words in the Texts have accent marks; these are the key words in the sentence, and these words are included in the glossary on the opposite page, immediately following the Text Comments. So during the first reading, the student should not use a dictionary but instead use only the Text Glossary, read the Text Comments, and try to arrive at a general understanding of the story. The second reading should be done simultaneously with listening to the tape: the student should then mark the stress on the unfamiliar words and learn to pronounce difficult passages. How thoroughly the third reading should be done and how many of the words should be looked up and learned depends on the teacher's requirements.

TEXT EXERCISES (1 - 3)

Exercise 1 is *not* designed to test the student's knowledge of the story. It is intended as an aid in the task that we consider very important at the intermediate stage, i. e. the task of teaching the student *how to learn from other people in conversation*. These exercises, in addition to being phonetic practices (especially for intonation), should teach the student the trick of retaining the teacher's question in memory, processing it grammatically, and using a large part of it in producing the answer to the question. The teacher always asks the question and varies his or her speed and clarity depending on the individual student's comprehension level. In going from Lesson to Lesson, this exercise gets progressively more complex and open-ended.

Exercise 2 is a more traditional type that first teaches the student how to form questions, and then in later Lessons how to retell the story. This exercise *is* testing the student's knowledge of the content and the details of the story, but since it provides a *summary* of the story, the teacher may require that the students use only those details that are included in the summary. This helps to avoid embarrassing situations when a student asks a question like 'What color was her blouse?' to which nobody knows the answer. In addition, the summary is used 1) to reinforce certain grammatical phenomena introduced in the text and 2) to gradually teach the student the art of retelling. The problem in retelling a story is, of course, that very often the student needs the general descriptive terms that are missing in the story itself; Exercise 2 often provides these terms and expressions.

Exercise 3 always asks the students to reenact several scenes from the story and provides some of the expressions (from the text or in addition to the text) to be used. In our experience, this is a most enjoyable thing to do, especially because the students very often go beyond the confines of the story and invent their own versions of the world of *The Twelve Chairs*.

DIALOG EXERCISES (4 - 6)

Each dialog exercise goes with one of the Dialogs and is intended to help the teacher in creating a structured discussion as part of the conversation class. The exercises always provide an *opening* for the discussion; where the discussion goes from there is up to the teacher and students. In preparing these exercises we felt that it is our job to give guidelines for a conversation and to supply the students with the vocabulary that they might want to use; it is, however, an open-ended series of exercises, which we think is appropriate for a conversation class. In using these exercises, the teacher should insist that the students *prepare* for these discussions, i. e. that they not only decide what they want to discuss but also in what terms and from what position (in the provided framework, of course).

GRAMMAR EXERCISES

There are three or four *Grammar exercises* in each Lesson, most of them on verb conjugation. These exercises include learning the aspect pairs but *do not* teach aspect as a grammatical category. The purpose of this series is to achieve a thorough familiarity with the morphology of the Russian verb. The *Overview of Russian Conjugation* at the back of the book describes the Russian verb in the tradition known as the *single-stem system*. Depending on the teacher's own views or the students' orientation, the teacher may chose either to follow this system or to do the verb exercises without reference to this system. The morphological information in the Russian-English glossary includes the single-stem suffix (or root) as well as the citation forms for the two stems (infinitive and third plural non-past). The user is therefore not bound to either system.

Note: Slavica Publishers carries a computer program for Microsoft Windows called *Intermediate Russian Exercises*. The program includes all the Grammar Exercises from the textbook and has proved very useful in helping the students learn verb conjugation.

TRANSLATION EXERCISE

The *Translation exercise* included in each Lesson treats certain grammatical problems (described in the notes on each individual exercise) and has comments on common mistakes. It also reviews the vocabulary of the entire Lesson. The first six or seven sentences usually review the Text vocabulary while the last two or three sentences review some of the problems introduced in the Dialogs and discussed in the Dialog Comments. This should be borne in mind if the teacher assigns only *some* of the Dialogs.

Note: All of the exercises in the book except the Translation Exercise are designed so that they can be done in class *with books closed*.

ROOTS

The lists of roots and selected derivatives which are sporadically displayed throughout the book are not intended for classwork or homework, so no exercises are based on them. These displays are chosen from words that occur in Texts, Dialogs, and Exercises, plus additional illustrations. The purpose of root lists is to provide illustrations of morphological boundaries, consonant and vowel alternations, and the semantic range of the derivatives of a given root — all with a view to expanding the student's vocabulary.

ADDITIONAL READINGS

The *Additional Reading* sections are provided for several reasons. First, they often contain historical and cultural background information that is sometimes necessary for a young American reader of *The Twelve Chairs* and would otherwise require cumbersome footnotes. Second, these Additional Readings, written in the form of the dialogs between two students whose names are Dick and Jane, provide vocabulary for discussing courses, teachers, textbooks, impressions and thoughts about fictional characters, etc. that the intermediate Russian students always need. The third reason is that these dialogs provide a framework for including certain additional passages from the original novel that may not be essential for the story and yet might interest a curious student. And finally, we felt that an Intermediate Russian textbook will have more flexibility if certain parts of it (one page per Lesson) are viewed as "additional" material. Whether these *Dick and Jane* sections should or should not be assigned is entirely up to the teacher: they contain no material necessary for the understanding of any other part of the book.

RUSSIAN-ENGLISH GLOSSARY

The Russian-English glossary contains detailed information on the inflection of Russian words. This information is based on the *Grammatical Dictionary of Russian* by A. A. Zaliznjak. A very few modifications have been made in his inflectional specifications; for example, we don't supply information on short forms in cases where short and comparative forms are unlikely to be used anyway (e.g., автомобильный). All of the inflectional irregularities of words are listed, save those which are stylistically peculiar in some way (jargon, slang, dialect, etc.), and all permissible variations in stress patterns are given. Forms labelled *old-fashioned* by Zaliznjak are sometimes included, but sometimes we have ignored them, e.g., passive participles of the type везомый. In certain respects our way of presenting information differs from his, e.g., the classification of stress patterns. In principle, however, we have tried to remain as true to Zaliznjak's dictionary as seems reasonable for pedagogical purposes.

GRAMMAR: AN OVERVIEW OF RUSSIAN CONJUGATION

This supplementary essay by Alexander Nakhimovsky should prove useful to those teachers who prefer teaching Russian conjugation in the so-called one-stem tradition. Although all verb lists in the Grammar Exercises include references to the applicable sections of *Overview,* the book can be used without assigning any of its sections, since, as noted above, the Russian-English glossary and *Russian Endings* contain detailed information on the inflection of all Russian words.

THE FILM ДВЕНАДЦАТЬ СТУЛЬЕВ

If your copy of this textbook did not come with a set of three CD-ROMs called *12 Chairs Interactive,* the CD-ROMs can be ordered from Slavica Publishers separately. Slavica Publishers also carries a videotape version in NTSC (American) and PAL (European) formats. The videotape is a slightly edited version of the Soviet film Двенадцать стульев by Leonid Gajdaj, released by Mosfilm in 1971. The original film was shortened from two-and-a-half hours to two hours and segmented into parts that correspond to the Lessons in this textbbok. The CD-ROMs include the same two hours of full-motion video in digitized form, and also a wealth of supplementary information, such as transcripts of all dialog in the film, summaries of all scenes (written in Russian specifically for language study), short descriptions (also in Russian) of some of the places, objects, and people seen in the film, and a great number of glosses and comments, both linguistic and cultural. In our course at Cornell University, the CD-ROMs have become an indispensable part of the course that uses *Intermediate Russian.*

This book's table of contents indicates which Episodes on the CD-ROMs correspond to which Lessons. We have not provided any additional exercises for the film episodes. In our course, we treat the film as a source of additional linguistic and cultural information. Since the action and dialog in the film episodes are very close to those in the Texts in this book, our Film classes usually follow the Text classes. Each Episode on the CD-ROMs is broken into several Scenes. A Scene is a video clip, usually one to two minutes long, accompanied by a Summary, Transcript, and Description of the places, objects, and people in the scene. Accordingly, the homework for the film days may include assignments that require the students to summarize the events in the episode, describe what they saw, and be prepared to act out the scenes.

ACKNOWLEDGEMENTS

We are grateful to the following people for their help to us in preparing this volume: Reef Altoma, Leonard Babby, Heather Behn, Wayles Browne, John Callahan, Jill Castleman, Tom Hughes, Gary Hurlbut, Helen Kelley, Kate McGregor, Lora Paperno, Natasha Rokhlina, David Sherman, and Marcy Winkler. Both Colgate University and Cornell University were generous in providing facilities for our use. We would also like to thank Charles Gribble of Slavica for his patient encouragement over the years it has taken us to produce the series *Beginning, Intermediate,* and *Advanced Russian.*

This book is printed in Timesse Russian. The fonts were supplied by Fingertip Software, Inc. (www.cyrillic.com).

С. Паперно, А. Нахимовский,
А. Нахимовская, Р. Лид

ДВЕНАДЦАТЬ СТУЛЬЕВ

УЧЕБНИК РУССКОГО ЯЗЫКА

Тексты по роману И. Ильфа и Е. Петрова

Диалоги
Упражнения
Грамматика

Иллюстрации Кукрыниксов

Ипполиту Матвеевичу 52 года. Он живет в городе Н. со своей тещей, Клавдией Ивановной Петуховой. Жена Ипполита Матвеевича умерла, детей у него нет.

Урок 1

О книге «Двенадцать стульев» и об одном из ее героев

Илья Ильф и Евгений Петров написали «Двенадцать стульев» в тысяча девятьсот двадцать седьмом году. Но даже в сегодняшней России эта книга — бестселлер. Ее читают сотни тысяч людей.

«Двенадцать стульев» — сатирический роман о России двадцатых годов нашего века. Его центральные герои — Ипполит Матвеевич Воробьянинов и Остап Бендер.

Ипполиту Матвеевичу пятьдесят два года. Он живет в городе Н.[1] со своей тёщей, Клавдией Ивановной Петуховой. Жена Ипполита Матвеевича умерла, детей у него нет. По утрам тёща подает ему стакан горячего молока, и он идет на службу.

Служит Ипполит Матвеевич в отделе[2], где регистрируют рождения, браки и смерти. Он сидит за столом, который похож на старую надгробную плиту. В комнате пахнет чернилами[3], и висит плакат «Сделал свое дело — и уходи»[4]. Усы Ипполита Матвеевича параллельны столу. День проходит спокойно. В городе Н. люди рождаются, женятся и умирают довольно редко.

Однако в тот[5] день, когда начинается роман, в городе кто-то умер. Это была тёща самого Ипполита Матвеевича.

TEXT COMMENTS

1. **The letter Н.** is a conventional abbreviation in Russian fiction for the name of any city which the author chooses not to identify.
2. **отдел** 'department; section, part;' *office* would be a good translation in this context.
3. **В комнате пахнет чернилами** 'The room smells *of* ink.'
4. **«Сделал своё дело — и уходи.»** The sense of this rather rude sign is 'No loafing.' The subject of this elliptical expression is ты:

   Когда *ты* сделал своё дело, уходи!   When you have finished with your business, leave!

5. **в тот день, когда...** 'on *the* day this novel begins...'

> Translate the pronoun тот as 'the' rather than 'that' when it is followed by a question word like когда, где, который, etc.

TEXT GLOSSARY

век age, era, century	регистрировать register
надгробный pertaining to the grave	служба service; job, work
плакат sign, placard, poster	спокойно quietly, peacefully
плита plate, slab	тёща mother-in-law (wife's mother)
редко seldom, rarely	усы mustache

Упражнения к тексту

1. *Ответьте на вопрос преподавателя, как в образце. Слова, напечатанные курсивом (italicized words), произносятся с особым ударением (heavy stress). Помните, что отрицательная частица «не» ставится перед тем словом, к которому она логически относится.*
Образец:
— Джон, «Двенадцать стульев» написали *Ильф и Петров*?
— Да, «Двенадцать стульев» написали *Ильф и Петров».
Или: — Нет, «Двенадцать стульев» написали *не Ильф и Петров*.
Или: — Да, «Двенадцать стульев» написали *Ильф и Петров*. Впрочем, я точно не знаю.
— «Двенадцать стульев» сейчас *читают* в России?
— Ильф и Петров написали эту книгу *в двадцать седьмом году*?
— В России эта книга сейчас *популярна*?
— Это роман *о России прошлого века*?
— Это *сатирический* роман?
— В «Двенадцати стульях» *один* центральный герой?
— Ипполит Матвеевич — *молодой* человек?
— Фамилия Ипполита Матвеевича — *Воробьянинов*?
— Воробьянинов живёт *с женой и детьми*?
— В городе Н. *часто* умирают?
— Ипполит Матвеевич служит в *университете*?
— В комнате Ипполита Матвеевича пахнет *горячим молоком*?

2. *Один из студентов читает предложения. Преподаватель задаёт вопросы другим студентам о прочитанном предложении. Отвечайте, не глядя в книгу.*
Образец:
Петя: — В комнате пахло чернилами.
Преподаватель: — Чем пахло в комнате, Саша?
Саша: — В комнате пахло *чернилами*.

«Двенадцать стульев» — роман о России двадцатых годов.
Он был написан Ильфом и Петровым в 1927 году.
В романе два главных героя — Ипполит Матвеевич Воробьянинов и Остап Бендер.
Ипполиту Матвеевичу пятьдесят два года.
Он живёт в городе Н. со своей тёщей.
По утрам тёща подаёт ему стакан горячего молока.
Выпив молоко, Ипполит Матвеевич идёт на службу.
Служит он в отделе, где регистрируют рождения, браки и смерти.
Он сидит за столом, который похож на старую надгробную плиту.
В комнате пахнет пылью и чернилами.
Усы Ипполита Матвеевича параллельны столу.

3. а) *Приготовьте ответы на вопросы:*
Чем *пахнет* у вас в студенческой столовой?
у вас в комнате? в гараже? в парикмахерской? в аптеке?
в ресторане? в баре? у вас в общежитии? в отделе Ипполита Матвеевича

3. б) *Задайте другим студентам такие вопросы.*
На кого из ваших родителей вы похожи? На кого похож твой брат? твоя сестра?
Похож ли ты на своего брата? на свою сестру?
Если у тебя два брата или две сестры, похожи ли они друг на друга?
На кого они оба/обе похожи? На кого была похожа ваша прабабушка?
Как вы думаете, на кого будут похожи ваши дети? ваши внуки?
На что был похож стол Ипполита Матвеевича?
На кого была похожа его жена? Его тёща?

ДИК И ДЖЕЙН
(в коридо́ре во́зле аудито́рии)

— Приве́т, Джейн! Ну, как прошёл пе́рвый уро́к?
— Н-н-не зна́ю... Ничего́... Непло́хо. Пожа́луй да́же хорошо́. Интере́сно. Уче́бник симпати́чный.
— Покажи́. А, э́тот! По И́льфу и Петро́ву! Я по э́тому уче́бнику занима́лся в про́шлом году́. Уве́рен, что тебе́ понра́вится. Ме́жду про́чим, все́ четы́ре а́втора учи́лись у нас в Корне́ле.
— Мне́ нра́вится, что он с карти́нками. Не зна́ешь, кто рисова́л?
— Три́ сове́тских худо́жника. Говоря́т, они́ бы́ли о́чень изве́стны в Сове́тском Сою́зе. Совреме́нники И́льфа и Петро́ва. Посмотри́ на ти́тульном листе́...
— Ту́т то́лько одна́ фами́лия: «иллюстра́ции Кукрыни́ксов». Други́х не ви́дно.
— Э́то они́ из свои́х настоя́щих фами́лий соста́вили оди́н псевдони́м на трои́х. Ви́дишь, оконча́ние «-ов»? Э́то не имени́тельный паде́ж, а роди́тельный. Мно́жественного числа́.
— Без грамма́тики, пожа́луйста. Что́-то их сли́шком мно́го: четы́ре а́втора, три худо́жника...
— Не забу́дь ещё И́льфа и Петро́ва. Рома́н всё-таки написа́ли они́.
— Стра́нные имена́ в э́том рома́не. Ипполи́т, Оста́п... Э́то что, норма́льные ру́сские имена́?
— Ипполи́т — э́то из гре́ческого ми́фа. Сы́н Персе́я. Е́сли по́мнишь, в него́ влюби́лась Фе́дра, его́ ма́чеха.
— Не по́мню. Я́ гре́ческой литерату́рой не занима́лась. А Оста́п?
— Э́то украи́нское и́мя. И не сли́шком аристократи́ческое. Ты́ ско́ро узна́ешь, что Ипполи́т Матве́евич из бога́той дворя́нской семьи́, а Оста́п — ни́щий жу́лик.
— Из бога́той семьи́? И слу́жит в отде́ле, где́ регистри́руют рожде́ния и сме́рти? Не о́чень-то дворя́нское заня́тие.
— О́н бы́л бога́т до револю́ции. А тепе́рь ему́, коне́чно, прихо́дится служи́ть. Всё, что у него́ оста́лось от дворя́нской жи́зни, э́то пенсне́ и дли́нные усы́.
— Кото́рые паралле́льны столу́! На карти́нке о́н не сли́шком-то весёлый. Е́сли аристокра́т в рома́не — тако́й ску́чный мизантро́п, вообража́ю, како́й несча́стный бу́дет жу́лик.
— Наоборо́т, жу́лик бу́дет о́чень весёлый. С ни́м не соску́чишься. Уви́дишь.

DIALOGS

Диало́г 1: Джо́н и Мэ́ри

— Послу́шай, Джо́н, ты́ не зна́ешь, что́ э́то за кни́га?[1]
— Не зна́ю. Како́й-то сове́тский бестсе́ллер.
— В Сове́тском Сою́зе не́т бестсе́ллеров. Э́то за́падное поня́тие.
— Бестсе́ллеры е́сть везде́. А Сове́тского Сою́за уже́ не́т.

Диало́г 2: Па́вел и Би́лл

— Вы́ не чита́ли «Двена́дцать сту́льев», Би́лл?
— Я́ да́же не слы́шал о тако́й кни́ге. О чём она́?
— О Росси́и двадца́тых годо́в. Э́то сатири́ческий рома́н.
— Пожа́луй,[2] на́до бу́дет почита́ть.[3]

Диало́г 3: Ви́ктор Влади́мирович и Пе́тя

— Ви́ктор Влади́мирович, вы́ не ска́жете, что́ э́то за сло́во?[1]
— На како́й страни́це, Пе́тя? На двена́дцатой? В како́м ме́сте?
— Во́т зде́сь, в середи́не страни́цы. Тре́тий абза́ц све́рху.
— А́! Э́того сло́ва я́ то́же не зна́ю.

DIALOG COMMENTS

1. **Что́ э́то за кни́га?** 'What kind of book is it?'

   > The expression что за... is accompanied by a noun in the Nominative case. When за is used as a preposition, it governs Instrumental or Accusative.

Что́ она́ за челове́к?	'What kind of person is she?'
Что́ э́то за сло́во?	'What kind of word is it?'
	(=What does this word mean?
	What word-class does it belong to?)

2. **пожа́луй**

   This word is best translated as 'I guess.' It's a good word to incorporate into your active vocabulary; it's a very commonly used colloquial expression.

3. **почита́ть** *vs.* **прочита́ть**

   На́до бу́дет почита́ть 'I'll have to take a look at it.' The regular Perfective partner of чита́ть is прочита́ть 'to read through.' The prefix по- in почита́ть means 'a little bit, for a little while,' etc. Почита́ть does not mean that the speaker is determined to read the book through; he or she is merely interested in taking a look at it.

Упражнения к диалогам

4. *Принесите в класс какую-нибудь книгу и будьте готовы задавать вопросы об этой книге и отвечать на них, например:*
— Что это за книга у тебя/у вас/у неё/у Маши?
— Это новый (американский/французский/нью-йоркский) бестселлер/роман/детектив.
— Это сборник рассказов/стихов/пьес русских писателей двадцатого века.
— Это книга о Франции/космосе/Советском Союзе/русской революции/животных.
— Как называется эта книга?
— Это кулинарная книга.

— Ты не читал(а) эту книгу?
— Да, читал. Это очень интересная/смешная/скучная/серьёзная/грустная книга.
— Нет, не читал. Пожалуй, надо будет почитать.
— Не читал и не хочу читать. Эта книга не для меня.
— А я советую тебе почитать её. Тебе понравится.

— Можно мне взять у тебя/у вас эту книгу почитать?
— Можно, но не сегодня.
— Нет, нельзя. Это не моя книга, и я не могу дать её тебе.

Запомните: a book *on* mathematics, biology etc. = книга *по* математике, *по* биологии и т. д.

5. *Спросите друг друга о фильме, который недавно шёл в вашем университете, о популярной пластинке и так далее.*
— Ты не видел фильм «Красные»? (трагедию «Отелло»? балет Баланчина?)
— Ты не слышала новую песню «Роллинг Стоунз»? (концерт по радио вчера вечером? оперу «Кармен» по телевизору?)
— Кто играет в этом фильме? (в этой пьесе?)
— Где идёт этот фильм? В каком кинотеатре? Когда начинается вечерний сеанс? (дневной сеанс? утренний сеанс?)

Ответьте на эти вопросы так, например:
— Да, видела/слышала. Это очень хороший фильм/концерт...
— Пожалуй, надо будет посмотреть/послушать.
— Я даже не слышал о такой трагедии/песне/опере...
— Нет, трагедии/оперы/«Роллинг Стоунз»... не для меня.
— Играют все мои любимые актёры и актрисы: ...
— Он идёт во всех кинотеатрах на этой неделе.
— Утренних сеансов нет, про дневные я не знаю, а первый вечерний сеанс начинается в восемь.

6. *Приготовьте два-три вопроса к преподавателю.*
Образец:
Преподаватель: — Есть вопросы о тексте первого урока?
Студент: — У меня есть вопрос. Я не понимаю, как перевести «Сделал своё дело и уходи».
Преподаватель: — Где это?
Студент: — В середине страницы, в абзаце, который начинается словами «Служит Ипполит Матвеевич в отделе...»

Вáм помóгут слéдующие словá и выражéния (the following words and expressions).

свéрху *vs.* снúзу	from the top *vs.* from the bottom
с начáла *vs.* с концá	from the beginning (начáло) *vs.* from the end (конéц)

Recall that the word трéтий *'third' is a special adjective, i.e., it has short endings in the Nominative and in the Accusative Sing. Fem., just like* этот, мой, ваш, *etc.*

	masculine	neuter	feminine	
Nom./Acc.:	трéтий абзáц	трéтье предложéние	трéтья строкá	трéтью строкý
vs. Prep.:	в трéтьем абзáце	в трéтьем предложéнии	в трéтьей строкé	
or Gen.:	трéтьего абзáца	трéтьего предложéния	трéтьей строкú	

абзáц	paragraph	в пéрвом абзáце
предложéние	sentence	во вторóм предложéнии пéрвого абзáца
строкá	line	в пéрвой строкé/стрóчке
середúна	middle	в середúне пéрвого абзáца
начáло	beginning	в трéтьей строкé/стрóчке с начáла
конéц	end	во вторóм абзáце с концá

Вы́ мóжете задавáть и такúе вопрóсы:

Я́ не знáю, кáк бýдет инфинитúв от глагóла «пáхнет».
Я́ не знáю именúтельный падéж слóва «чернúлами».
Я́ не знáю, что́ знáчит слóво «плакáт».

Лéксико-граммати́ческие упражнéния

7. *Разделúте (divide up) кáждое слóво на пристáвку prefix, кóрень root, сýффикс suffix и оконча́ние ending. (See Grammar, Sections 1 and 2).*

Образéц:

		пристáвка	кóрень	сýффикс	оконча́ние
прибежáл	→	при	беж	а	л
прибегýт	→	при	бег		ут
прочитáют	→	про	чит	ай	ут
прочитáть	→	про	чит	а	ть

сообщúть inform Perf.	сообщáт	сообщáть inform Imp.	сообщáют
предложúть offer Perf.	предлóжат	предлагáть offer Imp.	предлагáют
объяснúть explain Perf.	объясня́т	объясня́ть explain Imp.	объясня́ют
совéтовать advise Imp.	посовéтуют	посовéтовать advise Perf.	
рождáться be born Imp.	рождáются	родúться be born Perf.	родилáсь, родúлся
просúть ask, request Imp.	прóсят	прошý	спрáшивать inquire
кричáть yell Imp.	закричáл	закричáть (begin to) yell Perf.	
	закричúм	закричáт	крúкнуть yell Perf.
сказáть say, tell Perf.	скáжут	показáть show Perf.	покáжут
	прикáжут	рассказáть tell (a story) Perf.	приказáть order, command Perf.
	расскáзывают	предсказáть foretell Perf.	расскáзывать tell (a story)
отвéтить answer Perf.	отвéтят	отвéчу,	отвечáют	отвечáть answer Imp.
исчéзнуть disappear Perf.	исчéзла	исчéз	исчéзнешь
пáхнуть smell, emit an odor Imp.		пáхнет	пáхло
женúться marry, get married Imp./Pf.		жéнятся	

8. *Ответьте на вопрос преподавателя, как в образце.*
Образец:
Преподаватель: — Если пролить суп, чем будет пахнуть?
Студент: — Будет пахнуть супом.
Преподаватель: — А если пролить горячее молоко?

бензин	горячее молоко	сладкое какао
керосин	кислое вино	дорогие духи
краска	дешёвый/дешёвое виски	лекарство от сердца
чернила	крепкий кофе	хороший одеколон (eau de Cologne)

9. а) *Выучите или повторите спряжение следующих глаголов и их видовых партнёров.*
Note on learning verbs:
> When you learn a verb always learn both the Perfective and Imperfective forms (assuming both exist). Start with the Perfective, because in most cases either the Imperfective is the same verb without the prefix, e.g. написать напишут write Perfective писать пишут Imperfective; or the Imperfective is a regular -ать -ают/-ять -яют verb like делать делают, гулять гуляют and thousands of others.

A detailed review of aspect pairs will be found in later lessons and in the grammar section.

Perfective	*Imperfective*
нарисовать нарисую нарисуют	рисовать
рассказать расскажу расскажут	рассказывать
показать покажу покажут	показывать
спросить спрошу спросят	спрашивать
попросить попрошу попросят	просить
объяснить объясню объяснят	объяснять
ответить отвечу ответят	отвечать
представить представлю представят	представлять

9. б) *Ответьте преподавателю, как в образце.*
Образец:
Преподаватель: — Вы не могли бы рассказать мне о себе, Маша?
Маша: — Я с удовольствием расскажу (Perfective) вам о себе.
Или: — Нет, извините, но мне не хочется рассказывать (Imperf.) вам о себе.

нарисовать плакат для русского клуба
представить меня вашему соседу
спросить Джейн, где она была вчера
попросить Джона рассказать о себе
попросить у вашей соседки карандаш
объяснить мне, как пройти в библиотеку
показать нам ваши книги
рассказать всем, где вы покупаете вино
рассказать нам о романе «12 стульев»
объяснить, где работал Ипполит Матвеевич
показать, какие усы были у Ипполита Матвеевича

10. *Перевóд.*

Before doing the English-to-Russian translation exercise (there is one in every Lesson) look over the text and dialogs of the Lesson. In this exercise sentences 1–7 are based on the text, and sentences 8–10 are based on the dialogs.

Every translation exercise deals with a syntactic topic, briefly explained in the notes before the exercise. This exercise deals with direct and reported speech. General explanation is followed by comments on individual sentences.

Direct and Reported Speech

The terms *direct* and *reported speech* cover what happens when a speaker reports what someone has said. If the speech is in quotes, with an explanatory "he said," this is direct speech. If, however, the message begins "he said that," this is reported speech.

> To use reported speech in Russian, simply tack on the quote **without changing the tense**.

English speakers often have trouble doing this because English is more complicated — it requires that you change the tense of the reported message if the words were spoken in the past. When translating reported speech from English to Russian, you have to restore the quoted words to the tense in which they were first spoken. The same is true when reporting impressions, feelings, thoughts, etc.

Original message (=direct speech)	*Reported speech*
Онá сказáла: «Вáся дóма.»	Онá сказáла, что Вáся дóма.
She said: "Vasya is at home."	She said that Vasya was at home.
Онá сказáла: «Вáся придёт в 5.»	Онá скáзала, что Вáся придёт в 5.
She said: "Vasya will be back at 5."	She said that Vasya would be back at 5.
Онá сказáла: «Вáся ушёл час назáд.»	Онá сказáла, что Вáся ушёл час назáд.
She said: "Vasya left an hour ago."	She said (that) Vasya (had) left an hour ago.

In sentences with direct speech, the introductory words (*He said*: ...) sometimes precede the direct speech, sometimes follow it:

| He said: "It smells nice here." | "It smells nice here," he said. |

> If the introductory words (Он скáзал: ...) follow the message, then their word order is VERB-SUBJECT.

| Он скáзал: «Здесь плóхо/хорошó пáхнет.» | Здесь плóхо/хорошó пáхнет, — скáзал он. |

Sentence 1. The English verb *tell* can be translated either as сказáть/говорúть or рассказáть/расссказывать. The rule of thumb is: if a *story* is going to be told, then use рассказáть; if it's just one sentence, then use сказáть/говорúть:

Ostap told us that he was going to be in charge.	Остáп сказáл нáм, что комáндовать бýдет он.
Ostap told us a joke.	Остáп рассказáл нáм анекдóт.
Tell us about how you worked in that department.	Расскажú нáм о тóм, как тú рабóтал в этом отдéле.

Sentence 6. Russian often uses the verb пáхнуть in impersonal sentences (sentences without a subject):

В библиотéке пáхнет/пáхло пúлью.	It smells/smelled of dust in the library.
В библиотéке пáхнет пúлью.	The library smells of dust.
У негó в кóмнате пáхло чернúлами.	His room smelled of ink.

If you say that *something* (not *some place*) smells, use the personal construction, as in English:

Вáши кнúги пáхнут пúлью.   Your books smell of dust.

(Review the Text)
1. Ippolit Matveevich will tell us about himself.
   Ippolit Matveevich said he would tell us about himself.
2. "I live in a small city," said Ippolit Matveevich.
   Ippolit Matveevich said that he lived in a small city with his mother-in-law.
3. He had hoped that they would have children, but his wife died.
4. We asked him where he worked.
   "Where do you work?" we asked.
5. Ippolit Matveevich explained that he worked in a department where births, marriages, and deaths were registered.
6. We asked him why his room smelled of ink.
   He said that his books smelled of ink.
7. Ippolit Matveevich said that his room smelled good.
   He said that in the morning his room smelled of hot milk, and in the evening his room smelled of soup.
8. "I guess I look like my father," said the boy.
   He said that his sister looked like his aunt.

(Review the Dialogs)
9. "Can you tell me what this word is?"
   "Where? In the second paragraph from the top?"
   "No, in the first paragraph from the bottom."
10. "What kind of book is this?" "It's a Russian bestseller." "I never heard of it."
    "What kind of person was she?"
    "She was very much like her mother."

ROOTS

1. **ОД(И)Н-** (→од(и)н-, един-) one; only, sole, lone; single; *uni-; mono-*
   Some native Russian roots beginning with o- have counterparts in e- borrowed from Old Church Slavic

оди́н one; a; alone	еди́нственный only, sole
одна́ко however, only	еди́нство unity
одновреме́нный simultaneous	единогла́сно unanimously
однообра́зный monotonous	единообра́зный uniform
одина́ковый identical	едини́ца the figure '1' (*math.*)

2. **МР-** (→ мр-, мир-, мер-) death; *mort-*

умере́ть, умру́т; умира́ть die	смерть death
мёртвый dead	сме́ртность mortality, death rate
вы́мереть die out, become extinct	сме́ртный pertaining to death; mortal (noun)
	смерте́льный fatal, deadly

Урок 2: Кончи́на мадам Петуховой

Служебный день подходил к концу. Ипполиту Матвеевичу пора было уходить. Все, что родилось в этот день, было записано[1] в то́лстые книги. Все, кто хотел стать мужем и женой, были тоже записаны в толстые книги. И не было лишь, к явному разорению гробовщиков, ни одного смертного случая.[2] Ипполит Матвеевич расчесал гребёнкой усы и, мечтая[1] о супе, собрался[3] идти домой. Но дверь распахну́лась, и появи́лся гробовых дел мастер[4] Безенчу́к.

— Что скажешь?[5] — улыбну́лся Ипполит Матвеевич.

— Я — фирма старая, — сказал Безенчук. — Осно́ван[1] в тысяча девятьсот седьмом году. У меня гроб огурчик,[6] отборный... С кистя́ми, первый сорт. Лучше моего гроба ни у кого нет. И не ищите.[7]

— Ты что, с ума сошел?[8] — Ипполит Матвеевич дви́нулся к выходу. Безенчук пропусти́л его и побежал сле́дом.

— Тридцать два ру́блика, — шептал он. — Можно в кредит[9]...

Ипполит Матвеевич взбежал на крыльцо́ своего дома.

В первой комнате его встретила сосе́дка.

— Не стучите сапогами,[10] — прошептала она.

— Я не стучу, — поко́рно ответил Ипполит Матвеевич. — Что же случилось?

— Сильне́йший[11] сердечный припадок, — сказала соседка. — Не исключена́[1] возможность смертельного исхо́да.

И показала рукой[10] на дверь второй комнаты.

Ипполит Матвеевич быстро перекрести́лся и прошел в комнату тещи.

Клавдия Ивановна лежала на спине. Лицо ее было торже́ственно, но ничего не выража́ло. Глаза смотрели в потоло́к.

— Клавдия Ивановна! — позвал Воробьянинов.

Жизнь почерне́ла[12] в его глазах. Ему показалось, что со смертью тещи исче́знут те маленькие удо́бства, которые он со́здал себе после революции, похи́тившей[1] у него большие удобства.

Клавдия Ивановна посмотрела на него и прошепта́ла:

— Ипполит,[13] сядьте около меня. Я должна рассказать вам...

Ипполит Матвеевич с неудовольствием сел.

— Ипполит, помните вы наш гости́ный гарниту́р?

— Какой? — спросил Ипполит Матвеевич. — В моем доме?

— Да, в Старгороде.

— Помню, отлично помню. Диван, дюжина стульев и круглый столик. Ме́бель была превосхо́дная. А почему вы вспомнили?

— В сиденье стула я заши́ла свои брилья́нты, — сказала Клавдия Ивановна деревя́нным, равноду́шным голосом.

Ипполит Матвеевич вскочи́л, посмотрел на ее ка́менное лицо и понял,[14] что она не бре́дит.

— Ваши брильянты! — закрича́л он. — В стул! Кто вас надоу́мил? Почему вы не дали их мне?

— Потому что вы пустили по ветру[15] имение моей дочери, — спокойно и зло́ ответила старуха.

Ипполит Матвеевич сел и снова встал. В голове его начинало гудеть.[16]

— Но вы их вы́нули оттуда? Они здесь?

TEXT COMMENTS (1)

1. **DEVERBAL FORMS**

записано (записать – past passive ptcpl.)	recorded, taken down, registered
исключена (исключить – past passive ptcpl.)	excluded, excepted
мечтая (мечтать – present adverb)	dreaming, day-dreaming
основан (основать – past passive ptcpl.)	founded, established
похитившей (похитить – past active ptcpl.)	which had stolen/carried off

2. **И не было ... смертного случая.** 'There wasn't a single [case of] death, to the manifest ruin of the coffin-makers.'

3. **собрался идти домой** 'was about to (was ready to) go home.'

4. **гробовых дел мастер Безенчук...** The authors are using a high-flown expression for a not very elevated profession: 'Bezenchuk, the monuments dealer' (*Lit.*, the master of burial affairs).

5. **Что скажешь?** A colloquial expression like the English greeting 'Well, what do you have to say?'

6. **огурчик** means 'little cucumber, gherkin;' here it is a term of praise: 'a *peach* of a coffin.'

   Russian professional jargon can use singular as well as plural to describe a class of items:
   У меня гроб отборный = У меня гробы отборные 'My coffins are grade A.'

7. **И не ищите.** 'Don't bother looking' [i.e., you'll never find a better one.]

8. **Ты что, с ума сошёл?** 'What's the matter with you, are you crazy?' (*Lit.*, You what, have you gone out of your mind?)

9. **Можно в кредит...** '[You] can [buy it] on credit.'

10. **Не стучите сапогами.** (Instr.) 'Don't stomp' (*i. e.* Don't make noise with your boots).

    Similarly, показала рукой (Instr.) на дверь 'pointed to the door' (*Lit.*, pointed with her hand), покачала головой 'shook [her] head.'

11. **Сильнейший сердечный припадок** 'A very severe heart attack.'

    The superlative suffix -ейш- means 'very, most, to a high degree.' Since most dictionaries do not list these suffixed forms, you must look up the adjective stem with the ordinary ending: сильн-ый 'strong, serious' сильн-ейш-ий 'quite strong, most serious.' .

12. **Жизнь почернела в его глазах.** 'Life began to look bleak' (*Lit.*, turned black in his eyes).

13. **Ипполит**

    The mother-in-law of Ippolit Matveevich is entitled to use his first name without patronymic, but his age and status entitles him to имя-отчество under other circumstances. Any Russian reader of this novel would refer to him as Ипполит Матвеевич, not as Ипполит, and so should you in class.

14. **понял:** translate 'realized' rather than the more frequent 'understood.'

15. **пустили по ветру имение ...** 'you squandered' (*i. e.* threw [my daughter's] estate to the winds)

16. **начинало гудеть** 'his head began to buzz' (*Lit.*, in his head [it] began to buzz).

    Note the impersonal verb form начинало.

TEXT GLOSSARY (1)

бредить be delirious, rave	исход outcome	превосходный superb
брильянт diamond	исчезнуть disappear	пропустить let pass, let through
вскочить jump up	каменный stone, stony	прошептать whisper
вынуть take out, pull out	кисть tassle	равнодушный indifferent
выражать express	кончина death	распахнуться open wide, fly open
гарнитур set, suite	крыльцо porch, stoop	рублик *diminutive of* рубль
гостиная living room	мебель furniture	следом (за) right behind
гребёнка comb	надоумить advise, give the idea (to)	создать create
двинуться move	перекреститься cross oneself	соседка neighbor woman
деревянный wooden	покорно submissively, humbly	торжественный solemn
зашить sew up	потолок ceiling	удобство comfort, convenience
зло spitefully, maliciously	появиться appear	улыбнуться smile

Старуха отрицательно покачала головой.[10]

— Я не успела. Вы помните, как быстро и неожиданно нам пришлось бежать.[17] Они остались в стуле, который стоял между лампой и камином.

— Но ведь это же безумие! Как вы похожи на свою дочь! — закричал Ипполит Матвеевич. — Где теперь эти стулья? Кто на них сидит? Или вы думаете, что они стоят в гостиной и ждут вас?

Клавдия Ивановна всхлипнула. Рука ее попыталась ухватить Ипполита Матвеевича, но упала на одеяло.

TEXT COMMENTS (2)

17. нám пришлóсь бежáть 'we had to run (escape),' i.e., from the revolutionary authorities who were confiscating their goods and possibly threatening their lives.

TEXT GLOSSARY (2)

безумие madness, folly	камин fireplace	отрицательно negatively
всхлипнуть sob	неожиданно unexpectedly	попытáться attempt, endeavor
гостиная living room	одеяло blanket	ухватить lay hold of, seize

Упражнения к тексту

1. *Ответьте на вопрос преподавателя. В ответе повторите слова преподавателя, но измените интонацию.*

Образец:

— Джейн, Ипполиту Матвеевичу пора было уходить, да?
— Да, Ипполиту Матвеевичу пора было уходить.

Или: — Нет, Ипполиту Матвеевичу не пора было уходить.

Или: — Я не помню. Может быть, Ипполиту Матвеевичу пора было уходить.

— В этот день были смертные случаи, да?
— В конце дня появился мастер Безенчук, верно?
— Дома Ипполита Матвеевича встретила соседка, правда?
— Клавдия Ивановна лежала на крыльце, так?
— Ипполит Матвеевич плохо помнил свою мебель, верно?
— В его доме в Старгороде была дюжина стульев, правда?
— Клавдия Ивановна зашила свои брильянты в диван, да?
— Тёща Воробьянинова бредила, не правда ли?
— Ипполит Матвеевич пустил по ветру своё имение, а?
— Клавдия Ивановна не знала, где эти стулья, верно?
— Стулья Ипполита Матвеевича и сейчас стоят в его гостиной, правда?
— Революция похитила у Воробьянинова его удобства, не правда ли?

2. *Прочитайте и переведите предложения. Приготовьте вопросы к выделенным курсивом (italicized) словам. На занятии задайте эти вопросы преподавателю, когда он будет читать предложения.*

Образец:

— Ипполит Матвеевич собрался идти *домой*. (*куда*)
— Куда собрался идти Ипполит Матвеевич?

Ипполит Матвеевич собрался идти *домой*. (*куда*)
Он мечтал *о супе*. (*о чём*)
Он расчесал усы *гребёнкой*. (*чем*)
Ипполит Матвеевич жил *у тёщи*. (*у кого*)
Ипполит Матвеевич разговаривал *с соседкой*. (*с кем*)
Соседка показала рукой *на дверь*. (*на что*)
Тёща рассказала Ипполиту Матвеевичу *о брильянтах*. (*о чём*)
Она зашила брильянты *в стул*. (*куда*)
Стул стоял рядом *с камином*. (*где*)
Она не вынула брильянты из стула, *потому что не успела*. (*почему*)
Им пришлось бежать, *потому что началась революция*. (*почему*)

3. *Разыграйте (act out) (А) диалог между Воробьяниновым и его соседкой и (Б) диалог между Воробьяниновым и его тёщей. Употребите следующие слова и выражения:*

А. шуметь
стучать сапогами
Что случилось?
сильный сердечный припадок
вызвать врача

Б. Сядьте рядом со мной.
Мне нужно вам что-то сказать.
помнить
гостиный гарнитур
стулья, диван, круглый столик
лампа, камин
Мебель была превосходная.
Зашить брильянты в сиденье стула.
Это безумие. Почему вы не дали их мне?
пустить по ветру
вынуть брильянты из стула
Где эти стулья? Кто на них сидит?
Она умерла!

ROOTS (A)

1. **ВЕТ-** (→вет-, веч-, вещ- [об-]ещ) say, speak
   совет advice, counsel; council, soviet
   привет greetings
   обещание promise
   соответствие conformity, correspondence
   ответ answer, response
   ответственный responsible

   советовать advise
   приветствовать greet
   обещать promise
   соответствовать correspond, answer to
   ответить/отвечать answer, respond
   безответственный irresponsible

2. **ПИЙ-** (→ пи(й)-, пь-, пей-, по(й)-, па(й)-, пив-) drink
   пить/выпить drink
   пьяный drunk
   пьяница drunkard
   напиток beverage
   упоение rapture, ecstasy
   упоённый славой drunk with glory

   выпить/выпивать get drunk
   пиво beer отпить/отпивать sip
   поить/напоить give to drink; water (animals)
   подпоить/подпаивать make somebody drunk
   Он вспоил и выкормил сирот. He brought up orphans. (*Lit.*, provided drink and food)

Lesson 2

— Я фирма старая, — сказал Безенчук. — Основан в 1907 году.
У меня гроб огурчик, отборный... С кистями... первый сорт.

ДИК И ДЖЕЙН
(в университетском магазине, в отделе, где продают лекарства)

— Что это ты покупаешь, Джейн?

— Таблетки от насморка. Я, кажется, простудилась.

— Бедняжка! Зачем же ты ходишь на занятия? Сидела бы дома, читала.

— Я только на русский язык пришла, а на историю не пойду. Пойду домой и лягу в постель.

— А кто у вас преподаёт русский язык? Настоящий русский?

— Тот же, кто и у вас преподавал. Эмигрант из Советского Союза. Сказал мне, чтобы я не принимала никаких таблеток, а выпила горячего чаю с мёдом и легла спать, и к утру всё пройдёт.

— Классический русский рецепт. А как «Двенадцать стульев»? Много уже прошли? Докуда дочитали?

— Второй урок читаем. Про то, как Клавдия Ивановна спрятала в стул свои брильянты. Только я всё ещё не понимаю, зачем она это сделала. Жуликов, что ли, боялась?

— Не жуликов, а Советской власти. После октябрьской революции всю частную собственность национализировали. Они же хотели строить социализм.

— Но у Безенчука гробы не национализировали. Ничего социалистического я в нём не вижу — типичный мелкий бизнесмен. Или он жулик? Торгует гробами на чёрном рынке?

— Нет-нет, большевики сначала всё национализировали, а потом мелкий бизнес ненадолго разрешили. Это называлось НЭП — Новая экономическая политика. При помощи НЭПа Советская власть пыталась спасти страну от голода. Потом опять всё национализировали.

— Довольно наглый тип этот Безенчук. Пытается продать гроб, когда человек ещё не умер.

— Бизнес есть бизнес. По-моему, он очень смешной тип.

— У тебя странное чувство юмора. Ипполит Матвеевич тебе тоже кажется смешным? Когда он кричит на умирающую тёщу?

— У него уважительная причина.

— Какая?

— Ему деньги нужны!

DIALOGS

Диало́г 1: Джо́ и Ва́ня
— Ва́нька! Ты́ что́,[1] с ума́ сошёл? Я́ же тебя́ проси́л, чтоб ты́ не крича́л.
— Я́ и[2] не кричу́. А что?[3] Случи́лось что́-нибудь?
— Коне́чно! У Кла́вдии Ива́новны серде́чный припа́док!
— Во́т чёрт, опя́ть забы́л про[4] твою́ тёщу.

Диало́г 2: Ната́ша и Матве́й
— Ната́ша, ты́ ухо́дишь? Не забу́дь,[5] что ско́ро придёт вра́ч.
— Я́ по́мню. Э́то ты́[6] всегда́ всё забыва́ешь.
— Он тебя́ жда́ть не бу́дет.
— Хорошо́, я́ никуда́ не пойду́.

Диало́г 3: До́ктор Петро́ва и Серге́й Ива́нович
— Серге́й Ива́нович, вы́ по́мните, я́ ва́м дала́ лека́рство?
— Лека́рство? Како́е лека́рство?
— Табле́тки от[7] се́рдца. Почему́ вы́ и́х не принима́ете?
— Я́ не могу́ и́х найти́. Я́ и́х положи́л на сто́лик, и они́ куда́-то исче́зли.

DIALOG COMMENTS

1. **Ты́ что́? Вы́ что́?** This is an expression of surprise or indignation. 'What's the matter with you? What do you think you're doing?'
2. **Я́ и не кричу́.** I am not shouting *at all*.
3. **А что?** This colloquial expression corresponds to the colloquial use of English 'why' in the sense of 'Why? What's the matter? Why do you ask?' It is often used to evade a direct response:

   | У тебя́ е́сть де́ньги? — А что? | Do you have any money? — Why? |

4. **про кого́/что́**

   > The preposition про always takes an Accusative object. It is a synonym of the preposition о + Prepositional in the meaning 'about, concerning': про твою́ тёщу = о твое́й тёще, про сту́лья = о сту́льях, про э́тот рома́н = об э́том рома́не.

5. **не забу́дь**

   > Usually an Imperfective verb is used with negation, but in this imperative sentence a Perfective verb is used in order to render the special meaning of warning against doing something undesirable.

   Perfective: забы́ть -бу́дут
   Imperfective: забыва́ть -а́ют

     The verb забы́ть is unusual; you would expect the past tense to have the same stress pattern as the unprefixed verb бы́ть SM (i. e. stress on the Stem in non-past and Movable stress in the past, бы́л была́ бы́ли), but it has the pattern SS (i. e. stress on the Stem both in non-past and past, забы́л забы́ла забы́ли).
     Note that не забу́дь is also the way to say 'remember' as in '*Remember* to call your mother.' You can't use по́мнить here.

6. **Э́то ты́ ...** (heavy stress)
   Put heavy stress on *ты́* in this sentence: '*You* are the one who's always forgetting everything.'

   | Э́то *вчера́* мы смотре́ли пье́су или *позавчера́*? | Was it *yesterday* we saw that play or *the day before*? |
   | Э́то с *Ва́сей* ты́ была́ вчера́ в кафе́? | Was it *Vasya* you were in the cafe with? |

7. The preposition от

> The preposition *от* can be used to mean 'from' in the sense of 'for use against.' In many cases the best English translation is a compound noun without preposition:

cold pills	таблетки от простуды
heart pills, pills for heart disease	таблетки от сердечных болезней
heart pills	таблетки от сердца (colloquial)
insecticide	средство от насекомых
shelter from the rain	укрытие от дождя
defense against enemies	защита от врагов
The police protect us from crooks.	Милиция защищает нас от жуликов.

Упражнения к диалогам

4. *Начните разговор с товарищем так, как начинает его Джо:*
— Билл! Я же тебя просил, чтобы ты не ...

Придумайте сами, о чём вы просили Билла, или выберите одну из этих фраз:

чтобы ты не говорил со мной о занятиях	чтобы ты положила деньги в стол
чтобы ты купил мне газету	чтобы вы вызвали врача
чтобы ты приняла лекарство	чтобы вы дали мне время подумать

Ответить можно так, например:

— Нет, ты меня об этом не просила.
— Нет, я этого не помню.
— Извини, я забыла, что ты меня просил об этом.
— В другой раз не буду этого делать.
Или: — А что?

Придумайте также, почему вы просили об этом товарища.

5. *Попросите другого студента, чтобы он не забыл о чём-нибудь, как Матвей просит Наташу в диалоге 2. Например:*
— Не забудь, что сегодня пятница.
— Не забудь, что мы сегодня идём в кино.
— Не забудь, что ты мне обещала купить мороженое.
— Не забудь, что завтра у нас контрольная работа.

Ответить можно так, как отвечает Наташа, или, например, так:

— Вот чёрт! Совсем об этом забыла!   — Я никогда ни о чём не забываю.
— Тебе не придётся меня ждать.   — Ты мне об этом не говорил!
— Я и не знала об этом!

6. *Приготовьтесь вести с другим студентом такой разговор:*

— Джим, помнишь, я тебе дал словарь?
— Словарь? Какой словарь?
— Англо-русский словарь Гальперина.
— Не помню. Я думаю, ты дал его кому-нибудь другому.

«Словарь» можно заменить на:

лекарство (от головной боли, от насморка...)	ручка
диск (американской народной музыки)	книга
таблетки (от простуды, от кашля...)	карандаш
одеяло (голубое)	лампа
чернила (синие)	

Lesson 2

Вместо «Ты́ да́л его́ кому́-нибудь друго́му» вы мо́жете сказа́ть:

— Ты́ мне́ его́ не дава́л.
— Ты́ куда́-нибудь положи́л его́ и забы́л, куда́.
— Ты́ забы́л, кому́ ты́ его́ да́л.
— Ты́ потеря́л его́.

Ле́ксико-граммати́ческие упражне́ния.

7. *Вы́учите и́ли повтори́те спряже́ние глаго́лов:*

		Соверше́нный ви́д		Несоверше́нный ви́д
а)	*Grammar 3, 4.1.*	кри́кнуть	yell	крича́ть
			pull steadily	тяну́ть
			smell, emit an odor	па́хнуть
		исче́знуть	disappear	исчеза́ть
		привы́кнуть	get used to	привыка́ть
б)	*Grammar 3, 4.3.*	кри́кнуть	yell	крича́ть
			be silent	молча́ть
			lie down	лежа́ть
			stand	стоя́ть
в)		отве́тить	answer	отвеча́ть
		разреши́ть	allow	разреша́ть
		возрази́ть	object	возража́ть
		вы́пить	drink	пи́ть
				выпива́ть

8. *Отве́тьте преподава́телю, ка́к в образца́х.*

Образе́ц А:
Преподава́тель: — Почему́ вы́ молчи́те, Си́мур?
Си́мур: — Я́ всегда́ молчу́. Я́ привы́к на заня́тиях молча́ть.
И́ли: — Я́ не молчу́. Я́ не привы́к на заня́тиях молча́ть.

Образе́ц Б:
Преподава́тель: — Си́мур, вы́ опя́ть молча́ли на заня́тии?
Си́мур: — Я всегда́ молчу. Мы́ все молчи́м. Мы́ привы́кли на заня́тиях молча́ть.

молчи́те
кричи́те
лежи́те на столе́
сто́йте в углу́
сто́йте у окна́
пьёте ко́ка-ко́лу во вре́мя уро́ка

пло́хо отвеча́ете
та́к ча́сто возража́ете преподава́телю
так хорошо́ отвеча́ете на все́ вопро́сы
тя́нете вре́мя (procrastinate)
разреша́ете соба́ке сиде́ть в аудито́рии

9. *Отве́тьте как в образце́.*

Образе́ц:
Преподава́тель: — Ва́ся, узна́йте у Ма́ши, ка́к по-ру́сски mother-in-law?
Ва́ся: — Ма́ша, ты́ не по́мнишь, ка́к по-ру́сски mother-in-law?
Ма́ша: — Не́т, не по́мню. Спроси́ у Са́ши.
И́ли: — Mother-in-law по-ру́сски «тёща».

satirical novel — сатири́ческий рома́н
department — отде́л
ink — черни́ла
slogan — плака́т
mustache — усы́
coffin — гроб
pill — табле́тка

heart attack — серде́чный припа́док
headache — головна́я бо́ль
cough medicine — лека́рство от ка́шля
boots — сапоги́
furniture — ме́бель
finger — па́лец
headache pill — табле́тка от головно́й бо́ли

10. а) *На все вопросы отвечайте словами* Клавдия Ивановна Петухова *и* этот молодой человек *в нужном падеже и, если нужно, с предлогом, например:*

— С кем мне поговорить? (Who should I talk to?)
— Поговорите с Клавдией Ивановной Петуховой и с этим молодым человеком.

Для этого упражнения повторите императив (Imperative) глаголов:

поговорить: поговорите	попросить: попросите
предложить: предложите	сообщить: сообщите
спросить: спросите	объяснить: объясните
ждать: ждите	идти: идите

— Кого нет здесь сегодня?
— С кем мне поговорить об этом романе?
— Кого мне попросить об этом деле?
— Кому мне предложить эти брильянты?
— Кому мне сообщить об этом случае?
— Кого мне спросить об этой мебели?
— Кому мне объяснить мои проблемы?
— У кого мне вас ждать?
— К кому мне идти?
— О ком мне рассказать вам?

10. б) *Теперь отвечайте словами* наши соседи и соседки *в нужном падеже и, если нужно, с предлогом.*

11. *Перевод:* **Что, чтобы**

> In reporting statements of fact the conjunction что is used; in reporting wishes, requests and commands the conjunction чтобы is used.

Он сказал Васе, что стало холодно.	He told Vasya that it had gotten cold.
Он сказал Васе, что тёща закроет окно.	He told Vasya that his mother-in-law would close the window.
Он сказал Васе, чтобы он закрыл окно.	He told Vasya to close the window.

> The verbs попросить ask, request, приказать order, посоветовать recommend, advise, are never used with что. They are used either with чтобы, or with an infinitive, as in English:

Он попросил Васю/приказал Васе/посоветовал Васе, чтобы он закрыл окно.
= Он попросил Васю/приказал Васе/посоветовал Васе закрыть окно.

Sentences 2, 11.   The verb ждать/подождать usually requires the Genitive: ждать автобуса 'wait for a bus.' However with proper names and with nouns that name a specific object or a human being the Accusative is used: ждать Васю/Машу/пятичасовой автобус 'wait for Vasya/Masha/the five o'clock bus.' Note that there's no preposition after ждать — leave *for* untranslated.

Sentences 6, 8.   Russian uses the possessive pronouns мой, твой, свой, их and so on much less frequently that English uses *my, your, their* and so on. When it is clear who the possessor is, leave the possessive pronoun untranslated. This particularly concerns close relatives (*my* mother, *his* sister), parts of the body (*his* hand, *her* bosom) and pieces of clothing (*her* skirt, *his* pocket).

(Review the Text)
1. Bezenchuk wanted Ippolit Matveevich to buy a coffin. The doctor wanted Klavdia Ivanovna to lie in bed.
2. They wanted us to wait for them on the street. We wanted them to wait for us at home.
3. Ippolit Matveevich's neighbor asked him not to shout.
4. He said that he wasn't shouting. "I'm not shouting," he said.
5. She said that she would lie in bed all day. They said that they would wait for us at home.
6. After the death of his mother-in-law, all his comforts disappeared. It seemed to him that after the death of his mother-in-law, all his comforts would disappear.
7. Klavdia Ivanovna sewed her diamonds into the chair. Klavdia Ivanovna will sew her diamonds into the chair. Klavdia Ivanovna told Ippolit Matveevich that she would sew the diamonds into the chair.
8. Klavdia Ivanovna asked Ippolit Matveevich to take the diamonds out of the chair. I advised him to take the money out of his pocket. He took his hand out of his pocket.
9. Did Klavdia Ivanovna think that the chairs would disappear? She didn't want them to disappear. She thought that they were waiting for her in the living room.

(Review the Dialogs)
10. Vanya is shouting. He's gone crazy. Klavdia Ivanovna often said that he would go crazy.
11. Ask the doctor to wait for me. No, the doctor won't wait for you. He recommended that you take the medicine and wait for him.
12. Where are my heart pills? I gave them to you. I can't find them.

ROOTS (B)

1. **СЕРЕД-/СРЕД-** middle, mean, central, mid, *medi-*

   The two forms of this root illustrate a regular correspondence between native Russian words and words borrowed into Russian from Old Church Slavic: Russian words containing the sequence -ере- frequently correspond to OCS words with -ре- (cf. Перед 'in front of' vs. прежде 'before, first.')

середи́на middle	сре́дство means
среда́ Wednesday	среди́ among, amid
сре́дний average, medium, middling; neuter	средневеко́вый medieval

2. **СЕРД-** heart, *cardi-*

   се́рдце heart   серде́чный cordial, hearty; cardiac

3. **СЕРД-** anger

   серди́ть anger, make angry   серди́ться be angry

Дома он стал поливать голову и усы «Титаником». Радикальный черный цвет оказался несколько зеленоватым.

Lesson 3

Урок 3: Делай с кистями!

В зеленом свéте луны Ипполит Матвеевич ходил по улицам города Н. Было холодно. Лужи затянуло льдом,[1] ветер дрался с вывесками.[2] В голове его творилось черт знает что. Ему представлялись[3] цыганские хóры, зима в Москве, дорогие кальсóны и возможная поездка в Кáнны. Он долго бродил по городскому саду, пока не споткнулся о[4] мастера Безенчукá. Пьяный мастер спал на садовой дорожке. Он проснýлся и встал.

— Умерла Клавдия Ивановна, — сказал ему Ипполит Матвеевич и пошел дальше, снова потонув[5] в ослепительных мечтах.

Безенчук послéдовал за ним.

— У меня гроб отборный, — говорил он, как бы продолжая[5] разговор. — Как сделать-то?[6] С кистями? Первый сорт?

К этому времени Ипполит Матвеевич уже решил все.

«Поеду, — решил он. — Найду. А там[7] посмотрим».

В брильянтовых мечтах покойница-теща[8] показалась ему милее, чем была. Он повернулся к Безенчуку:

— Черт с тобой![9] Делай с кистями!

На второй день после похорóн Ипполит Матвеевич отпрáвился на службу и собственнорýчно зарегистрировал кончину Клавдии Ивановны Петухóвой, пятидесяти девяти лет, домашней хозяйки, беспартийной, проживавшей[5] в городе Н. и происходившей[5] из дворян. Затем Ипполит Матвеевич попросил себе двухнедельный óтпуск и отпрáвился домой. По дороге он зашел в аптéку.

— Что вы хотели?
— Срéдство[10] для волос.
— Для ращéния, уничтожéния, окрáски?
— Какое там ращение![11] — сказал Ипполит Матвеевич. — Для окраски.
— Для окраски есть замечательное средство «Титаник». Не смывáется ни холодной, ни горячей водой, ни мыльной пéной, ни керосином. Радикальный[12] черный цвет. Флакóн на полгода стоит три рубля двенадцать копеек. Рекомендую как хорошему знакомому.

Ипполит Матвеевич повертел в руках квадратный флакон «Титаника», со вздóхом посмотрел на этикéтку и выложил деньги на прилáвок.

Дома он стал[13] поливать голову и усы «Титаником». Радикальный черный цвет оказался несколько зеленоватым.[14] Ипполит Матвеевич вынул из шкатýлки список драгоцéнностей своей тещи, пересчитал все наличные деньги, зáпер квартиру, спрятал ключи в карман и уехал в Старгород.

TEXT COMMENTS

1. **Лу́жи (Accusative) затяну́ло льдо́м** 'The puddles were covered with ice.' Impersonal verb forms (3rd Singular or neuter past) with Instrumentals are used when a natural force (e.g., cold weather) or some inexplicable agent is responsible for the action. Translate such sentences with passives. Compare:

   | У́лицу засы́пали песко́м. | The street was covered with sand. (Some*body* did it.) |
   | У́лицу засы́пало песко́м. | The street was covered (inexplicably) with sand (by some*thing*). |

2. **ве́тер дра́лся с вы́вескамм** 'the wind fought with the signs,' i.e., the wind made the signs flap around.
3. **Ему́ представля́лись** 'he imagined.'
4. **пока́ не споткну́лся о ма́стера Безенчука́** 'until he stumbled over (against) master B.'
   The preposition о/об means 'against' when followed by the Accusative.
5. **DEVERBAL FORMS**
   потону́в (потону́ть – past adverbial)   drowned in/lost [in his dazzling dreams]
   продолжа́я (продолжа́ть – present adverbial)   [as though] continuing [their previous conversation]
   прожива́вший (прожива́ть – past active ptcpl) who had resided
   происходи́вший (происходи́ть – past act. ptcpl) who came from [nobles, of noble origin]
6. **Ка́к сде́лать-то?** 'How shall [we] make it, hmm?' The unstressed particle -то can be left untranslated; it lends a familiar, colloquial aura to the speech.
7. **А та́м посмо́трим.** 'And then we'll see [what happens].'
8. **поко́йница-тёща** '[his] deceased mother-in-law.' The word поко́йница is a noun.
   Noun+noun compounds like this are not listed in the dictionary because they can be formed quite freely; you must look up each member. Sometimes the hyphen is not used.

   | Его́ оте́ц генера́л жи́л в друго́м го́роде. | His father the general lived in another city. (father + general) |
   | толстя́к заве́дующий | the fat manager (fat man + manager) |

9. **Чёрт с тобо́й!** 'The hell with it!' (*Lit.*, with you). This is an expression of exasperated resignation; the meaning here is: 'OK, I don't want to argue, I don't want to worry about it.'
10. **сре́дство для воло́с** 'Something' (*Lit.*, remedy) for the hair.
11. **Како́е та́м раще́ние!** 'Growing indeed!' (i.e., What does *growing* have to do with anything?)
12. **радика́льный чёрный цве́т** 'A drastic black color.'
13. **ста́л полива́ть** 'started to sprinkle.'
14. **оказа́лся не́сколько зеленова́тым** 'turned out to be somewhat greenish.'
    Since dictionaries do not list all adjectives with the suffix -ова́т-, you must look up the adjective stem with the ordinary endings: зелёный 'green,' зелен-ова́т-ый 'greenish.' The meaning is that of the English suffix -*ish*.

TEXT GLOSSARY

апте́ка drug store
броди́ть wander around
вздо́х sigh
вы́нуть take out, pull out
дворяни́н nobleman
драгоце́нности jewelry
запере́ть lock
кальсо́ны long underwear
Ка́нны Cannes
нали́чные де́ньги cash
окра́ска dyeing

отпра́виться set out, set off
о́тпуск vacation
пе́на suds
после́довать follow
по́хороны funeral
прила́вок counter
просну́ться wake up
пья́ный drunk
раще́ние growing
реши́ть decide
све́т light

смыва́ться wash off, come off
собственнору́чно with one's own hand
спи́сок list
твори́ться happen, go on
уничтоже́ние elimination
флако́н bottle, flask
хо́р chorus, choir
цыга́нский Gypsy
шкату́лка box, case
этике́тка label

Упражнения к тексту

1. *Ответьте на вопрос преподавателя, как в образце.*
Образец:
— Боб, вы не помните, Ипполит Матвеевич *пошёл на службу после похорон*?
— Помню. Он *пошёл на службу после похорон*.
Или: — Нет, не помню. Но мне кажется, он *пошёл на службу после похорон*.

— Вы не помните, Ипполит Матвеевич *ночью* ходил по улицам?
— Вы не знаете, ночь была *тёплая*?
— Вы не помните, мастер Безенчук спал в *городском* саду?
— Вы не знаете, Ипполит Матвеевич *решил* искать стулья?
— Вы не помните, Клавдия Ивановна была *партийная*?
— Вы не помните, Клавдия Ивановна происходила из *дворян*?
— Вы не знаете, Ипполит Матвеевич попросил себе *двухнедельный* отпуск?
— Вы не помните, Ипполит Матвеевич купил средство для *ращения* волос?
— Вы не знаете, флакон стоил *три* рубля?
— Вы не знаете, Ипполит Матвеевич *запер* квартиру?
— Вы не знаете, он уехал в *Старгород*?
— Вы не помните, у Ипполита Матвеевича *был* список драгоценностей?
— Вы не помните, волосы у него оказались *чёрного цвета*?

2. *Прочитайте и переведите предложения. Приготовьте вопросы к выделенным словам. На занятии задайте свои вопросы преподавателю, когда он будет читать эти предложения.*
Образец: — Ипполит Матвеевич собрался идти *домой*. (куда)
— Куда собрался идти Ипполит Матвеевич?

Ипполит Матвеевич долго ходил *по улицам города*. (где)
Было холодно: лужи были покрыты *льдом*. (чем)
Он долго бродил *по городскому саду*. (где)
Он споткнулся о *мастера Безенчука*. (обо что/об кого)
Ипполит Матвеевич решил поехать *в Старгород*. (куда)
Он заказал Безенчуку *дорогой* гроб с кистями. (какой)
После похорон Ипполит Матвеевич зарегистрировал смерть *своей тёщи*. (чьей)
Он попросил себе двухнедельный отпуск и пошёл *домой*. (куда)
По дороге он зашёл *в аптеку*, чтобы купить себе *средство для волос*. (куда, зачем)
Средство для волос называлось *«Титаник»*. (как)
Оно стоило *3 рубля 12 копеек*. (сколько)
Оно оказалось несколько *зеленоватым*. (каким)
Ипполит Матвеевич вынул *из шкатулки* список брильянтов и спрятал его *в карман*. (откуда, куда)
Он запер квартиру и уехал *на поезде* в Старгород. (на чём)

3. а) *Разыграйте диалог между Воробьяниновым и продавцом в аптеке. Воробьянинов хочет купить средство для волос. Используйте следующие слова и выражения:*

средство для волос	мыло, мыльная пена, керосин
ращение, окраска	Надолго хватает этого флакона?
сколько стоит	рекомендовать
флакон	Моя тёща пользуется этим средством и очень довольна.
радикальный чёрный цвет	Хорошо, беру.
не смывается ничем	

3. б) *Придумайте такие же диалоги:*

— о таблетках от головной боли — об антибиотиках
— о лекарстве от сердца — о лекарстве от гриппа

ДИК И ДЖЕЙН
(в коридоре, около кафедры лингвистики)

— Дик?.. Всё время думаю, не бросить ли мне русский, пока не поздно.

— Не нравится Ипполит Матвеевич?

— Конечно не нравится. У него тёща умерла, а он мечтает о цыганках и дорогих кальсонах. И зачем он волосы покрасил?

— Каждому хочется выглядеть молодым. Он же едет в свой родной город. Может, знакомых встретит. Не хочет выглядеть стариком.

— Как же он не боится? Ведь в Старгороде знают, что он бывший богач и дворянин.

— Конечно он боится. Но он идёт на риск. У него есть причина.

— Знаю, ты мне уже говорил. Ему нужны брильянты. У него одни деньги на уме.

— Представляю, что ты скажешь, когда появится Остап Бендер!

— Ещё один материалист?

— Самый настоящий. Но совсем не такой, как Воробьянинов.

— Такой, как Безенчук?

— Напрасно ты презираешь Безенчука. Он очень интересный тип.

— Для кого интересный?

— Хотя бы для лингвиста. Вот послушай, как он объясняет Воробьянинову классификацию терминов смерти. Я наизусть помню:

> — Преставилась, значит, старушка, — сказал Безенчук. — Старушки, они всегда преставляются... Или богу душу отдают, — это смотря какая старушка. Ваша, например, маленькая и в теле, — значит, преставилась. А например, которая покрупнее да похудее — та, считается, богу душу отдаёт. Вот вы, например, мужчина видный, хотя и худой. Вы, ежели, не дай бог, помрёте, считается, что в ящик сыграли. А который человек торговый, бывшей купеческой гильдии, тот, значит, приказал долго жить. А если кто чином поменьше, дворник например, или кто из крестьян, про того говорят: перекинулся или ноги протянул. Но самые могучие когда помирают, железнодорожные кондуктора или из начальства кто, то считается, что дуба дали. Так про них и говорят: «А наш-то, слышали, дуба дал».
>
> Потрясённый этой странной классификацией человеческих смертей, Ипполит Матвеевич спросил:
> — Ну, а когда ты помрёшь, как про тебя скажут?
> — Я — человек маленький. Скажут: «гигнулся Безенчук». А больше ничего не скажут.

— Господи, ну и память у тебя! Если и меня заставят учить все эти выражения наизусть, то лучше сразу бросить курс.

— Тебе даже читать это не придётся. Это из полного текста романа. А в учебнике все трудные места облегчены или совсем убраны. Без изменений оставлены только главные события. И главные герои все остались, как в романе. Остап, и Воробьянинов, и многие другие.

— А что, Остап тоже так много говорит?
— Остап говорит ещё красивее, чем Безенчук. Он настоящий поэт. В своём роде, конечно.
— И тоже спит пьяный на дорожках в парке?
— О, он спит в самых неожиданных местах: в чужих кроватях, на пристани, в лодке на реке, на скамейках, на полу, подстелив только газету… У него нет своего дома.
— Почему?
— Узнаешь в следующем уроке.
— М-м-м… Думаешь, не бросать?

DIALOGS

Диало́г 1: Ка́тя и Серёжа

— Серёжка,[1] э́то ты́ проли́л черни́ла на ковёр?!
— Не руга́йся, Ка́ть.[2] Я́ вы́тру.
— Ка́к же, вы́трешь ты́.[3] Бу́дет пятно́. Его́ тепе́рь ниче́м не смо́ешь.[4]
— Кака́я ты́ меща́нка! То́лько о своём ковре́ и[5] ду́маешь.

Диало́г 2: Пи́тер и Гали́на

— Пи́тер, купи́те мне́ в Ло́ндоне сре́дство для воло́с.
— Вы́ мне́ уже́ говори́ли, что́бы я́ купи́л ва́м сре́дство для воло́с.
— Я́ про́сто ва́м напомина́ю,[6] что́бы вы́ не забы́ли.
— Я́ все́ ва́ши про́сьбы по́мню. Куплю́, е́сли найду́.

Диало́г 3: Татья́на Па́вловна и Семён Па́влович

— Что́ вы́ хоте́ли,[7] Татья́на Па́вловна?
— Семён Па́влович, мне́ ну́жен двухнеде́льный о́тпуск.
— Но́ у ва́с уже́ бы́л о́тпуск в э́том году́. Вы́ е́здили в Оде́ссу.
— А тепе́рь мне́ ну́жно е́хать в Но́вгород на по́хороны свекро́ви.

DIALOG COMMENTS

1. **Серёжка**

    The suffix -ка added to names usually has a pejorative meaning, as when used by adults scolding children. Among young people, however, it may convey intimacy. If the name ends in a palatalized consonant, palatalization is retained before the suffix (indicated by -ь): Ва́нька (Ва́ня), О́лька (О́ля), Ната́шка (Ната́ша), Зо́йка (Зо́я, [=Зо́й-а]), Бо́рька (Бо́ря), Воло́дька (Воло́дя), Ди́мка (Ди́ма), Ка́тька (Ка́тя), Ни́нка (Ни́на). Avoid using this suffix if you're not sure you are among very close friends.

2. **Ка́ть!**

    Colloquial Russian has special forms for addressing somebody directly by name. Thus, Ка́ть is the direct address form of Ка́тя. These forms are made from nicknames ending in -а/-я: Серёж! Ва́нь! Ми́ш! Ма́ш! Ко́ль! Ната́ш! Again, this has a familiar, intimate tone.

3. **Ка́к же**

    This is an expression of disbelief or skepticism. The meaning of this sentence is 'The hell you'll wipe it up!' though the Russian expression isn't quite as strong as that. You can translate it 'Whaddya mean (with disbelief), you'll wipe it up?!'

    | — Я́ приду́ в пя́ть. | — Ка́к же, придёшь ты́! Ты́ всегда́ опа́здываешь. |
    | — О́н пришёл в пя́ть? | — Ка́к же, пришёл о́н! Ка́к всегда́, опозда́л. |

4. **Его́... не смо́ешь.** 'It *won't* come off.'
5. **и for emphasis**: 'The only thing you ever think about is your rug.'

    > The particle и makes the sentence more emphatic; the following word or phrase bears heavy stress.

    | То́лько мы́ и пришли́! | We're the only ones who came. |
    | То́лько для ва́с я́ и писа́л э́ту кни́гу. | You're the only one I wrote this book for. |
    | Для ва́с я́ и писа́л э́ту кни́гу. | You're the one I wrote this book for. |
    | Ту́т мы́ и пришли́. | It was at this point that we arrived. |

Lesson 3

6. **по́мнить** *vs.* **напо́мнить/напомина́ть**

   The Imperfective verb по́мнить 'remember' has no Perfective partner, because it describes a *state*, not an *action*. The prefixed form напо́мнить (Perfective) has the meaning 'remind' and its Imperfective partner is напомина́ть.

7. **Что́ вы́ хоте́ли?**

   The use of the past tense here is like English — it is a polite way of saying *What do you want?* And it makes the question sound less abrupt.

ROOTS

1. **РОСТ-** (→рост-, раст-, рос-, рас-, рощ-, ращ-) grow

   The verb расти́ 'grow' (with or without prefixes) has the vowel **a** in the non-past and the vowel **o** in the past: расти́ расту́ растёшь растёт растём растёте расту́т; ро́с росла́ росло́ росли́. (Related verbs ending in -ить or -ать, e.g., отрасти́ть 'let grow,' выра́щивать 'cultivate' do not have this peculiarity.)

   растéние plant   ращéние growing
   во́зраст age   взро́слый adult
   о́трасль (промы́шленности) branch (of industry)   подро́сток juvenile, teenager
   ро́ст growth   ро́ща grove

   Prefixed verbs from this root follow a regular pattern of intransitive (i.e., without an Accusative object) vs. transitive (Accusative object required):

   Intransitives (Perf./Impf.)   *Transitives (Perf./Impf.)*
   отрасти́/отраста́ть grow out   отрасти́ть/отра́щивать grow (e.g., a beard)
   вы́расти/выраста́ть grow up, out of   вы́растить/выра́щивать cultivate
   нарасти́/нараста́ть increase   нарасти́ть/нара́щивать increase

У него́ отросла́ борода́.	His beard grew.
О́н отрасти́л бо́роду.	He grew a beard.
Де́ти вы́росли.	The children have grown up.
Они́ вы́растили кукуру́зу.	They grew corn.

2. **ДО́РОГ-** (→дорог-, дорож-, драг-, драж-) dear, expensive

   The variants of this root illustrate a regular correspondence between native Russian words and words borrowed into Russian from Old Church Slavic: Russian words containing the sequence -оро- frequently correspond to OCS words with -ра- (cf. Го́*род* 'city' : [Ленин]*гра́д Lit.*, '[Lenin] city.'). This correspondence is parallel to the one between -ере- and -ре- (с*ере*ди́на 'middle' and с*ре́*дний 'average'). Some words with -оло-/-ла- are similarly related: Russian nickname Воло́дя vs. the Saint's name Влади́мир.

   дорого́й dear, expensive   до́рого/доро́же dearly/more dearly, expensively
   дорожи́ть prize, value, esteem драгоце́нности jewelry, valuables

3. **ДОРО́Г-** (→доро́г-, доро́ж-) road

   This root differs from the above in that it has no OCS variant and is stressed on the second syllable in all its forms.

   доро́га road, route   желе́зная доро́га railroad
   доро́жка path, track   железнодоро́жный railroad
                         железнодоро́жник railway worker

Упражнения к диалогам

4. *Приготовьтесь задать другим студентам вопросы о разговоре Кати и Серёжи из диалога 1, например:*
   — Кто пролил чернила на ковёр?
   — Что пролили на ковёр?
   — Серёжа вытрет чернила?
   — Будет пятно на ковре?
   — Вася сможет смыть пятно?
   — От чего это пятно? От красного вина?
   — Он нарочно пролил вино или нечаянно?
   — Часто ты проливаешь краску на штаны?
   — О чём Катя думает?
   — Почему Серёжа сказал, что Катя мещанка/Ваня мещанин?
   — Почему Катя ругается?

5. *Придумайте, о чём попросить другого студента или студентку, например:*
   — Саш, купи мне _____ _____ .

в городе	книгу
в торговом центре	ручку
в супермаркете	хлеб
в универмаге	рубашку
на почте	марки…

   Когда вас попросят об этом, отвечайте, как отвечает Питер в диалоге 2 или, например:
   — Зачем тебе марки?   — Не могу, не успею.
   — Сколько хлеба купить?   — Я всегда забываю.
   — Если книга дорогая, всё равно купить?   — Ладно, куплю.

6. *Приготовьтесь сказать, что вам что-то нужно, например:*
   — Джонни, мне нужен _____ в субботу …

другой стул	отпуск в январе
чёрный карандаш	хороший велосипед на два дня
твой автомобиль	ковёр в ванную комнату
бутылка французского вина	красная краска
какие-нибудь старые штаны	средство против мух

   Будьте готовы объяснить, почему вам это нужно, когда другой студент вам ответит:
   — Но у тебя есть стул/чёрный карандаш/автомобиль …

   Вы можете ответить так, например:
   — У меня очень старый стул.
   — Мой карандаш не пишет.
   — Мой автомобиль очень маленький, а мне нужен большой…

   Будьте готовы объяснить, почему вы не можете выполнить просьбу товарища, например:
   — Я не могу дать тебе мои сапоги, потому что мне нужно идти в супермаркет: меня мама просила купить молока.

   — Я не могу… Мне нужно ехать домой, у меня тётя больна.
   — Я не могу… Мне нужно взять отпуск, я очень устал.
   — Я не могу… Мне дают отпуск, и придётся куда-нибудь ехать.

Лексико-граммати́ческие упражне́ния

7. *Вы́учите и́ли повтори́те спряже́ние глаго́лов:*

	Соверше́нный вид		**Несоверше́нный вид**

а) *Grammar 11.2a, 10*

нали́ть	pour	налива́ть
поли́ть	water (e.g. a plant)	полива́ть
проли́ть	spill	пролива́ть
вы́пить	drink	пить
сши́ть (сошью́: *see Grammar 2*)	sew	шить
заши́ть	sew up, sew in	зашива́ть
разби́ть (разобью́: *see Grammar 2*)	break, smash	разбива́ть

б) *Grammar 11.2b, 10*

помы́ть	wash	мыть
смыть	wash off	смыва́ть
закры́ть	close	закрыва́ть
откры́ть	open; discover	открыва́ть

в) *Вы́учите императи́в (see Grammar 7) всех глаго́лов в (а) и (б), а та́кже глаго́лов:*

встать	get up	встава́ть
сходи́ть	go, walk somewhere (and come back)	ходи́ть
купи́ть	buy	покупа́ть
принести́	bring	приноси́ть
вы́нуть	take out	вынима́ть
дать	give	дава́ть

8. *Отве́тьте преподава́телю, как в образце́.*

Образе́ц:

Преподава́тель: — Джон, ну́жно закры́ть дверь.
Джон: — Пусть Юди́фь закро́ет дверь.
Юди́фь: — Хорошо́, (я) закро́ю.

откры́ть дверь
помы́ть посу́ду
закры́ть окно́
нали́ть всем молока́
сши́ть зи́мнее пальто́ для мое́й соба́ки (с-о-…)
вы́пить молоко́
поли́ть цветы́
заши́ть брилья́нты в стул
разби́ть стекло́ (раз-о-…)
разби́ть буты́лку (раз-о-…)
заши́ть руба́шку

9. *Отве́тьте на вопро́сы, как в образца́х.*

Образе́ц А:

Преподава́тель: — На у́лице сего́дня жа́рко, да, Ва́ся?
Ва́ся: — Да, жаркова́то.
Ва́син(а) сосе́д(ка) — Нет, я не согла́сен (согла́сна). Сего́дня совсе́м не жа́рко.

Образе́ц Б:

Преподава́тель: — Кака́я-то э́та кни́жка глу́пая, да, Ва́ся?
Ва́ся: — Да, глупова́тая.
Ва́син(а) сосе́д(ка): — Нет, я не согла́сен (согла́сна). Кни́жка совсе́м не глу́пая.

Эта книжка скучная.
Усы у Ипполита Матвеевича зелёные.
Это упражнение очень трудное.
Это упражнение очень короткое.
Это упражнение очень длинное.
Эта водка слабая.
У вас хлеб очень сладкий.
Этот суп солёный.
Это лекарство горькое.
На улице сегодня жарко.
В этой комнате очень душно.
На лекции вчера было скучно.
Читать эти тексты без словаря очень трудно.

Запомните: солёный (сол-ё-ный), соленоватый (сол-о-новатый).

10. *Ответьте как в образце.*
Образец:

Преподаватель: — Джон, попросите, пожалуйста, Лену закрыть дверь.
Джон: — Лена, закрой, пожалуйста, дверь.
Лена: — По-моему, её не надо закрывать.
Или: — Извини, Джон, мне не хочется её закрывать.

открыть окно   встать
помыть посуду   сходить в магазин
полить цветы   купить чернила
зашить брильянты в стул   принести сюда лекарство
разбить стекло   вынуть руки из карманов
смыть пятно с костюма   дать лекарство всем студентам

11. *Перевод.*

> Чтобы followed by a past tense form of the verb translates requests, commands, wishes and so on (see the translation exercise of Lesson 2). Чтобы followed by an infinitive translates as *in order to*.

> Он пошёл в ванную, чтобы принять душ.   He went to the bathroom in order to take a shower.

Quite often, the English phrase *in order to* can be left out (*He went to the bathroom to take a shower*); in Russian чтобы can sometimes be left out (*Он пошёл в ванную принять душ*), though in most cases it is safer to keep it.

Чтобы followed by an infinitive answers questions that begin with зачем 'why, what for.' Questions that begin with почему 'why' receive answers that begin with потому что 'because.' So, start your question with зачем 'why, what for' if you want an answer that begins with чтобы 'in order to'; start your question with почему 'why' if you want an answer that begins with потому что 'because.'

Sentence 1.   funeral — похороны *always Plural*
Sentence 4.   *hairdye* translates as краска для волос literally 'dye for hair,' or more generally средство для волос 'something for the hair.' *Black hairdye* — чёрная краска для волос.
Sentence 6.   pharmacist — аптекарь, soap — мыло

Before doing this exercise reread the comment on reported speech in the translation exercise of Lesson 1.

(Review the Text)
1. Ippolit Matveevich decided that after the funeral he would go to Stargorod.
2. He decided to ask for a two-week vacation to go to Stargorod.
3. Why did he go to Stargorod? In order to find the diamonds. He went to Stargorod to find the diamonds.
4. Why did Ippolit Matveevich go to the drugstore? To buy black hairdye.
5. Ippolit Matveevich told Bezenchuk that he would buy a coffin. He told Bezenchuk to make the coffin with tassles.
6. Ippolit Matveevich asked for soap. He asked the pharmacist to give him soap.
7. The pharmacist told Ippolit Matveevich to buy "Titanic." The pharmacist said that Titanic wouldn't wash off with kerosene or soap. (Use the word мы́ло or, as in the text, мы́льная пе́на, literally *soap suds*.)

(Review the Dialogs)
8. Who's going to wipe the ink off the table? I will. No, let Petya wipe it. He spilled it.
9. Tell Jim not to forget to buy me my medicine. Okay, I'll remind him. He usually remembers my requests.
10. I need a two-week vacation, but I asked for a three-week vacation.

У него не было ни денег, ни квартиры, где они могли бы лежать, ни ключа, которым можно было бы квартиру отпереть. У него не было даже пальто.

Урок 4: Остап Бендер — великий комбинатор

В половине двенадцатого с северо-запада в Стáргород вошел молодой человек лет двадцати восьми. За ним бежал беспризорный.[1]

— Дядя! — весело кричал он, — дай десять копеек!

Молодой человек вынул из кармана яблоко и подал его беспризорному, но тот[2] не отставал. Тогда молодой человек остановился, иронически посмотрел на беспризорного мальчика и тихо сказал:

— Может быть, тебе дать еще ключ от квартиры, где деньги лежат?[3]

Беспризорный отстал.

Молодой человек солгáл: у него не было ни денег, ни квартиры, где они могли бы лежать, ни ключа, которым можно было бы квартиру отперéть. У него не было даже пальто.

Дойдя[4] до красивого двухэтажного особнякá, молодой человек остановился и посмотрел на дворника,[5] который сидел на каменной скамéечке у ворóт.

— А что, отец,[6] — спросил он дворника, — что в этом доме было до исторического материализма?

— Когда было?

— При старом режиме?

— А, при старом режиме бáрин мой жил.

— Буржуй?

— Сам ты буржуй! Предводúтель дворянства.[7]

— Пролетарий, значит?

— Сам ты пролетарий! Сказано[4] тебе — предводитель.

Разговор с умным дворником, слабо разбиравшимся[4] в классовой структуре óбщества, продолжался бы еще долго, если бы молодой человек не взялся за дело[8] решительно.

— Вот что, дедушка, — сказал он. — Неплохо бы[9] вина выпить.

— Ну, угостú.

Когда они вернулись, дворник был уже вернейшим[10] другом молодого человека. Они вместе спустились в дворницкую,[5] где гость лег на скамейку и спросил:

— А что, барина твоего шлепнули?[11]

— Никто не шлепал. Сам уехал.

— Куда же он уехал?

— А кто его знает![12] Люди говорили, в Париж уехал.

— А!.. Он, значит, эмигрант?

— Сам ты эмигрант...

В этот момент в дворницкой[5] зазвонил звонок. Дворник открыл дверь. На верхней ступеньке стоял Ипполит Матвеевич, черноусый и черноволосый.

— Барин! — замычал дворник. — Из Парижа!

Молодой человек вскочил со скамейки и сказал:

TEXT COMMENTS (1)

1. **беспризо́рный** 'homeless child' (adjective used as a noun; there is also a noun, беспризо́рник)
   There was a large number of such children in the Twenties, victims of the revolution, the civil war, the famine, and general disorder.

2. **то́т ...** 'he (that one, the latter) wouldn't leave [him] alone.'

3. **... гдé дéньги лежáт** 'Maybe I should give you the key to the apartment where the money is [lying]?'
   This is one of Ostap's favorite phrases; he taunts people with it throughout the novel.

4. **DEVERBAL FORMS**

дойдя́ (дойти́)	upon reaching, having reached

   ("Present" adverbial forms of most Perfective verbs of motion have past meaning.)

разбира́вшийся (разбира́ться - past active ptcpl.)	who understood, was knowledgeable
ска́занный (сказа́ть - past passive ptcpl.)	[it] has been said

5. **дво́рник** 'yardman, dvornik,' **дво́рницкая** 'yardman's quarters' (an adjective used as a noun).
   There is no English equivalent of дво́рник; some translators simply take over the Russian word into English: *dvornik*. The duties of a *dvornik* are: sweep the courtyard and sidewalk, shovel snow, see after general upkeep (like putting in new light bulbs), chase loafers away, be the police informer for the building, etc. He's something like a janitor or caretaker or superintendent, but not exactly either one.

6. **А что́, оте́ц** 'Say, man, ...' Оте́ц is a polite form of address in lower middle class speech.
7. **Са́м ты́ буржу́й! Предводи́тель дворя́нства.** 'Bourgeois yourself! [He's] a Marshall of the Nobility.'
8. **взя́лся за де́ло реши́тельно** 'really got down to business'
9. **Неплохо бы ...** 'It would be nice to ... It wouldn't be a bad idea to ...'
10. **верне́йший = ве́рный** 'true' + superlative suffix -ейш-.
11. **шлёпнули** 'Did they bump off your master?' (*Lit.,* swat.)
12. **А кто́ его́ зна́ет!** 'Who knows? Lord only knows!'

TEXT GLOSSARY (1)

ба́рин master	отпере́ть unlock, open
вели́кий great, extraordinary	предводи́тель leader, marshall
комбина́тор schemer; con man	скаме́ечка small bench
воро́та gate, gates	солга́ть lie
о́бщество society	угости́ть treat
особня́к residence, mansion	

— У нас хоть и не Париж, но милости просим.[13]

— Здравствуй, Тихон, — сказал Ипполит Матвеевич. — Я вовсе не из Парижа.

— Спокойно, все в порядке,[14] — быстро проговорил молодой человек. — Моя фамилия Бендер. Может, слыхали?[15]

— Не слышал, — нервно ответил Ипполит Матвеевич.

— Конечно, в Париже неизвестно имя Остапа Бендера. Тепло там теперь? Хороший город Париж...

— Что за чепуха![16] — воскликнул Ипполит Матвеевич. Он никогда не имел дела с[17] таким темпераментным молодым человеком, как Бендер, и чувствовал себя плохо. — Знаете, я пойду. А вы никому не говорите, что меня видели. Могут подумать, что я и правда эмигрант.

— Куда же вы пойдете? — сказал Остап Бендер. — Вам некуда торопиться. ГПУ[18] к вам само придет. Итак, баланс:[19] имеем эмигранта, который боится, что его заберут в ГПУ.

— Да ведь я же вам тысячу раз говорил, что я не эмигрант!

— А кто вы такой? Зачем вы сюда приехали?

— Ну, приехал из города Н. по делу.

— По какому делу?

— Ну, по личному.

— И после этого вы говорите, что вы не эмигрант? — насмешливо проговорил Остап.

И Ипполит Матвеевич покорился.

— Хорошо, — сказал он, — я вам все объясню.

«В конце концов[20] без помощника трудно, — подумал он. — А жулик он, кажется, большой. Такой может быть полезен».

TEXT COMMENTS (2)

13. **У нас хоть и не Париж, но милости просим** 'Even though this (у нас = 'our town') isn't Paris, welcome!' The expression милости просим is somewhat old-fashioned.
14. **Спокойно, всё в порядке** 'Take it easy, everything's OK.'
15. **Может, слыхали** 'Maybe you've heard [the name].' Может = может быть. Слыхали = слышали.
16. **Что за чепуха!** 'What nonsense!'
17. **никогда не имел дела с** 'had never had to deal with.'
18. **ГПУ** Some of the names of this organization, in historical order, are: ЧК, ГПУ, НКВД, МВД, КГБ. They are pronounced by their letter names. All are indeclinable nouns.
19. **Итак, баланс:** 'And so, the bottom line is:'
    (Ostap likes to use the terminology of finance and bookkeeping.)
20. **В конце концов** 'when all's said and done, after all.'

TEXT GLOSSARY (2)

вовсе не not at all	нервно nervously
жулик crook, swindler	покориться submit, resign oneself
личный personal	полезный useful
насмешливо sarcastically	помощник helper, assistant
неизвестно unknown	торопиться hurry

Упражнения к тексту

1. *Ответьте на вопросы преподавателя, как в образце.*

Образец: — Áня, вспóмните, пожáлуйста, Остáп Бéндер вошёл в Стáргород с *сéвера* или с *сéверо-зáпада*?
— Не могý вспóмнить. Кáжется, с *сéвера*. А мóжет быть, с *сéверо-зáпада*.

Или: — Óн вошёл в Стáргород с *сéвера*.

— Вспóмните пожáлуйста, у Остáпа *было* яблоко, когдá он вошёл в Стáргород или *не было*?
— Вспóмните, пожáлуйста, *Остáп* дал яблоко беспризóрному или *беспризóрный* дал яблоко *Остáпу*?
— Вспóмните, пожáлуйста, у Остáпа *было* пальтó или *не было*?
— Вспóмните, пожáлуйста, двóрник сидéл на *землé* или на *скамéйке*?
— Вспóмните, пожáлуйста, Остáп назвáл двóрника «*отéц*» или «*мать*»?
— Вспóмните, пожáлуйста, особнáк был *двухэтáжный* или *трёхэтáжный*?
— Вспóмните, при стáром режиме в особняках жили *дворянé* или *пролетáрии*?
— Вспóмните, двóрник *разбирáлся* в структýре óбщества или *нет*?
— Вспóмните, *Остáп* предложил *двóрнику* выпить или *двóрник* предложил *Остáпу*?
— Вспóмните, пожáлуйста, двóрник был *ýмный* человéк или *не óчень*?
— Вспóмните, пожáлуйста, в Париже *извéстно* имя Бéндера или *неизвéстно*?
— Вспóмните, Воробьяниноб *боялся*, что его заберýт в ГПУ, или *нет*?

2. *Прочитáйте и переведите предложéния. Приготóвьте вопрóсы к словáм, выделенным курсивом (italicized words). На занятии задáйте эти вопрóсы студéнту, котóрый бýдет читáть предложéния.*

Остáп Бéндер вошёл в Стáргород *с сéверо-зáпада*.
В кармáне у негó было *яблоко*.
Он вынул яблоко *из кармáна*.
Остáп отдал яблоко *беспризóрному*.
Он подошёл *к красивому особняку*.
Двóрник сидéл *на скамéйке*.
Скамéйка стояла *рядом с ворóтами*.
Остáп угостил двóрника *винóм*.
Остáп подружился *с двóрником*.
И от Остáпа, и от двóрника пáхло *винóм*.
Он нáчал спрáшивать двóрника *о его бывшем бáрине*.
Бáрином двóрника был *сам Ипполит Матвéевич*.
Остáп познакóмился *с Ипполитом Матвéевичем*.
Ипполит Матвéевич боялся *Остáпа и ГПУ*.
Он боялся *своих стáрых знакóмых*.
Он боялся, *что его заберýт в ГПУ*.
Он рассказáл Остáпу *о брильянтах своéй тёщи*.

3. a) *Разыгрáйте диалóг мéжду Остáпом и беспризóрником. Испóльзуйте фрáзы из тéкста и придýмайте похóжие фрáзы.*

Примéр:

Дáйте мне дéнег/рýбль/тридцать копéек на кóфе/пять рублéй на такси...
Мóжет быть, дать тебé яблоко?
Мóжет быть, отвести тебя в милицию?
... и так дáлее

Lesson 4

3. б) *Разыгра́йте диало́г ме́жду Оста́пом и дво́рником. Испо́льзуйте сле́дующие слова́ и выраже́ния.*

Что́ в э́том до́ме бы́ло до истори́ческого материали́зма/при ста́ром режи́ме?
ба́рин, буржу́й, дворяни́н, пролета́рий, предводи́тель дворя́нства
Са́м ты́...
кла́ссовая структу́ра о́бщества
хорошо́ бы + инфинити́в (хорошо́ бы вы́пить)
угости́ть
Где́ те́перь тво́й ба́рин?
Говоря́т,...
эмигра́нт

3. в) *Разыгра́йте диало́г ме́жду Оста́пом и Воробья́ниновым. Испо́льзуйте сле́дующие слова́ и выраже́ния.*

У на́с хо́ть и не Пари́ж, но...
ми́лости про́сим
Споко́йно, всё в поря́дке.
Та́м изве́стно/неизве́стно моё и́мя.
чепуха́
Мо́гут поду́мать, что...
Ва́м не́куда торопи́ться.
Я́ ва́м ты́сячу ра́з говори́л...
прие́хать по де́лу/по ли́чному де́лу

DIALOGS

Диало́г 1: Са́ня и То́ня
— То́ня, ты́ не зна́ешь, Ва́ська вы́трет сего́дня пы́ль?
— Я́ его́ спра́шивала,[1] он сказа́л, что уже́ вы́тер.
— А почему́ в гости́ной пы́ль не вы́терта? Спроси́, вытира́л ли[2] он в гости́ной.
— В гости́ной я́ сама́ вы́тру.

Диало́г 2: Ти́хон и Ната́лья
— Ти́хон! Вы́ мне́ сказа́ли, что ва́ш бра́т уе́хал в Москву́!
— Да́, о́н уе́хал. Я́ сказа́л ва́м пра́вду.
— Но́ о́н уе́хал не в Москву́, а на За́пад! О́н эмигра́нт!
— Я́ ва́м всё объясню́. О́н уе́хал в Москву́, а пото́м из Москвы́ уе́хал на За́пад.

Диало́г 3: Никола́й Ива́нович и ми́стер Ко́лд
— Не зна́ю, наде́ть[2] мне́ пальто́ и́ли не надева́ть.
— Обяза́тельно наде́ньте, Никола́й Ива́нович. Ве́тер о́чень си́льный.
— Бою́сь, что е́сли я́ оде́нусь[3] ка́к зимо́й, днём бу́дет со́лнце и жара́.[4]
— И всё-таки я́ ва́м сове́тую оде́ться потепле́е.

DIALOG COMMENTS

1. **Imperfective спра́шивала**
    You might expect the Perfective спроси́ла here, and indeed it would be grammatically correct. However, the speaker does not want to emphasize Perfective connotations like "single event" or "completed act" or "result"; she simply wants to state a fact. Hence the Imperfective.

2. **whether**

   Notice the alternate ways of expressing *whether* in this dialog, one without and one with the particle ли:

Ты́ не зна́ешь, Ва́ська вы́трет сего́дня пы́ль?	Do you know if (=whether) Vaska will dust today?
Ты́ не зна́ешь, вы́трет ли Ва́ська сего́дня пы́ль?	(Same meaning.)
Спроси́, вытира́л ли о́н в гости́ной.	Ask if (=whether) he dusted the living room.
Спроси́: вытира́л о́н в гости́ной?	(Same meaning.)
Не зна́ю, наде́ть мне́ пальто́ и́ли не надева́ть.	I don't know whether to put on a coat or not.

3. **е́сли plus future tense**

   Note that when reference is made to future time, е́сли is used with future tense (unlike English present tense).

е́сли я оде́нусь ка́к зимо́й	if I dress (Lit., will dress) for winter/as in winter

4. **со́лнце и жара́**

   Note the use of nouns here, where English uses adjectives (*sunny and hot*). Similarly:

На о́зере всегда́ хо́лод и ве́тер.	It's always cold and windy on the lake.

Упражне́ния к диало́гам

4. *Пригото́вьтесь спроси́ть други́х студе́нтов что́-нибудь вро́де:*
   — Ве́ра, ты́ не зна́ешь, Га́нс ку́пит сего́дня хле́б?
   — Ка́тя, ты́ не зна́ешь, Ма́ша помо́ет сего́дня посу́ду?
   — Да́ня, ты́ не зна́ешь, Дже́нис принесёт сего́дня газе́ту?
   и та́к да́лее...

   Отве́тить вы́ мо́жете та́к, ка́к отвеча́ет Са́ня в диало́ге 1 и́ли, наприме́р, та́к:
   — О́н сказа́л, что уже́ купи́л.
   — Она́ должна́ была́ принести́ ещё вчера́, но почему́-то не принесла́.
   — Нева́жно. Е́сли о́н не ку́пит, я́ са́м куплю́.
   ...

5. *Бу́дьте гото́вы нача́ть с други́м студе́нтом тако́й разгово́р:*
   — Мне́ сказа́ли, что за́втра понеде́льник.
   — Мне́ сказа́ли, что за́втра выходно́й де́нь
        Но́вый Го́д
        не́т заня́тий
        ле́кция о Сове́тском Сою́зе
        конце́рт англи́йской ро̀к-гру́ппы...
   — Мне́ сказа́ли, что на бу́дущей неде́ле начина́ются кани́кулы.

   Отве́тьте, наприме́р, та́к:
   — Тебе́ сказа́ли пра́вду/непра́вду. За́втра понеде́льник/вто́рник.
   — Ты́ наве́рное непра́вильно поняла́. Конце́рт не за́втра, а послеза́втра.
   — Кто́ тебе́ мо́г тако́е сказа́ть? Это непра́вда!

6. *Разыгра́йте тако́й же разгово́р как ме́жду Никола́ем Ива́новичем и ми́стером Ко́лд из диало́га 3. Вот предме́ты оде́жды, кото́рые вам пригодя́тся:*

сви́тер	жиле́т	перча́тки
носки́	шарф	плащ
ша́пка	пиджа́к	сапоги́
ку́ртка	чулки́	шу́ба

Посмотри́те вокру́г и скажи́те, кто как оде́т. Кто что наде́л сего́дня? Поговори́те о том, кака́я оде́жда сли́шком тёплая и кака́я сли́шком лёгкая для тако́й пого́ды, как сего́дня/для октября́/ма́рта и так да́лее. Зада́йте това́рищам таки́е вопро́сы:

— Почему́ ты в пальто́? Сего́дня так тепло́!
— Что ты но́сишь зимо́й?
— Заче́м ты наде́ла плащ? Сего́дня не бу́дет дождя́.

Отве́тить мо́жно так, наприме́р:

— Я сего́дня (хожу́) в пальто́, потому́ что я пло́хо себя́ чу́вствую.
— Я сего́дня наде́ла плащ, потому́ что ду́мала, что пойдёт дождь.
— Зимо́й я всегда́ хожу́ в пальто́.
— Зимо́й я ча́сто надева́ю/ношу́ пальто́.

Запо́мните:

Глаго́л носи́ть не употребля́ется при перево́де таки́х предложе́ний как I am wearing a skirt today. *В таки́х слу́чаях говоря́т «Я сего́дня в ю́бке» или «Я сего́дня наде́ла ю́бку».*

Ле́ксико-граммати́ческие упражне́ния

7. *Вы́учите или повтори́те спряже́ние глаго́лов:*

Соверше́нный вид　　　　　　　　　　　　**Несоверше́нный вид**

а) *Grammar 10, 11.1*

наде́ть	put on	надева́ть
оде́ть	dress	одева́ть
разде́ть	undress	раздева́ть
оде́ться	get dressed	одева́ться
стать	become	станови́ться
переста́ть	stop (doing something)	перестава́ть перестаю́т

б) *Grammar 10, 11.3*

отпере́ть отопру́	unlock	отпира́ть
запере́ть	lock	запира́ть
стере́ть сотру́	erase	стира́ть
вы́тереть	wipe	вытира́ть

в) *Grammar 10, 11.2*

нали́ть	pour	налива́ть
поли́ть	water (e. g. a plant)	полива́ть
отмы́ть	wash clean	отмыва́ть
помы́ть	wash	мыть
помы́ться	wash oneself	мы́ться
откры́ть	open	открыва́ть
закры́ть	close	закрыва́ть

г)

вы́нуть	take out	вынима́ть
убра́ть	put away	убира́ть
слома́ть	break	лома́ть
спря́тать	hide, put away	пря́тать

8. *Отве́тьте на вопро́с преподава́теля, ка́к в образце́.*
Образе́ц:

Преподава́тель: — Ва́ся, вы́ закры́ли две́рь?
Ва́ся: — Две́рь? Каку́ю две́рь?
Преподава́тель: — Две́рь на у́лицу!
Ва́ся: — А́, две́рь на у́лицу! Джи́м обеща́л, что закро́ет.

вы́ закры́ли две́рь (на ле́стницу)
вы́ за́перли воро́та (пе́ред особняко́м)
вы́ помы́ли окно́ (на ле́стнице)
вы́ стёрли то́ сло́во с доски́ (нехоро́шее сло́во)
вы́ поли́ли цветы́ (в гости́ной)
вы́ нали́ли соба́ке су́п (вчера́шний)
вы́ вы́терли сто́л (в столо́вой)
вы́ убра́ли спи́сок на ме́сто (брилья́нтов)
вы́ оде́ли ребёнка (ва́шего)
вы́ разде́ли ребёнка (Ната́шиного)
вы́ спря́тали шкату́лку (с брилья́нтами)
вы́ о́тперли я́щик (пи́сьменного стола́)
вы́ отмы́ли пятно́ (на ковре́)

9. *Отве́тьте на предложе́ние (suggestion) и́ли про́сьбу преподава́теля, ка́к в образце́.*
Образе́ц:

Преподава́тель: — Дава́йте схо́дим в кино́, Джи́м.
Джи́м: — Да́, непло́хо бы сходи́ть в кино́. Пожа́луй, я́ с удово́льствием сходи́л бы в кино́.
Преподава́тель: — А мо́жет бы́ть, польём цветы́, Сюза́нна?

польём цветы́ вы́пьем с дво́рником
откро́ем всё о́кна помо́емся сего́дня в ба́не
отопрём всё две́ри оде́немся потепле́е
помо́ем и вы́трем всю́ посу́ду наде́нем что́-нибудь потепле́е
вы́пьем вина́ переста́нем де́лать э́то упражне́ние

10. *Отве́тьте на вопро́с преподава́теля, ка́к в образца́х.*
Образе́ц А:

Преподава́тель: — Ва́ся, кто́ за́пер две́рь?
Ва́ся: — Не зна́ю, я́ не запира́л. Я́ никогда́ не запира́ю две́рь.

Кто́ за́пер воро́та? Кто́ о́тпер две́рь на ле́стницу?
Кто́ за́пер особня́к? Кто́ вы́тер сто́л?
Кто́ за́пер две́рь на ле́стницу? Кто́ стёр с доски́?
Кто́ о́тпер воро́та? Кто́ наде́л моё пальто́?
Кто́ о́тпер особня́к?

Образе́ц Б:

Преподава́тель: — Ва́ся, э́то вы́ за́перли две́рь?
Ва́ся: — Не́т, я́ не запира́л. Я́ никогда́ не запира́ю две́рь.

Э́то вы́ проли́ли горя́чее молоко́? Э́то вы́ вы́нули драгоце́нности из шкату́лки?
Э́то вы́ проли́ли сре́дство для воло́с? Э́то вы́ вы́нули всю́ ме́лочь у меня́ из карма́на?
Э́то вы́ закры́ли воро́та? Э́то вы́ вы́нули клю́ч у меня́ из карма́на?
Э́то вы́ стёрли с доски́? Э́то вы́ наде́ли моё пальто́?
Э́то вы́ за́перли две́рь? Э́то вы́ вы́нули спи́сок брилья́нтов из я́щика пи́сьменного стола́?

11. *Ответьте как в образце.*

Образец:

Преподаватель: — Джон, полейте, пожалуйста, цветы.
Джон: — Лучше мы с Машей вместе польём.
Маша: — Я не хочу поливать цветы.
Или: — Я с удовольствием полью цветы.

помойте посуду	оденьте детей
отоприте двери	наденьте им сапоги
заприте двери	выньте лекарство из стола
заприте библиотеку	сломайте этот стул
сотрите с доски	откройте бутылку
вытрите со стола	уберите брильянты в карман
уберите со стола	спрячьте брильянты в шкаф

12. *Перевод:* **Reporting yes-no questions. (See also Dialog Comment 1).**

Yes-no questions are those that are answered by *yes* or *no*: *Did he have medicine in his pocket? — Yes, he did* or *No, he didn't*. In reporting yes-no questions English uses *whether* or *if*: *Ask him, whether/if he had medicine in his pocket.*

> Formal Russian uses the particle ли right after the first stressed word of the question:

Спроси у него, было ли у него в кармане лекарство.	Ask him whether he had the medicine in his pocket.
Спроси у него, есть ли у него деньги.	Ask him whether he has any money.
Я не знаю, видел ли он Остапа.	I don't know whether he saw Ostap.
Ты не помнишь, дал ли Остап яблоко мальчику?	Do you remember if Ostap gave an apple to the boy?
Ты не помнишь, Остап ли дал яблоко мальчику?	Do you remember if it was Ostap who gave an apple to the boy?
Ты не помнишь, яблоко ли дал Остап мальчику?	Do you remember if it was an apple (or something else) that Ostap gave to the boy?
Ты не помнишь, беспризорный ли он?	Do you remember if he was (is) a homeless child?

> In informal conversation a simpler construction is used without ли:

Спроси у него, есть у него деньги?	Ask him whether he has any money.
Я не знаю, видел он Остапа или нет.	I don't know if he saw Ostap or not.

> In translating *Do you know if...* or *Do you remember if...* Russian requires не before the verb: Вы не знаете...? Вы не помните...? Translating from Russian to English, leave this не untranslated.

Sentence 9. *to dust* — вытереть or стереть пыль.
to dust the room — вытереть пыль в комнате.
to dust the books — стереть пыль с книг.

Sentence 10. Recall that in reported speech (or thoughts, or knowledge, as in this sentence), tenses are different in English and Russian. Reread comments to the translation exercise of Lesson 1.

(Review the Text)

1. I don't know whether Ostap had an apple in his pocket. Ask Ostap if he had an apple in his pocket.
2. Did Ostap have the key to the apartment where the money was? I don't remember if Ostap had the key to the apartment where the money was.
3. Ask the janitor if he unlocked the door of the mansion. He said he would unlock the door.
4. Do you remember if Ostap had any money? Do you remember whether the janitor drank wine with Ostap?

5. Ostap asked the janitor whether his master was a proletarian or a nobleman. He wanted the janitor to tell him about the people who lived in the mansion before the revolution.
6. The janitor didn't remember if his master had gone to Paris or not.
7. Ostap was a very vivacious young man. Ippolit Matveevich had never had to deal with such people. He wanted to leave. I don't remember whether or not he left.
8. Ippolit Matveevich was afraid that the GPU would get him. Ostap knew that Ippolit Matveevich was afraid that the GPU would get him.

(Review the Dialogs)
9. Remind Mary to dust the living room. No, I'll dust the living room myself. Let her dust the furniture in the dining room.
10. "I didn't know your brother was an emigre. I thought he lived in Moscow." "He lived in Moscow before the revolution."

ДИК И ДЖЕ́ЙН
(в библиоте́ке)

— Ты́ бы́л пра́в, Ди́к! Оста́п оказа́лся ещё ху́же, чем Воробья́нинов.

— В како́м смы́сле?

— Снача́ла он издева́ется над несча́стным беспризо́рником, пото́м смеётся над бе́дным необразо́ванным дво́рником. А язы́к у него́ како́й! Жарго́н революцио́нной идеоло́гии! Ты́, ка́жется, говори́л, что он поэ́т?

— По кра́йней ме́ре он не принима́ет идеоло́гию всерьёз.

— Он ничего́ и никого́ не принима́ет всерьёз. Ка́к он жесто́ко напуга́л Воробья́нинова свои́ми намёками на ГПУ́!

— Да́, Оста́п жесто́к. Но он живёт в жесто́кое вре́мя.

— А что́, Воробья́нинова действи́тельно могли́ арестова́ть? Что́-то мне́ не ве́рится.

— В те́ времена́ могли́ арестова́ть кого́ уго́дно. Никто́ не удивля́лся, узна́в, что сосе́да арестова́ли.

— Отку́да ты́ э́то зна́ешь?

— Э́то всё зна́ют. Почита́й газе́ты того́ вре́мени.

— Я́ никогда́ не чита́ла сове́тских газе́т. Я́ да́же не зна́ю, где́ и́х взя́ть.

— В на́шей библиоте́ке све́жие газе́ты лежа́т в газе́тном за́ле. А ста́рые... на́до посмотре́ть в катало́ге, е́сть ли у на́с в библиоте́ке «Пра́вда» за два́дцать седьмо́й го́д.

— Почему́ за два́дцать седьмо́й?

— Де́йствие «Двена́дцати сту́льев» происхо́дит в два́дцать седьмо́м году́... Во́т, е́сть «Пра́вда» на микрофи́льме. А во́т и два́дцать седьмо́й го́д... Принеси́ слова́рь, Дже́йн. Из спра́вочного отде́ла, О́ксфордский Ру́сско-англи́йский. А я́ найду́ микрофи́льм... Во́т интере́сная заме́тка: «Пра́вда» за четвёртое октября́ два́дцать седьмо́го го́да.

Lesson 4

> «Воскре́сник — беспризо́рнику»
>
> Втора́я обо́йная фа́брика Мосполигра́фа провела́ у себя́ воскре́сник. В рабо́те уча́ствовало 48 рабо́чих и служа́щих. Проде́ланная рабо́та оце́нена в 160 рубле́й. Эта су́мма внесена́ в фонд по́мощи беспризо́рным.

— Что в э́том интере́сного?

— Я про́сто хоте́л показа́ть тебе́, что не оди́н Оста́п помога́л беспризо́рникам.

— А что тако́е воскре́сник?

— Voluntary overtime work without pay. А вот заме́тка о суде́. По́мнишь, я сказа́л тебе́, что аре́сты бы́ли тогда́ вполне́ обы́чным де́лом? Вот заме́тка о челове́ке, кото́рый постро́ил на э́том всю свою́ карье́ру.

— Зна́ешь, дава́й почита́ем её за́втра, ла́дно?

— Мо́жно.

— Встре́тимся здесь, в отде́ле микрофи́льмов, в три часа́.

ROOTS

1. **ЯСН-** clear, plain, bright
   - я́сный clear
   - объясни́ть/объясня́ть explain
   - вы́яснить/выясня́ть find out

2. **ДВОР-** court(yard)
   - двор court(yard), yard; (royal) court
   - дворе́ц palace
   - дворяни́н nobleman
   - дво́рник caretaker
   - дво́рницкая caretaker's quarters
   - дворя́нство nobility

3. **ЛЙ-** (→ли-, ль-, лей-, лив-) pour, flow, *flu-*
   - проли́ть, прольют/пролива́ть spill
   - проли́в strait, sound (*geography*)
   - влия́ть influence
   - влия́тельный influential
   - влить/влива́ть pour in
   - поли́ть, польют/полива́ть water (e.g. a plant)
   - ле́йка watering can
   - влия́ние influence
   - сли́вки cream
   - перелива́ние кро́ви blood transfusion

— Барин! — замычал дворник. — Из Парижа!

Lesson 4

Урок 5: Лёд тро́нулся[7]

Прочитав[1] список драгоценностей мадам Петуховой, Остап спросил:

— Сколько вся эта музыка[2] стоила?

— Тысяч семьдесят — семьдесят пять.[3]

— Теперь, значит, стоит полтораста тысяч.

— Неужели так много? — обра́дованно спросил Воробья́нинов.

— Не меньше. Только вы, дорогой товарищ из Парижа, плюньте[4] на все это.

— Как же так?

— А вот так.[5] Сколько было стульев?

— Дюжина. Гостиный гарнитур.

— Давно, наверное, сгоре́л ваш гостиный гарнитур в пе́чках.

Воробьянинов так испугался, что даже встал с места.

— Спокойно, спокойно. За дело берусь я.[6] Заседание продолжается.[7] Кста́ти, нам с вами нужно заключить небольшой договорчик.[8] В случае реализации клада[7] я получаю шестьдесят процентов.

Ипполит Матвеевич посере́л.

— Это грабёж среди бела дня.[9]

— А сколько же вы думали мне предложить?

— Н-н-ну, пять процентов, ну, десять, наконец. Вы поймите,[10] ведь это же пятнадцать тысяч рублей!

— А может быть, вы хотите, чтобы я работал да́ром, да еще дал вам ключ от квартиры, где деньги лежат?

— В таком случае простите, — сказал Воробьянинов, — я и один справлюсь со своим делом.[11]

— Ага! В таком случае простите, — возразил Остап, — и я один могу справиться с вашим делом.

— Моше́нник! — закричал Ипполит Матвеевич.

Остап был холоден. Ипполит Матвеевич понял, какие железные ла́пы схватили его за горло.

— Двадцать процентов, — сказал он угрю́мо.

— И ключ от квартиры?

— Да ведь это тридцать семь с половиной тысяч!

— К чему[12] такая точность? Ну, так и быть[13] — пятьдесят процентов. Половина — ваша, половина — моя.

То́рг продолжался. Остап уступил еще. Он, из уваже́ния к ли́чности Воробьянинова, соглашался на сорок процентов.

— Шестьдесят тысяч! — кричал Воробьянинов.

— Вы довольно пошлый[14] человек, — возражал Бендер. — Вы любите деньги больше, чем надо.

— А вы не любите денег? — взвыл Ипполит Матвеевич голосом флейты.

— Не люблю.

— Зачем же вам шестьдесят тысяч?

— Из принципа!

TEXT COMMENTS (1)

1. **DEVERBAL FORMS:**
   прочита́в (прочита́ть - past adverb)   'having read through, after [he] read through"; in a colloquial English translation of a text, however, *verb+ing* is often better, e.g., 'reading through.'

2. вся́ э́та му́зыка 'all that jazz/stuff.'
3. ты́сяч се́мьдесят '*about* 70,000.'

   > When the noun (ты́сяча) comes before the numeral, the meaning is 'about.'

4. плю́ньте на всё э́то 'don't bother with all that, forget it' (*Lit.*, spit on all that).
5. Ка́к же та́к? — А во́т та́к. 'How's that (=what do you mean by that)? — That's the way it is.'
6. За де́ло беру́сь я́. 'I'm the one in charge' (*Lit.*, I am taking the business [in hand].)
7. **BENDERISMS**

   The language of Ostap Bender has become a part of Russian culture. Many of his phrases have become part of the everyday language. The title of this section is one such phrase: Лёд тро́нулся 'The ice has broken.' Another is Мо́жет быть, тебе́ да́ть клю́ч от кварти́ры, где́ де́ньги лежа́т? Many of his phrases are well-known bureaucratic terms (especially from high finance and bookkeeping) which he uses in non-bureaucratic contexts. Here are some of the stock phrases from this episode:

Заседа́ние продолжа́ется.	The meeting is in session (*Lit.*, the meeting continues).
в слу́чае реализа́ции кла́да	in the event the [hidden] treasure is realized
господа́ прися́жные заседа́тели	Ladies and gentlemen of the jury
са́льдо в мою́ по́льзу	the balance is in my favor (i.e., I'm ahead)

8. догово́рчик: Ostap is being coy, putting a diminutive suffix (-чик) on a rather formal word (догово́р); the normal way to conclude an agreement or draw up a contract is заключи́ть догово́р.
9. среди́ бе́ла дня́ 'in broad daylight.' The whole expression is somewhat like the English protestation 'That's highway robbery!'

   This fixed expression violates modern grammatical custom, in which short adjectives don't normally come before nouns or have case endings agreeing with nouns: you'd expect the long Genitive form бе́лого not the short form бе́ла.

10. Note the imperative of поня́ть: пойми́те! The best translation here is 'You must understand' or 'Don't you understand?'
11. я́ и оди́н спра́влюсь со свои́м де́лом 'I will manage my business *all by myself.*' The use of и before оди́н 'alone' adds emphasis to it.
12. К чему́ = заче́м
13. та́к и бы́ть 'so be it' (said with resignation, i.e., 'I concede, I reluctantly agree').
14. по́шлый is difficult to translate. It can mean 'common, banal, tasteless.' In this passage Ostap is accusing Vorobyaninov of being materialistic.

TEXT GLOSSARY (1)

грабёж robbery	пе́чка stove
да́ром for nothing, gratis, without pay	посере́ть turn grey, go grey
кста́ти by the way, incidentally	сгоре́ть burn up
ла́па paw	то́рг bargaining, haggling
лёд ice	тро́нуться break (said of ice)
ли́чность personality, person	уваже́ние respect
моше́нник rogue, scoundrel	угрю́мо gloomily, sullenly
обра́дованно with pleasure, overjoyed	

Ипполит Матвеевич только дух перевел.[15]

— Ну что, тронулся лёд? — добавил Остап.

— Тронулся.

— По рукам, предводитель команчей![16] Лед тронулся! Лед тронулся, господа присяжные заседатели![7]

После этого Воробьянинов и Остап решили лечь вдвоем на дворницкую кровать. У Остапа под пиджаком оказалась рубашка «ковбой»[17] в черную и красную клетку. Под ковбойкой[17] не было уже больше ничего. Зато у Ипполита Матвеевича под пиджаком был жилет, а под ним — еще один жилет, голубой, который сразу понравился Остапу.

— Продайте, — сказал он.

Ипполиту Матвеевичу неудобно было отказывать своему новому компаньону. Он согласился продать жилет за восемь рублей.

— Деньги — после реализации клада, — заявил Остап, принимая от Воробьянинова теплый еще жилет.

Ипполит Матвеевич покраснел, вынул маленький блокнотик и записал:

«Выдано[18] товарищу Бендеру 8 рублей.»

Остап заглянул в блокнотик.

— Ого! Тогда запишите и шестьдесят тысяч, которые вы мне должны. Сальдо в мою пользу[7] — пятьдесят девять тысяч девятьсот девяносто два рубля. Еще можно жить!

TEXT COMMENTS (2)

15. **ду́х перевёл** 'took a deep breath.' This expression refers to the deep sigh you make after a heavy exertion.
16. **предводи́тель кома́нчей** 'leader of the Comanches.'
    Ostap is mocking the 'marshall of the nobility' by calling him the 'marshall of the Comanches.' Russians are well acquainted with the names of American Indian tribes and with the traditions of the Wild West; among best-selling translations in Russia are James Fenimore Cooper, Jack London, and other writers on Indians and the West.
17. **руба́шка «ковбо́й» = ковбо́йка** 'cowboy shirt,' i.e., a shirt with a checked pattern.
18. **DEVERBAL FORMS:**
    вы́дано (вы́дать - past passive ptcpl.)   given (out), issued

TEXT GLOSSARY (2)

заглянуть glance, peep, look in
клетка square, check
лёд ice
отказывать refuse

Упражнения к тексту

1. *Ответьте на вопросы преподавателя, как в образце.*
Образец:
— Послушай, Таня, ты не помнишь, Воробьянинов *обрадовался*?
— Кажется, он *обрадовался*. А может быть, и *нет*.
Или: — Нет, я не помню, *обрадовался* он *или нет*. Давай спросим у Вали. Валя, ты не помнишь...

Послушай, ты не помнишь, Остап *прочитал* список драгоценностей?
Ипполит Матвеевич *испугался*?
Остап *хотел* заключить договор?
у Остапа *была* квартира?
Воробьянинов *мог* один справиться с делом?
Ипполит Матвеевич *знал*, что Остап — жулик?
Остап *уважал* Воробьянинова?
Ипполит Матвеевич *любил* деньги?
они легли спать *вдвоём*?
у Остапа *было* что-нибудь под рубашкой?
Ипполит Матвеевич *продал* Остапу жилет?
Остап *дал* Воробьянинову деньги за жилет?

2. *Удивитесь тому, что скажет вам преподаватель, как в образце. Слова* как *и* неужели *произносите с особым ударением.*
Образец:
Преподаватель: — Знаете, Вася, брильянты мадам Петуховой стоили *семьдесят тысяч*.
Вася: — *Как* семьдесят тысяч? *Неужели* семьдесят тысяч?
Другой студент: — Да, представь себе, они стоили *семьдесят тысяч*.

Узнав об этом, Ипполит Матвеевич *очень обрадовался*.
Остап сказал, что стулья, наверно, давно *сгорели*.
Услышав об этом, Ипполит Матвеевич *испугался*.
Остап предложил заключить договор и попросил себе *шестьдесят процентов*.
От такого предложения Ипполит Матвеевич *упал со стула*.
Остап вполне мог справиться с этим делом *один*.
Ипполит Матвеевич предложил Остапу *двадцать процентов*.
Они долго *торговались*.
Наконец они *договорились*.
Договорившись, они легли спать *вместе*.
У Ипполита Матвеевича под пиджаком оказалось *два жилета*.
У Остапа *ещё не было* денег, когда он купил один из этих жилетов.

3. а) *Разыграйте диалог между Остапом и Воробьяниновым. Используйте следующие слова:*

вся эта музыка	мошенник
Неужели так много?	Ведь это...
Не радуйтесь.	пошлый человек
Спокойно, всё в порядке.	Вы любите деньги больше чем надо.
браться за дело	из принципа/из уважения к вам
Заседание продолжается.	лёд тронулся
заключить договор	по рукам
получить деньги	Теперь, значит, ...
Сколько вы думали мне предложить?	Плюньте на это дело.
ключ от квартиры, где деньги лежат	Вы поймите, ведь это же ...
справиться с этим делом	А может быть, вы хотите, чтобы...

Lesson 5

3. б) *Принеси́те на заня́тие како́й-нибудь предме́т (пласти́нку, шарф, перча́тки) и предложи́те друго́му студе́нту купи́ть его́. Употреби́те сле́дующие слова́ и выраже́ния:*

                Э́то грабёж среди́ бе́ла дня.
                Ско́лько же вы ду́мали мне предложи́ть?
                Хорошо́, я уступлю́ ещё немно́го.
                Согла́сен на... рубле́й.
                на пятьдеся́т проце́нтов бо́льше/ме́ньше
                како́й вы по́шлый челове́к
                моше́нник
                Вы лю́бите де́ньги бо́льше, чем на́до.
                Ну хорошо́, по рука́м.

3. в) *Приду́майте, что сказа́ть друго́му студе́нту, так что́бы снача́ла обра́довать его́, а пото́м огорчи́ть, как в э́том разгово́ре:*

Оста́п: — Брилья́нты ва́шей тёщи сто́ят, пожа́луй, сто пятьдеся́т ты́сяч.
И. М.: (*обра́дованно*) — Да что вы?! Неуже́ли так мно́го?
Оста́п: — Не ра́дуйтесь. Давно́, наве́рно, сгоре́ли все двена́дцать сту́льев в пе́чках.

Вот не́сколько возмо́жных сцена́риев.

    За́втра не бу́дет заня́тий.//Послеза́втра контро́льная рабо́та.
    Ва́ся согласи́лся прода́ть тебе́ голубо́й жиле́т.//Он про́сит за него́ 100 до́лларов.
    Я за́нял(а́) для тебя́ де́нег в ба́нке.//Банк берёт пятна́дцать проце́нтов.
    Я нашёл тебе́ рабо́ту на ле́то.//Пла́тят так ма́ло, что ты бу́дешь рабо́тать почти́ да́ром.
    Одна́ фи́рма в Нью-Йо́рке согласи́лась заключи́ть с тобо́й догово́р на кни́гу.//Они́ предлага́ют то́лько де́сять проце́нтов.

ROOTS

1. КЛЮЧ- key, -clude, -cluse

исключи́ть/ислюча́ть exclude, except, expel	исключе́ние exception
включи́ть/влюча́ть include; switch on	включи́тельно inclusively
ключ key	исключи́тельный exceptional
вы́ключить/выключа́ть switch off	выключа́тель switch

2. ДЕН- (→ден-, дев-, де(й)-, дёж-, дёжд-) put, place

деть де́нут *Pf.*	наде́ть наде́нут *Pf.*
дева́ть дева́ют *Impf.* put, place	надева́ть надева́ют *Impf.* put on (an article of clothing)
издева́ться mock, put (somebody) on	оде́ть(ся)/одева́ть(ся) put on (clothes) dress
наде́яться hope	разде́ть(ся)/раздева́ть(ся) take off (clothes), undress
наде́жда hope	переоде́ть(ся)/переодева́ть(ся) change (clothes)
надёжный reliable, safe	оде́жда clothing
безнадёжный hopeless	

    The words надёжный and наде́жда (also the Saint's name Наде́жда) illustrate two things about the relationship between certain native Russian words and related Old Church Slavic borrowings:

      (1) Russian ё may correspond to borrowed é (cf. the Russian nickname Лёва vs. the Saint's name Лёв), and

      (2) Russian ж may correspond to borrowed жд (cf. горожа́нин 'city dweller' vs. граждани́н 'citizen' — in alternation with д: го́род).

DIALOGS

Диало́г 1: Ве́ра и Да́ня

— Да́ня, неуже́ли тебе́ нра́вится рабо́тать да́ром?[1] Е́сли живёшь в Нью-Йо́рке, на́до зараба́тывать ты́сяч три́дцать.[2]
— Пока́ я живу́ с отцо́м, мне хвата́ет. Заче́м мне зараба́тывать три́дцать ты́сяч?
— Не ве́чно же ты бу́дешь жи́ть с отцо́м! Когда́-нибудь придётся снять кварти́ру.
— Тогда́ я займу́ де́нег в ба́нке. Всё занима́ют.

Диало́г 2: Дже́ймс и Лари́са

— Лари́са, за ско́лько вы купи́ли гарниту́р?
— Не по́мню то́чно. Ты́сяч за[2] шестьсо́т-семьсо́т.
— Семьсо́т рубле́й! Э́то грабёж среди́ бе́ла дня.
— Сейча́с он сто́ит на пятьдеся́т проце́нтов[3] бо́льше.

Диало́г 3: Пётр Петро́вич и това́рищ председа́тель

— Заседа́ние продолжа́ется! У кого́ есть но́вые предложе́ния?
— Това́рищ председа́тель! Я предлага́ю заключи́ть догово́р с дво́рником, что́бы он покра́сил весь дом.
— Мне ка́жется, Пётр Петро́вич, что е́сли за э́то де́ло возьмётесь вы, мы спра́вимся[4] и без дво́рника.
— Нет, я из при́нципа не бу́ду кра́сить!

DIALOG COMMENTS

1. **да́ром**

    This word means 'for nothing, gratis' and also 'in vain.' In this Dialog the best translation is '(work) for peanuts.' Here are some examples of да́ром in a variety of contexts:

Мне э́та ко́фточка да́ром доста́лась.	I got this blouse free/for nothing.
Да́ром не отда́м.	I won't give it away (free).
В магази́не ничего́ да́ром не даю́т.	They don't give anything away (free) in stores.
Да́ром я стара́лась — всё равно́ ничего́ не вы́шло.	I tried in vain; nothing came of it.

2. **numeral/noun inversion**

    When you change пять рубле́й 'five rubles' to рубле́й пять, you add the meaning '*approximately* (five rubles).' If there is a preposition in the expression, it comes after the noun and before the numeral. Note that the word ты́сяча works like a noun; it inverts just like рубль:

рубле́й за шестьсо́т-семьсо́т	for about 600 or 700 rubles
ты́сяч де́сять	about ten thousand

3. **Percent *vs.* проце́нт; на and в in quantity comparisons.**

    The English word *percent* has no plural; the Russian word проце́нт does: оди́н проце́нт, два проце́нта, пять проце́нтов.

    > **на + Acc**
    > When you compare two things quantitatively, use на + Acc. to express the amount *by* which they differ.
    >
    > **в + Acc. + ра́з(а)**
    > If, however, you want to express how many *times* (i.e., using multiplication rather than addition) the amounts differ, use в + Acc. + ра́з(а).

Lesson 5

Examples of на:

на оди́н проце́нт бо́льше/ме́ньше	на пя́ть рубле́й бо́льше/ме́ньше
на два́ проце́нта бо́льше/ме́ньше	на два́ рубля́ доро́же
на пя́ть проце́нтов бо́льше/ме́ньше	на ше́сть сантиме́тров вы́ше/ни́же

Examples of в:

| в два́ ра́за бо́льше/ме́ньше |
| в пя́ть ра́з бо́льше/ме́ньше |
| в два́дцать оди́н ра́з бо́льше/ме́ньше |

Note also that in Russian you say *twice as little* rather than *half as much*: в два́ ра́за ме́ньше = вдво́е ме́ньше. Similarly, Я получа́ю в три́ ра́за ме́ньше (= втро́е ме́ньше) 'I earn a third as much' (*Lit.*, three times less). Cf. Я получа́ю на одну́ тре́ть ме́ньше 'I earn a third less.'

4. **Verb government: справля́ться/спра́виться с ке́м/че́м**
This verb means 'manage' in the sense of 'cope, deal with.'

О́н не спра́вился с зада́нием.	He couldn't handle the assignment.
Вы́ спра́витесь? — Ду́маю, что спра́влюсь.	Can you manage it? — I think I can.
Она́ спра́вилась с пе́рвым вопро́сом на экза́мене, но не суме́ла отве́тить на второ́й.	She got through the first question on the exam, but she couldn't answer the second one.
Ка́к она́ справля́ется с тремя́ детьми́?	How can she cope with three children? *or*: How can she control three kids?

Упражне́ния к диало́гам

4. *Когда́ ва́ши това́рищи разыгра́ют диало́г 1, скажи́те:*
 — Я́ то́же рабо́таю (почти́) да́ром, за два́/три́ ... до́ллара в ча́с/ме́сяц/неде́лю.
 — А я хорошо́ зараба́тываю — бо́льше шести́/семи́... до́лларов в ча́с *и т. д.*
 — Я́ то́же живу́ с роди́телями.
 — У на́с в го́роде то́же о́чень до́рого снима́ть кварти́ру.
 — Мне́ то́же пла́тят то́лько ...
 — Хотя́ мне́ и не нра́вится жи́ть в общежи́тии, я не снима́ю кварти́ру, потому́ что...

5. *Пригото́вьтесь нача́ть с други́м студе́нтом и́ли студе́нткой тако́й же разгово́р, ка́к в диало́ге 2, заменя́я сло́во «гарниту́р» на:*

слова́рь	до́м
портфе́ль	кварти́ра
кольцо́	гости́ница
сапоги́	э́тот стари́нный ру́сский ру́бль
ме́бель	столо́вый/спа́льный гарниту́р
уче́бник по фи́зике	всё э́ти брилья́нты

Вы мо́жете та́кже спроси́ть, наприме́р:
 — Ско́лько ты́ заплати́л за...
 — Ско́лько ты́ потра́тил на...
 — За ско́лько ты́ сня́л кварти́ру/ко́мнату/но́мер в гости́нице...
 — У ва́с в ко́мнате е́сть кака́я-нибудь о́чень дорога́я ве́щь?
 — Ско́лько она́ сто́ит?

Е́сли цена́ не ка́жется ва́м высо́кой, скажи́те:
 — Э́то о́чень дёшево!
 — Э́то совсе́м не до́рого!
 — У на́с доро́же!
 — Э́то деше́вле, че́м моя́ кварти́ра/ко́мната/ме́бель... *и та́к да́лее.*

6. *Придумайте заранее, с каким предложением вы хотите обратиться к товарищам — как Пётр Петрович из диалога 3. Когда другие студенты будут предлагать свои идеи, вы можете согласиться или не согласиться с ними. Вы можете предложить, например:*

    устраивать контрольные работы по субботам
    продать все учебники русского языка
    покрасить в красный цвет стены на кафедре истории

    — Мне кажется, это очень интересное предложение!
    — Очень странное предложение!
    — Нам уже предлагали это в прошлом году, и мы отказались.
    — Хорошая идея, но кто возьмётся за такое трудное дело?
    — Справится ли он с такой работой?
    — Я лично с такими вещами сама справляюсь.
    и так далее...

Лексико-грамматические упражнения

7. *Выучите или повторите спряжение глаголов, включая формы прошедшего времени:*
(Grammar 15)

	Совершенный вид		**Несовершенный вид**
а) *Grammar 12.1, 12.5*			
	принести	bring (by carrying)	приносить
	спастись	escape	спасаться
	привезти	bring (in a vehicle)	привозить
	залезть	climb	залезать
б) *Grammar 14*			
	снять	take off; rent	снимать
	поднять	lift	поднимать
	подняться	go up	подниматься
	понять	understand	понимать
	занять	borrow	занимать
	принять	receive, take	принимать
в)	надеть	put on (clothes)	надевать
	одеться	get dressed	одеваться
	полить	water (e.g., a plant)	поливать
	помыть	wash	мыть
	вытереть	wipe, mop up	вытирать
	запереть	lock	запирать
	поехать	go (by vehicle)	ездить, ехать
	заключить	conclude	заключать
	покрасить	paint	красить
	положить	put	класть
	спуститься	go down	спускаться

8. *Ответьте преподавателю, как в образце.*
Образец:
    Преподаватель: — Вася, попросите Асю снять пальто.
    Вася: — Ася, сними, пожалуйста, пальто.
    Ася: — Я с удовольствием сниму пальто, если и все остальные снимут.
    Или: — Нет, не сниму. Пусть все остальные снимут.

снять жилет
надеть пальто
принять лекарство
принять средство от
головной боли
залезть на стол
полить цветы

подняться на пятый этаж
спуститься вниз
поднять книжки с пола
положить книжки на стол
занять денег в банке
помыть посуду
одеться

9. *Ответьте преподавателю, как в образце.* (For stress in the past tense see Grammar 15)

Образец:

Преподаватель: — Вася, вы поняли, что я сказал?
Вася: — Да, понял.
Преподаватель: — А вы, Тереза?
Тереза: — И я поняла. Мы всё поняли, что вы сказали.

поняли домашнее задание
сняли пальто
сняли жилет
подняли книги с пола
заняли денег в банке
приняли лекарство от сердца

заперли дверь
вытерли пыль
принесли блокнот
привезли список ваших брильянтов
полили цветы

10. *Ответьте как в образце.*

Образец:

Преподаватель: — Хорошо бы занять денег, да, Вася?
Вася: — Да, я хотел бы занять денег.
Ася: — А если ты займёшь денег, что ты будешь делать?
Вася: — Ну, если я займу денег,... (*Придумайте, что вы скажете, например:* Я куплю себе машину.)

занять денег в банке
снять квартиру
понять, как Остапу всё удаётся
понять класовую структуру американского общества
заключить договор с большой фирмой
поехать в Вашингтон
залезть на Вашингтонский монумент
покрасить волосы в рыжий цвет
привезти сувениров из России

11. *Перевод:* **If-then constructions.**

Russian, just as English, distinguishes between real and unreal conditions:

Real:

Если Вася дома, пойдём гулять.   If Vasya is home, let's go for a walk.

Unreal:

Если бы Вася был дома, мы бы пошли погулять.   If Vasya were home, we would go for a walk.
   or: If Vasya (at that time) had been home, we would have gone for a walk.

> In real conditions referring to the future
> Russian uses the future tense (English uses present):

Если Вася ещё будет дома, мы пойдём погулять.	If Vasya is still at home we'll go for a walk.
Если мне не дадут денег, я не стану работать.	If they don't give me money, I won't work.

Do not confuse *if* meaning éсли with the *if* that introduces yes-no questions. Only the latter *if* is interchangeable with *whether*:

| Ask him if/whether he'll be home at 5. | Спроси́ его́, бу́дет ли о́н до́ма в пя́ть. |
| If he's home at 5, we'll go for a walk. | Éсли о́н бу́дет до́ма в пя́ть, мы́ пойдём погуля́ть. |

Sentence 1. Reminder: the word order in author's comment is Verb-Noun.
Sentence 3. *agree to something* — согласи́ться на + Accusative
Sentence 5, 6. *recall* — вспомина́ть
Sentence 8, 9. Use придётся with Dative to translate *He/She will have to.*
Sentence 8, 9. *take from* = взя́ть у (person) or взя́ть в (place like *bank, library*, etc.)

(Review the Text)
1. "If I give him 60 percent," Ippolit Matveevich thought ," it will be robbery in broad daylight."
2. "If I don't give him 40 percent," Ippolit Matveevich thought, "he will find the diamonds himself."
3. "If I agree to 60 percent," Ippolit Matveevich thought, "he will ask for 80 percent."
4. "If I don't agree to 60 percent," Ippolit Matveevich thought, "he will cope with my business without me."
5. "If I had given him 60 percent," Ippolit Matveevich recalled "it would have been robbery in broad daylight." "If I hadn't given him 40 percent," Ippolit Matveevich recalled, "he would have found the diamonds himself."
6. "If I had agreed to 60 percent," Ippolit Matveevich recalled, "he would have asked for 80 percent." "If I hadn't agreed to 60 percent," Ippolit Matveevich recalled, " he would have coped with my business without me."
7. Do you remember if Ippolit Matveevich agreed to 60 percent? Do you remember whether Ippolit Matveevich sold Ostap his vest?

(Review the Dialogs)
8. If he likes to work for nothing, he'll have to take money from his parents.
9. If she wants to rent an apartment, she'll have to borrow money from the bank.
10. I have a proposal: let's paint the house. No, I won't paint it out of principle. You'll manage without me. Okay, let the janitor do it.

Ско́лько вся́ э́та му́зыка сто́ила?

ДИК И ДЖЕ́ЙН
(сно́ва в отде́ле микрофи́льмов)

— Бу́дем чита́ть о престу́пнике, кото́рый постро́ил свою́ карье́ру на то́м, что аре́сты бы́ли тогда́ вполне́ обы́чным де́лом?
— Угу́.

(из «Пра́вды» за 4 октября́ 1927 го́да)

> **СУД**
> Пе́ред судо́м сравни́тельно молодо́й челове́к, по нару́жности кото́рого нельзя́ предполага́ть, что э́то — закоренёлый престу́пник. Не́которые стра́нности в поведе́нии Штё́тефельда — такова́ настоя́щая фами́лия обвиня́емого — заста́вили су́д прибе́гнуть к психиатри́ческой эксперти́зе.

— Что́ зна́чит «пе́ред судо́м», Ди́к? Before the trial?
— Не́т, «пе́ред судо́м — молодо́й челове́к» зна́чит Before the judge is a young man.
— Почему́? «Пе́ред» зна́чит before, «су́д» зна́чит trial. Почему́ же «пе́ред судо́м» не зна́чит before the trial?
— «Пе́ред» зна́чит та́кже in front of. «Су́д» зна́чит та́кже the court of justice, the judges.

> Вра́ч-психиа́тр призна́л, что Штё́тефельд, ка́к во вре́мя соверше́ния свои́х многочи́сленных преступле́ний, та́к и в настоя́щее вре́мя душе́вной боле́знью не страда́л и не страда́ет.

— The sickness of the shower?
— Что́??
— «Ду́ш» зна́чит shower. «Душе́вная боле́знь» зна́чит...
— «Душе́вный» не от сло́ва «ду́ш», а от сло́ва «душа́». «Душа́» зна́чит soul.
— The sickness of the soul? Oh, mental illness! Понима́ю! У америка́нцев боли́т у́м, а у ру́сских — душа́.
— Да́, то́лько не «боли́т», а «боле́ет». «Боли́т» зна́чит hurts, а боле́ет — is ill.
— С тобо́й невозмо́жно разгова́ривать! У тебя́ одна́ грамма́тика на уме́.
— Ка́к же мы́ бу́дем разгова́ривать, е́сли ты́ не нау́чишься отлича́ть ду́шу от ду́ша?
— Ну ла́дно, не зли́сь. За что́ же его́ су́дят, э́того Штё́... Штё́те... фельда?
— Не зна́ю. Но мне́ уже́ на́до бежа́ть на ле́кцию, Джейн.
— По ру́сской грамма́тике?
— Не́т, по исто́рии.
— Беги́. Я дочита́ю без тебя́... мо́жет бы́ть... за́втра.

То Ипполиту Матвеевичу казалось, что он никогда не покидал Старгорода, то Старгород казался ему совершенно незнакомым.

Урок 6: Где ваши ло́коны?

Проснувшись,[1] Ипполит Матвеевич долго и с наслаждением умывался. Потом он заглянул в зе́ркало. Сердце его потухло.[2] В зеркале отразился большой нос и зеленый, как молодая травка, левый ус. Ипполит Матвеевич передвинул зеркальце направо. Правый ус был того же цвета. Зелеными стали и волосы на его голове.

Ипполит Матвеевич громко застона́л.

Остап тоже проснулся и десять минут смеялся, не переставая.[1]

— Но ведь мне аптекарь говорил, что это будет радикальный черный цвет! — стонал предводитель дворянства. — Не смывается ни холодной, ни горячей водой, ни мыльной пеной, ни керосином...

Вошел дворник и, увидев[1] барина в зеленых усах, перекрестился и попросил рубль.

— Возьми рубль, дружок, и иди, да смотри,[3] не говори, что я приехал, — сказал ему Ипполит Матвеевич.

Травянистые усы, а также и волосы Ипполита Матвеевича пришлось сбри́ть. После этого Остап объявил: «Заседание продолжается!» и герои принялись за по́иски стульев.

То[4] Ипполиту Матвеевичу казалось, что он никогда не покида́л Старгорода, то Старгород казался ему совершенно незнакомым. Он дошел до улицы Маркса и Энгельса, и подумал, что сейчас из-за угла выйдет знакомый. Но из-за угла вышел какой-то незнакомый гражданин. В руках он держал стул. Ипполит Матвеевич почувствовал жар в ладонях[5] — он сразу узнал свой стул. Приблизившись[1] к незнакомцу, он молча дёрнул стул к себе. Незнакомец молча дернул стул обратно. Ипполит Матвеевич дернул сильнее.

— Грабят,[6] — прошептал незнакомец.

— Позвольте![7] — закричал Ипполит Матвеевич.

Так как руки у обоих были заняты стулом, они начали пина́ть друг друга ногами. Ипполит Матвеевич попал в колено проти́вника.

— О господи! — прошептал тот.

И тут Ипполит Матвеевич увидел, что незнакомец, похитивший[1] его стул — это отец Фёдор, свяще́нник, который испове́довал Клавдию Ивановну перед смертью. Священник был не в ря́се, а в обыкновенном пальто. Волосы[8] его были острижены.[1]

— Батюшка![9] — воскликнул Ипполит Матвеевич, в удивлении снимая[1] руки со стула.

Отец Федор тоже опустил руки, и стул свалился на землю.

— Где же ваши усы, уважа́емый Ипполит Матвеевич? — саркастически спросил отец Федор.

— А где же ваши локоны, батюшка? — саркастически спросил Ипполит Матвеевич.

Он поднял стул и повернулся, чтобы уйти. Но отец Федор не дал ему такой легкой победы. Он снова ухватился за стул.

— Так это вы, свято́й отец, охо́титесь за моим иму́ществом? — сказал Ипполит Матвеевич.

— Это не ваше имущество, — возразил святой отец.

TEXT COMMENTS (1)

1. **DEVERBAL FORMS**

остри́женный (остри́чь – past passive)	clipped, cut
(не) перестава́я (перестава́ть – present adverb)	(without) stopping
похи́тивший (похи́тить – past active ptcpl.)	who had stolen, carried off
прибли́зившись (прибли́зиться – past adverb)	having drawn near
просну́вшись (просну́ться – past adverb)	after he woke up, having gotten awake
снима́я (снима́ть – present adverb)	taking off, removing
уви́дев (уви́деть – past adverb)	having caught sight of

2. **Се́рдце его́ поту́хло** 'His heart sank' (*Lit.,* was extinguished, died out [said of fire and light]).
3. **да смотри́, не говори́** 'and make sure you don't tell [anybody]' (*Lit.,* watch out, don't tell).
4. **то́ ... то́ ...** 'one moment ... and the next moment ...'
5. **почу́вствовал жа́р в ладо́нях** 'his palms got sweaty' (*Lit.,* he felt heat in his palms).
6. **гра́бят** 'Help!' (*Lit.,* they are holding [me] up, robbing [me]).
7. **Позво́льте!** 'Just a second, now — hold on!' (*Lit.,* Allow [me]). This expression is rather old-fashioned. Nowadays it sounds quite formal.
8. **во́лосы ... остри́жены.** Orthodox priests are not supposed to cut their hair. On this fortune hunt Father F. is going incognito; he doesn't want to be recognized as a priest.
9. **Ба́тюшка!** 'Father!' (the usual form of address for priests in Russian).

TEXT GLOSSARY (1)

дёрнуть pull, tug	по́иски search
застона́ть moan, groan	покида́ть leave
зе́ркало mirror	проти́вник opponent
иму́щество property	ря́са cassock, priest's robe
испове́довать hear/take confession	сбри́ть shave off
ло́кон lock (of hair), curl	свято́й holy
наслажде́ние enjoyment, delight	свяще́нник priest
охо́титься go after, want to have	уважа́емый respected
пина́ть kick	

— А чьё же?
— Не ваше.
— А чьё же?
— Не ваше, не ваше.
— А чьё же, чьё?
— Не ваше.

Говоря[10] так, они неистово лягались.

— А чьё же это имущество? — кричал предводитель дворянства, погружая[10] ногу в живот святого отца.
— Это национализированное[10] имущество, — отвечал святой отец.
— Национализированное?
— Да-с,[11] национализированное!
— Кем национализированное?
— Советской властью! Советской властью!
— Какой властью?
— Властью трудящихся.
— А-а-а! — сказал Ипполит Матвеевич, леденея.[10] — Властью рабочих и крестьян?
— Да-а-а-с!
— М-м-м!.. Так, может быть, вы, святой отец, партийный?
— Может быть!

Тут раздался треск, отломились сразу обе передние ножки стула. Забыв[10] друг о друге, противники стали доламывать стул. Отлетела спинка. Запели пружины. Через пять минут от стула остались рожки да ножки.[12]

Брильянтов не было.

TEXT COMMENTS (2)

10. DEVERBAL FORMS

говоря́ та́к (говори́ть – present adverb)	(while) talking like this
забы́в (забы́ть – past adverb)	'having forgotten'

In a colloquial English translation of a text, however, verb+ing is often better, e.g., 'forgetting.'

леденея́ (леденеть – present adverb)	growing cold (with fury)
национализи́рованный (национализи́ровать – past passive ptcpl.)	nationalized
погружа́я (погрузи́ть – present adverb)	while plunging

11. да́-с 'Yessiree (sarcastically).' The -с is short for су́дарь 'Sire.'

12. ро́жки да но́жки 'bits and pieces' (*Lit.,* little horns and feet).
  This expression comes from a line in a song about Grandma's disobedient little grey goat kid, who, for straying off in the woods, suffered the fate of being eaten almost all up by a wolf: Оста́лись от ко́злика ро́жки да но́жки. The expression is particularly apt in this context because но́жка means both 'little foot/leg' (diminutive of нога́) and 'leg (of furniture).'

TEXT GLOSSARY (2)

крестья́нин peasant	пружи́на spring
ляга́ться kick	тре́ск crack (noise)
неи́стово furiously, in a frenzy	трудя́щийся worker, laborer
парти́йный (Communist) party member	

Упражне́ния к те́ксту

1. *Отве́тьте на вопро́с преподава́теля, ка́к в образце́.*

Образе́ц: — Ната́ша, пра́вда, что ле́вый у́с у Воробья́нинова — зелёного цве́та?
— Да́, оказа́лось, что его́ ле́вый у́с — зелёного цве́та.

Или: — Не́т, оказа́лось, что его́ ле́вый у́с — *чёрного* цве́та.

Или: — Не по́мню то́чно, но по-мо́ему, оказа́лось, что его́ у́с — *кра́сного* цве́та.

— Энн, пра́вда, что его́ пра́вый у́с то́же зелёный?
что апте́карь обману́л Ипполи́та Матве́евича
что чёрный цве́т смыва́ется холо́дной водо́й
что сту́лья Ипполи́та Матве́евича сгоре́ли в пе́чке
что ме́бель Воробья́ниновых была́ национализи́рована
что пе́рвый сту́л нашёл Оста́п
что Кла́вдия Ива́новна рассказа́ла о брилья́нтах свяще́ннику
что незнако́мец — э́то свяще́нник из Ста́ргорода
что оте́ц Фёдор остри́г свои́ ло́коны
что оте́ц Фёдор то́же пое́хал в Ста́ргород
что оте́ц Фёдор охо́тится за иму́ществом Воробья́нинова
что брилья́нты бы́ли в э́том сту́ле
что свяще́нник — парти́йный

2. *Прочита́йте предложе́ния из э́того упражне́ния, что́бы ва́ши това́рищи могли́ отве́тить на ни́х, ка́к в образце́.*

Образе́ц:

Джо́н: — Джейн, ты́ зна́ешь, како́й водо́й умыва́лся Ипполи́т Матве́евич? О́н умыва́лся холо́дной водо́й.

Джейн: — Неуже́ли холо́дной водо́й? Не мо́жет бы́ть!

Друго́й студе́нт: — Почему́ же не мо́жет бы́ть? Коне́чно о́н умыва́лся холо́дной водо́й.

Ба́рбара, ты́ зна́ешь,
что Воробья́нинов уви́дел в зе́ркале? О́н уви́дел зелёный у́с.
ско́лько вре́мени смея́лся Оста́п, когда́ просну́лся и уви́дел Ипполи́та Матве́евича? О́н смея́лся це́лых де́сять мину́т.
что сде́лал дво́рник, уви́дев ба́рина в зелёных уса́х? О́н перекрести́лся и попроси́л ру́бль.
что нёс незнако́мец, кото́рого Воробья́нинов уви́дел на у́лице Ма́ркса и Э́нгельса? О́н нёс воробья́нинский сту́л.
что сде́лал Ипполи́т Матве́евич, подойдя́ к незнако́мцу? О́н потяну́л сту́л к себе́.
ке́м оказа́лся незнако́мец? О́н оказа́лся свяще́нником.
че́м занима́лся в Ста́ргороде свяще́нник? О́н то́же охо́тился за брилья́нтами.
что случи́лось, когда́ Ипполи́т Матве́евич и свяще́нник узна́ли дру́г дру́га? Они́ на́чали дра́ться.
что случи́лось со сту́лом, кото́рый они́ тяну́ли и дёргали? Сту́л слома́лся.
что они́ уви́дели, когда́ сту́л слома́лся? Что брилья́нтов в нём не́ было.

3. а) *Разыгра́йте сце́ну ме́жду Воробья́ниновым и свяще́нником. (Мо́жете вста́ть и держа́ться за сту́л, но не лома́йте его́ — брилья́нтов в нём наве́рно не́т). Испо́льзуйте сле́дующие слова́ и выраже́ния.*

Ба́тюшка! Это вы́?	Это иму́щество принадлежи́т наро́ду.
Где́ же ва́ши ло́коны/усы́?	сове́тская вла́сть
уважа́емый	вла́сть трудя́щихся/рабо́чих и крестья́н
свято́й оте́ц	парти́йный
охо́титься за мои́м/чужи́м иму́ществом	с маркси́стской то́чки зре́ния
национализи́рованный	

3. б) *Придумайте, как испугать другого студента (другую студентку), а потом скажите ему (ей): «Спокойно, не пугайся» — и успокойте его (её), например:*

Вася: — Ты знаешь, твой дом горит!
Сюзанна: — Да что ты? Там же все мои брильянты и драгоценности!
Вася: — Спокойно, не пугайся — горит квартира твоей соседки.

ДИК И ДЖЕЙН
(опять в отделе микрофильмов)

— Ну что, узнала, за что судят нашего друга Штетефельда?
— Конечно. Я прочитала всё без тебя и всё поняла. Смотри:

> Свою преступную карьеру Штетефельд начал с конца 1922 г. в Москве. Ареной для своей деятельности он избрал, главным образом, окраины города. Его приём был всегда один и тот же. Штетефельд неожиданно появлялся в квартире рабочего или служащего, когда тот находился на работе, и ошарашивал его жену сообщением:
> — Ваш муж арестован.
> Выдавая себя то за агента ГПУ, то за «председателя ячейки», ловкий аферист в разговоре с подавленной женщиной изъявлял готовность принять участие в судьбе её мужа.

— Понял? Только я не знаю, почему он «изъявлял готовность принять участие»? He showed a willingness to participate? Странная фраза.
— «Принять участие в чьей-то судьбе» значит «помочь». Он говорил, что готов помогать.
— Похоже на Остапа Бендера — явиться к незнакомой женщине, сказать ей, что её муж арестован, и предложить свою помощь!
— А для чего он предлагал помочь?
— Вот, смотри дальше:

> На глазах у детей «арестованного» он забирал из дому «для папы» всё, что там было наиболее ценного. Описанным способом Штетефельд за четыре месяца ограбил 19 квартир. Стоимость награбленной добычи колебалась от 50 рублей до 4000 рублей.

— Как видишь, женщины ему верили. За четыре месяца он сумел ограбить 19 квартир. А один человек, которого он ограбил, совершил самоубийство. Знаешь, что такое самоубийство? Или о таких вещах не говорят на лекциях по грамматике?
— Когда человек сам себя убивает, это называется самоубийство.
— Молодец, Дик! Вот, смотри: какой-то Фокин совершил самоубийство: не выдержал психического потрясения:

> Обвиняемый, систематически занимаясь ограблением квартир рабочих и мелких служащих, довёл пострадавшего Фокина до самоубийства на почве психического потрясения.

— А во́т в сле́дующей строке́ пригово́р. Ты́ зна́ешь, что́ тако́е пригово́р, Ди́к? Пригово́р зна́чит sentence. Во́т, чита́й:

> Принима́я во внима́ние, что о́н вполне́ доказа́л свою́ неисправи́мость и исключи́тельную социа́льную опа́сность, моско́вский су́д приговори́л Штетефельда к расстре́лу.

— Мне́ его́ жа́ль, Ди́к. Всё-таки, расстре́л — э́то сли́шком жесто́ко.

— Я́ же тебе́ сказа́л, э́то бы́ло жесто́кое вре́мя.

— Почему́ же Оста́п не бои́тся, что его́ расстреля́ют?

— Потому́ что о́н вели́кий комбина́тор, а не како́й-нибудь ме́лкий граби́тель.

ROOTS

1. **СП/Н-** sleep, dream

    Some words with this root have -п- (like спа́ть) and others have -н- (like со́н). Prefixed Perfectives with the suffix -ну- have Imperfective partners with -п-: засну́ть/засыпа́ть.

    спа́ть sleep
    засну́ть/засыпа́ть go to sleep
    проспа́ть/просыпа́ть sleep through; oversleep
    вы́спаться/высыпа́ться get enough sleep

    со́н dream; sleep
    просну́ться/просыпа́ться get awake, awake
    сни́ться dream
    усну́ть fall asleep

    Words related to this root in English are: *hyp*notic (from Greek), and *sop*orific (from Latin).

2. **ПУСТ-** (→пуст-, пуск-, пущ-) let loose, allow, release, *-mit*

    The alternation ст/ск is rare in Russian and this root is peculiar in this respect; the Perfective forms have -ст- and the Imerfective have -ск-.

    пу́сть let (somebody do something)
    спусти́ться/спуска́ться descend
    вы́пустить/выпуска́ть let out; publish
    опусти́ть/опуска́ть let down, lower, drop
    недопусти́мый inadmissible, intolerable
    Допу́стим, что... Let us assume that...

    про́пуск permit
    пропусти́ть/пропуска́ть let pass, let through
    впусти́ть/впуска́ть let in
    отпусти́ть/отпуска́ть let go, release
    о́тпуск leave, vacation, furlough; issue

3. **ПУСТ-** empty

    пусто́й empty
    пусты́ня desert

    пустяки́ nonsense
    пусте́ть/опусте́ть become deserted

DIALOGS

Диало́г 1: О́ля и Ми́ша

— Ми́ша! Ты́ говори́л, что бу́дешь умыва́ться ка́ждое у́тро!

— Я́ умыва́лся![1] А э́то кра́ска, она́ не смыва́ется холо́дной водо́й!

— Иди́, умо́йся горя́чей! До обе́да вре́мя ещё е́сть. Успе́ешь.

— Го́споди! Ка́к ты́ мне́ надое́ла, О́ля!

Диало́г 2: Фёдор и Ро́берт

— Я́ иду́ в парикма́херскую, Ро́берт. Хоти́те со мно́й?

— Не́т, спаси́бо, я́ всегда́ бре́юсь[2] са́м.

— И стрижётесь то́же са́ми?

— Не́т, Фёдор, стригу́сь[2] я́ в парикма́херской, у знако́мого парикма́хера.

Диало́г 3: Па́л Па́лыч и Семён Ильи́ч

— Па́л Па́лыч![3] Вы́, наве́рное,[4] вчера́ всю́ но́чь дви́гали ме́бель?

— Кто́ ва́м сказа́л? Я́ то́лько передви́нул оди́н шка́ф.

— Вы́ та́к шуме́ли, что я́ полно́чи[5] не мо́г засну́ть.

— Не зна́ю, кто́ ва́м меша́л спа́ть. Я́ ли́чно к полу́ночи[5] уже́ сны́ смотре́л.[6]

DIALOG COMMENTS

1. **Я́ умыва́лся!**

   You might expect the Perfective умы́лся here; however, the speaker does not want to emphasize Perfective connotations like "single event" or "completed act" or "result," especially since the paint wouldn't wash off. He simply wants to state a fact, not bothering to specify whether he washed once or more than once. Hence the Imperfective.

2. **бри́ться, стри́чься, причёсываться**

   These -ся verbs, like many others, have two meanings which to the English speaker seem radically opposed to one another: (1) do it for yourself and (2) have it done for you. The context tells you which meaning is intended. Here are some examples of *have/get* in the sense of *have/get something done*:

Она́ причёсывается в парикма́херской.	She has/gets her hair done at the hairdresser's.
Она́ лечи́лась у хоро́шего врача́.	She went to (=was treated by) a good doctor.
Она́ одева́лась у са́мых дороги́х портны́х.	She had her clothes made by the best tailors.

   If you want to state explicitly that you do it yourself, use *са́м*, as in this dialog.

3. **Па́л Па́лыч!**

   This is the spoken form of Па́вел Па́влович. The и́мя-о́тчество is rarely pronounced as written; the faster and more informal the speech, the more abbreviated it is. Here is another example: Са́н Са́ныч (Алекса́ндр Алекса́ндрович). Usually at least one syllable is dropped from patronymics: Фёдорыч (Фёдорович), Серге́вна (Серге́евна), Са́нна (Алекса́ндровна).

4. **наве́рное**

   This word may be spelled two different ways, наве́рное or наве́рно, but it is usually pronounced наве́рно no matter how it's spelled.

5. **полно́чи** *vs.* **по́лночь**

   | The word полно́чи means 'half the night.' |

   Note that the stress is on the second syllable. It is actually a phrase (despite its being spelled as one word) consisting of пол 'half' plus the Genitive singular of но́чь 'night.' In this word пол- is an abbreviation of *полови́на*.

> The word по́лночь (ь-declension, like но́чь) means 'midnight.'

Note that the stress is on the first syllable. It has the following peculiarity: in all but the Nominative/Accusative forms пол- is replaced by полу́-. The words полдня́ 'half the day' and по́лдень (masc.) 'noon' work the same way.

Уже́ по́лночь/по́лдень. (Nominative)	It's midnight/noon already.
о́коло полу́ночи/полу́дня (Genitive)	about midnight/noon
по́сле полу́ночи/полу́дня (Genitive)	after midnight/noon
к полу́ночи/полу́дню (Dative)	by midnight/noon

6. **Я... сны́ смотре́л** — I was watching my dreams.

   The speaker is making a joke of course. The usual way of saying 'I had a dream (about my grandmother) last night' is Я *ви́дел* свою́ ба́бушку *во сне́* про́шлой но́чью *or* Я ви́дел со́н о свое́й ба́бушке про́шлой но́чью.

Упражне́ния к диало́гам

4. *Бу́дьте гото́вы нача́ть с това́рищем тако́й разгово́р:*
   — Ди́к, ты́ говори́л, что бу́дешь занима́ться
      францу́зским/кита́йским/матема́тикой/исто́рией/хи́мией/биоло́гией...

   И́ли: — Ди́к, ты́ говори́л, что бу́дешь иска́ть себе́
      но́вую кварти́ру/рабо́ту/маши́ну...

   Отве́тить мо́жно, наприме́р, та́к:
   — Я́ занима́лся. Но мне́ э́то надое́ло.
   — Я́ про́сто не успе́л всё сде́лать.
   — Я́ занима́лся. Но мне́ бы́ло сли́шком тру́дно (*и́ли:* не удало́сь) найти́
      уче́бник/де́ньги/преподава́теля/хоро́ший ку́рс ле́кций ...
   — Я́ не успева́л во́-время гото́вить дома́шние зада́ния.
   — Мне́ всегда́ нехвата́ло вре́мени на то́, что́бы ...

5. *Бу́дьте гото́вы зада́ть други́м студе́нтам таки́е вопро́сы:*
   — Како́й водо́й ты́ умыва́ешься ле́том, Фре́д, холо́дной и́ли горя́чей? А зимо́й?
   — Ты́ са́м стрижёшься, Ко́ля? И́ли тебя́ кто́-нибудь стрижёт? У кого́ ты́ стрижёшься?
   — Где́ ты́ стрижёшься, Ли́нда? В университе́тской парикма́херской? В го́роде?
   — Ты́ всегда́ стри́глась та́к ко́ротко? И́ли ра́ньше у тебя́ бы́ли дли́нные во́лосы?
   — Тебе́ нра́вится така́я коро́ткая стри́жка?
   — Ты́ ка́ждый де́нь бре́ешься, Сти́в?
   — Како́й бри́твой ты́ бре́ешься? Электри́ческой? Опа́сной? Безопа́сной?
   — Почему́ ты́ не бре́ешься? Тебе́ нра́вится ходи́ть с бородо́й?
   — Ты́ всегда́ та́к хорошо́ оде́та! Тебя́ роди́тели одева́ют? И́ли ты́ сама́ покупа́ешь себе́ оде́жду?

6. *Подгото́вьте вопро́сы к други́м студе́нтам о то́м, почему́ они́:*

меша́ли ва́м спа́ть	гро́мко разгова́ривали в общежи́тии/в коридо́ре...
дви́гали ме́бель	обли́ли ва́ши кни́ги ча́ем/ко́ка-ко́лой
шуме́ли	слома́ли ва́ш пи́сьменный сто́л
вы́пили ва́ше вино́	

   а та́кже о то́м, что́ помеша́ло и́м

пригото́вить дома́шнее зада́ние	прийти́ вчера́ на та́нцы
подгото́виться к контро́льной рабо́те	подстри́чься
причеса́ться	*и та́к да́лее*

   Е́сли студе́нт не хо́чет отвеча́ть, о́н мо́жет сказа́ть: — (Это) не твоё де́ло!

Лексико-граммати́ческие упражне́ния

7. *Вы́учите и́ли повтори́те спряже́ние глаго́лов и их видовы́х партнёров (aspect partners):*

Соверше́нный вид   **Несоверше́нный вид**

а) *Grammar 5.5*

Соверше́нный вид		Несоверше́нный вид
придви́нуть	move closer	придвига́ть
передви́нуть	move	передвига́ть
отодви́нуть	move away	отодвига́ть
сдёрнуть	pull off (as in 'pull the tablecloth off the table')	сдёргивать
задёрнуть	pull (as in 'pull the curtains together')	задёргивать
загляну́ть	glance into; stop by	загля́дывать
вы́глянуть	look out	выгля́дывать
вы́кинуть	throw out	выки́дывать

Note: for -ся partners to these verbs see Grammar 26.

б) *Grammar 11.1.*

побри́ть	shave	бри́ть
оде́ть	dress	одева́ть
разде́ть	undress	раздева́ть

в) *Grammar 11.3.*

взя́ться	take up	бра́ться
нача́ть	begin	начина́ть
запере́ть	lock	запира́ть
отпере́ть	unlock	отпира́ть
стере́ть	erase, wipe off	стира́ть

г) *Grammar 12.2, 12.4*

подстри́чься	have a haircut	подстрига́ться
заже́чь	light up; turn on (the light)	зажига́ть

д) *Grammar 14*

подня́ть	lift	поднима́ть
приня́ть	accept; receive	принима́ть

8. *Отве́тьте преподава́телю, как в образце́.*

Образе́ц:

Преподава́тель: — Ва́ся, извини́те меня́, но по-мо́ему, вам непло́хо бы́ло бы подстри́чься.
Ва́ся: — Хорошо́, я сего́дня/ско́ро/сейча́с подстригу́сь.
Преподава́тель: — И Ма́ше то́же.
Ва́ся: — Хорошо́, я ей скажу́, что́бы она́ то́же подстри́глась.

нача́ть серьёзно занима́ться	вы́кинуть руба́шку
оде́ться потепле́е	смы́ть кра́ску с жиле́та
приня́ть лека́рство от не́рвов	взя́ться за де́ло
подня́ть ста́рый забо́р	стере́ть пятно́ с руба́шки
разде́ть ва́шего ребёнка	запере́ть ваш стол

9. *Ответьте как в образце.*
Образец:

Преподаватель: — Давайте передвинем мебель, а, Тереза?
Тереза: — Да, неплохо было бы передвинуть мебель.
Сосед(ка) Терезы: — Нет, давайте не будем передвигать мебель.
Преподаватель: — Ну хорошо, давайте ...

выкинем отсюда все стулья   задёрнем занавески
сдёрнем со стола скатерть   выглянем в окно
передвинем всю мебель   запрём все двери
отодвинем стол от окна   поднимемся на пятый этаж
придвинем стол к окну

10. *Ответьте как в образцах.*
После глагола уметь *употребляйте инфинитив несовершенного вида.*

Образец А:

Преподаватель: — Надо помыть ребёнка.
Студент: — Пусть ребёнок сам помоется. Он умеет сам мыться.

Надо одеть Васеньку.
Надо побрить Доминика.
Надо раздеть Ипполита Матвеевича.
Надо подстричь Ипполита Матвеевича.
Надо поднять на второй этаж вашу собаку.

Образец Б:

Преподаватель: — Закройте, пожалуйста, дверь.
Студент: — Я не могу закрыть дверь. Она не закрывается.

Заприте дверь.
Отоприте дверь.
Поднимите занавес.
Отодвиньте этот шкаф.
Поднимите повыше доску.

11. *Перевод:* **Translating English 'would.'**

The English word *would* has several uses — and several Russian translations — of which two have come up in these translation exercises:

(1) the *would* in English **reported speech** which corresponds to the future tense of the original statement (direct speech). Translates in Russian reported speech as future tense:

Vasya said he would be home at 5.   Вася сказал, что он будет дома в пять.
(Vasya's words were: I'll be home at 5.)

(2) *would* in **unreal conditions**. Translates as бы:

If he were home we'd go for a walk.   Если бы он был дома, мы бы пошли погулять.

Another two frequent uses of *would*, which have not yet come up in our translation exercises are:

(3) *would* in **the construction** *It would be nice to...* Translates as бы:

It would be nice to take a shower.   Хорошо бы принять душ.

(4) In describing **frequent events in the past** (=*used to*). Translates as the Imperfective aspect:

Last year Vasya would stop by every week and   В прошлом году Вася заходил каждую
we would give each other a haircut.   неделю, и мы подстригали друг друга.

In translating 'used to' you might want to give some indication of the past time frame — either a specific в про́шлом году́ as in the example below, or a more general ра́ньше 'earlier, before':

I used to like white bread (not anymore).   Я ра́ньше люби́л бе́лый хле́б.

Sentence 1. Reminder: the Russian word for *mustache* is усы́, Plural. The word у́с means 'one half of a mustache.'
Sentence 4. party member — член па́ртии
Sentence 5. Every time he ... Ка́ждый ра́з, когда́ о́н...
Sentence 7. he said he would — о́н сказа́л, что подстрижётся. Quite often, when English repeats an auxiliary verb (*He said he* **would**; *She said she* **did**; *We said we* **have**, and so on) Russian has to repeat the meaningful verb, for lack of auxiliaries.

(Review the Text)

1. The pharmacist said that Ippolit Matveevich would have a black mustache. He didn't say he would have a green mustache.
2. If Ippolit Matveevich shaves off his mustache, he won't have a mustache. If Ippolit Matveevich hadn't shaved off his mustache, he would have had a green mustache.
3. Ippolit Matveevich asked the priest where his curls were. The priest asked Ippolit Matveevich where his mustache was.
4. Ippolit Matveevich asked the priest whether he was a party member. Do you know if the priest was a party member?
5. Ippolit Matveevich pulled the chair to himself, but the priest pulled the chair back (обра́тно). Every time he pulled the chair the priest would pull it back.
6. If the diamonds had been in the chair, who would have taken them? The priest or the marshal of the nobility?

(Review the Dialogs)

7. Ostap told Ippolit Matveevich to get a haircut. Ostap wanted Ippolit Matveevich to get a haircut. Ippolit Matveevich said he would.
8. Go wash yourself. You have time before supper. I can't wash with cold water. When I was young I would wash with cold water every morning.
9. Ippolit Matveevich shaves himself, but Ostap shaves at the barber's. Who cuts your hair, Olya? I get my hair cut at the beauty parlor.
10. Who was moving furniture all day? Who moved this chair? Who will move this cupboard? I won't have time (use успе́ть). It would be nice to move it today.

— А чьё же это имущество? — кричал предводитель дворянства, погружая ногу в живот святого отца.

Урок 7: Второй стул

Оставалось еще одиннадцать стульев, конечно. И один из них был совсем рядом, в Старгороде. Принадлежа́л он гражданке Грицацу́евой, проживавшей[1] в доме номер 15 по[2] улице Плеха́нова.

— Мне почему-то кажется, — заметил Ипполит Матвеевич, — что драгоценности должны быть и́менно в этом стуле.

— Ах! Вам кажется! — сказал Остап. — Что вам еще кажется? Давайте лучше обратимся к фактам. Будем работать по-марксистски.[3] Пойдем на улицу Плеханова. Не отстава́йте! План составим по дороге.

И друзья отправились в гости.[4] Гражданка Грицацу́ева оказалась вдово́й. Разговаривая[1] с ней, Ипполит Матвеевич сидел на своем стуле и чувствовал что-то твердое.

— Они там, ей-богу[5] они там, — говорил он по дороге домой. — Ну вот ей-богу же, я чувствую. Этот стул нужно ночью укра́сть! Ей-богу, укра́сть!

— Для предводителя дворянства у вас слишком мелкие[6] масштабы, — сказал Остап. — К тому же[7] красть вы не умеете. Вы же не знаете техники этого дела. Вы́бросьте это из головы.

У Остапа был другой план.

— Я женюсь на ней! — объяви́л он.

— На ком?

— На мадам Грицацу́евой.

— Зачем же?

— Чтобы спокойно, без шума покопаться[8] в стуле.

— Но ведь вы себя свя́зываете на всю жизнь! На всю жизнь! — прошептал Ипполит Матвеевич. — Это большая же́ртва.

— Жизнь! — сказал Остап. — Жертва! Что вы знаете о жизни? Вы думаете, что если[9] вас вы́селили из особняка, вы знаете жизнь? И если[9] у вас национализировали подде́льную китайскую вазу, то это жертва? Жизнь, господа присяжные заседатели, это сложная штука,[10] но, господа присяжные заседатели, эта сложная штука открывается просто, как ящик. Надо только уметь его открыть.

Сказав[1] так, Остап почи́стил рукаво́м пиджака свои малиновые башмаки́ и ушел на всю ночь. Под[11] утро он яви́лся.

— Где вы были? - спросил Ипполит Матвеевич.

— У вдовы.

— Ну? Вы женитесь на ней?

— Теперь я уже должен жениться, как че́стный человек.

— Когда же свадьба?

— Послезавтра. Завтра нельзя: Первое мая, все закрыто.[1]

Ипполит Матвеевич снова сидел на своем стуле. Во время всего свадебного ужина он подпры́гивал на нем, чтобы почувствовать твердое. Иногда ему это удавалось.[12] Тогда все гости нравились ему, и он кричал «горько».[13] Когда гости стали расходиться, он шепнул Бендеру:

— Они там.

TEXT COMMENTS (1)

1. **DEVERBAL FORMS**

закры́тый (закры́ть – past passive ptcpl.)	closed
прожива́вший (прожива́ть – past active ptcpl.)	who lived, resided
разгова́ривая (разгова́ривать – present adverb)	while talking, conversing
сказа́в та́к (сказа́ть – past adverb)	after saying that, having said that

2. **до́м 15 по у́лице Плеха́нова** 'at 15 P. St.'

    > With house numbers use по; without house numbers use на (на у́лице Плеха́нова).

3. **по- adverbs**: по-маркси́стски 'like a Marxist, in the Marxist way.' по-семе́йному 'family style.'
    По-маркси́стски is another official term that Ostap likes to use; Il'f and Petrov make fun of slogans and bureaucratisms.

4. **отпра́вились в го́сти** 'went visiting.'

5. **ей-бо́гу!** 'Truly! Really and truly!'

6. **ме́лкий** 'shallow; small; petty.' **масшта́б** 'scale' (as in *large-scale operations*).
    The meaning of the phrase in this context is 'You set your sights too low, you're a small-time operator.'

7. **К тому́ же** 'in addition, besides.'

8. **покопа́ться** 'rummage around in, do a little digging around.'
    The prefix по- here has the meaning 'a little, a bit.'

9. **е́сли ...** 'just because they threw you out of your fancy house, do you think you know what life is all about?' Е́сли in the next sentence is used with the same meaning.

10. **сло́жная шту́ка** 'a complicated thing.' Шту́ка in this meaning is colloquial.

11. **под у́тро** 'towards morning.'

12. **Иногда́ ему́ э́то удава́лось.** 'Sometimes he did' (*Lit.*, succeeded [in feeling the hard lump in the seat of the chair]). Ка́к ва́м э́то удало́сь? 'How did you manage to do that?'

13. **крича́л «го́рько».** The literal meaning of го́рько is 'bitter' (to the taste as well as in the sense of *grieved*). People yell this word at weddings as a demand that the newlyweds kiss in front of the guests.

TEXT GLOSSARY (1)

башмаки́ shoes	подпры́гивать bounce up and down
вдова́ widow	почи́стить clean
вы́бросить throw out, get rid of	принадлежа́ть belong
вы́селить evict	рука́в sleeve
же́ртва sacrifice	свя́зывать bind, tie up
и́менно precisely, just, exactly	укра́сть steal
объяви́ть announce	че́стный honest
отстава́ть lag behind, be slow, dawdle	яви́ться appear
подде́льный fake, imitation	

— Вы пошлый человек, — ответил пьяный Остап. — Лучше пожелайте мне спокойной ночи.

В пять часов утра Остап явился со стулом. Он поставил стул посреди комнаты и сел.

— Как вам это удалось?[12] — спросил Ипполит Матвеевич.

— Очень просто, по-семейному.[3] Жаль[14] было будить жену. Пришлось[15] оставить записку: «Выезжаю по делу. К обеду не жди. Твой Суслик».[16] Шел пешком и по дороге отдыхал на стуле.

Ипполит Матвеевич кинулся к стулу.

— Тихо, — сказал Остап. — Нужно действовать без шума. Вы дверь заперли?

Он вынул из кармана инструменты и стал аккуратно[17] вскрывать стул.

— Ну? — повторял Ипполит Матвеевич, — Ну? Ну?

— Один шанс из одиннадцати, — сказал Остап. Еще раз осмотрев[21] стул, он закончил: — И этот шанс пока не наш.[18]

У Ипполита Матвеевича опустились руки.[19]

Но Остап был попрежнему бодр.

— Это еще только начало, — сказал он. — Остальные десять стульев в Москве. Едем!

И компаньоны немедленно выехали на вокзал к[20] московскому поезду.

TEXT COMMENTS (2)

14. **Жаль было будить жену.** The word мне is implied here: 'I couldn't find it in my heart to wake up my wife.' *Or:* 'It would have been a pity to wake up my wife.'
15. **Пришлось** ... Supply the missing subject in translation: *мне пришлось* 'I had to leave a note.'
16. **Твой Суслик.** The widow has given Ostap the endearing nickname Суслик, literally 'gopher.'
17. **стал аккуратно вскрывать стул.** 'He started to *carefully* open up [the seat of] the chair.' Beware of аккуратный; it *does not* mean 'accurate.'
18. **И этот шанс пока не наш.** 'And we didn't draw the lucky number yet.'
19. **опустились руки** '[he] lost heart' (*Lit.*, [his] hands went down.)
20. **на вокзал к московскому поезду** 'to the station to [catch] the Moscow train.'
21. **DEVERBAL FORMS**

    осмотрев (осмотреть – past adverb)   having examined

TEXT GLOSSARY (2)

бодрый cheerful, in good spirits
действовать operate, act
запереть lock
кинуться rush
немедленно immediately

пешком on foot
пожелать wish
посреди in the middle of
пошлый common, vulgar
явиться appear

Упражнения к тексту

1. *Ответьте на вопрос преподавателя, как в образце.*

Преподаватель: — Скажите, Дик, мне *кажется*, что второй стул был в Старгороде или он *действительно* был там?

Студент: — Нет, вам не кажется: второй стул *действительно* был в Старгороде.

Или: — Вам *кажется*. На *самом деле* второй стул был в Москве.

Или: — Не помню точно, но *мне* кажется, что второй стул был в Старгороде.

Запомните: In a *question*, кажется is contrasted with действительно.
In a *statement*, кажется is contrasted with на самом деле/в самом деле.

Скажите, Боб, мне *кажется*, что второй стул принадлежал дворнику Тихону или...
  что Грицацуева жила на улице Плеханова...
  что Остап решил работать по-марксистски...
  что компаньоны пошли в гости к мадам Грицацуевой...
  что Воробьянинов чувствовал в стуле что-то твёрдое...
  что Ипполит Матвеевич решил купить второй стул...
  что мадам Грицацуева оказалась вдовой...
  что Остап предложил Ипполиту Матвеевичу жениться на вдове...
  что Ипполит Матвеевич хотел украсть стул...
  что предводитель дворянства не умел красть...
  что Ипполит Матвеевич не знает жизни...
  что Остапа выселили из особняка...
  что Остап ушёл на всю ночь...
  что свадьба была Первого мая...
  что гости нравились Ипполиту Матвеевичу...
  что драгоценности оказались во втором стуле...

2. *Прочитайте пересказ текста «Второй стул» и составьте к нему вопросы. На уроке задайте эти вопросы другим студентам. Например:*

«Второй стул принадлежал одной вдове, которая жила на улице Плеханова.»
  — Кому принадлежал второй стул?
Или: — Где жила вдова, которой принадлежал второй стул?

Компаньоны отправились к ней в гости.
Сидя на своём стуле, Ипполит Матвеевич чувствовал что-то твёрдое.
По дороге домой он предложил украсть стул.
У Остапа был другой план: он решил жениться на вдове.
Он почистил рукавом пиджака свои малиновые башмаки и ушёл на всю ночь.
После этого он уже должен был жениться на вдове, как честный человек.
На свадьбе Ипполит Матвеевич сидел на своём стуле.
Он много пил и кричал «горько».
Остап пришёл со стулом в пять часов утра.
Ипполит Матвеевич кинулся к стулу, но Остап остановил его.
— Тихо, — сказал Остап. — Нужно действовать без шума.
Он вынул из кармана инструменты и стал аккуратно вскрывать стул.
У Ипполита Матвеевича опустились руки, но Остап был бодр.
В стуле ничего не оказалось.
Компаньоны отправились на вокзал к московскому поезду.

3. *Разыгра́йте сце́ну, кото́рой нет в кни́ге: свида́ние Оста́па с вдово́й. Для э́того снача́ла перепиши́те э́тот текст в фо́рме диало́га и разыгра́йте э́тот диало́г на заня́тии.*

Оста́п прихо́дит к вдове́ оди́н. «Ах, э́то опя́ть вы», — говори́т вдова́. Оста́п объясня́ет, что он верну́лся, потому́ что ему́ о́чень хоте́лось сно́ва уви́деть вдову́, он не мог забы́ть её, её глаза́, нос, лоб, щёки, и так да́лее. Вдова́ предлага́ет Оста́пу чай; он отвеча́ет, что пришёл не чай пить: ему́ хо́чется держа́ть вдову́ за́ руку и гляде́ть ей в глаза́. Вдова́ признаётся, что ей то́же прия́тно бы́ло бы держа́ть Оста́па за́ руку и гляде́ть ему́ в глаза́. Оста́п говори́т, что хоте́л бы де́лать э́то ка́ждый день. Вдова́ возража́ет, что тогда́ им пришло́сь бы пожени́ться. Оста́п заявля́ет, что гото́в жени́ться хоть за́втра; вдова́ напомина́ет ему́, что за́втра всё закры́то — Пе́рвое ма́я. «Тогда́ послеза́втра», говори́т Оста́п. «Послеза́втра», говори́т вдова́.

ДИК И ДЖЕ́ЙН
(на авто́бусном вокза́ле)

— Джейн! Уезжа́ешь на кани́кулы?
— Да, в Нью-Йо́рк. А ты?
— Я то́же. В про́шлый раз е́здил на маши́не, но бы́ло о́чень тру́дно найти́ свобо́дное ме́сто на автостоя́нках.
— На авто́бусе гора́здо споко́йнее. В го́сти е́дешь? К кому́?
— К шко́льному дру́гу на сва́дьбу... Что в э́том смешно́го?
— Извини́. Мы то́лько что чита́ли о сва́дьбе Оста́па, и как Ипполи́т Матве́евич пры́гал на сту́ле, что́бы прове́рить, есть ли в нём брилья́нты. По́мнишь э́то ме́сто?
— По́мню. А по́мнишь, как он сказа́л, что за́втра нельзя́ жени́ться, потому́ что пе́рвое ма́я? Е́сли пое́дешь в Росси́ю, име́й э́то в виду́.
— Но э́то бы́ло в двадца́тых года́х! Сейча́с наве́рно всё ина́че.
— Сейча́с то́чно так же. В Росси́и пе́рвое ма́я называ́ется Междунаро́дным пра́здником трудя́щихся, и э́то выходно́й день для всей страны́.
— Неуже́ли с тех пор ничего́ не измени́лось?
— Коне́чно измени́лось. Тепе́рь нельзя́ жени́ться так бы́стро, как в «Двена́дцати сту́льях». Ну́жно пода́ть заявле́ние в ЗАГС и ждать три-четы́ре ме́сяца.
— Куда́ пода́ть заявле́ние?
— В ЗАГС. По́мнишь, Воробья́нинов рабо́тал в отде́ле, где регистри́руют рожде́ния, бра́ки и сме́рти? Тако́й отде́л сокращённо называ́ется ЗАГС — За́пись А́ктов Гражда́нского Состоя́ния. Там выдаю́т свиде́тельство о бра́ке, ста́вят печа́ть в па́спорт о том, что ты жена́т и́ли за́мужем, и по́сле э́того новобра́чные е́дут домо́й — есть, пить и танцева́ть на сва́дьбе.
— И крича́ть «го́рько»?
— И крича́ть «го́рько»!

— Зна́чит, у Оста́па в па́спорте тепе́рь напи́сано, что о́н жена́т?

— У Оста́па не оди́н па́спорт. Не по́мнишь, как о́н да́л Воробья́нинову но́вую фами́лию?

— Но́вую фами́лию? Э́того не́ было в уче́бнике.

— Э́то бы́ло, когда́ и́м надое́ло жи́ть у дво́рника. У меня́ рома́н с собо́й, сейча́с я́ тебе́ найду́ э́то ме́сто... во́т, послу́шай:

> — Ну́жно переезжа́ть в гости́ницу, — сказа́л Оста́п.
> Ипполи́т Матве́евич вздро́гнул.
> — Э́того нельзя́.
> — Почему́-с?
> — Та́м придётся прописа́ться.
> — Па́спорт не в поря́дке?
> — Да не́т, па́спорт в поря́дке, но в го́роде мою́ фами́лию хорошо́ зна́ют.
> — А фами́лия Михельсо́н ва́м нра́вится?
> — Я́ ва́с не пойму́.
> — Не бу́дьте бо́жьей коро́вкой, — сказа́л Оста́п и вы́нув из зелёного пиджака́ профсою́зную кни́жку, переда́л её Ипполи́ту Матве́евичу. — Ко́нрад Ка́рлович Михельсо́н, сорока́ восьми́ ле́т, беспарти́йный, хо́лост, чле́н профсою́за с 1921 го́да.
> Ипполи́т Матве́евич покрасне́л.
> — Но удо́бно ли? — сказа́л о́н.
> — По сравне́нию с по́исками ва́ших брилья́нтов, э́то неви́нная де́тская игра́. Вы́ идеали́ст, Ко́нрад Ка́рлович. Ва́м ещё повезло́, а то́ вообрази́те, что ва́м пришло́сь бы ста́ть каки́м-нибудь Па́па-Христозо́пуло и́ли Зловуно́вым.

— Что тако́е «бо́жья коро́вка», Ди́к? God's little cow?

— Не́т, это ladybug. Оста́п говори́т ему́: Don't be such a ladybug, i. e., Get your head up out of the clouds.

— На́ш авто́бус подхо́дит, Ди́к. Дава́й ся́дем вме́сте, и я́ ещё что́-нибудь почита́ю из рома́на.

DIALOGS

Диало́г 1: Га́рик и Ва́ся

— Ва́ська! Не отстава́й! Уже́ почти́ де́вять. Магази́н закро́ется!
— Закро́ется, та́к[1] в друго́й пойдём. На у́лицу Плеха́нова.
— А на Плеха́нова[2] уже́ закры́лся.
— На Плеха́нова в де́сять закрыва́ется.

Диало́г 2: Макси́м и Та́нечка

— Та́нечка, вы́ не зна́ете, куда́ исче́з ключ от[3] мое́й маши́ны?
— Мне́ ка́жется, о́н до́лжен бы́ть у ва́с, Макси́м.
— Мне́ то́же та́к каза́лось. Но́ у меня́ его́ не́т. И докуме́нты исче́зли.
— Мо́жет бы́ть, у ва́с всё укра́ли?[4] Тогда́ позвони́те в мили́цию.

Диало́г 3: профе́ссор Шва́рц и студе́нт Белоу́сов

— Белоу́сов! Вы́ соста́вили пла́н курсово́й рабо́ты?[5]
— Не́т. Мне́ не удало́сь[6] найти́ ни одно́й кни́ги в библиоте́ке.
— Обрати́тесь к[7] библиоте́карю. Ва́м ну́жно де́йствовать, Белоу́сов! А то́ вы́ не успе́ете[6] зако́нчить рабо́ту к сро́ку.
— Е́сли б[8] я́ зна́л, что вы́ рассе́рдитесь, я́ бы не ста́л[9] ва́м признава́ться, что ничего́ не успе́л сде́лать.

DIALOG COMMENTS

1. **Е́сли-less conditional sentences**

    The translation of this sentence is '*If it closes*, then we'll go to another one.' In a conditional sentence like this you'd expect the word е́сли, and indeed it is quite normal to say Е́сли закро́ется ... The word так here is equivalent to тогда́ 'then.' Further examples:

Не сдади́м экза́мен, пойдём в матро́сы.	If we don't pass the exam, we'll join the navy.
Бу́дет тру́дно, обрати́сь к кому́-нибудь за по́мощью.	If it's [too] difficult, ask (turn to) somebody for help.
Опозда́ешь, я тебя́ не впущу́.	If you're late, I won't let you in.

    Notice again that the future tense is used in if-clauses referring to future events (as against English present tense: *Lit.*, if we *will* not pass, if it *will be* difficult, if you *will be* late).

2. **на (у́лице) Плеха́нова**. The word у́лице is omitted in this elliptical colloquial expression.

3. **ключ от**

    The word ключ 'key' requires the preposition от when you want to say what the key is to (a box, room, lock).

4. **У ва́с всё укра́ли?**

    Verbs meaning 'take, steal, borrow, grab' require the preposition у when you want to say from whom the thing was taken. Compare:

Я получи́ла письмо́ от сестры́.	I got a letter from my sister.
Я взяла́ кни́гу у сестры́.	I took the book from my sister.

    If the thing is taken from an institution, the preposition в + Prepositional is used

Я взяла́ кни́гу в библиоте́ке.	I borrowed the book from the library.
Я заняла́ де́ньги в ба́нке.	I borrowed money from the bank.

5. курсова́я рабо́та 'term paper.'
6. успе́ть *vs.* уда́ться

   The difference in meaning is that успе́ть involves time (cf. the same root in спеши́ть 'hurry') whereas уда́ться involves success (cf. the same root in уда́чный 'successful, good'). The grammatical difference is this:

   > успе́ть is a *personal verb*
   >   (it has a Nominative subject, e.g., Я́ успе́л.)
   > уда́ться is *impersonal*
   >   (no Nominative subject, the person being in the Dative, e.g., Мне́ удало́сь.)

Ты́ успе́ла купи́ть уче́бник? — Не́т не успе́ла. Хотя́ я́ о́чень спеши́ла, магази́н закры́лся на обе́д.	Did you manage to buy the textbook? (Did you get to the store on time?) — No I didn't. Although I hurried the store had closed for lunch.
Тебе́ удало́сь купи́ть уче́бник? — Не́т не удало́сь. В магази́не бо́льше не́ было ни одного́ экземпля́ра.	Did you manage to buy the textbook? (Did you succeed in your attempt?) — No I didn't. There wasn't a single copy left in the store.
Ты́ успе́ла реши́ть зада́чу? — Не́т не успе́ла. Вре́мени не́ было.	Did you manage to solve the problem? — No I didn't. I didn't have enough time.
Тебе́ удало́сь реши́ть зада́чу? — Не́т не удало́сь. Она́ была́ сли́шком тру́дная.	Did you manage to solve the problem? — No I didn't. It was too hard.

   Note that Мне́ не удало́сь (+ Perfective verb)... is a good translation for 'I failed to ...'

7. обрати́ться/обраща́ться к

   This verb is from the root ВЕР(Т) 'turn' (cf. верну́ть/возвраща́ть 'return something,' верну́ться/возвраща́ться 'return from somewhere') and can often be translated as 'turn to.'

О́н обрати́лся ко мне́ со слова́ми: «А я ва́с зна́ю!»	He addressed me with the words: "I know you!"
О́н обрати́лся ко мне́ за по́мощью.	He turned to me for help.

8. е́сли б = е́сли бы
9. **Я́ бы не ста́л ва́м признава́ться ...** 'I wouldn't have bothered to confess' (*or even:* 'I wouldn't have chosen to confess').

   Ста́ть plus infinitive means 'start'; in negated and conditional sentences it has an additional modal meaning: 'not bother to, not take the trouble to,' 'decide not to, etc.' E. g. Ни за что́ не ста́ну э́того де́лать! 'I won't do this for anything!' Ты́ ста́л бы жи́ть в тако́м до́ме? 'Would you (like to) live in a house like that?'

Упражне́ния к диало́гам

4. *Вы́ идёте в магази́н и о́чень спеши́те. Вы́ встреча́ете това́рища, кото́рый начина́ет задава́ть ва́м вопро́сы:*

— Что́ ты́ хо́чешь купи́ть?
— Како́й магази́н лу́чше, на Ко́лледж Авеню́ и́ли в торго́вом це́нтре?
— Когда́ магази́н закрыва́ется?
— Магази́н не закры́т на обе́д? Когда́ о́н закро́ется?
— Не серди́сь, я́ то́лько хочу́ тебя́ спроси́ть...

Что́ вы́ ему́ бу́дете отвеча́ть? Разыгра́йте тако́й разгово́р на заня́тии, наприме́р:

— Куда́ идёшь, То́м?
— В магази́н. О́чень спешу́.
— В како́й магази́н? На Бродве́е?
— Не́т, на Ко́лледж Авеню́. Извини́, я́ о́чень спешу́!
— Ты́ не серди́сь, мне́ про́сто интере́сно, ты́ идёшь в кни́жный магази́н на Ко́лледж Авеню́ и́ли в суперма́ркет?
— В кни́жный. Я́ не сержу́сь, но извини́, я́ тороплю́сь...

5. *Спроси́те сосе́да, куда́ исче́зла одна́ из ва́ших веще́й: тетра́дь, портфе́ль, уче́бник, сту́л... Сосе́д отве́тит, что ему́ ка́жется, что её/его́/и́х*

| укра́ли | вы́кинули | потеря́ли |
| прода́ли | отда́ли кому́-то | сожгли́ в пе́чке... |

Е́сли ва́шу ве́щь укра́ли, и вы́ хоти́те сообщи́ть об э́том в мили́цию (е́сли вы́ в Росси́и) или в поли́цию (е́сли вы́ не в Росси́и), разыгра́йте сце́ну в мили́ции (в поли́ции).

6. *Ва́м не удало́сь попа́сть куда́-то*
постри́чься
укра́сть что́-то
изда́ть свою́ кни́гу
оста́ться в университе́те ещё на го́д
призна́ться де́вушке (молодо́му челове́ку) в любви́
соста́вить пла́н курсово́й рабо́ты
объясни́ть, почему́ вы́ э́того не сде́лали
заключи́ть догово́р с большо́й фи́рмой в Нью-Йо́рке...

И́ли, мо́жет бы́ть, ва́м никогда́ не удаётся попа́сть куда́-то (и́ли да́же не удаётся никуда́ попа́сть) и та́к да́лее. Призна́йтесь в э́том друго́му студе́нту, и о́н ва́м что́-нибудь посове́тует. Е́сли вы́ совсе́м не зна́ете, что посове́товать това́рищу, скажи́те:

— Сове́тую тебе́ плю́нуть на э́то де́ло!
— Ничего́ не могу́ тебе́ посове́товать!
— У меня́ то́чно така́я же пробле́ма...

Лексико-граммати́ческие упражне́ния.

7. *Вы́учите и́ли повтори́те спряже́ние глаго́лов:*

	Соверше́нный ви́д		**Несоверше́нный ви́д**
а) *Grammar 9.1*			
	да́ть	give	дава́ть
	прода́ть	sell	продава́ть
	переда́ть	pass on	передава́ть
	отда́ть	give	отдава́ть
	сда́ть	rent out	сдава́ть
	призна́ться	confess	признава́ться
	переста́ть	stop (doing something)	перестава́ть
	оста́ться	remain, stay	остава́ться
	доста́ть	get, obtain	достава́ть
б) *Grammar 12.3*			
	укра́сть	steal	кра́сть
	попа́сть	get somewhere	попада́ть
	перевести́	translate	переводи́ть
в)	оста́вить	leave (something somewhere)	оставля́ть
	соста́вить	put together	составля́ть
	сказа́ть	say	говори́ть
	рассказа́ть	tell (a story)	расска́зывать
	жени́ться	get married	жени́ться (same as Pf.)
	вы́йти за́муж	get married	выходи́ть за́муж
	пое́хать	go (by vehicle)	е́здить, е́хать

8. *Отве́тьте преподава́телю, ка́к в образца́х.*

Образе́ц А:

Преподава́тель: — Éсли у Ва́си ока́жутся секре́тные докуме́нты
(чужи́е пи́сьма, ва́ши де́ньги)
о́н и́х отда́ст кому́-нибудь? Ка́к вы́ ду́маете, Тере́за?

Тере́за: — Не отда́ст. О́н никому́ не отдаёт секре́тные докуме́нты.

прода́ст	отда́ст и́х в газе́ту
да́ст и́х кому́-нибудь чита́ть	оста́вит и́х где́-нибудь
переда́ст и́х в чужи́е ру́ки	расска́жет о ни́х кому́-нибудь
прода́ст и́х иностра́нцам	

Образе́ц Б:

Преподава́тель: — Ва́ся, не отдава́йте никому́ ва́ши секре́тные докуме́нты.

Ва́ся: — Коне́чно не отда́м.

Преподава́тель: — Ка́к вы́ ду́маете, Ни́на? Не отда́ст?

Ни́на: — Ва́ся не отда́ст. О́н никому́ не отдаёт секре́тные докуме́нты.

Не продава́йте и́х.
Не дава́йте и́х никому́ чита́ть.
Не передава́йте и́х в чужи́е ру́ки.
Не продава́йте и́х иностра́нцам.
Не отдава́йте и́х в газе́ту «Нью-Йо́рк Та́ймз».
Не оставля́йте и́х на столе́.
Не перестава́йте забо́титься о ни́х.
Éсли вы́ и́х потеря́ли, не признава́йтесь в э́том.
Не говори́те никому́ об э́том.

9. *Обсуди́те (discuss) таку́ю пробле́му: ка́к доста́ть де́нег? Сле́дуйте образцу́.*
Образе́ц:
    Преподава́тель: — Ка́к доста́ть де́нег? Мо́жет бы́ть, заня́ть в ба́нке?
    Ва́ся: — Прекра́сная иде́я! Дава́йте займём де́ньги в ба́нке.
               У меня́ е́сть дру́г (подру́га), о́н (она́) за́нял(а́) в ба́нке сто́ ты́сяч.
               (You can go on to tell about how (s)he spent the money, e.g.
               ...и купи́л(а) себе́ самолёт.)
    Ва́сина сосе́дка: — А мне́ ка́жется, что лу́чше не занима́ть де́ньги в ба́нке.
    Преподава́тель: — Что́ же де́лать? Мо́жет бы́ть,...

        укра́сть де́ньги в ба́нке
        прода́ть на́ши брилья́нты
        сда́ть кварти́ру (за 600 до́лларов в ме́сяц)
        пое́хать рабо́тать в Калифо́рнию
        жени́ться на бога́той вдове́
        вы́йти за́муж за миллионе́ра/бога́того вдовца́
        укра́сть где́-нибудь брилья́нты и прода́ть и́х
        перевести́ росси́йский бестсе́ллер на англи́йский язы́к
        про́сто доста́ть де́нег у знако́мых и друзе́й

10. *Перево́д:* **Translating English passive.**
    In sentences like 'The book has been thrown out' the object of the action ('Somebody threw out the book') appears as the subject of the sentence. Such sentences are called passive.

> Russian uses passive sentences much less frequently than English. Instead Russian uses subject-less sentences with the verb in the third person plural.

Кни́гу вы́бросили.	The book has been thrown out.
Ему́ рассказа́ли об э́том.	He was told about it.
Оста́па арестова́ли.	Ostap was arrested.
«Гра́бят», — закрича́л Ипполи́т Матве́евич.	"I'm being mugged," Ippolit Matveevich shouted.

> If an English passive sentence mentions *by whom* the action was performed the corresponding Russian sentence is usually not passive, but has the object-verb-subject word order.

The book was found by Ostap.	Кни́гу нашёл Оста́п.

Compare:

Ostap found the/a book.	Оста́п нашёл кни́гу.

Sentence 1,2...   In most sentences of this exercise either aspect can be used, with slight changes in meaning. Use Perfective throughout, except for the Imperative in Sentence 8.
Sentence 2   cut open — вскры́ть/вскрыва́ть
Sentence 8,10.   *to have time to do something* translates as успе́ть/успева́ть followed by an infinitive. Quite often the English verb *manage* is used to express this meaning:

We barely managed to have breakfast. (= We barely had time to have breakfast.)	Мы́ едва́ успе́ли поза́втракать.

However, 'manage to do something' does not always mean 'have enough time to do something.' When another meaning is implied, Russian uses subject-less sentences with the verb удáться (удáстся, удалóсь)/удавáться (удаётся, удавáлось):

| He managed to save up some money. | Ему́ удало́сь скопи́ть де́нег. |
| Every day she somehow manages to get everything done. | Ка́ждый день ей ка́к-то удаётся всё сде́лать. |

See also Dialog Comment 7 in this Lesson.

(Review the Text)
1. Where is the lamp? The lamp hasn't been bought yet.
2. They cut open the chair. The chair was cut open when the widow was asleep.
3. They made up a plan. This plan was made up by Ostap. All their plans were made up by Ostap.
4. I guess the chair was stolen at night. I think the chair will be stolen tonight.
5. Were you told that the chair would be stolen tonight?
6. I was told that Ostap was getting married. We were told that the wedding would be tomorrow.
7. He will be told about the wedding tomorrow. He will be told tomorrow whether the diamonds were in the chair.

(Review the Dialogs)
8. Don't lag behind! We won't have time to buy a vest. The store is going to close.
9. Where's the key to the apartment? In the car. But where's the key to the car? It isn't here. It disappeared.
10. Today I managed to find all the books in the library, and I even had time to make up an outline for my term paper.

ROOTS

1. **ВЕД-** (→вед-, вес-, веж-, вежд-) know

    This root illustrates the alternation of **д** with **с** before **т**:

    | вед + ть →(из)вéст(ие) 'information, news' |

    (cf. клад + ть→ класть 'put').

    ведь you know, after all, the thing is   Изве́стия Izvestiya ('The News')
    заве́дующий manager, director   изве́стно it is known
    испове́дать/испове́дывать hear confession   со́весть conscience
    за́поведь commandment   ве́жливый polite, courteous
    Де́сять за́поведей Ten Commandments   Центра́льное разве́дывательное Управле́ние CIA
    неве́жа boor, lout   неве́жда ignoramus

    The last pair of words, along with their translations, illustrates the stylistic parallel between Old Church Slavic borrowings into Russian (*неве́жда*, with OCS *жд* instead of native Russian *ж*) and Latin borrowings into English (*ignoramus*). The borrowed words in both Russian and English tend to belong to a more elevated stylistic level.

2. ВЁД- (→вёд-, вес-, вод-, вож-, вожд-) lead, guide *-fer -late, -duce, -duct*

This root differs from the root ВЕД- 'know' in that it usually has the vowel **ё** rather than **é** when stressed; it also differs in having derivatives with the vowel **o** (e.g., вести́/води́ть). Various forms of this root illustrate the alternation **д/с**:

> ведýт/вести́

as well as the alternation of **д** with zero before **л**:

> ведý ведёшь ведёт ведём ведёте ведýт *vs.* вёл велá велó велú

вести́/води́ть lead, conduct	води́тель driver, chauffer
вы́вести/выводи́ть lead out, bring out	(сде́лать) вы́вод (draw) a conclusion
завести́/заводи́ть wind up (e.g. a clock, a toy; start, establish	заво́д factory, plant, works
перевести́/переводи́ть translate; transfer	перево́д translation
произвести́/производи́ть produce	произво́дство production
ввести́/вводи́ть bring in, introduce	введе́ние introduction; preface
свести́/своди́ть с умá drive (somebody) crazy	разво́д divorce
проводи́ть/провожа́ть see (somebody) off	поведе́ние behavior, conduct
руководи́тель leader; advisor	во́ждь chief

Из мебели там был только матрац в красную полоску, лежавший на четырех кирпичах.

Урок 8: Общежитие

Московские вокзалы — воро́та города. Ежедневно они впускают и выпускают тридцать тысяч пассажиров. Через Алекса́ндровский вокзал входит в Москву иностранец в костюме для гольфа. С Ку́рского попада́ет в Москву кавказец в бара́шковой шапке. С Октя́брьского приезжает из Ленинграда ответственный работник[1] с портфелем. Жители Киева и Одессы въезжают в столицу через Бря́нский вокзал.

Ипполит Матвеевич и Остап с трудом пробились сквозь толпу на Ряза́нском вокзале и очути́лись на Каланчёвской площади. Они взяли извозчика.[2]

— Куда мы, однако, едем? — спросил Ипполит Матвеевич.

— К хорошим людям, — ответил Остап, — в Москве их масса.[3] И все мои знакомые.

— И мы у них остановимся?[4]

— Это общежитие. Если не у одного, то у другого место всегда найдется.

Остап и Ипполит Матвеевич поднялись на второй этаж общежития и свернули в совершенно темный коридор.

В темноте, возле самого локтя[5] Ипполита Матвеевича, кто-то засопел.

— Не пуга́йтесь, — заметил Остап, — это за стеной. Осторожнее! Тут где-то должен быть несгораемый шкаф.[6]

Воробья́нинов сейчас же уда́рился грудью об о́стрый железный угол. Шкаф действительно был здесь.

Компаньоны поднялись наверх. Верхний этаж был разрезан фане́рными перегоро́дками на пять длинных и у́зких комнат. Они были похожи на пена́лы, только кроме карандашей и ручек здесь были люди и при́мусы.

— Ты дома, Коля? — тихо спросил Остап, остановившись[7] у центральной двери.

В ответ на это во всех пяти пеналах загалде́ли.

— Дома, — ответили за дверью.

— Опять к этому дураку гости пришли! — зашептал женский голос из кра́йнего пенала слева.

— Дайте же человеку поспать! — бу́ркнул пенал номер 2.

В третьем пенале радостно зашипе́ли:

— К Кольке из милиции пришли.

В пятом пенале молчали. Там ржал при́мус[8] и целова́лись.

Остап толкну́л ногой дверь. Компаньоны проникли в Колькин[9] пенал. Из мебели там был только матрац в красную поло́ску, лежа́вший[7] на четырех кирпича́х. На нем сидел сам Колька. А рядом с ним сидело такое небе́сное созда́ние, что Остап сразу огорчи́лся. Такие девушки никогда не бывают деловыми знакомыми — для этого у них слишком голубые глаза и чистая ше́я. Это любовницы или, еще хуже, это жены — и жены любимые.

TEXT COMMENTS (1)

1. **отве́тственный рабо́тник** 'executive, senior (*Lit.*, responsible) bureaucrat.'
2. **изво́зчик** means 'horse-drawn cab driver,' but it can also refer to the cab itself.
3. **их ма́сса** 'there are lots of them.'
4. **останови́ться** means 'stop,' including the sense 'stay, reside temporarily' (as at a hotel).
5. **во́зле са́мого ло́ктя** 'right by his elbow' (*Lit.*, by [his] very elbow).
6. **несгора́емый шка́ф** 'safe.' Несгора́емый means 'fireproof, incombustible.'
     The presence of this safe (absolutely useless in a hostel where everybody is impoverished) is a typically absurd detail in this humorous description of a Moscow communal dwelling.
7. **DEVERBAL FORMS**
лежа́вший (лежа́ть – past active ptcpl.)	which was lying
останови́вшись (останови́ться – past adverb)	having stopped, stopping
8. **ржа́л при́мус** 'the primus stove was wheezing.'
     A primus is a wickless kerosene stove which, operating under pressure, can make a lot of wheezing noises. The verb ржать is used of horses neighing, loud laughter, and may be used for various neigh-like sounds.
9. **Ко́лькин** Kolya's; this is the possessive of Ко́лька, which is a familiar version of Ко́ля.

TEXT GLOSSARY (1)

бара́шковый lambskin	поло́ска stripe
бу́ркнуть mutter, growl	попада́ть land, find oneself (somewhere)
воро́та gate, gates	при́мус primus-stove (for cooking)
загалде́ть start making a racket	пуга́ться take fright, be scared
зашипе́ть hiss, shush	ржа́ть neigh
кирпи́ч brick	созда́ние creation, creature
кра́йний extreme, farthest	толкну́ть shove, push
небе́сный heavenly	уда́риться strike (against), hit
огорчи́ться become distressed	у́зкий narrow
о́стрый sharp	фане́рный plywood
очути́ться find oneself	целова́ться kiss (each other)
пена́л pencil box	ше́я neck
перегоро́дка partition	

Ипполит Матвеевич снял шляпу.

— Прекрасное утро, сударыня,[10] — сказал он.

Голубоглазая сударыня засмеялась и заговорила о том, какие дураки живут в соседнем пенале.

— Они заводят примус, чтобы не было слышно, как[11] они целуются. Но вы поймите, это же глупо. Мы все слышим. Вот они действительно ничего уже не слышат из-за своего примуса. Хотите, я вам сейчас покажу? Слушайте!

И она громко сказала:

— Зверевы дураки![12]

За стеной слышалось адское пение примуса и звуки поцелуев.

— Видите? Они ничего не слышат. Зверевы — дураки, болваны и психопаты! Видите?

— Ну что ж, — сказал Остап, — я вижу, что у тебя нельзя остановиться. Мы пойдем к Иванопуло.

— Верно, ребята! — закричал Коля. — Идите к Иванопуло. Это свой парень.[13]

— Приходите к нам в гости, — сказала Колина жена, — мы с мужем будем очень рады.

— Опять в гости зовут! — возмутились в пенале слева. — Мало им гостей![14]

— А вы — дураки, болваны и психопаты, не ваше дело! — сказала Колина жена.

Компаньоны вышли в коридор и спустились по лестнице. Остап зажег спичку. На дверях Иванопуло висела записка: «Буду[15] не раньше 9-ти часов».

— Не беда,[16] — сказал Остап. — Я знаю, где ключ.

Он поискал под несгораемым шкафом, достал ключ и открыл дверь.

Комната Иванопуло была точно такого же размера, как и Колина. Ипполит Матвеевич с огорчением заметил, что здесь не было даже матраца.

— Отлично устроимся, — сказал Остап. — Если мы уляжемся все втроем на полу, то даже останется немного места.

Они положили на пол газеты и легли спать.

TEXT COMMENTS (2)

10. суда́рыня

Russian makes a distinction between pre- and post-revolutionary terms of address; this one is pre-revolutionary and, somewhat like English *ma'am*, seldom used today. In the next sentence it is used as an ordinary noun (not directly addressing anybody), and in this usage it is facetious: 'a blue-eyed miss.' In the post-Soviet period, for a while, the pre-revolutionary terms of address were resurrected, but did not become very popular.

11. чтобы не́ было слы́шно, как они́ целу́ются 'so that nobody would hear them kissing.'

12. Зве́ревы дураки́! 'The Zverevs are fools!'

13. Э́то свой па́рень. 'He's one of us. He's a good guy.'

14. Ма́ло им госте́й! 'As if they don't have enough people visiting them!'

15. Бу́ду 'I'll be [back].'

16. Не беда́ 'No problem, it doesn't matter.' The word беда́ means 'misfortune, trouble.'

TEXT GLOSSARY (2)

а́дский hellish
болва́н dummy, blockhead
возмути́ться become exasperated, indignant
заводи́ть start, start up
огорче́ние distress, chagrin

пе́ние singing
при́мус primus-stove (for cooking)
разме́р dimension, size
спи́чка match
целова́ться kiss (each other)

Упражнéния к тéксту

1. *Отвéтьте на вопрóс преподавáтеля, кáк в образцáх. Словá, напечáтанные курсúвом, произнóсятся с осóбым ударéнием.*

Образéц А: — *Глýпая* главá, прáвда, Стúв?
— Дá, я соглáсен. Главá действúтельно *глýпая*.
Я никогдá ещё не читáл такóй глýпой главы́.

Úли: — Нéт, я не соглáсен. Главá совсéм не глýпая. Онá прóсто немнóго стрáнная.

Образéц Б: — Эта главá кáжется мнé óчень глýпой. Вáм онá тóже кáжется глýпой, Рóберт?
— Дá, мнé онá тóже кáжется довóльно глýпой.

Úли: — Нéт, *мнé* онá совсéм не кáжется глýпой.

— *Мнóго* в Москвé вокзáлов, прáвда?
— *Большáя* толпá былá на Рязáнском вокзáле, прáвда?
— *Трýдно* бы́ло úм пробúться сквозь толпý, вéрно?
— *Вéсело* éздить на извóзчике, á?
— *Хорóшие* лю́ди жúли в общежúтии, дá?
— *Стрáшно* ходúть по тёмным коридóрам, прáвда?
— *Стрáнные* кóмнаты бы́ли у студéнтов, á?
— *Превосхóдная* мéбель у Кóли, прáвда?
— *Красúвая* дéвушка сидéла на матрáце, вéрно?
— *Úмная* женá у Кóли, дá?
— *Глýпые* сосéди у знакóмых Остáпа, á?
— *Ужáсное* общежúтие, прáвда?
— *Отлúчно* устрóились Бéндер и Воробья́нинов, вéрно?

2. *Прочитáйте этот перескáз тéкста восьмóго урóка и составьте к немý вопрóсы. На урóке задáйте своú вопрóсы товáрищам.*

Ипполúт Матвéевич и Остáп приéхали в Москвý на Рязáнский вокзáл.
Онú вы́шли на плóщадь, взя́ли извóзчика и поéхали в общежúтие, где жúли друзья́ Остáпа.
В ýзких коридóрах общежúтия бы́ло совершéнно темнó.
Компаньóны поднялúсь на вторóй этáж и остановúлись у центрáльной двéри.
В этой кóмнате жúли Кóля и егó женá, голубоглáзое небéсное создáние.
Остáп огорчúлся, потомý что óн срáзу пóнял, что у Кóли нельзя́ бýдет остановúться.
Óн решúл пойтú к другóму знакóмому и тáк и сказáл Кóле. Кóля с нúм согласúлся.
Компаньóны спустúлись по лéстнице на пéрвый этáж.
Перед двéрью знакóмого Остáп зажёг спúчку и увúдел запúску: Бýду не рáньше 9-тú часóв.
К счáстью, Остáп знáл, гдé клю́ч. Óн достáл клю́ч и откры́л úм двéрь.
Ипполúт Матвéевич огорчúлся, увúдев, что в этой кóмнате нéт дáже матрáца.
Остáп сказáл, что éсли онú ля́гут втроём на полý, то дáже остáнется немнóго мéста.
Онú положúли нá пол газéты и леглú спáть.

3. *Разыгрáйте сцéну мéжду Кóлей, егó женóй, Остáпом и Ипполúтом Матвéевичем. Кóлины сосéди тóже принимáют учáстие. Испóльзуйте слéдующие словá и выражéния.*

— Опя́ть к этому дуракý гóсти пришлú.
— Дáйте поспáть.
— К тебé/к немý из милúции пришлú.
— Прекрáсное ýтро, судáрыня.
— разжигáть прúмус
— целовáться

— это глýпо
— нáм всё слы́шно, úм ничегó не слы́шно
— у тебя́ мóжно/нельзя́ остановúться
— приходúте в гóсти
— мы́ с мýжем/с женóй

ДИК И ДЖЕЙН
(в общежитии)

— Óчень стра́нную главу́ я сего́дня прочита́ла.
— Из «Двена́дцати сту́льев»? Каку́ю?
— Про общежи́тие. Стра́нное общежи́тие. Стра́нные студе́нты. Стра́нная глава́.
— Они́ не обы́чные студе́нты, Джейн.
— Э́то я заме́тила.
— Они́ да́же совсе́м не студе́нты. «Общежи́тие» мо́жет зна́чить и dormitory, и hostel.
— *Мо́жет зна́чить*? А что оно́ означа́ет в *э́той* главе́? Кто живёт в *э́том* общежи́тии?
— В э́том общежи́тии когда́-то жи́ли студе́нты-хи́мики, а тепе́рь живу́т лю́ди, кото́рые не име́ют к хи́мии никако́го отноше́ния. Éсли хо́чешь, посмо́трим по́лный текст «Двена́дцати сту́льев». Там есть объясне́ние, почему́ э́то общежи́тие тако́е стра́нное. У меня́ кни́га в ко́мнате. Сейча́с принесу́.
— Мы мо́жем пойти́ и почита́ть у тебя́. У нас же сте́ны не фане́рные!
— У меня́ сосе́д там пи́шет курсову́ю рабо́ту. Не хо́чется ему́ меша́ть. Лу́чше я принесу́ кни́гу сюда́, и мы мо́жем посиде́ть в хо́лле.
— Не уда́рься о несгора́емый шкаф!

> Как и полага́ется студе́нческому общежи́тию в Москве́, дом студе́нтов-хи́миков давно́ уже́ был заселён людьми́, име́ющими к хи́мии дово́льно отдалённое отноше́ние. Студе́нты расползли́сь. Часть из них око́нчила курс и разъе́халась по назначе́ниям, часть была́ исключена́ за академи́ческую неуспева́емость. И́менно э́та часть, год от го́ду возраста́я, образова́ла в ро́зовом до́мике не́что сре́днее ме́жду жил-това́риществом и феода́льным посёлком. Тще́тно пыта́лись ряды́ но́вых студе́нтов ворва́ться в общежи́тие. Э́кс-хи́мики бы́ли необыкнове́нно изобрета́тельны и отража́ли все ата́ки. На до́мик махну́ли руко́й. Он стал счита́ться ди́ким и исче́з со всех городски́х пла́нов. Его́ как бу́дто бы и не́ было. А ме́жду тем он был, и в нём жи́ли лю́ди.

— Что зна́чит «исключены́ за академи́ческую неуспева́емость»?
— «Ключ» зна́чит key, «включа́ть» зна́чит to include or to connect, «выключа́ть» — disconnect, «исключа́ть» — exclude or expel. «Успева́ть» зна́чит to do something on time or to succeed, «не успева́ть» зна́чит not to do it on time or to fail, «неуспева́емость» зна́чит...

»→

— Достаточно. Я всё-таки не понимаю, почему комнаты были такой странной формы и зачем у них в коридоре стоял несгораемый шкаф.

— До революции это был чей-то особняк. В нём жила только одна семья и слуги. Потом в него поселили человек сто студентов. Если бы тебя поселили вот в этот холл с двадцатью другими студентами, что бы ты сделала?

— Я бы потребовала назад свои деньги и перешла в другой университет.

— Ну а у них образование бесплатное. И другого университета нет. Они взяли дешёвую фанеру и превратили одну хорошую комнату в пять плохих.

— А несгораемый шкаф зачем?

— Понятия не имею.

— Наконец-то я задала тебе вопрос, на который у тебя нет ответа!

ROOTS

1. **ОБЩ-** common, communal, general

   общежитие dormitory
   общий general, common
   общее собрание general meeting
   в общем in general, on the whole, in sum
   вообще in general; always, altogether
   обобщить/обобщать generalize
   обобщение generalization
   не иметь ничего общего have nothing in common

   общество society
   общественный social
   общественные науки social sciences
   общественная собственность community property
   общественное мнение public opinion
   сообщить/сообщать report, communicate
   сообщение report, communication
   правительственное сообщение communiqué

2. **ГОСТ-** guest

   гость guest, visitor
   идти в гости visit, go visiting
   Они у нас в гостях. They're visiting us.
   гостеприимный hospitable

   гостья guest, visitor (female)
   угостить/угощать treat
   гостиница hotel
   гостеприимство hospitality

DIALOGS

Диало́г 1: Ко́ля и Ли́за

— У тебя́ хоро́шая ко́мната в общежи́тии? Что́ ви́дно[1] из окна́?
— Ви́дно парикма́херскую и кафе́-моро́женое. Вчера́ ви́дела, как профе́ссор Сми́т подстри́гся и пошёл е́сть моро́женое.
— А из моего́ окна́ ви́дно то́лько как коро́вы спя́т на траве́.
— От на́с коро́в не ви́дно. Моё окно́ выхо́дит на доро́гу, и у меня́ всю́ но́чь слы́шно,[1] как грузовики́ шумя́т.

Диало́г 2: Оле́г и Тама́ра

— Ка́к вы́ устро́ились в Москве́,[2] Тама́ра? Нашли́ где́[3] ночева́ть?
— Отли́чно устро́илась. Попа́ла[4] в гости́ницу «Росси́я».
— Жа́ль,[5] что мне́ та́к не удало́сь. Ночу́ю на скаме́йке на вокза́ле.
— У меня́ есть знако́мые в Москве́. Мо́жет бы́ть, они́ ва́с пу́стят переночева́ть. Меня́ они́ всегда́ пуска́ли.

Диало́г 3: Поли́на и Ви́ктор Фёдорович

— Где́ вы́ остана́вливаетесь[6] в Москве́, Ви́ктор Фёдорович?
— Ра́ньше всегда́ остана́вливался у знако́мых. Но та́м ребёнок никому́ не даёт спа́ть.
— Я хочу́ останови́ться в общежи́тии. Как вы ду́маете?
— О́чень глу́по. Та́м спя́т втроём в одно́й ко́мнате. Поезжа́йте лу́чше в гости́ницу.

DIALOG COMMENTS

1. **Что́ ви́дно?** 'What *can* you see out your window?'

   > The usual way of expressing *can/could see* is to use ви́дно (бы́ло). Ви́дно, like the verb ви́деть, takes an Accusative object. The seeing person appears in the Dative. The word слы́шно works the same way.

   | Отту́да, где они́ сиде́ли, и́м бы́ло всё хорошо́ слы́шно, но почти́ ничего́ не ви́дно. | From where they were sitting they could hear everything, but saw almost nothing. |

   Note that ви́дно and слы́шно express specifically the *physical* ability to see or to hear: the view is not obstructed, the sound is not jammed and so forth. If this meaning of physical ability is *not* intended then do *not* use ви́дно or слы́шно:

   | Ка́ждый де́нь его́ мо́жно бы́ло уви́деть в саду́. | Every day you could see him in the garden. |

   Compare these two examples:

   | Я́ тебя́ ви́жу! | I can see you! (i. e., I have noticed you.) |
   | Мне́ тебя́ ви́дно! | I can see you! (i. e., you are close enough, or These trees, etc. can not prevent me from seeing you). |

2. **Ка́к вы́ устро́ились в Москве́?**

   The verb устро́иться means 'to get set up, make arrangements, get settled.' The whole expression is used here as a polite formula for getting a conversation going with a newcomer or visitor. You can use adverbs like отли́чно, хорошо́, прекра́сно, пло́хо with it. A detailed answer might be:

| Устро́илась на хоро́шую рабо́ту, кварти́ра то́же неплоха́я, но ника́к не могу́ записа́ться в публи́чную библиоте́ку. | 'I got a good job and my apartment isn't bad either, but I haven't been able to get a card for the public library.' |

3. где́ 'somewhere'

> With verbs that entail *having* you don't translate *some* as -нибу́дь or -то. Instead of где́-нибудь, кто́-нибудь, что́-нибудь, etc., just use где́, кто́, что́, etc.

Verbs that entail *having* include such verbs as *find, build, buy,* and the like; that is, when you find/build/buy something, you have it.

У тебя́ есть где́ ночева́ть?	Do you have somewhere to spend the night?
Они́ постро́или себе́ где́ жи́ть. (colloq.)	They built themselves a place to live.
Она́ нашла́ с ке́м говори́ть по-ру́сски.	She found somebody to talk Russian with.

4. попа́сть This verb means 'to end up somewhere, get to, land,' either by accident or deliberately.

| Обе́д был неуда́чный — мы́ попа́ли в о́чень плохо́й рестора́н. | Dinner didn't work out very well; we ended up in a very bad restaurant. |
| Ма́ша пыта́лась попа́сть на како́й-нибудь хоро́ший конце́рт, но никуда́ не попа́ла. | Masha tried to get tickets to a good concert, but she didn't get tickets for anything at all. |

This verb may have either a positive or negative connotation. The question Ка́к ты́ сюда́ попа́л? may mean either 'How did you manage (have the good fortune) to get here?' or 'How did you end up here (in a dump like this)?' It can also be perfectly neutral, e.g.,

| Я́ не зна́ю, ка́к попа́сть в публи́чную библиоте́ку | 'I don't know how to get to the public library.' |

5. жа́ль, что ... не ...'I wish I had [succeeded in getting a good hotel room].'
The word жа́ль means 'sorry, too bad' but with a following negative the best translation is 'I wish [positive].'

| Жа́ль, что сейча́с не ле́то. | I wish it were summer now. |
| Жа́ль, что они́ не поговори́ли с тобо́й. | I wish they had spoken to you (about that). |

6. Где́ вы́ остана́вливаетесь?
In the context of stopping at a hotel, this question can only mean 'Where *do you stay*?' not 'Where *are you staying*?' The latter is rendered by the Past Perfective Где́ вы́ останови́лись? This verb works like уста́ть/устава́ть in this respect:

Present Imperfective:

| Я́ остана́вливаюсь в «Хи́лтоне». | I stay at the Hilton. |
| Я́ устаю́ по понеде́льникам. | I get tired on Mondays. |

Past Perfective:

| Я́ останови́лась в «Хи́лтоне». | I am staying (=have put up) at the Hilton. |
| Я́ уста́ла. | I am (=have become) tired. |

Упражне́ния к диало́гам

4. *Расскажи́те о свое́й ко́мнате в общежи́тии, о свои́х сосе́дях, о то́м, что ви́дно из ва́шего окна́, что слы́шно по ноча́м, что вы́ ви́дели вчера́ и так да́лее...*

5. *Расскажи́те това́рищам о то́м, ка́к вы́ устра́ивались в но́вом го́роде, в общежи́тии, ка́к вы́ нашли́ кварти́ру и́ли устро́ились жи́ть у друзе́й и так да́лее.*

Наприме́р:

У меня́ была́ о́чень хоро́шая ко́мната в общежи́тии в про́шлом году́. Лу́чше, чем у Ко́ли и Ли́зы из «Двена́дцати сту́льев». Но в э́том году́ мне́ да́ли ужа́сную ко́мнату. Из окна́ ви́дно то́лько автомоби́льную стоя́нку, и ка́ждое у́тро слы́шно, как авто́бусы и грузовики́ выезжа́ют на у́лицу, как ла́ют соба́ки, мя́укают ко́шки, мыча́т коро́вы и ржу́т ло́шади на фе́рме.

Я реши́ла иска́ть ко́мнату в го́роде, но всё хоро́шие ко́мнаты бы́ли уже́ за́няты. И вдру́г моя́ подру́га сказа́ла, что у неё е́сть свобо́дная ко́мната, и я могу́ жи́ть с не́й ве́сь семе́стр. Я реши́ла, что снача́ла попро́бую про́сто переночева́ть у э́той подру́ги. И по́сле одно́й но́чи я поняла́, что...

Испо́льзуйте выраже́ния из диало́гов и из те́кста. Ва́м мо́гут пригоди́ться и таки́е выраже́ния:

Чита́ть объявле́ния в газе́тах.
Звони́ть в аге́нства, кото́рые сдаю́т ко́мнаты и кварти́ры.
Перее́хать из ко́мнаты на второ́м этаже́ в таку́ю же ко́мнату на пя́том этаже́.
Проси́ть администра́цию университе́та о то́м, чтобы перее́хать в друго́е общежи́тие.
Разы́грывать ко́мнаты в лотере́ю.
Вы́играть в лотере́ю пра́во вы́брать хоро́шую ко́мнату.
Получи́ть по лотере́е о́чень неудо́бную/удо́бную ко́мнату.

6. *Подгото́вьте вопро́сы к това́рищам о то́м, где́ они́ остана́вливаются, когда́ е́здят в други́е города́. Отвеча́я на таки́е вопро́сы, расскажи́те, где́ вы́ остана́вливаетесь.*

Наприме́р:

— В Нью-Йо́рке я́ всегда́ остана́вливаюсь у бра́та/дя́ди/сестры́/де́душки...
— В Босто́не я́ обы́чно остана́вливаюсь у друзе́й в общежи́тии.
— Е́сли мои́ роди́тели в го́роде, я́ остана́вливаюсь у ни́х, а е́сли и́х не́т, я́ остана́вливаюсь у друзе́й.
— У меня́ мно́го друзе́й в Филаде́льфии, и я́ обы́чно остана́вливаюсь у те́х, у кото́рых ещё не́т дете́й...
— Когда́ у меня́ е́сть де́ньги, я́ беру́ но́мер в гости́нице.
— Я́ звоню́ из аэропо́рта в гости́ницу и е́сли е́сть свобо́дные номера́, е́ду пря́мо туда́.
— Я́ всегда́ зара́нее зака́зываю но́мер в гости́нице.

Разыгра́йте таку́ю сце́ну:

Вы́ звони́те по телефо́ну в гости́ницу и ва́м отвеча́ет администра́тор. Вы́ расспра́шиваете его́/её о номера́х, о рестора́не, о це́нах, о го́роде и та́к да́лее. Куда́ выхо́дят о́кна? Шу́мный ли райо́н? Далеко́ ли до о́зера? до магази́нов? Мо́жет ли администра́тор оста́вить для ва́с но́мер, е́сли вы́ ещё не уве́рены, что прие́дете?

Lesson 8

Лексико-граммати́ческие упражне́ния

7. *Вы́учите и́ли повтори́те спряже́ние глаго́лов, включа́я все́ фо́рмы проше́дшего вре́мени:*

	Соверше́нный ви́д		**Несоверше́нный ви́д**
а) *Grammar 9.2*			
	назва́ть	name	называ́ть
	собра́ть	collect	собира́ть
		sleep	спа́ть
б) *Grammar 14*			
	заня́ть	borrow	занима́ть
	сня́ть	take (pictures); rent	снима́ть
	подня́ться	go up	поднима́ться
в) *Grammar 5.5*			
	засну́ть	fall asleep	засыпа́ть
	просну́ться	wake up	просыпа́ться
	передви́нуть	move	передвига́ть
	проспа́ть	oversleep; miss (from sleeping too long)	просыпа́ть
г) *Grammar 9.1, 11.1*			
	доста́ть	get	достава́ть
д) *Grammar 12.3*			
	попа́сть	get (to some place)	попада́ть
	укра́сть	steal	кра́сть
е) *Grammar 12.2, 12.4*			
	подстри́чься	have a haircut	подстрига́ться
	заже́чь	turn on; light up	зажига́ть
ж)			
	пусти́ть	let go	пуска́ть
	впусти́ть	let in	впуска́ть
	вы́пустить	let out	выпуска́ть
	спусти́ться	go down	спуска́ться
	останови́ться	stay someplace	остана́вливаться
	устро́иться	get settled	устра́иваться
	познако́миться	meet, get acquainted	знако́миться
	потеря́ть	lose	теря́ть
	поверну́ть	turn	повора́чивать
	вы́йти	go out	выходи́ть
	войти́	go in	входи́ть
з) *Grammar 11.3b*			
	взя́ть возьму́т	take	бра́ть беру́т
	нажа́ть нажму́т	press (a button etc.)	нажима́ть

8. *Отве́тьте ка́к в образце́.*

Образе́ц:

Преподава́тель: — Ма́ша, Джо́н мне́ сказа́л, что о́н мечта́ет пое́хать в Нью-Йо́рк.
Ма́ша: — Я́ уве́рена, что о́н пое́дет в Нью-Йо́рк.
Джо́н: — Ну́, Ма́ша, е́сли я́ пое́ду в Нью-Йо́рк, я́ ...
(*приду́майте, что́ вы́ сде́лаете, наприме́р:* пришлю́ тебе́ отту́да откры́тку.)

остановиться в хоро́шей гости́нице
засну́ть ра́но
просну́ться по́здно
доста́ть биле́ты в теа́тр
попа́сть во все́ музе́и
подстри́чься у хоро́шего парикма́хера
покра́сить во́лосы в мо́дный цве́т
заня́ть де́нег в ба́нке Че́йз Манхэ́ттен
купи́ть соба́ку
назва́ть э́ту соба́ку Оста́пом
собра́ть колле́кцию спи́чек
пусти́ть де́ньги по ве́тру
сня́ть побо́льше хоро́ших фотогра́фий
познако́миться с каки́м-нибудь арти́стом и́ли худо́жником
устро́иться на рабо́ту и оста́ться жи́ть в Нью-Йо́рке

9. *Расскажи́те, ка́к попа́сть (пройти́) из ва́шей аудито́рии в другу́ю ко́мнату в то́м же зда́нии, наприме́р в лингафо́нную лаборато́рию, к секрета́рше, в кабине́т како́го-нибудь профе́ссора и т.д. По́льзуйтесь сле́дующими слова́ми и выраже́ниями:*

откры́ть две́рь (ли́фта)
подня́ться (по ле́стнице/на ли́фте) на второ́й эта́ж
спусти́ться (по ле́стнице/на ли́фте) на пе́рвый эта́ж/в подва́л
нажа́ть на кно́пку и вы́звать ли́фт
нажа́ть на кно́пку пя́того этажа́
вы́йти в коридо́р (из ко́мнаты)
войти́ в коридо́р (с у́лицы и́ли с ле́стницы)
поверну́ть/повора́чивать за́ угол/напра́во/нале́во/на Ко́лледж
   Авеню́/на у́лицу Плеха́нова

10. *Отве́тьте на обвине́ние преподава́теля, ка́к в образце́. В слова́х преподава́теля мо́жет быть глаго́л и́ли соверше́нного, и́ли несоверше́нного ви́да; вы́ в своём отве́те всегда́ употребля́йте несоверше́нный ви́д.*

Образе́ц:

Преподава́тель: — Ва́ся, вы́ опя́ть вчера́ спа́ли на заня́тии.
Ва́ся: — Непра́вда, я́ не спа́л. Э́то Ко́ля всегда́ спи́т.
И́ли: — Вы́ са́ми всегда́ спи́те!

укра́ли мою́ газе́ту
потеря́ли клю́ч от кварти́ры
засну́ли на ле́кции
передви́нули мо́й сто́л
зажгли́ све́т во все́х ко́мнатах
назва́ли сосе́да дурако́м и психопа́том
нажа́ли на кно́пку пожа́рной трево́ги (fire alarm)

засну́ли на заня́тии
проспа́ли пе́рвое заня́тие
укра́ли Ма́шин за́втрак/ла́нч
взя́ли мои́ спи́чки
взя́ли Ма́шин уче́бник
просну́лись, когда́ все́ ещё спа́ли

11. *Перево́д:* **ви́деть/слы́шать, как...**

The English construction of such sentences as *I saw him cross the street* or *I heard her sing* cannot be directly translated into Russian.

Russian uses a subordinate clause introduced by **как**:		
I saw him cross/crossing the street.	Я ви́дел, как о́н перешёл/переходи́л/перехо́дит у́лицу.
I heard her sing/singing.	Я слы́шал, как она́ поёт/пе́ла.

Ви́дно and **слы́шно** (see Dialog Comment 1) work the same way:

From our window you/one can see the trains pulling up at the station.	Из на́шего окна́ ви́дно, как поезда́ подъезжа́ют к ста́нции.
You could hear them yelling at each other.	Слы́шно бы́ло, как они́ руга́ются.
I'm afraid one will be able to hear the traffic from here.	Бою́сь, что отсю́да бу́дет слы́шно/бу́дет слы́шен у́личный шу́м.

Слы́шать, ви́деть, слы́шно, ви́дно can also be followed by **что**, corresponding to the English *that*:

Я слы́шал, что она́ хорошо́ поёт.	I've heard that she sings well.
Сра́зу ви́дно, что о́н моше́нник.	You can see right away that he's a crook.

Sentence 5.   *stay with somebody* — останови́ться у + Genitive.
Sentence 7.   *they saw* — они́ *уви́дели*
Sentence 10.   *get somewhere* — попа́сть в/на + Accusative.

(Review the Text)

1. From the corridor you could hear them kissing. From the window you could see them moving the furniture.
2. In the darkness, you couldn't see anything. In the morning, you could see everything and everybody.
3. We heard the neighbors talking. We saw them shave. We heard them yell at each other.
4. Did you hear that Ostap and Ippolit Matveevich had arrived in Moscow by train? Did you hear that there weren't any diamonds in the fifth chair?
5. "I see that we can't stay with you," said Ostap.
6. They closed the door so that we wouldn't hear them talking.
7. When Ostap lit a match, they saw that there wasn't even a mattress in the room.

(Review the Dialogs)

8. From my room in the dorm, you can see cows eating and sleeping on the grass and you can hear the buses leaving the terminal (авто́бусный вокза́л).
9. Where did you spend the night yesterday? I slept on the bench in front of an ice cream parlor.
10. Why didn't you get to the concert? — At 7 they locked the door and said they wouldn't let anybody in.

Десять стульев, которые попали в Москву, были проданы с аукциона разным людям.

Урок 9: Людоедка[1] Эллочка

Десять стульев, которые попали в Москву, были проданы[2] с аукциона разным людям. Остапу удалось узнать адреса этих людей.

— Ну что ж! — сказал он. — Адреса есть, а для того, чтобы добы́ть стулья, существует много старых, испы́танных[2] приёмов. Заседание продолжается!

Первым в его списке был адрес Э́ллочки Щу́киной, шика́рной дамы, которая купила на аукционе два стула из гарнитура Воробьяниновых. В лексиконе Эллочки Щукиной было всего[3] тридцать слов: «Хо-хо!» (выража́ет иронию, удивление, восто́рг, не́нависть, радость, презре́ние и удовлетворённость), «Красота́!» (говорится как одобре́ние во всех случаях жизни),[4] «Подумаешь!» (неодобрение во всех случаях жизни), «Ого!» (опять ирония, удивление, восто́рг, не́нависть, радость, презре́ние и удовлетворённость), еще несколько слов и даже одна законченная фраза:[5] «Не учите меня жить!», которой людоедка[1] Эллочка пользовалась во всех трудных ситуациях.

Трудных ситуаций в ее жизни было много. Дело в том, что[6] Эллочка вела борьбу́ не на жизнь а на смерть[7] с дочерью американского миллиардера Вандерби́льда. Это началось в один прекрасный день, когда Эллочка примеря́ла новую кофточку. Кофточка была очень миленькой, и Эллочка казалась себе почти боги́ней.

— Хо-хо! — говорила она, гля́дя[2] на себя в зеркало.

Это означало: «Я — самая красивая женщина в мире. Такой элегантной кофточки нет ни у кого на земном ша́ре».

Но в этот великий момент к ней пришла подруга. Подруга принесла французский журнал мо́д. Сверкающая[2] фотография на первой странице изобража́ла дочь американского миллиардера Вандербильда в вечернем платье.

— Ого! — сказала Эллочка.

Это значило: «Или я, или она».

На следующий день Эллочка подстри́глась, перекрасила волосы в ры́жий цвет и купила собачью шку́ру для отде́лки вечернего платья. Деньги на парикма́херскую и на собачий ме́х она взяла у своего мужа инженера Щукина, который, между прочим,[8] зарабатывал всего[3] двести рублей в месяц. Теперь ему пришлось взять на дом[9] вечернюю работу.

TEXT COMMENTS (1)

1. **людоедка** means '(female) cannibal, savage,' used here to mean 'ignorant person.'
2. **DEVERBAL FORMS**
   - глядя (глядеть – present adverb) — looking
   - испытанный (испытать – past passive ptcpl.) — tested, tried
   - проданный (продать – past passive ptcpl.) — sold
   - сверкающий (сверкать – present active ptcpl.) — glittering
3. **всего** 'in all, altogether' can be used in the sense of 'only, merely,' as it is in this context.
4. **во всех случаях жизни** 'on any occasion in [her] life.'
5. **законченная фраза** 'complete [grammatical] sentence.'
6. **Дело в том, что ...** 'The thing was that ...'
7. **борьбу не на жизнь, а на смерть** '[She] fought tooth and nail [to out-do Vanderbilt's daughter],' i.e., carried out a life or death struggle.
8. **между прочим** 'by the way.'
9. **взять на дом** 'to take [work] home.' Note stress on the preposition.

TEXT GLOSSARY (1)

богиня goddess
борьба fight, struggle
восторг delight, rapture
выражать express
добыть get, obtain
изображать show
испытать try, test
мех fur
мода fashion, style
ненависть hatred
одобрение approval
отделка decoration, trimming
парикмахерская barber shop, hairdresser's
подстричься get a haircut
презрение scorn
приём method, procedure, device
примерять try on, fit
рыжий red-haired
удовлетворённость satisfaction
шар globe; земной шар world
шикарный chic, stylish
шкура skin, hide, pelt

Однако папа Вандербильд тоже времени даром не терял.[10] Следующий номер журнала мод заключал в себе[11] портрет соперницы с брильянтовой звездо́й на лбу́. Портрет был сделан[17] в ее новом за́мке во Флориде. Пришлось и Эллочке купить себе новую мебель. В семейном бюджете осталось после этого четыре рубля.

Мужа не было дома.

Однако он скоро пришел, таща[17] свой портфель.

— Здравствуй, — сказал он и посмотрел на новую мебель. — Откуда эти стулья?

— Хо-хо! — сказала Эллочка.

— Нет, в самом деле?[12] Откуда стулья?

— Красота! — сказала Эллочка.

— Да, стулья хорошие. Подарил кто-нибудь?

— Ого! — сказала Эллочка.

— Как? Неужели ты купила? На какие же средства?[13] Неужели на хозя́йственные? Ведь я тебе тысячу раз говорил...

— Не учи меня жить! — сказала Эллочка.

— Нет, давай поговорим серьезно. Я получаю двести рублей...

— Подумаешь!

— Взя́ток не беру, денег не краду и подде́лывать их не умею...

— Хо-хо! — сказала Эллочка и села на новый стул.

— Нет, так больше жить нельзя! — воскли́кнул инженер Щукин. — Нам надо разойти́сь.

— Подумаешь! — сказала Эллочка.

Инженер схвати́л второй стул и скати́лся по лестнице.

И тут в комнату постучал Остап. Увидев[17] фотографии киноактрис на стенах и быстро осмотрев[17] саму хозяйку дома и ее хала́тик, укра́шенный[17] собачьим мехом, он сразу понял, как себя вести[14] в таком светском обществе.

Он закрыл глаза и сделал шаг назад.

— Красота! — воскликнул он.

— Хо-хо! — сказала Эллочка.

Бесе́да продолжалась. Остап говорил комплименты и выясня́л, где находится второй стул. Выяснив,[17] что бежавший[17] от Эллочки муж будет жить, вероятно, у приятеля, он неожиданно достал из кармана маленькое позолоченное[17] си́течко.

— Вы знаете, сейчас в Европе и в лучших домах Филадельфии[15] разлива́ют чай через ситечко. Необычайно эффектно[16] и очень элегантно.

— Ого? — сказала Эллочка.

— Хо-хо! — сказал Остап. — Давайте обменя́емся. Вы мне — стул, а я вам — ситечко. Хотите?

— Красота! — сказала Эллочка.

Остап положил на стол ситечко (которое он, между прочим,[8] украл у мадам Грицацуевой), взял стул и, узнав[17] адрес приятеля мужа, раскла́нялся.

TEXT COMMENTS (2)

10. **да́ром теря́ть вре́мя** 'to waste time' (*Lit.*, lose time in vain). Да́ром 'in vain' also has the meaning 'for nothing, free.'
11. **заключа́л в себе́** 'contained.'
12. **в са́мом де́ле?** 'really, actually.' He's asking her to tell the truth, to speak normally and say what happened.
13. **На каки́е же сре́дства?** 'What money did you use?' *Сре́дство* means 'means,' including the financial sense of the word; it is equivalent to *на каки́е де́ньги*.
14. **сра́зу по́нял, ка́к себя́ вести́** 'he immediately understood how he should behave (in such high society).'
15. **в лу́чших дома́х Филаде́льфии** — another Benderism, and a very well-known one.
16. **Необыча́йно эффе́ктно** 'It really impresses people.'

    The word эффе́ктно means that something creates an effect, not that something is effective in getting results.

    | Она́ о́чень эффе́ктно одева́ется. | She wears very striking clothes. |
    | Он эффе́ктно говори́т. | He's an impressive speaker. |
    | Он эффе́ктно вы́ругался. | He swore a blue streak. |

17. **DEVERBAL FORMS**

бежа́вший (бежа́ть – past active ptcpl.)	who had run (away)
вы́яснив (вы́яснить – past adverb)	having learned, found out
осмотре́в (осмотре́ть – past adverb)	having examined, looked over
позоло́ченный (позолоти́ть – past passive ptcpl.)	gilded
сде́ланный (сде́лать – past passive ptcpl.)	made, done
таща́ (тащи́ть – present adverb)	carrying, lugging
уви́дев (уви́деть – past adverb)	having caught sight of
узна́в (узна́ть – past adverb)	having found out
укра́шенный (укра́сить – past passive ptcpl.)	adorned, decorated

TEXT GLOSSARY (2)

бесе́да conversation	разойти́сь get divorced
взя́тка bribe	раскла́няться take leave, bow out
воскли́кнуть exclaim	си́течко (tea) strainer
выясня́ть find out	скати́ться run down, roll down
за́мок castle	сопе́рница rival
звезда́ star	схвати́ть grab
лоб forehead	укра́сить adorn, decorate
обменя́ться exchange	хала́тик dressing gown (*dimin.*)
подде́лывать counterfeit	хозя́йственный household
разлива́ть pour	

Упражнéния к тéксту

1. *Отвéтьте на вопрóсы преподавáтеля, кáк в образцé.*
Образéц:
— Наскóлько я пóмню/понимáю/знáю, стýлья бы́ли прóданы с аукциóна. Э́то вéрно, А́ня?
— Дá, э́то вéрно. Стýлья бы́ли прóданы с аукциóна.
Или: — Нéт, э́то невéрно. Наскóлько я пóмню/понимáю/знáю, стýлья сгорéли в пéчке.
Или: — Я́ не пóмню/знáю. Мóжет бы́ть, стýлья бы́ли прóданы с аукциóна.

стýлья бы́ли прóданы рáзным лю́дям
Остáп узнáл адресá э́тих людéй
Э́ллочка Щýкина купи́ла на аукциóне три́ стýла
у Э́ллочки бы́л óчень большóй лексикóн
в жи́зни Э́ллочки нé было трýдных ситуáций
Э́ллочка казáлась себé краси́вой
Э́ллочка купи́ла дорогóй и хорóший мéх
Э́ллочка не ходи́ла в парикмáхерскую
мýж Э́ллочки бы́л миллионéр
инженéр Щýкин сказáл, что стýлья краси́вые
Щýкин не брáл взя́ток и не крáл дéнег
Э́ллочка купи́ла стýлья на хозя́йственные дéньги
Остáп пришёл, когдá мýж Э́ллочки ужé ушёл
Остáп не пóнял, кáк вести́ себя́ с Э́ллочкой
Остáп говори́л Э́ллочке комплимéнты
Остáп дáл Э́ллочке дéньги и взя́л у неё стýл

2. *Прочитáйте перескáз тéкста и придýмайте вопрóсы к немý. На заня́тии задáйте свои́ вопрóсы другим студéнтам.*

Стýлья, котóрые попáли в Москвý, бы́ли прóданы с аукциóна рáзным лю́дям.
Остáпу удалóсь узнáть адресá э́тих людéй.
Пéрвым в егó спи́ске бы́л áдрес Э́ллочки Щýкиной, котóрая купи́ла на аукциóне двá стýла из гарнитýра Воробья́ниновых.
И́льф и Петрóв называ́ют Э́ллочку «людоéдкой», потомý что онá не óчень умнá, и в лексикóне её всегó тóлько три́дцать слóв.
Э́ллочке хотéлось бы́ть сáмой краси́вой жéнщиной в ми́ре. У неё былá тóлько однá сопéрница: дóчь америкáнского миллиардéра Вандерби́льда.
Когдá Вандерби́льд купи́л для своéй дóчери нóвый зáмок во Флори́де, Э́ллочка купи́ла стýлья.
Онá купи́ла стýлья на хозя́йственные дéньги, и её мýж инженéр Щýкин óчень рассерди́лся на неё.
Щýкин зарабáтывал тóлько двéсти рублéй, взя́ток не брáл, дéнег не крáл и поддéлывать и́х не умéл.
Óн ты́сячу рáз говори́л Э́ллочке, что онá трáтит сли́шком мнóго дéнег.
Пóсле тогó как онá купи́ла стýлья, инженéр Щýкин реши́л, что они́ бóльше не мóгут жи́ть вмéсте, и что и́м нáдо разойти́сь.
Óн схвати́л оди́н из стýльев и убежáл.

После того как инженер ушёл, к Эллочке пришёл Остап. Он сразу понял, как вести себя с Эллочкой. Он говорил ей комплименты на её собственном языке.

Выяснив, что второй стул находится у её мужа, и что муж теперь будет жить у приятеля, Остап показал Эллочке ситечко для чая, которое он украл у Грицацуевой.

Остап сказал, что в Европе и в лучших домах Филадельфии сейчас разливают чай только через ситечко.

Эллочке понравилось ситечко, и они обменялись: Остап отдал ей ситечко, а она отдала ему стул.

3. а) *Разыграйте диалог между инженером Щукиным и его женой. Используйте следующие слова и выражения:*

Откуда эти стулья?	разойтись
Подарил кто-нибудь?	развестись
на какие средства	развод
на хозяйственные деньги	— Хо-хо!
Я тебе тысячу раз говорил...	— Красота!
поговорим серьёзно	— Ого!
красть, подделывать деньги	— Подумаешь!
брать взятки	— Не учите меня жить.
так больше жить нельзя	

3. б) *Разыграйте сцену между Остапом и Эллочкой. Если вы будете пользоваться только выражениями из лексикона Эллочки, это будет разговор двух «людоедов». Поэтому используйте также такие фразы:*

Вы замужем?
Какие у вас красивые фотографии!
Это *вы* на фотографии или это какая-то знаменитая киноактриса?
Какое милое платье!
Это, наверное, очень дорогой мех!
В Европе сейчас очень модны такие кофточки.
В лучших домах Филадельфии мужья сейчас живут отдельно от жён.
Вы знаете, что теперь модно разливать чай через ситечко?
Давайте обменяемся: вы мне — стул, а я вам — ситечко.

ROOTS (A)

1. **ДАР-** (from ДАЙ- 'give') gift, grant, *don-*

дарить/подарить give, present, grant	подарок gift
одарённый gifted, talented	бездарный lacking talent, undistinguished
благодарить thank	благодарность gratitude
даром free; in vain	дарение donation

2. **ДАР-** (from ДР- 'fight; tear') strike, hit, blow

ударить/ударять strike, hit	удар blow, stroke
удар грома thunder clap	солнечный удар sun-stroke
ударение stress, accent	ударный слог stressed syllable

DIALOGS

Диало́г 1: Э́лла и Диа́на

— Я́ реши́ла бро́сить францу́зский. Преподава́тель оказа́лся не францу́з.[1]
— А ра́зве[2] мо́жно в октябре́ бро́сить[3] ку́рс? Я́ ду́мала,[4] уже́ по́здно.
— Вообще́-то[5] уже́ по́здно, но мне́ разреши́ли. Я́ на испа́нский записа́лась.
— Е́сли бы мне́ разреши́ли, я́ бы бро́сила[3] ходи́ть на ру́сскую грамма́тику.

Диало́г 2: Ле́на и Фи́ра

— Я́ слы́шала,[4] вы́ с Джо́ серьёзно поссо́рились. В чём бы́ло де́ло?
— В то́м, что о́н ста́л учи́ть меня́ жи́ть. А я́ э́того не люблю́.
— Да что́ ты?[6] Джо́ всегда́ тако́й ти́хий. Ты́ наве́рное его́ оби́дела. А с чего́ начало́сь?[7]
— Начало́сь с того́, что я́ потра́тила все́ хозя́йственные де́ньги. А ко́нчилось те́м,[7] что мы́ реши́ли разойти́сь.

Диало́г 3: Викто́рия и её свекро́вь Валенти́на Трофи́мовна

— Валенти́на Трофи́мовна, дава́йте поговори́м серьёзно. Мне́ нехвата́ет[8] де́нег на хозя́йство.
— Я́ тебе́ ты́сячу ра́з говори́ла, что ты́ живёшь не по сре́дствам.[9]
— Э́то не я́ живу́ не по сре́дствам, э́то ва́ш сы́н ма́ло зараба́тывает. Пу́сть берёт домо́й вече́рнюю рабо́ту.
— Ско́лько бы о́н ни[10] зараба́тывал, тебе́ всё равно́ бу́дет нехвата́ть.[8]

DIALOG COMMENTS

1. **оказа́лся не францу́з** Usually оказа́ться is used with an instrumental object; францу́зом would also be correct here.
2. **ра́зве** expresses surprise and *doubt*. It can be translated as 'really' in the sense of *Can that really be true?* but not in the sense of *Oh, that's interesting*. The latter is expressed by *пра́вда*. Compare:

   | — У ни́х в университе́те не́т кинотеа́тра. | — Ра́зве? По-мо́ему е́сть. |
   | — Я́ вчера́ ви́дела прекра́сный фи́льм. | — Пра́вда? Како́й? |

3. **бро́сить** can be translated as 'quit, stop' or 'drop': *drop a course, quit/stop going to class*.
4. **Я́ слы́шал, (что) / Я́ ду́мала, (что)** In colloquial style что is often omitted.
5. **вообще́-то** is a variant of вообще́ 'in general, on the whole, generally speaking.' Sometimes it can be translated as 'It's true that ... It may be that ...'

   | Вообще́-то на́до заплати́ть, но сейча́с де́нег не́т. | It's true that I have to pay [for it], but right now I don't have any money. |
   | Вообще́-то о́н хоро́ший челове́к, но иногда́ о́н бьёт свою́ жену́. | He may be a nice guy, but sometimes he beats his wife. |

6. **Да что́ ты (говори́шь)?** 'Is it really true? How can that be? Do you really mean that?'
7. **нача́ть(ся) с + Genitive; ко́нчить(ся) + Instrumental**
   English uses various prepositions with the verbs *begin/start, end/finish*. Note the Russian usage:

О́н на́чал с са́мого нача́ла.	He began from the very beginning.
Де́нь начался́ с за́втрака.	The day began with breakfast.
Де́нь ко́нчился вечери́нкой.	The day ended with a party.
Профе́ссор ко́нчил (ле́кцию) разда́чей я́блок студе́нтам.	The professor finished (his lecture) by handing around apples to the students.
Начало́сь с ме́лочи, а ко́нчилось войно́й.	It began with a trifle and ended with war.

8. **нехвата́ть (+ Genitive)** 'not be enough, be lacking, be short' can be written also as two words, but note what happens to the word order:

| Тебе́ бу́дет нехвата́ть де́нег. | You won't have enough money. |
| Тебе́ не бу́дет хвата́ть де́нег. | (Same meaning.) |

9. **не по сре́дствам** 'beyond one's means' (*Lit.*, not according to one's means).
10. **ни**

> When ни occurs after a question word, with no other negative in the clause, the meaning is, roughly, '-ever' (when*ever*, how*ever*, what*ever*, etc.)
> The particle бы adds the meaning 'hypothetically.'

Ско́лько о́н ни зараба́тывал ...	Whatever (=However much) he earned ...
Ско́лько о́н ни зарабо́тает...	Whatever (=However much) he will earn ...
Ско́лько бы о́н ни зараба́тывал ...	Whatever he might earn/might have earned ...
Где́ бы о́н ни́ был, я́ его́ найду́.	Wherever he may be, I'll find him.

Упражне́ния к диало́гам

4. *Пригото́вьтесь зада́ть други́м студе́нтам вопро́сы о то́м, че́м они́ занима́ются в э́том семе́стре.*

   На каки́е ку́рсы они́ записа́лись/ на каки́е ку́рсы хо́дят/каки́е ку́рсы слу́шают...?
   На каки́е ку́рсы они́ на́чали ходи́ть, но бро́сили?
   Когда́ мо́жно бро́сить ку́рс в ва́шем университе́те?
   Мо́жно бро́сить по́сле деся́того ма́рта?
   Ну́жно ли плати́ть штра́ф, е́сли хо́чешь отказа́ться от ку́рса по́сле э́того сро́ка?
   Мо́жно ли записа́ться на ку́рс в середи́не семе́стра?
   Мо́жно ли ходи́ть на каки́е-нибудь заня́тия вольнослу́шателем?

5. *Расскажи́те о то́м, как вы́ поссо́рились со свои́м дру́гом/со свое́й де́вушкой/подру́гой...*

   В чём бы́ло де́ло? С чего́ начало́сь?
   Чём ко́нчилось? Вы́ помири́лись? И́ли вы́ всё ещё в ссо́ре с ни́м/с не́й?

   Спроси́те това́рищей, мно́го ли они́ тра́тят де́нег.
   На кни́ги? На оде́жду? На путеше́ствия? На бензи́н и ремо́нт маши́ны?

   Расскажи́те о то́м, как вы́ когда́-то потра́тили о́чень мно́го де́нег.
   Э́то бы́ли ва́ши де́ньги? Роди́телей?
   Они́ ва́м разреши́ли их потра́тить? Не рассерди́лись на ва́с?
   На что́ у ва́с ухо́дит бо́льше всего́ де́нег?

6. *Пригото́вьтесь сообщи́ть друго́му студе́нту, что:*

   Ва́м нехвата́ет де́нег на жи́знь/кни́ги/образова́ние/проду́кты/путеше́ствия.
   Вы́/Они́/Ва́ш бра́т живёте/живу́т/живёт не по сре́дствам.
   Вы́/Ва́ша ма́ть/дру́г/подру́га ма́ло зараба́тываете/зараба́тывает.
   На́до, что́бы му́ж/оте́ц/сосе́дка бра́ли домо́й вече́рнюю/дополни́тельную рабо́ту.

   В отве́т на тако́е сообще́ние друго́го студе́нта и́ли студе́нтки вы́ мо́жете сказа́ть:

   — Да́, мне́ то́же нехвата́ет.
   — Все́м нехвата́ет на жи́знь.
   — А кому́ хвата́ет?
   — Я́ своему́ отцу́ говорю́ то́ же са́мое.

Lesson 9

Ле́ксико-граммати́ческие упражне́ния

7. *Повтори́те спряже́ние сле́дующих глаго́лов:*

	Соверше́нный ви́д		Несоверше́нный ви́д
а) *Grammar 17*	да́ть	give	дава́ть
	ле́чь	lie down	ложи́ться
	се́сть	sit down	сади́ться
	ста́ть	become, be	станови́ться
	пры́гнуть	jump	пры́гать
	кри́кнуть	yell	крича́ть
	бро́сить	throw; drop	броса́ть
	ко́нчить	end	конча́ть
	пусти́ть	let go, let in, let	пуска́ть
	прости́ть	forgive	проща́ть
	реши́ть	solve, decide	реша́ть
	купи́ть	buy	покупа́ть
б)	жени́ться	get married	жени́ться (same as Pf.)
	останови́ться	stay (at some place)	остана́вливаться
	побри́ться	shave	бри́ться
	сши́ть	sew, make (clothes)	ши́ть
	разби́ть	break	разбива́ть
	откры́ть	open	открыва́ть
	подстри́чься	have a haircut	подстрига́ться, стри́чься
	сня́ть	rent	снима́ть
	наня́ть	hire	нанима́ть
	вы́йти за́муж	get married	выходи́ть за́муж
	пое́хать	go (by vehicle)	е́хать, е́здить

8. *Бу́дьте гото́вы вести́ тако́й разгово́р.*
Образе́ц:

Преподава́тель: — Ва́ся, да́йте, пожа́луйста, э́тому ма́льчику де́сять копе́ек.
Ва́ся: — Заче́м дава́ть ему́ де́сять копе́ек?
Преподава́тель: — Ка́к вы́ ду́маете, Со́ня?
Со́ня: — Обяза́тельно на́до да́ть ему́ де́сять копе́ек, потому́ что ...
 (*Приду́майте причи́ну.*)
Или: — ...потому́ что е́сли ты́ не да́шь ему́ де́сять копе́ек, то́ ...
 (*Приду́майте, что случи́тся*).

да́йте дво́рнику я́блоко   ко́нчите свои́ дела́ поскоре́е
ля́гте спа́ть пора́ньше   пусти́те Ва́сю к себе́ ночева́ть
ся́дьте побли́же к две́ри   прости́те мне́ мои́ оши́бки
ста́ньте комсомо́льцем/комсомо́лкой реши́те зада́чу сего́дня же
пры́гните в окно́   купи́те но́вую ме́бель
кри́кните «Ура́!»   сше́йте себе́ но́вые брю́ки
бро́сьте кури́ть   разбе́йте пожа́луйста э́ту подде́льную ва́зу

9. *Бу́дьте гото́вы вести́ тако́й разгово́р.*

Преподава́тель: — Са́ша, по-мо́ему, Ди́ме сле́дует/ну́жно/на́до/пора́ купи́ть но́вые часы́.
Са́ша: — Не́т, Ди́ма, не покупа́й но́вые часы́.
Ди́ма: — Пожа́луй, я́ всё-таки куплю́ себе́ но́вые часы́.
Са́ша: — Ка́к хо́чешь: мо́жешь купи́ть, а мо́жешь не покупа́ть.

купи́ть но́вый пиджа́к	ле́чь спа́ть
бро́сить кури́ть	бро́сить университе́т
да́ть на́м клю́ч от кварти́ры	ко́нчить университе́т
(где де́ньги лежа́т)	прости́ть Ма́ше её оши́бку
ле́чь	пры́гнуть в окно́
кри́кнуть «Ура́»!	се́сть пода́льше от две́ри
се́сть побли́же к окну́	купи́ть но́вую ме́бель
пусти́ть Ле́ну к себе́ ночева́ть	сши́ть себе́ но́вый костю́м
разби́ть э́ту по́шлую ва́зу	

10. *Бу́дьте гото́вы вести́ тако́й разгово́р.*
Образе́ц:

Преподава́тель: — Са́ша, вы́ обеща́ли, что подстрижётесь.
Са́ша: — Мне́ нехвата́ет де́нег (на то́), чтобы подстри́чься.
Преподава́тель: — Ма́ша, предложи́те свою́ по́мощь.
 Tell him that you'll cut his hair/that you'll lend him some money.
Ма́ша: — Éсли хо́чешь, я́ тебя́ подстригу́/да́м тебе́ де́нег в до́лг.

подстри́чься в парикма́херской	(I'll cut your hair)
побри́ться в парикма́херской	(I'll give you a shave)
останови́ться в гости́нице	(I'll ask a friend to let you sleep at her house)
откры́ть своё де́ло	(I'll find a job for you)
жени́ться	(I'll find you a rich widow)
вы́йти за́муж	(I'll borrow money for you)
пое́хать за грани́цу	(I'll buy you a plane ticket)
сня́ть кварти́ру	(I'll buy you a house)
наня́ть рабо́чего покра́сить до́м	(I'll paint it for you)
купи́ть до́м	(I'll rent an apartment for you)
ста́ть президе́нтом США́	(I'll organize your campaign (кампа́нию))

11. *Перево́д:* **то́, что́...** constructions

There are verbs, both in Russian and in English, that can be followed either by a noun or by a clause:

I know Vasya.	Я́ зна́ю Ва́сю.
I know that Vasya is back.	Я́ зна́ю, что Ва́ся верну́лся.

Among such verbs in Russian there are some that require prepositions and/or cases other than the Accusative:

Де́нь начался́ с поцелу́ев.	The day started with kisses.
Де́нь ко́нчился ссо́рой.	The day ended with a fight.

> When these verbs are followed by a clause the appropriate form of **то** is inserted:

| День начался **с того́, что** Коля и Лена поссорились, а кончился **тем, что** они поцеловались. | The day started with Kolya and Lena having a fight and ended with them kissing each other. |

After **спорить** and **разговаривать** also, **то** in the proper form is inserted:

| Они разговаривали/спорили **о том, где** и как искать стулья. | They were talking/arguing about where and how to look for the chairs. |
| Они разговаривали **о том,** найдёт **ли** Остап брильянты. | They were talking about whether Ostap would find the diamonds. |

То́, что ... is also used in the expression **де́ло в том, что** ... 'The thing is that ...' or 'The point is that ...'

| Де́ло **в том, что** инженерам приходится много работать | The thing is that engineers have to work a lot. |

If the rest of the sentence is in the past, Де́ло в том, что ... often has to be translated by 'The thing *was* that...' 'What happened *was* that...'

| Де́ло **в том, что** Эллочка вела борьбу не на жизнь, а на смерть с дочерью миллионера. | The thing was that Ellochka was fighting tooth and nail with a millionaire's daughter. |

Sentence 7. *behave* — вести себя
did know — знал

(Review the Text)

1. What does this chapter begin with? It begins with Ellochka buying herself a French fashion magazine and a new blouse.
2. The thing was that Ellochka wanted to be the most beautiful woman in the world. Then she saw a billionaire's daughter in a French fashion magazine.
3. The problem was that Ellochka wanted to dress like a millionaire's daughter, but her husband earned very little.
4. What did Ellochka and her husband argue about? They argued about how Ellochka should spend the household money.
5. They argued about whether her husband was going to earn a lot of money.
6. Ellochka's husband said he didn't counterfeit money, didn't steal, and didn't take bribes. He said that he wouldn't counterfeit money, wouldn't steal, and wouldn't take bribes.
7. The thing was that Ellochka's husband did not know how to behave with her. But Ostap did know how to behave with her.
8. How did the chapter end? It ended with Ellochka's giving Ostap the chair.

(Review the Dialogs)

9. Don't teach me how to live. We've decided to separate and let's not argue about it.
10. Are you taking Spanish grammar? No, I dropped it. My husband turned out to be French.

ДИК И ДЖЕЙН

— Дик! А что стало со священником?
— С отцом Фёдором? Он всё ещё ищет стулья. И всё время пишет письма своей жене. Вот его первое письмо:

Первое письмо отца Фёдора, написанное им из Харькова в город Н:

Голубушка моя, Катерина Александровна!

Весьма перед тобой виноват. Бросил тебя, бедную, одну в такое время.

Должен тебе всё рассказать. Ты меня поймёшь и, можно надеяться, согласишься.

Тут дело такое: я ищу клад. Помнишь покойную Клавдию Ивановну Петухову, воробьяниновскую тёщу? Перед смертью Клавдия Ивановна открылась мне, что в её доме, в Старгороде, в одном из гостиных стульев (их всего двенадцать) запрятаны её брильянты.

Эти брильянты она завещала мне и велела не давать их Ипполиту Матвеевичу.

Вот почему я тебя, бедную, бросил так неожиданно.

Приехал я в Старгород, и представь себе — Воробьянинов тоже там. Ужасный человек! И с ним какой-то бандит.

Сперва я попал на ложный путь. Нашёл я один стул, несу его к себе, и вдруг из-за угла человек на меня набросился, как лев, и схватился за стул. Чуть до драки не дошло. Это был Воробьянинов. Разломали мы стул — ничего там нету. Стал я думать, и понял, что на ложный путь попал. Не тот это был стул.

И придумал я найти человека, который распределял национализированную мебель. Представь себе, Катенька, нашёл я этого человека. Пришлось ему заплатить. Остался я без денег (но об этом после). Оказалось, что все двенадцать гостиных стульев из воробьяниновского дома попали к инженеру Брунсу. Брунс, оказывается, из Старгорода выехал в 1923 году в Харьков.

Сижу теперь в Харькове на вокзале и пишу вот по какому случаю. Во-первых, очень тебя люблю и вспоминаю. А во-вторых, Брунса здесь уже нет. Брунс служит теперь в Ростове. Денег у меня на дорогу в обрез. Выезжаю через час. А ты, моя милая, зайди, пожалуйста, к зятю, возьми у него пятьсот рублей (он мне должен и обещал отдать) и вышли в Ростов: главный почтамт, до востребования, Фёдору Иоанновичу Вострикову. Перевод для экономии пошли почтой. Будет стоить тридцать копеек.

Что у нас слышно в городе? Что нового?

Как погода? Здесь, в Харькове, совсем лето. Город шумный. После провинции кажется, будто за границу попал.

Нежно целую, обнимаю и благословляю.

Твой муж Федя.

— Тебе́ не ка́жется, что у него́ язы́к како́й-то стра́нный? А, Дик?

— Коне́чно — он же свяще́нник. Это паро́дия на религио́зную про́зу.

— А пра́вда, что настоя́щие сту́лья у инжене́ра Бру́нса, и Оста́п с Воробья́ниновым иду́т по ло́жному сле́ду?

— Если я тебе́ скажу́, пра́вда это или нет, тебе́ неинтере́сно бу́дет чита́ть да́льше!

— Если это непра́вда, зна́чит челове́к, кото́рый распределя́л национализи́рованную ме́бель — то́же жу́лик. Бу́дет ли тут хоть оди́н поря́дочный и че́стный челове́к?

— Кто же пи́шет рома́ны о че́стных и поря́дочных лю́дях? Это бы́ло бы так ску́чно!

ROOTS (B)

1. **ДЕЛ-** (from ДЕЙ 'do'; cf. also ДЕН- 'put') make, do, deed, business

    де́лать/сде́лать make; do
    переде́лать/-де́лывать remake, alter, revise
    подде́лать/-де́лывать forge, counterfeit
    отде́лать/-де́лывать finish off, adorn
    земледе́лие agriculture

    де́ло business, affair, deed, matter, case
    переде́лка alteration
    подде́лка imitation, forgery
    отде́лка trimming
    безде́льничать loaf

2. **ДЕЛ-** (→дел-, дол-) divide, share

    дели́ть/подели́ть divide, share
    отдели́ть/отделя́ть separate, detach
    раздели́ть/разделя́ть redivide; partition
    до́ля part, piece, share, lot, fate

    отде́л department, section
    разде́л division, partition

3. **ЗР-** (→зр-, зир-, зер-, зар-, зор-) see, sight, view, vision, light, *spect-*

    зре́ние eyesight, vision
    презре́ние scorn
    зе́ркало mirror
    позо́р disgrace

    зри́тель spectator
    подозрева́ть suspect
    заря́ sunset, dawn
    при́зрак ghost, spectre

4. **ЗРЕЙ-** (→зрей-, зре-, зрел-) ripe, mature

    зре́лый mature, ripe

    зре́ть/зре́ют mature, ripen

Я — самая красивая женщина в мире.

Урок 10: Безвы́ходное положе́ние го́лого инжене́ра

После того как Остап посетил людоедку Эллочку, в комнате студента Ивано́пуло появилась мебель. Это был стул, конечно. Он был немного испорчен,[1] но на нем еще можно было сидеть.

— Даже когда в стуле ничего нет, — сказал Остап, глядя[1] на пустой стул, — мы зарабатываем на нем десять тысяч. Каждый новый стул прибавля́ет нам шансы.

После этого компаньоны разошлись в разные сто́роны. Ипполит Матвеевич отправился к человеку по фамилии Изнуре́нков — он тоже купил стул на аукционе. А Остап Бендер отправился к инженеру Эрне́сту Па́вловичу Щу́кину, который сбежал от людоедки Эллочки в квартиру своего приятеля и унес с собой воробьянинский стул.

Инженер Щукин броди́л по пустой квартире и решал вопрос: принять ванну или не принимать. Квартира была под самой[2] кры́шей. Кроме письменного стола и нового стула, в ней было только большое зе́ркало. В нем отража́лось солнце. Было жарко.

«Пойду умо́юсь», — решил инженер.

Он разделся, посмотрел на себя в зеркало и пошел в ванную комнату. Там было прохладно. Он влез в ванну, обли́л себя водой из голубой кру́жки и ще́дро намы́лился. Он покрылся мыльной пеной и стал похож на Деда Мороза.[3]

— Хорошо! — сказал Эрнест Павлович.

Все было хорошо. Стало прохладно. Жены не было. Впереди была полная свобода.

Инженер открыл кра́н, чтобы смы́ть мыло.

Кран что-то сказал, медленно и непонятно.

Вода не шла. Эрнест Павлович вышел из ванной и пошел к ку́хонному крану. Но там воды тоже не было.

Инженер Щукин опять остановился перед зеркалом. Мыло щипа́ло глаза, спина чеса́лась, пена падала на пол. Он решил позвать дворника.

«Пусть он воды принесет, — думал инженер, протира́я[1] глаза. — А то[4] черт знает что такое».

Он посмотрел в окно. Далеко внизу играли дети.

— Дворник! — закричал инженер. — Дворник!

Никто не ответил.

Тогда Эрнест Павлович вспомнил, что дворник живет под лестницей. Он вышел на холодный каменный пол лестничной площа́дки и держа́[1] дверь рукой, посмотрел вниз.

— Дворник! — крикнул он.

— Гу-гу![5] — ответила пустая лестница.

— Дворник! Дворник!

— Гум-гум! Гум-гум!

Тут инженер поскользну́лся и выпустил из руки дверь. Дверь медленно закрылась. Щелкнул язычек замка.[6] Эрнест Павлович еще не понял у́жаса своего положения и потяну́л дверь. Дверь была заперта.[1]

Сердце инженера заби́лось.

TEXT COMMENTS (1)

1. **DEVERBAL FORMS**

держа́ (держа́ть – present adverb)	holding
гля́дя (гляде́ть – present adverb)	looking
за́пертый (запере́ть – past passive ptcpl.)	locked
испо́рченный (испо́ртить – past passive ptcpl.)	damaged, ruined
протира́я (протира́ть – present adverb)	wiping

2. **под са́мой кры́шей** 'right under the roof' ('under the very roof').
3. **Де́д Моро́з** 'Santa Claus, Grandfather Frost.'
4. **А то́…** 'Because this is [some helluva mess].'
5. **Гу́-гу́** This is the hollow echo of his voice in the empty, cavernous stairwell.
6. **Щёлкнул язычёк замка́.** 'The lock (*Lit.*, the catch of the lock) clicked.'

TEXT GLOSSARY (1)

безвы́ходный hopeless, desperate	площа́дка (staircase) landing
броди́ть wander	поскользну́ться slip, slide
вле́зть climb, clamber in	потяну́ть pull, tug
заби́ться begin to beat	прибавля́ть add
зе́ркало mirror	протира́ть wipe
кра́н faucet, spigot	смы́ть wash off, rinse off
кру́жка mug, large glass	сторона́ direction
кры́ша roof	у́жас horror
ку́хонный kitchen	умы́ться wash (oneself)
намы́литься lather up, soap oneself	чеса́ться itch
обли́ть pour over	ще́дро generously, lavishly
отража́ться be reflected	щипа́ть sting

Действительно, положение было ужасное. В Москве, в столице советского государства, в центре города, на площадке девятого этажа стоял взрослый усатый человек с высшим образованием, абсолютно голый, покрытый[15] только мыльной пеной. Идти ему было некуда. Он скорее согласился бы сесть в тюрьму, чем выйти на улицу в таком виде.[7] Оставалось одно — пропадать.[8]

Он снова подошёл к двери и прислушался. В квартире раздавались какие-то новые звуки. Он задержал дыхание. Однообразный шум продолжался. Это из всех кранов квартиры бежала вода.

— Господи! — сказал инженер и заплакал.

Выхода не было.

Когда Остап поднялся до седьмого этажа, на голову ему упала тяжелая капля. Он посмотрел вверх. Прямо в глаза ему полилась с верхней площадки грязная вода. Остап бросился наверх.

У двери верхней квартиры, спиной к нему, сидел голый человек, покрытый[15] чем-то белым. Вокруг голого[9] была вода, которая лилась из-под двери.

— О-о-о, — стонал голый, — о-о-о...

— Послушайте, что это вы здесь делаете? — спросил Остап. — Это не место для купанья.

— Клю-ю-юч, — стонал инженер.

Остап начал кое-что[10] понимать. И когда наконец всё понял, чуть не упал с лестницы от смеха.

— Так вы не можете войти в квартиру? Но это же так просто!

Он подошёл к двери, сунул в щель замка длинный жёлтый ноготь большого пальца[11] и осторожно стал поворачивать его справа налево.

Дверь бесшумно отворилась, и голый инженер радостно вбежал в квартиру.

Шумели краны. Вода в столовой образовала водоворот. В спальне она стояла спокойным прудом,[12] по которому тихо, как лебеди, плыли ночные туфли. В углу рыбьей стайкой крутились окурки.[12]

Воробьянинский стул стоял в столовой и, казалось, собирался немедленно уплыть. Остап сел на него и сказал:

— Так это вы — инженер Щукин?

— Я. Вы меня просто спасли! Я был в ужасном положении! Я чуть с ума не сошёл. Только вы, пожалуйста, никому не говорите. Мне будет неудобно.

— Пожалуйста, — согласился Остап и добавил: — А я к вам пришёл по делу, товарищ Щукин. Ваша жена просила меня взять у вас этот стул. Она говорит, что он ей нужен для пары.[13]

— Пожалуйста! — воскликнул Эрнест Павлович. — Я очень рад! Я могу сам принести. Мне неудобно вас просить.

— Ничего, мне нетрудно, — сказал Остап. — Я отнесу.

Студенту Иванопуло подарили ещё один стул. Сиденье его было немного испорчено,[15] но всё же это был прекрасный стул и к тому же[14] точно такой, как первый.

TEXT COMMENTS (2)

7. **в таком виде** 'looking like that, in such a condition.'
8. **Оставалось одно — пропадать**. 'There was no way out' (*Lit.,* One [thing] remained — to perish).
9. **голый** is used here as a noun: 'the naked [man].'
10. **кое-что** 'something or other, a thing or two.'
11. **ноготь большого пальца** 'thumbnail.'
12. **стояла спокойным прудом** 'stood *like* a quiet pond.'

    And in the next line: рыбьей стайкой крутились окурки 'cigarette butts were whirling around *like* a school of fish.' The Instrumental (of *спокойный пруд* and of *рыбья стайка*) is used in making comparisons and similes.

13. **для пары** 'for [making] a pair.'
14. **к тому же** 'and besides.'
15. **DEVERBAL FORMS**

испорченный (испортить – past passive ptcpl.)	damaged, ruined
покрытый (покрыть – past passive ptcpl.)	covered

TEXT GLOSSARY (2)

броситься rush	образовать form
взрослый adult, grown-up	однообразный monotonous
водоворот waterfalls	отвориться open
выход exit, way out	плыть float, swim, sail
голый naked	смех laughter
капля drop	спасти save
купанье bathing	туфли slippers, shoes
лебедь swan	уплыть float, swim away
неудобно awkward, embarassing	усатый mustached
образование education	щель crack, slit

Упражнения к тексту

1. *Обсудите с преподавателем содержание текста, пользуясь всеми образцами, которые встречались в первых девяти уроках.*

   Впрочем ...
   — Джон, Ипполит Матвеевич отправился к Изнурёнкову?
   — Да, Ипполит Матвеевич отправился к Изнурёнкову.
   Или: — Нет, Ипполит Матвеевич отправился не к Изнурёнкову а к мужу Эллочки.
   Или: — Да, Ипполит Матвеевич отправился к Изнурёнкову. Впрочем, я точно не знаю.

   Может быть ...
   — Джейн, в ванной комнате тоже было жарко, да?
   — Да, в ванной комнате тоже было жарко.
   Или: — Нет, в ванной комнате было *прохладно*.
   Или: — Я не помню. Может быть, в ванной комнате было *прохладно*.

   Не помню. Но мне кажется ...
   — Боб, вы не помните, инженер Щукин бродил по *своей* квартире?
   — Помню. Он бродил по квартире *приятеля*.
   Или: — Нет, не помню. Но мне кажется, он бродил по *своей* квартире.

   Не могу вспомнить ...
   Я это точно помню ...
   — Аня, вспомните, пожалуйста, когда Остап увидел голого Щукина, он *заплакал*?
   — Не могу вспомнить. Кажется, он *заплакал*. А может быть, он засмеялся.
   Или: — Он засмеялся. Я это точно помню.

   Я не помню, ... ли ... или ...   Давай спросим у ...
   — Послушай, Таня, ты не помнишь, стул стоял в столовой или уплыл в кухню?
   — Кажется, он стоял в столовой. А может быть, и уплыл в кухню.
   Или: — Нет, я не помню, стоял ли он в столовой или уплыл в кухню.
          Давай спросим у Вали. Валя, ты не помнишь...

   Не помню точно, но по-моему, оказалось, что ...
   — Наташа, по-моему, вода совсем не шла из крана. Это так?
   — Да, оказалось, что вода совсем не идёт из крана.
   Или: — Не помню точно, но по-моему, оказалось, что вода *идёт* из крана, но очень слабо.

   ... действительно ... или мне кажется? — ... действительно ... на самом деле...
   — Скажи, Дик, мне *кажется*, что дверь закрылась, и инженер остался на лестнице или он *действительно* там остался?
   — Да, он *действительно* остался на лестнице.
   Или: — Тебе *кажется*. Инженер остался не на лестнице, а в квартире.
   Или: — Не помню точно, но *мне* кажется, что на самом деле инженер остался на лестнице.

   Да, я согласен/согласна. ...действительно... на самом деле...
   Нет, я не согласен/согласна. ...совсем не...
   — *Ужасное* положение у инженера, правда, Стив?!
   — Да, я согласен. Положение у него действительно *ужасное*.
   Или: — Нет, я не согласен. На самом деле у него совсем не ужасное положение.

   Насколько я помню ...
   — Насколько я помню, на каждом стуле они зарабатывают десять тысяч.
   — Да, это верно. Я тоже помню, что на каждом стуле они зарабатывают десять тысяч.
   Или: — Нет, это неверно. Насколько я помню, на каждом стуле они *теряют* десять тысяч.

2. *Прочитáйте э́тот пересказ тéкста и состáвьте к немý вопрóсы, кáк в образцáх. На занятии задáйте свой вопрóсы товáрищам.*

> Пóсле тогó, как Остáп посетил Э́ллочку Щýкину, в кóмнате Иванопýло появи́лся стýл.

Образцы́:

— *Когдá* в кóмнате студéнта Иванопýло появи́лась мéбель?
— *Чтó* появи́лось в кóмнате Иванопýло после тогó, как Остáп посети́л Э́ллочку?
— Чтó случи́лось пóсле тогó, как Остáп посети́л Э́ллочку?

> В стýле Э́ллочки брилья́нтов тóже не оказáлось.
> Остáп отпрáвился к мýжу Э́ллочки, инженéру Щýкину.
> В э́то врéмя инженéр Щýкин принимáл дýш в кварти́ре своегó прия́теля.
> После того как óн намы́лился, водá перестáла идти́ из крáна.
> Инженéр Щýкин реши́л позвáть двóрника и попроси́ть егó принести́ емý воды́.
> Но когдá Щýкин вы́шел на лéстничную площáдку, двéрь кварти́ры закры́лась, и óн остáлся гóлый на лéстнице.
> Ключá от кварти́ры у негó нé было, и óн сéл на кáменный пóл и заплáкал.
> Когдá Остáп подня́лся по лéстнице, Щýкин сидéл на полý и плáкал, а вокрýг негó былá водá, котóрая лилáсь из-под двéри.
> Остáп сказáл, что откры́ть зáпертую двéрь óчень прóсто, и откры́л её нóгтем большóго пáльца.
> Инженéр рáдостно вбежáл в кварти́ру и сказáл Остáпу, что тóт егó спáс.
> Óн проси́л Остáпа никомý не говори́ть об э́том слýчае.
> Остáп сказáл Щýкину непрáвду. Óн сказáл, что Э́ллочка проси́ла егó принести́ ей второй стýл.
> Инженéр бы́л óчень рáд, что Остáп спáс егó, и с удовóльствием óтдал емý стýл.
> Но и в э́том стýле брилья́нтов тóже нé было.

3. а) *Разыгрáйте сцéну мéжду двóрником и инженéром Щýкиным: двóрник поднимáется по лéстнице и ви́дит гóлого инженéра и слы́шит, как в кварти́ре льётся водá. Испóльзуйте таки́е выражéния:*

Гдé вáша женá?	Спаси́те меня́!
Зачéм вы́ среди дня́ принимáли дýш?	Помоги́те мнé!
Зачéм вы́ так си́льно намы́лились?	У меня́ ужáсное положéние!
Не хóлодно вáм тут стоя́ть?	Я́ взрóслый человéк с вы́сшим образовáнием!
Гдé же ключ от вáшей кварти́ры?	Гóсподи! Чтó же мнé дéлать?
Я скорéе соглашýсь сéсть в тюрьмý, чем вы́йду на ýлицу в такóм ви́де!	

3. б) *Разыгрáйте диалóг мéжду инженéром Щýкиным и рабóчим (workman), котóрый пришёл ремонти́ровать кварти́ру.*

водá полилáсь по стéнам	приня́ться за рабóту
стéны испóрчены	отказáться
обрати́ть внимáние на тó, что...	постáвить нóвые услóвия
замéтить	уплати́ть за рабóту
немéдленно приступи́ть к дéлу	рабóтать дáром

3. в) *Разыгрáйте сцéну мéжду Остáпом и инженéром Щýкиным. Испóльзуйте выражéния из тéкста.*

DIALOGS

Диало́г 1: Дже́йк и Ча́рли

— Пе́ред тем как душ принима́ть, прове́рь, есть ли горя́чая вода́.
— А что, ты неда́вно мы́лся? Почему́ ты ду́маешь, что нет воды́?
— Дже́нни до́лго стира́ла сего́дня. По́сле того́ как она́ постира́ет,[1] воды́ никогда́ нет.
— По́сле рабо́ты я гото́в и[2] холо́дной водо́й мы́ться.

Диало́г 2: Светла́на и Ри́та

— Го́споди, как жа́рко сего́дня! Пойдёмте[3] искупа́емся,[4] Светла́на.
— Лень[5] идти́ по тако́й жаре́.[6] Я лу́чше[7] приму́ душ.
— Да, вы пра́вы. В таку́ю жару́[6] лу́чше[7] не выходи́ть на у́лицу.[8]
— Коне́чно. А душ при́мешь,[9] сра́зу прохла́дно ста́нет.

Диало́г 3: Эрне́ст Па́влович и Ри́мма Петро́вна

— Мне неудо́бно вас проси́ть, Ри́мма Петро́вна, но у меня́ ужа́сное положе́ние!
— А что тако́е,[10] Эрне́ст Па́влович?
— За́втра днём привезу́т ме́бель, а я бу́ду на рабо́те, никого́ не бу́дет в кварти́ре! Как они́ войду́т?
— Хорошо́, мо́жете за́втра на рабо́ту не приходи́ть.[11]

DIALOG COMMENTS

1. **постира́ть**

    This is the Perfective of стира́ть 'wash clothes.' (Стира́ть also means 'erase,' but in that meaning the Perfective is стере́ть.) 'After she washes there's never any water.' The Perfective can be used for repeated actions when the speaker wants to focus on the completion or result of each individual instance of the act: each time she washes, the result is no water. (In English we can use the future in this meaning: 'She'll do the wash, and then there's never any water left.') The Imperfective стира́ет would be grammatically correct in this sentence, but the focus on completion or result would be lacking. The Perfective for repeated sequential actions is often used with ка́ждый раз (a phrase which itself focusses on each individual instance):

Ка́ждый раз, когда́ Ива́н Петро́вич пообе́дает, он идёт гуля́ть.	Every time he finishes dinner, Ivan Petrovich goes for a walk.

    Compare the Imperfective used for simultaneous actions:

Ка́ждый раз когда́ он мо́ется, он пролива́ет во́ду на пол.	Every time he washes he spills water on the floor.

2. **и** 'even' 'After work I'm ready to wash even with cold water.' Use heavy stress on холо́дной.
3. **Пойдёмте**

    Пойдём (without *-те*) would also be correct. When you add the particle *-те* to the 1st person plural you add a note of politeness. It is used this way with a limited number of verbs (e.g., пойдёмте, пое́демте, ся́демте) in contemporary Russian.

4. **Пойдёмте искупа́емся** 'Let's go for a quick dip.'

    There is a series of verbs that contain the meaning *for pleasure*. Thus, if you are walking for pleasure (strolling), use гуля́ть instead of ходи́ть/идти́/пойти́. Similarly, use купа́ться 'to bathe, swim' instead of пла́вать/плыть/поплы́ть. Another such verb is ката́ться (на конька́х/на лы́жах/на велосипе́де) 'skate/ski/bike.' If you want to say 'Let's go swimming (for fun)' say Пойдём(те)/Поедем(те) купа́ться or say specifically where: Пое́дем на о́зеро/на океа́н (купа́ться), but don't use пла́вать/плы́ть/поплы́ть.

The Perfective form искупа́ться is used in this dialog to render the meaning 'take a quick dip.'

5. **ле́нь**

The word ле́нь is a noun meaning 'laziness'; in this sentence (an elliptical form of the expression Мне́ (Dative) ле́нь идти́, etc. 'I don't feel like going' in the sense of 'I feel too lazy to go') it is *not* used as a noun. Compare this predicative usage with Мне́ не на́до идти́ 'I don't have to go' or with *Мне не хо́чется идти́* 'I don't feel like going' in the sense of 'I don't have any particular desire to go.'

6. **идти́ по тако́й жаре́** *colloquial* = в таку́ю жару́ 'in heat like this.'
7. **лу́чше** 'I'd rather take a shower.'

Лу́чше also corresponds to English '(you'd) better, (it would be) better':

Лу́чше поезжа́й не на океа́н, а на о́зеро.	It would be better for you to (You'd better) go to the lake rather than to the ocean.
Та́м тепле́е.	It's warmer there.
Лу́чше не говори́ со мно́й таки́м то́ном.	You'd better not talk to me in that tone of voice.

8. **на у́лицу** 'outside'

This idiomatic expression is equivalent to the English 'outside,' even if this means 'in the courtyard, in the square etc.' Similarly, *to be outside* can be expressed by бы́ть на у́лице (Prepositional) even if you do not mean 'in the *street*.'

9. **А ду́ш при́мешь** ... 'When you take a shower you cool off right away.'

Reminder: the *ты* form of the verb (without the pronoun *ты*) is used here with the special meaning parallel to the English *one*, i. e. 'When *one* takes a shower, ... Another example:

| Ти́ше е́дешь, да́льше бу́дешь. | Make haste slowly. (The more calmly one goes, the further one will get.) |

Here are further examples of this construction, illustrating the translation 'if' or 'when.'

Придёшь домо́й, включи́ телеви́зор.	When you get home turn on the TV.
Придёт по́здно, опозда́ет на контро́льную рабо́ту.	If (s)he comes late (s)he'll miss the quiz.
Я́ с рабо́ты приходи́ла, о́н меня́ всегда́ у две́ри встреча́л.	When I came home from work he would meet me at the door.

10. **А что́ тако́е?** 'What's the matter?'
11. **мо́жете не приходи́ть** ... 'You can *skip* work tomorrow.'

The Imperfective (не приходи́ть) is required to render the meaning *permission*. The Perfective with negation (не прийти́) would render the meaning 'it might not happen' or '[he] may fail [to do something],' as in the first example below:

| О́н мо́жет не прийти́. | He may not come. (He may fail to come.) |
| (=Мо́жет бы́ть, о́н не придёт.) | (=Maybe he won't come.) |

Compare:

| О́н мо́жет не учи́ть (Imperf.) глаго́лы на сего́дня. | He doesn't have to study the verbs for today. (He can skip them.) |
| О́н мо́жет не вы́учить (Perf.) глаго́лы на сего́дня. | He may not learn the verbs for today. (He may fail to learn them.) |

Упражнéния к диалóгам

4. *Обсудúте с товáрищами проблéмы стúрки, мытья́, холóдной и горя́чей воды́ и так дáлее. Вáм пригодя́тся такúе выражéния:*

> Стирáть бельё, одéжду.
> Сушúть бельё/одéжду на верёвке во дворé/в сушúлке/в сушúльной машúне.
> Я́ дóма не стирáю, я́ хожý в прáчечную.
> Горя́чую вóду чáсто отключáют/никогдá не отключáют в нáшем дóме.
> Мы́ло и стирáльный порошóк я́ покупáю в супермáркете.
> У нáс стирáльные машúны стоя́т в подвáле общежúтия.
> За 25 цéнтов мóжно стирáть 10 минýт.
> Я́ всё стирáю в холóдной водé, чтóбы не линя́ло.
> Я́ грéю вóду в чáйнике, когдá мнé нáдо стирáть, а стирáю в рáковине в вáнной, рукáми.
> У нáс дýш óбщий, на вéсь этáж.
> У меня́ éсть дýш, но нéт вáнны.

5. *Приглáсите прия́теля úли прия́тельницу пойтú/поéхать с вáми купáться на óзеро/на океáн/на рéку. Обсудúте всé положúтельные и отрицáтельные стóроны такóго предложéния.*

Например:
> Éсли éхать на океáн, придётся купúть нóвый купáльный костю́м.
> Когдá пóсле купáния éдешь чáс в машúне, станóвится так жáрко, как бýдто ты́ и не купáлся.
> Городскóй пля́ж бесплáтный, но тáм óчень мнóго нарóда.
> На пля́же невозмóжно читáть, потомý что слúшком я́ркое сóлнце.
> Я́ не люблю́ пля́жи, гдé кáмни úли травá. Я́ éзжу тóлько на песчáные пля́жи.
> …

6. *Попросúте другóго студéнта сказáть зáвтра преподавáтелю,*
> что у вáс óчень трýдное/ужáсное положéние
> (водá залилá всю́ квартúру
> сосéдка больнá
> мáма приезжáет из Нью-Йóрка
> совсéм нéт дéнег, и нýжно éхать к родúтелям за деньгáми *и так дáлее*)
> и что вы́ не мóжете прийтú зáвтра на экзáмен.

В отвéт другóй студéнт постарáется
> не приня́ть вáше объяснéние и уговорúть вáс всё же прийтú.

А мóжет бы́ть, óн решúт, что
> у вáс уважúтельная причúна и скáжет: «Лáдно, мóжешь не приходúть. Я́ объясню́ преподавáтелю.»

В диалóге 3 Рúмма Петрóвна говорúт: «А чтó такóе?». В такóй ситуáции мóжно тáкже спросúть:
> (А) в чём дéло?
> (А) чтó (у вáс) случúлось?

Лексико-граммати́ческие упражне́ния

7. *Вы́учите и́ли повтори́те спряже́ние сле́дующих глаго́лов:*

		Соверше́нный ви́д		**Несоверше́нный ви́д**
а) *Grammar* 20.1		исче́знуть	disappear	исчеза́ть
		привы́кнуть	get used (to something)	привыка́ть
		зале́зть	climb	залеза́ть
		спасти́	save	спаса́ть
		попа́сть	get (to someplace)	попада́ть
		помо́чь	help	помога́ть
		подстри́чь	cut; give a haircut	подстрига́ть
б) *Grammar* 20.2				
		наде́ть	put on	надева́ть
		оде́ться	get dressed	одева́ться
		вста́ть	stand up	встава́ть
		доста́ть	get	достава́ть
		нали́ть	pour	налива́ть
		поли́ть	water	полива́ть
		сши́ть	sew	ши́ть
		заши́ть	sew	зашива́ть
		отмы́ть	wash off	отмыва́ть
		умы́ться	wash	умыва́ться
		накры́ть	cover, set (the table)	накрыва́ть
в)		прочита́ть	read	чита́ть
		сде́лать	do	де́лать
		убра́ть	clean up	убира́ть
		почини́ть	repair	чини́ть
		вы́пить	drink	пи́ть

8. *Отве́тьте преподава́телю, ка́к в образце́.*

Образе́ц А:

Преподава́тель: — Ва́ся, вы́ же обеща́ли ра́но вста́ть. Почему́ вы́ э́того не сде́лали?
Ва́ся: — Мне́ надое́ло ра́но встава́ть.
И́ли: — Я́ не привы́к ра́но встава́ть.

Образе́ц Б:

Преподава́тель: — Ва́ся, вы́ же обеща́ли, что вста́нете ра́но.
Ва́ся: — Мне́ надое́ло ра́но встава́ть.
И́ли: — Я́ не привы́к ра́но встава́ть.

ра́но вста́ть
умы́ться
оде́ться до за́втрака
накры́ть на сто́л к за́втраку
нали́ть все́м ко́фе
поли́ть цветы́
доста́ть все́м биле́ты на ле́кцию
зале́зть на де́рево
спасти́ на́шу ко́шку от сосе́дской соба́ки
подстри́чь на́шу соба́ку
сши́ть все́м шика́рные костю́мы
заши́ть брилья́нты в сту́л
отмы́ть пятно́ с ковра́

9. *Отве́тьте преподава́телю, ка́к в образце́.*
По́сле сло́ва успе́ть *употребля́йте инфинити́в соверше́нного ви́да.*

Образе́ц:

Преподава́тель: — Ва́ся, вы́ сего́дня за́втракали?
Ва́ся: — Не́т, я не успе́л поза́втракать.

Вы́ пи́ли ко́фе сего́дня у́тром?
Вы́ чита́ли сего́дняшнюю газе́ту?
Вы́ де́лали упражне́ния сего́дня у́тром?
Вы́ умыва́лись сего́дня у́тром?
Вы́ убра́ли со стола́ по́сле за́втрака?
Вы́ сего́дня полива́ли цветы́?
Вы́ сего́дня чини́ли анте́нну на кры́ше?
Вы́ подстрига́ли на э́той неде́ле ва́шу соба́ку?

Бу́дьте гото́вы объясни́ть, почему́ вы́ не успе́ли, наприме́р:

Преподава́тель: — Почему́?
Ва́ся: — Я́ о́чень по́здно просну́лся.

Во́т ещё не́сколько возмо́жных причи́н:

Я́ проспа́л.
У меня́ часы́ останови́лись, я́ не зна́л, кото́рый ча́с/ско́лько вре́мени.
Мне́ пришло́сь помога́ть сосе́ду: у него́ маши́на слома́лась.
У мое́й сосе́дки бы́л серде́чный припа́док, и мне́ пришло́сь везти́ её в больни́цу.
Мне́ пришло́сь чини́ть кры́шу, потому́ что по ра́дио сказа́ли, что за́втра бу́дет до́ждь.
Вчера́ у меня́ бы́ли го́сти, и сего́дня мне́ пришло́сь до́лго убира́ть в кварти́ре.
Я́ вы́шел на ле́стницу и закры́л за собо́й две́рь, а клю́ч оста́лся в кварти́ре. Мне́ пришло́сь до́лго зва́ть дво́рника, что́бы о́н пришёл и впусти́л меня́ в кварти́ру.

10. *Перево́д:* **то, как ... in clauses of time**

Forms of то are used after the prepositions по́сле, до, and пе́ред when a clause follows.

They came after supper.	Они́ пришли́ по́сле обе́да.
They came after all the guests were already gone.	Они́ пришли́ **по́сле того́, как** все́ го́сти уже́ ушли́.
They bought their house before the war.	Они́ купи́ли до́м до войны́.
They bought their house before the war started.	Они́ купи́ли до́м **до того́, как** начала́сь война́.
They bought their house right before the war.	Они́ купи́ли до́м перед са́мой войно́й.
They bought their house before the prices skyrocketed.	Они́ купи́ли до́м **перед те́м, как** це́ны ре́зко подняли́сь.

The difference between до and пе́ред is rather subtle. До simply orders two events in time; пе́ред suggests closer proximity in time, and often some inner connection between the events.

Sentence 2. *spend a long time doing something* translates as до́лго + the corresponding verb in the Imperfective.

Sentence 5. *to call (for) the janitor* translates as позва́ть дво́рника if you mean simply calling or yelling «Дво́рник!»; or as вы́звать дво́рника if you mean a more formal way of

Sentence 8. summoning the janitor (*cf.* вы́звать врача́ 'call the doctor' or вы́звать монтёра 'call the electrician'); or as позвони́ть дво́рнику if you mean telephoning the janitor.

Sentence 8. Reminder: in adverbial clauses of time (introduced by *when, after, before*, etc.) referring to the future, Russian uses the future tense where English uses the present.

(Review the Text)
1. After supper, Ippolit Matveevich and Ostap went off in different directions. After they saw that there was nothing in the chair, Ippolit Matveevich and Ostap went off in different directions.
2. Did the engineer want to take a shower? Engineer Shchukin didn't know if he wanted to take a shower. The engineer spent a long time deciding whether or not to take a shower.
3. The engineer climbed into the bathtub and poured water over himself from a blue mug. Before he climbed into the tub he got undressed and looked at himself in the mirror.
4. After the engineer realized that there was no water in the bathroom, he went to the kitchen faucet to see if there was water there.
5. He decided to call for the janitor. He remembered that the janitor lived in a small apartment underneath the staircase.
6. He walked out onto the staircase landing without a key. After the door closed, he pulled it, but it didn't open. It was locked.
7. 'After he realized that he had nowhere to go, he began to cry.' 'Who saved him?' 'I was told that Ostap saved him.'

(Review the Dialogs)
8. 'It's very hot today, let's go swimming.' 'No, I'll take a shower.' 'After you take a shower, I'll do a wash.'
9. 'I can't come to work tomorrow, the furniture is being delivered' (*use future in Russian*). 'All right, you don't have to come.'
10. 'I can't take a shower, there's no hot water.' 'All right, you don't have to take a shower.'

ДИК И ДЖÉЙН

— Ну́, Ди́к, э́то была́ са́мая смешна́я глава́ во всём уче́бнике!

— Кака́я?

— Про го́лого инжене́ра. Послу́шай, в рома́не она́ така́я же? И́ли для кра́ткости что́-нибудь вы́кинули?

— Нет, э́ту исто́рию почти́ не сократи́ли. Вы́кинули то́лько анекдо́т, кото́рый Оста́п рассказа́л инжене́ру Щу́кину, когда́ они́ вошли́ в кварти́ру.

— Да́й почита́ть!

— Пожа́луйста.

> — Да́, — сказа́л Оста́п, — со мно́й то́же бы́л тако́й слу́чай. — Да́же похýже немно́го.
>
> Инжене́ра насто́лько сейча́с интересова́ло всё, что каса́лось подо́бных исто́рий, что о́н да́же бро́сил ведро́, кото́рым собира́л во́ду, и ста́л напряжённо слу́шать.
>
> — Совсе́м та́к, как с ва́ми, — на́чал Бе́ндер, — то́лько бы́ло э́то зимо́й, и не в Москве́, а в Ми́ргороде, в оди́н из весёленьких промежу́тков ме́жду Махно́ и Тютю́ником в девятна́дцатом году́.

— Кто́ это — Махно́ и Тютю́ник? Что́ зна́чит «промежу́ток»?

— В девятна́дцатом году́ на Украи́не шла́ борьба́ за вла́сть ме́жду не́сколькими а́рмиями и ме́стными ба́ндами. То одна́ а́рмия наступа́ла, то друга́я, тру́дно бы́ло уследи́ть за те́м, кто сейча́с управля́ет твои́м го́родом — большевики́? Махно́? Тютю́ник? «Промежу́ток» ме́жду ни́ми зна́чит про́сто вре́мя ме́жду одно́й вла́стью и друго́й.

— А что́ тако́е «канализа́ция»?

— Где́ ты́ нашла́ э́то сло́во?

— Во́т, в середи́не абза́ца.

— А́, да́. «Канализа́ция» — это sewage system, а «выгребна́я я́ма» — э́то вро́де outhouse. «Барахло́» — э́то things, belongings, junk.

> ...ме́жду Махно́ и Тютю́ником в девятна́дцатом году́. Жи́л я в семе́йстве одно́м. Типи́чные со́бственники: одноэта́жный до́мик и мно́го ра́зного барахла́. На́до ва́м заме́тить, что насчёт канализа́ции и про́чих удо́бств в Ми́ргороде е́сть то́лько выгребны́е я́мы. Ну́, и вы́скочил я одна́жды но́чью в одно́м белье́ пря́мо на сне́г: просту́ды я не боя́лся — де́ло мину́тное. Вы́скочил и машина́льно захло́пнул за собо́й две́рь. Моро́з — гра́дусов два́дцать. Я стучу́ — не открыва́ют. На ме́сте стоя́ть нельзя́: замёрзнешь! Стучу́ и бе́гаю, стучу́ и бе́гаю — не открыва́ют. И, гла́вное, в до́ме ни одна́ сатана́ не спи́т. Но́чь стра́шная. Соба́ки во́ют. Стреля́ют где́-то. А я бе́гаю по сугро́бам в ле́тних кальсо́нах. Це́лый ча́с стуча́л. Чу́ть не подо́х. И почему́, вы́ ду́маете, они́ не открыва́ли? Иму́щество пря́тали, зашива́ли ке́ренки в поду́шку. Ду́мали, что с о́быском пришли́.

— «Обыск» похоже на «искать». Это что, a search?

— Да, a house search. Есть и глагол «обыскать» to frisk, to search. А «керенками» называли тогдашние деньги. Потому что после революции во главе Временного правительства был человек по фамилии Керенский. Он потом эмигрировал в Америку и умер в Калифорнии.

— А почему Остап говорит «ни одна сатана» не спит? Not a single devil? Как ты это переведёшь?

— По-английски мы бы сказали every son of a bitch was awake.

— «Подохнуть» — тоже странное слово.

— Это значит «умереть». Употребляется по отношению к животным.

— Но Остап говорит о *себе*: «Чуть не подох»!

— Потому что если бы он умер там от двадцатиградусного мороза, это была бы собачья смерть. Минус двадцать по Цельсию — это, между прочим, ниже нуля по Фаренгейту.

— Совсем не смешная история.

— Так ведь и вся книга такая — и смешно, и страшно в одно и то же время. Разве не так?

— Какой ты умный, Дик!

ROOTS

1. **МЫЙ-** (→мы-, мой-, мыв-, мыл-) wash, lav-

    (по)мыть(ся) (по)моют(ся) wash
    вымыть(ся) wash up
    умывальник washstand, sink
    мыло soap
    (на)мылить(ся) lather, soap

    умыть(ся)/умывать(ся) wash (hands, face)
    смыть/смывать wash off; wash overboard
    (умывальный) таз (wash) basin
    мыльная пена lather
    пускать мыльные пузыри blow soap bubbles

    Compare:

    bathe (wash with soap) = МЫЙ- (мыться)
    bathe (for pleasure) = КУП- (купаться)

    wash (clothes) = ТР- (стирать)
    wash (other things) = МЫЙ- (мыть)

2. **КРЫЙ-** (→кры-, крой-, крыв-, кров-) cover, close

    крыть кроют cover
    крыша roof
    открыть/открывать open; discover
    открыто openly, honestly, publicly
    закрыть/закрывать close
    накрыть/накрывать на стол set the table
    вскрыть/вскрывать open up; dissect
    раскрыть/раскрывать reveal
    под покровом ночи under cover of night
    кровля roofing, cover

    покрытый covered
    крышка cover, lid
    открытие discovery
    откровенно openly, frankly, candidly
    закрытое заседание closed session
    Стол накрыт. The table has been set.
    вскрытие dissection, autopsy
    скрыть/скрывать conceal
    под покровом тайны under a cloak of secrecy
    сокровище treasure

Lesson 10

3. **ИСК-** (→иск-, ищ-, -ыск-, -ыщ-) seek

иска́ть и́щут search, look for
обыска́ть/обы́скивать search, ransack
отыска́ть/оты́скивать find, seek out
сыска́ть/сы́скивать find (archaic)
ро́зыск inquest, search, inquiry

поиска́ть пои́щут take a look for
о́быск search
изыска́ния (*Plur.*) research
сы́щик detective
золоты́е при́иски gold fields

4. **ТР-** (→тр-, тер-, тир-) rub

	Perfective	*Imperfective*	
'wash clothes'		стира́ть стира́ют	(without prefix)
	-стира́ть -стира́ют	-сти́рывать -сти́рывают	(with prefix)
other meanings:	-тере́ть -тру́т	-тира́ть -тира́ют	(with prefix)

тере́ть тру́т rub, scrape, grate
тре́ние friction
стере́ть/стира́ть rub off, erase

по-
пере-
вы-
про-

тёртый сы́р grated cheese
Маши́на рабо́тает без тре́ния. The machine runs smoothly.
стере́ть пы́ль со стола́ dust the table
стере́ть с лица́ земли́ wipe off the face of the earth
стере́ть с доски́ erase the blackboard
стере́ть по́т с лица́ mop one's brow/face
О́н стёр э́то сло́во. He erased that word.
потёртый worn, threadbare
Верёвка перетёрлась. The rope wore through.
Она́ вы́терла посу́ду. She wiped the dishes.
Рукава́ протёрты. The sleeves are worn through.

Clothes:

стира́ть/вы́стирать wash, launder
сти́рка wash

стира́ть бельё do the laundry
стира́льная маши́на washing machine

Положение было ужасное.
В Москве, в столице советского государства, в центре города, на площадке девятого этажа стоял взрослый усатый человек с высшим образованием, абсолютно голый, покрытый только мыльной пеной.

Lesson 10

Урок 11: Два визита к Изнуренкову

Время от времени Остап говорил Ипполиту Матвеевичу:

— И какого черта я с вами связался?[1] Зачем вы мне нужны? Ехали бы[2] себе домой.

Но в душе великий комбинатор привязáлся к предводителю. «Без него не так смешно жить», думал Остап.

— Как вас звали в детстве? — спросил он Ипполита Матвеевича.

— А зачем вам?

— Да так![3] Не знаю, как вас называть. Воробьяниновым звать вас надоело, а Ипполитом Матвеевичем — слишком кúсло. Как же вас звали?

— Кúса, — ответил Ипполит Матвеевич.

— Так вот что, Киса. Действовать надо смелее. Побольше цинизма.[4] Людям это нравится.

Получив[5] задание посетúть гражданина Изнурéнкова, купúвшего[5] на аукционе один из стульев, Ипполит Матвеевич сел в автобус и поехал через весь город. По дороге он думал о том, под какúм предлóгом войти к незнакомому гражданину, что сказать и как приступить к делу.[6]

Найдя́[5] нужный дом, он принялся ходить вокруг да около.[7] Войти он не решался. Долго стоял против дверей, подходил к ним, снова отходил и наконец, ничего не придумав,[5] поднялся на второй этаж.

Он открыл дверь, сделал три лунатúческих шáга и сказал, глядя в пол:

— Могу я видеть товарища Изнуренкова?

Товарищ Изнуренков не отвечал. Ипполит Матвеевич поднял голову и увидел, что в комнате никого нет.

Посредине комнаты стоял стул. На нем, как и на всей остальнóй мебели Изнуренкова, висела красная сургýчная печáть. Воробьянинов не обратил на это внимания. Он подскочил к стулу и потащúл его к двери.

Дверь раскрылась сама. Появился хозяин комнаты.

Об Изнуренкове можно было сказать, что в своем искусстве он был таким же мастером, как Шаля́пин - в пении, Гóрький - в литературе, Капаблáнка - в шахматах, а носáтый ассирúец на углу Тверскóй[8] — в чúстке сапóг.

Шаляпин пел. Горький писал большой роман. Капаблáнка готовился к матчу с Алёхиным. Ассирúец чистил сапогú граждан до солнечного блéска. А Изнуренков — острúл. Он делал это по заданиям юмористических журналов. Великие люди острят два раза в жизни, и эти острóты попадают в историю. Изнуренков острил шестьдесят раз в месяц и все же оставался в неизвестности. Острóтой Изнуренкова подписывался рисунок[9] в журнале, и вся слáва доставалась художнику. Имя художника ставили под рисунком. Имени Изнуренкова не было.

На всей его мебели уже висели сургу́чные печа́ти, которые означали, что мебель ему больше не принадлежи́т. А Изнуренков продолжал остри́ть. Он просто не мог остановиться.

Он не мог остановиться даже для того, чтобы заплатить за пианино, которое взял напрока́т.[10]

Уви́дев[5] в своей комнате человека, уносящего[5] стул, товарищ Изнуренков закричал:

— Вы с ума сошли! Я протестую! Вы не имеете права! Я не согласен!

Ипполит Матвеевич на месте Изнуренкова тоже не согласился бы, чтобы у него среди бела дня крали стулья.

— Вы не имеете права уносить мебель! — кричал автор шести́десяти остро́т в месяц. — Эта мебель нужна мне для работы! Я на ней сижу! И может быть, я еще уплачу за пианино!

TEXT COMMENTS (1)

1. **Како́го чёрта я́ с ва́ми связа́лся?** 'Why the hell did I get involved with you?'
2. **Е́хали бы себе́ домо́й**. 'Why wouldn't you go home?'
3. **Да та́к!** 'No special reason.'
4. **Побо́льше цини́зма.**
   This is elliptical for [Ва́м ну́жно име́ть/проявля́ть] побо́льше цини́зма 'You have to have/show a little more cynicism,' 'You have to be a little more cynical.'
5. **DEVERBAL FORMS**
купи́вший (купи́ть – past active ptcpl.)	who had bought
найдя́ (найти́ – Present adverb forms of most Perfective verbs of motion have past meaning.)	having found
получи́в (получи́ть – past adverb)	having received
приду́мав (приду́мать – past adverb)	having thought up
уви́дев (уви́деть – past adverb)	having caught sight of
уноса́щий (уноси́ть – present active ptcpl.)	who was/is carrying away

6. **ка́к приступи́ть к де́лу** 'how to approach [his] business.'
7. **приня́лся ходи́ть вокру́г да о́коло** 'started going round and about, beating around the bush.'
8. **Тверска́я у́лица**, later у́лица Го́рького, and now back to the old name.
9. **подпи́сывался рису́нок** 'the drawing was captioned.'
10. **взя́л напрока́т** 'rented.'

TEXT GLOSSARY (1)

ассири́ец Assyrian	потащи́ть begin to drag
бле́ск shine	предло́г excuse, pretext
ки́слый sour	привяза́ться become attached to
лунати́ческий somnambulant	принадлежа́ть belong to
носа́тый big-nosed	сапоги́ boots
остально́й remaining, other, rest	сла́ва glory
остри́ть make jokes	сургу́чный (sealing) wax
остро́та joke	чи́стка cleaning
печа́ть seal	ша́г step, pace
посети́ть visit	

Ипполит Матвеевич заметил сургучные печати и начал кое-что понимать.

Но Изнуренков закричал:

— Отпустите стул! Слышите? Вы! Бюрократ!

И Ипполит Матвеевич покорно отпустил стул и прошептал:

— Простите. Служба у нас такая.[11]

Изнуренков стра́шно развеселился. Он кинулся к окну и стал говорить остроты каким-то девушкам на улице.

— Так[12] я пойду, гражданин, — глупо сказал Ипполит Матвеевич.

— Подождите, подождите, — сказал Изнуренков. Он дал предводителю дворянства полти́нник. — Не отка́зывайтесь, пожалуйста. Всякий труд должен быть оплачен.[13]

— Премного благодарен,[14] — сказал Ипполит Матвеевич.

Выйдя[13] на улицу, он вспомнил про инструкции Остапа и задрожа́л от стра́ха.

— Ну! — сказал Остап, увидев предводителя. — Где стул? Вы его оставили за дверью? Несите его сюда скорее, несите! Зачем вы играете на моих нервах?[15]

Ипполит Матвеевич стоял, глядя в пол.

— Вот что, — сказал Остап, — я вижу полную бесце́льность нашей совместной работы. Я должен поставить новые усло́вия. Хотите — двадцать процентов?

Ипполит Матвеевич замота́л головой.

— Почему же вы не хотите? Вам мало?

— М-мало.

— Но ведь это же тридцать тысяч рублей! Сколько же вы хотите?

— Согласен на сорок.

— Грабеж среди бела дня! — сказал Остап. — Вам мало тридцати тысяч? Вам нужен еще ключ от квартиры?!

— Это вам[16] нужен ключ от квартиры, — прошептал Ипполит Матвеевич.

— Берите двадцать, пока не поздно.[17] Пользуйтесь тем, что у меня хорошее настрое́ние.

И Остап сам отправился к Изнуренкову.

Он вошел в комнату, вертя[13] в руках какую-то бумажку.

— Изнуренков здесь живет? — суро́во спросил он. — Это вы и есть?[18] Сейчас мебель буду вывозить.

С этими словами Остап схватил стул и поднял его в во́здух.

— Вывожу мебель! — заявил он, выходя[13] со стулом в коридор.

Изнуренков выбежал за Остапом. Оба очутились на улице, и Изнуренков бежал за стулом до самого угла. Но на углу он вдруг остановился. В голову ему пришла очередна́я[19] острота. Забыв[13] о стуле, он побежал домой.

А Остап повез стул домой на извозчике.

— Учи́тесь,[20] — сказал он Ипполиту Матвеевичу, — стул взят[13] голыми руками.[21] Даром. Вы понимаете?

Стул вскрыли.

— Шансы всё увели́чиваются, — сказал Остап, — а денег ни копейки. Скажите, а ваша теща не любила шути́ть? Может быть, никаких брильянтов нет?

Ипполит Матвеевич только замахал руками.[22]

— В таком случае все прекрасно. Следующий стул — в реда́кции газеты «Станок».[23]

TEXT COMMENTS (2)

11. **Слу́жба у нас така́я.** '[Don't take it personally,] we have our job to do.' He is saying this by way of apology.
12. **Так я пойду́** 'Then I'll go.'
13. **DEVERBAL FORMS**

вертя́ (верте́ть – present adverb)	twirling
взя́тый (взя́ть – past passive ptcpl.)	taken
вы́йдя (вы́йти – present adverb, Perf.)	having gone out
выходя́ (выходи́ть – present adverb, Impf.)	going out
забы́в (забы́ть – past adverb)	having forgotten
опла́ченный (оплати́ть – past passive ptcpl.)	paid for

14. **Премно́го благода́рен** 'I'm exceedingly grateful.' (Very old-fashioned expression.)
15. **Заче́м вы игра́ете на мои́х не́рвах?** 'Why are you trying to get my goat?' (*Lit.,* What are you playing on my nerves for?)
16. **Э́то вам ну́жен клю́ч от кварти́ры.** 'You're the one who wants (*Lit.,* needs) the key to the apartment.'
17. **пока́ не по́здно** 'while it's still not [too] late, before it's too late.'
18. **Э́то вы и е́сть?** 'Is that you? Are you he?'
19. **В го́лову ему́ пришла́ очередна́я остро́та.** 'His daily witticism came to mind.' Очередно́й means 'next (in a series), routine.'
20. **Учи́тесь** Note the stress: this is the Imperative form 'Learn!' (in the sense of 'Take a lesson from me.')
21. **Сту́л взя́т го́лыми рука́ми.** 'I got the chair with no trouble at all.' *Lit.,* The chair has been taken with bare hands.
22. **замаха́л рука́ми** A gesture meaning 'How can you say things like that?' (маха́ть = wave)
23. **в реда́кции газе́ты «Стано́к»** 'in the editorial offices of Stanok (a newspaper).' «Стано́к» is a fitting name for a newspaper serving the workers' revolution: "The Lathe."

TEXT GLOSSARY (2)

бесце́льность futility	реда́кция editorial offices
во́здух air	стра́х fear
задрожа́ть begin to tremble	стра́шно frightfully, an awful lot
замота́ть begin to shake (one's head)	суро́во sternly
настрое́ние mood	увели́чиваться increase
отка́зываться refuse	усло́вие condition
полти́нник half a ruble	шути́ть joke

Упражнения к тексту

1. *Ответьте на вопрос преподавателя, как в образце.*
Образцы:

— Виктор, я не помню, Остап называл своего компаньона *Воробьяниновым* или *Ипполитом Матвеевичем*?
— А я помню. Остап называл его *Воробьяниновым*.

Или: — Я тоже не помню. Кажется, он называл его *Воробьяниновым*, но я не уверен. Может быть он называл его Кисой.

— Если я не ошибаюсь, Джуди, в комнате Изнурёнкова никого не было.
— По-моему, вы правы. В комнате Изнурёнкова действительно никого не было.

Или: — По-моему, вы ошибаетесь. В комнате Изнурёнкова кто-то был.

— Вы не могли бы мне сказать, Том, на чём Воробьянинов поехал к Изнурёнкову, на автобусе или на извозчике?
— Мне кажется, он поехал на автобусе. Да, я совершенно уверен, что он поехал на автобусе.

Вот некоторые из фраз текста, к которым могут относиться вопросы:

На всей мебели Изнурёнкова висели красные печати.
Воробьянинов потащил стул к двери.
Изнурёнков был мастером в своём деле/своего дела.
Изнурёнков острил по заданиям юмористических журналов.
Мебель нужна Изнурёнкову для работы.
Воробьянинову дали рубль на чай.
Остап поставил Ипполиту Матвеевичу новые условия.
Ипполит Матвеевич был согласен на сорок процентов.
У Остапа было хорошее настроение.
Изнурёнков выбежал за Остапом на улицу.
Остап повёз стул домой на извозчике.

2. *Прочитайте пересказ текста и приготовьте вопросы, которые вы зададите на занятии товарищам:*

Ипполит Матвеевич поехал к Изнурёнкову, чтобы как-нибудь взять у него свой стул.
Изнурёнков был писателем-юмористом: он придумывал остроты по заданиям юмористических журналов.
По дороге к нему Ипполит Матвеевич думал о том, как приступить к делу, но ничего не придумал.
Он долго стоял у дверей и не знал, под каким предлогом войти к незнакомому человеку.
Он ничего не придумал, но поднялся на второй этаж и увидел, что в квартире Изнурёнкова никого нет.
На всей мебели Изнурёнкова висели красные сургучные печати, потому что он не заплатил за пианино, которое взял напрокат.
Печати означали, что мебель уже не принадлежит Изнурёнкову, и что её скоро конфискуют у него.
Ипполит Матвеевич не знал об этом, но увидев свой стул, он схватил его и хотел бежать.

В э́тот моме́нт Изнуре́нков вошёл в кварти́ру. Он уви́дел Воробья́нинова со сту́лом и закрича́л, что э́тот стул ну́жен ему́ для рабо́ты.

Ипполи́т Матве́евич поко́рно опусти́л стул и ушёл.

Пе́ред тем как он ушёл, Изнуре́нков дал ему́ полти́нник на чай. Ипполи́ту Матве́евичу никогда́ ра́ньше не дава́ли на чай, но он не отказа́лся. Он взял полти́нник и сказа́л: «Премно́го благода́рен».

Узна́в, что Воробья́нинов не принёс стул, Оста́п рассерди́лся и предложи́л ему́ но́вые усло́вия — два́дцать проце́нтов.

Пото́м Оста́п сам пое́хал к Изнуре́нкову и о́чень легко́ получи́л стул. Как сказа́л Оста́п, э́тот стул был взят «го́лыми рука́ми».

Брилья́нтов в сту́ле не оказа́лось.

Сле́дующий стул находи́лся в реда́кции газе́ты «Стано́к».

3. а) *Разыгра́йте разгово́р Ипполи́та Матве́евича с Оста́пом: вели́кий комбина́тор спра́шивает Воробья́нинова, как его́ зва́ли в де́тстве, и у́чит его́ де́йствовать смеле́е.*

3. б) *Разыгра́йте сце́ну ме́жду Ипполи́том Матве́евичем и Изнуре́нковым. Испо́льзуйте выраже́ния из те́кста.*

3. в) *Разыгра́йте диало́г ме́жду Оста́пом и Ипполи́том Матве́евичем. Оста́п ста́вит но́вые усло́вия, Ипполи́т Матве́евич снача́ла спо́рит, пото́м соглаша́ется. Употреби́те сле́дующие слова́ и выраже́ния.*

заключи́ть но́вый догово́р	Вы лю́бите де́ньги бо́льше, чем на́до.
поста́вить но́вые усло́вия	по́шлый челове́к
ско́лько вы ду́маете мне предложи́ть	из при́нципа/из уваже́ния к вам
грабёж среди́ бе́ла дня	лёд трону́лся
моше́нник	по рука́м
по́льзуйтесь тем, что (у меня́ хоро́шее настрое́ние)	

ROOTS (A)

КЛАД- place, put, lay, *-pose*

The simple verb from this root serves as the Imperfective partner of положи́ть 'put, lay' and it illustrates the expected alternations of **д** with **с** and of **д** with zero:

> класть кладу́ кладёшь кладёт кладём кладёте кладу́т; клал кла́ла кла́ло кла́ли.

This root also serves to form Imperfective partners of other prefixed forms of -ложи́ть:

(доложи́ть)/докла́дывать report	докла́д report
(вложи́ть)/вкла́дывать invest; insert	вклад investment, deposit
клад treasure	склад warehouse

DIALOGS

Диало́г 1: Жа́нна и Джо́н

— Пока́[1] меня́ не́ было в го́роде, ты́ опя́ть вы́кинул но́мер![2]
— Како́й но́мер? Что́ я тако́го[3] сде́лал?
— Пришёл на ле́кцию с го́лыми нога́ми! У на́с та́к не хо́дят.
— Да что́ ты́?! Мне́ в го́лову не пришло́,[4] что э́то стра́нно. Я́ всегда́ ле́том хожу́ в шо́ртах.

Диало́г 2: Верони́ка и Бори́с

— Ва́м на́до де́йствовать смеле́е, Верони́ка. Пока́[1] вы́ э́тому не нау́читесь, ученики́ не бу́дут ва́с уважа́ть.
— Я́ ничего́ не могу́ с собо́й поде́лать.[5] Когда́ я вхожу́ в кла́сс, у меня́ но́ги дрожа́т от стра́ха.
— Преподава́телю необходи́ма уве́ренность в себе́.[6]
— Я́ чу́вствую, что лу́чше мне́ вообще́ отказа́ться от[7] преподава́ния.

Диало́г 3: А́нна Проко́фьевна и Елизаве́та Порфи́рьевна

— Вы́ мне́ де́йствуете на не́рвы,[8] А́нна Проко́фьевна!
— Че́м же э́то я де́йствую ва́м на не́рвы, Елизаве́та Порфи́рьевна?
— А те́м, что ва́ши шу́тки никому́ не смешны́. Переста́ньте[9] остри́ть, когда́ вы́ на рабо́те.
— Я́ и[10] не ду́мала остри́ть. Но е́сли ва́м не нра́вятся мои́ остро́ты, вы́ мо́жете меня́ не слу́шать.

DIALOG COMMENTS

1. **Пока́ меня́ не́ было ...** 'While I was out of town ...'
   Пока́ не occurs later in dialog 2 with Perfective future, in which case it corresponds to 'until.'

   | Пока́ вы́ э́тому не нау́читесь ... | Until you learn this ... |

2. **вы́кинуть но́мер** 'do something outrageous, do a number'
3. **что́ тако́го**

   The Genitive case *тако́го* connects the sentence to the preceding one: 'What [thing of that kind] did I do?' Similarly,

   | Её слова́ меня́ о́чень обра́довали. | Her words made me happy. |
   | Что́ она́ тебе́ тако́го сказа́ла? | 'What did she say [that made you so happy]?' |

   Expressions with *что́* plus Genitive adjective have a partitive meaning, like the English words *something, anything* in some of the translations below:

Что́ о́н принёс вку́сного?	Did he bring something good to eat? (What did he bring that was good to eat?)
Что́ плохо́го о́н ва́м сде́лал?	What did he do to you [that was] bad? (Did he do anything bad? What was it?)
Что́ хоро́шего в э́том челове́ке?	What's good about that person? (Is there anything good in that person?)

   With negation *что́* also becomes Genitive:

Она́ мне́ не сказа́ла ничего́ прия́тного.	She didn't say anything nice to me.
Я́ ничего́ тако́го не сде́лала.	I didn't do anything of the kind.
В нём не́т ничего́ хоро́шего.	There's nothing good about him.
О́н ничего́ вку́сного не принёс.	He didn't bring anything good to eat.

4. **Мне́ в го́лову не пришло́.** 'It never entered my head, it never occurred to me.'
5. **Я ничего́ не могу́ с собо́й поде́лать.** 'I can't help myself [do anything with myself].'
6. **увере́нность в себе́** 'self-confidence.'
7. **отказа́ться от**

    This phrase here means 'give up [teaching].' It can also mean 'decline, turn down.'

Она́ отказа́лась от моро́женого.	She declined the ice cream.
О́н отказа́лся от её предложе́ния.	He turned down her offer.

8. **Вы́ мне́ де́йствуете на не́рвы.** 'You are getting on my nerves.'

    In general the verb **де́йствовать** means, among other things, 'to affect.' Note that in this expression, the person who is irritated is Dative and (in the next sentence) the thing that irritates him/her is Instrumental. More examples:

Че́м о́н де́йствует тебе́ на не́рвы?	How does he get on your nerves? (What does he do that irritates you?)
Свои́ми шу́тками.	With his jokes.
Че́м же э́то я́ де́йствую ва́м на не́рвы?	How exactly do I [How is it that I] get on your nerves?
Те́м, что ва́ши шу́тки никому́ не смешны́.	Because nobody thinks your jokes are funny.
Две́рь скрипи́т и де́йствует мне́ на не́рвы.	The door squeeks and it is getting on my nerves.
Что́ тебе́ де́йствует на не́рвы?	What is getting on your nerves?
Скри́п две́ри.	The [squeak of the] door.

9. **переста́ть vs. прекрати́ть vs. останови́ть**

    All three of these verbs are equivalent to English 'stop.' Here are some guidelines on how to use them.

    (1) If you want to stop something that is in motion (like a car, a person running, or a machine) use **останови́ть** with a noun:

О́н останови́л жу́лика/маши́ну.	He stopped the swindler/the car.

    (2a) If you want to stop any other activity, use **прекрати́ть** with a noun or with a verb:

Они́ прекрати́ли дра́ться.	They stopped fighting.
О́н прекрати́л дра́ку.	He stopped the fight.
Прекрати́те разгова́ривать (разгово́ры)!	Stop talking (the conversations)!
Прекрати́те смея́ться (сме́х)!	Stop laughing (the laughter)!

    (2b) You may also use **переста́ть**, with a verb:

Переста́ньте дра́ться!	Stop fighting!
Переста́ньте кури́ть!	Stop smoking!

    (3) Again, note the syntactic difference:
    переста́ть can be followed only by an Infinitive,
    останови́ть can be followed only by a noun,
    прекрати́ть can be followed either by a noun or by an Infinitive.

10. **Я и не ду́мала остри́ть.** 'I didn't intend/mean *at all* to make jokes.'

    The word *и* here can be translated as 'at all.' The verb *ду́мать* here means 'intend' or 'mean.'

Я и не ду́мала идти́ на рабо́ту.	I didn't intend to go to work at all.

Упражнения к диалогам

4. *Поговорите с другими студентами о том, как одеваются в вашем городе, в вашем университете, в другом городе или в стране, куда вы ездили во время каникул.*

   Что надевают днём? Что надевают, когда идут на работу?
   Носят ли там мужчины пиджаки? Носят ли женщины длинные платья? Короткие юбки?
   Носят ли школьники форму?
   Ходят ли в шортах в рестораны и в театры? На лекции?

5. *Посоветуйте товарищу, как ему себя вести:*

   — Тебе надо вести себя скромнее.
   — Тебе надо вести себя более уверенно.
   — Тебе неплохо бы говорить с людьми повежливее.
   — Тебе необходимо научиться говорить комплименты.
   — Тебе бы надо действовать решительнее.

   Если вам это кажется невежливым, вы можете принести на занятия куклу, и давать ей советы или сказать:

   — Мне бы надо вести себя скромнее.
   — Мне бы надо действовать решительнее.
   и так далее.

   В ответ можно сказать:

   — Нет, я не могу. Ничего не могу с собой поделать.
   — Я не хочу действовать решительно. Лучше я вообще не буду действовать.
   — Я чувствую, что никогда не научусь говорить комплименты.
   и так далее.

6. *Скажите другому студенту или студентке (или кукле), что вам не нравится что-то в его/её поведении:*

   — Мне не нравится твоё поведение!
   — Мне действует на нервы твоя красная рубашка!
   — Мне совсем не смешно, когда ты рассказываешь глупые, неприличные анекдоты!

   В ответ придумайте что-нибудь вроде:

   — Можешь не смотреть на мою/её рубашку!
   — Если тебе не нравятся мои анекдоты, можешь их не слушать!
   — Перестань приходить на занятия, если тебе не нравится моё поведение в университете.

   Если у вас не такой характер, как у Анны Прокофьевны, вы можете ответить иначе:

   — Извини, я больше никогда не надену эту рубашку.
   — Мне очень жаль, что я тебе действую на нервы.
   — Я больше не буду рассказывать анекдоты. Я не знал, что тебе они не нравятся...

Лексико-граммати́ческие упражне́ния

7. *Вы́учите и́ли повтори́те спряже́ние сле́дующих глаго́лов и и́х видовы́х партнёров:*

Соверше́нный ви́д — **Несоверше́нный ви́д**

а) *Grammar 19*

собра́ть	collect	собира́ть
вы́звать	call	вызыва́ть
запере́ть	lock	запира́ть
стере́ть	erase	стира́ть
нача́ть	begin	начина́ть
напо́мнить	remind	напомина́ть
сжечь	burn something	жечь *или* сжига́ть

б) *Grammar 20.3*

отпра́виться	set out to	отправля́ться
соста́вить	put together	составля́ть
отве́тить	answer	отвеча́ть
объясни́ть	explain	объясня́ть
согласи́ться	agree	соглаша́ться
заключи́ть	conclude	заключа́ть
приступи́ть	set to, get down to	приступа́ть
сообщи́ть	inform	сообща́ть
уступи́ть	give in	уступа́ть
бро́сить	throw; quit	броса́ть
прости́ть	forgive	проща́ть
купи́ть	buy	покупа́ть
вы́пустить	let out	выпуска́ть

8. *Отве́тьте преподава́телю, ка́к в образце́.*

Образе́ц:

Преподава́тель: — Ва́ся, вы́ не могли́ бы/не согласи́лись бы сего́дня же приступи́ть к рабо́те?

Ва́ся: — По-мо́ему не сто́ит сего́дня приступа́ть к рабо́те. Дава́йте присту́пим за́втра/через неде́лю/в сле́дующем ме́сяце ...

И́ли: — Я приступлю́ к рабо́те за́втра ...

И́ли: — Мне́ не о́чень хо́чется (сего́дня) приступа́ть к рабо́те. Дава́йте ...

за́втра собра́ть студе́нтов на собра́ние
сего́дня же вы́звать дво́рника, чтобы о́н убра́л на ле́стнице
напо́мнить дво́рнику, что о́н обеща́л убра́ть на ле́стнице
запере́ть все́ две́ри в до́ме
стере́ть с доски́ всё, что та́м напи́сано
сего́дня соста́вить пла́н курсово́й рабо́ты
за́втра сжечь все́ ста́рые бума́ги
за́втра отпра́виться в экспеди́цию
вы́звать пожа́рных — по-мо́ему что́-то гори́т
нача́ть сле́дующее упражне́ние

9. *Отве́тьте преподава́телю, ка́к в образце́.*
Образе́ц:

> *Преподава́тель:* — Не пора́ ли ва́м сообщи́ть Ва́се о на́ших пла́нах?
> *Студе́нт:* — Я реши́л(а) пока́ не сообща́ть Ва́се о на́ших пла́нах. Сообщу́ че́рез неде́лю/ме́сяц/го́д ...

соста́вить пла́н диссерта́ции
отве́тить на Ва́сино предложе́ние
объясни́ть Ва́се на́ши возраже́ния
согласи́ться на Ва́сино предложе́ние
заключи́ть с Ва́сей догово́р
уступи́ть Ва́се ещё де́сять проце́нтов
прости́ть Ва́се его́ оши́бку
вы́пустить Ва́сю из тюрьмы́
приступи́ть к де́лу
купи́ть но́вую ме́бель
бро́сить кури́ть

10. *Отве́тьте на вопро́сы об общежи́тии, ка́к в образце́.*
Образе́ц:

> — Кака́я у ва́с в общежи́тии е́сть ме́бель?
> — Из ме́бели та́м е́сть то́лько матра́ц и холоди́льник.

— Каки́е та́м е́сть кни́ги?
— Кака́я та́м е́сть посу́да?
— Каки́е та́м е́сть лека́рства?
— Кака́я та́м е́сть оде́жда?
— Кака́я та́м е́сть о́бувь?
— Кака́я та́м е́сть еда́?
— Каки́е та́м е́сть пласти́нки?
— Каки́е та́м е́сть карти́ны?

11. *Перево́д:* **The conjunction пока́.**

The conjunction пока́ has two major uses.

If the following verb is Imperfective, the meaning is 'while, as long as.'

Пока́ Оста́п иска́л сту́лья, Ипполи́т Матве́евич чита́л газе́ты.	While Ostap looked for chairs, Ippolit Matveevich read the papers.
Пока́ Ипполи́т Матве́евич не спо́рил, Оста́п не обраща́л на него́ внима́ния.	As long as Ippolit Matveevich didn't argue, Ostap didn't pay attention to him.

If пока́ is followed by a Perfective verb, the meaning is 'until.'

Most often the Russian verb is preceded by не. Не in this instance does not have an English correspondence.

Ипполи́т Матве́евич чита́л газе́ту, пока́ в ко́мнату не вошёл Оста́п.	Ippolit Matveevich read the paper until Ostap walked into the room.
Оста́п не обраща́л на него́ внима́ния, пока́ о́н не на́чал спо́рить.	Ostap didn't pay attention to him, until he began to argue.

In translating from the Russian leave such instances of не untranslated; in translating from the English insert не before the verb.

(Review the Text)
1. While Ostap was at the engineer's, Ippolit Matveevich got on a bus and went across the entire town to Iznurenkov's.
2. While he was riding in the bus he was thinking about how to approach his business.
3. Ippolit Matveevich stood for a long time, looking at the floor. He didn't know that there was nobody in the room, until he raised his head.
4. Did you see Ippolit Matveevich go into Iznurenkov's apartment? Have you heard Iznurenkov crack jokes?
5. If Ippolit Matveevich had been smarter, he would have taken away the chair while Iznurenkov was cracking jokes.
6. Ippolit Matveevich didn't know what to do until Iznurenkov told him that he hadn't paid for his piano.
7. Iznurenkov knew that his furniture was going to be taken away. He thought Ippolit Matveevich was going to take it away.
8. Before Ippolit Matveevich left, Iznurenkov gave him some money.

(Review the Dialogs)
9. While Zhanna was out of town, Charlie went to class in shorts. Did you see him walking around the university with his legs bare? No, but I was told about it.
10. When I speak Russian, my legs shake from fear. The professor cracks jokes all the time and it gets on my nerves.

ДИК И ДЖЕЙН

— Ты́ жа́ловалась, что в кни́ге не́т ни одного́ поря́дочного челове́ка? Во́т, пожа́луйста, да́же два́: инжене́р Щу́кин и писа́тель Изнуре́нков — вполне́ че́стные, поря́дочные лю́ди.

— Но они́ же о́ба неврасте́ники! Беспо́мощные интеллиге́нты! Изнуре́нков да́же не мо́жет во́-время заплати́ть за своё пиани́но.

— О́н и за кварти́ру то́же не заплати́л. Послу́шай, что́ о нём напи́сано в кни́ге:

Авессало́м Изнуре́нков находи́лся в состоя́нии ве́чного беспоко́йства. О́н вёл о́чень хлопотли́вую жи́знь, всю́ду появля́лся и что́-то предлага́л, носи́лся по у́лицам, как испу́ганная ку́рица, бы́стро говори́л вслу́х. Су́щность его́ жи́зни и де́ятельности заключа́лась в то́м, что он органи́чески не мо́г заня́ться каки́м-нибудь де́лом, предме́том и́ли мы́слью бо́льше чем на мину́ту.

Е́сли бы э́тот челове́к мо́г останови́ть себя́ хо́ть бы на два́ часа́, произошли́ бы са́мые неожи́данные собы́тия.

Мо́жет бы́ть, Изнуре́нков присе́л бы к столу́ и написа́л прекра́сную по́весть.

Но сде́лать э́того о́н не мо́г. Бе́шено рабо́тающие но́ги уноси́ли его́, из дви́гающихся ру́к каранда́ш вылета́л, как стрела́, мы́сли пры́гали.

— Я́ же говорю́: неврасте́ник. А Щу́кин ещё ху́же — о́н да́же ду́ш приня́ть не мо́жет самостоя́тельно.

— Что́ ж, мо́жет бы́ть, а́вторы хотя́т э́тим сказа́ть, что в на́шем ми́ре то́лько моше́нники успе́шно добива́ются це́ли.

— Но и Оста́п пока́ ничего́ не доби́лся. Мы́ прочли́ уже́ бо́льше полови́ны уче́бника, а брилья́нтов всё ещё не́т.

— Е́сли бы о́н нашёл брилья́нты в пе́рвой полови́не кни́ги, о чём была́ бы втора́я полови́на? К тому́ же для Оста́па гла́вное — не це́ль, а проце́сс её достиже́ния. Ты́ заме́тила, что о́н не огорча́ется, когда́ в сту́ле не ока́зывается брилья́нтов? Оста́п — арти́ст. Ему́ нужны́ не де́ньги, а приключе́ния.

— Что э́то ты́ сего́дня сто́лько филосо́фствуешь? Ещё на оди́н ку́рс записа́лся?

— Угада́ла. На четы́реста пя́тый — семина́р по сове́тской сати́ре.

— Ну́ и ка́к?

— Ещё не зна́ю. Заня́тия начина́ются то́лько со сле́дующей неде́ли.

— То́лько со сле́дующей неде́ли! Бедня́га! Что́ же ты́ де́лаешь пока́ не начали́сь заня́тия?

— Перечи́тываю «Двена́дцать сту́льев». Нашёл та́м одного́ геро́я, кото́рый пи́шет стихи́. Я́ ду́маю, о́н мне пригоди́тся для како́го-нибудь докла́да на семина́ре. В сле́дующий ра́з я́ тебе́ о нём расскажу́.

ROOTS (B)

1. **ЛЁГ-** (→лёг-, лог-, лаг-, ляг-) place, put, lay, lie, *-pose*

   The final consonant г of this root alternates with ж in many forms (ложи́тся 'lie down,' лежа́ть 'lie,' положи́ть 'put, lay,' etc.).

   There are only two verbs in Russian which have the alternation of **е** with **я** in the non-past, се́сть ся́дут and ле́чь ля́гут; the *consonant* alternations in the verb ле́чь are the expected ones (г with ж and no л in masc. past):

   > ля́гу ля́жешь ля́жет ля́жем ля́жете ля́гут; лёг легла́ легло́ легли́.

   As noted above, the root КЛАД- serves as the stem for Imperfective partners of prefixed forms of -ложи́ть; however, other verbs use the stem лаг- to make Imperfective partners:

   предложи́ть/предлага́ть propose   предложе́ние proposal; sentence
   предло́г preposition; excuse, pretext   предло́жный паде́ж prepositional case
   предположи́ть/предполага́ть suppose   предположе́ние supposition
   положе́ние position, situation   положи́тельный positive
   сложи́ть/скла́дывать put together, sum up   сло́жный complicated
   принадлежа́ть belong   подлежа́ть be subject to
   ла́герь camp   ГУЛА́Г Госуда́рственное управле́ние лагере́й

   The word ла́герь is borrowed from German, which shares this Indo-European root (cf. English *lay, lie*).

2. **ЛЁГ-** (→лёг-, льг-, льз-, лез-) easy, light, *facil-*

   лёгкий easy; light   лёгкие lungs, lights
   ле́гче easier; more lightly   слегка́ slightly
   облегча́ть/облегчи́ть relieve, facilitate   с облегче́нием with relief
   льго́тный favorable   на льго́тных усло́виях at reduced prices
   по́льза use, good, profit   нельзя́ it is impossible; forbidden
   поле́зный useful   испо́льзовать use, make use of, utilize

Урок 12: Мы разошли́сь, как в море корабли́

— О вас, товарищ Бендер, сегодня в газете писали, — сказал Ипполит Матвеевич.

Остап нахму́рился.

— В какой газете?

Ипполит Матвеевич разверну́л «Станок».

— Вот здесь. В отделе «Что случилось за день».

Остап несколько успокоился, потому что боялся только заме́ток в таких отделах как «Злоупотребителей — под суд».[1]

В отделе «Что случилось за день» было напечатано:[2]

Попал под лошадь[3]

> Вчера на площади Све́рдлова попал под лошадь извозчика[4] номер 8974 гр.[5] О. Бендер. Пострадавший[2] отделался легким испугом.[6]

Действительно, два дня назад, бегая[2] по Москве в поисках стульев, Остап попал под лошадь. Он встал с мостово́й, уда́рил извозчика по спине и затем дал небольшое интервью подбежавшему[2] репортеру.

— Это[6] извозчик отделался легким испугом, а не я, — заметил Остап. — Идиоты! Пишут, пишут — и сами не знают, что[7] пишут. Ах! Это — «Станок». Очень, очень приятно. Вы знаете, Воробьянинов, что эту заметку, может быть, писали, сидя[2] на нашем стуле? Заба́вная история!

Великий комбинатор задумался.

По́вод для визита в редакцию был найден.[2]

Остап узнал у секретаря, что все комнаты справа и слева по коридору заняты редакцией «Станка», и пошел в обход[8] редакционных кабинетов. Ему нужно было узнать, в какой комнате находится стул.

Дойдя́[2] до кабинета редактора, он увидел, что тот сидит на воробьянинском стуле.

— Тут, товарищ редактор, на меня помещена[2] клевета, — сказал Остап.

— Какая клевета?

Остап долго развора́чивал «Станок». Ему нужно было время, чтобы изучить местность. Оглянувшись[2] на дверь, он увидел на ней америка́нский замок.[9] Если вы́резать кусочек стекла́ в двери, то легко можно было бы просунуть руку и открыть замок изнутри́.

Редактор прочел указанную[2] Остапом заметку.

— В чем же вы, товарищ, видите клевету?

— Как же! А вот это: *«Пострадавший отделался легким испугом»*.

— Не понимаю.

— Стану я пугаться какого-то там[10] извозчика, — сказал Остап. — Опозо́рили перед всем миром — опроверже́ние нужно.

— Вот что, гражданин, — сказал редактор, — никто вас не позорил, и по таким пустяко́вым вопросам мы опровержений не даем.

— Ну, все равно, я так этого дела не оставлю,[11] — сказал Остап, покидая[2] кабинет.

Он уже увидел все, что ему было нужно.

TEXT COMMENTS (1)

1. «Злоупотреби́телей — под су́д».
   The Accusative злоупотреби́телей is the object of a missing verb, e.g.,

   | Злоупотреби́телей [ну́жно отда́ть] под су́д | Wrongdoers [must be brought] to justice. |

2. **DEVERBAL FORMS**

бе́гая (бе́гать – present adverb)	running
дойдя́ (дойти́ – present adverb)	having reached
на́йденный (найти́ – past passive ptcpl.)	found
напеча́танный (напеча́тать – past passive ptcpl.)	printed
огляну́вшись (огляну́ться – past adverb)	having glanced back
подбежа́вшему (подбежа́ть – past active ptcpl.)	[to a reporter] who had run up [to him].
покида́я (покида́ть – present adverb)	leaving
помещена́ (помести́ть – past passive ptcpl.)	'I've been slandered' (Lit., [Slander] has been placed [printed/placed in the newspaper against me]).
пострада́вший (пострада́ть – past active ptcpl.)	the victim (= the one who suffered)
си́дя (сиде́ть – present adverb)	sitting, while sitting
ука́занную (указа́ть – past passive ptcpl.)	[He read the notice] indicated/pointed out [by Ostap.]

3. **Попа́л под ло́шадь** 'Run over by a horse' (Lit., 'landed/got underneath a horse')
4. **изво́зчик**
   This word can refer either to a horse-drawn cab or to its driver.
   Both meanings occur in this episode.
5. **гр.** = граждани́н
6. **отде́латься лёгким испу́гом** to get off with [nothing but] a slight scare.

   | Э́то изво́зчик отде́лался лёгким испу́гом | It's the cabby who got off with a slight scare [not me]. |

7. **что́** is stressed here because it has the meaning 'what' (not 'that').
8. **пошёл в обхо́д** 'began to make the rounds'
9. **америка́нский замо́к** 'deadlatch' (Lit., American lock)
10. **Ста́ну я пуга́ться како́го-то та́м изво́зчика.**
    This statement is like rhetorical question: 'Am I going to take fright at a mere cabby?' The word *там* in this sentence does *not* mean 'there, in that place,' rather, the phrase како́го-то там expresses the speaker's lack of serious interest, in this case his scorn.
11. **Ну́, всё равно́, я та́к э́того де́ла не оста́влю.** 'Well, all the same, I'm going to do something about this.' (*Lit.,* I'm not going to leave this matter as it is.)

TEXT GLOSSARY (1)

вы́резать cut out	опроверже́ние correction
заба́вный amusing	по́вод excuse, pretext
заме́тка (newspaper) report	пустяко́вый trifling
изнутри́ from inside	разверну́ть unfold, open
кора́бль ship	развора́чивать unfold, open
мостова́я pavement	разойти́сь part, pass
нахму́риться frown, scowl	стекло́ glass, pane
опозо́рить disgrace, defame	уда́рить hit, strike

⇛

Заметку в газете «Станок» прочитала и покинутая[16] Остапом мадам Грицацуева. Прочитав[16] заметку, она приехала в Москву, нашла редакцию и, подойдя[16] к репортеру, мо́лча протяну́ла ему вырезку из газеты.

— Так, — сказал репортер, — ...попал под лошадь... отделался легким испугом... В чем же дело?[12]

— Адрес, нельзя ли адрес узнать?[13]

— Чей адрес?

— О. Бендера.

— Откуда же я знаю? Обратитесь в адресный стол.[14]

— А может быть, вы вспомните, товарищ? Он в желтых ботинках.

— Я сам в желтых ботинках, — сказал репортер. — В Москве еще двести тысяч человек в желтых ботинках ходят. Я занят, гражданка.

Но вдова, которая почувствовала к репортеру большое уваже́ние, шла за ним по коридору и повторяла свои просьбы.

— Откуда я могу знать адрес гражданина О. Бендера? — раздражённо спросил репортер. — Что́[15] я — лошадь, которая на него наехала? Или извозчик, которого он на моих глазах ударил по спине?.. Пардон, мадам, вы видите, что я занят!

С этими словами репортер скры́лся в уборной. Когда через десять минут он весело вышел, Грицацуева терпели́во ждала его на углу двух коридоров.

Репортер осатане́л.

— Вот что, тетка, — сказал он. — Я вам скажу, где ваш О. Бендер. Поверните налево, идите прямо по коридору, потом поверните направо и идите опять прямо. Там будет дверь. Там знают.

И она пошла.[17] Коридоры были длинны и узки. Идущие[16] по ним понево́ле ускоря́ли ход. По любо́му прохо́жему можно было узнать, сколько он прошел. Если он шел быстрым шагом, это значило, что поход его только начат.[16] Прошедшие[16] два или три коридора бежали легкой ры́сью. А иногда можно было увидеть человека, бегущего[16] во весь дух:[18] он пробежал уже пять коридоров.

Повернув[16] направо, мадам Грицацуева побежала.[17] Повернув[16] налево, она побежала быстрее. День подходил к концу, в коридорах зажига́лись лампы. Все лампы, все коридоры и все двери были одинаковы. Вдове стало страшно.[19] Она несла́сь все быстрее и быстрее. Добегая[16] до запертой[16] двери, она поворачивала и еще быстрее бежала в другую сторону.

Наконец, она попала на площадку какой-то лестницы. Там было темно, но вдова преодоле́ла страх, сбежала вниз и дёрнула стеклянную дверь. Дверь была заперта.[16] Вдова бросилась назад. Но дверь, через которую она только что прошла, была тоже заперта[16] чьей-то забо́тливой рукой.

⇒

TEXT COMMENTS (2)

12. В чём же дело? 'What's the point?' The particle же here adds a note of impatience.
13. нельзя ли áдрес узнáть? Negation is used here to express politeness: 'Could I find out the address?'
14. áдресный стол 'the city information desk' (*Lit.,* address desk).
15. Чтó stressed

The stress mark here distinguishes чтó 'what' from unstressed что 'that.'
The word чтó can be used like English *why* as an exclamation: 'Why, am I the *horse* that ran over him?' *Or:* 'Do you think I'm the *horse*...?'

16. DEVERBAL FORMS

бегýщий (бежáть – present active ptcpl.)	running
добегáя (добегáть – present adverb)	reaching (at a run), running up to
зáпертый (запереть – past passive ptcpl.)	locked
идýщие (идти – present active ptcpl.)	[people who] go, are going
нáчатый (начáть – past passive ptcpl.)	begun
повернýв (повернýть – past adverb)	having turned
подойдя́ (подойти – present adverb)	having approached, gone up to
покинутая (покинуть – past passive ptcpl.)	[Madam G.,] who had been left/deserted/abandoned [by Ostap]
прочитáв (прочитáть – past adverb)	having read
прошéдшие (пройти – past active ptcpl.)	[people who] have gone through/down

17. пошлá 'started out.'

Note the inceptive meaning of the prefix по- with идти as well as бежáть:

побежáла	she *started* running.
пошёл в обхóд	began making the rounds. (Cf. footnote 8)

18. во весь дух 'full speed, with all [his] might.'
19. Вдовé стáло стрáшно. 'The widow got scared.'

TEXT GLOSSARY (2)

дёрнуть pull, tug	протянýть extend
забóтливый solicitous, thoughtful	прохóжий passer-by
зажигáться light up	раздражённо exasperatedly, with irritation
любóй any	рысь trot
мóлча silently, wordlessly	скры́ться hide
нести́сь rush, tear along	терпели́во patiently
осатанéть become possessed, enraged	уважéние respect
поневóле willy-nilly	ускоря́ть speed up, quicken
преодолéть overcome	

Серое утро проникало через окна на лестничную площадку. Настал тот тихий час, когда утро еще молодо и чисто. И в этот час Грицацуева услышала шаги в коридоре. Она поднялась и припала к стеклу. В конце коридора сверкнул голубой жилет Остапа Бендера.

— Суслик! — позвала вдова. — Су-у-услик!

Остап не слышал. Еще секунда — и он пропал бы за поворотом.

Со стоном «Товарищ Бендер!» вдова забарабанила по стеклу.

Великий комбинатор обернулся.

— А, — сказал он, видя,[25] что отделен[25] от вдовы закрытой[25] дверью. — Вы тоже здесь?

— Здесь, здесь!

— Обними же меня, моя радость, мы так долго не виделись, — пригласил Остап.

Вдова подскакивала за дверью, как птица в клетке.

— Суслик, — сказала она в пятый раз. — Откройте мне дверь, товарищ Бендер.

— Тише, девушка, — сказал Остап. — Женщину украшает скромность. К чему[20] эти прыжки? Кто вам мешает жить?[21]

— Сам[22] уехал, а сам спрашивает!

Вдова стала медленно закипать, как большой самовар.

— Чтоб тебе лопнуть![23] — пожелала она Остапу. — Браслет украл, мужнин подарок. А стул зачем забрал?

— Вы, кажется, переходите на личности?[24] — заметил Остап холодно.

— Украл, украл, — твердила вдова. — Ситечко взял!

— Ах, ситечко! И это вы считаете кражей? В таком случае наши взгляды на жизнь диаметрально противоположны.

— Вор, вор!

— Нам придется расстаться, — сказал Остап. — Я согласен на развод.

Вдова кинулась на дверь. Стекла задрожали. Остап понял, что пора уходить.

— Обниматься некогда, — сказал он. — Прощай, любимая! Мы разошлись, как в море корабли.

TEXT COMMENTS (3)

20. К чему́ э́ти прыжки́? 'Why/For what purpose [are you making] these jumps?'

21. Кто́ ва́м меша́ет жи́ть? 'Who's bugging you?' (*Lit.* Who's preventing you from living?)

22. Са́м уе́хал, а са́м спра́шивает! '[You] yourself [are the one who has] left [me] and [now you] yourself [are the very one who has the gall to] ask [a question like that]!'

23. Что́б тебе́ ло́пнуть! 'Drop dead!' (ло́пнуть = burst).

The construction *что́б тебе́ [plus infinitive]* means 'May you [plus verb].'

24. перехо́дите на ли́чности? 'you're getting personal,' i.e., changing [the conversation] to personalities.

25. DEVERBAL FORMS

ви́дя (ви́деть – present adverb)	seeing
закры́тый (закры́ть – past passive ptcpl.)	closed
отделённый (отдели́ть – past passive ptcpl.)	separated

TEXT GLOSSARY (3)

вор thief
забараба́нить begin to drum
задрожа́ть begin to tremble, shake
закипа́ть start boiling
ки́нуться rush, fling oneself
кле́тка cage
кора́бль ship
наста́ть come, begin
оберну́ться turn around
обня́ть embrace
площа́дка (staircase) landing

подска́кивать jump up
поворо́т bend, turn
припа́сть press oneself (to)
проника́ть penetrate
противополо́жный contrary, opposite
развод divorce
разойти́сь part, pass
расста́ться part
скро́мность modesty
стон moan
украша́ть embellish, adorn

Упражне́ния к те́ксту

1. *Отве́тьте на вопро́сы преподава́теля, как в образце́.*
Образе́ц:

— Дик, я не по́нял
не суме́л поня́ть
не разобра́лся, о ком писа́ли в газе́те, о *Бе́ндере* и́ли о *Воробья́нинове*?
— Наско́лько я по́нял, в газе́те писа́ли о *Бе́ндере*.
И́ли: — Я то́же не по́нял. Ка́жется, в газе́те писа́ли о *Воробья́нинове*.

Вот (слегка́ изменённые) фра́зы из те́кста, к кото́рым мо́гут относи́ться вопро́сы.

О Бе́ндере писа́ли в отде́ле «Что случи́лось за день».
Вчера́ на пло́щади Све́рдлова попа́л под ло́шадь граждани́н О. Бе́ндер.
Оста́п уда́рил изво́зчика по спине́.
Оста́п дал небольшо́е интервью́ репортёру из газе́ты «Стано́к».
Заме́тку об Оста́пе писа́ли, си́дя на сту́ле Воробья́нинова.
Оста́пу ну́жно бы́ло узна́ть, в како́й ко́мнате нахо́дится стул.
Реда́ктор сиде́л на воробья́нинском сту́ле.
Мо́жно бы́ло просу́нуть ру́ку и откры́ть замо́к.
Мада́м Грицацу́ева протяну́ла репортёру заме́тку из газе́ты.
В Москве́ две́сти ты́сяч челове́к хо́дят в жёлтых боти́нках.
Вдова́ почу́вствовала к репортёру большо́е уваже́ние.
Репортёр скры́лся в убо́рной.
Грицацу́ева услы́шала шаги́ в коридо́ре.
Оста́п по́нял, что пора́ уходи́ть.

2. *Прочита́йте переска́з те́кста и подгото́вьте вопро́сы, кото́рые вы на заня́тии задади́те други́м студе́нтам.*

Чита́я газе́ту «Стано́к», Ипполи́т Матве́евич нашёл заме́тку об Оста́пе Бе́ндере.
Развора́чивая газе́ту, Оста́п уви́дел отде́л «Что случи́лось за день».
Бе́гая по Москве́ и пыта́ясь найти́ сту́лья, Оста́п попа́л на пло́щадь Све́рдлова.
Переходя́ пло́щадь Све́рдлова, вели́кий комбина́тор попа́л под ло́шадь.
Разгова́ривая с репортёром, Оста́п рассказа́л ему́ о том, что произошло́.
Чита́я заме́тку о себе́, Оста́п поду́мал, что её наве́рное писа́ли, си́дя на
    воробья́нинском сту́ле.
Говоря́ Ипполи́ту Матве́евичу о том, что стул нахо́дится в реда́кции, Оста́п
    вдруг по́нял, как мо́жно прони́кнуть в реда́кцию.
Обходя́ реда́кцию, Оста́п Бе́ндер иска́л стул.

Lesson 12

Видя, что редактор сидит на воробьянинском стуле, Остап вошёл и начал говорить с ним о клевете, которая была помещена на него в газете.

Разворачивая газету, Остап изучал местность.

Покидая кабинет, Остап сказал редактору, что он недоволен его ответом.

Читая московские газеты, Грицацуева заметила в «Станке» имя своего мужа.

Бегая по коридорам, бывшая вдова искала Остапа.

Найдя Остапа, вдова поняла, что он её бросил и никогда больше к ней не вернётся.

Видя, что он отделён от вдовы запертой дверью, Остап решил с ней поговорить.

Прощаясь с мадам Грицацуевой, Остап сказал, что они разошлись, как в море корабли.

3. *Разыграйте диалоги, используя приведённые здесь слова и выражения:*

  а) *Остап и редактор (который сидит на воробьянинском стуле)*

  У меня жалоба, гражданин редактор.
  На что вы жалуетесь?
  Чем вы недовольны?
  Здесь написано: «Пострадавший отделался лёгким испугом...»
  клевета
  в чём вы видите клевету/неправду/ложь...?
  поместить в газету
  опровержение
  дать опровержение
  Я этого дела так не оставлю.

  б) *репортёр и вдова*

  попасть под лошадь
  отделаться лёгким испугом
  в чём дело
  адрес
  адресный стол
  узнать
  извозчик

  в) *Остап и вдова*

  Суслик
  обнять
  браслет
  ситечко
  украсть
  взгляды на жизнь
  вор
  согласен на развод/на ваше предложение

DIALOGS

Диало́г 1: Джо́н и Ди́к

— На каку́ю те́му ты́ пи́шешь сочине́ние, Ди́к?
— На́м за́дали написа́ть о то́м, что случи́лось[1] в университе́те за про́шлую неде́лю.
— Разверни́[2] газе́ту, узна́ешь, что случи́лось.[1]
— Я́ уже́ прочёл сего́дняшнюю газе́ту от нача́ла до конца́, но ничего́ интере́сного не нашёл.

Диало́г 2: Генна́дий и тётя Бэ́лла

— Во вчера́шней газе́те, Генна́дий, была́ о́чень интере́сная статья́.
— О чём, тётя Бэ́лла? Я́ ре́дко чита́ю вчера́шние газе́ты.
— О то́м, что ста́рших на́до уважа́ть. В разде́ле «Отцы́ и де́ти». Почита́й.[3]
— Заче́м мне́ чита́ть разде́л «Отцы́ и де́ти»?! Я́ не оте́ц и не ребёнок.

Диало́г 3: Ви́ктор Пантеле́евич и Ма́ша

— Ви́ктор Пантеле́евич! Почему́ вы́ е́здите, не гля́дя по сторона́м?[4]
— Та́к ведь[5] не́ на что смотре́ть, Ма́ша! Не счита́я,[6] коне́чно, ва́с.
— Но вы́ и[7] на меня́ не смо́трите. Вчера́ вы́ чу́ть не[8] нае́хали на меня́ на своём велосипе́де и да́же не извини́лись!
— Вы́ са́ми винова́ты. Вы́ от меня́ та́к бы́стро убежа́ли, что я́ про́сто не успе́л извини́ться.

DIALOG COMMENTS

1. **случи́ться/бы́ть**

    In this dialog the speakers are using the verb случи́ться to refer to any important or significant or newsworthy events that may have happened. If you want to say what happened referring to ordinary, run-of-the-mill things, use бы́ло or бу́дет instead. Compare:

    | Что́ случи́лось вчера́ на ле́кции? | What happened in class yesterday? (What was all |
    | Я́ слы́шал, что что́-то случи́лось. | that fuss about?) I heard something happened. |
    | Что́ бы́ло вчера́ на ле́кции? | What happened in class yesterday? (What |
    | (= Что́ вы́ де́лали вчера́ на ле́кции?) | material did you cover?) |

2. **Разверни́ ... , узна́ешь**

    The translation will have the word *and* ('Open the paper *and* you'll find out') or the word *if* (*If* you open the paper, you'll find out).

3. **Почита́й**. 'Take a look at it.'

    Reminder: the prefix по- here is the one that means 'a bit, a little.' If this speaker wanted to say 'read the article through,' *прочита́й* would be used.

4. **не гля́дя по сторона́м** '... without looking where you're going' (*Lit.*, 'not looking along the sides').
    Сторона́ has a stress pattern like рука́ ру́ку etc. It has various meanings, including 'side' and 'direction.' Further examples:

    | О́н стоя́л в стороне́ (от други́х). | He was standing to the side (off from the other people). |
    | Тра́нспорт в Росси́и дви́жется по пра́вой стороне́ у́лицы. | In Russia they drive on the right side of the road. |
    | Поезжа́й в ту́ сто́рону, пото́м разверни́сь и поезжа́й в обра́тную сто́рону. | Drive in that direction, then turn around and go in the opposite direction. |

Lesson 12

5. **Так ведь не́ на что смотре́ть.** 'But after all there's nothing to look at.'
    There are only two stresses in this sentence; all other syllables are unstressed and the vowels are therefore reduced (as though spelled «таквитьне́наштасматре́ть».

    > The word ведь never occurs all by itself (except in dictionaries) and is never stressed.

6. **Не счита́я ва́с.** 'Not counting (=Except for = Excluding) you.'
    This is the best expression to use when you want to say 'except (for).'
    Here's a book title with this expression: «Тро́е в ло́дке, не счита́я соба́ки» 'Three in a boat (to say nothing of the dog).' Another example:

    | Э́то о́чень ми́лая семья́, не счита́я, коне́чно, дете́й, кото́рые всегда́ че́м-нибудь недово́льны. | They're a nice family except for the children who are always unhappy about something. |

7. **Но́ вы́ и на меня́ не смо́трите.**
    Put the main stress on *меня́*. The best translation for и here is 'either':
    'But you don't look at *me*, either.'

8. **Вы́ чу́ть не нае́хали на меня́.** 'You almost ran into me.'
    Чу́ть не 'almost' is used in negatively valued situations and почти́ 'almost' in positively valued ones.

    | Больно́й чу́ть не у́мер. | The patient almost died. |
    | Больно́й почти́ попра́вился. | The patient almost recovered. |

ROOTS

1. **СУД-¹** (→суд-, суж-, сужд-) judge, *judic-*

    су́д court; justice; trial
    суде́бная оши́бка judicial error
    суди́ть сужу́ try, judge; criticize; consider
    осуди́ть/осужда́ть blame, censure, condemn
    рассуди́тельный rational, reasonable, sensible

    судья́ judge
    судьба́ fate, destiny, lot
    засуди́ть condemn, sentence
    обсуди́ть/обсужда́ть consider, discuss
    обсужде́ние discussion

2. **СУД-²** vessel, ship

    су́дно vessel, craft
    судо́к gravy boat
    ку́хонная посу́да kitchen utensils

    судова́я кома́нда ship's crew
    посу́да plates and dishes, crockery
    стекля́нная посу́да glassware

3. **ВИН-¹** guilt, fault, blame, *-cuse*

    вина́ fault, guilt
    Моя́ вина́. It's my fault.
    обвини́ть/обвиня́ть accuse, charge
    вини́тельный паде́ж accusative case

    винова́тый guilty, culpable
    Винова́т(а)! Sorry! Excuse me!
    извини́ть/извиня́ть excuse, pardon
    неви́нный innocent, virgin

4. **ВИН-²** wine, *vin-*

    вино́ wine
    ви́нный спи́рт ethyl alcohol

    виногра́д vine; grapes
    виногра́дник vineyard

Упражнéния к диалóгам

4. *Обсудúйте с друзьями ваши курсовые работы, контрóльные работы, сочинéния и так далее. Вам пригодятся такúе выражéния:*

> Когда послéдний срок?
> Какáя часть сáмая трýдная?
> Éсли полýчишь плохýю отмéтку, мóжно переписáть контрóльную/курсовýю рабóту/сочинéние?
> Скóлько врéмени тебé дадýт на передéлку рабóты?
> Мóжно пóльзоваться спрáвочниками, словарями, калькулятором, компьютером?
> У когó мóжно получúть консультáцию по этой тéме?
> По какóму предмéту пúшут такúе курсовые рабóты?

> *Запóмните:* экзáмены (ýстные úли пúсьменные) бывáют тóлько в концé кýрса/семéстра úли когда вы поступáете в университéт, институт úли коллéдж (вступúтельные экзáмены). В середúне семéстра бывáют зачёты (midterm exams, etc.) и контрóльные рабóты.

5. *Придýмайте, какúе замéтки о вáших друзьях вы прочитáли в газéте. Напримéр:*

> — Крис, я о тебé замéтку читáла в нáшей газéте.
> — Обо мнé?! Какýю замéтку? В какóм отдéле?
> — В отдéле «Хулигáнов — под сýд». Пúшут, что ты разбúл стеклó в аудитóрии и грóмко кричáл.
> — Это непрáвда. Онú сáми не знáют, что пúшут. Зачéм ты читáешь эту глýпую газéту?
> *Или:* — Я пойдý в редáкцию и поговорю с нúми. Я этого дéла так не остáвлю.

6. *Задáйте вопрóсы «Вúктору Пантелéевичу» и «Мáше» о том,*
> кто онú, где онú вмéсте рабóтают úли ýчатся, сосéди ли онú, почемý Вúктор Пантелéевич éздит на велосипéде, а не на машúне и почемý он не смóтрит по сторонáм.

Спросúте Мáшу,
> почемý онá так быстро убежáла? что онá дýмает о Вúкторе Пантелéевиче? *и так далее.*

Постарáйтесь понять, что это за люди и какúе у них отношéния.
> Мóжет быть Мáша старáется привлéчь внимáние Вúктора Пантелéевича?
> Мóжет быть Вúктор Пантелéевич бойтся её?
> Мóжет быть он нарóчно не смóтрит в её стóрону?
> *Спросúте их об этом.*

Лексико-граммати́ческие упражне́ния

7. *Вы́учите и́ли повтори́те спряже́ние сле́дующих глаго́лов и инфинити́вы их видовы́х партнёров:*

	Соверше́нный вид		**Несоверше́нный вид**
а) *Grammar 20.5*			
	накле́ить	glue on, put up	накле́ивать
	устро́ить	arrange	устра́ивать
	вы́бросить	throw out	выбра́сывать
	останови́ть	stop	остана́вливать
	спроси́ть	ask, inquire	спра́шивать
	переписа́ть	rewrite	перепи́сывать
	зарабо́тать	earn, make money	зараба́тывать
	арестова́ть	arrest	аресто́вывать
	организова́ть	organize	организо́вывать *или* организова́ть
б) *Grammar 14*			
	приня́ть	take, accept	принима́ть
	отня́ть	take away	отнима́ть
	наня́ть	hire	нанима́ть
	заня́ть	borrow	занима́ть
в)	соста́вить	put together	составля́ть
	отве́тить	answer, respond	отвеча́ть
	попроси́ть	ask, request	проси́ть
	собра́ть	gather	собира́ть
	убра́ть	clean up; put away	убира́ть
	напо́мнить	remind	напомина́ть
	вы́нуть	take out	вынима́ть

8. *Отве́тьте преподава́телю, как в образце́.*
В отве́те вме́сто «мне надое́ло» мо́жете испо́льзовать любо́е из э́тих выраже́ний:
Я ду́мала, что я могу́ не ... ; я ду́мала, что мне не на́до ... ; мне жаль бы́ло ... ; я реши́ла не ...
и инфинити́в несоверше́нного ви́да.

Образе́ц:

    Преподава́тель: — Ка́рен, почему́ вы не арестова́ли э́тих моше́нников, Оста́па и Ипполи́та Матве́евича?
    Ка́рен: — Мне надое́ло их аресто́вывать.
    И́ли: — Я ду́мала, что ещё не пора́ их аресто́вывать

    не накле́или на сте́ну объявле́ние о турни́ре
    ещё не переписа́ли контро́льную рабо́ту
    ещё не зарабо́тали миллио́н
    не спроси́ли у меня́, когда́ бу́дет контро́льная
    ещё не устро́или ве́чер сове́тского ю́мора
    не останови́ли ва́шего дру́га, когда́ он крал кни́ги в библиоте́ке
    не о́тняли у него́ укра́денные кни́ги
    ещё не вы́бросили ва́ши ста́рые контро́льные рабо́ты
    ещё не переписа́ли перево́д оди́ннадцатого уро́ка
    ещё не организова́ли ле́кцию о рома́не «12 сту́льев»

9. *Ответьте преподавателю, как в образце*
   (не стану + *инфинитив значит* I won't because I don't want to).

   Преподаватель: — Вам не пора принять лекарство, Джим?
   Джим: — Я сегодня не стану принимать лекарство. Завтра приму.

   Вместо сегодня ... завтра *можете сказать:*
   на этой неделе ... на следующей неделе
   или : в этом месяце/году ... в следующем месяце/году.

   принять душ
   нанять мальчика подстричь газон
   заработать денег
   выбросить старые бумаги
   занять денег
   составить план курсовой работы
   ответить на письмо из газеты
   убрать в квартире
   напомнить дворнику о его обещании
   подстричь траву на газоне

10. *Ответьте как в образце (Grammar 22.1).*

Образец:

   Преподаватель: — Как иначе сказать «мальчик, который читает книгу»?
   Студент: — Мальчик, читающий книгу.
   Преподаватель: — А ещё как?
   Студент: — Читающий книгу мальчик.

   девочка, которая читает книгу
   мальчики, которые читают книги
   у мальчика, который читает книгу
   у девочки, которая читает книгу
   у девочек, которые читают книги
   дворник, который запирает ворота
   о дворнике, который запирает ворота
   инженер, который зовёт дворника
   студентка, которая объясняет правило
   со студенткой, которая отвечает на вопросы
   преподаватель, который объясняет правило
   студент, который стирает с доски
   женщина, которая нанимает нас на работу
   старик, который наклеивает объявления
   студент, который организовывает/организует спектакль
   полицейский, который арестовывает мошенника

11. *Перевóд:* **have to**

There are three common ways to translate into Russian the English phrase *have to*:

They had to leave   Они́ должны́ бы́ли уе́хать.
Им на́до (or ну́жно) бы́ло уе́хать.
Им пришло́сь уе́хать.

Note that до́лжен is used with the Nominative and the verb бы́ть to show tense; на́до (ну́жно) is used with the Dative and the verb бы́ть to show tense; прийти́сь/приходи́ться is used with the Dative, and shows the tense itself. The only forms of this verb that are used are пришло́сь and придётся, прихо́дится and приходи́лось.

The word до́лжен is mostly used in the sense of moral obligation or duty; на́до (ну́жно) is the most neutral translation; прийти́сь/приходи́ться is used when what one has to do is not felt to be particularly pleasant or attractive.

Sentences 1, 4.   *open (the paper)* разверну́ть/развора́чивать.
Sentence 10.   *about how* о то́м, что...

(Review the Text)

1. Ippolit Matveevich told Ostap that he had been written about in the newspaper. He opened the paper and showed Ostap the piece in the "News of the Day" section.
2. Ostap had to find a pretext for a visit to the editorial offices of *Stanok*. Now the pretext had been found.
3. Ostap had to find out in which office the chair was located. He went through many rooms before he came to the editor's office.
4. Ostap spent a long time opening the paper. He needed time. He needed an idea. He needed money.
5. While Ostap was opening the paper he turned around to look at the door of the editor's office. Before Ostap left the editor's office he spent a long time talking to the editor. He knew he would have to come back to the office at night.
6. After the widow read in the paper that Ostap got run over by a horse she decided that she had to go to Moscow in order to find Ostap.
7. The widow got to the landing of a staircase. She pulled the door but it was locked. She had to spend the night on the stairs.
8. Ostap asked the widow to embrace him only because he was separated from her by a closed door. She said he had stolen her chair. He said they would have to separate.

(Review the Dialogs)

9. We were given the assignment to write about what happened over the past month. I don't even know what happened over the past week.
10. I don't know if you read yesterday's paper, but there was a very interesting piece in it about how children must respect their elders.
11. Why did Viktor Panteleevich almost run over Masha? He was riding without looking.

ДИК И ДЖЕЙН

— Дик! Ты мне обещал рассказать ещё об одном жулике, которого ты раскопал в «Двенадцати стульях».

— Он не жулик, он поэт.

— Ещё один несчастный интеллигент, беспомощно сражающийся с жизнью?

— Этот сражается с редакторами, которые всё время переделывают его стихи.

— Редакторы тоже все жулики?

— Не знаю. Но на этот раз они правы. Его стихи — ужасная дрянь.

Автор «Гаврилиады» и ещё один стул

И Остап Бендер, и мадам Грицацуева уже покинули здание редакции, когда в него вошёл Никифор Ляпис. В этом здании он был своим человеком. Прежде всего Никифор Ляпис пошёл в буфет. Он съел варенец и кремовое пирожное. Всё это он запил чаем. Потом Ляпис неторопливо стал обходить свои владения.

Первый визит он сделал в редакцию ежемесячного охотничьего журнала «Герасим и Муму». Редактор журнала Наперников сидел под сильно увеличенным портретом Тургенева. Рядом с Наперниковым стоял конкурент Ляписа — стихотворец из пригорода.

— Доброе утро, — сказал Никифор. — Написал замечательные стихи. Под названием «Молитва браконьера».

И Ляпис прочёл:

«Гаврила ждал в засаде зайца,
Гаврила зайца подстрелил...»

— Очень хорошо, — сказал Наперников. — Только нужно кое-что исправить. Первое — выкиньте «молитву».

— И зайца, — сказал конкурент.

— Почему же зайца? — удивился Наперников.

— Потому что не сезон.

— Слышите, измените и зайца.

Поэма в изменённом виде носила название «Урок браконьеру», а зайцы были заменены бекасами. Потом оказалось, что бекасов тоже летом не стреляют. В окончательной форме стихи читались так:

«Гаврила ждал в засаде птицу,
Гаврила птицу подстрелил... и т. д.»

Следующему Гавриле нашлось место в редакции «Работника булки»:

«Служил Гаврила хлебопёком,
Гаврила булку испекал...»

— Нра́вится?

— О́чень! Обожа́ю плохи́е стихи́. Мо́жно я возьму́ кни́жку домо́й, что́бы ве́чером ещё почита́ть?

— М-м-м... Возьми́. Но она́ мне пона́добится на бу́дущей неде́ле.

— В сле́дующем «Дополни́тельном чте́нии» верну́! Скажи́, а есть кака́я-нибудь свя́зь ме́жду э́тим Ля́писом и Оста́пом Бе́ндером? И́ли Ля́пис опи́сан в рома́не то́лько ра́ди паро́дии?

— Отча́сти ра́ди паро́дии. В «Двена́дцати сту́льях» мно́го паро́дий. Большинство́ не име́ет прямо́го отноше́ния к сюже́ту, и а́вторы уче́бника их вы́бросили. Но э́тот Ля́пис свя́зан со сту́льями. Бу́дешь чита́ть, уви́дишь. Ме́жду про́чим, «Муму́» — э́то назва́ние расска́за Турге́нева, а Гера́сим — геро́й э́того расска́за!

— Спаси́бо.

— Нету? — спросил Остап.
— Нет.

Тогда Остап приподнял стул и выбросил его далеко за борт. Послышался тяжелый всплеск. Вздрагивая от ночной сырости, концессионеры в сомнении вернулись к себе в каюту.

— Так, — сказал Бендер. — Что-то мы во всяком случае нашли.

Ипполит Матвеевич достал из кармана ящичек и осовело посмотрел на него.

— Давайте, давайте! Чего глаза пялите!

Ящичек открыли. На дне лежала медная позеленевшая пластинка с надписью:

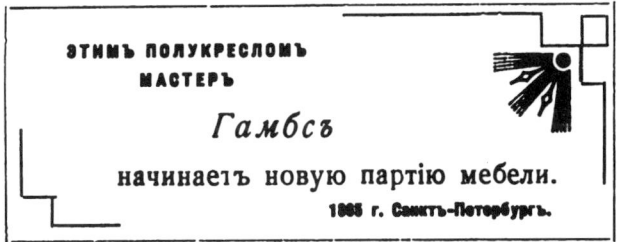

Надпись эту Остап прочел вслух.

— А где же бриллианты? — спросил Ипполит Матвеевич.

— Вы поразительно догадливы, дорогой охотник за табуретками! Бриллиантов, как видите, нет.

На Воробьянинова было жалко смотреть. Отросшие слегка усы двигались, стекла пенснэ были туманны. Казалось, что в отчаянии он бьет себя ушами по щекам.

Холодный рассудительный голос великого комбинатора оказал свое обычное магическое действие. Воробьянинов вытянул руки по вытертым швам и замолчал.

Страница из «Двенадцати стульев» издания 1933 года. Надпись на пластинке сделана по старой орфографии.

Урок 13: Ночь на Волге

Когда оказа́лось, что в стуле из редакции «Станка» брильянтов нет, компаньонам пришлось выбира́ть: из оставшихся[1] пяти стульев один находился где-то на территории Октябрьского вокзала, а еще четыре — в театре Колумба[2]. Театр уезжал в поездку по Волге. Нужно было решать — оставаться в Москве для ро́зысков одного стула или выехать вместе с театром на гастро́ли.

— Может быть, разде́лимся? — спросил Остап. — Я поеду с театром, а вы оставайтесь и ищите стул на Октябрьском вокзале.

Но Ипполит Матвеевич так трусливо моргал седыми ресницами,[3] что Остап не стал продолжать.

— Из двух зайцев, — сказал он, — выбирают того, который жирнее.[4] Поедем вместе. Заседание продолжается!

От Москвы до Ни́жнего Но́вгорода[5] театр Колумба — а с ним и охотники за брильянтами — ехали на поезде. В Нижнем Новгороде театральная труппа должна была сесть на пароход под названием «Скрябин». Попасть вместе с театром на пароход компаньоны не могли. Во-первых, у них не было денег на покупку билета. А во-вторых, «Скрябин» не брал пассажиров.

Актеры, музыканты и про́чие служащие театра несли на пароход свои чемоданы. Толстый заведующий следил, как[6] грузят мебель и декорации.

С бе́рега на пароход зло смотрел великий комбинатор.

Взры́в кри́ков донесся до его ушей.

— Почему же вы мне раньше не сказали? — кричал заведующий. — Это черт знает что такое![7] Поезжайте и найдите мне художника!

— Куда же я поеду? — кричал кто-то ему в ответ. — Сейчас шесть часов. Все закрыто. Да и[8] пароход через полчаса уходит.

— Тогда сами будете рисовать!

Остап уже бежал по схо́дням. При входе[9] его задержали:

— Про́пуск!

— Товарищ! — закричал Остап. — Вы! Вы! Толстенький![10] Которому[11] художник нужен!

Через пять минут великий комбинатор сидел в белой каю́те толстенького заведующего и договаривался об условиях работы.[12]

— Предупрежда́ю — работы много, — говорил заведующий. — Наш художник начал кое-что делать и заболел. Можете вы все взять на себя?[13]

— Да, я могу взять все на себя, — говорил Остап.

— И вы можете сейчас же ехать с нами?

— Это будет трудновато, но я постараюсь. Со мною еще поедет мальчик, мой ассистент.

Остап получил пропуск на себя и на мальчика, положил в карман ключ от каю́ты и вышел на горячую па́лубу. Он чувствовал немалое удовольствие при прикоснове́нии[9] к ключу. Это было первый раз в его бу́рной жизни. Ключ и квартира были. Не было только денег. Но они находились тут же, рядом, в стульях. Великий комбинатор, заложив[1] руки в карманы, гулял по палубе, не замечая[1] оставшегося[1] на берегу́ Воробьянинова.

TEXT COMMENTS (1)

1. **DEVERBAL FORMS**

заложи́в (заложи́ть – past adverb)	having put
(не) замеча́я (замеча́ть – present adverb)	(without) noticing, (without) looking at
оста́вшийся (оста́ться – past active ptcpl.)	which/who remained

2. **Теа́тр** The word is used here in the sense of 'theater group, troupe.'
3. **та́к трусли́во морга́л седы́ми ресни́цами, что...** 'blinked [with] his grey eyelashes so timorously that...'
4. **Из дву́х за́йцев выбира́ют того́, кото́рый жирне́е.** 'Of two rabbits, choose the fatter one.'
   This is a parody on the popular saying *За двумя́ за́йцами пого́нишься, ни одного́ не пойма́ешь* 'If you chase two rabbits [at the same time], you won't catch either one of them.'
5. **Ни́жний Но́вгород** was known as **Го́рький** from 1932 to 1990.
6. **заве́дующий следи́л, как грузя́т** 'the manager was watching over the loading [of furniture and stage sets].' Similarly:

О́н слы́шал, как она́ поёт.	He heard her *singing*.

7. **Э́то чёрт зна́ет что́ тако́е!** 'This is a helluva mess!' (*Lit.* The devil knows what this is.)
8. **Да и** 'Besides which, ...' *or:* 'And also, ...'
9. **При вхо́де** 'As he was going in' (*Lit.*, during entering). Similarly:

при прикоснове́нии	as he touched [the key].

10. **То́лстенький** 'Chubby.'
    Ostap is not fastidious in his choice of forms of address, though то́лстенький sounds better than толстя́к 'Fatso.'
11. **Кото́рому** '*The one who* needs ...' This is a very colloquial ellipsis.
12. **догова́ривался об усло́виях рабо́ты** 'was negotiating the job description' (*Lit.*, conditions, terms).
13. **Мо́жете вы́ всё взя́ть на себя́?** 'Can you handle all this?' (*Lit.*, take all this upon yourself?)

TEXT GLOSSARY (1)

бе́рег shore, bank	па́луба deck
бу́рный stormy	предупрежда́ть warn, forewarn
взры́в explosion	прикоснове́ние touch
выбира́ть choose	про́пуск pass, permit
гастро́ли (plur.) tour (theatrical)	про́чий other
каю́та cabin, stateroom	раздели́ться separate, divide up, split
кри́к shout	ро́зыск search
оказа́ться turn out	схо́дни gangplank

Пароход дал второй гудо́к.

Оглушенный[14] и одинокий, Ипполит Матвеевич что-то кричал, но его не было слышно.

Остап Бендер любил эффекты. Только перед третьим гудком, когда Ипполит Матвеевич уже не сомневался в том, что брошен[14] на произвол судьбы, Остап заметил его:

— Что же вы стоите? Я думал, что вы уже давно на пароходе. Бегите скорее! Пропустите этого гражданина! Вот пропуск.

Ипполит Матвеевич, почти плача,[14] вбежал на пароход.

— Это ваш мальчик? — спросил заведующий.

— Мальчик, — сказал Остап. — Разве плох? Кто скажет, что это девочка, пусть первый бросит в меня камень![15]

Толстяк угрю́мо отошел.

— Вот что, — сказал Остап Ипполиту Матвеевичу. — Я — художник, а вы — мой помощник. Если вы думаете, что это не так, то скорее бегите назад, на бе́рег. Вы умеете рисовать? Очень жаль. Я, к сожалению, тоже не умею. Нехорошо!

Стояла звёздная ветреная ночь. Населе́ние «Скрябина» спало. Великий комбинатор вышел из своей каюты. За ним следовала бесшумная те́нь Ипполита Матвеевича. Они поднялись на верхнюю палубу и неслышно приблизились к стулу, укрытому фанерой. Остап сжал зубы,[16] вскрыл си́тцевое сиденье стула и зале́з рукой под материю.

Ветер бегал по верхней палубе. В небе легонько шевели́лись звёзды. Под ногами, глубоко внизу, плеска́лась черная вода. Берегов не было видно. Ипполита Матвеевича трясло.[17]

— Есть![18] — сказал Остап. — Держите!

Ипполит Матвеевич принял в свои трясущиеся[14] руки пло́ский деревянный ящичек.

Остап продолжал в темноте ры́ться в стуле.

— Что за черт! — сказал он. — Больше ничего нет!

— Н-н-не может быть, — пролепетал Ипполит Матвеевич.

— Ну, вы тоже посмотрите!

Воробьянинов, не дыша,[14] пал на колени и по локоть[19] всунул руку под сиденье.

— Нету?[20] — спросил Остап.

— Нет.

Тогда Остап поднял стул и выбросил его далеко за борт.[21] Послышался тяжелый всплеск. Вздрагивая[14] от ночной сырости, компаньоны вернулись к себе в каюту.

— Так, — сказал Остап. — Что-то мы во всяком случае[22] нашли.

Ипполит Матвеевич достал из кармана ящичек и посмотрел на него.

— Давайте, давайте! Открывайте же!

TEXT COMMENTS (2)

14. DEVERBAL FORMS

брóшенный (брóсить – past passive ptcpl.)	thrown [to the winds (Lit., arbitrariness) of fate]
вздрáгивая (вздрáгивать – present adverb)	quivering, shivering
(не) дышá (дышáть – present adverb)	without breathing, breathlessly
оглушённый (оглушить – past passive ptcpl.)	stunned; deafened
плáча (плáкать) – present adverb	crying
трясýщийся (трястись – present active ptcpl.)	(which were) trembling, shaking

15. пýсть пéрвый брóсит в меня кáмень!

This is a parody of the Biblical injunction *Let him who is without sin cast the first stone*. It's not only Soviet slogans that Ostap parodies.

16. сжáл зýбы 'gritted (*Lit.*, pressed) his teeth.'

17. Ипполита Матвéевича трясло 'I. M. was shaking/trembling.'

Impersonal verbs (with no Nominative subject) are often used when the real subject is some inexplicable or uncontrollable force which is responsible for the action (something caused I. M. to tremble uncontrollably). Recall the example from an earlier episode (Lesson 3): Лýжи затянýло льдом 'The puddles were covered with ice.'

18. Éсть! 'Here it is! It's here!'

19. по лóкоть 'up to [his] elbow.'

The preposition по + Accusative can have the meaning 'up to,' e.g., по пóяс в водé 'up to one's waist in water,' зáнят по гóрло 'busy up to the ears' (*Lit.*, throat).

20. Нéту is a variant of нéт in the meaning 'there isn't, there aren't.'

21. зá борт 'overboard.'

Many nautical terms are similar to English words because they were originally borrowed from a closely related language, Dutch. The points of the compass in maritime jargon, for example, are норд, ост, зюйд, вест.

22. во всяком случае 'in any case.'

TEXT GLOSSARY (2)

бéрег shore, bank	плескáться splash, lap
всплéск splash	плóский flat
гудóк horn, whistle	рыться rummage around
залéзть get into, put one's hand into	ситцевый chintz, cotton print
звездá star	тéнь shadow; shade
звёздный starry	угрюмо gloomily, morosely
населéние population	шевелиться move, stir

Ящичек открыли. На дне́ лежала медная позеленевшая[23] пластинка с надписью:

— А где же брильянты? — спросил Ипполит Матвеевич.

— Вы поразительно дога́дливы, дорогой охотник за табуре́тками! Брильянтов, как видите, нет.

На Воробьянинова было жалко смотреть. Отросшие[23] слегка усы двигались, стекла пенсне́ были тума́нны. Казалось, что в отчаянии он бьет себя ушами по щекам.[24]

— Держитесь![25] — сказал Остап. — Когда-нибудь мы посмеёмся над дурацким восьмым стулом, в котором нашлась глупая доще́чка. Тут есть еще три стула — девяносто девять шансов из ста!

В ту ночь на «Скрябине» компаньонам не удалось заглянуть в остальные стулья. А утром толстяк заведующий поручи́л Остапу изготовить транспара́нт. Компаньоны трудились весь день. Ипполит Матвеевич бегал вниз за горячей водой, чихая,[23] сыпал в ведро́ краски, со страхом заглядывал в глаза великого художника. К вечеру, когда впереди уже появились огоньки́ города Васюки́,[26] транспарант был готов.

Посмотрев[23] на него, заведующий закричал:

— Собирайте вещи!

В деньгах было категорически отказано.[23] На сборы[27] было дано[23] пять минут.

«Скрябин» пристал к Васюка́м.[26] Ипполит Матвеевич и Остап Бендер сошли на при́стань. На высоком берегу был мра́к, собачий ла́й и далекая гармо́шка.

— Резюмирую положение,[28] — сказал Остап жизнерадостно. — Ни гроша́ денег, три стула уезжают вниз по реке, ночевать негде. Задача: вы́колотить из васю́кинцев[26] деньги. Нам нужно не менее тридцати рублей. Во-первых, нужно пита́ться. А во-вторых, догнать пароход и разыскать театр.

Остап долго разгуливал по пристани, соображая[23] и комбини́руя.[23] К часу ночи план был готов. Бендер улегся рядом с компаньоном и засну́л.

TEXT COMMENTS (3)

23. DEVERBAL FORMS

дано́ (да́ть – past passive ptcpl.)	given
комбини́руя (комбини́ровать – present adverb)	scheming
отка́зано (отказа́ть – past passive ptcpl.)	[Money was categorically] refused.
отро́сший (отрасти́ – past active ptcpl.)	which had grown
позелене́вший (позелене́ть – past active ptcpl.)	(a bronze plate which) had turned green; a patined (bronze plate)
посмотре́в (посмотре́ть – past adverb)	having looked
сообража́я (сообража́ть – present adverb)	pondering, thinking things over
чиха́я (чиха́ть – adverb)	sneezing

24. Каза́лось, что в отча́янии о́н бьёт себя́ уша́ми по щека́м.
The authors add to the surrealism of this scene by saying 'It seemed as though in despair he was slapping his cheeks with his ears.'

25. Держи́тесь! 'Hang in there!' i.e., don't give up.

26. Васюки́ is the name of the village; it occurs only in the plural, cf. Васюка́м, Dative Plural. A person who lives there is a васю́кинец. It is an invented name and sounds somewhat funny.

27. На сбо́ры бы́ло дано́ пя́ть мину́т. 'They were given five minutes to pack up.'
Сбо́ры is the noun related to *собира́ть/собра́ть* 'collect, gather' (cf. Собира́йте ве́щи! 'Get your things together!'); in the meaning 'preparations (getting things together before going somewhere)' it occurs in the plural.

28. Резюми́рую положе́ние 'I sum up the situation (as follows).'
This bureaucratic jargon is another Benderism.

TEXT GLOSSARY (3)

ведро́ bucket	огонёк (small) light
вы́колотить extort, wring out	пенсне́ pince-nez
гро́ш half-kopeck piece	пита́ться nourish oneself
гармо́шка accordion	полукре́сло chair with stuffed seat
дно́ bottom	поручи́ть commission, charge
дога́дливый shrewd, quick-witted	посмея́ться have a good laugh
доще́чка name-plate, small plaque	при́стань pier, wharf
засну́ть fall asleep	табуре́тка (small) stool
ла́й bark, barking	транспара́нт sign, poster
мра́к gloom, darkness	тума́нный foggy, misty

Упражнения к тексту

1. *Ответьте на вопросы преподавателя, как в образцах.*
Образцы:
— Саша, я забыла, Остап *получил* пропуск на себя и на мальчика?
— Нет, Остап *не получил* пропуска на себя и на мальчика.

Или: — Я тоже забыл. По-моему, Остап *получил* пропуск.

— Мэриэнн, объясните мне, пожалуйста, пароход *брал* пассажиров или нет?
— Да, этот пароход брал пассажиров.

Или: — Нет, этот пароход не брал пассажиров.
Или: — Я не могу вам этого объяснить, потому что я и сама этого не поняла. Давайте спросим у Геры. Гера,..

Будьте готовы к тому, что вопросы могут относиться к любой фразе текста.

Заведующий следил, как грузят мебель и декорации.
Великий комбинатор договаривался об условиях работы.
Попасть вместе с театром на пароход компаньоны не могли.
С берега на пароход зло смотрел великий комбинатор.
и так далее.

2. *Прочитайте пересказ текста и подготовьте вопросы, которые вы на занятии зададите другим студентам.*

Поняв, что и в этом стуле брильянтов нет, компаньоны стали решать, что делать.
Предлагая разделиться, Остап не понимал, что его компаньон не может работать один.
Посмотрев на Ипполита Матвеевича, Остап понял, что его предложение было неудачным.
Доехав до Нижнего Новгорода, компаньоны узнали, что дальше театр поедет на пароходе «Скрябин».
Глядя на пароход, Остап заметил толстенького заведующего, которому нужен был художник.
Поняв, что заведующему срочно нужен художник, Остап решил действовать решительно и побежал на пароход.
Сидя в белой каюте заведующего, великий комбинатор обсуждал с ним условия работы.
Сказав, что он — художник, Остап получил возможность попасть на пароход и даже привести с собой Ипполита Матвеевича, которого он назвал своим «мальчиком».
Ипполит Матвеевич плача взбежал на пароход: он думал, что Бендер бросит его в Нижнем Новгороде.
Приближаясь к стулу, который стоял на тёмной палубе, компаньоны думали о брильянтах.
Приблизившись к стулу, Остап сжал зубы.
Вскрыв стул, Остап нашёл в нём какой-то плоский деревянный ящичек.
Бросив пустой стул в воду, компаньоны вернулись к себе в каюту и осмотрели ящичек.
Осмотрев ящичек, они увидели, что никаких брильянтов в нём нет: в нём была только медная пластинка с именем мастера, который делал этот стул.
Поняв, что Остап не умеет рисовать, заведующий приказал ему собирать вещи.
Разгуливая по пристани, Остап глядел на чёрную воду и думал о том, что им нужны деньги на то, чтобы есть, на то, чтобы догнать пароход, и на то, чтобы разыскать театр.
Соображая и комбинируя, Бендер готовил новый план, и к часу ночи этот новый план был готов.

3. а) *Разыгра́йте сце́ну ме́жду толстяко́м заве́дующим и его́ помо́щником: помо́щник сообща́ет заве́дующему, что худо́жник заболе́л.*
Испо́льзуйте сле́дующие слова́ и выраже́ния:

> Почему́ же вы мне́ ра́ньше не сказа́ли?
> Это чёрт зна́ет что тако́е.
> Поезжа́йте и найди́те...
> Куда́ же я пое́ду?
> Всё закры́то.
> Парохо́д ухо́дит че́рез...

3. б) *Разыгра́йте сце́ну между Оста́пом и заве́дующим: Оста́п говори́т, что о́н худо́жник и гото́в рабо́тать.*
Испо́льзуйте сле́дующие слова́ и выраже́ния:

предупреди́ть/предупрежда́ть	кра́ски
рабо́ты мно́го	зарпла́та
взя́ть на себя́	получа́ть... рубле́й в де́нь
плака́т	ма́льчик-ассисте́нт
ки́сти	отде́льная каю́та

3. в) *Разыгра́йте сце́ну между заве́дующим и Оста́пом, когда заве́дующий уви́дел Ипполи́та Матве́евича: заве́дующий удивлён.*
Испо́льзуйте сле́дующие слова́ и выраже́ния:

Что́ о́н бу́дет де́лать?	де́вочка
сме́шивать кра́ски	худо́жник
кра́сить	бро́сить (в меня́, в неё) ка́мень
Како́й же это ма́льчик?	

ROOTS (A)

СЛЕД- (→след-, слеж-) trace, track, follow, heir, *sequ-, secu-*

сле́д trace, mark, track, trail	сле́дом за ни́м after him
следи́ть слежу́ (за) watch, follow	сле́довать (за) follow, come/go after
сле́дующий following, next	сле́дует it is necessary
после́дний last, latter	сле́довательно consequently
после́дствие consequence, result	иссле́дование investigation, study
насле́довать inherit	насле́дник heir
рассле́довать investigate, look into	пресле́довать pursue, persecute
Федера́льное бюро́ рассле́дования FBI	

DIALOGS

Диало́г 1: Гла́ша и Сёма
— Выбира́й,[1] с кем пое́дешь — со мной и́ли с Пе́тькой?
— Я пое́ду с Пе́тькой, Гла́ша, а ты остава́йся[1] до́ма.
— Вот как?! Тогда́ мо́жешь не[2] возвраща́ться! И ве́щи забира́й.[1]
— Извини́, Гла́ша! Я сказа́л, не поду́мав. Коне́чно, я пое́ду с тобо́й.

Диало́г 2: Арсе́ний и Татья́на
— Я давно́ слежу́, как[3] вы де́лаете карье́ру, Арсе́ний, и зна́ете, что я вам скажу́? За двумя́ за́йцами пого́нишься,[4] ни одного́ не пойма́ешь.
— Следи́те за тем, как я де́лаю карье́ру? А почему́ бы[5] вам не бро́сить э́то де́ло? И почему́ вы мне об э́том говори́те?
— Потому́, что вы пыта́етесь быть одновре́менно и худо́жником, и заве́дующим. Вы занима́етесь тем, что вас совсе́м не каса́ется.
— По-мо́ему, э́то *вы*[6] занима́етесь тем, что вас совсе́м не каса́ется! Не учи́те меня́ жить!

Диало́г 3: заве́дующий Полтора́цкий и худо́жник Ме́чников
— Това́рищ Ме́чников, нам с ва́ми придётся раздели́ться. Я подожду́ вас здесь, а вы собери́те[1] ве́щи и беги́те[1] получа́ть про́пуск.
— К сожале́нию, това́рищ заве́дующий, мне нельзя́ бе́гать. Се́рдце сла́бое.
— Что же вы ра́ньше не сказа́ли!? Как же вы бу́дете рабо́тать с больны́м се́рдцем?
— А я не бу́ду бе́гать. Худо́жник до́лжен рисова́ть, а не бе́гать.

DIALOG COMMENTS

1. **Выбира́й, остава́йся, забира́й**
   These commands are all Imperfective and simply name the activity without any reference to its completion. The Perfective partners вы́бери, оста́нься, and забери́ would be grammatically correct, but they would have the usual meaning of Perfectivity: 'get [it] done, completed, over and done with.'
   In Dialog 3 there is a sentence with first a Perfective ('get this first thing done') and then an Imperfective ('and then get started doing the second thing'):

Собери́те (Perf.) ве́щи и беги́те (Impf.) получа́ть про́пуск.	Get your things together and run and get your pass.

   In the first dialog (all Imperfectives) the speaker is being pushy; in dialog 3 (Perfective, then Imperfective) the speaker (although a pushy person) is merely being business-like.

2. **Мо́жешь не возвраща́ться.** 'You *don't have to* come back.'
   A reminder: the Imperfective after мочь has the meaning of permission ('you have my permission to not come back'), in this case said sarcastically.

3. **Я давно́ слежу́, как вы де́лаете карье́ру** 'I've been watching you push your way to the top for a long time.'
   The phrase де́лать карье́ру means more than just 'make a career' — it means that the person is a real operator, very pushy. Watch out for the English verb *watch*: if you want to *watch TV*, use смотре́ть.

4. **погóнишься ... поймáешь...**

   A reminder: Perfective future can mean 'if' and 2nd person singular can mean 'you' in the sense of *one*: '*If one* chases after two rabbits ...'

5. **Почемý бы ... не**

   The particle бы changes the meaning of почемý from a real question (*Why?*) to a suggestion (*Why not ... ? How about ...*)

6. **это вы́**

   Use это when you want to emphasize the person who is doing the action: '*You* take too much responsibility [not I].' This is like English 'You're the one who...' It would be a mistake, for example, to omit это in the following sentence, in which the English uses only heavy stress to render this contrastive meaning (it would also be a mistake to use тот, кто to render the meaning 'the one who'):

Э́то он сдéлал оши́бку (а не я́).	He made the mistake (not I). = He's the one who made the mistake (not I).

Упражнéния к диалóгам

4. *Бýдьте готóвы предложи́ть товáрищу вы́бор, напримéр:*
   — Выбирáй: в кинó пойдёшь и́ли бýдешь смотрéть телеви́зор?
   — Выбирáй: кóфе бýдешь пи́ть и́ли морóженое éсть?
   — Выбирáй: *сегóдня* бýдешь готóвиться к контрóльной рабóте и́ли *зáвтра*.
   — Выбирáй: рабóтать и получáть мнóго дéнег и́ли ничегó не дéлать и ничегó не получáть?

   Когдá вáм предлóжат такóй вы́бор, отвéтьте, напримéр, тáк:
   — Я́ пойдý в кинó. А ты́ мóжешь оставáться дóма и смотрéть телеви́зор.
   — Пожáлуй, я́ лýчше кóфе бýду пи́ть. А ты́ мóжешь не пи́ть кóфе, éсли не хóчешь. Мóжешь прóсто посидéть и поговори́ть со мнóй.
   — Я́ всегдá готóвлюсь к контрóльным в послéдний момéнт.
   — Я́ предпочитáю рабóтать и получáть мнóго дéнег. А ты́ мóжешь занимáться свои́ми сóбственными делáми, а не учи́ть меня́ жи́ть.

5. *Приготóвьте вопрóсы о разговóре Арсéния и Татья́ны, котóрые вы́ бýдете задавáть другим студéнтам.*
   Напримéр:
   — Почемý Татья́на сказáла Арсéнию: за двумя́ зáйцами погóнишься, ни одногó не поймáешь?
   — Кéм рабóтает Арсéний? Чтó он лю́бит дéлать крóме своéй рабóты?
   — Ктó из ни́х занимáется чужи́ми делáми?
   — Почемý Арсéний прóсит Татья́ну не учи́ть егó жи́ть?

6. *Бýдьте готóвы поговори́ть с «Мéчниковым» и с «Полторáцким» об и́х жи́зни и рабóте.*

   Вы́ мóжете спроси́ть, кудá они́ éдут, почемý и кудá нýжен прóпуск, какýю рабóту возьмёт на себя́ Мéчников, где́ и кéм рабóтал Мéчников рáньше и почемý поступи́л на нóвую рабóту и так дáлее.

Лексико-граммати́ческие упражне́ния

7. *Вы́учите и́ли повтори́те спряже́ние глаго́лов:*

	Соверше́нный вид		**Несоверше́нный вид**
а) *See Grammar 21*			
	верну́ться	return	возвраща́ться
	заверну́ть	wrap up	завора́чивать
	разверну́ть	unwrap	развора́чивать
	засу́нуть	put in, stick in	засо́вывать
	вы́нуть	take out	вынима́ть
	положи́ть	put	класть
	отложи́ть	put off, away	откла́дывать
	сложи́ть	put together	скла́дывать
	предложи́ть	offer	предлага́ть
б)	доста́ть	get, obtain	достава́ть
	включи́ть	turn on	включа́ть
	вы́ключить	turn off	выключа́ть
	заже́чь	light up; turn on (light)	зажига́ть
в)	взять	take	брать
	сказа́ть	say	говори́ть
	принести́	bring	приноси́ть

8. *Разыгра́йте разгово́р как в образце́.*

Образе́ц:

Преподава́тель: — Са́ша, попроси́те Ма́шу заверну́ть кни́гу (кото́рую вы покупа́ете).
Са́ша: — Ма́ша, заверни́те мне, пожа́луйста, э́ту кни́гу.
Ма́ша: — Нет, я не ста́ну её завора́чивать.
Са́ша: — Хорошо́, я сам заверну́. Я заверну́ её в ста́рую газе́ту.

разверну́ть кни́ги	положи́ть кни́ги на стол	включи́ть телеви́зор
засу́нуть кни́ги в портфе́ль	отложи́ть кни́ги в сто́рону	засу́нуть ковёр за шкаф
вы́нуть кни́ги из портфе́ля	заже́чь свет	доста́ть ковёр из-за шкафа
доста́ть кни́ги из портфе́ля	вы́ключить свет	засу́нуть ста́рые газе́ты под дива́н

9. *Переведи́те слова́ преподава́теля и доба́вьте свой сове́т.*

Образе́ц:

Преподава́тель: — Masha, ask Vasya to tell us the truth.
Ма́ша: — Ва́ся, скажи́ нам пра́вду. И всегда́ говори́ нам пра́вду.
Ва́ся: — Хорошо́, скажу́. И всегда́ бу́ду говори́ть вам пра́вду.

bring your own tools	принести́ свои́ инструме́нты
take along his tools	взять с собо́й инструме́нты
put the tools together	сложи́ть инструме́нты
neatly wrap up the tools	аккура́тно заверну́ть инструме́нты
put the tools in their place	положи́ть инструме́нты на ме́сто
get the tools out of the drawer	доста́ть инструме́нты из я́щика
unwrap the tools	разверну́ть инструме́нты
put the tools in the pocket	положи́ть инструме́нты в карма́н
take the tools out of the pocket	вы́нуть инструме́нты из карма́на
offer the tools to your friends	предложи́ть инструме́нты друзья́м

Вме́сто сло́ва 'tools' инструме́нты употребля́йте та́кже слова́:

ink	черни́ла (plural)	pills	табле́тки
key	клю́ч	money	де́ньги
medicine	лека́рство	bottle	буты́лка
matches	спи́чки	ticket	биле́т

10. *Отве́тьте преподава́телю, ка́к в образце́ (Grammar 22.2).*
Образе́ц:

Преподава́тель: — Ка́к ина́че сказа́ть «Ма́льчик, кото́рый чита́л кни́гу»?
Студе́нт: — Ма́льчик, чита́вший кни́гу.
Преподава́тель: — А ещё ка́к?
Студе́нт: — Чита́вший кни́гу ма́льчик.

ма́льчик, кото́рый прочита́л кни́гу
студе́нтка, кото́рая верну́ла кни́гу
студе́нтка, кото́рая верну́лась
студе́нтка, кото́рая возвраща́лась домо́й
крестья́не, кото́рые предложи́ли нам по́мощь
рабо́чие, кото́рые предлага́ли нам по́мощь
у крестья́н, кото́рые предложи́ли нам по́мощь
о рабо́чих, кото́рые предлага́ли нам по́мощь
с монтёром, кото́рый включи́л холоди́льник
у монтёров, кото́рые устро́ились на рабо́ту
из маши́ны, кото́рая останови́лась на углу́

11. *Перево́д:* **Vocabulary Review**

Sentence 3 *about how* о том, что
Sentence 4. *spoke* поговори́л.
Sentence 6. Use Imperfective infinitives after уме́ть.

(Review the Text)
1. When they saw that the chair from the editorial offices didn't have the diamonds in it, they realized they would have to leave Moscow together with the theater.
2. The manager watched the actors carry their suitcases onto the ship.
3. Ostap heard the manager talking to someone about an artist. Ostap heard them talking about how they needed an artist. They were arguing about whether or not they had to hire an artist.
4. When Ostap heard that the manager needed an artist, he decided to say that he was an artist. After the manager spoke to Ostap for a few minutes, he decided to hire him.
5. Half an hour later, Ostap had almost all he wanted: a key and an apartment. He hoped that soon he would have money too.
6. Ostap didn't know how to draw, but he knew he would have to draw something. He asked Ippolit Matveevich if he knew how to draw.
7. At night the partners walked up to the upper deck, opened up the chair and found a flat wooden box. Nobody saw them. Nobody saw them throw the chair overboard.
8. When the manager saw the poster they had painted, he ordered them to pack up their things. They had to pack up their things and leave.

(Review the Dialogs)
9. Why was Arsenii dissatisfied? He was dissatisfied with Tanya's watching him. Tanya was watching him push his way to the top.
10. The manager told Mechnikov to pack up his things and get a pass. Mechnikov said he wasn't supposed to run because he had a bad heart.

ДИК И ДЖЕ́ЙН

(продолже́ние исто́рии об а́вторе «Гаврилиа́ды» и о ещё одно́м сту́ле)

Ля́пис отпра́вился в журна́л «Бу́дни морзи́ста». Там его́ встре́тили гостеприи́мно:

— Хорошо́, что вы пришли́. Нам как раз нужны́ стихи́. То́лько — быт, быт, быт. Никако́й ли́рики.

— Вчера́ я как раз заду́мался над бы́том почто́вых рабо́тников, — сказа́л Ля́пис. — И у меня́ вы́лилась така́я поэ́ма. Называ́ется «После́днее письмо́». Вот...

«Служи́л Гаври́ла почтальо́ном,
Гаври́ла по́чту разноси́л...»

В конце́ стихотворе́ния письмоно́сец Гаври́ла, сражённый пу́лей фаши́ста, всё же доставля́л письмо́ по а́дресу.

— Где́ же происходи́ло де́ло? — спроси́ли Ля́писа.

Вопро́с был зако́нный. В СССР нет фаши́стов, за грани́цей нет Гаври́л, чле́нов сою́за рабо́тников свя́зи.

— В чём де́ло? — сказа́л Ля́пис. — Де́ло происхо́дит, коне́чно, у нас, а фаши́ст переоде́тый.

— Зна́ете, напиши́те лу́чше нам о радиоста́нции.

Погрустне́вший Ники́фор пошёл да́льше. В журна́л «Кооперати́вная фле́йта» Гаври́ла был сдан под назва́нием «Эо́лова фле́йта»:

«Служи́л Гаври́ла за прила́вком,
Гаври́ла фле́йтой торгова́л...»

Печа́льно бы́ло то, что де́нег Ля́пису нигде́ не да́ли. Одни́ обеща́ли дать во вто́рник, други́е — в четве́рг и́ли пя́тницу — че́рез две неде́ли. Пришло́сь идти́ занима́ть де́ньги к врага́м — туда́, где Ля́писа никогда́ не печа́тали. Ля́пис спусти́лся с пя́того этажа́ на второ́й и вошёл в реда́кцию «Станка́». На его́ несча́стье он сра́зу столкну́лся с работя́гой репортёром.

— А! — воскли́кнул репортёр — Ля́псус! Ну, как торгова́ли?

— Написа́л замеча́тельные стихи́!

— Про Гаври́лу? Что́-нибудь крестья́нское? «Паха́л Гаври́ла спозара́нку, Гаври́ла плуг свой обожа́л»?

— Слу́шайте, — сказа́л Ники́фор, — да́йте мне три рубля́. Мне «Гера́сим и Муму́» до́лжен ку́чу де́нег.

— Почему́ вы халту́рите, Ля́пис? Отве́тьте!

— Мне нужны́ де́ньги.

— Но у вас же их никогда́ нет.

— Я купи́л ме́бель и вы́шел из бюдже́та.

— И мно́го вы купи́ли ме́бели? Вам за ва́шу халту́ру пла́тят сто́лько, ско́лько она́ сто́ит, — грош!

— Хоро́ш грош! Я тако́й стул купи́л на аукцио́не... Из дворца́. Но меня́ пости́гло несча́стье. Вчера́ я верну́лся ночью домой — окно открыто. Я сразу почувствовал, что что-то случилось.

— Ай-ай-ай! — сказал репортёр. — Я чувствую, что у вас украли ваш лучший шедевр «Гаврила дворником служил, Гаврила в дворники нанялся».

— Дайте мне договорить. Удивительное хулиганство! Ко мне в комнату залезли какие-то негодяи и разрезали весь стул. Может быть, займёте пятёрку на ремонт?

— Для ремонта сочините нового Гаврилу. Я вам даже начало могу сказать. Сейчас... Вот: «Гаврила стул купил на рынке, был у Гаврилы стул плохой». Скорее запишите. Это можно с прибылью продать в «Голос комода»... Эх вы, халтурщик!..

— Забирай своего Ляпсуса. Такой же жулик, как и все остальные.
— Нет, я не согласен. Не все жулики одинаковы. Есть жулики талантливые, а есть бездарные.
— Этот бездарный. Забирай. А будут ещё талантливые жулики?
— Талантливые тебе больше нравятся?
— Мне интересно, какую комбинацию Остап придумал для Васюков.
— Скоро узнаешь.

ROOTS (B)

1. **ДОЛГ-** (→долг-, долж-, далж-) debt, duty, obligation

   долг debt; duty
   одолжить/одалживать lend, loan
   государственный долг national debt
   дать/взять в долг borrow/lend

2. **ДОЛ-** (→дол-, долг-, долж-, дл- дал-) long (in time or space); valley

   долгий long (in time)
   долгожданный long-awaited
   длинный long (in space)
   длинноволосый long-haired
   далёкий distant, far
   дальновидный far-sighted, farseeing
   удалить(ся)/удалять(ся) remove, withdraw
   вдоль along, lengthwise
   дольше longer
   продолжать(ся) continue
   длиннее longer
   длина length
   дальше further
   вдали a long way off
   отдалённый remote, distant
   долина valley

Урок 14: Межпланетный шахматный конгресс

С утра по Васюка́м ходил высокий, худой старик в золотом пенсне и в коротких, очень грязных, испачканных[1] красками сапогах. Он накле́ивал на стены рукописные объявле́ния:

> 27 июня 1927 года в клубе «Картонажник»[2] состоится лекция на тему «Плодотворная дебютная идея»[3] и сеанс одновременной игры в шахматы на 160-ти доска́х[4] гроссмейстера О. Бендера.
> Плата за игру — 50 коп.
> Плата за вход — 20 коп.
> Начало ровно в 6 час. вечера.

Сам гроссмейстер в это время явился в местную шахматную секцию.[5] Там сидел одногла́зый человек и читал роман.

— Гроссмейстер О. Бендер! — заявил Остап, присаживаясь[6] на стол.

Единственный глаз васюкинского шахматиста широко раскрылся.

— Одну минуточку, товарищ гроссмейстер! — крикнул одноглазый. — Прися́дьте, пожалуйста. Я сейчас.[7]

Он убежал и вернулся с дюжиной граждан разного возраста.[8] Все они по очереди подходили знакомиться, называли фамилии[9] и почти́тельно жали руку гроссмейстеру. Все это были[10] члены шахсекции.[5]

Остапа понесло.[11]

— Почему в провинции нет никакой игры мысли?[12] — говорил он. — Например, ваша шахматная секция. Так она и называется: шахсекция. Скучно, девушки![13] Назвали бы,[14] например, вашу секцию «Шахматный клуб четырех коне́й»! Хорошо было бы! Зву́чно!

Идея имела успех.

— И в самом деле, — сказали васюкинцы, — почему бы не[15] переименовать нашу секцию в «Клуб четырех коней»?

Так как бюро шахсекции[5] было тут, Остап организовал минутное заседание, на котором шахсекцию переименовали в «Шахклуб четырех коней».

TEXT COMMENTS (1)

1. **DEVERBAL FORMS**

   испа́чканный (испа́чкать – past passive ptcpl.)   stained

   обеспе́ченный (обеспе́чить – past passive ptcpl.)   guaranteed

2. «Картона́жник» "worker at a cardboard factory."

3. «Плодотво́рная дебю́тная иде́я» "A fruitful idea for an opening move."

   The title of Ostap's talk is a perfectly respectable one for a chess club, but it is also appropriate as a description of his own confidence game. Again, there's a ring of parody to it.

4. на 160-ти доска́х He is going to give a show consisting of a simultaneous chess game on 160 boards, i.e., against 160 opponents.

5. ша́хматная се́кция *Lit.*, 'chess section,' is best translated as 'club.'

   Later on, the term is abbreviated as шахсе́кция. The club is governed by an elected committee, the бюро́ шахсе́кции.

6. приса́живаясь на стол (present adverb of приса́живаться) 'perching on the [edge of the] table.'

7. Прися́дьте, пожа́луйста. Я сейча́с. 'Have a seat, please. I'll [be back] right away.'

   Прися́дьте! is the imperative of присе́сть, Perfective partner of приса́живаться.

8. ра́зного во́зраста 'of various ages.' (English requires a plural here.)

9. называ́ли фами́лии 'said (announced) their last names.'

10. Всё э́то бы́ли чле́ны... The verb *be* in Russian has to agree with the following plural noun, not with э́то: 'These were all members of the chess club.'

11. Оста́па понесло́.

    This is another impersonal expression like Ипполи́та Матве́евича трясло́ and Лу́жи затяну́ло льдо́м. The meaning here is that Ostap began to be carried away [by his inspiration, his imagination, his hunger].

12. игра́ мы́сли 'imagination, creative thinking' (*Lit.*, the play of thought).

13. де́вушки is normally used only to refer to young women; Ostap is being jocular.

14. Назва́ли бы 'You should call [it]...'

    Recall the phrase in Lesson 11: Е́хали бы себе́ домо́й 'If only you'd go home' (= you *should* go home).

15. почему́ бы не переименова́ть... 'Why not rename ...?'

    When the phrase почему́ не is used to make a suggestion, бы often occurs with it. If you really want to know the reason *why not* you don't use бы, e.g., Почему́ вы не переимену́ете 'Why won't you rename...?'

TEXT GLOSSARY (1)

зву́чно sonorous, impressive
конь horse, steed; knight (*chess*)
накле́ивать glue on, put up

объявле́ние announcement, advertisement
одногла́зый one-eyed
почти́тельно with respect, deferentially

— Шахматы! — говорил Остап. — Знаете ли вы, что такое шахматы? Они двигают вперед не только культуру, но и экономику! Знаете ли вы, что ваш «Шахклуб четырех коней» может совершенно переменить город Васюки?

Остап со вчерашнего дня[17] еще ничего не ел. Поэтому красноречие его было необыкновенно.[18]

— Да! — кричал он. — Шахматы обогащают страну! Что вы раньше слышали о городе Земмеринге? Ничего! А теперь этот городишко[19] богат и знаменит только потому, что там был организован международный турнир. Поэтому я говорю: в Васюках надо устроить международный шахматный турнир.

— Как?[20] — закричали все.

— Вполне реальная вещь, — ответил гроссмейстер. — Мои личные связи — вот все необходимое и достаточное[21] для организации международного васюкинского турнира. Подумайте, как красиво будет звучать: «Международный васюкинский турнир 1927-го года». Приезд Хозе-Рауля Капабланки, Эммануила Ласкера, Алёхина, Нимцовича и доктора Григорьева обеспечен.[16]

— Но деньги! — застонали васюкинцы. — Им же всем нужно деньги платить!

— Это чрезвычайно просто. На турнир с участием таких великих людей съедутся любители шахмат всего мира. Сотни[22] тысяч богатых людей будут стремиться в Васюки. Придется построить железную дорогу[23] Москва — Васюки. Это — раз. Два — это гостиницы и небоскрёбы для гостей. Три — аэропорт «Большие Васюки» — регулярное отправление самолетов и дирижаблей во все концы света, включая[16] Лос-Анжелес и Мельбурн. Четыре — для передачи всему миру сенсационных результатов турнира придется построить сверхмощную радио-станцию. Мой проект гарантирует вашему городу неслыханный расцвет. Подумайте, что[24] будет, когда турнир окончится и когда уедут все гости. Жители Москвы бросятся в ваш великолепный город. Столица автоматически переходит[25] в Васюки. Сюда переезжает правительство. Васюки переименовываются в Нью-Москву, Москва — в Старые Васюки. Нью-Москва становится элегантнейшим центром Европы, а скоро и всего мира.

— Всего мира!!! — застонали оглушенные васюкинцы.

— Да! А потом и вселенной.[26] Шахматная мысль[27] найдет способы межпланетного сообщения. Из Васюков полетят сигналы на Марс, Юпитер и Нептун. Сообщение с Венерой сделается таким же легким, как переезд из Рыбинска в Ярославль. И может быть лет через восемь[28] в Васюках состоится первый в истории межпланетный шахматный конгресс!

TEXT COMMENTS (2)

16. DEVERBAL FORMS

| включа́я (включа́ть – present adverb) | including |
| обеспе́ченный (обеспе́чить – past passive ptcpl.) | guaranteed |

17. со вчера́шнего дня 'since yesterday.'

18. необыкнове́нно (neuter short adjective) 'unusual, exceptional.'

19. городи́шко 'hick town.'

The suffix -ишк- is added to masculine nouns and it lends a pejorative connotation to the noun, here referring to a small provincial town.

20. Как? 'How?'

This is an expression of surprise and amazement, but at the same time it asks 'How [do you go about organizing]?'

21. всё необходи́мое и доста́точное 'everything necessary and sufficient.'

This is a technical expression in mathematics and logic — another Benderism.

22. Со́тни ты́сяч Note the Plural of со́тня: 'hundreds of thousands.'

23. желе́зная доро́га 'railroad' (cf. French *chemin de fer*, *Lit.*, iron road; желе́зо 'iron').

24. что́ is stressed here to indicate the meaning 'what.' 'Just think what will happen (*Lit.*, what will be).'

25. перехо́дит

From this point on to the end of the paragraph all the verbs are Imperfective (present), not Perfective (future), even though they refer to the future. Ostap, to paint the most vivid picture possible, has started using present tense forms like a sports announcer: 'the capital is being transferred ... the govenrment is moving ...' The following paragraph returns to Perfectives (future).

26. вселе́нной is the Genitive of вселе́нная 'universe,' an adjective in form, but used only as a noun.

27. Ша́хматная мысль 'chess thought.'

This is a new way of thinking, invented by Ostap, that will enable man to progress to ever greater achievements.

28. лет через во́семь

Recall that the inversion of noun and numeral renders the meaning 'about, approximately: in *about* eight years.' Similarly, later in this text, рубле́й три́дцать '*about* thirty rubles.'

TEXT GLOSSARY (2)

бро́ситься rush
великоле́пный splendid, magnificient
вполне́ fully, completely
дви́гать move
застона́ть start to moan
красноре́чие eloquence
ли́чный personal
небоскрёб skyscraper
неслы́ханный unheard-of
обогаща́ть enrich
отправле́ние departure
перее́зд crossing, going over
переимено́вываться be renamed

перемени́ть alter, change
расцве́т flourishing, flowering
сверхмо́щный high-powered
свет world
связь connection
сообще́ние communication, transportation
спо́соб means, method
столи́ца capital
стреми́ться rush, stream
съе́хаться assemble, gather
уча́стие participation
чрезвыча́йно extraordinarily, extremely

Остап вытер свой благородный лоб. Ему так хотелось есть, что он охотно съел бы зажаренного[29] шахматного коня.

— Да-а, — сказал одноглазый, обводя[29] комнату сумасшедшим взглядом. — Но как же практически это сделать?

— Всю организацию я беру на себя. Материальных затрат никаких, если не считать расходов на телеграммы.

Одноглазый смотрел на своих шахматистов.

— Ну! — спрашивал он. — Что вы скажете?

— Устроим! Устроим![30]

— Сколько же нужно денег на... это... телеграммы?

— Смешная цифра,[31] — сказал Остап. — Сто рублей.

— У нас в кассе только двадцать один рубль шестнадцать копеек. Этого, конечно, мы понимаем, далеко не достаточно...

Но гроссмейстер оказался покладистым организатором.

— Ладно, — сказал он. — Давайте ваши двадцать рублей.

Спрятав[29] деньги в зеленый пиджак, гроссмейстер напомнил всем о своей лекции и сеансе одновременной игры и отправился в клуб «Картонажник» на свидание с Ипполитом Матвеевичем.

Воробьянинов сидел в кассе клуба, но не собрал еще ни одной копейки и не мог купить даже фунта[32] хлеба.

— Ни одного билета не продал, — сообщил он Остапу.

— Не беда. К вечеру прибегут. Город мне уже пожертвовал двадцать рублей на организацию международного шахматного турнира.

— Тогда зачем нам сеанс одновременной игры? Ведь побить[33] могут. А с двадцатью рублями мы сейчас же можем сесть на пароход.

— Идем[30] обедать, — сказал Остап. — Вам нельзя разговаривать на голодный желудок.[34] Это отрицательно влияет на мозг.[35] За двадцать рублей мы, может быть, и сядем[36] на пароход... А питаться на какие деньги? За лекцию и сеанс можно получить с васюкинцев рублей тридцать.[28]

— Побьют! — горько сказал Воробьянинов.

TEXT COMMENTS (3)

29. DEVERBAL FORMS

    зажа́ренный (зажа́рить – past passive ptcpl.)   roasted
    обводя́ (обводи́ть – present adverb)   scanning [the room with a crazy look]
    спря́тав (спря́тать – past adverb)   having hidden

30. Устро́им! The first person plural form can mean 'Let's! (Let's arrange [it]!)'
    Similarly, later in this text, Идём 'Let's go.'

31. Смешна́я ци́фра 'a laughable (laughably insignificant) sum.'

32. фунт 'pound' (both in the sense of *weight* and of *monetary unit*).
    In today's Russia everything is metric.

33. Ведь поби́ть мо́гут 'Because they could beat us up.'
    The particle ведь is never stressed. It can also be translated as 'you know.'

34. на голо́дный желу́док 'on an empty (*Lit.*, hungry) stomach.'

35. Э́то отрица́тельно влия́ет на мо́зг. 'That has a negative influence on the brain (*Lit.*, influences the brain negatively).'

36. и ся́дем The Perfective aspect here is best rendered by 'can, could.'
    Ostap is saying that even though 20 rubles is enough to buy a boat ticket, it would not be enough to feed themselves on: 'perhaps indeed we could board the boat...' Note the use of и to emphasize the following verb.

TEXT GLOSSARY (3)

благоро́дный noble   лоб brow, forehead
вы́тереть wipe off   напо́мнить remind
го́рько bitterly   поже́ртвовать donate
затра́та expense, outlay   покла́дистый obliging
конь horse, steed; knight (*chess*)   расхо́д expense, cost

Упражне́ния к те́ксту

1. *Отве́тьте на вопро́сы о содержа́нии те́кста, как в образца́х.*

Образе́ц А:
— Послу́шай, Дэн, ты не по́мнишь, как Оста́п предложи́л назва́ть ша́хматную се́кцию?
— Нет, не по́мню. Ка́жется, «Ша́хматный конь». Но я, мо́жет быть, ошиба́юсь.
Или: — Коне́чно по́мню. Он предложи́л назва́ть её «Клуб четырёх коне́й».

Образе́ц Б:
— Ди́ма, вспо́мни, пожа́луйста, о чём Оста́п говори́л с шахмати́стами? О свое́й ле́кции и́ли о междунаро́дном турни́ре?
— Я не по́мню. Я не о́чень внима́тельно чита́л э́ту главу́. Спроси́ кого́-нибудь друго́го.

Образе́ц В:
— Зна́ешь, Ма́ша, я так и не по́нял, *кто* ходи́л по Васюка́м в гря́зных сапога́х. А ты поняла́?
— Коне́чно. *Воробья́нинов* ходи́л по Васюка́м в гря́зных сапога́х.
Или: — Нет, я то́же не поняла́. Дава́й спро́сим у Джин. Джин, ты поняла́, *кто* ходи́л по Васюка́м в гря́зных сапога́х?

Вопро́сы мо́гут относи́ться к любо́й фра́зе те́кста. Вот ещё оди́н приме́р:
— Зна́ешь, Па́вел, я так и не по́нял, *кто* накле́ивал на сте́ны объявле́ния. А ты по́нял?
И́ли: — ... *что* Воробья́нинов накле́ивал на сте́ны...
И́ли: — ... *каки́е объявле́ния* он накле́ивал на сте́ны...

2. *Прочита́йте переска́з те́кста и соста́вьте к нему́ вопро́сы, кото́рые вы на заня́тии бу́дете задава́ть това́рищам.*

Яви́вшись в шахсе́кцию, Оста́п заяви́л, что он — гроссме́йстер.
Услы́шав, что перед ним гроссме́йстер, одногла́зый шахмати́ст убежа́л.
Верну́вшись, одногла́зый привёл с собо́й дю́жину чле́нов шахсе́кции.
Говоря́ о ша́хматах, Оста́п был о́чень го́лоден, и поэ́тому он говори́л о́чень красноречи́во.
Оста́п сказа́л васюки́нцам, что для организа́ции междунаро́дного турни́ра необходи́ма то́лько одна́ вещь — его́ ли́чные свя́зи.
По слова́м Оста́па, в Васюки́ съе́дутся со́тни ты́сяч бога́тых люде́й, включа́я иностра́нцев и жи́телей Москвы́.
Оста́п обеща́л васюки́нцам, что сове́тское прави́тельство переедет в Васюки́, и Васюки́ ста́нут столи́цей СССР и элега́нтнейшим це́нтром Евро́пы.
Всю организа́цию турни́ра Оста́п взял на себя́, попроси́в у васюки́нских шахмати́стов то́лько сто рубле́й на телегра́ммы.
Взяв два́дцать рубле́й и спря́тав их в карма́н пиджака́, вели́кий комбина́тор отпра́вился к Ипполи́ту Матве́евичу.
Си́дя в ка́ссе клу́ба, Воробья́нинов скуча́л: он не про́дал ещё ни одного́ биле́та и не мог купи́ть да́же фу́нта хле́ба.

3. а) *Приду́майте и разыгра́йте разгово́р, кото́рый состоя́лся ме́жду люби́телями ша́хмат из Васюко́в по́сле того́ как Оста́п ушёл обе́дать с Воробья́ниновым. Вот возмо́жный сцена́рий:*

Шахмати́сты выбира́ют организацио́нный комите́т. Э́тот комите́т бу́дет занима́ться подгото́вкой междунаро́дного ша́хматного турни́ра. Гроссме́йстер Бе́ндер бу́дет председа́телем комите́та. Одногла́зый бу́дет его́ замести́телем. Чле́ны комите́та деля́т обя́занности: кто́-то бу́дет отвеча́ть за тра́нспорт, кто́-то — за гости́ницы, кто́-то за проду́кты для госте́й. Реши́в все подо́бные пробле́мы, они́ расхо́дятся по дома́м, напомина́я друг дру́гу о ле́кции Оста́па и о сеа́нсе одновре́менной игры́.

Испо́льзуйте сле́дующие слова́ и выраже́ния:

организова́ть турни́р
вы́брать организацио́нный комите́т
вы́брать председа́теля, секретаря́, замести́теля
вы́брать Оста́па председа́телем
вы́брать одногла́зого секретарём
раздели́ть обя́занности
Кто что бу́дет де́лать?
заве́довать гости́ницами, рестора́нами...
отвеча́ть за желе́зные доро́ги, телегра́ммы гроссме́йстерам...
по́чта, телегра́ф, аэропо́рт, радиоста́нция, газе́ты, журнали́сты...
отпра́вить/отправля́ть телегра́ммы
не забу́дьте, что...
сеа́нс одновре́менной игры́

3. б) *Придумайте какое-нибудь событие, например:*

> шáхматный турнúр
> лéкция на тéму «Кáк быстро разбогатéть»
> хоккéйный/футбóльный мáтч
> заседáние семинáра по межпланéтным радиосигнáлам
> собрáние рýсского клýба
> спектáкль теáтра «Колýмб»

Начнúте такóй разговóр об этом событии:

— Вáся, ты вúдел объявлéние в коридóре?
— Объявлéние? Какóе объявлéние?
— Объявлéние о шáхматном турнúре.

После этого бýдьте готóвы отвéтить на вопрóсы других студéнтов об этом событии, напримéр:

— Ктó игрáет в турнúре?
— Ктó читáет лéкцию?
— Гдé бýдет семинáр?
— О чём/На какýю тéму бýдет собрáние?
— Когдá начинáется/кончáется спектáкль?

DIALOGS

Диалóг 1: Áлик и Зóя
— Чтó это¹ у тебя рýки клéем испáчканы? И брюки тóже всё в клею.²
— Я на рабóту нáнялся³ — объявлéния расклéивать.
— Какúе объявлéния? Гдé ты их клéишь?
— По всемý гóроду. Какúе объявлéния? Рáзные.⁴ Насчёт всяких⁴ лéкций, мáтчей, турнúров, заседáний. Я их ужé и читáть перестáл.

Диалóг 2: Ирúна и Кэйси
— За эти пять лéт ваш гóрод совершéнно переменúлся, Кэйси.
— Дá, он стáл богáче пóсле тогó, как здесь были зúмние Олимпúйские úгры.
— Нáдо бы⁵ и у нас устрóить чтó-нибудь такóе же.
— Организýйте какúе-нибудь международные соревновáния.

Диалóг 3: Григóрьев и Алексéй Давúдович
— К нáм лéтом приезжáют отдыхáть сóтни тысяч людéй. И всéх нýжно кормúть!
— Но это óчень прóсто: пострóйте желéзную дорóгу, хорóшее шоссé, аэропóрт. И возúте продýкты для вáших отдыхáющих.⁶
— Не понимáете вы⁷ меня, Алексéй Давúдович! Я этих отдыхáющих ненавúжу! Включáя и инострáнцев.
— Á! Ну тогдá устрóйтесь³ на рабóту кудá-нибудь на сéвер. Тáм отдыхáющих не бýдет.

DIALOG COMMENTS

1. **Что́ э́то = Почему́**

   | Что́ э́то он пришёл та́к по́здно? | Why did he come so late? |

2. **в клею́** This is the Locative case (always stressed on the ending) of клей.

3. **Я́ на рабо́ту наня́лся ...** 'I got a job [putting up signs, *Lit.*, pasting]'
   Listed below are some expressions having to do with *seeking, getting,* and *losing* a job. The activity you perform on the job can be expressed by an infinitive (объявле́ния *раскле́ивать*) or by a finite form (*раскле́иваю*). In the first example below, note that the verb поступи́ть implies motion, and therefore is used with в + Accusative (в магази́н). Use иска́ть ищу́ и́щут to express 'look for.'

Я́ поступи́л на рабо́ту в магази́н — продаю́ игру́шки.	I got a job (started working) selling toys in a store.
Я́ нашёл рабо́ту в университе́те — газе́ты разноси́ть.	I found work at the university delivering newspapers.
Меня́ не взя́ли на рабо́ту, переводи́ть с ру́сского на англи́йский, и я́ тепе́рь ищу́ рабо́ту попро́ще.	I didn't get the job translating from Russian to English and now I'm looking for a simpler job.
Меня́ уво́лили с рабо́ты, и тепе́рь мне́ никуда́ не устро́иться.	I got fired and now I can't get a job anywhere.

4. **ра́зные... вся́кие** 'all kinds [of signs].'
   Dictionaries give 'various' as the translation of ра́зный, but the word *various* in English is not typically used in casual, conversational style; 'all sorts of, all kinds of' is often a better translation. Вся́кие is also used colloquially in exactly the same meaning.

   | Че́м он занима́ется? — Покупа́ет в деревня́х ра́зные/вся́кие ве́щи, а пото́м продаёт их в го́роде. | What does he do? — He buys all kinds of things (various things) in the villages and then sells them in the city. |

5. **На́до бы** 'It would be nice/It would be a good thing [for us to set up something like that too]'
   The word бы in this sentence conveys the meaning of *suggestion*. This is somewhat analogous to the phrase почему́ бы не ... ? 'Why not ... ?' You can use На́до бы as well as Хорошо́ бы to express 'It would be good [to do so-and-so].' Note that to express *would* in this case you don't need to use бы́ло. However, if you do use бы́ло the phrase may mean either *would be* or *would have been*.

На́до бы но́вый слова́рь купи́ть, но де́нег не́т.	It would be a good thing to buy a new dictionary, but I don't have any money.
Хорошо́ бы прочита́ть «Войну́ и ми́р»	It would be nice to read *War and Peace*.
Бы́ло бы хорошо́, е́сли бы он прочита́л «Войну́ и ми́р» — но ведь он э́того не сде́лал.	It would have been nice if he had read *War and Peace* but he didn't.
Бы́ло бы хорошо́ пое́хать в Кры́м.	It would be (would have been) nice to go to the Crimea.

6. **для ва́ших отдыха́ющих** 'for your vacationers'
   The form отдыха́ющий is a present active participle from отдыха́ть 'rest, relax.' Here are some other participial forms used as nouns:

учащийся (учиться)	schoolchild, student (one who studies)
Трудящиеся всех стран, соединяйтесь! (трудиться)	Workers of the world, unite! (those who work)
вагон для курящих (курить)	smoking car (car for those who smoke)

7. Не понимаете вы меня

In relaxed, informal style it is usual to avoid putting the subject at the beginning of a sentence. Under more formal circumstances the speaker would say Вы меня не понимаете.

Упражнения к диалогам

4. *Расскажите о том, как вы искали, нашли или потеряли работу. Используйте слова и выражения из диалога 1 и из комментариев к нему. Вам могут пригодиться и такие фразы:*

> Я всегда читаю объявления в газетах в отделе «Приглашаем на работу».
> Вам нужны люди на лето? Вам не нужна машинистка? Я хорошо пишу/печатаю на машинке.
> Здесь не берут на работу студентов.
> Библиотеке на лето требуются работники на полдня.
> Первая зарплата выдаётся через две недели.
> Меня взяли на место дворника, но на самом деле им нужен не дворник, а водопроводчик, чтобы ремонтировать краны и туалеты.
> Боюсь, что меня уволят/выгонят, когда узнают, что я не умею рисовать.
> Сколько ты тут зарабатываешь/получаешь?

Разыграйте такую сцену:

> Вы прочитали объявление в газете и пришли наниматься на работу. О чём вы спросите заведующего отделом кадров? Если вы играете роль заведующего, о чём вы спросите студента, который пришёл к вам?

5. *Подготовьте сообщение о каких-нибудь приятных переменах в такой форме:*

> — Я стала меньше есть после того, как начала бегать.
> — Я стал лучше выглядеть с тех пор как перестал пить пиво.
> — Мне стало интереснее учиться после того, как я переехала в общежитие.
> — У нас в доме стало теплее после того, как мы купили электрическую печку.
> — Я стала больше нервничать, потому что бросила курить.

Когда к вам обратятся с такой новостью, ответьте как отвечает Ирина в диалоге 2:
> — Надо бы и мне начать бегать.
> — Надо бы и мне переехать в общежитие.
> — Надо бы и нам купить электрическую печку.

6. *Когда ваши товарищи разыграют диалог 3, задайте вопросы «Григорьеву» и «Алексею Давидовичу», например:*

> — Товарищ Григорьев! На что вы жалуетесь?
> — Алексей Давидович! Что вы предлагаете?

Придумайте, что вы могли бы посоветовать им.

Вы тоже можете пожаловаться на что-нибудь, а в ответ на жалобу другого студента предложить что-нибудь.

Лексико-граммати́ческие упражне́ния

7. а) *Вы́учите и́ли повтори́те видовы́е па́ры глаго́лов движе́ния (Grammar 21).*

Соверше́нный ви́д		Несоверше́нный ви́д
вы́йти	walk out	выходи́ть
уйти́	leave	уходи́ть
прийти́	come	приходи́ть
прие́хать	arrive	приезжа́ть
уе́хать	leave	уезжа́ть
прое́хать	go by	проезжа́ть
уплы́ть	sail away	уплыва́ть
переплы́ть	swim or sail across	переплыва́ть
унести́	carry away	уноси́ть
принести́	bring (walking)	приноси́ть
увести́	take away (walking)	уводи́ть
привести́	bring (walking)	приводи́ть
зале́зть	climb up or into	залеза́ть
сле́зть	climb down or off	слеза́ть

б) *Повтори́те видовы́е па́ры:*

просну́ться	wake up	просыпа́ться
вста́ть	get up	встава́ть
оде́ться	get dressed	одева́ться
сесть	sit down	сади́ться
нача́ть	begin	начина́ть
ко́нчить	end	конча́ть
верну́ться	return	возвраща́ться
включи́ть	turn on	включа́ть
вы́ключить	turn off	выключа́ть
разде́ться	get undressed	раздева́ться
приня́ть	take, receive	принима́ть
лечь	lie down	ложи́ться
засну́ть	fall asleep	засыпа́ть
вы́нуть	take out	вынима́ть
положи́ть	put	класть
запере́ть	lock	запира́ть

8. *Отве́тьте преподава́телю, как в образца́х. Стара́йтесь говори́ть пра́вду:*
Образе́ц:

Преподава́тель: — Когда́ вы вчера́ на́чали за́втракать, То́ни?
То́ни: — Я вчера́ на́чал за́втракать в 8 часо́в. Я всегда́ начина́ю в 8 часо́в.
И́ли: — ... Но обы́чно я начина́ю за́втракать в 7 часо́в.

просну́лись	на́чали рабо́тать	включи́ли телеви́зор
вста́ли	ко́нчили рабо́тать	вы́ключили телеви́зор
оде́лись	уе́хали из университе́та	разде́лись
се́ли за́втракать	верну́лись домо́й	приня́ли душ
вы́шли из до́ма	се́ли обе́дать	легли́ спать
прие́хали в университе́т	вста́ли из-за стола́	засну́ли

9. *Ответьте преподавателю, как в образце.*
Образец:

Преподаватель: — Катя! Джон опять куда-то ушёл/уехал.
Катя: — Он каждый день/вечер/неделю/год куда-то уходит/уезжает.

ушёл в пивную	увёл детей из дома
пришёл поздно	привёл домой своих пьяных друзей
уехал на курорт	принёс домой много фруктов
приехал поздно ночью	залез в подвал
проехал мимо нашего дома	залез на дерево
уплыл на своей яхте во Флориду	вынул всё из холодильника
переплыл на другой берег	положил фрукты в холодильник
унёс домой чужие бумаги	запер холодильник на ключ

10. *Переведите на русский язык, употребляя действительные причастия прошедшего времени (past active participles, Grammar 22.2). Ставьте причастие перед тем словом, к которому оно относится, как в образце. Переводя английские страдательные (passive) предложения, употребляйте третье лицо множественного лица, как в образце.*

The girls, who had finished their work, were allowed to go out.
Закончившим работу девочкам разрешили пойти погулять.

The girls, who had woken up, were given clean clothes.
          gotten up early, were given a glass of milk.
          gotten dressed, were invited to sit at the table.
          sat at the table, were given hot milk.
          already begun to eat, were given another glass of milk.
          finished breakfast, were invited into the garden.
          walked out into the garden, saw a big tree.
          climbed up the tree, were ordered to climb down.
          climbed down the tree, walked into the house.
          walked into the house, turned on the TV.
          turned on the TV, climbed up onto the sofa.
          climbed up onto the sofa, soon fell asleep.

11. *Перевод:* **Using participles.**
Recall: participles are adjectives and therefore agree with their nouns in number, gender, and case:

Я увидел	мальчика, читающего книгу.	I saw	a boy (who was) reading a book.
	девочку, читающую книгу.		a girl (who was) reading a book.
	детей, читающих книги.		children (who were) reading books.
Я говорил	с мальчиком, читающим книгу.	I spoke to	the boy (who was) reading a book
	с девочкой, читающей книгу.		the girl (who was) reading a book.
	с детьми, читающими книги.		the children (who were) reading books.

A participle can stand alone (*плачущий; читающая*) or be part of a phrase (*громко плачущий; читающая книгу*).
Both in English and in Russian a participle standing alone is placed before its noun:

Родители увели плачущего ребёнка домой.   The parents took the crying child home.

In Russian you can also place a whole *participle phrase* before its noun, provided the phrase is not too long:

Я подошёл к читающей книгу девочке.	I walked over to the girl who was reading a book.
Убежавшего из лагеря мальчика нашли через неделю.	The boy who had run away from the camp was found a week later.

Sentence 1.   *was wearing* — был в + предложный падеж.
Sentence 4.   *hold a tournament* — устроить турнир.

(Review the Text and translate using active participles where appropriate.)
1. The old man who had put (pasted) up announcements was wearing dirty boots and a pince-nez.
2. The chessplayer who was reading a novel talked to Ostap. Ostap talked to the chessplayer who was reading a novel.
3. The chessplayer who was reading a novel had only one eye.
4. Ostap told the chessplayers that they should rename the chess club and hold an international tournament.
5. Ostap said that before they held the tournament, they would have to build a railroad, a hotel, and a skyscraper.
6. The Vasyukians who were listening to Ostap believed what he was saying. They believed that Vasyki would become the capital of the Soviet Union, of the entire world, of the entire universe.
7. Ippolit Matveevich, who had been sitting in the box office of the club all morning, hadn't sold a single ticket. He didn't have a kopeck, and couldn't buy even a pound of bread.
8. "We'll get beaten up!" said Ippolit Matveevich. He was afraid that they would get beaten up.

(Review the Dialogs)
9. 'I got a job: I'm putting up announcements all over the city.' 'Good, I was hoping they would hire you.'
10. 'Let's hold a competition.' 'I hate competitions.'

ДИК И ДЖЕЙН
(около кабинета профессора Н.)

— Джейн! Что ты тут делаешь?

— Жду, пока мой руководитель освободится. Хочу с ним поговорить о том, на какие курсы мне записываться на следующий семестр.

— Разве уже началась предварительная регистрация?

— Начнётся на будущей неделе. Что у тебя нового?

— Ничего интересного. Устал. А у тебя что?

— Всё надоело. Заниматься ничем не хочется. Даже «Двенадцать стульев» уже не смешны. Читаешь про одних уродов.

— А я думал, тебе нравится великий комбинатор.

— Может быть. Но Воробьянинов — зануда. Дворник Тихон — идиот. Репортёр Персицкий — хам. Инженер Щукин — неврастеник. Мадам Грицацуева — тупица. Колина жена Лиза — дурочка какая-то. Эллочка — мещанка и умственно отсталая. Ни одной симпатичной женщины во всей книге! Даже священник — кретин и подозрительная личность.

— Священник и не может быть другим в советской книге.

— Но я думала, что в советской литературе всегда есть положительный герой. А здесь — ни одного!

— «Двенадцать стульев» — не типичный пример советской литературы. Всё-таки это не социалистический реализм.

— А что стало с этим священником? Он что-то давно не появлялся.

— Он и в полном романе редко появляется на сцене. Он чаще письма пишет. Вот его следующее письмо:

Второе письмо отца Фёдора в город Н.

Милая моя Катя!

Новое огорчение — но об этом после. Деньги получил, за что тебя сердечно благодарю. По приезде в Ростов, сейчас же побежал по адресу Брунса. Но оказалось, что переехал он в Баку. Не так кратко моё путешествие, как мы думали.

Дороговизна в Ростове ужасная. За номер в гостинице уплатил 2 р. 25 к. До Баку денег хватит. Оттуда, в случае удачи, телеграфирую.

Не приехал ли назад Воробьянинов?

Да! Совсем было забыл рассказать тебе про страшный случай, происшедший со мной сегодня.

Любуясь тихим Доном, стоял я у моста и мечтал о нашем будущем богатстве. Тут поднялся ветер и унёс в реку мой картузик. Пришлось купить английское кепи за 2 р. 50 к.

Целую тебя и обнимаю.
Твой вечно муж Федя.

— Опя́ть де́ньги! И всё ме́лочь... два́ рубля́ пятьдеся́т копе́ек! Это́ он пи́шет жене́, кото́рую не ви́дел не́сколько ме́сяцев!

— Чём ме́льче жу́лик, тем ме́льче его́ интере́сы.

— У Оста́па одни́ ты́сячи на уме́, а у отца́ Фёдора — одни́ копе́йки. Ты́, коне́чно, предпочита́ешь Оста́па!

— Коне́чно. А ты́?

— А я́ посмотрю́, что́ да́льше бу́дет.

ROOTS

1. **ЯВ-** appear, obvious, real, show, display

    яви́ться appear, show up
    явле́ние phenomenon
    объяви́ть/объявля́ть announce, advertise
    заяви́ть/заявля́ть announce, declare

    явля́ться be
    я́вный obvious, evident
    объявле́ние announcement, advertisement
    заявле́ние declaration; application

2. **ИМ(ЁН)-** name, *nomin-*

    и́мя (имен-) name
    и́мя существи́тельное noun
    переименова́ть/переимено́вывать rename
    фа́брика и́мени Ле́нина the Lenin factory (named after Lenin)
    Моско́вский госуда́рственный университе́т и́мени Ломоно́сова MGU
        (Moscow State University named after Lomonosov)

    имени́тельный паде́ж nominative case
    и́мя прилага́тельное adjective
    и́менно namely, just, exactly

3 a) **ИМ-** have, possess

    име́ть have, possess
    име́ние estate, domain
    ча́стное иму́щество private property
    Име́ющий у́ши, да слы́шит! He that hath ears, let him hear!

    име́ть в виду́ bear in mind
    иму́щество property, belongings
    недви́жимое иму́щество real estate

3 b) **ИМ-** (→-им-, -йм-, -ьм-, -я-, -ем-, -ым-) take, hold, grasp

    These forms of the root represent the familiar group of verbs in -нять:
    понима́ть/поня́ть пойму́т   understand, grasp
    взя́ть возьму́т   take

    and various nouns like:
    заём   loan
    объём   volume, capacity

Великий комбинатор играл в шахматы второй раз в жизни.

Урок 15: Держи́те гроссме́йстера!

Сы́тый и вы́бритый[1] Воробья́нинов бо́йко торгова́л биле́тами.[2] В ка́ссе бы́ло уже́ три́дцать пять рубле́й.

— Закрыва́йте око́шечко! Дава́йте де́ньги! — сказа́л Оста́п. — Тепе́рь вот что. Возьми́те пять рубле́й, иди́те на при́стань, найми́те ло́дку часа́ на два и жди́те меня́ на берегу́.

Гроссме́йстер вошёл в зал. Его́ встре́тили рукоплеска́ниями. Он поклони́лся и взошёл на эстра́ду.

— Това́рищи! — сказа́л он прекра́сным го́лосом. — Това́рищи и бра́тья по ша́хматам! Предме́т мое́й ле́кции — плодотво́рная дебю́тная иде́я. Что тако́е, това́рищи, дебю́т, и что тако́е, това́рищи, иде́я? Дебю́т, това́рищи, — э́то «Quasi una fantasia». А что тако́е, това́рищи, зна́чит иде́я? Иде́я, това́рищи, это челове́ческая мысль, облечённая[1] в логи́ческую ша́хматную фо́рму. Наприме́р, вон тот блонди́нчик[3] в тре́тьем ряду́.[4] Поло́жим,[5] он игра́ет хорошо́...

Блонди́н в тре́тьем ряду́ покрасне́л.

— А вон тот брюне́т, допу́стим,[5] ху́же.

Все поверну́лись и осмотре́ли та́кже брюне́та.

— Что же мы ви́дим, това́рищи? Мы ви́дим, что блонди́н игра́ет хорошо́, а брюне́т игра́ет пло́хо. И никаки́е ле́кции э́того не изме́нят. А тепе́рь, това́рищи, я расскажу́ вам не́сколько поучи́тельных исто́рий[6] из пра́ктики на́ших уважа́емых гипермодерни́стов Капабла́нки, Ла́скера и до́ктора Григо́рьева.

Кра́ткостью ле́кции все бы́ли слегка́ удивлены́.[1]

Начался́ сеа́нс одновре́менной игры́. Про́тив гроссме́йстера се́ли игра́ть три́дцать люби́телей. Оста́п скользну́л взгля́дом по шере́нгам «чёрных»,[7] кото́рые окружа́ли его́ со всех сторо́н. Посмотре́л на закры́тую[1] дверь. Пото́м подошёл к одногла́зому, сиде́вшему[1] за пе́рвой доско́й, и передви́нул короле́вскую пе́шку с кле́тки *e2* на кле́тку *e4*.[8]

Одногла́зый схвати́л свои́ у́ши рука́ми и стал напряжённо ду́мать.

На остальны́х двадцати́ девяти́ доска́х Оста́п проде́лал ту же опера́цию: перетащи́л короле́вскую пе́шку с *e2* на *e4*. На тре́тьем ходу́[4] вы́яснилось, что гроссме́йстер игра́ет восемна́дцать испа́нских па́ртий.[9] В остальны́х двена́дцати чёрные примени́ли защи́ту Филидо́ра.[9] Е́сли б Оста́п узна́л, что он игра́ет таки́е мудрёные па́ртии, он кра́йне бы удиви́лся. Де́ло в том, что вели́кий комбина́тор игра́л в ша́хматы второ́й раз в жи́зни.

Гром среди́ я́сного не́ба разда́лся[10] че́рез пять мину́т.

— Мат! — прошепта́л на́смерть перепу́ганный[1] брюне́т, кото́рого Оста́п обруга́л на ле́кции. — Вам мат, това́рищ гроссме́йстер.

Оста́п проанализи́ровал положе́ние и поздра́вил брюне́та с вы́игрышем.

«Пора́ удира́ть», — ду́мал он, споко́йно расха́живая[1] среди́ столо́в и небре́жно переставля́я[1] фигу́ры.

— Вы непра́вильно коня́ поста́вили, това́рищ гроссме́йстер, — сказа́л одногла́зый. — Конь так не хо́дит.

— Пардо́н, пардо́н, извиня́юсь, — отве́тил гроссме́йстер, — по́сле ле́кции я не́сколько[11] уста́л.

В течение[12] десяти минут гроссмейстер проиграл еще десять партий. Назревал конфликт. Остап проиграл подряд пятнадцать партий, а вскоре еще три. Оставался один одноглазый. Остап незаметно украл с доски черную ладью и спрятал ее в карман.

TEXT COMMENTS (1)

1. **DEVERBAL FORMS**

выбритый (выбрить – past passive ptcpl.)	clean-shaven
закрытый (закрыть – past passive ptcpl.)	closed
облечённый (облечь – past passive)	clothed, shrouded
перепуганный (перепугать – past passive ptcpl.)	scared [to death]
переставляя (переставлять – present adverb)	[carelessly] moving [chess pieces]
расхаживая (расхаживать – present adverb)	strutting
сидевший (сидеть – past active ptcpl.)	who was sitting
удивлённый (удивить – past passive ptcpl.)	surprised

2. **бойко торговал билетами** 'was doing a brisk trade in tickets.'
3. **блондинчик** diminutive of блондин 'blond, a blond man.'
4. **Instances of Locative case forms**:

в третьем ряду	in the third row
на третьем ходу	on the third move

5. **Положим** 'let us assume;' **допустим** 'let us suppose.' Again, note that the мы-form means 'Let us.'
6. **поучительная история** an instructive story
7. **Остап скользнул взглядом по шеренгам «чёрных».** 'Ostap made a quick glance (*Lit.*, slid a glance) over the rows of opponents.' Black is the color of the opponents' pieces.
8. **передвинул ... на клетку e4.** 'he moved the King's pawn from square *e2* to square *e4*.'
9. **испанская партия** 'the Spanish game' and **защита Филидора** 'Philidor's defense' are chess terms, unknown to the "grand master."
10. **Гром среди ясного неба раздался через пять минут.** 'After five minutes the big surprise came.' (*Lit.*, Thunder resounded amidst a clear sky.)
11. **несколько** 'somewhat, a bit.'
12. **В течение** 'in the course of, during.'

TEXT GLOSSARY (1)

держать hold, hold on to; stop	окошечко small (cashier's) window
изменить change	окружать surround
крайне extremely	подряд in a row
ладья castle, rook	поклониться bow
лодка boat	покраснеть blush
мат checkmate	рукоплескания (*Plur.*) clapping
мудрёный abstruse, complicated	схватить grab
назревать become imminent, be brewing	сытый full (of food), satisfied
нанять hire, rent	уважаемый respected
напряжённо intensively	удирать take off, clear out
незаметно without being noticed	украсть steal
обругать call names, tear to pieces	эстрада stage

— Только что[13] на этом месте стояла моя ладья! — закричал одноглазый. — А теперь ее уже нет!

— Нет, значит[14] и не было! — ответил Остап.

— Как же[15] не было? Я ясно помню!

— Конечно не было!

— Куда же она девáлась? Вы ее выиграли?

— Выиграл.

— Когда? На каком ходу? У меня все ходы записаны![16]

— Контора пишет, — презрительно[17] сказал Остап.

— Отдайте ладью!

Гроссмейстер швырнýл в голову одноглазого протѝвника несколько шахматных фигур.

— Товарищи! — закричал одноглазый. — Смотрите! Любителя бьют![18]

Не теряя[16] драгоценного времени, Остап швырнýл шахматной доской[19] в лампу и, ударяя[16] в наступившей[16] темноте по чьим-то чéлюстям и лбáм, выбежал на улицу.

Васюкинские любители, падая[16] друг на друга, кинулись за ним.

Был лунный вечер. Остап нёсся по серéбряной улице легко, как ангел, отталкиваясь от грешной земли.[20]

Сзади неслѝсь шахматные любители.

— Держите гроссмейстера! — ревéл одноглазый.

— Пижóны! — огрызáлся гроссмейстер, увеличивая[16] скорость.

Он запрýгал по лестнице, ведущей[16] на пристань. Сверху катилась группа любителей защиты Филидора.

— Держите гроссмейстера! — кричали они.

Остап выбежал на берег.

Ипполит Матвеевич идиллически сидел в лодочке.

Остап прыгнул в лодку и стал ýростно грестѝ от берега. Через минуту в лодку полетели камни. Васюкинские любители, которые только сейчас поняли, что план превращéния Васюков в Нью-Москву рýхнул и что гроссмейстер увозит из города пятьдесят васюкинских рублей, погрузились в большую лодку и с криками выгребáли на середину реки. Экспедицией командовал одноглазый. Его единственное око[21] сверкало в ночи, как маяк.

— Держи гроссмейстера! — вопѝли в перегруженной[16] лодке.

Остап не отвечал: было некогда. Расстояѝние между лодками уменьшалось.

— Господа! — воскликнул вдруг Ипполит Матвеевич петушиным голосом.[22] — Неужели вы будете нас бить?

— Еще как![23] — отвечали васюкинские любители.

Но в это время произошло нечто крайне обѝдное для всех честных шахматистов всего мира. Слишком много любителей собралось на правом борту[24] васюкинского дредноута — и в полном соответствии с законами физики, он перевернýлся.

Тридцать любителей шахмат очутѝлись в воде.

Остап описал круг вокруг потерпевших крушение.[25]

— Что же вы не бьете вашего гроссмейстера? — спросил он. — Вы, если не ошибаюсь, хотели меня бить? Эх вы, пижоны, пижоны... Боюсь, что Васюки не станут центром мироздания́ния. Прощайте, любители сильных шахматных ощущений![26] Да здравствует[27] «Клуб четырех коней»!

TEXT COMMENTS (2)

13. **то́лько что** 'just now, only a second ago'
14. **зна́чит** 'then, so'
15. **ка́к же не́ бы́ло?** 'What do you mean it wasn't there?' Ка́к же expresses astonishment/protest here.
16. **DEVERBAL FORMS**

веду́щий (вести́ – present active ptcpl.)	leading
запи́санный (записа́ть – past passive ptcpl.)	noted, jotted down
наступи́вший (наступи́ть – past active ptcpl.)	[in the darkness] which had fallen
па́дая (па́дать – present adverb)	falling
перегру́женный (перегрузи́ть –past passive ptcpl.)	overloaded
(не) теря́я (теря́ть – present adverb)	(without) losing
увели́чивая (увели́чивать – present adverb)	speeding up (Lit., increasing [his] speed)
ударя́я (ударя́ть – present adverb)	hitting, striking

17. **Конто́ра пи́шет, — презри́тельно сказа́л Оста́п.** '[People in an] office write, said Ostap scornfully' (implying that it is beneath the dignity of a true chess master to write down his moves).
18. **Люби́теля бью́т!** 'A player (amateur) is getting beaten up!' The plural verb here (бью́т 'they are beating') means passive, not plural (only one person is doing the alleged beating — Ostap).
19. **Оста́п швырну́л ша́хматной доско́й в ла́мпу** 'Ostap chucked the chess board at the lamp.'
    The verb швырну́ть, as well as its synonyms бро́сить, ки́нуть, запусти́ть, etc. can be used either with Accusative or with Instrumental, depending on the purpose of throwing. With the Accusative you are doing something to the object; with the Instrumental you are merely using the object as an instrument. The Instrumental *ша́хматной доско́й* is used here because Ostap is merely making use of the chess board (i.e., using it as an "instrument") to create a noisy diversion and escape in the darkness. The same verb occurs several lines above, but with the Accusative object *не́сколько*:

Гроссме́йстер швырну́л в го́лову одногла́зого проти́вника не́сколько ша́хматных фигу́р.	The grand master threw several chess pieces at his one-eyed opponent's head.

20. **как а́нгел, отта́лкиваясь от гре́шной земли́** 'with a springing step as light as an angel's' (*Lit.*, like an angel bouncing off the sinful earth).
21. **о́ко ... , как мая́к.** 'His sole eye shone in the darkness like a beacon.' The word о́ко (Pl. о́чи) is archaic.
22. **петуши́ным го́лосом** 'with a squeaky voice.' *Петуши́ный*, from пету́х 'rooster' — 'rooster-like.'
23. **Ещё ка́к!** 'You bet! And how!'
24. **на пра́вом борту́** 'on the starboard side.'
25. **Оста́п описа́л круг вокру́г потерпе́вших круше́ние.** 'Ostap rowed (*Lit.*, circumscribed) a circle around the people who had capsized (i.e., those who had suffered the wreck).
    The form потерпе́вших is a past active participle (of потерпе́ть) used as a noun.
26. **Проща́йте, люби́тели си́льных ша́хматных ощуще́ний!** 'Farewell, you seekers of chess thrills!'
27. **Да здра́вствует ... !** 'All hail ... !' 'Long live ...!'

TEXT GLOSSARY (2)

вопи́ть howl	оби́дный offensive	реве́ть roar, bellow
выгреба́ть row out	огрыза́ться snap	ру́хнуть collapse
грести́ row	очути́ться find oneself	сере́бряный silver
дева́ться get to, disappear	переверну́ться turn over, capsize	соотве́тствие conformity
запры́гать begin to jump	пижо́н fop; jerk	че́люсть jaw, jaw bone
лоб brow, forehead	превраще́ние transformation	швырну́ть chuck, throw
мирозда́ние the universe	проти́вник opponent	я́ростно furiously
нести́сь rush, tear, fly	расстоя́ние distance	

Упражнения к тексту

1. *Будьте готовы ответить на вопросы преподавателя, которые могут относиться к любой части текста.*

Образец А:

— Маргарита, ты не можешь мне сказать, *кто* торговал билетами?
— Могу. Билетами торговал Воробьянинов.

Или: — Нет, не могу. Я сама не знаю. Давайте спросим у Лоры. Лора, ты не можешь нам сказать, *кто* торговал билетами?

Образец Б:

— Мира, я забыл, почему они оказались в Васюках?
— Я тоже не помню. Я спрошу Машу. Маша! Ты не помнишь, почему они оказались в Васюках?
— Конечно помню. Их выгнали с парохода, когда оказалось, что Остап не умеет рисовать.

Образец В:

— Насколько я помню, Аркаша, у них совсем нет денег. Это верно?
— Да, мне тоже кажется, что у них нет денег.

Или: — Не знаю, почему ты так думаешь. По-моему, в этой главе ничего не сказано об этом.

2. *Прочитайте пересказ текста и составьте вопросы, которые вы на занятии будете задавать другим студентам.*

Воробьянинов бойко торговал билетами и собрал уже тридцать пять рублей.
Остап дал ему пять рублей и велел идти на пристань, нанять лодку и ждать его на берегу.
Когда Остап вышел на сцену, его встретили рукоплесканиями/аплодисментами.
Начиная свою лекцию, Остап объяснил, что такое дебютная идея.
Остап сказал, что никакие лекции не могут научить плохого шахматиста играть хорошо.
Лекция Остапа была очень краткой: он только рассказал несколько анекдотов из жизни знаменитых гроссмейстеров.
Начался сеанс одновременной игры, и Остап стал играть с тридцатью шахматистами из Васюков.
Остап совершенно не умел играть в шахматы: он играл только второй раз в жизни.
В течение десяти минут Остап проиграл десять партий.
Потом он украл у одноглазого шахматиста его ладью. Одноглазый закричал на Остапа, и Остап понял, что пора удирать.
Был лунный вечер. Остап бежал по улице, а Васюкинские любители шахмат бежали за ним.
Ипполит Матвеевич ждал Остапа в лодке. Прыгнув в лодку, Остап стал грести от берега.
Васюкинцы тоже сели в лодку и стали быстро догонять великого комбинатора и бывшего предводителя дворянства.
Ипполит Матвеевич думал, что его сейчас начнут бить — но в этот момент лодка васюкинцев перевернулась.
Прощаясь с васюкинцами, Остап называл их пижонами и кричал: «Да здравствует "Клуб четырёх коней!"».

3. а) *Расскажи́те о публи́чной ле́кции Оста́па. Расскажи́те о то́м, что:*

О́н поклони́лся и на́чал говори́ть.
О́н сказа́л две́-три́ бана́льности (приду́майте, каки́е).
Когда́ о́н вошёл в за́л и подня́лся на эстра́ду, его́ встре́тили аплодисме́нтами (рукоплеска́ниями).
Уже́ че́рез пя́ть мину́т ему́ бы́ло не́чего сказа́ть, и о́н зако́нчил ле́кцию.
Все́ реши́ли, что о́н моше́нник, и хоте́ли его́ поби́ть, но о́н бро́сил сту́лом в ла́мпу и убежа́л.

3. б) *Расскажи́те о ле́кции, похо́жей на ле́кцию Оста́па. Приду́майте те́му:*

ша́хматы, поли́тика, желе́зные доро́ги в Аме́рике, соревнова́ния по гре́бле, *что́ хоти́те*. Докла́дчик назва́л себя́ изве́стным специали́стом по ша́хматам/поли́тике и т. д. Когда́ о́н на́чал говори́ть, все́ по́няли, что...

DIALOGS

Диало́г 1: То́ля и Ма́кс
— Я́ ви́дел объявле́ние, что у ва́с бу́дут соревнова́ния по гре́бле. Кто́ вы́играет, ка́к по-тво́ему?
— Мы́ вы́играем, е́сли не перевернёмся. Мы́ гребём лу́чше все́х.[1]
— Кто́ хорошо́ уме́ет грести́, то́т[2] не перевернётся.
— Сра́зу ви́дно, что ты́ не гребе́ц. Переверну́ться ка́ждый мо́жет.

Диало́г 2: Григо́рий и Сти́вен
— Григо́рий! Дава́йте устро́им каку́ю-нибудь ле́кцию во вре́мя кани́кул!
— Ле́кцию? Во вре́мя кани́кул? Кто́ же придёт на ле́кцию, когда́ никого́ не бу́дет в университе́те?
— Ну тогда́ конце́рт! На конце́рт-то[3] уж обяза́тельно[4] кто́-нибудь придёт.
— Я́ ли́чно уезжа́ю на всю́ неде́лю. Устра́ивайте без меня́.

Диало́г 3: профе́ссор Пя́тницкий и ле́ктор Гринкру́г
— *Ва́м* выступа́ть[5] сего́дня, Гринкру́г, и́ли *мне́*? И где́? Никогда́ я́ не по́мню расписа́ния.
— По-мо́ему, ва́м сего́дня на закры́том собра́нии выступа́ть. А мне́ повезло́:[6] моя́ ле́кция отменена́.
— Спаси́бо. Мо́жет,[7] вы́ по́мните, о чём я́ до́лжен говори́ть?
— Спроси́те у секретаря́. У неё всё на бума́жке запи́сано.

DIALOG COMMENTS

1. **лу́чше все́х** *vs.* **лу́чше всего́**
   Reminder: лу́чше все́х = 'best' in the sense of *better than anybody/everybody else [than all other people/things (plural)]*; лу́чше всего́ = 'best' in the sense of *better than anything*. Word order: the expression with всего́ often comes first in the sentence.

О́н зна́ет глаго́лы лу́чше все́х в на́шей гру́ппе.	He knows verbs better than anybody in our class.
Нью-Йо́ркские ви́на лу́чше все́х америка́нских ви́н.	New York State wines are the best American wines.
Лу́чше всего́ не покупа́ть вино́, а де́лать его́ из своего́ виногра́да.	The best thing is not to buy wine, but to make it from your own grapes.
Са́ня говори́т на пяти́ языка́х, но о́н зна́ет францу́зский язы́к лу́чше всего́ (or: лу́чше все́х остальны́х языко́в).	Sanya speaks five languages, but he knows French best (better than the other languages).

Lesson 15

Все́ на́ши студе́нты хоро́шие, но Са́ня зна́ет язы́к лу́чше все́х.	All our students are good, but Sanya knows the language best (better than the other students).
Бо́льше всего́ я люблю́ бо́рщ.	I like borshch best (most of all).

2. **Кто́ ... , то́т ...** 'If you know how to row, you don't capsize' (*Lit.*, [He] who knows how to row, that [one] won't capsize.)

    Although it is possible to use the same word order as in English (То́т, кто́ уме́ет грести́ ...), the word order in this dialog is preferred in spoken Russian. Other pairs of question words (like кто́, что́, где́, куда́, ка́к, ско́лько) with т-words (like то́т, та́м, туда́, та́к, сто́лько) work the same way:

«Кто́ не рабо́тает, то́т не е́ст» — Ле́нин.	He who won't (doesn't) work won't (doesn't) eat.
Кому́ ве́село учи́ться, тому́ всегда́ легко́.	The person who enjoys learning always finds it easy.
Где́ живу́т студе́нты, та́м всегда́ шу́мно.	It's always noisy where students live.
Что́ посе́ешь, то́ и пожнёшь.	As ye sow, so shall ye reap.

3. **На концѐрт-то уж обяза́тельно кто́-нибудь придёт.** 'To a *concert* somebody is *sure* to come.'

    Where English uses intonation and heavy stress to emphasize words in a sentence, Russian can use particles as well as intonation. The unstressed particle -то invariably emphasizes the word it's tacked onto; in this particular sentence the unstressed particle уж emphasizes the word that follows it.

4. **обяза́тельно**

    As an adverb this word means 'without fail (for sure, really, absolutely)' and as a predicate it means 'is obligatory.'

Переда́й приве́т му́жу. — Обяза́тельно переда́м.	Say hello to your husband for me. — I'll be sure to.
Тебе́ обяза́тельно на́до (на)писа́ть домо́й.	You really/absolutely have to write home.
Ему́ не обяза́тельно сего́дня в шко́лу. (= Он мо́жет не ходи́ть сего́дня в шко́лу.)	He doesn't have [to go] to school today (it is not obligatory).
Посеще́ние заня́тий — обяза́тельно.	Attendance is obligatory.

5. **Ва́м выступа́ть сего́дня?** 'Is it *your turn* to perform (appear, speak, go on stage) today? Are *you* to perform today?'

    Dative + Infinitive means 'be to' in the sense of 'be scheduled to, be one's turn to, be incumbent upon one to.' Do not confuse this with the expressions using на́до. Compare:

Что́ мне́ де́лать?	What am I to do?
Что́ мне́ на́до де́лать?	What do I have to do?
Переста́ньте чита́ть газе́ту, ва́м сейча́с стри́чься!	(Said in a barbershop as you wait for a haircut.) Stop reading the paper, it's your turn to get your hair cut.
Ва́м на́до постри́чься.	You need a haircut.
Ва́м ходи́ть.	It's your move (e.g., at chess).

Avoid using на́до in sentences like the following, in which we English speakers don't really mean "need to" but just want to know when (where, how, who, etc.):

Когда́ на́м сдава́ть курсовы́е рабо́ты?	When do we (have to) hand in our term papers?
Куда́ идти́ за уче́бниками?	Where does one go [to get] the textbooks?
Кому́ плати́ть за моро́женое?	Who does one pay for the ice cream?

6. **Мне́ повезло́** 'I was lucky.'
    Note the Perfective aspect, which means 'I had a stroke of luck (on this occasion).' The Imperfective везти́ is used to express being lucky in general or on a number of occasions over a period of time:

| Всё ле́то мне́ везло́. | I was lucky all summer. |
| Кому́ не везёт в ка́ртах, тому́ везёт в любви́. | Unlucky at cards, lucky in love. |

7. **Мо́жет = мо́жет бы́ть.** Reminder:

О́н, мо́жет, не придёт.	Maybe he won't come.
О́н мо́жет не прийти́.	He may not come (=Maybe he won't come).
О́н мо́жет не приходи́ть.	He doesn't have to come.

Упражне́ния к диало́гам

4. *Подгото́вьте сообще́ние о то́м, каки́е соревнова́ния бы́ли, бу́дут и́ли сле́дует устро́ить в ва́шем университе́те и́ли колле́дже. Во́т выраже́ния, кото́рые бу́дут ва́м поле́зны:*

    соревнова́ния по пла́ванию, по бе́гу, по прыжка́м в длину́, по лы́жам, по бо́ксу,
        по лёгкой атле́тике, по гимна́стике
    вы́играть/проигра́ть в соревнова́ниях по...
    заня́ть пе́рвое/второ́е/тре́тье ме́сто в соревнова́ниях по пла́ванию, по бо́ксу...
    уча́ствовать в соревнова́ниях/в Олимпи́йских и́грах, в бе́ге на сто́ ме́тров...
    Результа́ты соревнова́ний бы́ли хоро́шие/плохи́е/ещё не объя́влены.
    Чемпио́ном университе́та/го́рода по бо́ксу/по лы́жам/по гимна́стике ста́л
        ма́стер спо́рта Н.

    Спроси́те това́рищей, уча́ствовали ли они́ когда́-нибудь в каки́х-нибудь соревнова́ниях, како́е ме́сто они́ за́няли, интере́сные ли бы́ли соревнова́ния, получи́ли ли они́ при́з и так да́лее.

5. *Приду́майте, како́е собы́тие вы́ хоти́те устро́ить в ва́шем колле́дже и́ли университе́те и предложи́те устро́ить его́ — как Сти́вен предлага́ет Григо́рию устро́ить ле́кцию. Приду́майте, что́ для э́того на́до бу́дет организова́ть:*

    заказа́ть номера́ в гости́нице, посла́ть приглаше́ния ра́зным знамени́тым лю́дям,
    доста́ть де́нег, сня́ть за́л и́ли стадио́н, купи́ть напи́тки и заку́ски *и так да́лее.*

    Е́сли предложе́ние това́рища не нра́вится ва́м, объясни́те, почему́. Е́сли ва́м про́сто ле́нь занима́ться организа́цией, предложи́те что́-нибудь попро́ще, наприме́р:
    — Бро́сь ты́ э́ту иде́ю! Лу́чше пойдём ве́чером в ба́р, посиди́м, му́зыку послу́шаем!

6. *Пригото́вьтесь расспроси́ть «Пя́тницкого» и «Гринкру́га» о то́м,*
    каки́е ле́кции они́ обы́чно чита́ют, кто́ и́х слу́шает, интере́сно ли прохо́дят ле́кции, задаю́т ли и́м вопро́сы, говоря́т ли они́ по за́писям/по бума́жке и́ли по́мнят всю́ ле́кцию наизу́сть. Не надое́ло ли и́м чита́ть одни́ и те́ же ле́кции? Где́ интере́снее чита́ть ле́кции — на заво́де и́ли в университе́те? Ско́лько они́ получа́ют за ле́кцию? Е́здят ли они́ с ле́кциями в други́е города́ и стра́ны? Составля́ют ли они́ ле́кции по свои́м статья́м и́ли наоборо́т — пи́шут статьи́ по свои́м ле́кциям? Хорошо́ ли бы́ть ле́ктором?

ROOTS

1. **ОК-** (→ок-, оч-) eye

    óко, óчи (archaic) eye, eyes
    очки́ glasses, spectacles
    очко́ pip (cards), point (in a game)
    окно́ window
    око́шко small window (e.g., cashier's)
    Два́ очка́! A basket! (basketball)
    Смотре́ть на жи́знь сквозь ро́зовые очки́. To look at life through rose-colored glasses.
    Óко за óко, зу́б за́ зуб. An eye for an eye and a tooth for a tooth.

2. **МЫСЛ-** (→мысл-, мышл-) thought

    мы́сль idea, thought
    основна́я мысль basic conception
    смы́сл sense, meaning
    про́мысел trade, business
    мысли́тель thinker
    вели́кий мысли́тель great thinker
    смыслов́ые отте́нки shades of meaning
    промы́шленность industry
    Промы́шленный переворо́т в А́нглии the Industrial Revolution in England.

3. **КОРОТ-** (→корот-, короч-, корач-; крат-, кращ-) short

    The OCS forms of this root have the expected -ра- (instead of -оро-) and the expected т/щ alternation (instead of т/ч); the OCS words belong to a higher stylistic level, e.g., кра́ткий 'concise' (vs. коро́ткий 'short') and сократи́ть/сокраща́ть 'abbreviate' (vs. укороти́ть/укора́чивать 'shorten').

    коро́ткий short
    укороти́ть укорочу́/укора́чивать shorten
    укоро́ченный shortened
    укороче́ние (ноги́) shortening (of the leg)
    коро́ткие во́лосы short hair
    коро́ткое замыка́ние short circuit
    коро́че говоря́ in a word
    кра́ткий concise, brief, summary
    сократи́ть сокращу́/сокраща́ть abbreviate
    сокращённый abbreviated, contracted
    сокраще́ние abbreviation, contraction
    кра́ткое прилага́тельное short adjective
    прекрати́ть/прекраща́ть cease, stop
    вкра́тце briefly, in short
    кра́ткость brevity
    кратковре́менный transitory

— Пижоны! — огрызался гроссмейстер, увеличивая скорость. Он запрыгал по лестнице, ведущей на пристань. Сверху катилась группа любителей защиты Филидора.

Лексико-граммати́ческие упражне́ния

7. *Вы́учите страда́тельные прича́стия сле́дующих глаго́лов (Grammar 24.1 - 24.3; пра́вила об ударе́нии — Grammar 24.4)*

Су́ффикс -т	Су́ффикс -ен	Су́ффикс -н
наня́ть hire	включи́ть turn on	написа́ть write
подня́ть lift	вы́ключить turn off	нарисова́ть draw
откры́ть open	купи́ть buy	смеша́ть mix
закры́ть close	пригото́вить prepare	арестова́ть arrest
разби́ть break	останови́ть stop	организова́ть organize
проли́ть spill	извести́ть inform	
вы́лить pour out	накле́ить put (paste) on	
запере́ть lock	устро́ить arrange, set up	
заверну́ть wrap	предупреди́ть warn	
разверну́ть unwrap	впусти́ть let in	
переверну́ть turn over	перевести́ translate	
передви́нуть rearrange	привезти́ bring (by vehicle)	
отодви́нуть move away	принести́ bring (by carrying)	
	укра́сть steal	
	подстри́чь cut (hair, grass, etc.)	
	заже́чь light up, turn on (light)	

8. *Отве́тьте преподава́телю, как в образце́. В пе́рвом отве́те употребля́йте глаго́л несоверше́нного ви́да, во второ́м — глаго́л соверше́нного ви́да с -ся.*

Образе́ц:

 Преподава́тель: — Кто́ слома́л сту́л?
 Студе́нт: — Никто́ его́ не лома́л.
 Преподава́тель: — Почему́ же о́н сло́ман?
 Студе́нт: — О́н са́м слома́лся.

— Кто́ разби́л ла́мпочку? — Кто́ про́лил молоко́?
— Кто́ откры́л две́рь? — Кто́ вы́лил во́ду из ведра́?
— Кто́ закры́л окно́? — Кто́ заже́г све́т?
— Кто́ переверну́л ло́дку? — Кто́ вы́ключил вентиля́тор?
— Кто́ разверну́л паке́т? — Кто́ останови́л конве́йер?
— Кто́ отодви́нул дива́н от стены́?

9. *Переведи́те на ру́сский язы́к, употребля́я страда́тельные прича́стия.*

The curtain was lifted. The novel was translated.
The glass was broken. The book was translated.
The door was opened. The jacket was stolen.
The mansion was locked. The chairs were brought in (by vehicle).
The presents were unwrapped. One chair was brought upstairs (on foot).
The furniture was rearranged. The lawn was cut.
All the lamps were turned on. The novel was written.
The groceries were bought. The slogan was painted.
The supper was prepared. The paints were mixed.
The neighbours were notified. The terrorists were arrested.

10. *Ответьте преподавателю, как в образце.*
Образец:

— Вася, вы ведь обещали (сегодня) написать плакат.
— Плакат уже написан.

нанять мальчика подстричь газон   перевести текст лекции
передвинуть мебель   привезти артистов из аэропорта
завернуть подарок в бумагу   подстричь всех артистов
развернуть подарок   зажечь огонь в камине
запереть все двери   предупредить заведующего
закрыть все окна   украсть где-нибудь микрофон и принести его сюда
наклеить объявления   включить музыку
устроить Машу на работу   впустить публику в зал
приготовить обед   организовать шахматный турнир
подстричь газон   смешать краски
купить минеральной воды   нарисовать плакат

11. *Перевод: Переведите, употребляя (где нужно) страдательные причастия.*

Sentence 1. *chessplayer* — шахматист
Sentence 2. *He was met with applause* — translate 2 ways, with and without a passive participle.

(Review the Text)
1. The chessplayers bought tickets for Ostap's lecture. All the tickets were sold.
2. When Ostap walked into the hall he was met with applause. However, everyone was surprised at how short his lecture was (at the brevity of his lecture).
3. When Ostap realized that he would lose, he stole the black rook. The one-eyed chessplayer saw right away that his rook was stolen.
4. Ostap's adversary had recorded every move. Every move had been recorded.
5. Ostap lost all the other games. All the other games were lost. They were won by the amateur players from Vasyuki.
6. Ostap was afraid that the door was locked. Ostap ran to the boat. The boat had been rented by Ippolit Matveevich.
7. Ostap jumped into the boat and started rowing. Vasyukians realized that their plan had fallen through and Vasyuki would not become the capital of the world.

(Review the Dialogs)
8. We will win the rowing competition, because we row very well and won't capsize.
9. They will lose because they don't know how to row.

ДИК И ДЖЕЙН

— Может быть Остап и не мелкий грабитель, Дик, но если бы васюкинские шахматисты его поймали, они убили бы его как самого обыкновенного воришку.

— Правильно. И Остап это прекрасно понимал. Но он умел поэтизировать даже такие ситуации. Послушай, как начался следующий день на Волге:

Остап дремал у руля. Ипполит Матвеевич сонно водил вёслами. Пенсне его всё светлело. Вот овальные стёкла заиграли, в них отразились оба берега. Золотая дужка вспыхнула и ослепила гроссмейстера. Взошло солнце.

Остап раскрыл глаза.

— С добрым утром, Киса, — сказал он.

— Пристань, — доложил Ипполит Матвеевич.

Но ещё прежде, чем друзья приблизились к пристани, их внимание было привлечено предметом, плывшим по течению впереди лодки.

— Стул! — закричал Остап. — Наш стул плывёт!

Компаньоны подплыли к стулу. Он покачивался, вращался, погружался в воду, снова всплывал. Вода свободно вливалась в его распоротое брюхо.

Это был стул, вскрытый на «Скрябине» и теперь медленно направляющийся в Каспийское море.

— Здорово, приятель! — крикнул Остап. — Знаете, Воробьянинов, этот стул напоминает мне нашу жизнь. Мы тоже плывём по течению. Нас топят, мы выплываем, хотя, кажется, никого этим не радуем. Нас никто не любит, если не считать Уголовного розыска, который тоже нас не любит. Никому до нас нет дела. Если бы вчера васюкинским любителям удалось нас утопить, от нас остался бы только один протокол осмотра трупов. «Оба тела лежат ногами к юго-востоку, а головами к северо-западу. На теле рваные раны, нанесённые, по-видимому, каким-то тупым орудием». Любители били бы нас, очевидно, шахматными досками. Орудие туповатое... «Труп первый принадлежит мужчине лет пятидесяти пяти... Одет в рваный пиджак, старые брюки и старые сапоги.» Вот, Киса, что о вас написали бы.

— А о вас бы что написали? — сердито спросил Воробьянинов.

— О! Обо мне написали бы совсем другое. Обо мне написали бы так: «Труп второй принадлежит мужчине двадцати семи лет. Он любил и страдал. Он любил деньги и страдал от их недостатка. Голова его с высоким лбом, обрамлённым иссиня-чёрными кудрями, обращена к солнцу. Его изящные ноги, сорок второй номер ботинок, направлены к северному сиянию. Тело облачено в незапятнанные белые одежды.» И меня похоронят, Киса, пышно, с речами,..

— Смотри, Джейн, в последней фразе он перешёл на будущее время. Там уже нет никаких «бы».

— Что это значит?

— Не знаю точно, но думаю, что это граница фантазии и реальности, потому что Остап живёт между фантазией и реальностью.

— Чувствую влияние семинара по советской сатире. Не знаю, что говорит критический анализ текста, но камни, которые летели в Воробьянинова, были вполне реальные. Бедный старик, по-моему, уже ненавидит твоего комбинатора. Как он страдает, несчастный!

— Конечно, он его ненавидит. И в следующей главе ему опять предстоит страдать.

Подайте что-нибудь бывшему члену Государственной думы.

Урок 16: Бывший член Государственной думы

Театр Колумба прибыл на Кавказ и давал спектакли в Пятигорске. Здесь ходили в сандалиях и летних рубашках. Ипполит Матвеевич и Остап Бендер в тяжелых, грязных сапогах, тяжелых пыльных брюках и пиджаках чувствовали себя чужими. Кругом было много музыки и много веселых людей. Никому не было дела до[1] двух грязных искателей брильянтов.

— Эх, Киса, — сказал Остап, — мы чужие на этом празднике жизни.

Проходили дни, и друзья выбивались из сил,[2] ночуя[3] на скамейке у места дуэли Лермонтова[4] и прокармливаясь[3] переноской багажа туристов.

Проникнуть в театр было невозможно.

На шестой день Остап свел знакомство[5] с монтером театра, пьяницей Мечниковым. По наблюдению Остапа, Мечников продавал на рынке кое-какие[6] предметы из театра. Договаривались утром, около источника: монтер опохмелялся нарзаном.[7] Он называл Остапа «дусей»[8] и соглашался.

— Ну! — сказал Остап, — за все дело десятку!

— Дуся! — удивился монтер. — Вы меня озлобляете. Я человек, измученный[3] нарзаном.

— Сколько же вы хотите?

— Положите полста. Ведь имущество-то[9] казенное.

— Хорошо. Берите двадцать! Согласны? Ну, по глазам вижу, что согласны.

— Деньги вперёд, — заявил монтер. — Утром деньги, вечером стулья. Или вечером деньги, а на другой день утром — стулья.

— А может быть, сегодня стулья, а завтра — деньги? — спросил Остап.

— Я, дуся, человек измученный. Такие условия душа не принимает.

— Но ведь[9] я, — сказал Остап, — только завтра получу деньги по телеграфу.

— Тогда и разговаривать будем.

И Мечников удалился.

Остап посмотрел на Ипполита Матвеевича.

— Время, которое мы имеем, — сказал он, — это деньги, которых мы не имеем.[10] Киса, мы должны делать карьеру. Сто пятьдесят тысяч рублей и ноль ноль копеек лежат перед нами. Нужно только двадцать рублей, чтобы они стали нашими. Снимите пиджак.

Остап принял из рук удивленного[3] Ипполита Матвеевича его пиджак, бросил его в пыль и стал топтать ногами.

TEXT COMMENTS (1)

1. **Никому́ ... брилья́нтов.** 'Nobody had any time for (= any interest in) two dirty diamond seekers.'
2. **выбива́лись из си́л** 'were getting worn out.'
3. **DEVERBAL FORMS**

говоря́ (говори́ть – present adverb)	saying
изму́ченный (изму́чить – past passive ptcpl.)	exhausted, tired out; tormented
ночу́я (ночева́ть – present adverb)	spending the nights
прока́рмливаясь (прока́рмливаться – present adverb)	supporting (Lit., feeding) themselves [by carrying baggage]
удивлённый (удиви́ть – past passive ptcpl.)	surprised

4. **у ме́ста дуэ́ли Ле́рмонтова** 'at the site of Lermontov's duel,' i.e., where the Russian poet Lermontov died in a duel at the age of 26 in 1841, and which is now a tourist attraction.
5. **свёл знако́мство с монтёром** 'struck up an acquaintance with the electrician.'
6. **продава́л на ры́нке ко́е-каки́е предме́ты** 'he was selling certain articles (an article or two) on the market.' Recall a previous occurrence of кое-:

Оста́п на́чал ко́е-что понима́ть	Ostap began to understand a thing or two.

7. **опохмеля́лся нарза́ном** 'nursing a hangover with Narzan.'

   Narzan is a type of mineral water. Опохмеля́ться is a verb that covers a wide range of remedies for a hangover, including everything from large quantities of pickle juice to, as we say, a hair of the dog that bit you.

8. **О́н называ́л Оста́па «ду́сей».** 'He called Ostap [by the name] Dusya.' Ду́ся means 'darling' as a term of address and it is also a woman's name.
9. **Ведь иму́щество-то казённое.** 'It's government property, you know.' There is another occurrence of the unstressed particle ведь later in the text:

Но́ ведь я то́лько за́втра получу́ де́ньги.	But the thing is, I won't get the money until tomorrow.

10. **Вре́мя...— э́то де́ньги...**

    This statement of the relationship between time and money is another of the famous Benderisms.

TEXT GLOSSARY (1)

вперёд in advance	прони́кнуть penetrate
деся́тка ten-ruble note	пы́ль dust
исто́чник spring, well	пы́льный dusty
наблюде́ние observation	пья́ница drunkard
озлобля́ть embitter	топта́ть trample
полста́ fifty (half a hundred)	удали́ться withdraw, depart
пра́здник holiday	усло́вия *Plur.* conditions, terms
прибы́ть arrive	чужо́й stranger, outsider

— Что вы делаете? — закричал Воробьянинов. — Этот пиджак я ношу уже пятнадцать лет, и он всё[11] как новый!

— Не волнуйтесь! Он скоро не будет как новый! Дайте шляпу! Теперь посыпьте брюки пылью и полейте их нарзаном.[12]

Ипполит Матвеевич стал еще грязнее, чем был.

— Теперь, — сказал Остап, — вы имеете полную возможность зарабатывать деньги че́стным трудом.

— Что же я должен делать?

— Французский язык знаете? Можете сказать по-французски «Господа, я не ел шесть дней»?

— Мосье, — начал Ипполит Матвеевич, — мосье, гм, гм... же не... же не манж па... ен, де, труа, катр, сенк, сис... Сис! Значит, же не манж па сис жур.

— Ну и[13] произношение у вас, Киса! А по-немецки?

— Зачем все это?

— Затем, — сказал Остап, — что вы сейчас на французском, немецком и русском языках будете просить подая́ние, говоря,[14] что вы бывший член Государственной думы.[15] Поняли?

Усы Ипполита Матвеевича начали медленно подниматься.

— Никогда! — сказал он. — Никогда Воробьянинов не протя́гивал руки![16]

— Так протянете ноги[16], старый дурале́й! — закричал Остап. — Вы не протягивали руки?

— Не протягивал.

— Три месяца он живет на мой счет![17] — сказал Остап. — Три месяца я кормлю его, пою и воспитываю.[18] И теперь он заявля́ет, что... Ну! Довольно, товарищ! Повторите заклина́ние.

— Мосье, же не манж па сис жур. Гебен зи мир битте этвас копек ауф дем штюк брод. Подайте что-нибудь бывшему члену Государственной думы.

— Хорошо. У вас талант к ни́щенству. Иди́те.[19] Свида́ние у исто́чника в полночь.

— А вы куда пойдете?

— Обо мне не волнуйтесь. Я, как всегда, в самом трудном месте.

Друзья разошли́сь.

Через полчаса Остап входил на галерею, высе́ченную[14] в скале. Галерея кончалась балкончиком. Стоя на этом балкончике, можно увидеть далеко внизу какую-то зеленую лу́жу. Все это называется Провалом.[20] Провал считается достопримеча́тельностью Пятиго́рска, и каждый день его посеща́ет большое число экскурсий и туристов-одиночек.[21] Остап остановился у входа в Провал и достал из кармана книжку квита́нций, ку́пленную[14] в магазине за последний гри́веник.

TEXT COMMENTS (2)

11. **он всё как новый!** 'it's still as good as new.' The word всё here is the equivalent of всё ещё 'still.'
12. **посыпьте брюки пылью и полейте их нарзаном.** Note the Instrumental case forms: 'sprinkle your pants (Acc.) *with dust (Inst.)* and *with Narzan (Inst.).*'
    Russian has two separate words for pouring, one for non-liquid particles like dust, sand, granulated sugar (сыпать) and the other for liquids (лить).
13. **Ну и произношение у вас!** 'What [fine] pronunciation you have!'
    The particle и always emphasizes the following word; in the sequence ну и X, the X is heavily stressed. However, later on ну and и occur as two separate words (not as the fixed expression ну и) and have their usual meanings 'well' and 'too':

    | Ну и я провёл время не даром. | Well, I too didn't waste my time (*Lit.*, passed the time not in vain). |

14. DEVERBAL FORMS
  высеченный (высечь – past passive ptcpl.)   cut out, carved [into the side of the cliff]
  говоря (говорить – present adverb)   saying
  купленный (купить – past passive ptcpl.)   bought, purchased

15. **бывший член Государственной думы** 'a former member of the State Duma.'
    The Duma was a legislative body in the prerevolutionary government. It was resurrected after the fall of the USSR.
16. **не протягивал руки!** 'never held out a hand [to beg].'
    Negation requires Genitive here, so руки is read with stress on the final syllable, hence Singular (*vs.* руки Nom./Acc. Plur). But in Ostap's next speech there is no negation and so ноги is read with stress on the first syllable, hence Acc. Plural 'legs': Так протянете *ноги!* 'So you will drop dead [if you don't beg]' (*Lit.*, you will stretch out your *legs*). Протянуть ноги 'stretch out one's legs' is an idiom meaning 'kick the bucket, drop dead' (cf. British English 'turn up one's toes).
17. **на мой счёт** 'at my expense.'
18. **я кормлю его, пою и воспитываю.** 'I feed him, give him to drink, and teach/educate him.'
19. **Идите.** 'Get going, go.'
20. **Провал.** This word, in the geographical sense it has here, refers to a gap in hills or mountains, i.e., a relatively low-lying place with steep sides. It also means 'downfall, failure,' and the verb провалиться, used later in the text, can have the various meanings 'collapse; fail; fall through; disappear.' Ostap plays on this ambiguity.
21. **туристов-одиночек** 'tourists who aren't part of an excursion group'; одиночка 'lone person.'

TEXT GLOSSARY (2)

гривеник ten-kopeck piece
достопримечательность sight-seeing attraction
дуралей fool
заклинание incantation
заявлять announce
источник spring, well
квитанция receipt

лужа puddle
нищенство begging, beggary
подаяние alms
посещать visit
разойтись part, separate
свидание meeting; date
честный honest

— Приобретáйте билеты, граждане! — закричал он. — Десять копеек! Дети и красноармейцы[22] бесплатно. Студенты — пять копеек! Не члены профсоюза[23] — тридцать копеек!

Часам к пяти набралось уже рублей шесть. Все доверчиво отдавали свои гривеники, и один турист, увидев Остапа, сказал жене торжествýюще:

— Видишь, Танюша, чтó[24] я тебе вчера говорил? А ты говорила, что за вход в Провал платить не нужно. Не может быть. Правда, товарищ?

— Правда, — сказал Остап. — Этого быть не может, чтобы не нужно было платить за вход.

Перед вечером к Провалу подъехала экскурсия хáрьковских милиционеров. Остап испугáлся и хотел было[25] притвориться невинным туристом, но пути к отступлéнию уже не было. Поэтому он закричал довольно твердым голосом:

— Членам профсоюза — десять копеек! Представителям милиции, студентам и детям — пять копеек!

Милиционеры заплатили, спросив, с какой целью[26] собираются пятаки.

— С целью капитального ремóнта Провала! — ответил Остап. — Чтобы не слишком проваливался.[20]

В полночь компаньоны встретились у источника.

— Сколько насобирали?[27] — спросил Остап.

— Семь рублей двадцать девять копеек.

— Вот видите, предводитель, нищим быть не так-то уж плохо. Ну и я провел время не даром.[13] Пятнадцать рублей, как[28] одна копейка. Итого[29] — хватит.

На другое утро монтер получил деньги и вечером принес стулья.

Друзья забралúсь с ними на гору Машýк. Внизу неподвижными огнями[30] светился Пятигóрск. Остап глянул в звездное небо и приступил к вскрытию[31] стульев.

Результаты вскрытия поразúли обоих компаньонов: в стульях ничего не было.

Ипполит Матвеевич встал на четвереньки[32] и завыл. Слушая его, великий комбинатор свалился в обморок.[33] Когда он очнýлся, то увидел рядом с собой заросший[34] щетиной подбородок Воробьянинова. Ипполит Матвеевич был без сознáния.

— В конце концов, — сказал Остап голосом выздоравливающего[34] больного, — теперь у нас осталось сто шансов из ста. Последний стул (при слове «стул» Ипполит Матвеевич очнýлся) исчéз на территории Октябрьского вокзала, но отнюдь не провалился сквозь землю.[35] В чем дело? Заседание продолжается.

TEXT COMMENTS (3)

22. **красноармéец** 'member of the Red Army, serviceman.'
23. **не члéны профсоюза** 'non-union-members,' i.e., people who don't belong to any labor union. To make his ploy more believable Ostap imitates the Soviet practice of giving various privileges to the members of the government-sponsored trade unions.
24. **чтó** occurs here with stress in the meaning 'what [did I tell you yesterday?]' and in the next sentence unstressed in the meaning 'that.'
25. **хотéл было притворúться невúнным турúстом** 'was on the verge of pretending to be an innocent tourist.'

> The form было added to the main verb (хотéл) renders the meaning 'just about to, be on the verge of.'

26. **спросúв, с какóй цéлью собирáются пятакú** 'after asking why (=*for what purpose*) 5-kopeck pieces are being collected.'
27. **Скóлько насобирáли?** 'What's your total catch?' *Насобирáть* is not listed in most dictionaries.

> The prefix на- is added to some verbs (in this case, to собирáть 'collect') to add the meaning 'to reach a large/significant/sufficient amount' or to refer to the sum total of a prolonged or repeated activity.

| Он накупúл книг. | He bought a whole lot of books. |
| Он наодáлживал дéнег. | He borrowed a whole lot of money [from various people or on several occasions]. |

28. **Пятнáдцать рублéй, как однá копéйка** 'Fifteen rubles *to a kopeck*' (as in *five years to a day* = 'exactly').
29. **итогó** 'in balance, in all, altogether' is pronounced as though spelled «итавó», because it looks like a genitive case form; it is actually an uninflected adverb.
30. **Внизý неподвúжными огнями...** 'The motionless lights of Pyatigorsk were shining below.'
31. **вскрытие** is a pun here: it means 'opening up' (said of stuffed chairs) as well as 'dissection' (said of a body at autopsy). '[He] got to work opening up the chairs. The results of the autopsy...'
32. **встáл на четверéньки** 'got on all fours, on his hands and knees.'
33. **свалúлся в óбморок** 'fainted, fell into a faint.'
34. **DEVERBAL FORMS**
    выздорáвливающий (выздорáвливать – present active ptcpl.) recuperating
    заросший (зарастú – past active ptcpl.) [the chin] which had become overgrown [with stubble]
35. **провалúться сквозь зéмлю** (*Lit.,* fall through the ground) is an idiom which in this context means 'get lost, disappear mysteriously.' Cf. a different idiomatic usage of this verb in **Я готов был провалúться сквозь зéмлю от стыдá** 'I was so embarrassed I could die.'

TEXT GLOSSARY (3)

глянуть glance
довéрчиво credulously
забрáться get to, go to
завыть start to howl
испугáться become frightened, scared
исчéзнуть disappear
отнюдь by no means, not at all
отступлéние retreat

очнýться come to, regain consciousness
поразúть startle, astound
представúтель representative
приобретáть get, buy, purchase
ремóнт repair
сознáние consciousness
торжествýюще triumphantly
хáрьковский from Khar'kov

Упражнения к тексту

1. *Будьте готовы ответить на вопросы преподавателя, как в образцах.*
Образец А:
— Всё-таки я не понимаю, Лиза, *куда* прибыл театр, *на Кавказ*?
— Что же тут непонятного? Конечно, на Кавказ.
Или: — Я сама не понимаю. Давай спросим у Синди. Синди, *куда* прибыл театр, *на Кавказ*?

Образец Б:
— Дороти, вы не помните, монтёр *соглашался* на десять рублей?
— Конечно помню. Он не соглашался на десять рублей, но согласился на двадцать.
Или: — Нет, не помню. Кажется, нет. Может быть, Джейн помнит?

Образец В:
— Наташа, мне *кажется*, что Воробьянинов хорошо знал языки, или он *действительно* знал французский и немецкий?
— Вам кажется. Насколько я поняла, ему было трудно сказать даже простую фразу.
Или: — Я сама не поняла. По-моему, он знал французский и немецкий довольно хорошо.

Вопросы могут относиться к разным фразам из текста, например:
На шестой день Остап свёл знакомство с монтёром театра, пьяницей Мечниковым.
— Всё-таки я не понимаю, Оля, *с кем* Остап свёл знакомство, *с монтёром*?
Или: — ... *когда* Остап свёл знакомство с Мечниковым, *на шестой день*?
Или: — ... *с каким* монтёром Остап свёл знакомство, *с Мечниковым*?

2. *Прочитайте следующие фразы из текста и упростив их, как в образце, подготовьте устный пересказ текста.*

Образец:

Текст: Проходили дни, и друзья выбивались из сил, ночуя на скамейке у места дуэли Лермонтова и прокармливаясь переноской багажа туристов.

Ваш пересказ: Остап и Воробьянинов ночевали на скамейке. Чтобы заработать деньги на жизнь, они переносили багаж туристов. Им было очень трудно — как написано в тексте, они выбивались из сил.

На шестой день Остап свёл знакомство с монтёром театра, пьяницей Мечниковым. По наблюдению Остапа, Мечников продавал на рынке кое-какие предметы из театра.

Остап принял из рук удивлённого Ипполита Матвеевича его пиджак, бросил его в пыль и стал топтать ногами. Ипполит Матвеевич стал ещё грязнее, чем был.

Вы сейчас на французском, немецком и русском языках будете просить подаяния, говоря, что вы бывший член Государственной думы.

Остап входил на галлерею, высеченную в скале. Галлерея кончалась балкончиком. Стоя на этом балкончике, можно увидеть далеко внизу какую-то зелёную лужу. Всё это называется Провалом.

Провал считается достопримечательностью Пятигорска, и каждый день его посещает большое число экскурсий и туристов-одиночек. Остап остановился у входа в Провал и достал из кармана книжку квитанций, купленную в магазине за последний гривеник.

На другое утро монтёр получил деньги и вечером принёс стулья. Друзья забрались с ними на гору Машук. Остап глянул в звёздное небо и приступил к вскрытию стула.

Результаты вскрытия поразили обоих компаньонов: в стульях ничего не было.

— В конце концов, — сказал Остап голосом выздоравливающего больного, — теперь у нас осталось сто шансов из ста. Последний стул исчез на территории Октябрьского вокзала, но отнюдь не провалился сквозь землю. Заседание продолжается.

3. а) *Разыгра́йте диало́г ме́жду Оста́пом и монтёром Ме́чниковым.*

Оста́п предлага́ет вы́пить и расска́зывает о то́м, что о́н вчера́ бы́л в теа́тре и ви́дел краси́вые сту́лья. Ему́ нехвата́ет и́менно таки́х сту́льев для гости́ного гарниту́ра. Ме́чников называ́ет Оста́па «ду́сей» и соглаша́ется.

Испо́льзуйте сле́дующие слова́ и выраже́ния:

за всё де́ло деся́тку	бери́те два́дцать
Вы́ меня́ обижа́ете.	де́ньги вперёд
Ско́лько вы́ хоти́те?	по глаза́м ви́жу
казённое иму́щество	

3. б) *Разыгра́йте диало́г ме́жду Оста́пом и Воробья́ниновым.*

Оста́п тре́бует, чтобы Воробья́нинов зараба́тывал на жи́знь че́стным трудо́м, то́-есть, чтобы о́н проси́л подая́ния как бы́вший член Госуда́рственной ду́мы. Воробья́нинов отка́зывается, говоря́, что о́н никогда́ не протя́гивал руки́. Оста́п ему́ говори́т, что о́н протя́нет но́ги. О́н напомина́ет Воробья́нинову, что о́н, Оста́п, его́ ко́рмит и по́ит уже́ три́ ме́сяца. Воробья́нинов, как всегда́, покоря́ется Оста́пу.

Испо́льзуйте сле́дующие слова́ и выраже́ния:

ни́щий	корми́ть, пои́ть
зараба́тывать на жи́знь че́стным трудо́м	бро́сить пиджа́к
проси́ть подая́ния	топта́ть пиджа́к нога́ми
протяну́ть но́ги	поли́ть пиджа́к нарза́ном
не протя́гивал руки́	посы́пать P, посыпа́ть I пиджа́к пы́лью
жи́ть на мо́й/сво́й/чужо́й счёт	

3. в) *Вы́ встреча́ете Ипполи́та Матве́евича на куро́рте. Вы́ вы́глядите и чу́вствуете себя́ гора́здо лу́чше, чем о́н:*

Вы́:	О́н:
сы́ты	го́лоден
вы́бриты	небри́т
подстри́жены	нестри́жен
чисты́	гря́зен
оде́ты в санда́лии, шо́рты и ле́тнюю руба́шку	оде́т в тяжёлые сапоги́, дли́нные брю́ки и пы́льный пиджа́к
ве́селы	мра́чен
дово́льны жи́знью	недово́лен

Начни́те тако́й разгово́р:

Вы́: — Ипполи́т Матве́евич! Что́ с тобо́й? Ты́ тако́й голо́дный, небри́тый, нестри́женный, гря́зный; на тебе́ тяжёлые сапоги́ и пы́льный пиджа́к!

О́н: — Зави́дую я тебе́, Пе́тя! Ты́ тако́й сы́тый, вы́бритый, подстри́женный, чи́стый, весёлый, дово́льный жи́знью; на тебе́ санда́лии, шо́рты, и ле́тняя руба́шка, ты́ тако́й краси́вый!

Вы́: — Да́, мне́ повезло́ в жи́зни... (*Расскажи́те о свои́х успе́хах. Употребля́йте таки́е выраже́ния:* сде́лать карье́ру, зараба́тывать на жи́знь че́стным трудо́м, найти́ отли́чную рабо́ту, уда́чно жени́ться на краси́вой, бога́той же́нщине *и так да́лее.*)

О́н: — А мне́ не повезло́ в жи́зни. (*Расска́зывает свою́ исто́рию:* не́т не то́лько ключа́, но да́же кварти́ры; не́т де́нег, не́чего е́сть, прихо́дится носи́ть бага́ж бога́тых тури́стов. Жена́ умерла́, дете́й не́т, да́же тёща умерла́; тёща была́ ду́ра, зашила́ брилья́нты в како́й-то сту́л, найти́ сту́л о́чень тру́дно; связа́лся с жу́ликом и моше́нником, кото́рый над ни́м смеётся; е́сть не́чего, прихо́дится выбива́ться из си́л, проси́ть подая́ния *и та́к да́лее.*)

DIALOGS

Диало́г 1: Ге́ра и Ва́ля

— Ва́лька! А ско́лько на́м даду́т за э́ти буты́лки? По[1] ско́лько за шту́ку?
— Не зна́ю. Ско́лько-нибудь даду́т.
— Не люблю́ я буты́лки сдава́ть.[2] Всё равно́ что[3] подая́ния проси́ть. Дава́й не пойдём!
— Бери́ буты́лки и пошли́.[4] Ско́лько даду́т, сто́лько[5] и даду́т. Или у тебя́ е́сть други́е исто́чники дохо́да?!

Диало́г 2: Лёва и Ми́нна

— Ми́нна, вы́ меня́ удивля́ете. Привели́ меня́ в э́ту студе́нческую столо́вку,[6] взя́ли мне́[7] соси́ски, кото́рые невозмо́жно е́сть!
— Посы́пьте со́лью и поле́йте ке́тчупом. Уви́дите, что ва́м понра́вится. Тем бо́лее,[8] что заплати́ла за ни́х я́.[9]
— На́до бы́ло пойти́[10] в хоро́ший рестора́н, как я и[11] предлага́л. Про́сто[12] я бы́л сли́шком го́лоден, чтобы наста́ивать.
— Тепе́рь вы́ сы́ты, и мы́ мо́жем пойти́ пи́ть ко́фе в са́мое шика́рное кафе́.

Диало́г 3: продаве́ц лотере́йных биле́тов и Лёв Матве́евич

— Приобрета́йте[13] лотере́йные биле́ты! Приобрета́йте лотере́йные биле́ты! Проигра́ть мо́жно то́лько ты́сячу рубле́й, а вы́играть — автомоби́ль «Во́лгу»!
— А е́сли мне́ не нужна́ маши́на? Мне́ её и держа́ть-то не́где.[14]
— Мо́жете получи́ть деньга́ми, и на э́ти де́ньги корми́ть, пои́ть и одева́ть[15] своё семе́йство.
— Да́, э́то ле́гче, че́м зараба́тывать на жи́знь[16] че́стным трудо́м.

DIALOG COMMENTS

1. **По ско́лько за шту́ку?** 'How much apiece?' (*Lit.*, How much each per piece?)

> The preposition по in the distributive meaning 'each' governs the Dative case when a singular noun or the numeral оди́н follows; it governs the Accusative case when anything else follows (including ско́лько, as in the dialog). (Some people use Dative [по пяти́ я́блок] with numerals five and up.)

На́м да́ли по пятаку́ (Dat.) за буты́лку (Acc.).	We were given five kopecks (a five-kopeck piece) for each bottle.
На́м да́ли по (одному́) я́блоку (Dat.).	We were given an apple each.
На́м да́ли по два́ (Acc.) я́блока (Gen.Sg.).	We were given two apples each.
На́м да́ли по пя́ть (Acc.) я́блок (Gen.Pl.).	We were given five apples each.

> The idea of 'each' can be expressed by ка́ждый and 'per' by за.

(An artificially literal translation of such sentences sounds redundant [e.g., 'we were each paid 1 ruble each per book'] but the Russian is normal.)

За ка́ждую буты́лку ва́м, мо́жет бы́ть, даду́т по гри́веннику.	Maybe you'll get 10 kopecks a bottle (for each bottle).
За ка́ждую буты́лку ва́м даду́т по двена́дцать копе́ек.	You'll get 12 kopecks a bottle.
По ско́лько арбу́зы? (colloq.)	How much are the watermelons (each)?
За ка́ждый арбу́з плати́те по два́ рубля́.	Pay two rubles apiece for the watermelons.
Я́ купи́л арбу́зы по два́ рубля́ за шту́ку. (colloq.)	I bought watermelons at 2 rubles apiece.'

2. **буты́лки сдава́ть** 'return bottles.'
   Сда́ть/сдава́ть means 'return' in the sense of 'hand in.' This verb pair also means 'take/pass' an exam.

Не зна́ешь, когда́ нам курсовы́е сдава́ть?	Do you know when we're supposed to turn in the term papers?
Мо́жно нам сда́ть курсовы́е рабо́ты на сле́дующей неде́ле?	Can we hand in our term papers next week?
Сдава́йте буты́лки в чи́стом ви́де!	Make sure your bottles are clean when you return them!
Когда́ нам сдава́ть экза́мен?	When do we take the exam?
Ты́ сдала́? — Сдала́.	Did you pass? — Yes, I did.

3. **Всё равно́ что подая́ния проси́ть.** 'It's just like begging' (=It's the same thing as begging.)

Купа́ться в на́шем о́зере — всё равно́ что пла́вать в бассе́йне: ску́чно!	Going swimming in our lake is just like swimming in a pool — it's boring!

4. **пошли́** 'let's go'
   The past tense can mean 'let's'; it is used within a friendly group. Пойдём(те) is much more polite.

Пошли́ в кино́?	Shall we (Let's) go to the movies?
Ну́, ребя́та, пошли́ занима́ться.	OK, guys, let's go study.

5. **Ско́лько даду́т, сто́лько и даду́т** 'They'll give what they'll give (come what may).'

Ско́лько зарабо́таешь, сто́лько и полу́чишь.	You'll get what you earn.

6. **столо́вка** (disparaging) = столо́вая.
7. **взя́ли мне соси́ски** 'You got (bought) me franks.'
   In the context of *shopping*, взять is often used (colloquially!) in the sense of купи́ть.

Пойдёшь в моло́чный, возьми́ мне буты́лку кефи́ра.	If/When you go to the dairy, get me a bottle of kefir.

8. **Тем бо́лее, что** 'especially since, the more so since'
9. **заплати́ла за ни́х я** '*I'm* the one who paid.'

   > Putting the subject of a sentence last is a device that can be used for double contrast.

   In the following sentence the contrast is between (1) *starting* and *finishing* and (2) *Masha* and *I*.

Начала́ рабо́ту Ма́ша, а ко́нчила я.	Masha started the job, but I'm the one who finished it.

   > To contrast only the subject, use э́то:

Э́то я ко́нчила рабо́ту.	*I* finished the job (not anybody else).

10. **На́до бы́ло пойти́ ...** 'We should have gone...'
11. **как я и предлага́л** 'just as I suggested.'
12. **про́сто ...** 'It's just [that I was too hungry to insist].'
13. **Приобрета́йте** 'Get.'
    The verb приобрета́ть/приобрести́ 'get, acquire' can be used as a synonym of покупа́ть/купи́ть, as in this dialog. (It can also be used to *acquire honor, fame, glory,* and other such abstract things.) Other ways of *getting* depend on how the thing is transmitted (whether it is sent, handed out, or obtained with some difficulty).

(1) If the thing is sent (посыла́ть/посла́ть), then 'get/receive' is получа́ть/получи́ть:

| Я сего́дня получи́ла письмо́, кото́рое брат посла́л ме́сяц наза́д. | Today I got a letter that my brother sent a month ago. |

(2) If the thing is distributed or handed out (выдава́ть/вы́дать), then 'get/take/receive' is also получа́ть/получи́ть.

Сего́дня зарпла́ту не выдаю́т, я за́втра получу́.	They're not giving out our pay today, so I'll get it tomorrow.
Не забу́дьте получи́ть за́втра зарпла́ту.	Don't forget to get your pay tomorrow.
Получи́те биле́т. (=Возьми́те)	Take your ticket (that I'm handing you).
Мы получи́ли пре́мию.	We got a bonus.

(3) If there is no willing giver and you have to make some effort to get the thing (either *go* somewhere and get it, or get it by overcoming some obstacle), 'get/fetch/obtain' is достава́ть/доста́ть.

| Доста́нь молоко́ из холоди́льника. | Fetch (Go and get) the milk from the refrigerator. |
| Он доста́л де́ньги из карма́на. | He got/took the money out of his pocket. |

(4) брать/взять is similar to достава́ть/доста́ть, but there is no implication of any obstacle.

Возьми́ кни́гу со стола́.	Get/Take the book from the table. (No obstacle, not доста́ть)
Возьми́ кни́гу с по́лки.	Get/Take the book from the shelf.
Доста́нь кни́гу с по́лки.	Get/Take the book from the shelf (perhaps a high shelf).
Возьми́ де́нег в ба́нке.	Get money from the bank. (Not доста́ть — getting money from the bank is a normal transaction.)
Где ты доста́л э́ти биле́ты?	Where did you [manage to] get those tickets?

Sometimes it doesn't make too much difference whether you use взять or доста́ть:

| Возьми́/Доста́нь де́ньги из я́щика. | Get/Take the money out of the drawer. |

But compare:

Я доста́ну де́ньги у роди́телей.	I'll get money from my parents. (With some effort.)
Я получу́ де́ньги от роди́телей.	I'll get money from my parents. (They're sending it to me.)
Я возьму́ де́ньги (в долг) у роди́телей.	I'll get (borrow) money from my parents.

14. **Мне её и держа́ть-то не́где** 'I don't even have a place to keep it.'
15. **корми́ть, пои́ть и одева́ть своё семе́йство** 'provide for your family' (*Lit.*, feed, give to drink, and clothe).
16. **зараба́тывать на жизнь** 'earn one's living.'

Упражнения к диалогам

4. *Подготовьтесь к тому, чтобы расспросить «Геру» и «Валю» после того, как они отнесут бутылки в магазин. Вы можете задать им такие, например, вопросы:*

— Валя! Сколько вам дали за все бутылки?
— А по сколько дали за штуку?
— Стоило ли нести бутылки в магазин?
— В какой магазин вы их отнесли?
— Может быть, в другом магазине дали бы больше?
— Что вы будете делать с деньгами?
— Из-под чего были бутылки, из-под вина или из-под лимонада?

5. *Будьте готовы к тому, чтобы после разговора «Лёвы» и «Минны» сказать, что вы тоже любите ходить в хорошие рестораны или кафе/есть в дешёвых столовых/сами за себя платить и т. д. Или вы любите, чтобы за вас платили другие? Вы можете сказать, например:*

— Когда мы с другом ходим в кино, я всегда сама за себя плачу.
— Когда я ем с родителями в ресторане, они всегда платят за обед, а я за десерт.
— Я люблю, чтобы за меня платили в кино, но не люблю, чтобы платили за мои обеды.
— Хорошо, когда за тебя платят. Мне это нравится.
— Я считаю, что каждый должен сам за себя платить.

6. *Подготовьтесь к тому, чтобы после диалога 3 расспросить других студентов о лотерее, о главном выигрыше и так далее. Приготовьте такие, например, вопросы:*

— Какой главный выигрыш в этой лотерее?
— А можно получить деньгами?
— Легко зарабатывать на жизнь честным трудом?
— Ты покупаешь лотерейные билеты?
— Ты когда-нибудь выигрывала в лотерею?
— Что бы ты сделала, если бы ты выиграла сто тысяч долларов в лотерею?

Лéксико-граммати́ческие упражнéния

7. *Вы́учите страда́тельные прича́стия слéдующих глагóлов, их крáткие и пóлные фóрмы (short and long forms). Grammar 24.*

-т	**-ен**	**-н**
вы́тереть wipe	наклéить glue on	убрáть put away
стерéть erase	склéить glue together	нарисовáть paint, draw
заверну́ть wrap up	пригото́вить prepare	написáть write
помы́ть wash	расстáвить arrange	зарабóтать earn
поли́ть water	состáвить put together	смешáть mix
сши́ть sew	почи́стить clean	
наня́ть hire	укрáсть steal	
	подстри́чь cut, give a haircut	
	купи́ть buy	

8. *Отвéтьте преподавáтелю, кáк в образцáх.*

Образéц А:

Преподавáтель: — Тóм, вы́ провéрили, кáк Бéн убрáл в кóмнате?
Тóм: — Провéрил — у́брано плóхо/неплóхо/отли́чно/хорошó/аккурáтно.

Образéц Б:

Преподавáтель: — Тóм, вы́ провéрили, кáк Бéн убрáл кóмнату?
Тóм: — Провéрил — кóмната у́брана плóхо неплóхо/отли́чно/хорошó/аккурáтно.

Note: there is no difference in meaning between the two models; in the impersonal sentence (A) use the neuter form; in the personal (Б) use the masc., neut., or fem. as required by the subject.

убрáл в гости́ной   пригото́вил зáл к лéкции
наклéил объявлéние   расстáвил мéбель
склéил модéль парохóда заверну́л кни́ги в бумáгу
нарисовáл плакáт   помы́л пóл
написáл упражнéние   поли́л огорóд
вы́тер стóл   почи́стил плиту́
стёр с доски́   подстри́г траву́

9. *Отвéтьте преподавáтелю, кáк в образцé.*

Образéц:

Преподавáтель: — Почему́ скамéйка ещё не покрáшена, Вáся?
Вáся: — Вы́ меня́ ужé спрáшивали об э́той непокрáшенной скамéйке. Я́ её зáвтра покрáшу.

руба́шка	сши́ть	сапоги́	укрáсть
лóдка	наня́ть	сочинéние	написáть
обéд	пригото́вить	дéньги на кинó	зарабóтать
пиджáк	почи́стить	крáски	смешáть
спи́сок	состáвить	плакáт	нарисовáть
проду́кты	купи́ть	модéль парохóда	склéить
объявлéния	наклéить		

214   Lesson 16

10. *Бу́дьте гото́вы вести́ тако́й разгово́р.*
Образе́ц:

Преподава́тель: — Ва́ся, вы́, ка́жется, собира́лись покра́сить скаме́йку?
Ва́ся: — Скаме́йка покра́шена.
Преподава́тель: — О чём мы́ говори́м, Ди́ма?
Ди́ма: — Мы́ говори́м о покра́шенной Ва́сей скаме́йке.

руба́шка	сши́ть	сапоги́	укра́сть
ло́дка	наня́ть	сочине́ние	написа́ть
обе́д	пригото́вить	де́ньги на кино́	зарабо́тать
пиджа́к	почи́стить	кра́ски	смеша́ть
спи́сок	соста́вить	плака́т	нарисова́ть
проду́кты	купи́ть	моде́ль парохо́да	скле́ить
объявле́ния	накле́ить		

11. *Перево́д: Переведи́те, употребля́я (где ну́жно) страда́тельные прича́стия.*

Sentence 2. *money they earned*: translate as "the earned money."
Sentence 3. The Russian word ры́нок can mean *farmers' market, flea market,* or *market* in general.
Sentence 4. *realize* поня́ть.
Sentence 6. Reread text comment 12.
Sentence 7. *dusty* translate as 'sprinkled with dust.' *Kept saying:* use Impf. for 'say.'
Sentence 8. Use the то́, что construction to translate *by selling*.

(*Review the Text*)

1. The Columbus theater gave performances in Pyatigorsk. The tour was organized by the manager. Everyone was pleased with the well-organized tour.
2. Ostap and Ippolit Matveevich earned money by honest labor. But they couldn't live on the money they earned.
3. Ostap saw the electrician selling things from the theater in the market. One of the lamps stolen by the electrician was sold for 5 rubles.
4. Ostap realized that the electrician was a drunkard, and that he was selling stolen things.
5. Were the chairs already bought? No, because Ostap had not yet received the money sent to him by his friend from Moscow. Did he have a friend in Moscow who sent him the money? No, it was a joke.
6. Ostap asked Ippolit Matveevich to take off his jacket. After that, the jacket was sprinkled with dust and mineral water.
7. In his dusty jacket, Ippolit Matveevich asked for alms. He kept saying that he was a former member of the Duma.
8. Ostap earned money by selling tickets to the gap. He was selling tickets from the book bought on his last dime.
9. In the chairs that had been brought by the electrician, there were no diamonds. Both partners fainted. They were unconscious.

(*Review the Dialogs*)

10. Put some ketchup on your frankfurters and eat. No thank you, I'm already full.
11. If you play cards, you will lose all your money. How will you then feed and clothe your family?

ROOTS

1 a) ТЯГ- (→тяг-, тя(н)-, тяж-) pull, tug, -*tract*; heavy, weight

The final consonant (г) does not appear before the suffix -ну(ть), as is the case with many verbs, e.g., двигать vs. двинуть 'move.' Prefixed Perfective verbs from the stem -тянуть have Imperfective partners from the stem -тягивать; the unprefixed verb тянуть itself is Imperfective.

тянуть drag; pull, draw; haul
тянуть жребий draw lots

тянуться stretch, extend, last
тянуть с ответом delay in answering

> тянуть кого-нибудь за рукав pull somebody by the sleeve
> Его болезнь тянется очень долго. His illness is dragging on.

протянуть/протягивать stretch out, extend
притянуть/притягивать attract

протянуть ноги kick the bucket

> Магнит притягивает железо. A magnet attracts iron.
> Земля притягивается солнцем. The Earth is attracted by the sun.

подтянуть/подтягивать pull up, draw up, haul; join in, take a hand in

> Он пел, а они подтягивали. He sang and they joined in.
> Он подтянулся на трапеции. He pulled himself up onto the trapeze.

натянуть/натягивать stretch, pull on
затянуть/затягивать tighten

натянутые отношения strained relations
затянуться/затягиваться inhale (smoking)
Не затягивайся! Don't inhale!

тяжёлый heavy; ponderous; painful

тяжесть heaviness; gravity

> тяжёлый чемодан heavy suitcase
> тяжёлое положение difficult situation
> тяжело вздыхать sigh heavily
>
> центр тяжести center of gravity
> тяжёлые времена hard times
> тяжёлый стиль ponderous style

1 b) ТУГ- (→туг-, туж-; тяз-) tight, taut, *tension*

истязать torture
притязать pretend, lay claim to
тугой tight, taut

истязание torture
притязание pretension, claim
туже tighter, tauter

> Механик туго натянул проволоку. The mechanic stretched the wire tight.

2. НИЗ- (→низ-, нис-, нищ-, ниж-) down, low; poor, poverty

низкий low; base, mean
низ bottom, lower part
вниз downward
вниз по течению downstream
Нижний Новгород
понизить цены lower prices
унизить humble, humiliate
нищий destitute, indigent; beggar
нищета destitution, poverty; the poor

ниже lower
низость baseness, meanness
внизу down below, downstairs
снизу from below
нижнее бельё underclothes
понизить голос lower one's voice
унижение humiliation
нищенство begging, beggary

> Температура больного понизилась. The patient's temperature has gone down.
> Самолёт снизился. The airplane lost altitude/went lower.

ДИК И ДЖЕЙН

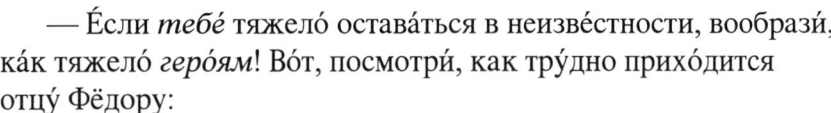

— Послушай, Дик, семестр кончается, в учебнике осталось всего два урока, а я до сих пор не знаю, кто найдёт брильянты: священник, Воробьянинов или Остап? Да и найдут ли их вообще? От этой сатиры всего можно ожидать. Может быть и нет никаких брильянтов? Довольно тяжело так долго оставаться в неизвестности.

— Если *тебе* тяжело оставаться в неизвестности, вообрази, как тяжело *героям*! Вот, посмотри, как трудно приходится отцу Фёдору:

Третье письмо отца Фёдора в город Н.

Дорогая и бесценная моя Катя!

Город Баку очень большой. Здесь, говорят, добывают керосин. Живописный город омывается Каспийским морем. Оно действительно очень велико по размерам. Жара здесь страшная. На одной руке ношу пальто, на другой пиджак — и то жарко. То и дело балуюсь чайком. А денег почти что нет. Инородцев здесь множество. Отсюда, матушка моя, до Турции недалеко. Был я и на базаре, и видел я много турецких вещей и шалей. Захотел я тебе в подарок купить мусульманское покрывало, только денег не было. И подумал я, что когда мы разбогатеем, тогда и мусульманское покрывало купить можно будет.

Впрочем, ближе к делу.

Ох, матушка, забыл тебе написать про два страшных случая, происшедших со мною в городе Баку: 1) уронил пиджак в Каспийское море и 2) в меня на базаре плюнул верблюд, хотя я его не тронул, а даже сделал ему приятное — пощекотал хворостинкой в ноздре. А пиджак, когда его выловили из моря, оказался весь в керосине.

Перечёл письмо и увидел, что о деле ничего не успел тебе рассказать. Инженера Брунса в городе Баку сейчас нет. Он уехал в отпуск в город Батум. Живёт он там на даче. Чтобы доехать отсюда до Батума, нужно 15 рублей с копейками. Вышли двадцать сюда телеграфом.

Твой вечно муж Федя

Пост-скриптум. Когда я относил письмо в почтовый ящик, у меня украли пальто. Я в таком горе! Хорошо, что теперь лето!

Телегра́мма, отпра́вленная отцо́м Фёдором из Бату́ма жене́, в го́род Н.

> *Това́р нашёл вы́шли две́сти три́дцать телегра́фом прода́й что́ хо́чешь Фе́дя*

Телегра́мма, полу́ченная отцо́м Фёдором в Бату́ме от жены́, из го́рода Н.

> *Продала́ всё оста́лась без одно́й копе́йки це́лую и жду́ Ка́тя*

— Его́ жене́ то́же прихо́дится не сла́дко!
— Ну во́т ты́ и нашла́ в рома́не же́нщину, кото́рой мо́жно посочу́вствовать!

Пойдем, старичок. Мы должны выпить пива и отдохнуть. Вас не шокирует пиво, предводитель?

Урок 17: Снова Москва

В дождливый день в конце октября Ипполит Матвеевич ждал Остапа в комнате Иванопуло. Остап, видевший[1] Ипполита Матвеевича ежедневно, не замечал в нем никакой перемены. Между тем[2] Ипполит Матвеевич переменился необыкновенно. И походка у него была уже не та,[3] и выражение глаз сделалось дикое, и усы были уже не параллельны земле, а почти перпендикулярны.

Изменился Ипполит Матвеевич и внутренне. В характере его появились решительность и жестокость. После бегства от васюкинских любителей шахмат и после нищенства в Пятигорске Ипполит Матвеевич затаил[4] к своему компаньону тайную ненависть.

В последнее время Ипполита Матвеевича мучили сильнейшие подозрения. Он боялся, что Остап найдет и вскроет стул сам. Каждый день он думал, что Остап больше не придет, и он, бывший предводитель дворянства, умрет голодной смертью[5] под мокрым московским забором.

Но Остап приходил каждый вечер. Энергия его была неисчерпаема. Надежда ни на минуту не оставляла его.

В коридоре раздался топот ног, кто-то ударился о[6] несгораемый шкаф, и фанерная дверь распахнулась. На пороге стоял великий комбинатор. Он тяжело дышал.

— Ипполит Матвеевич! — закричал он. — Слушайте, Ипполит Матвеевич!

Воробьянинов удивился. Никогда еще великий комбинатор не называл его по имени и отчеству. И вдруг он понял...

— Есть?

— В том-то и дело, что есть! Ах, Киса, черт вас возьми!

— Не кричите, все слышно.

— Верно, верно, могут услышать, — зашептал Остап. — Есть, Киса, есть, и если хотите, я могу продемонстрировать его сейчас же. Он в клубе на вокзале, в новом клубе железнодорожников[7]... Вчера было открытие[8]...

Остап выбежал в коридор. Воробьянинов присоединился к нему на лестнице. Они побежали по мокрым улицам на Каланчёвскую площадь. Они не сообразили даже, что можно сесть в трамвай.

Стул стоял в комнате шахматного кружка и имел самый обыкновенный вид, хотя и таил[4] в себе сокровище. Остап потащил Воробьянинова в коридор и подвел его к окну.

— Через это окошечко, — сказал он, — мы легко попадем в клуб в любой час сегодняшней ночи. Запомните, Киса, — третье окно от подъезда. Пойдем, старичок, мы должны выпить пива и отдохнуть. Вас не шокирует пиво, предводитель? Не беда. Завтра вы будете пить шампанское в неограниченном количестве.

TEXT COMMENTS (1)

1. **DEVERBAL FORMS**
   ви́девший (ви́деть – past active ptcpl.)   who had seen, was seeing
2. **Ме́жду те́м** 'meanwhile.'
3. **уже́ не та́** [что пре́жде] 'not the same [as before; as it used to be].'
4. **затаи́л к своему́ компаньо́ну та́йную не́нависть** 'began to harbor a secret hatred towards his companion.' The verb таи́ть means 'hide, conceal,' and it occurs in that meaning later in this episode.
5. **умрёт голо́дной сме́ртью под мо́крым моско́вским забо́ром** 'die a hungry wet death by a Moscow fence.' Note the Instrumental of голо́дная сме́рть 'death of starvation.'
6. **о несгора́емый шка́ф** Recall that o + Acc. means 'against.'
7. **клу́б железнодоро́жников** 'railway workers club.'
8. **откры́тие** 'opening,' i.e., the ceremony attending the opening of the new railway workers club.

TEXT GLOSSARY (1)

вну́тренне internally, inside
ди́кий wild
ежедне́вно daily
жесто́кость cruelty
кружо́к circle, club
му́чить torture
наде́жда hope
неисчерпа́емый inexhaustible
неограни́ченный unlimited
переме́на change

подозре́ние suspicion
подъе́зд entrance
поро́г threshold
похо́дка gait, step
распахну́ться fly open
сокро́вище treasure
сообрази́ть realize
то́пот tread, tramp
удиви́ться become surprised

Идя[9] из пивной в общежитие, Остап обнимал Ипполита Матвеевича за плечи и говорил с нежностью:

— Вы чрезвычайно симпатичный старичок, Киса, но больше десяти процентов я вам не дам. Ей-богу, не дам. Ну зачем вам, зачем вам столько денег? Ну что вы купите, Киса? Ну что? Ведь у вас нет никакой фантазии....

Ипполит Матвеевич быстро ушел вперед. Шутки эти доводили его до бешенства.[10]

Остап догнал Воробьянинова у входа в общежитие.

— Вы в самом деле на меня обиделись? — спросил он. — Я ведь пошутил. Знаете, Киса, я, кажется, ничего вам не дам. А возьму я вас, Кисуля, к себе в секретари.[11] А? Сорок рублей в месяц, четыре выходных дня... А? Подходит вам это предложение?

Ипполит Матвеевич угрюмо вошел в комнату.

— Ну, готовьте карманы, — сказал Остап. — В клуб мы пойдем перед рассветом. Это наилучшее время. Сторожа спят и видят сладкие сны. А пока советую вам отдохнуть.

Остап улегся на трех стульях, собранных[9] в разных частях Москвы, и заснул беспечным сном.

Ипполит Матвеевич посмотрел на спящего[9] Остапа, взял с подоконника бритву, положил ее в карман и вышел в коридор. Здесь было тихо. На лестнице никого не было. Предводитель кошачьим шагом вернулся в комнату и снова прислушался. Остап спал тихо. Ипполит Матвеевич обмотал руку полотенцем, вынул из кармана бритву и погасил свет. Комната была освещена[9] теперь голубоватым аквариумным светом уличного фонаря.

Ипполит Матвеевич изо всей силы[12] всадил бритву в горло Остапа и отскочил к стене. Великий комбинатор издал звук, какой издает кухонная раковина, всасывающая[9] остатки воды. Уличный свет поплыл по черной луже на полу.

«Что это за лужа? — подумал Ипполит Матвеевич. — Да, да, кровь... Товарищ Бендер скончался».

И он удалился, тихо прикрыв[9] дверь.

TEXT COMMENTS (2)

9. **DEVERBAL FORMS**

всáсывающий (всáсывать – present active ptcpl.)	sucking in, sucking down
идя́ (идти́ – present adverb)	coming/going
освещённый (освети́ть – past passive ptcpl.)	illuminated
прикры́в (прикры́ть – past adverb)	having closed
со́бранный (собра́ть – past passive ptcpl.)	collected
спя́щий (спа́ть – present active ptcpl.)	sleeping

10. **Шу́тки э́ти доводи́ли его́ до бе́шенства.** 'These jokes drove him to distraction.'

11. **А возьму́ я́ ва́с, Кису́ля, к себе́ в секретари́.** 'And I'll take you on as my secretary, Kisulya.' Ostap makes his well-meant kidding the more insulting by using the endearing diminutive Кису́ля, but note that he still uses the вы-form. There is a lot of real tenderness in Ostap's speech. The form секретари́ is a special Accusative Plural (you'd expect the ending -е́й because it is animate) used after the preposition в in phrases with the general meaning 'to join a profession.' Cf. О́н пошёл в солда́ты 'He joined the army.'

12. **изо всей си́лы** 'with all his might.'

TEXT GLOSSARY (2)

беспе́чный carefree	пивна́я tavern
бри́тва razor	погаси́ть extinguish, turn off
выходно́й (day) off, free (day)	подоко́нник windowsill
догна́ть catch up, overtake	подходи́ть suit, be appropriate
зву́к sound	подъе́зд entrance
коша́чий cat-like	полоте́нце towel
кро́вь blood	ра́ковина sink, lavatory bowl
ку́хонный kitchen	рассве́т dawn, daybreak
не́жность tenderness	сконча́ться pass away, die
оби́деться become offended	сла́дкий sweet
обмота́ть wrap, wind (around)	сто́рож guard
оста́ток residue	фанта́зия imagination
отскочи́ть jump away, jump back	чрезвыча́йно extraordinarily, extremely

Упражне́ния к те́ксту

1. *Отве́тьте на вопро́сы преподава́теля, ка́к в образца́х.*

Образе́ц А:
— Мне́ всё поня́тно/я́сно, Ми́ша, кро́ме одного́: *где́* Ипполи́т Матве́евич жда́л Оста́па?
— Ну что́ же ту́т непоня́тного/нея́сного? О́н жда́л Оста́па в ко́мнате студе́нта Ивано́пуло.

Или: — Мне́ то́же нея́сно, *где́* о́н жда́л Оста́па. Дава́й спро́сим у А́лика. А́лик, тебе́ я́сно, *где́* Ипполи́т Матве́евич жда́л Оста́па?

Образе́ц Б:
— Зна́ешь, Ри́чард, я́ та́к и не по́нял, *где́* Оста́п и Воробья́нинов тепе́рь живу́т?
— Е́сли я пра́вильно по́нял, они́ опя́ть живу́т в ко́мнате студе́нта Ивано́пуло.

Или: — Я́ и са́м не по́нял. Где́-то в Москве́.

Образец B:

— *Неожиданная/непонятная/странная/неприятная* история, правда, Энн? Я не думал, что Воробьянинов убьёт Остапа/что они найдут стул/что Воробьянинов пьёт пиво...
— Да, я тоже этого не ожидала.

Или: — А по-моему, ничего неожиданного в этом нет. Конечно, Воробьянинов ненавидел Остапа...

Постарайтесь так хорошо запомнить содержание текста, чтобы вы могли точно отвечать на конкретные вопросы, например:

Почему Остап не замечал перемен в Ипполите Матвеевиче?
Какое выражение глаз сделалось у Воробьянинова?
Что пишут авторы о его усах?
Какая погода была в тот день?...

2. *Подготовьте пересказ текста по такому плану:*

а) Остап и Ипполит Матвеевич снова живут в Москве, в комнате студента Иванопуло.
   Как изменился Воробьянинов внешне?
   Как изменился Воробьянинов внутренне?
   Почему в характере Ипполита Матвеевича появились перемены?
   Чего он боялся?
   Изменился ли Остап?

б) Остап приходит и сообщает о том, что нашёл стул.
   Как Остап вошёл в комнату?
   Как он назвал Ипполита Матвеевича и почему Ипполит Матвеевич удивился?
   Какие новости принёс Остап?
   Куда они сразу же пошли?
   Где стоял стул?
   Какой план был у Остапа?

в) Воробьянинов убивает великого комбинатора.
   О чём говорил Остап, когда они с Воробьяниновым возвращались из пивной?
   Как действовали шутки Остапа на Воробьянинова?
   Как Остап решил провести ночь?
   Что сделал Ипполит Матвеевич, прежде чем убить своего компаньона?
   Чем он его убил?
   О чём подумал Ипполит Матвеевич, глядя на чёрную лужу на полу?

3. *Перепишите этот текст в форме диалога и разыграйте его:*

Остап и Воробьянинов спорят о том, как поделить деньги. Остап предлагает, что он возьмёт все деньги себе, а Воробьянинова возьмёт в секретари: даст ему зарплату 40 рублей в месяц и четыре выходных в неделю. Остап говорит, что без него Воробьянинов не справился бы с поисками брильянтов, а он, Остап, мог бы и сам справиться с этим делом. Остап признаёт, что Воробьянинов — очень симпатичный старичок, и что он очень к нему привязался, но у Воробьянинова нет никакой фантазии, и он просто не знал бы, как потратить такие деньги. Остап напоминает Воробьянинову, что тот жил на его счёт, пока Остап его кормил, поил и воспитывал. Воробьянинов возражает, что он тоже что-то делал: в Васюках он наклеивал объявления о лекции, потом нанял лодку и ждал Остапа; в Пятигорске он посыпал свой пиджак пылью и пошёл просить милостыню, хотя до тех пор он никогда не протягивал руки. Остапу надоедает спорить; он говорит, что сначала надо найти брильянты, а потом их делить; он предлагает пойти спать. Воробьянинов говорит самому себе, что убьёт Остапа и заберёт все брильянты.

DIALOGS

Диало́г 1: Лю́ся и Во́ва
— У на́с вчера́ ве́чером све́т пога́с. Как ра́з когда́ я собра́лся[1] телеви́зор смотре́ть.
— И у на́с то́же све́та не́ было. Говоря́т, на электроста́нции пожа́р[2] бы́л, е́ле[3] погаси́ли.
— Е́сли сего́дня не почи́нят, что́ бу́дем де́лать?
— Приходи́ ко мне́. Зажжём све́чи, бу́дем ча́й пи́ть.

Диало́г 2: Влади́мир Серге́евич и администра́тор[4] клу́ба
— Скажи́те, ка́к попа́сть в клу́б на откры́тие вы́ставки?
— Купи́те биле́т в тре́тьем око́шке от две́ри, да и иди́те.[5]
— В тре́тьем око́шке? А ско́лько сто́ит биле́т? Пяти́ рубле́й хва́тит?[6]
— Три́ пятьдеся́т. Гото́вьте де́ньги без сда́чи.[7] У касси́ра ме́лочи[7] не́т.

Диало́г 3: Моисе́й Семёнович и Людми́ла
— Моисе́й Семёнович, у ва́с совсе́м испо́ртился хара́ктер.[8] Вы́ та́к кричи́те на свою́ жену́, что ва́с слы́шно на пя́том этаже́.
— Да́? И что́ же вы́ слы́шали та́м у себя́ на пя́том этаже́? Что́ я крича́л?
— Е́сли не ве́рите, мо́жете спроси́ть[9] у мои́х сосе́дей.
— Не обижа́йтесь на меня́,[10] Людми́ла, но по-мо́ему, ва́м про́сто хо́чется поговори́ть. А я сейча́с о́чень за́нят. До свида́ния.

DIALOG COMMENTS

1. **Ка́к ра́з когда́ я собра́лся** 'Just as I was ready [to watch TV].'
2. **пожа́р** These four words for 'fire' are to be distinguished: пожа́р, костёр, стрельба́, and ого́нь:
   — Use **пожа́р** 'fire, conflagration' if you need a fire-engine to put it out.
   — Use **костёр** 'fire, campfire' if you have a campsite.
   — Use **стрельба́** 'fire, shooting' if it emerges from a firearm.
   — Use **ого́нь** 'fire; light' if it has a flame (пла́мя); sometimes "flameless" electric light is also called ого́нь, e. g., огни́ Пятиго́рска on p. 206.
   Ого́нь can also be used as a military term, as the command: Ого́нь! 'Fire!'

3. **е́ле** 'barely, hardly, scarcely, just'

Она́ е́ле де́ржится на нога́х.	She can hardly stand on her feet.
Мы́ е́ле успе́ли. (Мы́ чу́ть не опозда́ли.)	We barely made it. (We almost missed it.)

4. **администра́тор**
   Translate this word as 'manager,' not 'administrator,' when it refers to the *positions* of people in charge of clubs, restaurants, hotels, and comparable enterprises. On the other hand, О́н хоро́ший администра́тор means 'He's a good administrator' — this phrase describes the man's quality, not his position.

5. **да и иди́те** 'and go right in'
6. **Пяти́ рубле́й хва́тит?** 'Is 5 rubles enough?' = 'Will 5 rubles be enough?' Reminder:

The verb хвата́ть/хвати́ть is an impersonal verb; the person is Dative and the thing is Genitive

   Russians use this verb much more commonly than the adjective доста́точно to express 'enough.'

Ему́ всегда́ хвата́ет де́нег	He always has enough money.

Lesson 17

(1) Note the future Perfective where English may have present tense:

| У меня сейчас 200 рублей. Этого хватит, чтобы съездить на юг. Хватит! | I have 200 rubles now. That's enough (Lit., 'will be enough') to take a trip to the South. That's enough! (That will be enough!) |

(2) Note the meaning 'be short' with нехватает:

| Мне нехватает (or не хватает) пяти рублей. | I'm short 5 rubles. |
| Мне нехватает (or не хватает) пяти рублей, чтобы купить рубашку. | I need 5 more rubles to buy this shirt. (I'm short 5.) |

7. **Готовьте деньги без сдачи** 'Exact change, please.'

> Сдача is the money you get back (coins or paper) when you have given the seller more than the price. This is distinct from мелочь 'change' in the sense of 'small change' (i.e., coins, not paper money).

Note that сдачу may have the variant сдачи which is part of the idiomatic expression давать/дать сдачи and получать/получить сдачи. Note other meanings:

Я не мог дать ему сдачу/сдачи, потому что у меня не было мелочи.	I couldn't give him his change because I didn't have any small change.
Она мне правильно дала сдачу/сдачи.	She gave me the right change.
Девушка, вернитесь! Вы сдачу/сдачи забыли!	Miss! Come back! You forgot your change!
Он дал мне пять рублей сдачи с двадцатипятирублёвой бумажки.	He have me 5 rubles change from a 25 ruble bill.
У вас есть мелкие деньги?	Do you have any change (small bills and/or coins)?
Нет, у меня только крупные деньги.	No, I've got only large bills.
У меня есть трёхрублёвая бумажка и пятирублёвая.	I have a three-ruble bill and a five.
Давайте трёшку.	Give me the three. (colloquial, like Eng. 'fiver')
Петька дал Ваське в нос, и Васька тут же дал ему сдачи: ударил Петьку по уху. Получив сдачи, Петька заплакал.	Petka hit Vaska on the nose, and Vaska immediately hit back — whacked him on the ear. After he got hit, Petka began to cry.

8. **У вас испортился характер** 'You've gotten grouchy, you've become an old grouch.'
9. **спросить у моих соседей**
   Reminder: This means the same thing as спросить моих соседей 'ask my neighbors.'

> With the verb спрашивать/спросить 'ask, inquire' you can use either an Accusative object or the у+Genitive construction for the person being asked (спросить жену or спросить у жены).

| Спроси Галю, она придёт завтра? | Ask Galya if she will come tomorrow. |
| Спроси у Гали, она придёт завтра? | (Same translation) |

> The verb просить/попросить also can be used either with Accusative object or with the preposition у and Genitive.

However, with this verb there is an important distinction between the two constructions:

| Он попросил жену передать икру. (Acc. + Infinitive) | He asked his wife to pass the caviar (= requested her to pass it). |
| Он попросил у жены икру. (Prepositional phrase + noun) | He asked his wife for the caviar (= requested it of her). |

10. **Не обижайтесь на меня, но ...** 'No offense, but...' (Don't be offended, but...)
    Another such phrase used to preface a potentially offensive remark is:

| Не сердитесь на меня, но ... | 'Don't get mad at me, but...' |

Упражнéния к диалóгам

4. *Подготóвьтесь начáть с товáрищем и́ли с подрýгой разговóр о тóм, что вчерá чтó-то помешáло вáшим плáнам, напримéр:*

— Кáк рáз когдá я собралáсь вчерá занимáться рýсской граммáтикой, пришлá Джéйн, и мы́ пошли́ в бáр.
— Кáк рáз когдá я собрáлся тебé вчерá позвони́ть, у нáс отключи́ли телефóн.
— Кáк рáз когдá я кóнчил обéдать и собрáлся идти́ в кинó, позвони́ли мои́ роди́тели, и я́ с ни́ми цéлый чáс разговáривал по телефóну.

Вы́ мóжете придýмать и бóлее ужáсное собы́тие, напримéр:

... начался́ пожáр у сосéдей ...
... случи́лось землетрясéние ...
... пошёл стрáшный дóждь... настоя́щий ли́вень... снéг... грáд...
... задýл такóй си́льный вéтер, что нельзя́ бы́ло вы́йти из дóма ...

Когдá к вáм обратя́тся с таки́м сообщéнием, скажи́те, что и вáши плáны тóже нарýшило какóе-то собы́тие.

Затéм договори́тесь дéлать чтó-нибудь вмéсте сегóдня,
    éсли, конéчно, опя́ть не придёт Джéйн, не позвоня́т роди́тели, не отклю́чат телефóн, не бýдет пожáра, землетрясéния, ужáсного дождя́, снéга *и так дáлее.*

5. а) *Подготóвьтесь к томý, чтобы обсуди́ть с други́ми студéнтами разговóр «Влади́мира Сергéевича» и «администрáтора», напримéр:*

О чём он спроси́л у администрáтора? — Он спроси́л о тóм, кáк попáсть в клýб.
Óн сказáл, *кудá* он хóчет попáсть?
Откýда ты́ знáешь, *что* сегóдня в клýбе?
Когдá он спроси́л, *кáк* попáсть в клýб, *чтó* емý отвéтил касси́р?

5. б) *Разыгрáйте с товáрищем сцéну покýпки чегó-нибудь:*

Вы́ не знáете, скóлько стóит э́тот сви́тер, шáрф, словáрь...
Продавéц называ́ет цéну и добавля́ет, что э́то пéрвый сóрт, остáлся тóлько
    оди́н послéдний шáрф, сви́тер, экземпля́р словаря́...
У вáс нéт дéнег без сдáчи, у вáс нéт мéлочи, у вáс тóлько десятирублёвая
    бумáжка...

6. *Пожáлуйтесь на когó-нибудь, испóльзуя констрýкцию «так... что».*
Напримéр:
— У мои́х сосéдей тáк грóмко игрáла мýзыка вчерá, что я́ не моглá спáть!
— Э́тот урóк такóй скýчный, что я́ сейчáс заплáчу.
— Мáй в нáшем гóроде такóй холóдный, что мы́ всегдá хóдим в свитерáх.

Éсли к Вáм обратя́тся с жáлобой, скажи́те «Не мóжет бы́ть!» и тóже пожáлуйтесь: «А у мои́х сосéдей...».

Лексико-граммати́ческие упражне́ния

7. *Вы́учите и́ли повтори́те образова́ние дееприча́стий (Grammar 23). Повтори́те видовы́е па́ры:*

разде́ться раздева́ться	приня́ть принима́ть	улыбну́ться улыба́ться
оде́ться одева́ться	привести́ приводи́ть	дёрнуть дёргать
прочита́ть чита́ть	собра́ть собира́ть	оберну́ться обора́чиваться
приду́мать приду́мывать	устро́ить устра́ивать	поверну́ться повора́чиваться
побри́ться бри́ться	заверну́ть завора́чивать	загляну́ть загля́дывать
подстри́чь подстрига́ть	проигра́ть прои́грывать	передви́нуть передвига́ть
соста́вить составля́ть	пообе́дать обе́дать	оста́ться остава́ться
объясни́ть объясня́ть	вы́играть выи́грывать	прийти́ приходи́ть
договори́ться догова́риваться	засну́ть засыпа́ть	принести́ приноси́ть

8. *Отве́тьте как в образце́.*

Образе́ц:

    Преподава́тель: — Как вы лю́бите рабо́тать, Паме́ла?
    Паме́ла: — Я люблю́ рабо́тать, си́дя за столо́м.

Вот возмо́жные отве́ты:

- sitting at the table (си́дя)
- lying in bed (лёжа)
- standing (сто́я)
- looking in the window (гля́дя)
- listening to the radio (слу́шая)
- listening to music (слу́шая)
- walking up and down the room (ходя́)
- walking in the park (гуля́я)
- playing the piano (игра́я)
- playing chess (игра́я)
- standing in front of the stove (сто́я)

Вот ещё вопро́сы:

— Как вам ле́гче всего́ ду́мать?
— Как вы де́лаете дома́шнее зада́ние?
— Как вы лю́бите гото́виться к экза́мену?
— Как вы лю́бите отдыха́ть?
— Где вы лю́бите за́втракать?

9. *Обсуди́те с преподава́телем, как Оста́п провёл после́дний день свое́й жи́зни. Сле́дуйте образцу́. Е́сли у глаго́ла нет дееприча́стия, употребля́йте вариа́нт с когда/пока:*

Образе́ц:

    Преподава́тель: — С семи́ до пол-восьмо́го Оста́п одева́лся. Что он при э́том де́лал, Джон?
    Джон: — Одева́ясь, Оста́п пел. (Пока́ Оста́п одева́лся, он пел.)
    Преподава́тель: — А пото́м, по́сле того́ как он оде́лся, Си́нди?
    Си́нди: — Оде́вшись, он переста́л петь. (Когда́ он оде́лся, он переста́л петь.)

7:30-8:00	за́втракал	1:00-2:00	догова́ривался с монтёром
8:00-8:30	пил чай	2:00-3:00	принима́л душ
8:30-9:00	приду́мывал но́вую комбина́цию	3:00-4:00	собира́л инструме́нты
9:00-9:30	бри́лся	5:00	завора́чивал инструме́нты
9:30-10:00	подстрига́л усы́ Воробья́нинову	5:00-6:00	писа́л объявле́ния
10:00-12:00	составля́л план	6:00-6:30	раздева́лся
12:00-1:00	объясня́л Воробья́нинову, что де́лать	6:30-7:00	засыпа́л

Choose the accompanying action from among these three: петь, ходи́ть по ко́мнате, ду́мать о брилья́нтах, *or think up your own.*

10. *Ответьте как в образце.*
Образец:

Преподаватель: — Женя позвонил(а) сестре перед уходом, Питер?
Питер: — Нет, он ушёл/она ушла, не позвонив.

позавтракал(а)	передвинул(а) стол
побрился	нашёл/нашла свой ключ
надел(а) галстук/кофточку	принёс/принесла из магазина продукты
заглянул(а) к вам	привёл/привела домой ребёнка
договорился/-лась с вами о встрече	унёс/унесла коробки в подвал

11. *Перевод:* **Deverbal adverbs from Perfective and Imperfective verbs.**

Russian consistently makes the following distinction in the use of deverbal adverbs:

> Deverbal adverbs from Imperfective verbs describe actions that take place *while* the action of the other verb takes place.
> Deverbal adverbs from Perfective verbs describe actions that take place *before* the action of the other verb takes place:

Читая газету, Остап думал о стуле.	While reading the paper, Ostap was thinking of the chair.
Прочитав газету, он встал и вышел.	After reading the paper, he got up and left.

English does not make this distinction very consistently, and in translating from English into Russian one often has to make a distinction that is not clearly spelled out:

(While) crossing the street, Ostap fell and broke his leg.	Переходя улицу, Остап упал и сломал ногу.
(After) crossing the street Ostap walked to the widow's house and rang the bell.	Перейдя улицу, Остап подошёл к дому вдовы и позвонил.

Sometimes the context of the English sentence tells us which of the two adverbs translates the intended meaning: obviously Ostap *first* crossed the street and *then* walked to the widow's house and rang the bell. Sometimes the English sentence allows for either interpretation:

(After? While?) Turning the corner, he fell and broke his leg.	Повернув/поворачивая за угол, он упал и сломал ногу.

In translating Russian sentences with past deverbal adverb avoid overusing such English phrases as *having read the paper, having crossed the street* and so on.

The English construction 'without doing something' is often translated as не + deverbal adverb:

She was talking to him without getting up.	Она разговаривала с ним, не вставая.
He left without turning off the light.	Он ушёл, не выключив свет.

Which adverb to use, from a Perfective or from an Imperfective verb, depends on all the usual considerations that you use in choosing the aspect. Sometimes the English is ambiguous, and the translator has to bring in the precision that is not in the original:

He went to the living room without taking off his coat.   Он пошёл в гостиную, не снимая/не сняв пальто.

Translate the following sentences using deverbal adverbs whenever possible. Remember that the implied subject of a deverbal adverb must be the same as the subject in the Nominative.

Sentence 2. *the same as before* — reread Text Comment 3.
Sentence 3. This sentence requires the *Imperfective* verb мучить, so you can't use past passive participle. Ждать doesn't have a present deverbal adverb, so use the verb ожидать.
Sentence 4. *comprehend* понять/понимать.
Sentence 6. *making fun of someone* подшучивать *или* смеяться над + творительный падеж.
Sentence 7. *walked up to* подошёл к.

(Review the Text)

1. After living with Ostap for a year, Vorobyaninov had changed. Ostap continued to call Vorobyaninov Kisa, without noticing that he had changed.
2. His walk was no longer the same as before. His character also was no longer the same as before. His mustache was no longer parallel to the ground.
3. Ippolit Matveevich was tortured by suspicions and hatred. Every evening, as he was waiting for Ostap, he was afraid that Ostap would not come back.
4. Breathing heavily, Ostap told Ippolit Matveevich about the last chair. Ippolit Matveevich listened to Ostap tell him about the last chair. He listened to what Ostap was saying without comprehending the words.
5. Ippolit Matveevich was afraid that Ostap would not give him the diamonds. After he realized that Ostap had found the last chair, he decided to kill him.
6. After Ostap showed Vorobyaninov the last chair, he invited him to a pub. Going home from the pub, he was making fun of his companion. When he came home from the pub he lay down on three chairs and fell asleep.
7. While Ostap slept, Ippolit Matveevich turned off the light, took a razor out of his pocket and quietly walked up to him. Quietly walking up to Ostap, his partner killed him.

(Review the Dialogs)

8. If the light goes out, we'll light the candles. If the light hadn't gone out, we would not have lit the candles.
9. 'How do you get into the exhibit?' 'Buy a ticket in that window. Get exact change ready. They have no small change.'
10. Petya's character has changed for the worse. Have you heard him shouting at his wife? You could hear him from the fifth floor.

ROOTS

1. ВОЛН- wave, agitation

волна́ wave; breaker
волнова́ть excite, worry, disturb

волне́ние agitation, disturbance, emotion
волнова́ться be excited, worried, disturbed

> Наро́д всё бо́лее волнова́лся. Popular unrest was increasing.
> волну́ющие изве́стия disturbing/exciting news
> волну́ющая по́весть thrilling story

волни́стый wavy; undulating
коротково́лновый приёмник/переда́тчик short wave radio set/transmitter

2. ВОЛ- (→вол(ь)-, вл-) will, free, *volition, satisfaction*

во́ля will; freedom, liberty
вольнослу́шатель auditor
позво́лить permit, allow, give leave
уво́лить/увольня́ть fire, dismiss
дово́льный satisfied, pleased
удово́льствие pleasure
продово́льствие food, provisions

отпуска́ть на во́лю set free, liberate
поэти́ческая во́льность poetic license
произво́льный arbitrary
увольне́ние dismissal, discharge
дово́льно enough; rather
удовлетвори́тельный satisfactory
продово́льственный магази́н grocery store

3 a) ДУЙ- (→дуй-, ду-, дув-) blow

    дýть дýют blow   Вéтер дýет. The wind is blowing.
    вздýть/вздувáть inflate   одувáнчик dandelion

3 b) ДЫХ- (→дых-, дыш-, дох-) breath, *-spire*

    дыхáние respiration, breathing   дышáть respire, breathe
    вдохнýть/вдыхáть inhale; inspire   вдохновéние inspiration
    отдохнýть/отдыхáть rest   óтдых rest
    вздохнýть/вздыхáть sigh   вздóх sigh

3 c) ДУХ- (→дух-, душ-) wind; odor; spirit, ghost; *-spire, anim-*

    дýх spirit; ghost; smell   Святóй Дýх the Holy Ghost
    духовóй инструмéнт wind instruments   духовéнство clergy
    во вéсь дýх at full speed   пáдать дýхом lose heart
    духи́ perfume   дýшный close, hot, oppressive
    душá soul, mind; spirit; heart   Мёртвые Дýши Dead Souls (Gogol)
    разговóр по душáм heart-to-heart talk   душéвный sincere; spiritual
    дýшенька sweetheart   великодýшие magnanimity
    души́ть strangle, suffocate   одушеви́ть animate
    одушевлённые именá существи́тельные animate nouns

3 d) ДÓХ- die (Note the stress on forms with this meaning; also, -ну- drops in the past tense.)

    дóхнуть; дóх дóхла дóхли die (said of animals)

Compare 3 d) and 3 b):

| ДÓХ- | передóхнуть | передóх | передóхла | передóхли die off |
| ДЫХ-/ДОХ- | передохнýть | передохнýл | передохнýла | передохнýли take a short break, rest |

3 e) ДЫМ- smoke

    ды́м smoke   дыми́ть(ся) smoke
    ды́мный smokey   дымохóд chimney

Большая волна выкатилась на место, где только что стоял отец Фёдор, и катясь назад, унесла с собой весь искалеченный гарнитур — гарнитур, никогда не принадлежавший семье Воробьянинова.

ДИК И ДЖЕЙН

— Знаешь, Дик, я всё-таки не думала, что Воробьянинов способен на убийство. Какой ужасный конец для предводителя дворянства!

— Ты хочешь сказать, для Остапа Бендера! А вот какой конец ждал отца Фёдора:

Погода была ужасная. С турецкой границы ветер гнал тучи. Шторм доходил до шести баллов. Было запрещено купаться и выходить в море на лодках. Волны гейзерами поднимались к небу.

Бодрые кони, запряжённые в фургон, везли отца Фёдора по шоссейной дороге мимо ресторанчика «Финал», по бамбуковым столам которого гулял ветер, мимо фотографа, лишённого в этот ветреный день своей клиентуры, мимо вывески «Батумский ботанический сад». В фургоне были двенадцать стульев. Они были очень похожи на воробьяниновские, только сиденья их были не ситцевые и немного другого цвета. Когда дорога вышла к самой линии морского прибоя, отец Фёдор закричал кучеру-аджарцу:

— Стой! Стой, мусульманин!

Он стал выгружать стулья на пустынный берег. Равнодушный кучер получил свою пятёрку и уехал.

Отец Фёдор стащил стулья на небольшой, сухой ещё кусок пляжа и вынул топорик.

Минуту он находился в сомнении, не зная, с какого стула начать. Потом, словно лунатик, подошёл к третьему стулу и зверски ударил топориком по спинке. Стул упал.

— Ага! — крикнул отец Фёдор. — Я т-тебе покажу!

И он бросился на стул, как на живую тварь. Вмиг стул был изрублен в капусту. Отец Фёдор не слышал ударов топора о дерево и о пружины. В могучем рёве шторма глохли все посторонние звуки.

— Ага! Ага! Ага! — приговаривал отец Фёдор, рубя сплеча.

Стулья выходили из строя один за другим. Ярость отца Фёдора всё увеличивалась. Увеличивался и шторм. Иные волны докатывались до самых ног отца Фёдора.

От Батума до Синопа стоял великий шум. В Чёрном море шторм выбрасывал на берега тысячетонные валы. Гремело Средиземное море. За Гибралтаром бился о Европу Атлантический океан.

А на батумском берегу стоял отец Фёдор и, обливаясь потом, разрубал последний стул. Через минуту всё было кончено. Отчаяние охватило отца Фёдора. Бросив остолбенелый взгляд на гору ножек, спинок и пружин, он отступил. Вода схватила его за ноги. Он бросился на шоссе. Большая волна выкатилась на то место, где только что стоял отец Фёдор, и катясь назад, унесла с собой весь искалеченный гарнитур — гарнитур, никогда не принадлежавший семье Воробьянинова.

Отец Фёдор уже не видел этого. Он брёл по шоссе, согнувшись и прижимая к груди мокрый кулак.

— Бедный священник! Что же с ним теперь будет?

— Он пойдёт пешком через весь Кавказ и по дороге встретит Остапа и Воробьянинова. Он украдёт у Ипполита Матвеевича кусок колбасы, Остап погонится за ним, и отец Фёдор залезет с колбасой на скалу, с которой он потом не сможет слезть. Как видишь, он и в этой главе уже немного сумасшедший, а просидев несколько дней на скале, совсем сойдёт с ума, будет разговаривать с царицей Тамарой и с птицами. На четвёртый день его начнут показывать туристам: «Вон там налево — живой человек стоит, а чем живёт и как туда попал, неизвестно». Потом его увезут в психиатрическую лечебницу.

— Почему же в этих стульях не оказалось брильянтов?

— Ты помнишь, почему священник решил, что воробьянинские стулья у инженера Брунса? Об этом ему за деньги сообщил в Старгороде человек, который распределял национализированную мебель...

— И этот человек, конечно, был тоже жулик!

— Конечно.

— Я где-то читала, что революция в России создала нового человека — бескорыстного, честного и благородного.

— Да, но все герои «Двенадцати стульев» родились *до* революции. Поэтому они все жулики и любят деньги. Это — наследие старого режима, понимаешь?

— Понимаю. Сейчас, конечно, всё по-другому.

— Конечно!

Проникнув в шахматный кабинет, он сел на пол и с хладнокровием дантиста стал выдергивать из стула медные гвозди.

Урок 18: Сокровище

Бормоча:¹ «Брильянты все мои, а вóвсе не десять процентов», Ипполит Матвеевич шёл на Каланчёвскую площадь.

У третьего окна от подъезда железнодорожного клуба Ипполит Матвеевич остановился. Он ловко влез на карнúз, толкнул рáму и бесшумно прыгнул в коридор.

Ипполит Матвеевич не спешил. Спешить ему было некуда. За ним никто не гнáлся. Гроссмейстер О. Бендер спал вéчным сном.

Проникнув¹ в шахматный кабинет, он сел на пол и с хладнокрóвием дантиста² стал выдёргивать из стула медные гвóзди. На шестьдесят втором гвозде работа его кончилась. Надо было только поднять с сиденья стула английский сúтец, чтобы увидеть футлáры, футлярчики и ящички, наполненные¹ драгоценными камнями.

«Сейчас же на автомобиль, — подумал Ипполит Матвеевич, — на вокзал. И на польскую гранúцу. А там...»

Ипполит Матвеевич сдёрнул со стула английский ситец. Глазам его открылись пружúны,³ прекрасные английские пружины. Больше ничего в стуле не было. Ипполит Матвеевич полчаса просидел на полу, повторяя:¹

— Почему же здесь ничего нет? Этого не может быть!

Было уже почти светло, когда Воробьянинов устало вылез через окно на улицу.

— Этого не может быть, — повторил он. — Этого не может быть!

Он стал ходить вдоль больших окон нового здáния, говоря:

— Этого не может быть! Этого не может быть!

— Ходят тут, ходят всякие,⁴ — услышал он над своим ухом.

Он увидел сторожа. Сторож был стар и, как видно, добр.

— Ходят и ходят, — говорил сторож, которому надоело ночное одинóчество. — И вы тоже, товарищ, интересуетесь. И верно. Клуб у нас, можно сказать, необыкновенный.

Ипполит Матвеевич страдáльчески смотрел на старика.

— Да, — сказал старик. — Необыкновенный этот клуб. Другого такого нигде нету.

— А что же в нём такого необыкновенного? — спросил Ипполит Матвеевич, собираясь¹ с мыслями.

Старик радостно посмотрел на Воробьянинова. Видно, рассказ о необыкновенном клубе нравился ему самому, и он любил его повторять.

— Был у нас старый клуб, и я его сторожил. Негодящий был клуб... Сырость, холод, господа артисты мёрзли. А весною⁵ купили для клуба стул, хороший, мягкий...

Ипполит Матвеевич слушал. Он был в полуобмороке. А старик, заливаясь¹ радостным смехом, рассказал, как он однажды влез на стул, чтобы сменúть электрическую лампочку.

— С этого стула я соскользнýл, ситец на стуле порвáлся, и смотрю⁶ — из-под него бýсы белые покатились.

— Бусы, — повторил Ипполит Матвеевич.

TEXT COMMENTS (1)

1. **DEVERBAL FORMS**

бормоча́ (бормота́ть – present adverb)	muttering
залива́ясь (залива́ться – present adverb)	[his voice] ringing [with laughter]
напо́лненный (напо́лнить – past passive ptcpl.)	filled
повторя́я (повторя́ть – present adverb)	repeating
прони́кнув (прони́кнуть – past adverb)	having penetrated, gotten into
собира́ясь (собира́ться – present adverb)	collecting [his thoughts]

2. **данти́ст** 'dentist.' This word has been replaced by зубно́й вра́ч in modern Russian.
3. **Глаза́м его́ откры́лись пружи́ны** 'There before his very eyes were springs' (*Lit.*, to his eyes were revealed springs).
4. **Хо́дят ту́т, хо́дят вся́кие** 'People walk around here, all kinds of people' (i.e., it's quite a promenade).
5. **весно́ю** Recall that all Instrumental endings in -ой/-ей have variant endings in -ою/-ею.
6. **смотрю́** 'lo and behold, what do I see' (*Lit.*, I look).

TEXT GLOSSARY (1)

бу́сы beads; necklace *or* necklaces	порва́ться tear
ве́чный eternal	пружи́на spring
во́все не not at all	ра́ма frame
гво́здь nail	сдёрнуть pull off
гна́ться chase	си́тец chintz, cotton print
грани́ца border	смени́ть change, replace
зда́ние building	соскользну́ть slip off
карни́з cornice, ledge	страда́льчески full of suffering, with pain
мёрзнуть be cold, freeze	сы́рость dampness
негодя́щий worthless, good-for-nothing	футля́р case, container
одино́чество loneliness, solitude	хладнокро́вие composure, sang-froid
полуо́бморок half-faint, semi-conciousness	

— Бусы! И смотрю, а там коробочки разные.[7] Я эти коробочки даже и не тро́гал. И хорошо сделал, потому что там драгоценности найдены[10] были, запрятанные[10] буржуазией...

— Где же драгоценности? — закричал предводитель.

— Где, где, — передразнил старик. — Вот они!

— Где? Где?

— Да вот они! — закричал сторож, радуясь[10] эффекту. — Вот они! Клуб на них[8] построили! Видишь? Вот он, клуб! Паровое отопление, шашки[9] с часами, буфет, театр, в калошах не пускают!

Ипполит Матвеевич оледенел и, не двигаясь[10] с места, водил глазами по карнизам. Так вот оно где, сокровище мадам Петуховой! Вот оно! Все сто пятьдесят тысяч рублей ноль ноль копеек, как любил говорить Остап Бендер.

Сокровище было сохранено[10] и даже увеличилось. Его можно было потрогать руками, но нельзя было унести. Оно перешло на службу другим людям.

Ипполит Матвеевич потрогал руками гранит. Холод камня передался в самое его сердце.

И он закричал.

Крик его, бешеный, страстный и дикий, вылетел на середину площади, под мост, стал глохнуть и в минуту заглох.

Великолепное осеннее утро скатилось с мокрых крыш на улицы Москвы. Город двинулся в будничный свой поход.

TEXT COMMENTS (2)

7. **коробочки ра́зные** 'all sorts of little boxes' is a more colloquial translation of ра́зные than 'various.'
8. **Клу́б на ни́х постро́или** 'The club was built with [= on the proceeds from the sale of] them.'
9. **ша́шки с часа́ми** 'checkers with a timer.' The watchman is unfamiliar with the game of chess (ша́хматы) and uses the word ша́шки instead.
10. **DEVERBAL FORMS**

дви́гаясь (дви́гаться – present adverb)	moving
запря́танный (запря́тать – past passive ptcpl.)	hidden away
на́йденный (найти́ – past passive ptcpl.)	found
ра́дуясь (ра́доваться – present adverb)	enjoying
сохранённый (сохрани́ть – past passive ptcpl.)	saved, preserved

TEXT GLOSSARY (2)

бе́шеный mad	оледене́ть freeze, not be able to move
бу́дничный every-day	отопле́ние heating
великоле́пный magnificent	парово́й steam
гло́хнуть die away, subside	слу́жба service
кало́ши galoshes	стра́стный impassioned
кры́ша roof	тро́гать touch
мо́крый wet	

Упражнéния к тéксту

1. *Обсудúте содержáние тéкста илú всéй кнúги, пóльзуясь всéми разговóрными приёмами, с котóрыми вы́ познакóмились.*

Образцы́:

Впрóчем, я́ тóчно не знáю.
— Джóн, «Двенáдцать стýльев» написáли Ильф и Петрóв?
— Дá, «Двенáдцать стýльев» написáли Ильф и Петрóв.
Или: — Нéт, «Двенáдцать стýльев» написáли не Ильф и Петрóв.
Или: — Дá, «Двенáдцать стýльев» написáли Ильф и Петрóв. Впрóчем, я́ тóчно не знáю.

Я́ не пóмню. Мóжет бы́ть, ...
— Джéйн, Ипполúту Матвéевичу порá бы́ло уходúть, дá?
— Дá, Ипполúту Матвéевичу порá бы́ло уходúть.
Или: — Нéт, Ипполúту Матвéевичу не порá бы́ло уходúть.
Или: — Я́ не пóмню. Мóжет бы́ть, Ипполúту Матвéевичу порá бы́ло уходúть.

Нéт, не пóмню. Но мнé кáжется,..
— Бóб, вы́ не пóмните, Ипполúт Матвéевич *пошёл* на слýжбу пóсле похорóн?
— Пóмню. Óн *пошёл* на слýжбу пóсле похорóн.
Или: — Нéт, не пóмню. Но мнé кáжется, óн *пошёл* на слýжбу пóсле похорóн.

Не могý вспóмнить. Кáжется, ... А мóжет бы́ть, ...
— Áня, вспóмните, пожáлуйста, Остáп Бéндер вошёл в Стáргород с *сéвера* úли с *сéверо-зáпада*?
— Не могý вспóмнить. Кáжется, с *сéвера*. А мóжет бы́ть, с *сéверо-зáпада*.
Или: — Óн вошёл в Стáргород с *сéвера*.

Давáй спрóсим у Вáли.
— Послýшай, Тáня, ты́ не пóмнишь, Воробьянинов *обрáдовался*?
— Кáжется, он *обрáдовался*. А мóжет бы́ть, и *нéт*.
Или: — Нéт, я́ не пóмню, *обрáдовался* óн úли *нéт*. Давáй спрóсим у Вáли. Вáля, ты́ не пóмнишь...

Не пóмню тóчно, но по-мóему, оказáлось, что ...
— Натáша, по-мóему, лéвый ýс у Воробьянинова — зелёного цвéта. Это тáк?
— Дá, оказáлось, что его лéвый ýс — зелёного цвéта.
Или: — Нéт, оказáлось, что его лéвый ýс — *чёрного* цвéта.
Или: — Не пóмню тóчно, но по-мóему, оказáлось, что его ýс — *крáсного* цвéта.

Мнé кáжется... úли действúтельно...? Тебé кáжется.
— Скажú, Дúк, мнé *кáжется*, что второй стýл бы́л в Стáргороде úли óн *действúтельно* бы́л тáм?
— Дá, óн *действúтельно* бы́л в Стáргороде.
Или: — Тебé *кáжется*. Второй стýл бы́л в Москвé.
Или: — Не пóмню тóчно, но *мнé кáжется*, что второй стýл бы́л в Стáргороде.

Дá, я́ соглáсен/соглáсна. Нéт, я́ не соглáсен/соглáсна.
— *Глýпая* главá, прáвда, Стúв?!
— Дá, я́ соглáсен. Главá действúтельно *глýпая*.
Или: — Главá совсéм не глýпая.

Наскóлько я́ пóмню,..
— Наскóлько я́ пóмню, стýлья бы́ли прóданы с аукциóна. Это вéрно, Áня?
— Дá, это вéрно. Я́ тóже пóмню, что стýлья бы́ли прóданы с аукциóна.
Или: — Нéт, это невéрно. Наскóлько я́ пóмню, стýлья сгорéли в пéчке.
Или: — Я́ не пóмню. Мóжет бы́ть, стýлья бы́ли прóданы с аукциóна.

Если я́ не ошиба́юсь, ...
— Éсли я́ не ошиба́юсь, Джу́ди, в после́днем сту́ле ничего́ не́ было.
— По-мо́ему, ты́ пра́в. В после́днем сту́ле ничего́ не́ было.
И́ли: — По-мо́ему, ты́ ошиба́ешься. В после́днем сту́ле бы́ли брилья́нты.

Вы́ не могли́ бы мне́ сказа́ть, ... Я́ соверше́нно уве́рен, что ...
— Вы́ не могли́ бы мне́ сказа́ть, То́м, на чём Воробья́нинов пое́хал к Изнуре́нкову, на авто́бусе и́ли на изво́зчике?
— Мне́ ка́жется, о́н пое́хал на авто́бусе. Да́, я́ соверше́нно уве́рен, что о́н пое́хал на авто́бусе.

... но́ я не уве́рен/уве́рена.
— Ви́ктор, я́ не по́мню, Оста́п называ́л своего́ компаньо́на *Воробья́ниновым* и́ли *Ипполи́том Матве́евичем*?
— А я́ по́мню. Оста́п называ́л его́ *Воробья́ниновым*.
И́ли: — Я́ то́же не по́мню. Ка́жется, он называ́л его́ *Воробья́ниновым*, но я́ не уве́рен.

Наско́лько я́ по́нял, ...
— Ди́к, я́ не по́нял/не суме́л поня́ть/не разобра́лся, о ко́м писа́ли в газе́те, о *Бе́ндере* и́ли о *Воробья́нинове*?
— Наско́лько я́ по́нял, в газе́те писа́ли о *Бе́ндере*.
И́ли: — Я́ то́же не по́нял. Ка́жется, в газе́те писа́ли о *Воробья́нинове*.

Я́ то́же забы́л/забы́ла. По-мо́ему, ...
— Са́ша, я́ забы́ла, Оста́п *получи́л* про́пуск на себя́ и на ма́льчика?
— Не́т, Оста́п *не получи́л* про́пуска.
И́ли: — Я́ то́же забы́л. По-мо́ему, Оста́п *получи́л* про́пуск.

Объясни́те мне́, пожа́луйста,..
— Мэриэ́нн, объясни́те мне́, пожа́луйста, парохо́д *бра́л* пассажи́ров и́ли не́т?
— Да́, э́тот парохо́д бра́л пассажи́ров.
И́ли: — Не́т, э́тот парохо́д не бра́л пассажи́ров.
И́ли: — Я́ не могу́ ва́м э́того объясни́ть, потому́ что я́ и сама́ э́того не поняла́. Дава́йте спро́сим у Ге́ры. Ге́ра,...

Зна́ешь, Ма́ша, я та́к и не по́нял, ...
— Зна́ешь, Ма́ша, я́ та́к и не по́нял, *кто́* ходи́л по Васю́кам в гря́зных сапога́х. А ты́ поняла́?
— Коне́чно. *Воробья́нинов* ходи́л по Васю́кам в гря́зных сапога́х.
И́ли: — Не́т, я́ то́же не поняла́. Дава́й спро́сим у Джи́н. Джи́н, ты́ поняла́, *кто́* ходи́л по Васю́кам в гря́зных сапога́х?

Ты́ не мо́жешь мне́ сказа́ть,..
— Маргари́та, ты́ не мо́жешь мне́ сказа́ть, *кто́* торгова́л биле́тами?
— Могу́. Биле́тами торгова́л Воробья́нинов.
И́ли: — Не́т, не могу́. Я́ сама́ не зна́ю. Дава́й спро́сим у Ло́ры. Ло́ра, ты́ не мо́жешь на́м сказа́ть, *кто́* торгова́л биле́тами?

Всё-таки я́ не понима́ю, ... Я́ са́м(а́) не понима́ю./Что́ же ту́т непоня́тного?
— Всё-таки я́ не понима́ю, Ли́за, *куда́* прибы́л теа́тр, *на Кавка́з*?
— Что́ же ту́т непоня́тного? Коне́чно, на Кавка́з.
И́ли: — Я́ сама́ не понима́ю. Дава́й спро́сим у Си́нди. Си́нди, *куда́* прибы́л теа́тр, *на Кавка́з*?

Мне́ всё поня́тно, Ми́ша, кро́ме одного́: ... — Но э́то же та́к про́сто!

— Мне́ всё поня́тно, Ми́ша, кро́ме одного́: где Ипполи́т Матве́евич жда́л Оста́па?
— Но э́то же та́к про́сто/я́сно/поня́тно! Он жда́л Оста́па в ко́мнате студе́нта Ивано́пуло.

И́ли: — Мне́ то́же нея́сно, где о́н жда́л Оста́па. Дава́й спро́сим у А́лика. А́лик, тебе́ я́сно, где Ипполи́т Матве́евич жда́л Оста́па?

2. *Подгото́вьте переска́з те́кста по тако́му пла́ну:*

Ипполи́т Матве́евич идёт в клу́б, проника́ет в ша́хматный кабине́т. Он споко́ен. Он говори́т са́м с собо́й, ду́мает о то́м, что́ он бу́дет де́лать, когда́ найдёт брилья́нты.

Ипполи́т Матве́евич аккура́тно вскрыва́ет сту́л. Сту́л пу́ст. Ипполи́т Матве́евич не мо́жет э́тому пове́рить.

Ипполи́т Матве́евич вылеза́ет на у́лицу, и сто́рож начина́ет с ни́м разгово́р.

Сто́рож расска́зывает о то́м, ка́к о́н нашёл брилья́нты.

Ипполи́т Матве́евич понима́ет, что э́то коне́ц всего́: коне́ц охо́ты за брилья́нтами, коне́ц его́ мечта́м о бога́той жи́зни, коне́ц ми́ра, в кото́ром о́н жи́л.

3. *Приду́майте и разыгра́йте разгово́р ме́жду Воробья́ниновым и сто́рожем. Сто́рож расска́зывает Воробья́нинову исто́рию необыкнове́нного клу́ба. Он испо́льзует сле́дующие слова́ и выраже́ния:*

сторожи́ть ста́рый клу́б
сы́рость, хо́лод; мёрзнуть
вле́зть на сту́л
смени́ть ла́мпочку
упа́сть со сту́ла
си́тец порва́лся
бу́сы, коро́бочки, драгоце́нности
спря́тать, спря́танный

Воробья́нинов в отве́т говори́т, что э́ти драгоце́нности его́, и́ли, верне́е — его́ тёщи. Она́ и́х заши́ла в сту́л и не успе́ла вы́нуть, потому́ что и́м пришло́сь бежа́ть. Пото́м тёща умерла́, но перед сме́ртью рассказа́ла Воробья́нинову о брилья́нтах в сту́ле. Он реши́л пое́хать и́х иска́ть. Та́к Воробья́нинов расска́зывает ве́сь рома́н, зака́нчивая расска́зом о то́м, как о́н уби́л това́рища Бе́ндера. Сто́рож говори́т, что буржуази́я и дворя́нство — умира́ющие кла́ссы, и и́х драгоце́нности должны́ бы́ть о́тданы наро́ду, чтобы наро́д мо́г постро́ить себе́ тёплые клу́бы и игра́ть та́м в ша́шки и ша́хматы. Воробья́нинов с ни́м не соглаша́ется. Сто́рож вызыва́ет ГПУ и Воробья́нинова увозя́т. И́ли Воробья́нинов соглаша́ется, и сто́рож предлага́ет ему́ пойти́ рабо́тать в клу́б худо́жником и́ли вторы́м сто́рожем. И́ли Воробья́нинов угова́ривает сто́рожа е́хать в Ста́ргород и иска́ть другу́ю ме́бель, в кото́рую буржуази́я мо́жет бы́ть то́же спря́тала брилья́нты.

DIALOGS

Диало́г 1: Ва́ська и Лю́ба

— Опя́ть ты́ на подоко́нник зале́з, Ва́ська! Слеза́й неме́дленно![1]
— Отста́нь![2] Да́й[3] мне́ на со́лнце погре́ться.
— Упадёшь и разобьёшься на́смерть.[4] И́ли но́ги слома́ешь.
— Не упаду́, е́сли ты́ меня́ не столкнёшь.

Диало́г 2: Лю́ся и Косоло́бов

— Почему́ ва́с интересу́ет[5] на́ш до́м, Лю́ся?
— Я́ интересу́юсь[5] все́ми необыкнове́нными дома́ми, това́рищ Косоло́бов.
— Что́ же в на́шем до́ме тако́го необыкнове́нного?
— В нём хо́лод, сы́рость, гря́зь, и всё же лю́ди продолжа́ют здесь жи́ть. Мне́ интере́сно,[5] почему́.

Диало́г 3: Любо́вь Григо́рьевна и граждани́н Мака́ров

— Граждани́н Мака́ров! Я́ смотрю́[6] — лицо́ знако́мое. Так э́то вы́?
— Я́, Любо́вь Григо́рьевна. Во́т пришёл узна́ть, что́ но́вого.
— Мно́го у на́с но́вого. Общежи́тие расши́рилось, библиоте́ка откры́лась. Включи́ли парово́е отопле́ние.
— Да́, жи́знь идёт, ничто́ не стои́т на ме́сте.[7] Смотрю́[6] и удивля́юсь!

DIALOG COMMENTS

1. **неме́дленно** 'Immediately, this minute.' This is a synonym of сейча́с же. (The word сейча́с [without же] 'now' is less urgent and would be inappropriate in this context.)
2. **Отста́нь!** 'Leave [me] alone!'
    The verb отста́ть/отстава́ть can mean both 'leave alone' and 'lag behind.'
    Use it either by itself or with a prepositional phrase, not with a direct object.

О́н от тебя́ не отста́нет, пока́ ты́ не вернёшь ему́ до́лг.	He won't leave you alone until you pay him back your debt.
США отстаю́т от СССР в произво́дстве ста́ли.	The USA lags behind the USSR in steel production.
Ва́ська, не отстава́й, а то́ магази́н закро́ется!	Vaska, don't dawdle — otherwise the store will be closed [by the time we get there].
Я́ отста́л по матема́тике.	I'm behind in mathematics.
О́н от меня́ отста́л. (Ambiguous.)	He left me alone. or: He dropped behind me (couldn't keep up).

3. **Да́й мне́ на со́лнце погре́ться.** 'Let me sun myself.'

Да́й(те) + Infinitive is a request: 'Let me' in the sense of *don't interfere*.

Да́й мне́ поспа́ть.	Let me sleep.

Да́й(те) + clause is a suggestion or an offer: 'Let me' in the sense of *May I ...?*, equivalent to Дава́й(те).

Да́й я тебе́ помогу́.	Let me help you.
Дава́йте я ва́м помогу́.	(Same translation.)

4. **разобьёшься насмерть** 'You'll kill yourself' (*Lit.*, you'll smash yourself to death). The verb разби́ть(ся)/разбива́ть(ся) can be used of people as well as of things, and can be variously translated:

Ребёнок упа́л и разби́лся.	The child fell and hurt himself.
Ча́шка упа́ла и разби́лась.	The cup fell and broke (got smashed).
Самолёт разби́лся.	The plane crashed.

With the word нос it means 'hurt, bloody':

| Он разби́л нос. | He got a bloody nose. (Not 'broke'; see below.) |

Getting hurt is difficult to express with a general term in Russian; you must state the specific nature of the injury (scratch, cut, break, etc.). The first three examples below illustrate ра́нить 'wound,' where the injury must come from a weapon.

Солда́та ра́нили.	The soldier got wounded.
Охо́тник пора́нился ножо́м.	The hunter hurt himself with a knife.
Его́ ра́нили ножо́м в дра́ке.	He got stabbed in a fight.
Он упа́л на асфа́льт и поцара́пал коле́но.	He fell on the asphalt and scraped his knee.
Он шёл через кусты́ и поцара́пался.	He was walking through the bushes and scratched himself.
Он слома́л но́гу/нос.	He broke his leg/nose.
Он поре́зал па́лец (ножо́м).	He cut his finger (with a knife [not a weapon]).
Он поре́зался ножо́м/стекло́м/бри́твой.	He cut himself with a knife/glass/razor.
Он(а́) уши́б(ла) го́лову.	(S)he bumped his/her head.
Он(а́) уши́бся(бла́сь) голово́й о дверь.	(S)he bumped her/his head against the door.

English has no general terms for the limbs of the body, and one must therefore translate the specific terms into Russian general terms. For example, you can't *sprain your leg* in English, you must use the word *ankle*. Russian uses нога́ and рука́ to refer to anyplace on these limbs.

| Она́ растяну́ла но́гу/ру́ку. | She sprained her ankle/wrist. |

5. **интересова́ть(ся) and интере́сно**

The verb works pretty much like the English verb: you can say either that something interests you or, alternatively, you are interested in something:

| Меня́ интересу́ют необыкнове́нные дома́. | Unusual houses interest me. (Accusative) |
| Я интересу́юсь необыкнове́нными дома́ми. | I am interested in unusual houses. (Instrumental) |

The short form интере́сно, however, corresponds less well to the English counterpart 'it is interesting.' With unstressed что it is a near synonym of стра́нно and corresponds to 'it's funny' (in the sense of *curious, odd*):

| Интере́сно, что он не пьёт ко́фе, но всегда́ сиди́т в э́том кафе́. | It's funny that he doesn't drink coffee but always sits in that café. (How strange.) |

With question words and infinitives (plus Dative) it corresponds to English '(I) wonder ...' in the sense of *(I) am curious to know... (I) want to find out*.

Мне интере́сно, почему́.	I wonder why.
Мне интере́сно, что он купи́л.	I wonder what he bought.
Мне интере́сно знать, где он.	I wonder where he is (I'd like to know).

English speakers very often use the phrase *That's interesting* as a way of keeping the conversation going. In Russian you can use интере́сно

Lesson 18

(without Это) in that function too, but Russians don't use it so frequently. Here are some popular conversation-fillers: ясно, понятно, конечно, разумеется.

6. **Я смотрю — лицо знакомое.**

   The expression (я) смотрю can be used in much the same circumstances as the English 'Lo and behold,' but it does not have the old-fashioned or semi-jocular tone; it is quite normal in conversational style. It is used only in the present tense.

   | Я открыла дверь, вошла в квартиру, смотрю — обед уже на столе. | I opened the door, went into the apartment, and what do I see! — dinner is already on the table. |

   It is also used in circumstances where 'Lo and behold' would not be used, but it has that meaning:

Смотрю и не верю своим глазам!	I can scarcely beleive my eyes!
Смотрю и удивляюсь!	I can scarcely beleive my eyes! (I'm astonished.)
Смотрю и думаю: ты ли это?	I say to myself: can it really be you?
Смотрю и радуюсь.	I'm glad to see [it]. I'm happy at what I see.
Смотрю и вижу: за ней идёт огромная собака.	I look and see a huge dog following her.

7. **Жизнь идёт, ничто не стоит на месте.** 'Life goes on, and nothing stays the same.'

Упражнения к диалогам

4. *Подготовьте рассказ о том, как вы поранили руку или ногу, ушибли голову, сломали палец, поцарапали колено или спину и так далее. Используйте слова и выражения из комментариев к диалогу 1, а также следующие фразы:*

   Мне пришлось две недели ходить на костылях.
   Я лечила ногу в университетской поликлинике.
   Я лечился в городской больнице, у очень хорошего врача.
   Меня лечил очень хороший врач, и всё прошло через три дня.
   Меня отвезли на «скорой помощи» в больницу, хотя я мог идти сам.
   Лекарства, которые мне пришлось купить, были очень дорогие, и совсем мне не помогли.
   Мне пришлось три дня лежать в больнице, и там было ужасно скучно.
   Пока я болела/Пока у меня болела нога, и мне нельзя было никуда ходить, я прочитала все свои русские книги.

5. *Приготовьтесь рассказать о чём-нибудь, что вас интересует, и объясните, как объясняет Люся в диалоге 2, почему вас это интересует. Обязательно покажите контраст при помощи фразы «и всё же».*

Например:

   — Я очень интересуюсь семьёй, которая живёт над нами. У них так мало денег, и всё же они всё так счастливы. Меня интересует, почему.
   — Меня очень удивляет профессор Джоунз. На его лекциях все спят, и всё же он не пытается сделать свои лекции более интересными. Я не понимаю, почему?
   — Меня поражает Васина привычка всем говорить комплименты. Я знаю, что он ненавидит меня, и всё же всегда говорит мне приятные вещи. Я не понимаю, зачем он это делает?

6. *Подготóвьтесь обсудúть с другúми студéнтами разговóр гражданúна Макáрова, с Любóвью Петрóвной.*

Придýмайте сáми,

куда́ он пришёл, и почемý? Почемý егó лицó знакóмо Любóви Григóрьевне? Чтó нóвого в жúзни егó стáрых знакóмых? Поговорúте о тóм, чтó нóвого в вáшем гóроде, в вáшем коллéдже, в вáшей жúзни. Чтó-нибудь пострóили? Сломáли? Откры́ли? Закры́ли? Ктó-нибудь приéхал? Уéхал? Úли жúзнь стоúт на мéсте?

Лéксико-граммати́ческое упражнéние

7. *Перевóд:* **Deverbal adverbs and participles**
   Переведúте, испóльзуя причáстия и деепричáстия. Éсли у глагóла нéт нýжного причáстия или деепричáстия, перестрóйте сúнтаксис предложéния.

   Sentence 1. *look around* — гляде́ть по сторонáм
   Sentence 4. *faint* — упáсть в óбморок
   Sentence 7. *the proceeds* translate as ' the received money'

(*Review the Text*)
1. Without looking around, muttering something, Ippolit Matveevich was walking towards the railroad worker's club.
2. Having pulled out all the nails, he pulled off the cloth and saw only springs. He had hoped he would find boxes filled with precious stones.
3. Climbing into the street in front of the building, he saw the night guard, walking around the building.
4. Listening to the night guard telling him the story of the extraordinary club, he almost fainted.
5. The guard, laughing loudly, told Vorabyaninov about how he once climbed onto a chair bought at an auction. He had to change a lightbulb, he said.
6. In the little boxes found in the chair there were diamond necklaces hidden there by capitalists and marshals of the nobility.
7. The necklaces were sold, and with the proceeds a new club was built, with steam heat, checkers, and a coffee shop.
8. The treasure has been preserved. It has been found by the nightguard and given to the people. You could touch it but you couldn't carry it away.

(*Review the Dialogs*)
9. Citizen Grigoriev was wounded in the war. After the war he worked at the railroad and was run over by a horse. He got a bloody nose. The horse broke a leg.
10. 'I wonder where Ostap Bender is now.' 'Don't be surprised if you meet him in another novel. Or see him in a Moscow street.'

ДИК И ДЖЕ́ЙН

— Бе́дный Ипполи́т Матве́евич! Что́ же о́н тепе́рь бу́дет де́лать?

— Бе́дные мы́ с тобо́й! Что́ же мы́ бу́дем тепе́рь де́лать? О чём мы́ бу́дем говори́ть? И где́? Ко́нчились «Дополни́тельные чте́ния»!

— Не́т, серьёзно, Ди́к, что́ же с ни́м ста́нет тепе́рь? О́н же не мо́жет ста́ть беспризо́рником, ка́к мальчи́шки!

— Умрёт под забо́ром, ка́к о́н и боя́лся. А мо́жет бы́ть ка́к-нибудь ста́нет изво́зчиком. Кто́ зна́ет? Зато́ я́ зна́ю, что ста́ло с Оста́пом Бе́ндером.

— Ка́к? О́н же у́мер!

— Не́т, его́ оживи́ли. Ильф и Петро́в написа́ли ещё оди́н рома́н о нём, «Золото́й телёнок», и Оста́п та́м говори́т: «хиру́рги спасли́ мою́ молоду́ю жи́знь».

— Когда́ они́ написа́ли «Телёнка»?

— «Золото́й телёнок» вы́шел в 1931-ом году́, а сле́дующей кни́гой Ильфа и Петро́ва была́ «Одноэта́жная Аме́рика», вы́шедшая в 1936-ом.

— Они́ бы́ли в Аме́рике?

— Да́, путеше́ствовали. О́чень интере́сная кни́га.

— Во́т ви́дишь, а ты́ говори́шь, что на́м не о чем бо́льше говори́ть. А когда́ они́ у́мерли?

— Кто́?

— Ильф и Петро́в.

— Ильф у́мер в 37-ом, от туберкулёза. А Петро́в поги́б в 42-ом.

— На войне́?

— Во вре́мя войны́, но я́ бы не сказа́л «на войне́». Самолёт, на кото́ром о́н лете́л из Севасто́поля в Москву́, разби́лся из-за глу́пости лётчика. Они́ лете́ли ни́зко, те́нь самолёта пуга́ла коро́в на лугу́, и они́ разбега́лись. Лётчику э́то показа́лось смешны́м, и о́н ста́л наро́чно маневри́ровать та́к, чтобы ещё бо́льше напуга́ть коро́в. Из-за э́тих манёвров самолёт и разби́лся, потому́ что на небольшо́й высоте́ э́то о́чень опа́сно.

— Где́ ты́ прочёл э́ту исто́рию?

— В кни́ге Курдю́мова об Ильфе и Петро́ве, кото́рая вы́шла в Пари́же. Называ́ется «В краю́ непу́ганых идио́тов».

— Что́ э́то зна́чит?

— «Непу́ганый» буква́льно зна́чит unscared, но э́то на́до понима́ть как uncivilized, virgin. «Кра́й непу́ганых пти́ц» зна́чит the virgin hunting ground, the land where birds have never been hunted.

— Но почему́ у кни́ги об Ильфе и Петро́ве тако́е стра́нное назва́ние?

— Э́то цита́та из записно́й кни́жки Ильфа. О́н пи́шет о то́м, ка́к сове́тские кри́тики отно́сятся к писа́телям, и та́м е́сть таки́е гру́стные слова́: «Ра́ньше де́сять ле́т хвали́ли, тепе́рь де́сять ле́т бу́дут руга́ть. Руга́ть бу́дут за то́, за что́ ра́ньше хвали́ли. Тяжело́ и ну́дно среди́ непу́ганых идио́тов...»

— Да, — сказал старик. — Необыкновенный этот клуб. Другого такого нигде нету.

GRAMMAR
An Overview of Russian Conjugation
by Alexander Nakhimovsky

The following list tells you what is in each part of the Grammar section and the numbers in parentheses tell you which lessons contain exercises on the material.

PART 1 — CONJUGATION
1. The Composition of a Russian Verb (1)
2. Prefixes (8)
3. Suffixes (2)
   - 3.1 Rule of Conjugation (2)
   - 3.2 Suffix Inventory (2)
4. Three Important Comments (2)
5. Detailed Comments: optional except НУ verbs (6, 8)
6. Stems and Stem Changes: optional
   - 6.1 Non-past stem, etc.
   - 6.2 On consonant changes
7. Imperative (3)
8. Stress of Words with Suffixes: optional
9. Two Odd-ball Groups
   - 9.1 ДА-, СТА-, ЗНА- (7, 8)
   - 9.2 No-vowel -A- (8)
10. Stems without Suffixes (3, 4)
11. Resonant Stems
    - 11.1 В, Н, Й (regular) (4, 6, 8)
    - 11.2 a) пить (3)
            b) мыть (3, 6)
    - 11.3 No-vowel Resonant (4, 8)
12. Obstruent Stems
    - 12.1 З, С (5)
    - 12.2 Г, К (6, 8)
    - 12.3 Б, Д, Т (7, 8)
    - 12.4 No-vowel (жг, -чт) (6, 8)
    - 12.5 Imperfectives (5, 6, 7)
13. General Rules on Non-suffixed Stems
14. -НЯТЬ verbs (5, 6, 8, 12)
15. Stress of Verbs Without Suffixes (optional)
16. Predictable Classes (optional)

PART 2 — ASPECT PAIRS
17. Perfective Verbs Without Prefixes (9)
18. Two Major Kinds of Aspect Pairs (10)
19. Partners of No-vowel Verbs (11)
20. Suffixes АЙ, ВАЙ, ИВАЙ
    - 20.1 АЙ (10)
    - 20.2 ВАЙ (10)
    - 20.3-4 АЙ/ИВАЙ (11)
    - 20.5 ИВАЙ (12)
21. Irregular Pairs (13, 14)

PART 3 — PARTICIPIAL AND ADVERBIAL FORMS
22. Active Participles
    - 22.1 Present (12)
    - 22.2 Past (13, 14)
23. Deverbal Adverbs (17)
24. Past Passive Participles
    - 24.1 Three Suffixes; -т- (15)
    - 24.2 -ен- (15)
    - 24.3 -н- (15)
    - 24.4 Stress, Short Form (optional)
    - 24.5 Long Forms (16)
25. Present Passive Participles (optional)
26. - СЯ Verbs (15)

APPENDIX 1: COMMENTS (p. 281)
APPENDIX 2: VERB INVENTORY (p. 282)
APPENDIX 3: CONJUGATION TABLES (p. 286)

Part 1. Conjugation.

1. The composition of a Russian verb.

1.1 Endings and stems.

Every form of a Russian verb has an **ending**; if the ending is peeled off, the part of the word that is left is called the **stem**. As a rule, the Russian verb may be said to have two stems: the non-past stem for non-past forms and the past stem for the infinitive and past tense forms:

| пиш-у́ | пи́ш-ешь | пи́ш-ут | Stem ПИШ- |
| писа́-ть | писа́-л | писа́-ли | Stem ПИСА- |

чита́ю	чита́ешь	чита́ют	
(=читай-у)	(=читай-ешь)	(=читай-ут)	Stem ЧИТАЙ-
чита́-ть	чита́-л	чита́-ли	Stem ЧИТА-

A Russian verb may also have the particle -ся/-сь attached to it. It always comes at the very end, after the ending. The particle takes the form -ся after a consonant, and the form -сь after a vowel:

    роди́ться be born   он роди́лся, она́ родила́сь, они́ родили́сь
    одева́ться get dressed   я одева́юсь, ты одева́ешься, он одева́лся, она́ одева́лась

As you divide a verb into a stem and an ending, remember three things about the letters **я, ю, е, ё, и**:

(1) They indicate the same sounds as а, у, э, о, ы:

    а   у   э   ы   о
    я   ю   е   и   ё (stressed)
                                    е (unstressed)

(2) When they follow a vowel letter, they indicate the sound й between two vowels. Very often the dividing line between the stem and ending goes **through** these letters, so that to show the suffix and the ending you have to 'spell' ю as й + у, я as й + а and so on:

    чита́ют = читай + ут   уме́ют = умей + ут   стоя́т = стой + ат.

(3) When the letters я, ю, е, ё, и follow a consonant letter they indicate that the consonant is soft. Они́ крича́т 'they shout' and они́ говоря́т 'they speak' have the same ending -ат. After ч it appears as -ат, because of the spelling rules for the hushing consonants ч, щ, ж, ш; after р it appears as -ят, to show that the р is soft. Thus the endings in они́ крича́т, они́ стоя́т, они́ говоря́т are the same, in spite of the difference in spelling:

    крича́т   =   крич + ат
    стоя́т   =   стой + ат
    говоря́т   =   говор (soft) + ат

1.2 Roots, Prefixes, Suffixes.

Every **stem** contains **a root**, an element that gives rise to a group of related stems. (To take an example from English, the root STA gives rise to *stand, stay, stable, stage, restore* and so on.) In some Russian verbs, the root makes up the entire stem. In most verbs, however, the stem consists of the root preceded by a **prefix** and/or followed by a **suffix**.

	STEM			ENDING
	prefix	*root*	*suffix*	
везти́ 'carry'		вез-		-ти
везу́т		вез-		-ут
привезти́ 'bring'	при-	вез-		-ти
увезти́ 'take away'	у-	вез-		-ти
везу́щий 'who is carrying'		вез-	ущ	-ий
писа́ть 'write'		пис-	а	-ть
подписа́ть 'sign'	под-	пис-	а	-ть
подпи́шут	под-	пиш-		-ут

Often there are nouns and adjectives made from the same roots as verbs:

по́дпись 'signature'	под-	пись		
писе́ц 'scribe'		пис-	ец	
письмо́ 'letter'		пись-	м	-о

Some stems are never used without a prefix, for instance, the stem -КАЗА: there is no such verb as *казать in Russian, but there are many prefixed verbs with this stem:

сказа́ть 'tell'	с-	каз-	а	-ть
показа́ть 'show'	по-	каз-	а	-ть
приказа́ть 'order'	при-	каз-	а	-ть

In the following sections, when we mention stems like КАЗА-, that are never used without a prefix, we'll put a hyphen in front of them to indicate that something is missing: -КАЗА-.

A stem may have more than one prefix, for example:

рассказа́ть 'tell (a story)'	рас-	с-	каз-	а-	-ть
подсказа́ть 'prompt, suggest':	под-	с-	каз-	а-	-ть

A suffix may be part of a larger suffix. For example, the suffix -ОВА- may be a part of the larger suffixes -ИРОВА-, -ИЗОВА-, or even -ИЗИРОВА-:

целова́ть 'kiss'	цел-	ова-	-ть
арестова́ть 'arrest'	арест-	ова-	-ть
по́льзоваться 'use'	польз-	ова-	-ть -ся
аннули́ровать 'annul'	аннул-	ир-ова-	-ть
организова́ть 'organize'	орган-	из-ова-	-ть
механизи́ровать 'mechanize'	механ-	из-ир-ова-	-ть

It is the suffix that determines how the verb conjugates, and for the purposes of conjugation there are just ten verb suffixes in the Russian language (although some of them may appear as parts of larger suffixes). These ten suffixes are listed in Section 3.

With a few exceptions, a stem with a prefix conjugates the same way as the same stem without a prefix. So, for the purposes of conjugation, prefixes can be largely ignored. When we say that a stem conjugates in a certain way what we mean is that this stem and *all the stems formed by adding a prefix to it* conjugate this way.

2. Prefixes and Conjugation.

Prefixes affect conjugation only in these minor ways:

— all perfective verbs with the prefix *вы-*, and one imperfective verb with the prefix *вы-* (вы́глядеть 'look like') are stressed on this prefix in all their forms;

— if a prefix ends with, or consists of, a consonant, and the root begins with, or consists of, two consonants, the vowel *о* is often inserted between the prefix and the two consonants of the root, thus breaking the sequence of three consonants:

от	+	пере́ть	→ отпере́ть 'unlock' but от-**о**-пру́т
раз	+	би́ть	→ разби́ть 'break' but раз-**о**-бьют (= раз-**о**-бй-ут)
с	+	ши́ть	→ сши́ть 'sew' but с-**о**-шьют (= с-**о**-ший-ут)

With some verbs, the inserted vowel appears in all forms, even in those that do not meet the "three consonants in a row" condition:

с	+	бра́ть	→ со́брать 'collect' собра́л, and also соберу́

Below is the complete list of Russian verb prefixes.

в-	до-	на-	о-	пере-	раз- (роз-)
вз- (воз-)	за-	над-	об-	по-	с-
вы-	из-	низ-	от-	под-	у-
				пре-	
				пред-	
				при-	
				про-	

3. Suffixes.
3.1 Stems with and without suffixes; the stem with a full suffix.

There are many thousands of Russian verb stems, of which less than a hundred are stems without suffixes. Stems with suffixes fall into large groups that conjugate according to general rules; stems without suffixes fall into small groups that conjugate according to minor rules with many exceptions to them.

When we say that a certain stem has a suffix it does not mean that this suffix is present in all forms of the verb, or that it can be clearly seen in all the forms of the verb. We will use the term **stem with a full suffix** or **full-suffix stem** to indicate a stem made up of the root plus the suffix in its complete form. As endings are added to the stem, the suffix may show up in a reduced form, or if it consists of just one vowel, it may disappear altogether. These changes are governed by the **rule of likes and unlikes** given in 3.2 below.

3.2 The rule of likes and unlikes.

The rule of likes and unlikes shows what happens when endings are added to the full-suffix stem. It makes a single distinction between vowels and consonants. If, at the juncture of the suffix and the ending, the **unlikes meet** (vowel + consonant or consonant + vowel) then nothing happens, you simply join the stem and ending together:

Root	Suffix		Ending		
ЧИТ	АЙ	consonant + vowel	УТ	=	ЧИТАЙ-УТ (читáют)
ПИС	А	vowel + consonant	ЛИ	=	ПИСА-ЛИ

(Remember that the consonant й + у will be spelled ю, й + а will be spelled я, and so on. Й is the only consonant ending for suffixes.)

Now look at the opposite case: if, at the juncture of the suffix and the ending, the **likes meet** (vowel + vowel or consonant + consonant), **then the first of the likes is dropped**:

Root	Suffix		Ending		
ЧИТ	АЙ	consonant + consonant	ЛИ	=	ЧИТА- ЛИ
ПИС	А	vowel + vowel	УТ	=	ПИШ- УТ

Note that when a vowel drops out the preceding consonant may change. We give rules for such changes in section 6.2.

3.3. The suffix inventory.

Listed below are all the verb suffixes, with examples:

First conjugation verbs

Suffix	Infinitive	3-Person Plural	Stem
АЙ	читáть read	читáют	ЧИТ-АЙ
ЕЙ	имéть have	имéют	ИМ-ЕЙ
ОВА/УЙ	арестовáть arrest	арестýют	АРЕСТ-ОВА/УЙ
НУ	крикнуть yell	крикнут	КРИК-НУ
А (in no-vowel stems)	ждáть wait	ждут	ЖД-А
О	борóться struggle	бóрются	БОР-О

Second conjugation verbs

И	говорить talk	говорят	ГОВОР-И
Е	видеть see	видят	ВИД-Е
А (on ЧА verbs)	кричáть yell	кричáт	КРИЧ-А

4. Three important comments: -НУ- vs. (НУ); no-vowel A stems; ЧА
4.1 -НУ- vs. (НУ).

There are two suffixes -НУ- in Russian that are entirely different. (To differentiate them we write one of them in parentheses.) With respect to conjugation the difference between -НУ- and (НУ) is that the suffix (НУ) is often dropped in the past tense forms:

па́х-ну-ть 'smell'	па́х or па́хнул	па́хла	па́хло	па́хли
исчéз-ну-ть 'disappear'	исчéз	исчéзла		исчéзли
привы́к-нуть 'get used to'	привы́к	привы́кла		привы́кли

Nothing of the kind ever happens to the suffix -НУ-:

| кри́кнуть 'shout' | кри́кнул | кри́кнула | кри́кнули, |
| тяну́ть 'pull steadily' | тяну́л | тяну́ла | тяну́ли. |

4.2 A vs. no-vowel A.

Within first-conjugation stems with the suffix -A- (about ninety of them in the Russian language) there is a small sub-group (about 15) that have no vowel in the root. The only vowel in these stems is the suffix -A- itself. We call such stems no-vowel -A- stems. No-vowel A stems behave somewhat differently from A stems; in fact, they behave somewhat differently from all other suffixed stems. We treat them in a special section below and do not include them with suffixed stems.

4.3 ЧА verbs.

This is how we distinguish between -A- stems of the first conjugation (like ПИСА-) and -A- stems of the second conjugation (like КРИЧА-): in the second conjugation stems -A- is preceded by one of the hushing consonants Ч, Щ, Ж, Ш. We'll refer to these verbs as ЧА verbs.

To put what we have just said somewhat differently: if a verb ends in -чать or -щать or -жать or -шать, it can be either a second conjugation ЧА verb like крича́ть (лежа́ть лежа́т 'lie down', молча́ть молча́т 'be silent') or it can be a first conjugation АЙ verb (отвеча́ть отвеча́ют 'answer', возража́ть возража́ют 'object') but it cannot be a verb like писа́ть пи́шут.

There are also two second conjugation -A- stems in which the suffix -A- is preceded by Й (Й + A are spelled **я**). About these two verbs, стоя́ть 'stand' and боя́ться 'fear', you simply have to remember that they are second conjugation. All the other Й-A- verbs are first conjugation.

5. Detailed comments (optional, except for 5.5).
5.1 Productive vs. non-productive classes of verbs.

The overwhelming majority of Russian verbs belong to five groups: АЙ, ОВА/УЙ, ЕЙ, НУ, И. Outside of these groups there are about three hundred stems, of which about 65 are stems without suffixes, and the rest belong to smaller groups of suffixed stems: A, no-vowel A, O, E, ЧА.

The first five classes are also the only **productive** classes of Russian verbs. What this means is that all the new verbs that come into the Russian language, whether borrowed from foreign languages or newly made up in Russian, belong to one of these five classes.

FIRST CONJUGATION VERBS.
5.2 АЙ stems.

This group contains thousands of stems. In many of them АЙ is, in fact, a part of a larger suffix, such as ВАЙ or ИВАЙ, but this is immaterial for purposes of conjugation.

Very few АЙ stems are used without a prefix. The majority of АЙ stems are imperfective partners of prefixed perfective verbs, formed by the suffixes: АЙ, ВАЙ, or ИВАЙ (see Sections 18, 20).

5.3 ЕЙ stems.

This group includes hundreds of stems. All of them are stressed on the suffix ЕЙ. Most of them form intransitive verbs, i.e., verbs that are not used with a direct object in the Accusative case. The only transitive verbs in this group (i.e., those that **are** used with a direct object in the Accusative case) are гре́ть гре́ют 'heat'; жале́ть жале́ют 'feel sorry for, spare'; име́ть име́ют 'have'.

A number of ЕЙ verbs are formed from adjectives. These verbs have the meaning 'to become so and so', for example: красн-е́ть красн-е́й-ут (= красне́ют) to turn red, to blush (c.f. кра́сн-ый 'red').

5.4 ОВА stems.

There are thousands of ОВА stems, and the number keeps growing, for many verbs from West European languages have been and are being incorporated into Russian with this suffix:

арест-ова́-ть	arrest
пас-ова́-ть	pass the ball (in a game like basketball or soccer)
газ-ова́-ть	step on the gas (when driving)

ОВА is often part of a larger suffix, ИЗ-ОВА (cf. English -ize) or ИЗИР-ОВА (cf. German -isieren):

организ-ова́-ть	organize
анализ-и́р-ова-ть	analyze
механиз-и́р-ова-ть	mechanize

Among ОВА stems there are seven in which ОВ is part of the root, and the suffix proper is just А; however, ОВА is replaced by УЙ in such stems also:

блев-а́-ть	блюю́т	vomit		плев-а́-ть	плюю́т	spit
жев-а́-ть	жую́т	chew		снов-а́-ть	сную́т	warp (in weaving)
клев-а́-ть	клюю́т	peck		о-снов-а́-ть		found
ков-а́-ть	кую́т	forge		сов-а́-ть	сую́т	poke, thrust

These seven stems are stressed on the ending in the non-past; the rest of the ОВА stems are never stressed on the ending.

5.5 НУ stems.

There are hundreds of them. Most of them are Perfective even if the verb doesn't have a prefix. In fact, НУ is the only suffix in the Russian language that builds Perfective verbs. A verb with the suffix НУ typically describes a quick action performed once or a specific number of times:

пры́г-ну-ть	jump, make a jump
кри́к-ну-ть	yell, give out a yell

(The only Imperfective verbs with the suffix НУ are гну́ть 'bend', тону́ть 'drown', тяну́ть 'pull', льну́ть 'cling to'.) НУ is also the only Russian suffix that begins with a consonant. Almost all Russian **roots**, however, **end** in a consonant. When the suffix НУ is added to a root, the last consonant of this root often drops out. It is preserved in the related imperfective verb, where it comes before a vowel:

Perfective	*Derived from*		*Imperfective*	Root
просну́ться	про-сп-ну́-ть-ся	wake up	просыпа́ться	сп (cf. сп-а́-ть)
засну́ть	за-сп-ну́-ть	fall asleep	засыпа́ть	сп
передви́нуть	пере-двиг-ну́-ть	move	передвига́ть	двиг (cf. движ-е́ние)
загляну́ть	за-гляд-ну́-ть	glance	загля́дывать	гляд (cf. гляд-е́-ть)
дёрнуть	дёрг-ну-ть	pull	дёргать	дёрг
сдёрнуть	сдёрг-ну-ть	pull off	сдёргивать	дёрг
	тяг-ну́-ть	pull steadily	тяну́ть	тяг (cf. тяж-ёлый)
протяну́ть	про-тяг-ну́-ть	stretch, extend	протя́гивать	тяг
поки́нуть	по-кид-ну́-ть	leave	покида́ть	кид
вы́кинуть	вы́-кид-ну-ть	throw out	выки́дывать	кид
согну́ть	со-гб-ну́-ть	bend	сгиба́ть	гб

In some НУ verbs the consonant before НУ does not drop out, for example:

пры́гнуть	jump	root прыг
толкну́ть	push	root толк
кри́кнуть	yell	root крик

5.6 (НУ) stems.

There are about sixty of them. The suffix (НУ) is dropped in the past tense, past deverbal adverb and past active participle. Some stems tend to retain the suffix in the participle and the adverb, sometimes even in the past tense, so that избе́гнул 'avoided' is acceptable (although избе́г is more common) and изче́знувший is, in fact, better than исче́зший.

In the past tense, when (НУ) is dropped, л is also dropped in the Masculine Singular, when no vowel follows (see Section 13): исче́з исче́зла 'disappeared', па́х па́хла 'smelled', прони́к прони́кла 'penetrated'.

In contrast to -НУ- verbs, almost all of which are Perfective, (НУ) verbs are Imperfective, unless they have a prefix.

5.7 О stems.

There are just five such stems; they all end in ОР-О or ОЛ-О. The suffix О drops out before endings that begin with a vowel; Р and Л become soft.

бор-о́-ться	бо́р-ются	fight, struggle
кол-о́-ть	ко́л-ют	stab, prick
мол-о́-ть	ме́л-ют	grind
пол-о́-ть	по́л-ют	weed
пор-о́-ть	по́р-ют	flog; rip

Note that the verb моло́ть changes о to е in the Non-past. All five О stems have moving stress: борю́сь бо́рются.

SECOND CONJUGATION VERBS.

5.8 И stems.

This group contains thousands of stems. Many of them are transitive, i.e., require a direct object in the Accusative.

5.9 Е and А stems.

About fifty and thirty respectively. Е and А stems are historically related: what happened was that at some point Е changed to А after the hushing consonants Ж, Ш, Ч, Щ. Verbs in both groups are mostly intransitive; many of them denote sounds: звене́ть звеня́т 'ring', свисте́ть свистя́т 'whistle', шуме́ть шумя́т 'make noise', ворча́ть ворча́т 'grumble', крича́ть крича́т 'yell', молча́ть молча́т 'be silent'.

6. Stems and stem changes.
6.1 The non-past stem, the infinitive/past stem, the stem with a full suffix (optional)

Many textbooks of Russian say, quite correctly, that a Russian verb has two stems: the non-past stem and the infinitive/past stem. For example, the verb писа́ть has the non-past stem пиш- (пиш-у́, пи́ш-ешь...пи́ш-ут) and the infinitive/past stem писа́- (писа́-ть, писа́-л, писа́-ла, писа́-ло, писа́-ли). How do these two stems relate to the concept of the "stem with a full suffix" (the root plus the suffix in its complete form)?

If you know the full-suffix stem, you can find the non-past stem and the infinitive/past stem by applying the rule of likes and unlikes. The infinitive/past stem is simply the full-suffix stem as it would be affected by infinitive/past (i.e., consonant) endings; the non-past stem is the full-suffix stem as it would be affected by non-past (i.e., vowel) endings. If the stem ends in a vowel (for example, пис-а́), then infinitive/past endings are simply joined to it without changing it in any way. Since there are no changes, the infinitive/past stem will be identical to the stem with a full suffix:

писа	+	ть	=	писать	full-suffix stem:	ПИСА-
писа	+	л	=	писал	past/inf stem:	писа-

But if you take a vowel stem like писа- and join it to non-past endings, there will be a change because when the two vowels meet, the first of them will drop. In the case of A- stems, the consonant preceding the dropped vowel undergoes a change (see the table in 6.2, below):

	писа	+	ут	=	пи́шут			говори	+	ят	=	говоря́т
full-suffix stem:	ПИСА-						full-suffix stem:	ГОВОРИ-				
non-past stem:	пиш-						non-past stem:	говор (soft)-				

Now let us look at the opposite case, when the stem with a full suffix (for example, читай-) ends in a consonant. Adding non-past (vowel) endings won't change anything, so that the non-past stem will be identical to the stem with a full suffix:

	читай	+	ут	=	чита́ют
full-suffix stem:	ЧИТАЙ-				
non-past stem:	читай-				

The infinitive/past endings do change such a stem, because when the two consonants meet, the first of them is dropped. Thus, when a consonant ending is added to читай-, the й drops and you get the infinitive/past stem чита-:

	читай	+	ть	=	чита́ть
		+	л	=	чита́л
full-suffix stem:	ЧИТАЙ-				
inf/past stem:	чита-				

To figure out the infinitive/past or non-past stem from the stem with a full suffix, just apply the rule of likes and unlikes, keeping in mind the special case of ОВА/УЙ verbs. The results are summarized below:

(a) the non-past variant of the suffix ОВА is УЙ. Otherwise
(b) if the suffix ends in a consonant (АЙ or ЕЙ) then the non-past stem is identical to the full-suffix stem;
(c) if the suffix ends in or consists of a vowel then
    — the infinitive/past stem is identical to the full-suffix stem;
    — in the non-past, the final vowel of the suffix will drop out before the first vowel of the non-past ending. In A stems, the consonant preceding the dropped vowel undergoes a change.

6.2 On consonant changes.

The changes described in this section concern the following groups of verbs:
— First conjugation A stems, excluding no-vowel stems;
— И and Е stems (second conjugation).

In the first conjugation A stems, when the vowel A is dropped before non-past endings, the consonant preceding the vowel A undergoes a change according to the table below.

т	→	ч		к	→	ч		п	→	пл'
д	→	ж		г	→	ж		б	→	бл'
з	→	ж						м	→	мл'
с	→	ш		х	→	ш		в	→	вл'
ст	→	щ		ск	→	щ		ф	→	фл'

Examples:

	Infinitive	Non-past		
	пис-а́-ть	пи́ш-ут	write	с → ш
	сказ-а́-ть	ска́ж-ут	say	з → ж
	плак-а́-ть	пла́ч-ут	cry	к → ч
	шепт-а́-ть	шёпч-ут	whisper	т → ч

Because of these changes, the non-past stem of an A verb often ends in a consonant that is different from the consonant in the full-suffix stem (identical to the infinitive stem). The changes are predictable.

In И and E stems the same consonant change occurs only in the first person singular:

Infinitive	Non-past		
	3 person Plural	1 person Singular	
прос-и́-ть	про́с-ят	прош-у́	с → ш
воз-и́-ть	во́з-ят	вож-у́	з → ж
отве́т-и-ть	отве́т-ят	отве́ч-у	т → ч
верт-е́-ть	верт-я́т	верч-у́	т → ч
ви́д-е-ть	ви́д-ят	ви́ж-у	д → ж

There are some verbs that depart from the standard set of alternations; their stems end in either **-т-** or **-д-**. These consonants normally alternate with **-ч-** and **-ж-**, but in such exceptional verbs they alternate with **-щ-** and **-жд**, respectively: возврати́ть возвращу́ Perfective 'repeat', возвраща́ть Imperfective.

7. Imperative

7.1 There are two imperative forms in Russian, the ты form and the вы form. The вы form is built by adding -те to the ты form:

вставай́ → встава́йте   get up!

If the verb is a -ся verb then in the вы form -ся becomes -сь, as always after a vowel:

одева́йся → одева́йтесь   get dressed!

In the remainder of this section when we say *imperative* we mean the ты-imperative

7.2 The imperative stem is the same as the non-past stem. Recall that the non-past stem always ends in a consonant. If this consonant is Й then the imperative is identical to the non-past stem:

Infinitive	Non-past			Imperative
привыка́ть	привыка́ю	привыка́й-ут	get used to	привыка́й
отвеча́ть	отвеча́ю	отвеча́й-ут	answer	отвеча́й
налива́ть	налива́ю	налива́й-ут	pour	налива́й
рисова́ть	рису́ю	рису́й-ут	draw	рису́й
име́ть	име́ю	име́й-ут	have	име́й
стоя́ть	стою́	сто́й-ат	stand	стой
смея́ться	смею́сь	смей-у́т-ся	laugh	сме́йся
мы́ть	мо́ю	мо́й-ут	wash	мо́й
закры́ть	закро́ю	закро́й-ут	close	закро́й

7.3 If the non-past stem ends in a consonant other than Й, then there are three possibilities:

a) imperative = non-past stem + Й́ (Stressed ending Й́ is added.)
b) imperative = non-past stem + Ь (The last consonant becomes soft if it can be.)
c) imperative = non-past stem + И (Unstressed ending И is added.)

The choice among these possibilities depends on the pattern of stress, and on whether the stem ends in one consonant or in a cluster of two or more consonants. As you know, there are three possible patterns of stress in the non-past: on the ending throughout (E stress), moving from the ending in the 1st person singular to the preceding syllable in the rest of the forms (M stress), and on the stem throughout (S stress). For more details about stress see Section 8.

Grammar

(a) If the stress is on the ending or moving then the imperative = the non-past stem + Й. In other words, the imperative has a stressed ending if and only if the first person singular non-past has a stressed ending:

Infinitive	Non-past			Imperative
Stress on ending				
молча́ть	молчу́	молча́т	be silent	молчи́
крича́ть	кричу́	крича́т	yell	кричи́
лежа́ть	лежу́	лежа́т	lie	лежи́
говори́ть	говорю́	говоря́т	talk	говори́
Moving stress				
писа́ть	пишу́	пи́шут	write	пиши́
рассказа́ть	расскажу́	расска́жут	tell	расскажи́
сходи́ть	схожу́	схо́дят	go	сходи́
жени́ться	женю́сь	же́нится	get married	жени́сь
верте́ть	верчу́	ве́ртят	twist, turn	верти́

(b) If the stress is on the stem, and the stem ends in one consonant, then the imperative = the non-past stem + Ь:

Infinitive	Non-past			Imperative
поста́вит	поста́влю	поста́в-ят	put	поста́вь
отве́тить	отве́чу	отве́т-ят	answer	отве́ть
бро́сит	бро́шу	брос-ят	throw	брось
наде́ть	наде́ну	наде́н-ут	put on	наде́нь
ста́ть	ста́ну	ста́н-ут	become	ста́нь
се́сть	ся́ду	ся́д-ут	sit down	ся́дь

An exception is the verb ле́чь lie down ля́гу ля́гут, whose imperative does not end in -ь: ля́г. The combination гь is impossible in Russian.

In the examples above the soft sign at the end of the imperative means that the last consonant of the stem becomes soft. The soft sign appears in spelling even when it has no meaning at all: after the hushing consonants ч, ж, ш:

спря́тать	спря́чу	спря́ч-ут	hide	спря́чь
пла́кать	пла́чу	пла́ч-ут	cry	пла́чь
отре́зать	отре́жу	отре́ж-ут	cut off	отре́жь
услы́шать	услы́шу	услы́ш-ать	hear	услы́шь

(c) If the stress is on the stem but the stem ends in more than one consonant then the imperative = the non-past stem + и (unstressed):

вспо́мнить	вспо́мню	вспо́мн-ят	recall, remember	вспо́мни
ко́нчить	ко́нчу	ко́нч-ат	finish	ко́нчи
кри́кнуть	кри́кну	кри́кн-ут	yell	кри́кни
исче́знуть	исче́зну	исче́зн-ут	disappear	исче́зни

7.4 Other imperatives.

(a) The stems ДА-ВАЙ, -СТА-ВАЙ, -ЗНА-ВАЙ (see Section 9.1) preserve the suffix in the imperative even though it is dropped in all the non-past forms:

Infinitive	Non-past		Imperative	
давать	дают	give	давай	give; let us...
вставать	встают	get up	вставай	
признаваться	признаются	confess	признавайся	

(b) The five stems that conjugate like пить пьют (see Section 11.2) have the vowel Е inserted in the Imperative:

пить	пьют	(=пй-ут)	пей	drink
шить	шьют	(=шй-ут)	шей	sew
лить	льют	(=лй-ут)	лей	pour
бить	бьют	(=бй-ут)	бей	beat
вить	вьют	(=вй-ут)	вей	twist

(c) Perfective verbs with the prefix вы- are, as you know, always stressed on the prefix. However, in figuring out the form of the infinitive this obligatory stress on вы- does not count: you have to look at a verb with a different prefix. If the other verb has a stressed ending (and, therefore, its imperative ends in И), then the imperative of the verb with вы- also ends in И even though the ending is unstressed. Compare the verbs рассказать 'tell' and высказать 'voice':

Infinitive	Non-past		Imperative
рассказать	расскажу	расскажут	расскажи
высказать	выскажу	выскажут	выскажи (not выскажь)

Another example: купить 'buy' and выкупить 'ransom, redeem'.

купить	куплю	купят	купи
выкупить	выкуплю	выкупят	выкупи (not выкупь)

Sometimes unstressed И is added even to those вы- verbs that, without the prefix, are stem-stressed. Such verbs have two alternative forms of the imperative:

выбросить	throw out	выбрось or выброси (compare бросить throw брось!)
вылезть	climb out	вылезь or вылези (compare лезть climb лезь!)

The verb вынуть 'take out' has no related verb without вы-. You simply have to remember that its imperative is вынь.

(d) The following verbs have irregular imperatives:

дать	give	дай
есть	eat	ешь
ехать	go	поезжай
сыпать	pour	сыпь

All the prefixed verbs of the form prefix + **ехать** have imperatives of the form prefix + **езжай**:

поехать	go	поезжай
приехать	come	приезжай
уехать	go away	уезжай
переехать	move	переезжай

8. Patterns of stress in suffixed verbs (optional)

All suffixed stems, with just one exception, have constant stress on the stem in the past tense. The one exception is the stem РОД-И: the verb роди́ть 'give birth' is end-stressed in the past, and the verb роди́ться 'be born' has variants:

роди́л	родила́		роди́ли
роди́лся	родила́сь or роди́лась		родили́сь or роди́лись

In the non-past, suffixed stems have three possible patterns of stress:

(a) constant stress on (the same syllable of) the stem (S-stress);
(b) constant stress on the ending (E-stress);
(c) stress that moves from the ending in the 1st person singular to the preceding syllable in all the other forms (M-stress).

(a) S-stress	(b) E-stress	(c) M-stress
чита́ю	говорю́	расскажу́
чита́ешь	говори́шь	расска́жешь
чита́ет	говори́т	расска́жет
чита́ем	говори́м	расска́жем
чита́ете	говори́те	расска́жете
чита́ют	говоря́т	расска́жут

Here are some interesting facts about stress:

— Stems with suffixes ending in Й: -АЙ-, -ЕЙ-, -УЙ- and stems with the suffix (НУ) never have moving stress. ЕЙ stems are always stressed on the suffix; (НУ) stems are always stressed on the syllable preceding the suffix.

— Most stems with the suffix -НУ- have constant stress (stem or ending). The -НУ- verbs with moving stress are обману́ть 'deceive; lie', тону́ть 'drown', тяну́ть 'pull', загляну́ть 'glance; stop by', and several others.

— Stems with the suffix -О- have moving stress: боро́ться 'struggle'
борю́сь бо́решься

— Stems with the suffixes -А- (first conjugation), -И- (second conjugation), -Е- (second conjugation), and Ч-А (second conjugation) come in all three varieties of stress. However:

Almost all -Е- stems have end stress. The only stem stressed -Е- stems are
ви́деть	see
ненави́деть	hate
оби́деть	offend, hurt
зави́сеть	depend

The only -Е- stems with moving stress are
смотре́ть,	look
верте́ть	twist, turn
терпе́ть	endure, suffer.

Almost all Ч-А stems have end stress. There is only one stem that is stressed on the stem:
| слы́шать | hear |

The only Ч-А stems with moving stress are
| держа́ть | hold |
| дыша́ть | breathe |

9. Two "odd ball" groups of suffixed stems.
9.1 ДА-ВАЙ-, СТА-ВАЙ-, ЗНА-ВАЙ- verbs.

Three very common roots -да-, -ста-, and -зна-, combined with the suffix -вай-, form stems that have these peculiarities:

(a) the -ва- part drops out in all the non-past forms but not in the imperative:

доставáть	get, obtain	достаю́	достаёшь...	достаю́т	доставáй!
перестава́ть	stop	перестаю́	перестаёшь...	перестаю́т	переставáй!
остава́ться	remain	остаю́сь	остаёшься...	остаю́тся	отставáй!
отстава́ть	lag behind	отстаю́	отстаёшь...	отстаю́т	отставáй!
отдава́ть	give back	отдаю́	отдаёшь...	отдаю́т	отдавáй!
передава́ть	pass on	передаю́	передаёшь...	передаю́т	передавáй!
продава́ть	sell	продаю́	продаёшь...	продаю́т	продавáй!
признава́ться	confess	призна́юсь	признаёшься...	признаю́тся	признавáйся!
узнава́ть	learn, recognize	узнаю́	узнаёшь...	узнаю́т	узнавáй!

(b) all the non-past forms are stressed on the ending;
(c) да-вай is the only stem of the three that is used without a prefix: давать (imperfective) — дать (perfective);
(d) all three stems form only imperfective verbs.

The perfective partners of the prefixed да-вай verbs are the prefixed forms of дáть:

| продава́ть | прода́ть | прода́м... | продаду́т |
| отдава́ть | отда́ть | отда́м... | отдаду́т |

The perfective partners of the ста-вай verbs are the prefixed forms of стáть:

| встава́ть | вста́ть | вста́ну... | вста́нут |
| отстава́ть | отста́ть | отста́ну... | отста́нут |

The perfective partners of the зна-вай verbs are the prefixed forms of знáть:

| узнава́ть | узна́ть | узна́ю... | узна́ют |

The difference between the prefixed non-past forms of -зна-вай- and зн-ай- is only in the position of stress:

Imperfective	*Perfective*	
узнава́ть	узна́ть	recognize
узнаю́	узна́ю	
узнаёшь	узна́ешь	
узнаю́т	узна́ют	

9.2 No-vowel -A- stems.

There are about fifteen of them. Almost all are first conjugation, but спáть сплю́ спя́т 'sleep' and гнáть гоню́ го́нят 'chase' are second conjugation. (From now on we treat спáть and гнáть as exceptions and do not include them with no-vowel A stems.) Note that ржáть 'neigh', is first conjugation, even though the suffix A is preceded by a hushing consonant. (See section 4.3).

Three no-vowel A stems insert a vowel in the non-past. (бра́ть беру́т; дра́ть деру́т; зва́ть зову́т).

All no-vowel A stems are end stressed in the non-past. In the past, some no-vowel A stems have moving stress, unlike the rest of suffixed verbs.

Examples:

бра́ть	беру́	беру́т	бра́л	брала́	бра́ли
зва́ть	зову́	зову́т	зва́л	звала́	зва́ли
жда́ть	жду́	жду́т	жда́л	ждала́	жда́ли
ржа́ть	ржу́	ржу́т	ржа́л	ржала́	ржа́ли

Several no-vowel A stems have irregularities concerning consonant changes in the non-past; they are shown in Appendix 2.

10. Stems without suffixes.

Stems without suffixes consist of roots alone, or roots with prefixes. All stems without suffixes are first conjugation. Because they all end in consonants, in the majority of cases, vowel (non-past) endings will join without causing any changes. Joining consonant (past/infinitive) endings will cause changes, as specified by the rule of likes and unlikes. Some additional changes are minor, affecting only certain classes of verbs. In order to give rules for these minor changes, it is helpful to classify stems without suffixes according to their last consonant. This last consonant will belong to one of two groups:

>   Resonants: р, м, н, й, в;
>   Obstruents: б, п, д, т, з, с, г, к, х.

The consonants in the first group are very **son**orous: you can pronounce them continuously, so that they resound. (*Resonant* means 'resounding' in Latin.) Therefore they are called **resonants**.

The consonants in the second group are pronounced differently: an obstruction is formed in the mouth with the lips and tongue, and the sound emerges when this obstruction is overcome by air coming from the lungs. Therefore these consonants are called **obstruents**. To repeat: р, м, н, й, в, are resonants; б, п, д, т, з, с, г, к, х are obstruents. Below we give a more detailed breakdown of non-suffixed stems. A full list of them can be found in the Appendix.

11. Resonant stems.
11.1 В, Н, Й stems.

In accordance with the rule of likes and unlikes, the final consonant will drop before past and infinitive endings.

-В- stems. There are three of them: жи́ть 'live', плы́ть 'swim', слы́ть 'have the reputation of'.

| ЖИВ- | жи́ть | жив-у́т | жил | жила́ | жи́ли |
| ПЛЫВ- | плы́ть | плыв-у́т | плыл | плыла́ | плы́ли |

-Н- stems. Four of them: де́ть 'put', ста́ть 'become', and two others.

| СТАН- | ста́ть | ста́н-ут | стал | ста́ла | ста́ли |
| ДЕН- | на-де́ть | на-де́н-ут | наде́л | наде́ла | наде́ли |

-Й- stems. Sixteen of them, including four regular ones, two with a vowel change and two irregular subgroups of five stems each. An example of a regular -И- stem is the stem of the verb ду́ть 'blow':

| ДУЙ | ду́ть | ду́й-ут | дул | ду́ла | ду́ли |
| | | =ду́ют | | | |

The two -Й- stems that have different vowels in the non-past and infinitive/past stems are:

| пе́ть | 'sing' | пел | пе́ла | пе́ли | but | пою́ | поёшь | ...пою́т | (е-о) |
| бри́ть | 'shave' | брил | бри́ла | бри́ли | but | бре́ю | бре́ешь | ...бре́ют | (и-е) |

The two irregular subgroups of Й verbs are given in the next section.

All the В, Н, Й verbs share this property: the imperfective partner of a prefixed В, И, Й verb is formed with the suffix -ВАЙ-. We remind you that when you add a prefix to a prefix-less verb you get a perfective verb; to obtain the correspondng imperfective you usually add a suffix, or replace the one already there. More about perfective-imperfective pairs in Sections 17-21.

Verb without a prefix (imperfective	*Verb with a prefix (perfective)*	*Verb with a prefix and the suffix –ВАЙ (imperfective)*		
плы́ть 'swim'	уплы́ть 'swim away'	уплыва́ть	уплыва́ют	'swim away'
де́ть 'put'	наде́ть 'put on'	надева́ть	надева́ют	'put on'
бри́ть 'shave'	сбри́ть 'shave off'	сбрива́ть	сбрива́ют	'shave off'

11.2 Two irregular subgroups of Й verbs.

(a) There are five prefixless verbs in Russian that conjugate exactly like the verb пи́ть пью́т: пи́ть 'drink', ли́ть 'pour', би́ть 'beat', ши́ть 'sew', ви́ть 'twist'. Note the following:

— The non-past stem consists of just two consonants:

$$\text{пью́т} = \text{ПЙ-УТ}$$
$$\text{лью́т} = \text{ЛЙ-УТ}$$
$$\text{бью́т} = \text{БЙ-УТ} \quad \text{etc.}$$

— If there is a perfix and it ends in a consonant, then О is inserted in the non-past forms (see section 2):

$$\text{разби́ть} \quad \text{раз-о-бью́}$$
$$\text{сши́ть} \quad \text{с-о-шью́}$$

— The stress in the non-past is on the ending throughout: пью́ пьёшь пьёт пьём пьёте пью́т.

— The imperative form has Е inserted in the non-past stem: пе́й, ле́й, бе́й, ше́й, бе́й.

— To obtain the imperfective of a prefixed verb, add the suffix -ВАЙ.

No prefix (imperf.)		Prefix (perf.)		Prefix plus suffix ВАЙ (imperf.)		
пи́ть	drink	допи́ть	finish up a drink	допива́ть	допива́ют	finish up a drink
ши́ть	sew	заши́ть	sew something in, up	зашива́ть	зашива́ют	sew something in, up
ли́ть	pour	проли́ть	spill	пролива́ть	пролива́ют	spill

The verbs пи́ть, ли́ть, би́ть, ши́ть, ви́ть themselves have perfective partners as follows:

Imperfective:	пи́ть	ли́ть	би́ть	ши́ть	ви́ть
Perfective:	вы́пить	——	——	сши́ть	сви́ть

The verbs вы́пить, сши́ть, сви́ть are also related to the imperfective verbs выпива́ть, сшива́ть, свива́ть; these verbs are sometimes interchangeable with пи́ть, ви́ть, ши́ть. The triple пи́ть-вы́пить-выпива́ть presents an additional problem. If used with an object (вы́пить молоко́) the verb вы́пить is the perfective partner of пи́ть. If used without an object, it means 'to have a drink' (typically hard liquor), and in this meaning it is the perfective partner of the verb выпива́ть, which, when used without an object, means 'to have drinks repeatedly, to have a drinking problem'. (Note: you can also say О́н пи́л, without an object, meaning 'He drank (heavily)', and you can say Ка́ждое у́тро о́н выпива́л стака́н молока́ 'Every morning he drank a glass of milk', but these details of usage shouldn't concern us here.)

(b) There are five stems in Russian that conjugate exactly like мы́ть мо́ют: мы́ть 'wash', кры́ть 'roof, cover', вы́ть 'howl', ны́ть 'whine', ры́ть 'dig'. Note the following:

— The imperfective pair to a verb with a prefix is formed by the suffix -ВАЙ:

No prefix (imperf.)		Prefix (perf.)		Prefix plus suffix ВАЙ (imperf.)		
мы́ть	wash	умы́ться	get washed	умыва́ться	умыва́ются	get washed
кры́ть	put on a roof	закры́ть	close, cover	закрыва́ть	закрыва́ют	close, cover
		откры́ть	open; discover	открыва́ть	открыва́ют	open; discover

11.3 No-vowel resonant stems.

Two groups of resonant stems have no vowels in them:

(a) Р stems.

Four of them: МР, ПР, ТР, СТР. They all have ЕРЕ in the infinitive; they are rarely used without a prefix. Some examples:

МР-	умере́ть	у-мр-у́т	die	замере́ть	за-мр-у́т	quiet down, come to a standstill
ПР-	запере́ть	за-пр-у́т	lock	отпере́ть	от-о-пр-у́т	unlock
ТР-	тере́ть	тр-у́т	rub	стере́ть	с-о-тр-у́т	erase
				вы́тереть	вы́-тр-ут	wipe, wipe out

Note the following:

— The stress in the non-past is always on the ending (except, of course, if the prefix is вы-, in which case the stress is always on that prefix). умру́ умру́т; замру́ замру́т; сотру́ сотру́т; вы́тру вы́трут.

Grammar 263

— If the prefix ends in a consonant, the vowel O is inserted between the prefix and the root in all the non-past forms and in the imperative: сотру́ сотри́; отопру́ отопри́. (See Grammar 2).

— In the past a vowel is inserted between the two consonants of the root. This vowel is spelled ё under stress, е not under stress: вы́-тер, за́-пер за-пер-ла́, с-тёр с-тёр-ла.

— There is no Л in Masculine Singular Past. The Л reappears in all other Past forms, i.e., whenever it is followed by a vowel: у́мер умерла́; за́пер заперла́; стёр стёрла.

— The imperfective partner of a prefixed P verb is formed according to the following rule: the vowel И is inserted between the two consonants of the root and the suffix -АЙ- is added. (This rule applies to all no-vowel stems.)

Perfective		*Imperfective*		
умере́ть	у-мр-у́т	умира́ть	у-мир-а́й-ут	(умира́ют)
запере́ть	за-пр-у́т	запира́ть	за-пир-а́й-ут	(запира́ют)
стере́ть	с-о-тр-у́т	стира́ть	с-тир-а́й-ут	(стира́ют)

(b) М and Н stems.

There are five such stems. Before endings that begin with a consonant (infinitive/past endings), the consonant М or Н is replaced by the vowel А. The consonant before А becomes soft if it can — in other words, А will be spelled я except after the hushing consonants Ж and Ч.

ЖМ- жать жал жа́ла... жа́ли press, squeeze жм-у́ жм-ёшь... жм-у́т
Note: жа́ть ру́ку кому́-нибудь shake hands with somebody
нажа́ть на кно́пку press the button

The stems ПН and ЧН are never used without a prefix.

ЧН нача́ть на́чал начала́... на́чали begin на-чн-у́ на-чн-ёшь... на-чн-у́т
ПН- распя́ть распя́л распя́ла... распя́ли crucify рас-пн-у́ рас-пн-ёшь... рас-пн-у́т

The imperfective partners of no-vowel М, Н verbs are formed according to the same rule that applied to P verbs: insert И between the consonants of the root, add -АЙ-.

Perfective		*Imperfective*	
нажа́ть	на-жм-у́т	нажима́ть	на-жим-а́й-ут
нача́ть	на-чн-у́т	начина́ть	начин-а́й-ут

The verb взять возьму́т also belongs in this group. Its root consists of just one consonant М that alternates with А in the infinitive/past forms; the prefix is вз-/воз-, and the last consonant of the prefix is soft.

М- вз-я-ть вз-я́-л вз-я-ла́... вз-я́-ли take возь-м-у́ возь-м-ёшь... возь-м-у́т

12. Obstruent stems.
12.1 З and С stems.

There are four З stems and six С stems; There is no Л in the masculine singular past; the Л reappears in the other past tense forms, where it is followed by a vowel.

ЛЕЗ-	ле́зть	climb	ле́зут	лез	ле́зла	ле́зли
ВЕЗ-	везти́	carry, take (by vehicle)	везу́т	вёз	везла́	везли́
НЕС-	нести́	carry (on foot)	несу́т	нёс	несла́	несли́
СПАС-	спасти́сь	escape	спасу́тся	спа́сся	спасла́сь	спасли́сь

12.2 Г and К stems.

There are six Г stems and five К stems. Infinitive ends in -ЧЬ. Г changes to Ж and К changes to Ч before е and ё of the non-past endings. No Л in the masculine Singular Past, as with З, С stems.

МОГ-	мочь	can, be able	могу́	мо́жешь	мо́гут	мог	могла́	могли́
БЕРЕГ-	бере́чь	keep guard	берегу́	бережёшь	берегу́т	берёг	берегла́	берегли́
СТРИГ-	стри́чься	get a haircut	стригу́сь	стрижёшься	стригу́тся	стри́гся	стри́глась	стри́глись
ПЕК-	печь	bake	пеку́	печёшь	пеку́т	пёк	пекла́	пекли́

In one Г stem the vowel changes from Е/Ё in the Infinitive/past to Я in the non-past:

лечь лёг легла́ легли but ля́гут.

12.3 Б, Д, Т stems.

There are two Б stems, four Д stems and six Т stems. The consonants Б, Д, Т change to С before the ending of the infinitive. The consonants Д and Т drop out before all past tense endings. The past tense of Б stems works the same way as the past tense of Р, З, С, Г, К stems: there is no Л in the masculine singular; Л reappears in the other past tense forms where it is followed by a vowel.

СКРЕБ-	скрести́	scrape	скрёб	скребла́	скребли́	скребу́т
ГРЕБ-	грести́	row	грёб	гребла́	гребли́	гребу́т
ВЕД-	вести́	lead	вёл	вела́	вели́	веду́т
КЛАД-	класть	put	клал	кла́ла	кла́ли	кладу́т
КРАД-	красть	steal	крал	кра́ла	кра́ли	краду́т

In one Д stem the vowel changes from Е in the Infinitive/past to Я in the non-past.

	се́сть	sit down	сёл	се́ла	се́ли	but ся́д-ут.

12.4 No-vowel obstruent stems.

There are just two such stems, one a Г stem, the other a Т stem: ЖГ, -ЧТ. They conjugate just like the corresponding stems with vowels in them, except that е or ё is inserted between the consonants of the root when there is no vowel in the ending.

ЖГ-	же́чь	burn something	жгу́	жжёшь	жгут	жёг	жгла́	жгли́
ЧТ-	про-че́сть	read			про-чт-у́т	прочёл	прочла́	прочли́

12.5 Imperfective partners of prefixed obstruent stems.

Most prefixed obstruent stems form imperfective partners by adding the suffix АЙ to the stem:

	Perfective		*Imperfective*	
СКРЕБ	соскрести́	scrape off	соскреба́ть	со-скреб-а́й-ут
МЕТ	подмести́	sweep	подмета́ть	под-мет-а́й-ут
ПАС	спасти́	save	спаса́ть	с-пас-а́й-ут
ПОЛЗ	уползти́	crawl away	уполза́ть	у-полз-а́й-ут
ЛЕЗ	вле́зть	climb in	влеза́ть	в-лез-а́й-ут
МОГ	помо́чь	help	помога́ть	по-мог-а́й-ут

No-vowel obstruent stems form Imperfective partners according to the general rule for no-vowel stems: insert И, add the suffix АЙ:

ЖГ	заже́чь	light up	зажига́ть	за-жиг-а́й-ут

Three stems of verbs of motion form imperfective partners according to rules of their own (see section 21d):

ВЕД	увести́	lead away	уводи́ть
ВЕЗ	увезти́	take away	увози́ть
НЕС	унести́	carry away	уноси́ть

13. General rules about non-suffixed stems.

(a) Resonant stems (except for no-vowel Р stems): drop the last consonant before endings beginning with consonant.
(b) Obstruent stems undergo these changes in the infinitive:
        Б, Д, Т change to С before -ТЬ/-ТИ.
        Г, К together with -ТЬ become -ЧЬ.
(c) The following rule applies in the Masculine Singular Past:
        -Л drops out after Р, Б, З, С, Г, К.

A similar rule applies to (НУ) verbs: when (НУ) drops out in the past tense forms, -Л may find itself after a consonant, and in the Masculine Singular Past it drops out after Б, П, З, С, Г, К, Х:

исче́знуть	disappear	исче́з	исче́зла	исче́зли
па́хнуть	smell	пах	па́хла	па́хли
прони́кнуть	penetrate	прони́к	прони́кла	прони́кли

(d) In all past tense forms:
        Д, Т drop out before -Л.

14. —НЯТЬ verbs.

In this section we list a few members of a family of verbs in -нять: поднять, понять, принять and so on. The non-past stem and stress pattern of these verbs vary according to the prefix. There are three groups: (1) with prefixes ending in a consonant, (2) with prefixes ending in a vowel, and (3) the special case принять.

(1) With prefixes ending in a consonant:
под-ня́ть 'lift'; от-ня́ть 'take away'; с-ня́ть 'rent; take off', and others.
Non-past stem: -НИМ-:
подниму́ подни́мешь...подни́мут; отниму́ отни́мешь...отни́мут; сниму́ сни́мешь...сни́мут

(2) With prefixes ending in a vowel: по-ня́ть 'understand';
за-ня́ть 'occupy'; на-ня́ть 'hire', and others.
Non-past stem: -ЙМ-:
пойму́ поймёшь...пойму́т; займу́ займёшь...займу́т; найму́ наймёшь...найму́т

(3) The special case приня́ть.
Non-past stem: -М-:
приму́ при́мешь...при́мут

The past stress for all these verbs is on the ending in feminine, and on the prefix in all other forms, if there is a vowel in the prefix:

Infinitive	Past tense		
	Masculine	Feminine	Plural
подня́ть	по́днял	подняла́	по́дняли
отня́ть	о́тнял	отняла́	о́тняли
сня́ть	сня́л	сняла́	сня́ли
поня́ть	по́нял	поняла́	по́няли
заня́ть	за́нял	заняла́	за́няли
наня́ть	на́нял	наняла́	на́няли
приня́ть	при́нял	приняла́	при́няли

All of these verbs are perfectives. Their imperfective partners end in -нима́ть -нима́ют.

Perfective:	подня́ть	поня́ть	приня́ть
Imperfective:	поднима́ть	понима́ть	принима́ть
Similarly:	отнима́ть	занима́ть	
	снима́ть	нанима́ть	
	обнима́ть		

15. Stress patterns of non-suffixed stems (optional).

All the non-suffixed stems, with just one exception, have constant stress (stem or ending) in the non-past. The exception is the stem МОГ (мо́чь, помо́чь) which has moving stress. In the past there are these patterns of stress:

(a) In all past forms stress is on (the same syllable of) the stem.
(This is the only pattern that stems with suffixes have.)

(b) In all past forms stress is on the ending. In the masculine singular where there is no ending, the stress is on the final syllable of the stem.

(c) Stress is on the stem in all the forms except feminine singular, where it moves to the ending (M-stress).

(a) S-stress	(b) E-stress	(c) M-stress
де́лал	привёл	убра́л
де́лала	привела́	убрала́
де́лало	привело́	убра́ло
де́лали	привели́	убра́ли

Note that on the basis of the masculine singular form you can make *no* predictions about the stress pattern; on the basis of the masculine singular and feminine singular forms you cannot distinguish between E-stress and M-stress. The stress of the neuter form is always on the same syllable as the stress of the plural form. Therefore, in the citations of Past tense forms we usually give only the masculine, feminine, and plural forms.

S-stress verbs have their infinitive stressed on (the same syllable of) the stem as their past tense forms. E-stress verbs have their infinitive stressed on the ending -ТЙ. M-stress verbs have their infinitive stressed on the stem. In this group, and in this group only, the stress of the infinitive may be different from the stress of the masculine, neuter, and plural past forms. In these forms stress may move to a prefix, provided the prefix contains a vowel. Compare приня́ть, whose prefix contains a vowel, with сня́ть:

>   приня́ть   сня́ть
>   при́нял   сня́л
>   приняла́   сняла́
>   при́няло   сня́ло
>   при́няли   сня́ли

16. Predictable classes (Optional).

A very important question with regard to conjugation is this: given one form of a verb how much can be predicted about the other forms? Here are some answers (→ means prediction from left to right; ↔ means prediction both ways):

АЙ, ЕЙ (1) -ают→-ать   АЙ verbs have infinitives in -ать.
               -ивают↔-ивать   All the -ивать verbs are АЙ verbs.
            (2) -е́ют→-е́ть   ЕЙ verbs have infinitives in -еть. They are all stressed on the suffix.

ОВА/УЙ (3) -уют↔-овать   All the ОВА verbs are УЙ verbs and conversely.
                                Verbs that end in -евать have -юют or, after hushing consonants and Ц, -уют. Among verbs that end in -евать there are some that are not ОВА/УЙ verbs: подозрева́ть под-о-зр-е-ва́й-ут 'suspect'; согрева́ть согрева́ют 'warm up'.

НУ (4) -нуть→-нут   Remember that to produce the correct past tense forms you have to know whether this is a НУ or a (НУ) verb.

       (5) -нут→-нуть   The prediction does not work for non-suffixed verbs in which Н is not part of a suffix but part of the root: ста́нут — ста́ть; на-де́нут — наде́ть; начну́т — нача́ть.

И (6) -ить→-ат/-ят   А or Я depending on spelling (А after hushing consonants). This prediction works for all verbs with the suffix -И. It doesn't work for monosyllabic non-suffixed stems where -И- is not a suffix but part of the root: пи́ть — пью́т; гни́ть — гнию́т 'rot'; бри́ться — бре́ются 'shave'. Another way of stating this rule would be: all -ить verbs that have more than one syllable are second conjugation.

О (7) -оть→-ют   All the О verbs conjugate the same. This prediction is of limited value for there are only five -о- stems in Russian.

З (8) -зть/-зти↔-зут   Only -З- verbs have З before the Т of the infinitive.

The most important are the first six predictive rules, for they work for large verb classes that comprise the overwhelming majority of Russian verbs.

Grammar   267

PART 2. ASPECT PAIRS.

17. Perfective Verbs without prefixes.

Verbs without prefixes are mostly imperfective. There are, however, a certain number of perfective verbs without prefixes. They fall into these four groups:

(a) A few non-suffixed stems:

Perfective		Imperfective	
да́ть	даду́т	дава́ть	give
де́ть	де́нут	дева́ть	put
ле́чь	ля́гут	ложи́ться	lie down
се́сть	ся́дут	сади́ться	sit down, sit up
ста́ть	ста́нут	станови́ться	become
па́сть	паду́т	———	fall (in the religious, moral, political sense, cf. упа́сть)
упа́сть	упаду́т	па́дать	fall, fall down

(b) Unprefixed НУ verbs.

These are almost all perfective (see Section 5.5). They often have the meaning of 'doing something once or a specific number of times'. Quite often there are imperfective -АЙ- verbs with the same root:

пры́г-ну-ть	пры́гать	пры́г-ай-ут	jump
дёр-ну-ть	дёргать	дёрг-ай-ут	pull

Verbs describing sounds usually have a pair with the suffix Е or Ч-А:

кри́к-нуть	крич-а́-ть	крич-а́т	yell
сту́к-нуть	стуч-а́-ть	стуч-а́т	knock
сви́ст-нуть	свист-е́-ть	свист-я́т	whistle

(Grammarians are in dispute as to whether pairs like these should be called aspect pairs.)

(c) A number of И verbs, some of which are listed below.

Imperfective partners are all in -АЙ-, stressed on the suffix. Note the pair купи́ть — покупа́ть, in which a prefix is added to the imperfective partner. According to the general pattern, we should have had купи́ть — *купа́ть, but купа́ть is a different verb in Russian meaning 'to give somebody a bath, to bathe somebody'.

брос-и́-ть	броса́ть	брос-а́й-ут	throw
ко́нч-и-ть	конча́ть	конч-а́й-ут	finish
куп-и́-ть	покупа́ть	по-куп-а́й-ут	buy
прост-и́-ть	проща́ть	прощ-а́й-ут	let
пуст-и́-ть	пуска́ть	пуск-а́й-ут	let
реш-и́-ть	реша́ть	реш-а́й-ут	solve, decide
ступ-и́-ть	ступа́ть	ступ-а́й-ут	step

(d) Some ОВА/УЙ verbs, mostly of foreign origin:

арестова́ть	аресто́вывать
организова́ть	организо́вывать

Quite a few ОВА verbs, with or without prefixes, are bi-aspectual: the same verb can work either as Perfective or as Imperfective. For example, the non-past of атакова́ть can mean either present (Imperfective) or future (Perfective):

Просни́тесь, генера́л! Проти́вник атаку́ет!   Wake up, general! The enemy is attacking! (Imperfective)
Ничего́, за́втра мы́ и́х атаку́ем.   It's O.K., tomorrow we'll attack them. (Perfective)

Also, the same verb атакова́ть can form the present active participle (атаку́ющий) formed from Imperfective verbs only, and the past adverb (атакова́в), formed from Perfective verbs only.

Some verbs work as bi-aspectual only in certain forms. For example, the non-past of организова́ть can be either Perfective or Imperfective: Она́ за́втра организу́ет турни́р/Она́ всегда́ организу́ет (or организо́вывает) турни́ры. However, the past tense of организова́ть can be only Perfective, and for Imperfective past организо́вывал has to be used.

The tendency of Russian is to get rid of bi-aspectual verbs, and many ОВА verbs have ceased to be bi-aspectual. Some of them have become strictly Perfective, forming Imperfective with the suffix -ИВАЙ: арестова́ть (Perfective) - аресто́вывать (Imperfective). Other ОВА verbs have become strictly Imperfective, forming Perfective with a prefix: анализи́ровать (Imperfective) проанализи́ровать (Perfective).

18. Aspect pairs: two major kinds of aspect pairs.

Verbs without prefixes are mostly Imperfective (see the preceding section for exceptions). When you add a prefix to an Imperfective verb you almost always get a Perfective verb. This Perfective verb with a prefix may or may not mean the same as the verb without a prefix:

де́лать do, make (Imperfective)   с-де́лать   do, make (Perfective)
                                   под-де́лать forge, counterfeit (Perfective)

An aspect pair is a pair of verbs that mean the same and differ only in aspect. There are two kinds of aspect pairs. In the first kind, like де́лать — сде́лать, the perfective partner is formed by taking the imperfective verb and adding a prefix which does not change the meaning. Perfective verbs like под-де́лать need an Imperfective partner to form a pair. Such partners usually contain a specific suffix. A very common suffix is ИВАЙ:

под-де́л-а-ть   под-де́л-ыва-ть   под-де́л-ывай-ут

The two kinds of aspect pairs can be summarized as follows:
I. Imperfective verb   Perfective verb without a prefix with a prefix
       де́лать   do, make   с-де́лать   do, make

II. Perfective verb   Imperfective verb with a prefix with a prefix and a new suffix
       под-де́лать   forge   под-де́л-ыва-ть   forge

If you start off with a perfective verb and ask the question: "What is the imperfective partner of this verb?" the most common answers will be these two:
— The imperfective is the same verb without a prefix:
       сде́лать   де́лать
— The imperfective has a different suffix:
       под-де́лать   под-де́л-ыва-ть

Sometimes, very rarely, a perfective verb has *both kinds* of partners:
подстри́чь   стри́чь   or   подстрига́ть   cut, give a haircut
сжéчь   жéчь   or   сжига́ть   burn something
вы́пить   пи́ть   or   выпива́ть   drink

Sections 19, 20 below give rules about imperfective partners of perfective verbs with prefixes. Section 21 lists those pairs that do not follow rules.

19. Imperfective partners of no-vowel verbs.

No-vowel verbs are those verbs whose roots do not contain a vowel. No-vowel roots usually consist of two consonants. In no-vowel verbs with the suffix НУ the second consonant of the root may be dropped — see Section 5.5. Here are some examples, most of them familiar to you:

Type	Prefix if any	Root	Suffix if any	Ending	Verb
no-vowel A	с-о	бр	а	ть	собра́ть gather, collect
no-vowel A	вы	зв	а	ть	вы́звать call, summon
no-vowel A		сп	а	ть	спа́ть sleep
НУ	про	с(п)	ну	ть-ся	просну́ться wake up
НУ	за	с(п)	ну	ть	засну́ть fall asleep
no-suffix P	за	пр		ут	запру́т lock
no-suffix H	на	чн		ут	начну́т begin

As you can see, no-vowel verbs are encountered both among verbs with suffixes and verbs without suffixes. The imperfective partners of no-vowel verbs are formed in this way: insert the vowel И between the two consonants of the root, and replace the suffix, if any, with the suffix АЙ, always stressed. If there is no suffix, simply add the suffix АЙ:

Perfective   *Imperfective*   *Imperf. Stem*

собра́ть	собира́ть	собира́ют СО-БИР-АЙ
запере́ть	запира́ть	запира́ют ЗА-ПИР-АЙ

The vowel И may also appear as ы, usually before б, в, п:

вы́звать	вызыва́ть	ВЫ-ЗЫВ-АЙ
засну́ть	засыпа́ть	ЗА-СЫП-АЙ

A very common no-vowel root is МН — words with this root usually mean some mental activity (it has nothing to do with МН- 'crumple' of section 11.3). You know it in combination with the prefix по-:

		мн-и́-ть	think, imagine (bookish)
	по́-	мн-и-ть	remember, keep in memory
за-	по́-	мн-и-ть	remember, commit to memory
вс-	по́-	мн-и-ть	remember, recall, retrieve from memory
на-	по́-	мн-и-ть	remind, bring to memory

The verb по́мнить is Imperfective, even though it has a prefix. Those МН- verbs that have one more prefix are Perfective, and they form Imperfective partners according to the general rule of this section: insert И, add АЙ:

запо́мнить	запомина́ть	запомина́ют
вспо́мнить	вспомина́ть	вспомина́ют
напо́мнить	напомина́ть	напомина́ют

20. Suffixes that form imperfective partners.

In aspect pairs of the kind подде́лать — подде́лывать, the Imperfective partner contains one of these three suffixes: АЙ, ВАЙ, ИВАЙ. Which of these three suffixes appears in a given pair depends on the stem of the Perfective verb. The rules are given below. Note that the rules of this section apply only to those verbs whose roots contain a vowel. Verbs with no-vowel roots all have Imperfective partners with the suffix АЙ, as discussed in the preceding section.

20.1 If the Perfective partner has a stem with the suffix (НУ) **or** an obstruent stem without a suffix (ends in Б, З, С, Д, Т, Г, К) **then** the suffix of the Imperfective partner is АЙ. The verb is always stressed on this suffix:

Perfective			*Imperfective*	
ис-че́з-ну-ть		disappear	исчез-а́-ть	исчез-а́й-ут
прони́к-ну-ть		penetrate	проник-а́-ть	проник-а́й-ут
вы́грести	вы́греб-ут	row	выгреб-а́-ть	выгреб-а́й-ут
вле́зть	вле́з-ут	climb in	влез-а́-ть	влез-а́й-ут
спасти́	спас-у́т	save	спас-а́-ть	спас-а́й-ут
подстри́чь	подстриг-у́т	give a haircut	подстриг-а́-ть	подстриг-а́й-ут

20.2 If the Perfective partner has a stem with the suffix ЕЙ **or** a resonant stem without a suffix (ends in В, Н, Й) **then** the suffix of the Imperfective partner is ВАЙ. The last consonant of the Perfective stem drops out before the consonant В of the suffix ВАЙ. The verb is always stressed on this suffix:

со-гре́ть	со-гре́й-ут	warm up	со-гре-ва́-ть	со-гре-ва́й-ут
у-спе́ть	у-спе́й-ут	manage	у-спе-ва́-ть	у-спе-ва́й-ут
вы́-жить	вы́-жив-ут	survive	вы-жи-ва́-ть	вы-жи-ва́й-ут
на-де́ть	на-де́н-ут	put on	на-де-ва́-ть	на-де-ва́й-ут
на-ли́ть	на-лью́т	pour	на-ли-ва́-ть	на-ли-ва́й-ут
за-кры́ть	за-кро́й-ут	close	за-кры-ва́-ть	за-кры-ва́й-ут

20.3 If the Perfective partner has the suffix И, then the Imperfective partner has either the suffix АЙ (more often) or the suffix ИВАЙ. The consonant before the suffix may undergo the familiar change of Section 6.2. Verbs that take the suffix -ИВАЙ- are almost always stressed on the syllable immediately preceding this suffix. If this syllable has the vowel О, it changes to А.

	Perfective (suffix И)		*Imperfective (suffix АЙ)*		
	раз-реш-и́-ть	allow	раз-реш-а́-ть	раз-реш-а́й-ут	
	объ-ясн-и́-ть	explain	объ-ясн-я́-ть	объ-ясн-я́й-ут	
	со-общ-и́-ть	inform	со-общ-а́-ть	со-общ-а́й-ут	
	от-ве́т-и-ть	answer	от-веч-а́-ть	от-веч-а́й-ут	
	воз-раз-и́-ть	object	воз-раж-а́-ть	воз-раж-а́й-ут	
	до-ба́в-и-ть	add	до-бавл-я́-ть	до-бавл-я́й-ут	
	брос-и́-ть	throw	брос-а́-ть	брос-а́й-ут	

	Perfective (suffix И)		*Imperfective (suffix ИВАЙ)*		
	с-прос-и́-ть	ask	с-пра́ш-ива-ть	с-пра́ш-ивай-ут	о→а
	вы́-брос-и-ть	throw out	вы-бра́с-ыва-ть	вы-бра́с-ывай-ут	о→а

20.4 If the Perfective partner has the suffix Е, then no rules can be stated; you simply have to memorize both members of the pair.

20.5 If the Perfective partner has any other kind of stem (АЙ, ОВА, НУ, А, О, Ч-А) the Imperfective partner has the suffix ИВАЙ. The verb is almost always stressed on the syllable immediately preceding this suffix; if this syllable has the vowel О it changes to А, except in the suffix –ОВА- in which the О remains unchanged.

	Perfective		*Imperfective*	
suffix АЙ	под-де́л-ай-ут	forge	под-де́л-ывай-ут	
	пере-чит-а́й-ут	reread	пере-чи́т-ивай-ут	
suffix ОВА	арест-ова́-ть	arrest	арест-о́в-ывай-ут	(o unchanged)
	организ-ова́-ть	organize	организ-о́в-ывай-ут	(o unchanged)
suffix НУ	под-пры́г-ну-ть	jump	под-пры́г-ивай-ут	
	вз-гля(д)-ну́-ть	glance	вз-гля́д-ывай-ут	
	про-тя(г)-ну́-ть	stretch out	про-тя́г-ивай-ут	
suffix А	под-пис-а́-ть	sign	под-пи́с-ывай-ут	
	по-каз-а́-ть	point at	по-ка́з-ывай-ут	
	за-вяз-а́-ть	tie up	за-вя́з-ывай-ут	
suffix О	рас-кол-о́-ть	split	рас-ка́л-ывай-ут	
suffix Ч-А	за-держ-а́-ть	detain	за-де́рж-ивай-ут	

In practical terms, the suffix ВАЙ is much less common than the other two, АЙ and ИВАЙ. The most common pairs are:

Perfective in И	Imperfective in АЙ
various prefixed Perfectives	Imperfective in ИВАЙ
Perfective with a prefix	Imperfective without a prefix

21. Irregular aspect pairs.

The aspect pairs discussed in sections 18-20 all share this property: both members of the pair have the same root. Sometimes the root of the Imperfective is a modified version of the root of the Perfective (спрос-и́ть/спра́ш-ивать) but the modifications are regular, i.e. they operate according to certain rules. Irregular aspect pairs are those in which the roots of Perfective and Imperfective are related in an irregular fashion, or else are not related at all. In this section we give examples of such pairs. The list is not complete but contains the more common verbs.

(1) Some isolated pairs have totally unrelated roots:

Perfective	*Imperfective*
сказа́ть	говори́ть
положи́ть	класть
взять	брать

(2) Many prefixed verbs derived from -ложить have imperfectives in -кладывать:

| сложи́ть | скла́дывать | с-клад-ыва-ут | add, put together |
| отложи́ть | откла́дывать | от-клад-ывай-ут | postpone, put off; put aside |

Grammar   271

(3) Some pairs have roots that are related in an irregular fashion:

-лож-и-ть/-лаг-ай-ут

предложи́ть	предлага́ть	suggest, offer; propose
предположи́ть	предполага́ть	assume, suppose

-вер(т)-ну-ть/-ворач-ивай-ут

поверну́ть	повора́чивать	turn
заверну́ть	завора́чивать	wrap up
разверну́ть	развора́чивать	unfold; unwrap

After the prefix об the в of this root falls out (this happens with some other Russian roots also: оби́деть 'offend' = об + ви́деть; при-вы́ч-ка 'habit' comes from the same root as об-ы́ч-ай 'custom'):

оберну́ться	обора́чиваться	turn around; look back

One вер(т)- verb has the Imperfective partner with the Church Slavonic root variant -вращ-, rather than the Russian -ворач-:

верну́ться	возвраща́ться	return

(4) Three stems without -ся have Imperfective partners with -ся:

ле́чь	ложи́ться
се́сть	сади́ться
ста́ть	станови́ться

(5) For verbs of motion the picture is somewhat complicated because they have two imperfective verbs without prefixes: ordinary Imperfectives and one-way Imperfectives:

Ordinary:	ходи́ть	е́здить	бе́гать	лета́ть	пла́вать	носи́ть	води́ть	вози́ть
One-way:	идти́	е́хать	бежа́ть	лете́ть	плыть	нести́	вести́	везти́

It is difficult to say what the Perfective partners of these Imperfectives are. Often this role is filled by verbs with the prefix по- added to one-way Imperfectives. For most verbs (but not носи́ть) there are also verbs with the prefix с- added to ordinary Imperfectives:

сходи́ть	съе́здить	сбе́гать	слета́ть	спла́вать	——	своди́ть	свози́ть
пойти́	пое́хать	побежа́ть	полете́ть	поплы́ть	понести́	повести́	повезти́

Neither по- Perfectives nor с- Perfectives are pure partners of prefix-less verbs of motion, for they have somewhat different shades of meaning: по- Perfectives mean something like 'to begin moving'; с- Perfectives mean something like 'to make a quick round trip'.

Prefixes that obviously change meaning, especially prefixes that indicate the direction of movement (у- = 'away', пере- = 'across', вы- = 'out of' and so on) are added to **one-way** Imperfectives to form Perfective verbs. The Imperfective partners of these verbs are formed in three different fashions:

(a) The largest group of Perfective motion verbs have Imperfective partners formed from the stems of the ordinary Imperfectives:

One-way *Imperfective*	*Prefixed* *Perfective*	*Impf. Partner*	*=the prefix + Ordinary Impf.*	
идти́	у-йти́	у-ходи́ть	= the prefix +	ходи́ть
лете́ть	у-лете́ть	у-лета́ть	= the prefix +	лета́ть
нести́	у-нести́	у-носи́ть	= the prefix +	носи́ть
вести́	у-вести́	у-води́ть	= the prefix +	води́ть
везти́	у-везти́	у-вози́ть	= the prefix +	вози́ть

(b) Some verbs have Imperfective partners formed from the prefixed perfective according to the rules of the preceding section:

плы́ть	у-плы́ть	у-плыва́ть у-плыв-а́й-ут	NOT = the prefix +	пла́вать
ле́зть	в-ле́зть	влеза́ть в-лез-а́й-ут	NOT = the prefix +	ла́зать

(c) Some verbs have Imperfective partners formed on stems that are not used without prefixes:

е́хать	у-е́хать	у-езжа́ть у-езж-а́й-ут	NOT = the prefix + е́зд-и-ть
бежа́ть	у-бежа́ть	у-бега́ть у-бег-а́й-ут (note stress!)	NOT = the prefix + бе́г-ай-ут

PART 3. Deverbal adjectives (participles) and deverbal adverbs.

22. Active Participles
22.1 Present Active Participle

These participles are formed from imperfective verbs only. The rule to form them is: take the non-past stem and add the suffix -ущ- or -ащ-. The vowel in the suffix (-ущ- vs. -ащ-) depends on whether the verb is an -ут verb or an -ат verb. Therefore, the practical rule for forming Present Active Participles is: take the 3 person plural form of the verb, replace the т of the ending with the щ of the participial suffix, and attach adjective endings.

3 Person Plur.	Present Active Participle	
	Masc. Sg. Nominative	Fem. Sg. Nominative
несу́т	несу́щ-ий	несу́щ-ая
чита́ют	чита́ющ-ий	чита́ющ-ая
крича́т	крича́щ-ий	крича́щ-ая
говоря́т	говоря́щ-ий	говоря́щ-ая

If the verb is a -ся verb, the partciple also ends in -ся.
In participles, and in participles only, -ся does not change to -сь after a vowel:

| купа́ют-ся | купа́ющ-ий-ся | купа́ющ-ая-ся | cf. купа́юсь |
| садя́т-ся | садя́щ-ий-ся | садя́щ-ая-ся | cf. сади́тесь |

Present Active Participles, just like adjectives, can be used as nouns:

В па́рке бы́ло мно́го **гуля́ющих**.	There were a lot of strollers in the park.
Умира́ющий откры́л глаза́.	The dying man opened his eyes.
Несмотря́ на шу́м, **спя́щий** не просну́лся.	In spite of the noise, the sleeper (the sleeping man) didn't wake up.
Заве́дующий на́нял Оста́па на рабо́ту.	The manager hired Ostap.

Some of these noun-participles are commonly used, for example заве́дующий 'director, manager', отдыха́ющий 'vacationer'. Otherwise, Present Active Participles are never used in speech, only in writing. In speech use кото́рый clauses (which are also appropriate in writing):

Written only	*Neutral*
ма́льчик, чита́ющий кни́гу	ма́льчик, кото́рый чита́ет кни́гу
у де́вочки, чита́ющей кни́гу	у де́вочки, кото́рая чита́ет кни́гу
с де́вочками, чита́ющими кни́гу	с де́вочками, кото́рые чита́ют кни́гу

22.2. Past Active Participles.

Past active participles, unlike present active participles, can be formed from verbs of either aspect. To form the past active participle start with the masculine singular past tense form. If this form ends in -л (almost all verbs) replace the -л with -вш- and attach adjective endings:

Masc. Sg. Past	Past Active Participle	
	Masc. Sg. Nominative	Fem. Sg. Nominative
чита́л	чита́-вш-ий	чита́вшая
прочита́л	прочита́-вш-ий	прочита́вшая
сложи́л	сложи́-вш-ий	сложи́вшая
скла́дывал	скла́дыва-вш-ий	скла́дывавшая

If the masculine singular past tense form does not end in -л (Р, Б, З, С, Г, К, and (НУ) verbs) then add the suffix -ш- to that form and attach adjective endings:

у́мер	у́мер-ш-ий	у́мершая
вы́греб	вы́греб-ш-ий	вы́гребшая
зале́з	зале́з-ш-ий	зале́зшая
принёс	принёс-ш-ий	принёсшая
помо́г	помо́г-ш-ий	помо́гшая
испёк	испёк-ш-ий	испёкшая
па́х	па́х-ш-ий	па́хшая

There are two minor exceptions to this rule.
First, most Д, Т verbs form the past active participle by adding -ш- to the stem ending in д, т:

привёл	приве́д-ш-ий	приве́дшая
	(Note that ё changes to e)	
подмёл	подмёт-ш-ий	подмётшая

(However, кла́сть, кра́сть, and (у)па́сть form the participle according to the general rule: кла́л кла́вший, кра́л кра́вший, упа́л упа́вший.)

Second, more and more verbs in (НУ) have two parallel forms of the past active participle, one with НУ dropped and the suffix -ш-, the other with НУ preserved and the suffix -вш-:

па́хнуть	па́х-ш-ий	*or*	па́хнувший
привы́кнуть	привы́к-ш-ий	*or*	привы́кнувший
дости́гнуть	дости́г-ш-ий	*or*	дости́гнувший

For some verbs, for example исче́знуть, the form with НУ (исче́знувший) is actually more common than the form without НУ (исче́зший).

23. Deverbal adverbs.

Deverbal adverbs, also known as gerunds, are adverbs formed from verbs. (An adverb, we remind you, is a word that answers the questions *when* (today), *where* (here), *in what manner* (playfully) and so forth.) The implied subject of a deverbal adverb is, normally, the subject of the entire sentence. In Она́ познако́милась с ним, рабо́тая в ЗА́ГСе 'She met him (while) working in the Bureau of Vital Statistics' the meaning is that she, not he, worked in the bureau.

There are two suffixes, А and В(ШИ) that form deverbal adverbs, and correspondingly, there are two kinds of adverbs: adverbs in А and adverbs in В(ШИ). Adverbs in А are also called present adverbs, and adverbs in В(ШИ) past adverbs. Usually, any given verb has only one adverb; which suffix to add, А or В(ШИ) depends in most cases on whether the verb is Perfective or Imperfective.

23.1 Deverbal adverbs from Imperfective verbs.

All deverbal adverbs from Imperfective verbs are adverbs in А (present adverbs). To form the deverbal adverb from an Imperfective verb add А to the stem and use the rule of likes and unlikes: if the stem ends in a vowel, this vowel drops out before А. If the consonant before the vowel changes in all the non-past forms, it changes in the deverbal adverb also; otherwise it is soft if it can be. As far as spelling is concerned, the deverbal adverb from an Imperfective verb always ends in -я, except after the letters ж, ш, ч, and щ.

Infinitive	*3p Plural Non-past*	*Stem*	*Deverbal adverb*	
чита́ть	чита́ют	ЧИТ-АЙ + А	чита́я	(while) reading
красне́ть	красне́ют	КРАСН-ЕЙ + А	красне́я	blushing
рисова́ть	рису́ют	РИС-УЙ + А	рису́я	(while) painting
пла́кать	пла́чут	ПЛАК-А + А	пла́ча	crying
верте́ть	ве́ртят	ВЕРТ-Е + А	вертя́	twisting
нести́	несу́т	НЕС + А	неся́	(while) carrying
крича́ть	крича́т	КРИЧ-А + А	крича́	yelling
жи́ть	живу́т	ЖИВ + А	живя́	living

Deverbal adverbs of the да-вай-, -ста-вай-, -зна-вай verbs (Grammar 9.1) keep the -ва- part that is dropped in the non-past forms:

давáть	даю́т	ДА-ВАЙ + А	давáя	(while) giving
вставáть	встаю́т	В-СТА-ВАЙ + А	встава́я	(while) getting up
признава́ться	признаю́тся	ПРИ-ЗНА-ВАЙ + А	признава́ясь	admitting

Some groups of stems do not have deverbal adverbs from Imperfective verbs. These groups are:
— НУ and (НУ) stems;
— Г and К stems;
— А stems in which the consonant before the А is с, з, or д (писа́ть, вяза́ть, глода́ть).
— most no-vowel stems: Р stems (МР, ПР, ТР, СТР); the five stems of verbs like пи́ть (ПИЙ, ЛИЙ, БИЙ, ВИЙ, ШИЙ); no-vowel А stems, except those that insert a vowel in the non-past:

жда́ть	жду́т	ЖД-А	———	
бра́ть	беру́т	БР-А	беря́	(while) taking
зва́ть	зову́т	ЗВ-А	зовя́	(while) calling

The position of stress in the deverbal adverb in -А depends on the stress pattern of the verb in the non-past (see Section 8). If the verb has constant stem stress (S stress), then it will be stressed on the stem in the deverbal adverb also; otherwise, (E or M stress) the adverb will be stressed on its suffix -А:

чита́ть	чита́ю	чита́ют	(S stress)	чита́я
крича́ть	кричу́	кричи́шь	(E stress)	крича́
люби́ть	люблю́	лю́бишь	(M stress)	любя́

23.2 Deverbal adverbs from Perfective verbs.

Most deverbal adverbs from Perfective verbs are adverbs in В(ШИ) (past adverbs). For the vast majority of verbs the rule for forming this adverb is very simple: take the infinitive and replace -ть with -в:

Infinitive	Deverbal adverb	
подписа́ть	подписа́в	after signing, having signed
прочита́ть	прочита́в	after reading, having read
прости́ть	прости́в	after forgiving, having forgiven

If the verb is a -ся verb, then -вши-, rather than just -в, is required:

подписа́ться	подписа́вшись	after signing, having signed
прости́ться	прости́вшись	after saying good-bye

Problems arise with those stems that do not end in л in the masculine singular past: obstruent stems in Б, З, С, Г, К, stems in Р, and stems in (НУ). These stems *used to* form deverbal adverbs in -ши:

Infinitive	Masculine Sg. Past	Deverbal adverb from Perfective verbs
зале́зть	зале́з	зале́з-ши
спасти́	спа́с	спа́с-ши
спасти́ть	спа́сся	спа́с-шись
помо́чь	помо́г	помо́г-ши
обже́чь	обжёг	обжёг-ши
обже́чься	обжёгся	обжёг-шись
испе́чь	испёк	испёк-ши
втере́ть	втёр	втёр-ши
прони́кнуть	прони́к	прони́к-ши

These forms, common in 19th century literature, are now obsolete, except for the adverbs from -ся verbs, which are still common. For verbs without -ся the picture is fluid and complicated. Verbs in (НУ) and verbs in Р increasingly form their past adverbs according to the general rule:

вы́тереть	вы́терев	after wiping, having wiped
прони́кнуть	прони́кнув	after penetrating, having penetrated

Stems in Г, К practically do not have adverbs formed from Perfective verbs.

Some Perfective verbs in Б, З, С form them in the same way adverbs from Imperfective verbs are formed:

привезти́	привез-у́т	привезя́	(after) bringing, having brought (by vehicle)
принести́	принес-у́т	принеся́	(after) bringing, having brought (on foot, carrying)

Some Perfective verbs in Д, Т, especially verbs of motion, also form adverbs in -А; some of them have parallel forms:

привести́	привед-у́т	приведя́	(after) bringing, having brought (on foot, leading
заплести́	заплет-у́т	заплетя́	after braiding, having braided
укра́сть	украд-у́т	украдя́	(after) stealing, having stolen
		or укра́в	

In other groups also there are isolated Perfective verbs having parallel forms of the adverb: in -А and in -В(ШИ):

забра́ть, -беру́т	забра́в	*or*	заберя́
уви́деть	уви́дев	*or*	уви́дя
прости́ть	прости́в	*or*	простя́
прости́ться	прости́вшись	*or*	простя́сь
жени́ться	жени́вшись	*or*	женя́сь

The position of stress in the В(ШИ) deverbal adverb is almost always the same as in masculine singular past tense form (see Section 15). The only exceptions are those non-suffixed verbs with prefixes in which the stress shifts to the prefix in the past tense: the В(ШИ) adverb of such verbs is stressed on the root:

	прочита́ть	прочита́л	прочита́в
BUT:	нача́ть	на́чал	нача́в
	приня́ть	при́нял	приня́в

24. Past passive participles.

Past passive participles are formed from perfective verbs only. Also, they are formed only from transitive verbs, i.e. those verbs that require an object in the Accusative case. There are three suffixes that form past passive participles: -т-, -ен- (ён under stress), and -н-.

-т- is added to all resonant stems, including -НЯТЬ verbs, stems in НУ and (НУ) stems in О
The stem ГР-ЕЙ 'warm up'; the only ЕЙ stem that has a past passive participle.
-ен- is added to all obstruent stems stems in И and Е.
-н- is added to all other stems.

24.1 -т-

When -т- is added to a resonant stem, the rule of likes and unlikes applies, and the stem has the form it has before consonant endings, i.e., in the infinitive and past tense.

Verbs in	Infinitive	Masculine Sing. Past	Past Pass. Participle, short form Masc. Sing.
В	прожи́ть	про́жил	про́жит
Й	допи́ть	до́пил	до́пит
	смы́ть	смы́л	смы́т
	сбри́ть	сбри́л	сбри́т
ЕЙ	согре́ть	согре́л	согре́т
Н	наде́ть	наде́л	наде́т
Р	стере́ть	стёр	стёрт
	запере́ть	за́пер	за́перт
М/Н	нача́ть	на́чал	на́чат
	взять	взял	взят
НЯТЬ	поня́ть	по́нял	по́нят
	приня́ть	при́нял	при́нят
	подня́ть	по́днял	по́днят

Adding -т- to НУ, (НУ), and O stems is unproblematical: -т is simply appended to the final vowel of the stem:

НУ	протяну́ть	протяну́л	протя́нут
	заверну́ть	заверну́л	завёрнут
(НУ)	отве́ргнуть	отве́рг	отве́ргнут
	дости́гнуть	дости́г	дости́гнут
O	расколо́ть	расколо́л	раско́лот

24.2 -ен-

When -ен- is added to obstruent stems nothing much happens except that г, к change to ж, ч as they always do before e (ё under stress).

Verbs in	*Infinitive*	*3p plural non-past*	*Past Passive Participle, short form Masc. Sing.*
Д	привести́	приведу́т	приведён
	укра́сть	украду́т	укра́ден
Т	приобрести́	приобрету́т	приобретён
З	привезти́	привезу́т	привезён
С	спасти́	спасу́т	спасён
Г	подстри́чь	подстригу́т	подстри́жен
К	испе́чь	испеку́т	испечён

When -ен- is added to an И or E stem, two vowels meet and the first of them is dropped. The consonant before the dropped vowel changes in most И stems and in some E stems.

Verbs in	*Infinitive*	*1 person Sg. non-past*	*Past Passive Participle Masc. Sing.*
И	накорми́ть	накормлю́	нако́рмлен
	уплати́ть	уплачу́	упла́чен
	возврати́ть	возвращу́	возвращён
	вы́бросить	вы́брошу	вы́брошен
	научи́ть	научу́	нау́чен
E	оби́деть	оби́жу	оби́жен
	уви́деть	уви́жу	уви́ден
	осмотре́ть	осмотрю́	осмо́трен

24.3 -н-

Adding -н- is completely unproblematical. Stems ending in a vowel simply append -н-; stems ending in Й have the same form they have before endings that start with a consonant, i.e., in the infinitive and past tense:

Verbs in	*Infinitive*	*Past Passive Participle, short form Masc. Sing.*
АЙ	прочита́ть	прочи́тан
ОВА	арестова́ть	аресто́ван
А	написа́ть	напи́сан
ЧА	задержа́ть	заде́ржан

24.4 Stress patterns of past passive participles, short form (optional).

For verbs without suffixes, the stress of the past passive participle (short form) follows the pattern of the past tense stress: it shifts if the past tense stress shifts; it is on the stem if the past tense stress is on the stem; it is on the ending if the past tense stress is on the ending. (In this latter cast the stress is, of course, shifted to the stem in the Masculine Singular forms, where there is no ending):

	Masculine	Feminine	Plural
Past tense	про́жил	прожила́	про́жили
Past Passive Participle	про́жит	прожита́	про́житы
Past tense	наде́л	наде́ла	наде́ли
Past Passive Participle	наде́т	наде́та	наде́ты
Past tense	укра́л	укра́ла	укра́ли
Past Passive Participle	укра́ден	укра́дена	укра́дены
Past tense	привёл	привела́	привели́
Past Passive Participle	приведён	приведена́	приведены́

For verbs with suffixes, the stress of the past passive participle is always constant (does not shift). If the participle is formed with -т- or -н-, then the following rule applies: the stress of the participle is on the same syllable as in the infinitive if the infinitive is not stressed on the suffix; if the infinitive *is* stressed on the suffix, then the participle is stressed on the preceding syllable:

a) Stress not on suffix:

Infinitive	сде́лать	отве́ргнуть	оби́деть
Past Passive Participle	сде́лан	отве́ргнут	оби́жен
	сде́лана	отве́ргнута	оби́жена
	сде́ланы	отве́ргнуты	оби́жены

b) Stress on suffix:

Infinitive	арестова́ть	заверну́ть	написа́ть
Past Passive Participle	аресто́ван	завёрнут	напи́сан
	аресто́вана	завёрнута	напи́сана
	аресто́ваны	завёрнуты	напи́саны

The remaining group of verbs, verbs with suffixes that form the past passive partiiple with the suffix -ен, consists only of verbs with the suffix И. The stress of the past passive participle of an И verb depends on its non-past stress pattern. (This is really not surprising, given that the participle suffix, just like the non-past endings, begins with a vowel.) If the non-past stress is on the ending then the participle stress is on the ending; if the non-past stress is on the stem or shifts, the participle stress is on the same syllable as in the 3rd person Plural non-past, or any other non-past form except the 1st person Singular of verbs with shifting stress. We can make the rule simpler by simply saying that the past passive participle stress of И verbs is always the same as in the 3rd person Plural non-past:

	E stress	S stress	M stress
Infinitive	включи́ть	скле́ить	отложи́ть
Non-past	включа́т	скле́ят	отло́жат
Past Passive Participle	включён	скле́ен	отло́жен
	включена́	скле́ена	отло́жена
	включены́	скле́ены	отло́жены

24.5 Past passive participles: long and short forms.

Past passive participles are adjectives. Like many adjectives they have a long form and a short form. (Active participles have only a long form.) Compare:

Adjectives:

Вы *счастливы*?	Are you happy?
Вокру́г стоя́ли *счастли́вые лю́ди*.	All around us were happy people.
На её *счастли́вом* лице́ сия́ла улы́бка.	There was a smile shining on her happy face.

Participles:

Они́ аресто́ваны.	They've been arrested.
Вокру́г стоя́ли аресто́ванные террори́сты.	All around us were arrested terrorists.
У аресто́ванных террори́стов конфискова́ли брилья́нты и ору́жие.	Diamonds and weapons were confiscated from the arrested terrorists.

A past passive participle is in the short form if the only verb in the sentence is the verb бы́ть, showing tense:

Они́ *аресто́ваны*.	They've been arrested.
Го́род был *освобождён* от врага́.	The town was liberated from the enemy.
Карфаге́н до́лжен быть *разру́шен*.	Carthage must be destroyed.

A past passive participle is in the long form if it is attached to a noun and forms a phrase with it:

Уведи́те *аресто́ванных террори́стов*.	Take the arrested terrorists away.
В *освобождённом го́роде* сно́ва откры́лись магази́ны.	Stores reopened in the liberated city.
В го́роде, *освобождённом от врага́*, сно́ва откры́лись магази́ны.	Stores reopened in the city liberated from the enemy.

Just as with active participles, you can put a whole participle phrase in front of its noun:

В *освобождённом от врага́ го́роде* сно́ва откры́лись магази́ны.	Stores reopened in the city liberated from the enemy.

If you want to say *by whom* something has been done use the Instrumental:

Террори́сты бы́ли аресто́ваны *поли́цией*.	The terrorists were arrested *by the police*.
Аресто́ванные *поли́цией* террори́сты гро́мко крича́ли.	The terrorists arrested *by the police* were shouting loudly.

To form the long form of a past passive participle you simply add adjective endings to its short form. (In spelling, the н of the suffixes -н and -ен is doubled.) The stress of the long form never shifts: it is always on the same syllable as in the Masculine Singular short form:

Short Masc.	*Long Forms*		
про́жит	про́житый	про́житая	про́житые
укра́ден	укра́денный	укра́денная	укра́денные
приведён	приведённый	приведённая	приведённые
аресто́ван	аресто́ванный	аресто́ванная	аресто́ванные

25. Present passive participles.

Present passive participles are forms meaning '(now) being X-ed':

кни́ги, продава́емые в магази́нах	books now being sold in the stores

> Present active participles are not used very often, and many verbs do not have them at all. They are formed from imperfective verbs only. The simplest rule for forming them goes as follows. Start with the first preson plural non-past form: чита́ем, уважа́ем. For most verbs this form is identical to the Present passive participle masculine singular short form:

Ива́н Петро́вич все́ми уважа́ем.	Ivan Petrovich is respected by everyone

To obtain the long form add adjective endings to the short form:

все́ми уважа́емый учёный	a scholar respected by everyone
широко́ чита́емая кни́га	a widely read book
стро́имый небоскрёб	a skyscraper (now) being built

For certain categories of verbs the first person plural non-past and the short form participle are not entirely identical:
a) if the verb is an И verb with a moving stress in the non-past the stress of the participle is on the -им syllable:

	Infinitive	*1p Plural*	*Participle*
	люби́ть	лю́бим	люби́м
Он все́ми люби́м.		He's loved by everyone.	

b) да-ва́й-, -ста-ва́й-, -зна-ва́й- verbs preserve the -ва- in the present passive participle (just as they do in the imperative and deverbal adverb):

продава́ть	продаём	продава́ем

Practically never used in the short form.

c) participles formed from obstruent stems often have -ом- rather than -ём-: ведо́мый 'being led' (cf. ведём), влеко́мый 'being pulled, attracted' (cf. влечём).

Many present passive participles have become adjectives whose meaning is only remotely related to the verb:

мой люби́мый писа́тель	my favorite writer
Уважа́емый колле́га!	My dear colleague!
незабыва́емая весна́	unforgettable spring

26. -СЯ verbs.

One general fact about -ся verbs is that practically all of them are intransitive, i.e., they are not used with a direct object in the Accusative case.

If you take a -ся verb and peel off -ся, there are two possibilities: either you get another verb, or you get something that is not a Russian word at all. In other words, some verbs are never used without -ся, e.g., боя́ться 'fear', улыба́ться 'smile'. For the majority of -ся verbs, however, there is a corresponding verb without -ся. This verb without -ся is usually transitive, i.e., it is used with a direct object in the Accusative case.

The important practical question is this: if you know the meaning of a verb without −ся, can you predict the meaning of the corresponding verb with −ся? The answer is no, but you can make an educated guess. If it doesn't work, consult the dictionary.

Some possibilities are illustrated below:

Маши́на слома́лась.	The car broke down.	cf. Пе́тя слома́л маши́ну.
Каранда́ш слома́лся.	The pen broke.	cf. Пе́тя слома́л каранда́ш.
Стака́н разби́лся.	The glass broke (into pieces).	cf. Пе́тя разби́л стака́н.
Маши́на разби́лась о де́рево.	The car got smashed against the tree.	cf. Пе́тя разби́л маши́ну.
Э́та шкату́лка не открыва́ется.	This box doesn't (or won't) open.	cf. И.М. откры́л шкату́лку.
Э́та дверь не запира́ется.	This door is never locked or: This door won't lock.	cf. И.М. за́пер дверь.
И.М. побри́лся и оде́лся.	I.M. shaved, and got dressed	cf. И.М. подстри́г Оста́па. побри́л сто́рожа, оде́л студе́нта Иванопу́ло.
И.М. и Оста́п встре́тились на при́стани.	I.M. and Ostap met on the pier.	cf. И.М. встре́тил Оста́па на при́стани.
Сосе́ди за стено́й целова́лись.	The neighbors in the next room were necking (kissing each other).	cf. Сосе́д целова́л сосе́дку.

In all the above examples the meaning of the -ся verbs is closely related to the meaning of the corresponding verb without -ся. However, you ought to be prepared for the possibility that the meaning relations are more remote, or even non-existent, for instance:

торгова́ть (брилья́нтами)	deal (in diamonds), sell (diamonds)
торгова́ться	bargain
тро́нуть	touch
тро́нуться	start moving (said mostly about vehicles); go crazy

Sometimes Imperfective -ся verbs are best translated by a passive verb in English:

Э́та кни́га широко́ чита́ется в Сове́тском Сою́зе.   This book is widely read in the Soviet Union.

We don't recommend using such sentences in your speech — use 3 person plural instead:

Э́ту кни́гу широко́ чита́ют в Сове́тском Сою́зе.   This book is widely read in the Soviet Union.

APPENDIX 1: COMMENTS TO GRAMMAR SECTIONS

Section **4.1** Comment: The following A stems do not change the pre-suffix consonant in the non-past:
    сос-а́-ть   сос-у́т   suck
    жа́жд-а-ть   жа́жд-ут   thirst.

Section **4.3** Comment: There is one first conjugation A stem in which A is preceded by the hushing consonant Ж: ржа́ть ржу́т 'neigh'. However this is a no-vowel A stem, and these are generally unruly. See Section 9.

Section **5.6** Comment: Among (НУ) stems the stem -СТИГ-НУ- (never used without a prefix) is peculiar in that it has two alternative forms of infinitive
    до-сти́г-ну-ть   *or* до-сти́чь   achieve
    по-сти́г-ну-ть   *or* по-сти́чь   comprehend; strike, befall

Section **5.8** Comment: One И stem, -ШИБ-И, is first conjugation. It also drops И in the past tense and then behaves like a Б stem, i.e., it does not have Л in the Masculine Singular, when no vowel follows. (See Section 12).
    о-шиб-и́-ть-ся 'make a mistake' о-шиб-у́т-ся о-ши́б-ся о-ши́б-ла-сь о-ши́б-лись

Section **5.9** Comment: Several И and Е stems in which the suffix is preceded by the consonants д, т, з, с do not have a first person singular form:
    победи́ть   win, defeat
    убеди́ть   convince
    грези́ть   daydream, *and some others*.

Section **7.2** Comment: There are several И verbs, whose non-past stem ends in й, that form the Imperative according to the rule of 7.3: their imperative ends in stressed И:
    та́ить   conceal   таю́ тая́т (=тай-а́т)   but таи́!
    крои́ть   tailor   крою́ крoя́т (=крой-а́т)   but крои́!

Section **9.** Comment:
> The verb созда́ть 'create' conjugates like да́ть, even though соз- is not a prefix. Historically, the prefix is с(о)-, the root -зд- (cf. зда́ние 'building') and the verb is a no-vowel A verb. This shows up in the fact that созда́ть has two Imperfectives: the more common one is создава́ть создаю́т, formed by analogy with -дать verbs (cf. прода́ть Perf. — продава́ть продаю́т Imp.). The more old-fashioned one is со-зид-а́-ть со-зид-а́й-ут, formed according to the rule for no-vowel verbs: insert И, add -АЙ.

Section **11.** Comment: The verb распя́ть 'crucify' is peculiar in that the vowel О is *not* inserted between the prefix ending in a consonant and the two consonants of the root: рас-пн-у́т instead of the expected раз-о-пн-у́т.

Section **19.** Comment: The following no-vowel stems form Imperfectives with -Е-ВАЙ: (The list is not complete):
рас-тл-и́-ть		corrupt	рас-тл-е-ва́-ть	рас-тл-е-ва́й-ут
про-дл-и́-ть	(cf. дли́нный)	lengthen, extend	про-дл-е-ва́-ть	про-дл-е-ва́й-ут
за-тм-и́-ть	(cf. тёмный)	obscure, eclipse	за-тм-е-ва́-ть	за-тм-е-ва́й-ут

Section **20.** Comment: The following stems use suffixes different from those prescribed by the rules of Section 20 (the list is not complete):

— The stems СЫП-А- and РЕЗ-А- use АЙ instead of ИВАЙ. The infinitives of Perfective and Imperfective partners differ only in stress:
на-сы́п-а-ть	на-сы́пл-ют	pour	на-сып-а́-ть	на-сып-а́й-ут
про-сы́п-а-ть	про-сы́пл-ют	spill	про-сып-а́-ть	про-сып-а́й-ут
пере-ре́з-а-ть	пере-ре́ж-ут	cut across, in half	пере-рез-а́ть	пере-рез-а́й-ут

— The stem ЗДОРОВ-ЕЙ- uses ИВАЙ instead of ВАЙ:
    вы́здороветь   вы́здоровеют   recover   выздора́вливать   выздора́вливают

Appendix 2. An inventory of Russian verbs.

Among verbs with suffixes, only O verbs and the two odd-ball groups (да-,-ста-,-зна-, and no-vowel A) are given in full; for the remaining groups examples are given, and the number of stems in the group is indicated in parentheses. All the groups of verbs without suffixes are given in full. For some verbs we give related verbs with prefixes.

I. Verbs with suffixes.
FIRST CONJUGATION

Verbs like чита́ть
АЙ verbs (thousands)

чита́ть	чита́ют
зна́ть	зна́ют
де́лать	де́лают
броса́ть	броса́ют
надева́ть	надева́ют
пока́зывать	пока́зывают

Verbs like рисова́ть
ОВА/УЙ verbs (thousands)

рисова́ть	рису́ют
арестова́ть	аресту́ют
танцева́ть	танцу́ют
сова́ть	су́ют

Verbs like уме́ть
ЕЙ verbs (hundreds)

уме́ть	уме́ют
боле́ть	боле́ют
име́ть	име́ют
успе́ть	успе́ют
красне́ть	красне́ют

Verbs like кри́кнуть
НУ verbs (hundreds)

кри́кнуть	кри́кнут
пры́гнуть	пры́гнут

Verbs like писа́ть
A verbs (about 75)

писа́ть	пи́шут
иска́ть	и́щут
пла́кать	пла́чут
пря́тать	пря́чут
ре́зать	ре́жут
сы́пать	сы́плют
се́ять	се́ют
наде́яться	наде́ются
смея́ться	смею́тся
-каза́ть	-ка́жут
сказа́ть	ска́жут
показа́ть	пока́жут
рассказа́ть	расска́жут

Verbs like боро́ться, поро́ть
O verbs (5 stems)

боро́ться	бо́рются
коло́ть	ко́лют
моло́ть	ме́лют
поло́ть	по́лют
поро́ть	по́рют

Verbs like исче́знуть
(НУ) verbs (about 60)

исче́знуть	исче́знут	исче́з
па́хнуть	па́хнут	па́х(нул)
привы́кнуть	привы́кнут	привы́к
прони́кнуть	прони́кнут	прони́к
га́снуть	га́снут	га́с

Verbs like дава́ть
ДА-ВАЙ-, -СТА-ВАЙ-, -ЗНА-ВАЙ-

дава́ть	даю́т	дава́й!
продава́ть	продаю́т	продава́й!
встава́ть	встаю́т	встава́й!
перестава́ть	перестаю́т	перестава́й!
узнава́ть	узнаю́т	узнава́й
признава́ться	признаю́тся	признава́йся!

Verbs like бра́ть, зва́ть, ржа́ть, жда́ть ...
no-vowel A verbs

бра́ть	беру́т			
вра́ть	вру́т			
дра́ть	деру́т			
жда́ть	жду́т			
жра́ть	жру́т			
зва́ть	зову́т			
попра́ть	попру́т			
рва́ть	рву́т			
ржа́ть	ржу́т			
тка́ть	тку́	ткёшь	ткёт...	тку́т
лга́ть	лгу́	лжёшь	лжёт...	лгу́т
сла́ть	шлю́	шлёшь	шлёт...	шлю́т
стла́ть	сте́лю	сте́лешь	сте́лет...	сте́лют

SECOND CONJUGATION

Verbs like люби́ть			**Verbs like сиде́ть**			**Verbs like лежа́ть**		
И verbs (thousands)			Е verbs (about 50)			Ч-А verbs (about 30)		
люби́ть	люблю́	лю́бят	гляде́ть	гляжу́	глядя́т	крича́ть		крича́т
корми́ть	кормлю́	ко́рмят	боле́ть	—	боля́т	держа́ть		де́ржат
проси́ть	прошу́	про́сят	верте́ть	верчу́	ве́ртят	дыша́ть		ды́шат
вози́ть	вожу́	во́зят	видеть	ви́жу	ви́дят	лежа́ть		лежа́т
говори́ть	говорю́	говоря́т	оби́деть	оби́жу	оби́дят	молча́ть		молча́т
учи́ться	учу́сь	у́чатся	горе́ть	горю́	горя́т	слы́шать		слы́шат
плати́ть	плачу́	пла́тят						
прости́ть	прощу́	простя́т						

II. Verbs without suffixes (all first conjugation)

Verbs like жи́ть		**Verbs like ста́ть**		**Verbs like ду́ть**		**Verbs like пи́ть**		
В verbs		Н verbs		Й verbs				
жи́ть	живу́т	ста́ть	ста́нут	гни́ть	гнию́т	би́ть	бью́т	бе́й!
плы́ть	плыву́т	вста́ть	вста́нут	ду́ть	ду́ют	ви́ть	вью́т	ве́й!
слы́ть	слыву́т	де́ть	де́нут	обу́ть	обу́ют	ли́ть	лью́т	ле́й!
		наде́ть	наде́нут	почи́ть	почи́ют	пи́ть	пью́т	пе́й!
		застря́ть	-стря́нут	бри́ть	бре́ют	ши́ть	шью́т	ше́й!
		сты́ть	сты́нут	пе́ть	пою́т			

Verbs like мы́ть		**-НЯ́ТЬ verbs**		**Verbs like умере́ть** Р verbs				
вы́ть	во́ют	сня́ть	сни́мут	мере́ть	мру́т			
кры́ть	кро́ют	подня́ть	подни́мут	умере́ть	умру́т	у́мер	умерла́	у́мерли
закры́ть	закро́ют	заня́ть	займу́т	пере́ть	пру́т			
откры́ть	откро́ют	поня́ть	пойму́т	запере́ть	запру́т	за́пер	заперла́	за́перли
мы́ть	мо́ют	приня́ть	при́мут	отпере́ть	отопру́т	о́тпер	отперла́	о́тперли
ны́ть	но́ют			тере́ть	тру́т			
ры́ть	ро́ют			вы́тереть	вы́трут	вы́тер	вы́терла	вы́терли
				стере́ть	сотру́т	стёр	стёрла	стёрли
				-стр- простере́ть	простру́т	простёр	-стёрла	-стёрли

Verbs like нача́ть		**Verbs like грести́**			**Verbs like везти́**			**Verbs like нести́**		
М/Н verbs		Б verbs			З verbs			С verbs		
взя́ть	возьму́т	грести́	гребу́т	грёб	везти́	везу́т	вёз	нести́	несу́т	нёс
жа́ть	жму́т	скрести́	скребу́т	скрёб	грызть	грызу́т	грыз	пасти́	пасу́т	па́с
жа́ть	жну́т				ле́зть	ле́зут	ле́з	спасти́	спасу́т	спа́с
мя́ть	мну́т				ползти́	ползу́т	по́лз	трясти́	трясу́т	тря́с
распя́ть	распну́т									
нача́ть	начну́т									

	Verbs like вести́				**Verbs like мести́**		
	Д verbs (Some lack infinitive and past forms.)				Т verbs		
	блюсти́	блюду́т	блю́л		мести́	мету́т	мёл
	брести́	бреду́т	брёл		—	гнету́т	
	вести́	веду́т	вёл		—	плету́т	плёл
	——	гряду́т	—		плести́	обрету́т	обрёл
	кла́сть	кладу́т	кла́л		обрести́	изобрету́т	изобрёл
	кра́сть	краду́т	кра́л		изобрести́	рассвету́т	рассвёл
	па́сть	паду́т	па́л		рассвести́	цвету́т	цвёл
	пря́сть	пряду́т	пря́л		цвести́	прочту́т	прочёл
	се́сть	ся́дут	се́л		прочесть	прочту́т	прочёл

Verbs like мо́чь
Г verbs

бере́чь	берегу́т	берёг
пренебре́чь	пренебрегу́т	пренебрёг
мо́чь	могу́т	мо́г
запря́чь	запрягу́т	запря́г
стере́чь	стерегу́т	стерёг
стри́чь	стригу́т	стри́г
жечь	жгут	жёг
ле́чь	ля́гут	лёг

Verbs like пе́чь
К verbs

вле́чь	влеку́т	влёк
пе́чь	пеку́т	пёк
проре́чь	пророку́т	проро́к
се́чь	секу́т	сёк
те́чь	теку́т	тёк

III. Irregular Verbs.

Verbs whose irregularity consists only in that the root vowel is different in the non-past and the infinitive past stems are listed in the groups they otherwise belong: бри́ть and пе́ть with Й verbs, моло́ть with O verbs, се́сть and ле́чь with Д and Т verbs, respectively. Irregular no-vowel A verbs of the first conjugation are listed in the no-vowel A group. Verbs with irregular stress patterns are not listed. (Some of them are mentioned in the main text and in Appendix 1.)

бежа́ть бегу́т run
гна́ть гоню́ го́нят chase (II conjugation A verb)
да́ть да́м да́шь да́ст дади́м дади́те даду́т да́й! give (PPP in -н: про́дан)
е́сть е́м е́шь е́ст еди́м еди́те едя́т е́шь! eat (PPP in -ен: съе́ден)
е́хать е́дут езжа́й! or поезжа́й! go
идти́ иду́т шёл go
кля́сть кляну́т кля́л curse
ошиби́ться ошибу́тся оши́бся make a mistake
расти́ расту́т ро́с росла́ росли́ grow
реве́ть реву́ ревёшь ... реву́т roar (I conjugation E verb)
спа́ть сплю́ спя́т sleep (II conjugation A verb)
толо́чь толку́ толкёшь ... толку́т толо́к толкла́ толкли́ pound
хоте́ть хочу́ хотя́т want

AN INVENTORY OF RUSSIAN VERB STEMS

	SUFFIXED STEMS			NON-SUFFIXED STEMS	
	productive classes	smaller classes	oddballs	resonant	obstruent
1st conjugation	АЙ ЕЙ ОВА/УЙ НУ	(НУ) А О	да вай- ста вай- зна вай-	stems in В stems in Н stems in Й five stems like пи́ть five stems like мы́ть	stems in Б stems in Д, Т stems in З, С stems in Г, К
no-vowel stems			no vowel А	Р М/Н	-чт жг-
2nd conjugation	И	Е Ч-А			

Appendix 3: tables for Conjugation

Verbs with Suffixes

1st conjugation

	Suffix	Non-past		Imperative	Past tense Masculine	Feminine	Plural
читáть	АЙ	читáю	читáют	читáй	читáл	читáла	читáли
сдéлать	АЙ	сдéлаю	сдéлают	сдéлай	сдéлал	сдéлала	сдéлали
умéть	ЕЙ	умéю	умéют	умéй	умéл	умéла	умéли
заболéть	ЕЙ	заболéю	заболéют	заболéй	заболéл	заболéла	заболéли
рисовáть	ОВА/УЙ	рисýю	рисýют	рисýй	рисовáл	рисовáла	рисовáли
арестовáть	ОВА/УЙ	арестýю	арестýют	арестýй	арестовáл	арестовáла	арестовáли
тянýть	НУ	тянý	тя́нут	тяни́	тянýл	тянýла	тянýли
кри́кнуть	НУ	кри́кну	кри́кнут	кри́кни	кри́кнул	кри́кнула	кри́нули
пáхнуть	(НУ)	пáхну	пáхнут	пáхни	пáх	пáхла	пáхли
исчéзнуть	(НУ)	исчéзну	исчéзнут	исчéзни	исчéз	исчéзла	исчéзли
писáть	А	пишý	пи́шут	пиши́	писáл	писáла	писáли
показáть	А	покажý	покáжут	покажи́	показáл	показáла	показáли
плáкать	А	плáчу	плáчут	плачь	плáкал	плáкала	плáкали
борóться	О	борю́сь	бóрются	бори́сь	борóлся	борóлась	борóлись
расколóть	О	расколю́	раскóлют	расколи́	расколóл	расколóла	расколóли

2nd conjugation

люби́ть	И	люблю́	лю́бят	люби́	люби́л	люби́ла	люби́ли
спроси́ть	И	спрошý	спрóсят	спроси́	спроси́л	спроси́ла	спроси́ли
глядéть	Е	гляжý	глядя́т	гляди́	глядéл	глядéла	глядéли
смотрéть	Е	смотрю́	смóтрят	смотри́	смотрéл	смотрéла	смотрéли
уви́деть	Е	уви́жу	уви́дят	увидь	уви́дел	уви́дела	уви́дели
кричáть	ЧА	кричý	кричáт	кричи́	кричáл	кричáла	кричáли
услы́шать	ЧА	услы́шу	услы́шат	услы́шь	услы́шал	услы́шала	услы́шали

Two "odd-ball" groups

вставáть	да/ста/зна	встаю́	встаю́т	вставáй	вставáл	вставáла	вставáли
ждать	no-vowel A	ждý	ждýт	жди́	ждáл	ждалá	ждáли
собрáть	no-vowel A	соберý	соберýт	собери́	собрáл	собралá	собрáли

Verbs without Suffixes

плы́ть	В	плывý	плывýт	плыви́	плы́л	плылá	плы́ли
приплы́ть	В	приплывý	-плывýт	приплыви́	приплы́л	приплылá	прирлы́ли
стать	Н	стáну	стáнут	стань	стáл	стáла	стáли
дуть	Й	дýю	дýют	дуй	дýл	дýла	дýли
лить	like пить	лью	льют	лей	лил	лилá	ли́ли
разби́ть	like пить	разобью́	разобью́т	разбей	разби́л	разби́ла	разби́ли
мыть	like мыть	мóю	мóют	мой	мыл	мы́ла	мы́ли
откры́ть	like мыть	открóю	открóют	открóй	откры́л	откры́ла	откры́ли
терéть	ТР/МР/ПР	трý	трýт	три	тёр	тёрла	тёрли
умерéть	ТР/МР/ПР	умрý	умрýт	умри́	ýмер	умерлá	ýмерли
жать	М/Н	жмý	жмýт	жми	жáл	жáла	жáли
начáть	М/Н	начнý	начнýт	начни́	нáчал	началá	нáчали
поня́ть	-НЯТЬ	поймý	поймýт	пойми́	пóнял	понялá	пóняли
отня́ть	-НЯТЬ	отнимý	отни́мут	отними́	óтнял	отнялá	óтняли
вести́	Д/Т	ведý	ведýт	веди́	вёл	велá	вели́
увести́	Д/Т	уведý	уведýт	уведи́	увёл	увелá	увели́
подмести́	Д/Т	подметý	подметýт	подмети́	подмёл	подмелá	подмели́
везти́	З/С	везý	везýт	вези́	вёз	везлá	везли́
унести́	З/С	унесý	унесýт	унеси́	унёс	унеслá	унесли́
мóчь	Г/К	могý	мóгут	моги́	мог	моглá	могли́
испéчь	Г/К	испекý	испекýт	испеки́	испёк	испеклá	испекли́
грести́	Б	гребý	гребýт	греби́	грёб	греблá	гребли́

Infinitive	Aspect	Deverbal adverbs		Active Participles		Past Passive
		from Impf. verbs	from Pf. verbs	Present	Past	Participle
чита́ть	I	чита́я		чита́ющий	чита́вший	
сде́лать	P		сде́лав		сде́лавший	сде́лан
уме́ть	I	уме́я		уме́ющий	уме́вший	
заболе́ть	P		заболе́в		заболе́вший	
рисова́ть	I	рису́я		рису́ющий	рисова́вший	
арестова́ть	P		арестова́в		арестова́вший	аресто́ван
тяну́ть	I	тяня́ (?)		тя́нущий	тяну́вший	
кри́кнуть	P		кри́кнув		кри́кнувший	
па́хнуть	I	———		па́хнущий	па́х(нув)ший	
исче́знуть	P		исче́знув		исче́знувший	
писа́ть	I	———		пи́шущий	писа́вший	
показа́ть	P		показа́в		показа́вший	пока́зан
пла́кать	I	пла́ча		пла́чущий	пла́кавший	
боро́ться	I	боря́сь		бо́рющийся	боро́вшийся	
расколо́ть	P		расколо́в		расколо́вший	раско́лот
расколо́ться	P		расколо́вшись		расколо́вшийся	
люби́ть	I	любя́		лю́бящий	люби́вший	
спроси́ть	P		спроси́в		спроси́вший	спро́шен
гляде́ть	I	гля́дя		гляде́щий	гляде́вший	
смотре́ть	I	смотря́		смотря́щий	смотре́вший	
уви́деть	P		уви́дев		уви́девший	уви́ден
крича́ть	I	крича́		крича́щий	крича́вший	
услы́шать	P		услы́шав		услы́шавший	услы́шан

встава́ть	I	встава́я		встаю́щий	встава́вший	
жда́ть	I	———		жду́щий	жда́вший	
собра́ть	P		собра́в/ соберя́		собра́вший	со́бран

плы́ть	I	плывя́		плыву́щий	плы́вший	
приплы́ть	P		-плы́в/-плывя́		приплы́вший	
ста́ть	P		ста́в		ста́вший	
ду́ть	I	ду́я		ду́ющий	ду́вший	
ли́ть	I	———		лью́щий	ли́вший	
разби́ть	P		разби́в		разби́вший	разби́т
мы́ть	I	мо́я		мо́ющий	мы́вший	
откры́ть	P		откры́в		откры́вший	откры́т
тере́ть	I	———		тру́щий	тере́вший	
умере́ть	P		умере́в		у́мерший	
жа́ть	I	———		жму́щий	жа́вший	
нача́ть	P		нача́в		нача́вший	на́чат
поня́ть	P		поня́в		поня́вший	по́нят
отня́ть	P		отня́в		отня́вший	о́тнят
вести́	I	ведя́		веду́щий	ве́дший	
увести́	P		уведя́		уве́дший	уведён
подмести́	P		подметя́		подме́тший	подметён
везти́	I	везя́		везу́щий	ве́зший	
унести́	P		унеся́		унёсший	унесён
мо́чь	I	———		мо́гущий	мо́гший	
испе́чь	P		испеча́ (?)/испёкши(?)		испёкший	испечён
грести́	I	гребя́		гребу́щий	грёбший	

RUSSIAN-ENGLISH GLOSSARY

MEANINGS

This glossary contains all of the Russian words in this book except for most numerals, pronouns, common prepositions, and proper names. The English glosses after the Russian headwords in most cases include only the meanings that those words have as they occur in this book, though in some cases additional common meanings have been added.

ENDINGS

Information on inflection is supplied with each headword. Consult the section called "RUSSIAN ENDINGS" at the end of the book for (1) the inflectional endings of *pronouns*, *numerals*, and *special adjectives*; (2) the rules for adding endings onto noun, adjective, and verb stems; (3) paradigms illustrating spelling rules and stress patterns.

In this glossary all irregular forms are listed after the Russian headword except when an irregularity of the stem runs through all the plural cases of nouns. In such instances, instead of citing all of the plural case forms, we cite only the Nominative Plural. Thus, the entry бра́т SS *NPlur.* бра́тья means that *all* of the plural forms have the stem бра́ть- instead of бра́т-, i.e., бра́тья, бра́тьев, бра́тьях, бра́тьям, бра́тьями.

If there are any irregularities in the stems of the past tense forms of verbs, we always cite all three forms: the masculine, feminine, and plural forms, e.g., нести́ несу́т; нёс несла́ несли́. The neuter form is rarely listed, as it normally has the same stem and stress as the plural (несло́).

The conjugation of a verb is indicated by citing the 3rd Person Plural form, e.g., де́лать -ают (first conjugation) and говори́ть -ря́т (second conjugation). In order to show stem changes that run through all the non-past forms, the last letter of the root (or the whole root) is printed along with the ending e.g., рисова́ть -су́ют, написа́ть -пи́шут. Consonant alternations in the 1st Sg. of second conjugation verbs (отве́тить -тят →| отве́чу) are not listed unless they are irregular, e.g., сократи́ть -тя́т -щу́ (with щ instead of the expected ч). The alternations к/ч and г/ж, although regular, occur in few verbs; they are illustrated after the headword as a reminder (мо́чь мо́гут могу́ мо́жет).

RUSSIAN CAPITAL LETTERS AFTER VERBS = SUFFIX

These Russian capital letters tell you what suffix (or root) the verb has, so that you can refer to the appropriate discussions in the Grammar: *An Overview of Russian Conjugation*.

ENGLISH CAPITAL LETTERS = STRESS PATTERN

The English capital letters after the headword tell you what stress pattern the word has: E = End stress, S = Stem stress, M = Moving stress. The single capital letter after an adjective describes the stress pattern of the short forms and comparative (M = stress Moves to the feminine and comparative ending). For verbs, the first letter describes the non-past (M = stress Moves to the 1Sg. ending) and the second describes the past (M = stress Moves to the feminine ending). For nouns the first letter of the pair describes the singular pattern, the second describes the plural pattern (letter M isn't used). For example, сло́во SE means that the stress is on the stem in the singular and on the ending in the plural cases.

VOWEL IN PARENTHESES = INSERTED VOWEL

The vowel in parentheses right after the stress pattern refers to the inserted vowel, e.g., the entry ви́лка SS (о) means that the vowel о is inserted before the last consonant of the stem when the ending is zero (-#), i.e. the Genitive Plural: ви́лок.

SQUARE BRACKETS = OPTIONAL VARIANT

Some words admit of more than one inflectional pattern; for example, the Instrumental Plural of две́рь can be either дверя́ми [*or* дверьми́]. The square brackets are used to enclose the variant which is not the most preferred one (it may be equally preferred or less preferred). When you want to inflect a word you can safely ignore information enclosed in square brackets. In some instances variation in stress is indicated by two stress marks within the same word, e.g., свѐжи́ ('fresh') means that you can pronounce this plural short adjective either свѐжи or свежи́.

GLOSSARY

LIST OF SYMBOLS AND NUMERALS USED

[. . .] (square brackets) = variant forms
-# = zero ending
! = Imperative form
1Sg.= first person Singular
2Sg. = second person Singular
3Sg. = third person Singular
1Plur. = first person Plural
2Plur. = second person Plural
3Plur. = third person Plural
à…á (two stress marks in one word)
    = secondary…primary stress

ABBREVIATIONS

A., Acc. = Accusative case
adj. = adjective
adv. = adverb
anim. = animate
compar. = comparative
D., Dat. = Dative case
dimin. = diminutive
E = End stress
masc. = masculine
f.an = feminine animate
fem. = feminine
f.in = feminine inanimate
G., Gen. = Genitive case
I., Inst. = Instrumental case
Impf. = Imperfective aspect
inan. = inanimate
intrans. = intransitive
Irreg. = Irregular
Loc. = Locative case
M = Moving stress
m.an = masculine animate
m.in = masculine inanimate
N., Nom. = Nominative case
n.an = neuter animate
neut. = neuter
n.in = neuter inanimate
P., Prep. = Prepositional case
Part. = Partitive case
pass. = passive
Pf. = Perfective aspect
Plur. = Plural
ppp = past passive participle
prep. = preposition
pres. = present
pronom. adj. = pronominal adjective
ptcpl. = participle
S = Stem stress
Sg. = Singular
sh = short form of an adjective

А

абза́ц SS *m.in*: paragraph
абсолю́тный S (e): absolute
авеню́ *indeclinable; f.in*: avenue
авто́бус SS *m.in*: bus
автомати́ческий: automatic
автомоби́ль SS *m.in*: automobile, car, vehicle
автомоби́льный: automobile • автомоби́льная стоя́нка parking space, parking lot
а́втор SS *m.an*: author
а̀втостоя́нка SS (o) *f.in*: parking space, parking lot
ага́ *interjection*: Aha! Yeah!
аге́нт SS *m.an*: agent
аге́нтство SS *n.in*: agency
аджа́рец SS (e) *m.an*: Adzharian
администра́тор SS *m.an*: manager; administrator
администра́ция SS *f.in*: administration
а́дрес SE *NPlur.* -á *m.in*: address
а́дресный: • а́дресный сто́л information desk, information service
а́дский: hellish
академи́ческий: academic • академи́ческая неуспева́емость scholastic failure, academic deficiency
аква́риумный: aquarium
аккура́тный S (e): neat; exact, precise
а́кт SS *m.in*: deed, document; act, action
актёр SS *m.an*: actor
акти́вный S (e): active
актри́са SS *f.an*: actress
америка́нец SS (e) *m.an*: American
америка́нский: American
ана́лиз SS *m.in*: analysis
а́нгел SS *m.an*: angel
англи́йский: English
а̀нгло-ру́сский: English-Russian
анекдо́т SS *m.in*: anecdote; joke
анте́нна SS *f.in*: antenna
а̀нтибио́тик SS *m.in*: antibiotic
аплодисме́нты S *Plur. only; m.in*: applause
апте́ка SS *f.in*: pharmacy
апте́карь SS *m.an*: pharmacist, druggist
аре́на SS *f.in*: arena
аре́ст SS *m.in*: arrest
арестова́ть ОВА SS -ту́ют; *Pf. and, in non-past personal forms, also Impf.* (*Impf. also* аресто́вывать): arrest
аресто́вывать АЙ SS -ают; *Impf.* (*Pf. and Impf.* арестова́ть): arrest
аристокра́т SS *m.an*: aristocrat
аристократи́ческий: aristocratic
а́рмия SS *f.in*: army
арти́ст SS *m.an*: actor
а́рфа SS: harp
ассири́ец SS (e) *m.an*: Assyrian
ассисте́нт SS *m.an*: assistant
ата́ка SS *f.in*: attack
Атланти́ческий: Atlantic
атле́тика SS *f.in*: athletics • лёгкая атле́тика track and field
аудито́рия SS *f.in*: auditorium, room (*in an academic institution*)
аукцио́н SS *m.in*: auction
афери́ст SS *m.an*: speculator; con man
аэропо́рт SS *Loc.* (в) -у́ *m.in*: airport

Б

бага́ж EE *m.in*: luggage
база́р SS *m.in*: bazaar
бала́нс SS *m.in*: bottom line; balance
бале́т SS *m.in*: ballet
балко́нчик SS *m.in*: *dim. of* балко́н balcony
ба́лл SS *m.in*: point (*in estimating achievement, strength of wind etc.*)
балова́ться ОВА SS -лу́ются; *Impf*: treat yourself to (sweets etc.); fool around
бамбу́ковый S: bamboo
бана́льность SS *f.in*: banality; platitude
ба́нда SS *f.in*: band, gang
банди́т SS *m.an*: bandit
ба́нк SS *m.in*: bank
ба́ня SS *f.in*: bath-house
ба́р SS *m.in*: bar
барахло́ EE (o) *Plur. hypothetical; n.in*: things, belongings, junk
бара́шковый S: lambskin
ба́рин SS *NPlur.* господа́, *GPlur.* госпо́д [*or NPlur.* ба́ры, *GPlur.* ба́р] *m.an*: master
ба́тюшка SS (e) *m.an*: father (*Archaic or addressing a priest*)
башмаки́ (*Plur. of* башма́к EE *m.in*): shoes
бе́г SS *Loc.* (на) -у́ *Plur. hypothetical; m.in*: running; race
бе́гать АЙ SS -ают; *intrans; Non-One-way Impf.* (*One-way Impf.* бежа́ть): run
бе́гство SS *n.in*: flight; escape
беда́[1] *predicate*: it's awful • не беда́ it doesn't matter
беда́[2] ES *f.in*: misfortune
бе́дный М (e) [*sh.Plur.* бе́дны́] *also used as m.an noun*: poor; poor person
бедня́га SS *both m.an and f.an*: poor fellow/woman
бедня́жка SS (e) *both m.an and f.an*: poor fellow/woman
бежа́ть ES бегу́т бегу́ бежи́шь бежи́т бежи́м бежи́те; *no pres. adv; intrans; One-way Impf.* (*Non-One-way Impf.* бе́гать): run
без (*normally unstressed*) *prep.* +*Gen*: without
безвы́ходный S (e): hopeless, desperate
безда́рный S (e): untalented; void of artistic merit
безопа́сный S (e): safe • безопа́сная бри́тва safety razor
безу́мие SS *n.in*: madness, folly
бека́с SS *m.an*: snipe
бе́лый М [*sh.neut.* бе́ло, *sh.Plur.* бе́лы́] (*Irreg. fixed expression* средь бе́ла дня́: in broad daylight); *also used as m.an noun*: white; White (anti-Bolshevik); White (*ethnic term*);
бе́лые[1] *used as m.an noun*: white (in chess and checkers: one of the two sides in the game);
бе́лые[2] *also used as m.in noun*: white (in chess and checkers: one of the two sets of pieces)
бельё EE (e) *Plur. hypothetical; n.in*: linen; underclothes
бензи́н SS *Part.* -у *m.in*: gasoline
бе́рег SE *Loc.* (на) -у́, *NPlur.* -á (*Irreg. fixed expressions* на бе́рег [*or* на́ берег]) *m.in*: shore, bank
бесе́да SS *f.in*: conversation
бескоры́стный S (e): disinterested
беспарти́йный S (e) *also used as m./f.an noun*: non-party
беспе́чный S (e): carefree
беспла́тный S (e): free of charge
беспоко́йство SS *n.in*: anxiety
беспо́мощный S (e): helpless
беспризо́рник SS *m.an*: homeless child
беспризо́рный S (e) *also used as m./f.an noun*: neglected; homeless; homeless child
бестсе́ллер SS *m.in*: bestseller
бесце́льность SS *f.in*: futility
бесце́нный S (e): priceless
бесшу́мный S (e): noiseless
бе́шенство SS *n.in*: rage
бе́шеный S: mad, full of rage
библиоте́ка SS *f.in*: library
библиоте́карь SS *m.an*: librarian
би́знес SS *m.in*: business
бизнесме́н SS *m.an*: businessman
биле́т SS *m.in*: ticket
биоло́гия SS *f.in*: biology

Russian-English Glossary

би́ть БЙ ES бьют; бей! *ppp* би́тый S; *Impf.* (*cf. Pf.* по-): beat, mug
би́ться БЙ ES бью́тся; бе́йся! *Impf*: hit, strike
благодари́ть И ES -ря́т; *Impf.* (*cf. Pf.* по-): thank
благода́рный S (e): grateful
благоро́дный S (e) *also used as m.an noun*: noble
благословля́ть АЙ SS -я́ют; *Impf.* (*Pf.* благослови́ть): bless
бле́ск SS *Part.* -у *m.in*: shine
бли́же *compar. of* бли́зкий: closer
блокно́т SS *m.in*: notebook
блокно́тик SS *m.in*: *dim. of* блокно́т: notebook
блонди́нчик SS *m.an*: *dim. of* блонди́н: blond man
бо́г SE *NPlur.* бо́ги *m.an*: God • Не дай бо́г God forbid
бога́тство SS *n.in*: wealth
бога́тый S *compar.* бога́че; *also used as m.an noun*: wealthy; wealthy person
бога́ч EE *m.an*: rich man
бога́че *compar. of* бога́тый: richer, wealthier
боги́ня SS *f.an*: goddess
бо́дрый M [*sh.Plur.* бо́дры]: cheerful, in good spirits
бо́жий *special adj*: God's • бо́жья коро́вка ladybug
бо́йкий M (e) [*sh.Plur.* бо́йки] *compar.* бойче́е [*or* бо́йче]: brisk; active
бо́йко *adv.*: briskly
бо́кс SS *m.in*: boxing
болва́н SS *m.an*: dummy, blockhead
бо́лее *compar. adv*: more • тем бо́лее, что especially since, the more so since
боле́знь SS *f.in*: illness
боле́ть[1] ЕЙ SS -е́ют; *intrans; Impf*: be ill
боле́ть[2] Е ES -ля́т; *intrans; Impf*: ache, hurt
бо́ль SS *f.in*: pain, ache • головна́я бо́ль headache
больни́ца SS *f.in*: hospital
больно́й E (e) *sh.masc.* бо́лен; *also used as m.an noun*: ill; ill person, patient
бо́льше *compar. of* большо́й *and* мно́го; *adv*: more; бо́льше не no more, no longer, not any more
большеви́к EE *m.an*: Bolshevik
большинство́ EE *Plur. hypothetical; n.in*: majority
большо́й E *short forms* вели́к, -а́, -о́, -и́; *compar.* бо́льше; (*see also* вели́к: too big;) *also used as m.an noun*: big, large; adult • большо́й па́лец thumb
бормота́ть A MS бормо́чут; *ppp avoided; Impf.* (*cf. Pf.* про-): mutter
борода́ EE *ASg.* бо́роду, *NPlur.* бо́роды *f.in*: beard
бо́рт SE *Loc.* (в/на) -у́, *NPlur.* -а́ (*Irreg. fixed expressions* за бо́ртом [*or* за борто́м] overboard; за́ борт [*or* за бо́рт] overboard; на́ борт [*or* на бо́рт] on board) *m.in*: side (of a ship); deck (on ship)
борьба́ EE *Plur. hypothetical; f.in*: fight, struggle
ботани́ческий: botanical
боти́нок SS (o) *GPlur.* -# *m.in*: boot, shoe
боя́ться Й-А ES боя́тся; *Impf.* (*cf. Pf.* по-): be afraid, fear
бра́к SS *m.in*: marriage
браконье́р SS *m.an*: poacher
брасле́т SS *m.in*: bracelet
бра́т SS *NPlur.* бра́тья *m.an*: brother
бра́ть n/v A EM беру́т; *ppp avoided; Impf.* (*Pf.* взя́ть): take • бра́ть на рабо́ту hire; бра́ть напрока́т hire, rent; бра́ть взя́тки accept bribes
бра́ться n/v A EM [*or* EE] беру́тся; [бра́лся *or old-fashioned* бра́лся]; *Impf.* (*Pf.* взя́ться): undertake • бра́ться за де́ло get down to business
бре́дить И SS -дят; *intrans; Impf*: be delirious, rave
брести́ Д EE бреду́т; брёл, брела́, брели́; *past active ptcpl.* бре́дший; *intrans; One-way Impf.* (*Non-One-way Impf.* броди́ть): amble, stroll, walk slowly
брилья́нт SS *m.in*: diamond
бри́тва SS *f.in*: razor • опа́сная бри́тва straight razor; безопа́сная бри́тва safety razor

бри́ть БРЕЙ SS бре́ют; *ppp* бри́тый S; *Impf.* (*cf. Pf.* по-): shave
бри́ться БРЕЙ SS бре́ются; *Impf.* (*cf. Pf.* по-): shave
броди́ть И MS -дят; *intrans; Non-One-way Impf.* (*One-way Impf.* брести́): wander
броса́ть АЙ SS -а́ют; *Impf.* (*Pf.* бро́сить): throw; give up, quit
бро́сить И SS -сят; *Pf.* (*Impf.* броса́ть): throw; give up, quit
бро́ситься И SS -сятся; *Pf.* (*Impf.* броса́ться): rush
брю́ки S *Plur. only; f.in*: trousers
брюне́т SS *m.an*: dark-haired man
брюне́тка SS *f.an*: brunette
брю́хо SS *NPlur.* -и *n.in*: belly
буди́ть И MS -дят; *Impf.* (*cf. Pf.* раз-): wake, rouse
бу́дни S (e) *Plur. only; m.in*: weekdays; routine life
бу́дничный S (e) every-day; mundane, routine
бу́дто[1] *particle*: allegedly, ostensibly • как бу́дто as if, as it were
бу́дто[2] *conjunction*: as if, as though; that
бу́дущее *used as n.in noun*: future
бу́дущий (*see also* бу́дущее) S: future; next
буква́льно *adv*: literally
бу́лка SS (o) *f.in*: bread, loaf of bread
бума́га SS *f.in*: paper
бума́жка SS (e) *f.in*: piece or scrap of paper
буржуази́я SS *f.in*: bourgeoisie
буржу́й SS *m.an*: bourgeois; capitalist
бу́ркнуть НУ SS -нут; *Pf.* (*cf. Impf.* бу́ркать): mutter, growl
бу́рный S [*or* M] (e): stormy
бу́сы S *Plur. only; f.in*: beads; necklace, necklaces
буты́лка SS (o) *f.in*: bottle
буфе́т SS *m.in*: cafeteria, coffee shop
быва́ть АЙ SS -а́ют; *intrans; Impf.* (*cf. Pf.* по-): be; frequent (some place)
бы́вший S *short forms avoided*: former
бы́стрый M [*sh.Plur.* бы́стры]: fast
бы́т SS *Loc.* (в) -у́ *Plur. hypothetical; m.in*: every-day life, way of life
бы́ть SM *present tense 3Sg.* есть; *no other present tense forms except in Scientific and Archaic style 3Plur.* суть; *future tense* бу́дут; *Imperative* бу́дь! (*with negative,* не́ был, не́ было, не́ были, *but* не была́; ни́ был, ни́ было, ни́ были, *but* ни была́); *no pres. active ptcpl; pres. adv.* бу́дучи; *intrans; Impf*: be
бюдже́т SS *m.in*: budget
бюро́ *indeclinable; n.in*: bureau
бюрокра́т SS *m.an*: bureaucrat

В

ва́жный M (e) [*sh.Plur.* важны́]: important
ва́за SS *f.in*: vase
ва́л SE *Loc.* (на) -у́ *m.in*: wave (*only at sea*)
ва́нна SS *f.in*: bath; tub, bathtub
ва́нная *used as f.in noun*: bathroom
варене́ц EE (e) *m.in*: fermented boiled milk
вариа́нт SS *m.in*: variant; version
вбежа́ть ES вбегу́т вбегу́ вбежи́шь вбежи́т вбежи́м вбежи́те; *intrans; Pf.* (*Impf.* вбега́ть): run in
вве́рх *adv*: up, upward
вдвоём *adv*: two together
вдова́ ES *f.an*: widow
вдове́ц EE (e) *m.an*: widower
вдо́ль[1] *prep.* +Gen: along, down (along)
вдо́ль[2] *adv*: lengthwise, longways
вдру́г *adv*: suddenly
ведро́ ES (e) *NPlur.* вёдра *n.in*: bucket
веду́щий S *also used as m./f.an noun*: leading; leader
ве́дь[1] (*unstressed*) *particle*: you see, you know; isn't it? is it?
ве́дь[2] (*unstressed*) *conjunction*: because, as you know
везде́ *adv*: everywhere
везти́ З EE -зу́т; вёз, везла́, везли́; *past adv.* вёзши; *One-way Impf.* (*Non-One-way Impf.* вози́ть): take (*in a vehicle*)

век SE *NPlur.* -á (*Irreg. fixed expressions* на своём веку́ in one's lifetime, during one's life; во ве́ки веко́в for ever and ever) *m.in*: age, era, century
веле́ть E ES -ля́т *intrans*; *Impf. and, mostly in past and inf., Pf.*: order
вели́к E *no long forms; no compar.* (*see also* большо́й: large *and* вели́кий: great): too big
вели́кий¹ S [*or* M] *no compar.* (*see also* вели́к: too big): great, outstanding
вели́кий² E *no compar.* (*see also* вели́к: too big): great, very large
великоле́пный S (e): splendid, magnificient
велосипе́д SS *m.in*: bicycle
Вене́ра¹ SS *f.in* Venus (*planet*)
Вене́ра² SS *f.an* Venus (*goddes*)
вентиля́тор SS *m.in*: ventilator, fan
верблю́д SS *m.an*: camel
верёвка SS (o) *f.in*: rope; line
ве́рить И SS -рят; *intrans; Impf.* (*cf. Pf.* по-): believe
ве́риться И SS -рится; *Impersonal; Impf.* • мне не ве́рится I can't believe
ве́рно¹ *adv*: correctly
ве́рно² *parenthetical word*: probably, I suppose
верну́ть НУ ES -ну́т; *no ppp; Pf.* (*Impf.* возвраща́ть): return
верну́ться НУ ES -ну́тся; *Pf.* (*Impf.* возвраща́ться): return
ве́рный M (e) [*sh.Plur.* верны́]: true
вероя́тно *parenthetical word*: probably
верте́ть E MS -тят; *Impf.*: twirl, turn, twist
ве́рхний S *no sh.masc.*: upper
весёленький S (e) *short forms avoided, no compar.*: merry
весёлый M *short forms* ве́сел, весела́, ве́село, ве́селы: merry
весло́ ES (e) *NPlur.* вёсла *n.in*: oar
весна́ ES (e) *NPlur.* вёсны *f.in*: spring
вести́ Д ЕЕ веду́т; вёл, вела́, вели́; *past adv.* ве́дши; *One-way Impf.* (*Non-One-way Impf.* води́ть): lead; conduct • вести́ себя́ behave, conduct oneself; вести́ борьбу́ fight, struggle
весьма́ *adv*: very
ве́тер SE [*or* SS] (e) *Loc.* (на) -у́ *m.in*: wind • пусти́ть по ве́тру squander
ве́треный S: windy
ве́чер SE *NPlur.* -á *m.in*: evening
вече́рний S (e): evening
ве́чером *adv*: in the evening
ве́чно *adv*: (for)ever
ве́чный S (e): eternal
вещь SE *NPlur.* ве́щи *f.in*: thing • ве́щи belongings
взбежа́ть ES -бегу́т -бегу́ -бежи́шь -бежи́т -бежи́м -бежи́те; *intrans; Pf.* (*Impf.* взбега́ть): run up
взвы́ть ВОЙ SS -во́ют; *intrans; Pf.* (*Impf.* взыва́ть): howl
взгляд SS *m.in*: look, glance; opinion, view • взгляд на жизнь outlook on life
вздох SS *m.in*: sigh
вздра́гивать АЙ SS -ают; *intrans; Impf.* (*Pf.* вздро́гнуть): shudder
взойти́ ЕЕ взойду́т; взошёл -шла́ -шли́; *past adv.* взойдя́; *past act. ptcpl.* взоше́дший; *intrans; Pf.* (*Impf.* всходи́ть *or, when said about stars, planets etc.,* восходи́ть): rise; ascend
взро́слый *sh.masc. and fem. avoided; also used as m.an noun*: adult; adult person
взрыв SS *m.in*: explosion
взя́тка SS (o) *f.in*: bribe • брать взя́тки accept bribes
взять М ЕМ возьму́т; взял взяла́ взя́ло взя́ли; *ppp* взя́тый M; *Pf.* (*Impf.* брать): take • взять на рабо́ту hire; взять напрока́т rent, hire; взять на себя́ take upon oneself
взя́ться М ЕЕ возьму́тся; *Pf.* (*Impf.* бра́ться): • взя́ться за де́ло get down to business
вид¹ SS *Part.* -у (*Irreg. fixed expressions* име́ть в виду́ keep/bear in mind) *m.in*: appearance; form, shape; prospect, view
вид² SS *m.in*: species, type; aspect (*grammar*)

ви́деть E SS -дят; *Imperative avoided; pres. pass. ptcpl.* ви́димый; *ppp* ви́денный S; *Impf.* (*cf. Pf.* у-): see • ви́деть сон dream
ви́деться E SS -дятся; *Imperative avoided; Impf.* (*cf. Pf.* у-): see one another
ви́дно¹ *parenthetical word*: obviously, evidently
ви́дно² *predicate*: it is obvious; it is visible, in sight
ви́дный¹ M (e) *sh.Plur.* видны́ [*or old-fashioned* ви́дны]: visible, discernable
ви́дный² S [*or* M] (e): distinguished, prominent; portly, stately • ви́дный мужчи́на distinguished-looking gentleman
видово́й *aspectual* • видова́я па́ра глаго́лов aspect pair; видовы́е партнёры aspect partners
визи́т SS *m.in*: visit
вино́ ES *n.in*: wine
винова́тый S: guilty
висе́ть E ES -ся́т; *intrans; Impf.*: hang
включа́ть АЙ SS -а́ют; *Impf.* (*Pf.* включи́ть): include; connect, turn on
включа́я¹ *prep.* +*Acc*: including
включа́я² *present adv. of* включа́ть: (while) including, connecting, turning on
включи́ть И ES -ча́т; *Pf.* (*Impf.* включа́ть): include; connect; turn on
владе́ние SS *n.in*: (*more often used in the plural*) possession(s), property
власть SE *NPlur.* вла́сти *f.in*: power
влезть З SS -зут; влез, вле́зла, вле́зли; *past adv.* вле́зши; *intrans; Impf.* влеза́ть): climb, clamber in *or* up
влива́ться АЙ SS -а́ются; *Impf.* (*Pf.* вли́ться): flow into
влия́ние SS *n.in*: influence
влия́ть АЙ SS -я́ют; *intrans; Impf.* (*cf. Pf.* по-): influence, affect
влюби́ться И MS -бя́тся; *Pf.* (*Impf.* влюбля́ться): fall in love
вме́сте *adv*: together
вме́сто *prep.* +*Gen.* instead of
вмиг *adv*: in an instant
внести́ С ЕЕ внесу́т; внёс, внесла́, внесли́; *past adv.* внеся́, *past active ptcpl.* внёсший; *Pf.* (*Impf.* вноси́ть): bring in; deposit
вниз *adv*: down, downward
внизу́ *adv*: below, downstairs
внима́ние SS *n.in*: attention • обрати́ть внима́ние pay attention
внук SS *m.an*: grandson
вну́тренне *adv*: internally, inside
во́-время *adv*: in time
во́все *adv*: • во́все не not at all
во-вторы́х *adv. and parenthetical word*: secondly
вода́ ES *ASg.* во́ду (*Irreg. fixed expressions* на́ воду *or* на во́ду onto the water) *f.in*: water
води́ть И MS -дят; *pres. pass. ptcpl.* води́мый; *Non-One-way Impf.* (*One-way Impf.* вести́): lead, conduct • води́ть глаза́ми to cast one's eye over
во́дка SS (o) *f.in*: vodka
водоворо́т SS *m.in*: whirlpool; maelstrom
водопрово́дчик SS *m.an*: plumber
возвраща́ться АЙ SS -а́ются; *Impf.* (*Pf.* возврати́ться *or* верну́ться): return
во́здух SS *Part.* -у *Plur. hypothetical; m.in*: air
вози́ть И MS -зят; *pres. pass. ptcpl.* вози́мый; *Non-One-way Impf.* (*One-way Impf.* везти́): transport, carry (*in a vehicle*)
во́зле *adv*: nearby; *prep.* +*Gen*: near, by, past
возмо́жность SS *f.in*: possibility; opportunity
возмо́жный S (e): possible
возмути́ться И ES -тя́тся; возмущу́сь *Pf.* (*Impf.* возмуща́ться): become exasperated, indignant
возража́ть АЙ SS -а́ют; *intrans; Impf.* (*Pf.* возрази́ть): object
возраже́ние SS *n.in*: objection
возрази́ть И ES -зя́т; *intrans; Pf.* (*Impf.* возража́ть): object
во́зраст SS *m.in*: age

возраста́ть АЙ SS -а́ют; *intrans; Impf.* (*Pf.* возрасти́): grow, increase
война́ ES *f.in*: war
войти́ ЕЕ войду́т; вошёл -шла́ -шли́; *past adv.* войдя́; *past act. ptcpl.* воше́дший; *intrans;* go into, enter *Pf.* (*Impf.* входи́ть):
вокза́л SS *m.in*: railway *or* bus station, terminal • авто́бусный вокза́л bus terminal
вокру́г *adv*: around; *prep.* +*Gen*: around • вокру́г да о́коло around and about
волна́ ЕЕ *NPlur.* во́лны [*or* ES] *f.in*: wave
волнова́ться ОВА SS -ну́ются; *Impf.* (*cf. Pf.* вз-): be disturbed, worry
во́лос SE *NPlur.* во́лосы, *GPlur.* воло́с (*Irreg. fixed expressions* за́ волосы *or* за во́лосы by the hair) *m.in*: hair (*mostly used in the plural; in the Sg, the meaning is 'a hair'*)
вольнослу́шатель SS *m.an*: auditor (*student*)
вон[1] *adv*: out; off, away
вон[2] *particle*: over there
вообрази́ть И ES -зя́т; *Pf.* (*Impf.* вообража́ть): imagine
вообще́ *adv*: in general; at all
во-пе́рвых *adv. and parenthetical word*: first of all
вопи́ть И ES -пя́т; *intransitive; Impf*: howl
вопро́с SS *m.in*: question • зада́ть вопро́с ask a question; соста́вить вопро́с make up a question
вор SE *NPlur.* во́ры *m.an*: thief
вори́шка SS (е) *m.an*: petty thief
воро́та S *Plur. only; n.in*: gate, gates
воскли́кнуть НУ SS -нут; *intrans; Pf.* (*Impf.* восклица́ть): exclaim
воскре́сник SS *m.in*: voluntary Sunday work
воспи́тывать АЙ SS -ают; *Impf.* (*Pf.* воспита́ть): educate, bring up
восто́рг SS *m.in*: delight, rapture
востре́бование SS *n.in*: • до востре́бования post-restante, until claimed, general delivery mail
вперёд *adv*: forward; henceforth, in the future
впереди́ *adv*: in front, ahead, in the future; *prep.* +*Gen*: in front of
вполне́ *adv*: fully, completely
впро́чем *conjunction*: or rather; however, but
впуска́ть АЙ SS -а́ют; *Impf.* (*Pf.* впусти́ть): let in, admit
впусти́ть И MS -тят; *Pf.* (*Impf.* впуска́ть): let in, admit
враг ЕЕ *m.an*: enemy
врач ЕЕ *m.an*: doctor
врач-психиа́тр *both parts inflected; m.an*: psychiatrist
враща́ться АЙ SS -а́ются; *Impf*: revolve, rotate
вре́менный S (е) *masc. short form avoided*: temporary • Вре́менное прави́тельство Provisional Government
вре́мя SE *GPDSg.* вре́мени, *ISg.* вре́менем, *NPlur.* времена́, *GPlur.* времён *n.in*: time • во вре́мя during; во́-время on time; проше́дшее вре́мя past tense; тяну́ть вре́мя procrastinate
вро́де *prep.* +*Gen*: like; *particle*: such as, like
всади́ть И MS -дят; *Pf.* (*Impf.* вса́живать): thrust, plunge
вса́сывать АЙ SS -ают; *Impf.* (*Pf.* всоса́ть): suck in
всегда́ *adv*: always
всего́ *adv. and particle*: in all
вселе́нная *used as f.in noun*: universe
всерьёз *adv*: seriously
всё-таки *conjunction and particle*: all the same
вско́ре *adv*: soon after
вскочи́ть И MS -чат; *intrans; Pf.* (*Impf.* вска́кивать): jump up
вскрыва́ть АЙ SS -а́ют; *Impf.* (*Pf.* вскры́ть): open up, cut open; perform an autopsy
вскры́тие SS *n.in*: autopsy; opening up
вскры́ть КРОЙ SS -кро́ют; *ppp* вскры́тый S; *Pf.* (*Impf.* вскрыва́ть): open up, cut open; perform an autopsy
вслух *adv*: aloud
всплеск SS *m.in*: splash
всплыва́ть АЙ SS -а́ют; *intrans; Impf.* (*Pf.* всплы́ть): surface
вспомина́ть АЙ SS -а́ют; *Impf.* (*Pf.* вспо́мнить): remember, recall
вспо́мнить И SS -нят; *Pf.* (*Impf.* вспомина́ть): remember, recall
вспы́хнуть НУ SS -нут; *intrans; Pf.* (*Impf.* вспы́хивать): burst into flame
встава́ть СТА-ВА́Й ES встаю́т; встава́й! *pres. adv.* встава́я; *intrans; Impf.* (*Pf.* встать): stand up, get up
встать Н SS вста́нут; *intrans; Pf.* (*Impf.* встава́ть): get up, rise, stand up
встре́тить И SS -тят; *Pf.* (*Impf.* встреча́ть): meet
встре́титься И SS -тятся; *Pf.* (*Impf.* встреча́ться): meet
встре́ча SS *f.in*: meeting
встреча́ть АЙ SS -а́ют; *Impf.* (*Pf.* встре́тить): meet
встреча́ться АЙ SS -а́ются; *Impf.* (*Pf.* встре́титься): meet; be found
вступи́тельный S (е): introductory • вступи́тельный экза́мен entrance exam
всу́нуть НУ SS -нут; *Pf.* (*Impf.* всо́вывать): stick in
всхли́пнуть НУ SS -нут; *intrans; Pf.* (*Impf.* всхли́пывать): sob
всю́ду *adv*: everywhere
вся́кий *pronom. adj. inflected like ordinary adj; also used as m.an noun*: any; all sorts of; anybody • во вся́ком слу́чае in any case
вто́рник SS *m.in*: Tuesday
втроём *adv*: three together
вход SS *m.in*: entry; entrance
входи́ть MS -дят; *intrans; Impf.* (*Pf.* войти́): enter, go in
вчера́ *indeclinable n.in; adverb*: yesterday
вчера́шний S (е): yesterday's • вчера́шний день yesterday
въезжа́ть АЙ SS -а́ют; *intrans; Impf.* (*Pf.* въе́хать): enter, drive in
вы́бежать SS вы́бегут -бегу -бежишь -бежит -бежим -бежите; -беги! *intrans; Pf.* (*Impf.* выбега́ть): run out
выбива́ться АЙ SS -а́ются; *Impf.* (*Pf.* вы́биться): get out, get loose • выбива́ться из сил strain oneself to the breaking point
выбира́ть АЙ SS -а́ют; *Impf.* (*Pf.* вы́брать): choose; elect
вы́бор SS *m.in*: choice
выбра́сывать АЙ SS -ают; *Impf.* (*Pf.* вы́бросить): throw out
вы́брать n/v A SS вы́берут; вы́бери! *Pf.* (*Impf.* выбира́ть): choose; elect
вы́бритый *ppp of* вы́брить: (clean) shaven
вы́брить БРЕЙ SS вы́бреют; *ppp* вы́бритый S; *Pf.* (*Impf.* выбрива́ть): shave
вы́бросить И SS -сят; [вы́брось! *or* вы́броси!], вы́бросьте! *Pf.* (*Impf.* выбра́сывать): throw out, get rid of • вы́бросить из головы́ put out of one's mind
вы́веска SS (о) *f.in*: sign
вывози́ть И MS -во́зят; *pres. pass. ptcpl.* -вози́мый; *Impf.* (*Pf.* вы́везти): take out, remove
вы́глядеть Е SS -дят; *intrans; Impf.* (*no Pf.*): look, appear
выгля́дывать АЙ SS -ают; *intrans; Impf.* (*Pf.* вы́глянуть): look out
вы́глянуть НУ SS -нут; вы́гляни! *intrans; Pf.* (*Impf.* выгля́дывать): look out
выгоня́ть АЙ SS -я́ют; *Impf.* (*Pf.* вы́гнать): kick out
выгреба́ть АЙ SS -а́ют; *Impf.* (*Pf.* вы́грести): row
выгребно́й: • выгребна́я я́ма cesspool
выгружа́ть АЙ SS -а́ют; *Impf.* (*Pf.* вы́грузить): unload
выдава́ть ДА-ВА́Й ES -даю́т; -дава́й! *pres. adv.* -дава́я; *Impf.* (*Pf.* вы́дать): give out, issue
выдава́ться ДА-ВА́Й ES -даю́тся; -дава́йся! *pres. adv.* -дава́ясь; *Impf.* (*Pf.* вы́даться): be given out, issued; happen
вы́делить И SS -лят; вы́дели! *Pf.* (*Impf.* выделя́ть): single out • вы́делить курси́вом italicize
выдёргивать АЙ SS -ают; *Impf.* (*Pf.* вы́дернуть *for a single act and* выдерга́ть *for more than one*): pull out
вы́держать А SS -жат; вы́держи! *Pf.* (*Impf.* выде́рживать): endure
выезжа́ть АЙ SS -а́ют; *intrans; Impf.* (*Pf.* вы́ехать): go out, depart
вы́ехать SS -едут -езжай! *intrans; Pf.* (*Impf.* выезжа́ть): go out, depart

вы́звать n/v A SS вы́зовут; вы́зови! *Pf.* (*Impf.* вызыва́ть): call, summon, invite

выздора́вливать АЙ SS -ают; *intrans; Impf.* (*Pf.* вы́здороветь): recover

вы́здороветь ЕЙ SS -еют; *intrans; Pf.* (*Impf.* выздора́вливать): recover

вызыва́ть АЙ SS -а́ют; *Impf.* (*Pf.* вы́звать): call, summon, invite

вы́играть АЙ SS -ают; *Pf.* (*Impf.* вы́игрывать): win

вы́игрывать АЙ SS -ают; *Impf.* (*Pf.* вы́играть): win

вы́игрыш SS *m.in*: win, winnings; prize

вы́йти SS вы́йдут вы́йди! вы́шел вы́шла вы́шли; *past adv.* вы́йдя; *past act. ptcpl.* вы́шедший; *intrans; Pf.* (*Impf.* выходи́ть): go out; come out • вы́йти из бюдже́та exceed one's budget; вы́йти за́муж get married

вы́катиться И SS -тятся; *Pf.* (*Impf.* выка́тываться): roll out

выки́дывать АЙ SS -ают; *Impf.* (*Pf.* вы́кинуть): throw out

вы́кинуть НУ SS -нут; *Pf.* (*Impf.* выки́дывать): throw out • вы́кинуть но́мер do something outrageous, do a number

выключа́ть АЙ SS -а́ют; *Impf.* (*Pf.* вы́ключить): disconnect; turn off

вы́ключить И SS -чат; вы́ключи! *Pf.* (*Impf.* выключа́ть): turn off

вы́колотить И SS -тят; вы́колоти! *Pf.* (*Impf.* выкола́чивать): extort, wring out

вы́лезть З SS -зут; [-лезь! *or* -лези!], -лезьте! -лез, -лезла, -лезли; *past adv.* вы́лезши; *intrans; Pf.* (*Impf.* вылеза́ть): climb out

вылета́ть АЙ SS -а́ют; *intrans; Impf.* (*Pf.* вы́лететь): fly out

вы́лететь Е SS -тят, -лети! *intrans; Pf.* (*Impf.* вылета́ть): fly out

вы́лить ЛЙ SS -льют; -лей! *ppp* -литый S; *Pf.* (*Impf.* вылива́ть): pour out

вы́литься ЛЙ SS -льются; -лейся! *Pf.* (*Impf.* вылива́ться): flow out

вы́ловить И SS -вят; вы́лови! *Pf.* (*Impf.* выла́вливать): fish out

вы́ложить И SS -ложат; вы́ложи! *Pf.* (*Impf.* выкла́дывать): lay out

вынима́ть АЙ SS -а́ют; *Impf.* (*Pf.* вы́нуть): take out, pull out

вы́нуть НУ SS -нут; *Pf.* (*Impf.* вынима́ть): take out, pull out

вы́пить ПЙ SS -пьют; вы́пей! *ppp* вы́питый S; *Pf.* (*Impf.* выпива́ть): drink

выплыва́ть АЙ SS -а́ют; *intrans; Impf.* (*Pf.* вы́плыть): swim out

вы́полнить И SS -полнят; вы́полни! *Pf.* (*Impf.* выполня́ть): fulfil, carry out

выпуска́ть АЙ SS -а́ют; *Impf.* (*Pf.* вы́пустить): let out, release

вы́пустить И SS -тят; *Pf.* (*Impf.* выпуска́ть):

выража́ть АЙ SS -а́ют; *Impf.* (*Pf.* вы́разить): express

выраже́ние SS *n.in*: expression

вы́резать А SS -режут; [-режь! *or* -режи!], -режьте! *Pf.* (*Impf.* выреза́ть): cut out

вы́резка SS (о) *f.in*: clipping

вы́селить И SS -селят; вы́сели! *Pf.* (*Impf.* выселя́ть): evict

вы́сечь К SS -секут, -ку, -чет; вы́секи! -сек, -секла, -секли; *past adv.* вы́секши; *Pf.* (*Impf.* высека́ть): cut out, carve out in stone

вы́скочить И SS -чат; вы́скочи! *intrans; Pf.* (*Impf.* выска́кивать): jump out

высо́кий М [*sh.neut.* высо́ко, *sh.Plur.* высо́кий] *compar.* вы́ше: high

высота́ ES *NPlur.* высо́ты *f.in*: height

вы́ставка SS (о) *f.in*: exhibition, show

выступа́ть АЙ SS -а́ют; *intrans; Impf.* (*Pf.* вы́ступить): perform

вы́сший S *short forms avoided*: higher • вы́сшее образова́ние higher education

вы́тереть ТР SS -трут; вы́три! -тер, -терла, -терли; *past adv.* вы́терев [*or* вы́терши], *past active ptcpl.* вы́терший, *ppp* вы́тертый S; *Pf.* (*Impf.* вытира́ть): wipe, mop up

вытира́ть АЙ SS -а́ют; *Impf.* (*Pf.* вы́тереть): wipe, mop up

выть ВОЙ SS во́ют; *intrans; Impf.* howl

вы́учить И SS -чат; вы́учи! *Pf.* (*Impf.* выу́чивать): learn

вы́ход SS *m.in*: exit, way out

выходи́ть И MS -хо́дят; *intrans; Impf.* (*Pf.* вы́йти): walk out • выходи́ть за́муж get married

выходно́й *also used as m.in noun*: free (day), holiday, Sunday (*as in* Sunday dress); day off

вы́яснить И SS -нят; *Pf.* (*Impf.* выясня́ть): find out, discover

вы́ясниться И SS -нятся; *Pf.* (*Impf.* выясня́ться): turn out, be discovered • как вы́яснилось as it turned out

выясня́ть АЙ SS -я́ют; *Impf.* (*Pf.* вы́яснить): find out

Г

газе́та SS *f.in*: newspaper

газо́н SS *m.in*: lawn

галере́я SS *f.in*: gallery

га́лстук SS *m.in*: (neck)tie

гара́ж EE *m.in*: garage

гаранти́ровать ОВА SS -руют; *Pf.-Impf*: guarantee

гармо́шка SS (е) *f.in*: accordion

гарниту́р SS *m.in*: set; suite of furniture

гастро́ли (*Plur. of* гастро́ль SS *f.in*): (theatrical) tour

гвоздь ЕЕ *NPlur.* гво́зди *m.in*: nail

где́-нибудь *adv*: somewhere; anywhere

где́-то *adv*: somewhere

ге́йзер SS *m.in*: geyser

геро́й SS *m.an*: hero

ги́гнуться НУ SS -нутся; *Pf.* (*Slang*) kick the bucket

ги́льдия SS *f.in*: guild

гимна́стика SS *f.in*: gymnastics

гипермодерни́ст SS *m.an*: hypermodernist

глава́[1] ES *m.an*: leader

глава́[2] ES *f.in*: (Archaic, Poetic) cupola; head

глава́[3] ES *f.in*: chapter (of a book)

гла́вный М (е) *sh.fem. avoided*: main • гла́вный вы́игрыш first prize; гла́вным о́бразом mainly, for the most part

глаго́л SS *m.in*: verb

глаз SE *Loc.* (в/на) -у́, *NPlur.* -а́, *GPlur.* -# *m.in*: eye • по глаза́м (зна́ю, ви́жу etc.) by the look in your eyes; на глаза́х before one's eyes

глаза́ (*Plur. of* глаз): eyes

гло́хнуть[1] (НУ) SS -нут; глох [*or* гло́хнул], гло́хла, гло́хли; *no pres. adv;* [*past adv.* гло́хнув(ши) *or* гло́хши]; *intrans; Impf.* (*cf. Pf.* за-): die away, subside; be drowned (*of sounds*)

гло́хнуть[2] (НУ) SS -нут; глох [*or* гло́хнул], гло́хла, гло́хли; *no pres. adv;* [*past adv.* гло́хнув(ши) *or* гло́хши]; *intrans; Impf.* (*cf. Pf.* о-): become deaf

глубо́кий М [*sh.neut.* глубоко́, *sh.Plur.* глубо́кий] *compar.* глу́бже: deep

глупова́тый S: silly

глу́пость SS *f.in*: stupidity

глу́пый М [*sh.Plur.* глу́пы]: stupid

гляде́ть Е ES -дя́т; [*pres. adv.* гля́дя *or* глядя́] *Impf.* (*cf. Pf.* по-): look

гляну́ть НУ SS -нут; *intrans; Pf*: glance

гнать ММ го́нят; *pres. pass. ptcpl.* гони́мый; *ppp avoided; One-way Impf.* (*Non-One-way Impf.* гоня́ть): chase, drive

гна́ться n/v A ММ [*or* МЕ] го́нятся; [гна́лся *or* old-fashioned гнался́]; *Impf*: chase

говори́ть И ES -ря́т; *Impf.* (*Pf.* сказа́ть): say; speak • говоря́т they say, it is said

говори́ться И ES -ря́тся; *Impf*: be said • как говори́тся as they say

год SE *Loc.* (в) -у́, [*NPlur.* го́ды *or* года́] *GPlur.* лет (*after quantity words*) *and* годо́в (*Irreg. fixed expression* с го́ду на́ год one year to another) *m.in*: year

голова́ ЕЕ *ASg.* го́лову, *NPlur.* го́ловы (*Irreg. fixed expressions* за́ голову [*or* за го́лову] behind/by one's head; на́ голову [*or* на го́лову] on one's head) *f.in*: head • прийти́ в го́лову enter one's head, occur to one

головно́й *also used as m.an noun*: head, leading; head • головна́я боль headache
го́лод SS *Plur. hypothetical;* (*Irreg. fixed expression* с го́лоду from hunger) *m.in*: hunger
голо́дный М (е) *short forms* го́лоден, голодна́, го́лодно, го́лодны; *also used as m./f.an noun*: hungry; hungry person
го́лос SE *Part.* -у, *NPlur.* -а́ *m.in*: voice
голубова́тый S: bluish
голубогла́зый S: blue-eyed
голубо́й Е *no masc. short form; other short forms avoided*: light blue
голу́бушка SS (е) *f.an*: dear (mode of address)
го́лый М [*sh.Plur.* го́лы́]: naked, bare • го́лыми рука́ми with one's bare hands
гольф[1] SS *m.in*: golf (*game*)
гольф[2] SS [*GPlur.* -ов or -#] *m.in*: stocking, long sock
гоня́ть SS -я́ют; *Non-One-way Impf.* (*One-way Impf.* гнать): drive, chase
гора́ ЕЕ *ASg.* го́ру, *NPlur.* го́ры (*Irreg. fixed expressions* за́ гору [*or* за го́ру] beyond the mountain; на́ гору [*or* на го́ру] onto the mountain) *f.in*: mountain; heap
гора́здо *adv*: much
го́ре SS *Plur. hypothetical; n.in*: grief
горе́ть Е ES -ря́т; *intrans*; *Impf.* (*cf. Pf.* с-): burn
го́рло SS *n.in*: throat
го́род SE *NPlur.* -а́ (*Irreg. fixed expressions* за́ город to the country; за́ городом in the country) *m.in*: town
городи́шко SS (е) *NPlur.* -и [*or* SS (е) *GSg.* -и, *DSg.* -е, *ISg.* -ой, *NPlur.* -и] *m.in*: town
городско́й *also used as m.an noun*: town; city person
го́рький М (е) [*sh.Plur.* го́рьки́] *compar.* го́рче (to the taste) and го́рше (emotionally): bitter
го́рько *predicate*: it is bitter, grievous
го́рько *adv*: bitterly
горя́чий Е: hot
го́споди *interjection;* (*also Vocative of* господь Lord): good Lord!
господи́н SE *NPlur.* господа́, *GPlur.* госпо́д *m.an*: mister
гостеприи́мный S (е): hospitable
гости́ная *used as f.in noun*: living room
гости́ница SS *f.in*: hotel
гости́ный S: pertaining to the living room • гости́ный двор arcade, bazaar
гость SE *NPlur.* го́сти *m.an*: visitor • идти́ в го́сти visit; быть в гостя́х be visiting
госуда́рственный S (е) [*sh.masc.* госуда́рственен *or* госуда́рствен]: State • Госуда́рственная ду́ма State Duma (*Russian parliament before the Revolution*)
госуда́рство SS *n.in*: state
гото́вить И SS -вят; *Impf.* (*cf. Pf.* при-): prepare
гото́виться И SS -вятся; *Impf.* (*cf. Pf.* при-): get ready
гото́вность SS *f.in*: readiness
гото́вый S: ready
ГПУ *indeclinable; n.in*: (Госуда́рственное полити́ческое управле́ние) GPU (*former security police in the Soviet Union*)
грабёж ЕЕ *m.in*: robbery
граби́тель SS *m.an*: robber
гра́бить И SS -бят; *Impf.* (*cf. Pf.* о-): rob
град SS *Part.* -у *m.in*: hail
гра́дус SS *m.in*: degree
граждани́н SS *NPlur.* гра́ждане, *GPlur.* гра́ждан *m.an*: citizen (*male*)
гражда́нка SS (о) *f.an*: citizen (*female*)
гражда́нский: civil
грамма́тика SS *f.in*: grammar
граммати́ческий: grammatical
грани́т SS *m.in*: granite
грани́ца SS *f.in*: border; boundary
гребёнка SS (о) *f.in*: comb
гребе́ц ЕЕ (е) *m.an*: rower

гре́бля SS (е) *f.in*: rowing
греме́ть Е ES -мя́т; *intrans*; *Impf.* (*cf. Pf.* про-): roar; thunder
грести́ Б ЕЕ гребу́т; грёб, гребла́, гребли́; *past adv.* грёбши; *Impf*: row
греть ЕЙ SS гре́ют; *ppp* гре́тый S; *Impf.*: heat, warm
гре́ческий: Greek
гре́шный М (е) [*sh.neut.* грешно́, *sh.Plur.* грешны́]: sinful
гри́венник SS *m.in*: ten-kopeck piece
грипп SS *m.in*: flu
гроб SE *Loc.* (в) -у́ *m.in*: coffin
гробово́й Е *no masc. short form; other short forms avoided*: sepulchral, pertaining to the grave
гробовщи́к ЕЕ *m.an*: undertaker
гром SE *m.in*: thunder
гро́мко *adv*: loudly
гроссме́йстер SS *m.an*: grandmaster
грош ЕЕ *m.in*: half-kopeck piece
грудь ЕЕ [*or old-fashioned* SE] *ISg.* гру́дью, *Loc.* (в/на) -и́, *NPlur.* гру́ди *f.in*: breast; chest
грузи́ть И MS [*or* ES] гру́зя́т *Impf.* (*cf. Pf.* по-, на-): load
грузови́к ЕЕ *m.in*: truck
гру́ппа SS *f.in*: group
гру́стный М (е) [*sh.Plur.* гру́стны́]: sad
гря́зный М (е) [*sh.Plur.* гря́зны́]: dirty, muddy
грязь SS *Loc.* (в) -и́ *f.in*: mud
гуде́ть Е ES -дя́т; *intrans*; *Impf.* (*cf. Pf.* про-): hum; blow horn, whistle (said of cars, boats etc.)
гудо́к ЕЕ (о) *m.in*: horn, whistle • дать гудо́к blow the horn, give a whistle
гуля́ть АЙ SS -я́ют; *intrans*; *Impf.*: stroll

Д

да[1] *particle*: yes
да[2] (*unstressed*) *emphatic particle*: Да где́ же они́? Well, where are they?
да[3] (*unstressed conjunction*): and
дава́й(те) let's (*see* дава́ть)
дава́ть ДА-ВА́Й ES даю́т; дава́й! *pres. adv.* дава́я; *Impf.* (*Pf.* дать): give; allow; let • дава́ть о́тпуск grant a leave; дава́ть спекта́кль give a performance
давно́ *adv*: for a long time; long ago
да́же *particle*: even; *conjunction*: so much so that
далёкий М [*sh.neut.* далеко́, *sh.Plur.* далёки́] *compar.* да́льше: distant, far (away)
далеко́ *adv*: far off; far from
да́льше *compar. of* далёкий farther; further; *adv*: then, next, further
да́ма SS *f.an*: lady
данти́ст SS *m.an*: dentist
да́ром *adv*: for nothing, gratis, without pay; in vain
дать ЕМ даду́т да́м, да́шь, да́ст, дади́м, дади́те; дай! да́л, дала́, да́ло [*or* дало́], да́ли; *with negative,* не́ дал, не́ дало [*or* не дало́], не́ дали (but не дала́) *ppp* да́нный Е; *Pf.* (*Impf.* дава́ть): give, grant; let allow • не дай бог God forbid; дать интервью́ give an interview; дать гудо́к blow the horn, give a whistle
да́ча SS *f.in*: country house
двадцатигра́дусный S (е): twenty-degree
дверь SE *Loc.* (в/на) -и́, *NPlur.* две́ри, [*IPlur.* дверя́ми *or* дверьми́] *f.in*: door
дви́гать АЙ SS -ают; *Impf.* (*cf. Pf.* дви́нуть): move (smt)
дви́гаться АЙ SS -аются; *Impf.* (*cf. Pf.* дви́нуться): move
движе́ние SS *n.in*: movement, motion • глаго́лы движе́ния verbs of motion
дви́нуться НУ SS -нутся; *Pf.* (*cf. Impf.* дви́гаться): move
двор ЕЕ *m.in*: yard; (royal) court
дворе́ц ЕЕ (е) *m.in*: palace
дво́рник SS *m.an*: yardman, janitor, superintendant
дво́рницкая *also used as f.in noun*: yardman's; yardman's lodge

дво́рницкий yardman's
дворяни́н SS *NPlur.* дворя́не, *GPlur.* дворя́н *m.an*: nobleman
дворя́нский: nobleman's
дворя́нство SS *n.in*: nobility
двухнеде́льный S (е): two-week
двухэта́жный S (е): two-story
дебю́т SS *m.in*: debut; opening moves (*in chess, etc.*)
дебю́тный S (е): debut, opening
дева́ться АЙ SS -а́ются; *Impf., but past and inf. forms may also be Pf.* (*Pf.* де́ться *and past/inf.* дева́ться): get to, disappear
де́вочка SS (е) *f.an*: little girl
де́вушка SS (е) *f.an*: girl
дед SS *m.an*: grandfather • Дед Моро́з Santa Claus
де́душка SS (е) *m.an*: grandfather
дееприча́стие SS *n.in*: deverbal adverb
де́йствие SS *n.in*: action
действи́тельно *adv. and parenthetical word*: really, indeed
действи́тельный S (е): actual; valid • действи́тельное прича́стие present participle
де́йствовать ОВА SS -твуют; *intrans; Impf.* (*cf. Pf.* по-): act, operate; affect • де́йствовать кому́-то на не́рвы get on someone's nerves
декора́ция SS *f.in*: set (*in theater*)
де́лать АЙ SS -ают; *Impf.* (*cf. Pf.* с-): do, make • де́лать карье́ру make one's career, push one's way to the top
дели́ть И MS -лят; *Impf.* (*cf. Pf.* по-, раз-): divide; share
де́ло SE *n.in*: affair, business • в са́мом де́ле really; никому́ нет де́ла до меня́ nobody cares about me; э́то не твоё де́ло this is none of your business; в чём де́ло what's the matter? what's the point? де́ло в то́м, что the point is that; в то́м-то и де́ло that's the point; бра́ться за де́ло take matters in hand, assume charge; бли́же к де́лу (let's) get down to business; по де́лу on business; на са́мом де́ле in fact; приступи́ть к де́лу get down to business
делово́й E *no masc. short form; other short forms avoided*: business; business-like
демонстра́ция SS *f.in*: demonstration
день ЕЕ (е) (*Irreg. fixed expressions* за́ день in a day; на́ день for a day; со дня́ на́ день any day; изо дня́ [*or* и́зо дня] в день day after day) *m.in*: day • выходно́й день day off; среди́ бе́ла дня́ in broad daylight
де́ньги E [*or old-fashioned* S] (е) *Plur. only; GPlur.* де́нег *f.in*: money
дёргать АЙ SS -ают; *Impf.* (*Pf.* дёрнуть): pull, tug
де́рево SS *NPlur.* дере́вья *GPlur.* дере́вьев *n.in*: tree
деревя́нный S (е): wooden
держа́ть Ч-А MS -жат; *Impf*: hold, hold on to
держа́ться Ч-А MS -жатся; *Impf*: hold on • держи́тесь! Hang in there!
дёрнуть НУ SS -нут; *Pf.* (*Impf.* дёргать): pull, tug
десе́рт SS *m.in*: dessert
десятирублёвый ten-ruble
деся́тка SS (о) *f.in*: ten (*in keeping score etc.*); ten-ruble note
детекти́в[1] SS *m.in*: detective story/film
детекти́в[2] SS *m.an*: detective (*person*)
де́ти (*Plur. of* ребёнок *and* дитя́): children
де́тский: children's
де́тство SS *n.in*: childhood
дешёвый M *short forms* дёшев, дешева́, дёшево, дёшевы; *compar.* деше́вле (*in price*) *and* дешеве́е (*in figurative meanings*): cheap
де́ятельность SS *f.in*: activity; work
диало́г SS *m.in*: dialog
диаметра́льно *adv*: diametrically
дива́н SS *m.in*: couch, sofa
ди́кий M *compar.* (*avoided*) диче́е [*or* ди́че]: wild
дирижа́бль SS *m.in*: dirigible, blimp
диссерта́ция SS *f.in*: dissertation
длина́ ES *f.in*: length • прыжо́к в длину́ long jump

дли́нен M (е) [*sh.neut.* дли́нно́, *sh.Plur.* дли́нны́] *no long forms; no compar.* (*see also* дли́нный: long): too long
дли́нный M (е) [*sh.Plur.* дли́нны́] (*see also* дли́нен: too long): long
дневно́й E *no masc. short form; other short forms avoided*: day
днём *adv*: during the day; in the afternoon
дно[1] ES *NPlur.* до́нья *NPlur.* до́ньев *n.in*: bottom (of a bottle, barrel, etc.)
дно[2] EE (о) *Plur.* hypothetical; *n.in*: bottom (of a sea, river etc.)
доба́вить И SS -вят; *Pf.* (*Impf.* добавля́ть): add
добавля́ть АЙ SS -я́ют; *Impf.* (*Pf.* доба́вить): add
добега́ть АЙ SS -а́ют; *intrans; Impf.* (*Pf.* добежа́ть): run up to
добива́ться АЙ SS -а́ются; *Impf.* (*Pf.* доби́ться): achieve, attain
доби́ться БЙ ES -бью́тся; -бе́йся! *Pf.* (*Impf.* добива́ться): achieve, attain
до́брый M [*sh.Plur.* добры́]: kind-hearted
добыва́ть АЙ SS -а́ют; *Impf.* (*Pf.* добы́ть): get, obtain
добы́ть SM -бу́дут; [-бы́л, -была́, -бы́ли *or* добы́л, добыла́, добы́ли]; *intrans; Pf.* (*Impf.* добыва́ть): get, obtain
добы́ча SS *f.in*: loot, booty
дове́рчиво *adv*: credulously
довести́ Д EE -веду́т; -вёл, -вела́, -вели́; *past adv.* -ведя́; *past active ptcpl.* -ве́дший; *Pf.* (*Impf.* доводи́ть): lead, bring (to) • довести́ до самоуби́йства drive to suicide
доводи́ть И MS -во́дят; *pres. pass. ptcpl.* -води́мый; *Impf.* (*Pf.* довести́): lead, bring (to)
дово́льно[1] *adv*: quite, fairly, rather, pretty
дово́льно[2] *predicate*: it is enough; stop
дово́льный S (е): satisfied
дога́дливый S: shrewd, quick-witted
догна́ть ММ -го́нят; *ppp* до́гнанный S *Pf.* (*Impf.* догоня́ть): catch up, overtake
догова́риваться АЙ SS -аются; *Impf.* (*Pf.* договори́ться): agree; make a deal
догово́р SS *m.in*: agreement, contract • заключи́ть догово́р come to an agreement, sign a contract
договори́ть И ES -ря́т; *Pf.* (*Impf.* догова́ривать): finish saying something
договори́ться И ES -ря́тся; *Pf.* (*Impf.* догова́риваться): agree; make a deal
догово́рчик SS *m.in*: *dim. of* догово́р agreement, contract
догоня́ть АЙ SS -я́ют; *Impf.* (*Pf.* догна́ть): catch up, overtake
дое́хать SS -е́дут -езжа́й! *intrans; Pf.* (*Impf.* доезжа́ть): reach, arrive (*by vehicle*)
дождли́вый S: rainy
дождь ЕЕ *m.in*: rain
дойти́ ЕЕ -йду́т; дошёл -шла́-шли́; *past adv.* -йдя́; *past act. ptcpl.* -ше́дший; *intrans; Pf.* (*Impf.* доходи́ть): reach • Чу́ть до дра́ки не дошло́ It almost came to blows
доказа́ть A MS -ка́жут; *Pf.* (*Impf.* дока́зывать): prove
дока́тываться АЙ SS -аются; *Impf.* (*Pf.* докати́ться): roll up to, reach
докла́д SS *m.in*: report
докла́дчик SS *m.an*: speaker
до́ктор SE *NPlur.* -а́ *m.an*: doctor
доку́да *adv*: how far, up to what point
докуме́нт SS *m.in*: document, paper
дола́мывать АЙ SS -ают; *Impf.* (*Pf.* долома́ть): finish breaking
до́лго *adv*: for a long time
до́лжен E (е) *short forms only*; (*see also* до́лжный): • я до́лжен I must; I owe
до́лжный S (е): *short forms avoided* (*see also* до́лжен): proper, fitting
до́ллар SS *m.in*: dollar
доложи́ть И MS -ло́жат; *Pf.* (*Impf.* докла́дывать): report; announce
дом SE *NPlur.* -á (*Irreg. fixed expressions* из дому [*or* из до́му *or* из до́ма from the house]; на́ дом to the house; на дому́ at the house) *m.in*: house; building

до́ма *adv*: at home

дома́шний S (е): home, domestic • дома́шная хозя́йка housewife; дома́шнее зада́ние homework, home assignment

до́мик SS *m.in*. *dim. of* до́м house

домо́й *adv*: home, homewards

донести́сь С ЕЕ -несу́тся; -нёсся, -несла́сь, -несли́сь; *past adv.* -неся́сь; *past active ptcpl.* -нёсшийся; *Pf.* (*Impf.* доноси́ться): reach

дополни́тельный S (е): supplementary

допусти́ть И MS -пу́стят; *Pf.* (*Impf.* допуска́ть): assume • допу́стим let us suppose

доро́га SS *f.in*: road • по доро́ге on the way; желе́зная доро́га railroad

дорогови́зна SS *f.in*: expensiveness; high prices

дорого́й M *short forms* до́рог, дорога́, до́рого, до́роги: dear; expensive

доро́жка SS (е) *f.in*: path

доска́ ЕЕ (о) *ASg.* до́ску, *NPlur.* до́ски [*or* ES (о)] *f.in*: board; blackboard • ша́хматная доска́ chessboard

достава́ть СТА-ВА́Й ES -стаю́т; -става́й! *pres. adv.* -става́я; *Impf.* (*Pf.* доста́ть): get, obtain

достава́ться СТА-ВА́Й ES -стаю́тся; -става́йся! *pres. adv.* -става́ясь; *Impf.* (*Pf.* доста́ться): be given to

доставля́ть АЙ SS -я́ют; *Impf.* (*Pf.* доста́вить): deliver

доста́точно *predicate*: it is enough; *adv*: sufficiently, enough

доста́точный S (е): sufficient

доста́ть Н SS -ста́нут; *no ppp*; *Pf.* (*Impf.* достава́ть): get, obtain; take out

достиже́ние SS *n.in*: achievement

достопримеча́тельность SS *f.in*: sight-seeing attraction

дохо́д SS *Part.* -у *m.in*: income

доходи́ть И MS -хо́дят; *intrans*; *Impf.* (*Pf.* дойти́): reach

дочита́ть АЙ SS -а́ют; *Pf.* (*Impf.* дочи́тывать): finish reading

до́чь SE *GPDSg.* до́чери, *ISg.* до́черью, *NPlur.* до́чери, *IPlur.* дочерьми́ [*or* дочеря́ми] *f.an*: daughter

доще́чка SS (е) *f.in*: name-plate, small plaque

драгоце́нности (*Plur.* of драгоце́нность): jewelry

драгоце́нность SS *f.in*: something precious; piece of jewelry

драгоце́нный S (е): precious

дра́ка SS *f.in*: fight • дойти́ до дра́ки come to blows

дра́ться n/v A EM [*or* EE] деру́тся; [дра́лся *or* old-fashioned дрался́]; *Impf.* (*cf. Pf.* по-): fight

дредно́ут SS *m.in*: dreadnought, battleship

дрема́ть A MS дре́млют; *intrans*; *Impf*: doze

дрожа́ть Ч-А ES -жа́т; *intrans*; *Impf.* (*cf. Pf.* дро́гнуть): tremble

дру́г SE *NPlur.* друзья́, *GPlur.* друзе́й *m.an*: friend, companion • дру́г дру́га each other, one another

друго́й E *pronom. adj. inflected like ordinary adj*; *also used as m.an noun*: different; (an)other • на друго́е у́тро the next morning

дружо́к ЕЕ (о) *m.an*: pal

дря́нь SS *f.in*: trash

ду́б SE [*Loc.* (на) -у́ *or* на ду́бе (*Prep.*)] *m.in*: oak • ду́ба да́ть (*Slang*) kick the bucket

ду́жка SS (е) *f.in*: bow; rim (*of glasses, pince-nez*)

ду́ма SS *f.in*: • Госуда́рственная ду́ма State Duma (*Russian parliament*)

ду́мать АЙ SS -ают; *Impf.* (*cf. Pf.* по-): think

ду́ра SS *f.an*: fool (*female*)

дура́к ЕЕ *m.an*: fool

дурале́й SS *m.an*: fool

дура́цкий: foolish, stupid

ду́рочка SS (е) *f.an*: fool (*female*)

ду́ся SS *both m.an and f.an*: darling

ду́х[1] SS *m.an*: ghost

ду́х[2] SS (*Irreg. fixed expression* ни слу́ху ни ду́ху not a word) *m.in*: spirit, mind, heart; breath • во ве́сь ду́х full speed; перевести́ ду́х take a (deep) breath

духи́ E *Plur. only*; *m.in*: perfume

ду́ш SS *m.in*: shower • приня́ть ду́ш take a shower

душа́ ES *ASg.* ду́шу *f.in*: soul • в душе́ in one's heart, secretly

душе́вный S (е): mental; psychological; kind-hearted

ду́шный M (е): stuffy; muggy

дуэ́ль SS *f.in*: duel

дыха́ние SS *n.in*: breath • задержа́ть дыха́ние hold one's breath

дыша́ть Ч-А MS ды́шат; *intrans*; *Impf*: breathe

дю́жина SS *f.in*: dozen

дя́дя SS *GPlur.* дя́дей [*or* SE *NPlur.* дядья́, *GPlur.* дядьёв] *m.an*: uncle

Е

еда́ ES *Plur. hypothetical*; *f.in*: food

еди́нственный S (е) [*sh.masc.* еди́нственен *or* еди́нствен]: the only (one)

ежедне́вно *adv*: daily

е́жели *conjunction*: if

ежеме́сячный S (е): monthly

е́здить SS -дят; *intrans*; *Non-One-way Impf.* (*One-way Impf.* е́хать): go, drive, ride

ей-бо́гу *interjection*: by God

е́ле *adv*: barely, hardly, scarcely, just

е́сть[1] ES едя́т, е́м е́шь е́ст еди́м еди́те; е́шь! е́л, е́ла, е́ли; *pres. adv. avoided*; *Impf.* (*cf. Pf.* съ-, по-): eat

е́сть[2] *predicate* (*see also* бы́ть): there is, there are

е́хать SS е́дут, поезжа́й! [*or Colloquial* езжа́й!], *with negative* не е́зди! *adverbs avoided*; *intrans*; *One-way Impf.* (*Non-One-way Impf.* е́здить; *cf. Pf.* по-): go, drive, ride

ещё[1] (*often unstressed*) *adv*: still, yet; some more; as long ago as; else • что ещё? what else?

ещё[2] *unstressed emphatic particle*: каки́е ещё де́ньги? what money, for God's sake?

Ж

жа́лко[1] *adv*: pitifully, wretchedly

жа́лко[2] *predicate*: it's a pity; one pities/regrets/feels sorry

жа́лоба SS *f.in*: complaint

жа́ловаться ОВА SS -луются; *Impf.* (*cf. Pf.* по-): complain

жа́ль *predicate*: it's a pity; one pities/regrets/feels sorry

жа́р SE *Part.* -у *Plur. hypothetical*; *m.in*: heat; fever

жара́ ЕЕ *Plur. hypothetical*; *f.in*: heat, hot weather

жарго́н SS *m.in*: jargon

жа́ркий M (о): hot

жаркова́то *adv*: rather hot

жа́ть M ES жму́т; *Impf.* (*cf. Pf.* с-, по-): squeeze • жа́ть ру́ку shake someone's hand

жда́ть n/v A EM жду́т; *pres. adv. and ppp avoided*; *Impf*: wait; await

железнодоро́жник SS *m.an*: railroad man

железнодоро́жный S (е): railroad

желе́зный S (е): iron • желе́зная доро́га railroad

жёлтый M [*sh.neut.* жёлто, *sh.Plur.* жёлты]: yellow

желу́док SS (о) *m.in*: stomach

жена́ ES *NPlur.* жёны *f.an*: wife

жена́тый S: married

жени́ться И MS же́нятся; *pres. active ptcpl.* же́нящийся; *Pf.-Impf*: get married

же́нский: female; feminine

же́нщина SS *f.an*: woman

же́ртва[1] SS *f.in*: sacrifice (*a thing*); sacrifice (*an action*)

же́ртва[2] SS *f.an* [*or f.in*]: sacrifice (*living creature*)

жесто́кий S [*or* M] *compar. avoided*: cruel

жесто́кость SS *f.in*: cruelty

же́чь ЖГ ЕЕ жгу́т, жжёт; жёг, жгла́, жгли́; *no pres. adv*; *past adv.* жёгши; *ppp* жжённый; *Impf.* (*cf. Pf.* с-): burn (smt)

живо́й M *also used as m.an noun*: living, live; living person

живопи́сный S (е): picturesque

живо́т ЕЕ *m.in*: belly
живо́тное *used as n.an noun*: animal
жизнера́достный S (e): cheerful
жизнь SS *f.in*: life • боро́ться/дра́ться не на жи́знь, а на сме́рть fight to the death; зараба́тывать на жизнь earn one's living; взгля́ды на жизнь outlook on life
жиле́т SS *m.in*: waistcoat, vest
жилтова́рищество SS *n.in*: commune, building cooperative
жи́рный M (e) [*sh.Plur.* жи́рны́]: fat, plump
жи́тель SS *m.an*: resident
жить В ЕМ живу́т; *with negative*, не́ жил, не́ жило, не́ жили [*or* не жи́л, не жи́ло, не жи́ли] *but* не жила́) *intrans*; *Impf.* (*cf. Pf.* про-): live • жи́ть на чей-то счёт live off of someone else
жу́лик SS *m.an*: crook, swindler
журна́л SS *m.in*: magazine
журнали́ст SS *m.an*: journalist

З

заба́вный S (e): amusing
забараба́нить И SS -нят; *intrans*; *Pf.* begin to drum
забира́ть АЙ SS -а́ют; *Impf.* (*Pf.* забра́ть): take away
заби́ться БЙ ES -бью́тся, -бе́йся! *Pf.* begin to beat, to flutter, etc.
заболе́ть¹ ЕЙ SS -е́ют; *intrans*; *Pf.* (*Impf.* заболева́ть): fall ill
заболе́ть² И SS -я́т; *intrans*; *Pf.* (*Impf.* заболева́ть): begin to hurt, ache
забо́р SS *m.in*: fence
забо́титься И SS -тятся; *Impf.* (*cf. Pf.* по-): worry; care for
забо́тливый S: solicitous, thoughtful
забра́ть n/v А ЕМ -беру́т; *Pf.* (*Impf.* забира́ть): take away
забра́ться n/v А ЕМ [*or* ЕЕ] -беру́тся; [-бра́лся *or old-fashioned* -бра́лся]; *Pf.* (*Impf.* забира́ться): get to, go to, climb to, etc.
забы́ть SS -бу́дут; *ppp* забы́тый S; *Pf.* (*Impf.* забыва́ть): forget
заве́довать ОВА SS -дуют; *intrans*; *Impf.* manage, run, control
заве́дующий *used as m./f.an noun*: manager, head, person in charge
заверну́ть НУ ES -ну́т; *ppp* завёрнутый S; *Pf.* (*Impf.* завёртывать *or* завора́чивать): wrap up; stop by
завести́ Д ЕЕ -веду́т; -вёл, -вела́, -вели́; *past adv.* -ведя́; *past active ptcpl.* -ве́дший; *Pf.* (*Impf.* заводи́ть): start (engine, etc.); acquire • завести́ разгово́р begin a conversation
завеща́ть АЙ SS -а́ют; *Pf.-Impf.* bequeath
зави́довать ОВА SS -дуют; *intrans*; *Impf.* (*cf. Pf.* по-): envy
заво́д SS *m.in*: factory
заводи́ть И MS -во́дят; *pres. pass. ptcpl.* -води́мый; *Impf.* (*Pf.* завести́): start (engine, etc.); acquire • заводи́ть разгово́р begin a conversation
завора́чивать АЙ SS -ают; *Impf.* (*Pf.* заверну́ть): wrap up; stop by
за́втра *indeclinable n.in; adverb*: tomorrow
за́втрак SS *m.in*: breakfast
за́втракать АЙ SS -ают; *intrans*; *Impf.* (*cf. Pf.* по-): have breakfast
завы́ть ВОЙ SS -во́ют; *intrans*; *Pf.* start to howl
загалде́ть Е ES -дя́т; *1Sg. avoided*; *intrans*; *Pf.* start making a racket
загля́дывать АЙ SS -ают; *intrans*; *Impf.* (*Pf.* загляну́ть): glance/peep/look in; stop by
загляну́ть НУ MS -нут; *intrans*; *Pf.* (*Impf.* загля́дывать): glance/peep/look in; stop by
заговори́ть И ES -ря́т; *intransitive*; *Pf.* start to talk
ЗАГС SS *m.in*: (За́пись А́ктов Гражда́нского Состоя́ния) Bureau of Records, Bureau of Vital Statistics
зада́ние SS *n.in*: assignment • дома́шнее зада́ние homework, home assignment
зада́ть -даду́т; -да́м, -да́шь, -да́ст, -дади́м, -дади́те; -да́й! за́дал, задала́, за́дало, за́дали [*or* зада́л, -а́, -о, -и] *past ptcpl.* зада́вший; *ppp* за́данный, *short forms* за́дан, -а́ *or* -а, -о, -ы; *Pf.* (*Impf.* задава́ть): assign • зада́ть вопро́с ask a question

зада́ча SS *f.in*: problem; task
заде́ргивать АЙ SS -ают; *Impf.* (*Pf.* задёрнуть): pull (curtains together, etc.)
задержа́ть Ч-А MS -де́ржат; *Pf.* (*Impf.* заде́рживать): detain
задёрнуть НУ SS -нут; *Pf.* (*Impf.* заде́ргивать): pull (curtains together, etc.)
задрожа́ть Ч-А ES -жа́т; *intrans*; *Pf.* begin to tremble
заду́маться АЙ SS -аются; *Pf.* (*Impf.* заду́мываться): become thoughtful; fall to thinking
заду́ть Й SS -ду́ют; *ppp* заду́тый S; *Pf.* (*Impf.* задува́ть): begin to blow; blow out (a candle, etc.)
зажа́рить И SS -рят; *Pf.* (*Impf.* зажа́ривать): fry, roast
заже́чь ЖГ ЕЕ -жгут, -жгу, -жжёт, -жёг, -жгла́, -жгли́; *past adv.* -жёгши; *ppp* -жжённый; *Pf.* (*Impf.* зажига́ть): turn on; light up
зажига́ть АЙ SS -а́ют; *Impf.* (*Pf.* заже́чь): turn on; light up
зажига́ться АЙ SS -а́ются; *Impf.* (*Pf.* заже́чься): light up
зазвони́ть И ES -ня́т; *intransitive*; *Pf.* begin to ring
заигра́ть АЙ SS -а́ют; *Pf.*: begin to sparkle; begin to play
зайти́ ЕЕ -йду́т; [зайди́! *or* заходи́!] зашёл -шла́ -шли́; *past adv.* -йдя́; *past act. ptcpl.* -ше́дший; *Pf.* (*Impf.* заходи́ть): drop in
заказа́ть А MS -ка́жут; *Pf.* (*Impf.* зака́зывать): order; reserve
зака́зывать АЙ SS -ают; *Impf.* (*Pf.* заказа́ть): order; reserve
закипа́ть АЙ SS -а́ют; *intrans*; *Impf.* (*Pf.* закипе́ть): start boiling
заклина́ние SS *n.in*: incantation
заключа́ть АЙ SS -а́ют; *Impf.* (*Pf.* заключи́ть): conclude; contain • заключа́ть догово́р come to an agreement, sign a contract
заключа́ться АЙ SS -а́ются; *Impf.* consist of
заключи́ть И ES -ча́т; *Impf.* conclude; contain • заключи́ть догово́р come to an agreement, sign a contract
зако́н SS *m.in*: law
зако́нный S (e): legal, legitimate
зако́нченный S (e) *sh.masc.* зако́нчен: complete
зако́нчить И SS -чат; *Pf.* (*Impf.* зака́нчивать): end, finish
закорене́лый S: inveterate
закрича́ть Ч-А ES -ча́т; *intrans*; *Pf.* start to shout
закрыва́ть АЙ SS -а́ют; *Impf.* (*Pf.* закры́ть): close
закры́тый S: closed
закры́ть КРОЙ SS -кро́ют; *ppp* закры́тый S; *Pf.* (*Impf.* закрыва́ть): close
закры́ться КРОЙ SS -кро́ются; *Pf.* (*Impf.* закрыва́ться): close
заку́ска SS (о) *f.in*: snack(s); hors-d'oeuvre(s), appetizer(s)
зал SS *m.in*: hall
залеза́ть АЙ SS -а́ют; *intrans*; *Impf.* (*Pf.* зале́зть): climb up; climb into; get into
зале́зть З SS -зут; зале́з, зале́зла, зале́зли; *past adv.* зале́зши; *intrans*; *Pf.* (*Impf.* залеза́ть): climb up; climb into; get into
залива́ться АЙ SS -а́ются; *Impf.* (*Pf.* зали́ться): • залива́ться сме́хом burst into laughter
зали́ть ЛЙ ЕМ -лью́т; -ле́й! за́лил, залила́, за́лили; *ppp* за́литый M; *Pf.* (*Impf.* залива́ть): flood; pour, spill
заложи́ть И MS -ло́жат; *Pf.* (*Impf.* закла́дывать): put, place
замаха́ть А *or* АЙ MS -ма́шут [*or* SS -маха́ют] *intrans*; *Pf.* begin to wave
замени́ть И MS заме́нят; *ppp* заменённый Е; *Pf.* (*Impf.* заменя́ть): replace
замёрзнуть (НУ) SS -нут; -мёрз, -мёрзла, -мёрзли; *past adv.* -мёрзши; *intrans*; *Pf.* (*Impf.* замерза́ть): freeze
замести́тель SS *m.an*: deputy
заме́тить И SS -тят; *Pf.* (*Impf.* замеча́ть): notice; remark
заме́тка SS (о) *f.in*: note; (newspaper) report
замеча́тельный S (e): remarkable
замеча́ть АЙ SS -а́ют; *Impf.* (*Pf.* заме́тить): notice; remark
за́мок SS (о) *m.in*: castle
замо́к ЕЕ (о) *m.in*: lock
замота́ть АЙ SS -а́ют; *Pf.* • замота́ть голово́й begin to shake one's head
за́мужем *predicate and adv*: (be) married

Russian-English Glossary

замыча́ть Ч-А ES -ча́т; *intrans; Pf*: begin to mumble, begin to moo
за́навес SS *m.in*: curtain (*on stage*)
занаве́ска SS (о) *f.in*: curtain (*on window*)
занима́ть АЙ SS -а́ют; *Impf*. (*Pf*. заня́ть): borrow; occupy • занима́ть пе́рвое ме́сто come in first, get first prize
занима́ться АЙ SS -а́ются; *Impf*. (*Pf*. заня́ться): study; do, be occupied with
зану́да SS *both m.an and f.an*: bore, boring person
заня́тие SS *n.in*: occupation; class
занято́й (*see also* за́нятый): overburdened with work
за́нятый М *no compar*. (*see also* занято́й): occupied, busy
заня́ть ЙМ ЕМ займу́т; за́нял, заняла́, за́няли; *ppp* за́нятый М; *Pf*. (*Impf*. занима́ть): borrow; occupy • заня́ть пе́рвое ме́сто come in first, get first prize
заня́ться ЙМ ЕЕ займу́тся; занялся́ [*or* заня́лся]; *Pf*: become occupied with
за́пад SS *m.in*: west
за́падный S (е): western
запере́ть ПР ЕМ запру́т; за́пер, заперла́, за́перли; *past adv*. заперев [*or* за́перши], *past active ptcpl*. запе́рший, *ppp* за́пертый М; *Pf*. (*Impf*. запира́ть): lock
за́пертый *ppp of* запере́ть: locked
запира́ть АЙ SS -а́ют; *Impf*. (*Pf*. запере́ть): lock
записа́ть А MS -пи́шут; *Pf*. (*Impf*. запи́сывать): write down
записа́ться А MS -пи́шутся; *Pf*. (*Impf*. запи́сываться): enroll, sign up
запи́ска SS (о) *f.in*: note
записно́й: • записна́я кни́жка notebook
запи́сываться АЙ SS -аются; *Impf*. (*Pf*. записа́ться): enroll, sign up
за́пись SS *f.in*: record, note
запи́ть ПЙ ЕМ -пью́т; -пе́й! *ppp* запи́тый М; *Pf*. (*Impf*. запива́ть): wash down
запла́кать А SS -чут; *Pf*: burst into tears
заплати́ть И MS -пла́тят; *Pf*. (*cf. Impf*. плати́ть): pay
запо́мнить И SS -нят; *Pf*. (*Impf*. запомина́ть): remember
запрети́ть И ES -тя́т; -щу́; *ppp* запрещённый Е; *Pf*. (*Impf*. запреща́ть): forbid
запры́гать АЙ SS -ают; *intrans; Pf*: begin to jump
запря́тать А SS -чут; *Pf*. (*Impf*. запря́тывать): hide
запря́чь Г ЕЕ -прягу́т, -гу́, -жёт; -пря́г, -прягла́, -прягли́; *past adv*. -пря́гши; *Pf*. (*Impf*. запряга́ть): harness
зараба́тывать АЙ SS -ают; *Impf*. (*Pf*. зарабо́тать): earn, make money • зараба́тывать на жизнь earn one's living
зарабо́тать АЙ SS -ают; *Pf*. (*Impf*. зараба́тывать): earn, make money
зара́нее *adv*: ahead of time
зарегистри́ровать ОВА SS -руют; *Pf*: *Pf*. (*cf. Impf*. регистри́ровать): register
заро́сший *past act. participle of* зарасти́: overgrown
зарпла́та SS *f.in*: pay check; salary, wages
заса́да SS *f.in*: ambush
заседа́ние SS *n.in*: session, conference, meeting
заседа́тель SS *m.an*: • прися́жный заседа́тель juror
засели́ть И ES [*or* MS] заселя́т]; *ppp* заселённый Е; *Pf*. (*Impf*. заселя́ть): settle; colonize
засмея́ться А ES -смею́тся; *Pf*: laugh, burst into laughter
засну́ть НУ ES -ну́т; *Pf*. (*Impf*. засыпа́ть): fall asleep
засо́вывать АЙ SS -ают; *Impf*. (*Pf*. засу́нуть): put in, stick in
засопе́ть Е ES -пя́т; *intrans; Pf*: start to wheeze, snore
заста́вить И SS -вят; *Pf*. (*Impf*. заставля́ть): force
застона́ть А MS застону́т [*or old-fashioned* SS -а́ют]; *intrans; Pf*: start to moan
засу́нуть НУ SS -нут; *Pf*. (*Impf*. засо́вывать): put in, stick in
засыпа́ть АЙ SS -а́ют; *intrans; Impf*. (*Pf*. засну́ть): fall asleep
затаи́ть И ES -та́ят; -та́й! *Pf*. (*Impf*. зата́ивать): harbor (a feeling, etc.)
зате́м *adv*: then, after that • зате́м что because

зато́ *conjunction*: on the other hand
затра́та SS *f.in*: expense, outlay
затяну́ть НУ MS -тя́нут; *Pf*. (*Impf*. затя́гивать): cover
захло́пнуть НУ SS -нут; *Pf*. (*Impf*. захло́пывать): slam
захоте́ть Е -хотя́т, -хочу́ -хо́чешь -хо́чет -хоти́м -хоти́те; *intrans; Pf*: want
зачем *adv*: why
зачёт SS *m.in*: midterm exam, prelim, pass/fail exam
зашепта́ть А MS -ше́пчут; *Pf*: start to whisper
зашива́ть АЙ SS -а́ют; *Impf*. (*Pf*. заши́ть): sew, sew up, sew in
зашипе́ть Е ES -пя́т; *intrans; Pf*: hiss, shush
заши́ть ШЙ ES -шью́т; -ше́й! *ppp* заши́тый S; *Pf*. (*Impf*. зашива́ть): sew, sew up, sew in
защи́та SS *f.in*: defense • защи́та Филидо́ра Philidor's Defense
заяви́ть И MS -я́вят; *Pf*. (*Impf*. заявля́ть): declare, announce
заявле́ние SS *n.in*: application • пода́ть заявле́ние apply
заявля́ть АЙ SS -я́ют; *Impf*. (*Pf*. заяви́ть): declare, announce
за́яц SS (я) *m.an*: hare; rabbit
звать n/v А ЕМ зову́т; *ppp (rare)* зва́нный S; *Impf*. (*cf. Pf*. по-): call • звать в го́сти invite
звезда́[1] ES NPlur. звёзды *f.an*: star (*famous person*)
звезда́[2] ES NPlur. звёзды *f.in*: star (*celestial or geometrical*)
звёздный S (е): starry
зве́рски *adv*: brutally
звони́ть И ES -ня́т; *intransitive; Impf*. (*cf. Pf*. по-): call; ring
звоно́к ЕЕ (о) *m.in*: bell
звук SS *m.in*: sound
звуча́ть А ES -ча́т; *intrans; Impf*. (*cf. Pf*. про-): sound
зву́чно *adv*: noisily; impressively
зву́чный М (е) [*sh.Plur*. звучны́]: sonorous; impressive
зда́ние SS *n.in*: building
здоро́во *interjection*: Hi!
здо́рово *adv*: real well; very much; badly, to a great extent; *predicate*: it's good
здоро́вый[1] S *compar*. здорове́е: healthy
здоро́вый[2] (*Colloquial*) big and strong
здра́вствовать ОВА SS -твуют; *intrans; Impf*: be healthy and well • здра́вствуй(те) hello • да здра́вствует long live
зеленова́тый S: greenish
зелёный М *short forms* зе́лен, зелена́, зе́лено, зе́лены́: green
землетрясе́ние SS *n.in*: earthquake
земля́ ES (е) ASg. зе́млю, GPlur. земе́ль *f.in*: ground; Earth
земно́й Е *no masc. short form; other short forms avoided*: earthly • земно́й шар the globe, the world
зе́ркало SE *n.in*: mirror
зе́ркальце SS (е) *n.in*: *dim. of* зе́ркало mirror
зима́ ES ASg. зи́му (*Irreg. fixed expressions* за́ зиму during the winter; на́ зиму for the winter) *f.in*: winter
зи́мний S (е): winter
зимо́й *adv*: in winter
зли́ться И ES зля́тся; *Impf*. (*cf. Pf*. обо-, разо-): be angry
зло *adv*: spitefully, maliciously
злоупотреби́тель SS *m.an*: violator
знако́миться И SS -мятся; *Impf*. (*cf. Pf*. по-): meet, get acquainted
знако́мство SS *n.in*: acquaintance • свести́ знако́мство strike up an acquaintance
знако́мый S *also used as m./f.an noun*: familiar; an acquaintance
знамени́тый S: famous
знать АЙ SS -а́ют; *no ppp*; *Impf*: know • отку́да я могу́ знать? How should I know? чёрт зна́ет the devil only knows; Чёрт зна́ет что тако́е! What a goddamn mess!
зна́чит *3Sg. of* зна́чить; *parenthetical word*: so, then
зна́чить И SS -чат; *no ppp*; *Impf*: mean
золото́й Е *no masc. short form; other short forms avoided*; *also used as m.in noun*: gold, golden; gold piece
зре́ние SS *n.in*: vision • то́чка зре́ния point of view
зуб SE NPlur. зу́бы *m.in*: tooth • сжать зу́бы grit one's teeth
зять SE NPlur. зятья́ *m.an*: son-in-law; brother-in-law

И

игра́ ES *f.in*: game • одновреме́нная игра́ simultaneous match (*chess*); Олимпи́йские и́гры Olympics
игра́ть АЙ SS -а́ют; *Impf.* (*cf. Pf.* сыгра́ть): play
идеали́ст SS *m.an*: idealist
идеоло́гия SS *f.in*: ideology
иде́я SS *f.in*: idea
идилли́ческий: idyllic
идио́т SS *m.an*: idiot
идти́ EE иду́т; шёл шла́ шли *past adv.* ше́дши; *intrans*; One-way *Impf.* (Non-One-way *Impf.* ходи́ть; *cf. Pf.* пойти́): go • идти́ на риск take a chance; идти́ по ло́жному следу́ bark up the wrong tree, follow the wrong trail
избра́ть *n/v* А EM -беру́т; *Pf.* (*Impf.* избира́ть): choose
извести́ть И ES -тя́т; *Pf.* (*Impf.* извеща́ть): inform
изве́стный S (e): known, well known
извини́ть И ES -я́т; *Pf.* (*Impf.* извиня́ть): excuse
извини́ться И ES -ня́тся; *Pf.* (*Impf.* извиня́ться): apologize
извиня́ться АЙ SS -я́ются; *Impf.* (*Pf.* извини́ться): apologize
изво́зчик SS *m.an*: (horse drawn) cab; the driver of such a cab, cabby
изгото́вить И SS -вят; *Pf.* (*Impf.* изгота́вливать *or* изготовля́ть): prepare
изда́ть EM -даду́т -да́м, -да́шь, -да́ст, -дади́м, -дади́те -да́й! *ppp* и́зданный М [*or* S] *Pf.* (*Impf.* издава́ть): publish; produce • изда́ть звук make a noise
издева́ться АЙ SS -а́ются; *Impf.*: mock
из-за *prep.* +*Gen*: because of
измене́ние SS *n.in*: change
измени́ть И MS -ме́нят; *ppp* изменённый E; *Pf.* (*Impf.* изменя́ть): change
измени́ться И MS -ме́нятся; *Pf.* (*Impf.* изменя́ться): change
изму́ченный S (e) *sh.masc.* изму́чен: tormented, exhausted
изнутри́ *adv. and prep.* +*Gen*: from within
изо (=из) *prep.* +*Gen*: from, out of • изо все́й си́лы with all one's might
изобража́ть АЙ SS -а́ют; *Impf.* (*Pf.* изобрази́ть): represent; draw; imitate
изобрета́тельный S (e): inventive
из-под *prep.* +*Gen*: from under; from
изруби́ть И MS -ру́бят; *Pf.* (*Impf.* изруба́ть): chop up
изуча́ть АЙ SS -а́ют; *Impf.* (*Pf.* изучи́ть): learn, study
изучи́ть И MS -у́чат; *Pf.* (*Impf.* изуча́ть): learn, study
изъявля́ть АЙ SS -я́ют; *Impf.* (*Pf.* изъяви́ть): express (desire, gratitude, etc.)
изя́щный S (e): elegant
иллюстра́ция SS *f.in*: illustration
име́ние SS *n.in*: estate
имени́тельный S (e): • имени́тельный паде́ж nominative case
и́менно *particle*: precisely, just, exactly, namely
име́ть ЕЙ SS -е́ют; *no ppp; Impf.*: have • име́ть успе́х be successful; име́ть в виду́ keep in mind; име́ть возмо́жность have the chance; име́ть де́ло с have to do with; име́ть отноше́ние к be related to
име́ться ЕЙ SS -е́ются *Impf.*: exist, be present
императи́в SS *m.in*: imperative (*verb form*)
иму́щество SS *n.in*: property, goods
и́мя SE *GPDSg.* и́мени, *ISg.* и́менем, *NPlur.* имена́, *GPlur.* имён *n.in*: name
ина́че *adv*: differently, otherwise; *conjunction*: otherwise, or else
инжене́р SS *m.an*: engineer
иногда́ *adv*: sometimes
ино́й *pronom. adj. inflected like ordinary adj*: other; different; some
иноро́дец SS (e) *m.an*: non-Russian subject of the Russian empire
иностра́нец SS (e) *m.an*: foreigner
институ́т SS *m.in*: institute
инстру́кция SS *f.in*: instructions
инструме́нт SS *m.in*: tool; instrument
интеллиге́нт SS *m.an*: intellectual
интервью́ *indeclinable; n.in*: interview
интере́с SS *m.in*: interest
интере́сный S (e): interesting
интересова́ть ОВА SS -су́ют; interest
интересова́ться ОВА SS -су́ются; *Impf.* (*cf. Pf.* по-): be interested
инфинити́в SS *m.in*: infinitive
ирони́ческий: ironic
иро́ния SS *f.in*: irony
искале́ченный S: crippled, broken
иска́тель SS *m.an*: seeker
иска́ть А MS и́щут; *Impf.*: search, look for
исключи́тельный S (e): exceptional
исключи́ть И ES -ча́т; *Pf.* (*Impf.* исключа́ть): exclude, expel
искупа́ться АЙ SS -а́ются; *Pf.*: take a quick dip
иску́сство SS *n.in*: art
испа́нский: Spanish • испа́нская па́ртия Spanish Game (*chess*)
испа́чкать АЙ SS -ают; *Pf.* (*cf. Impf.* па́чкать): stain, soil
испе́чь АЙ SS -а́ют; *Impf.* (*Pf.* испе́чь): bake
испове́довать ОВА SS -уют; *Impf.-Pf.* (*Pf. also* испове́дать): hear/take confession
испо́льзовать ОВА SS -зуют; *Pf.-Impf.*: use
испо́ртиться И SS -тятся; [испо́ртись! *or* испо́рться!] *Pf.* (*cf. Impf.* по́ртиться): spoil, go bad; become spoiled, acquire bad qualities
испо́рченный S (e) *sh.masc.* испо́рчен: torn, broken, ruined
испра́вить И SS -вят; *Pf.* (*Impf.* исправля́ть): correct
испу́г SS (*Irreg. fixed expressions* с испу́гу [*or* с испу́га] from fear/fright) *m.in*: fright
испу́ганный S (e) *sh.masc.* испу́ган: frightened
испуга́ть АЙ SS -а́ют; *Pf.* (*cf. Impf.* пуга́ть): frighten, scare
испуга́ться АЙ SS -а́ются; *Pf.* (*cf. Impf.* пуга́ться): become frightened, scared
испы́танный S (e) *sh.masc.* испы́тан: tested, tried
испыта́ть АЙ SS -а́ют; *Pf.* (*Impf.* испы́тывать): try, test
и́ссиня-чёрный S *only second part inflected*: bluish-black
истори́ческий: historical
исто́рия SS *f.in*: history; story
исто́чник SS *m.in*: spring, well; source
исхо́д SS *m.in*: outcome
исчеза́ть АЙ SS -а́ют; *intrans; Impf.* (*Pf.* исче́знуть): disappear
исче́знуть (НУ) SS -нут; -чез, -че́зла, -че́зли; *intrans; Pf.* (*Impf.* исчеза́ть): disappear
ита́к *conjunction*: thus, so then
итого́ *adv*: in all
ию́нь SS *m.in*: June

К

кабине́т SS *m.in*: office; study • ша́хматный кабине́т chess club room; редакцио́нные кабине́ты newspaper offices
кавка́зец SS (e) *m.an*: inhabitant of the Caucasus region
кадр SS *m.in*: • ка́дры personnel; отде́л ка́дров personnel office
ка́ждый[1] *pronoun inflected like m.anim. ordinary adj*: everyone, each
ка́ждый[2] *pronom. adj. inflected like ordinary adj*: every
каза́ться А MS ка́жутся; *Impf.* (*cf. Pf.* по-): seem
казённый S (e): official; belonging to the State
кака́о *indeclinable; n.in*: cocoa
ка́к-нибудь *adv*: somehow; some time
кало́ши (*Plur. of* кало́ша SS *f.in*): galoshes
калькуля́тор SS *m.an*: calculator
кальсо́ны S *Plur. only; f.in*: long underwear
ка́менный S (e): stone; stony
ка́мень SE (e) *NPlur.* ка́мни *m.in*: stone
ками́н SS *m.in*: fireplace
кампа́ния SS *f.in*: campaign; company

Russian-English Glossary

канализа́ция SS *f.in*: sewage system
кани́кулы S *Plur. only; f.in*: vacation; holidays
Ка́нны S *Plur. only*: Cannes
капита́льный S (e): • капита́льный ремо́нт major repairs
ка́пля SS (e) *f.in*: drop
капу́ста SS *f.in*: cabbage
каранда́ш EE *m.in*: pencil
карма́н SS *m.in*: pocket
карни́з SS *m.in*: cornice, ledge
ка́рта SS *f.in*: map; (playing) card • игра́ть в ка́рты play cards
карти́нка SS (o) *f.in*: picture
картона́жник SS *m.an*: paper industry worker
картузик SS *m.in*: *dim. of* карту́з: cap
карье́ра SS *f.in*: career • де́лать карье́ру make one's career, push/make one's way to the top; престу́пная карье́ра life of crime
каса́ться АЙ SS -а́ются; *Impf.* (*Pf.* косну́ться): concern • что каса́ется with regard to
Каспи́йское мо́ре Caspian Sea
ка́сса SS *f.in*: box office; cashier's office; cash register
касси́р SS *m.an*: cashier
катало́г SS *m.in*: catalog
категори́ческий: categorical
кати́ться И MS -тятся; *One-way Impf.* (*Non-One-way Impf.* ката́ться): roll
кафе́ *indeclinable; n.in*: cafeteria, coffe shop
ка́федра SS *f.in*: department (*in educational institutions*)
кафе́-моро́женое *only the second part is inflected; n.in*: ice-cream parlor
ка́шель SS (e) *m.in*: cough
каю́та SS *f.in*: cabin, stateroom
квадра́тный S (e): square
кварти́ра SS *f.in*: apartment
квита́нция SS *f.in*: receipt
ке́пи *indeclinable; n.in*: cap
ке́ренка SS (o) *f.in*: kerenka (*one unit of the money issued by the Provisional Government in Russia after the February Revolution*)
кероси́н SS *Part.* -у *m.in*: kerosene
ке́тчуп SS *m.in*: ketchup
кино́ *indeclinable; n.in*: film, cinema
киноактри́са SS *f.an*: movie actress
кинотеа́тр SS *m.in*: movie theater
ки́нуться НУ SS -нутся; *Pf.* (*Impf.* кида́ться): rush, fling oneself
кирпи́ч EE *m.in*: brick
ки́слый M (e) [*sh.Plur.* ки́слы́]: sour
кисть SE *NPlur.* ки́сти *f.in*: tassle; brush
кита́йский: Chinese
клад SS *m.in*: treasure
класс SS *m.in*: class (*group of students*); classroom; grade (*level in school*)
классифика́ция SS *f.in*: classification
класси́ческий: classic
кла́ссовый S: (social) class
класть Д ES кладу́т; клал, кла́ла, кла́ли; *no ppp; Impf.* (*Pf.* положи́ть): put, place
клевета́ EE *f.in*: slander
кле́ить И SS -е́ят; *Impf*: glue, stick up
клей SE *Part.* -у, [*Loc.* (в) -ю́] *m.in*: glue
кле́тка SS (o) *f.in*: square, check; cage
клиенту́ра SS *f.in*: clientele
клуб SS *m.in*: community center; clubhouse; club; interest group
ключ EE *m.in*: key
кни́га SS *f.in*: book
кни́жка SS (e) *f.in*: book; booklet • кни́жка квита́нций receipt pad
кни́жный S: book • кни́жный магази́н bookstore
кно́пка SS (o) *f.in*: button
ковбо́й SS *m.an*: cowboy

ковбо́йка SS (e) *f.in*: cowboy shirt
ковёр EE (ё) *m.in*: rug, carpet
когда́-нибудь *adv*: sometime
когда́-то *adv*: once, formerly
ко́е-како́й *pronom. adj. inflected like ordinary adj.* [*infixed prepositions, e.g.,* ко́е о како́м]: some, certain
ко́е-что́ *pronoun* [*infixed prepositions, e.g.,* ко́е о чём]: something; a certain thing
ко́ка-ко́ла SS *f.in*: Coca-cola
колбаса́ ES *NPlur.* колба́сы *f.in*: sausage
колеба́ться A SS коле́блются; *pres. pass. ptcpl.* коле́блемый; *Impf.* (*cf. Pf.* по-): vary
коле́но SS *NPlur.* коле́ни *n.in*: knee
коли́чество SS *n.in*: quantity
колле́дж SS *m.in*: college
колле́кция SS *f.in*: collection
кольцо́ ES (e) *GPlur.* коле́ц *n.in*: ring
кома́ндовать OBA SS -дуют; *intrans; Impf*: command
кома́нч SS *m.an*: Comanche
комбина́тор SS *m.an*: schemer
комбина́ция SS *f.in*: scheme
комбини́ровать OBA SS -руют; *Impf*: scheme
комите́т SS *m.in*: committee
коммента́рий SS *m.in*: commentary
ко́мната SS *f.in*: room
комо́д SS *m.in*: chest of drawers
компаньо́н SS *m.an*: partner
комплиме́нт SS *m.in*: compliment
компью́тер SS *m.in*: computer
комсомо́лец SS (e) *m.an*: member of the Komsomol (Коммунисти́ческий сою́з молодёжи Young Communist League)
комсомо́лка SS (o) *f.an*: *fem. of* комсомо́лец
конве́йер SS *m.in*: conveyor; assembly line
конгре́сс SS *m.in*: congress
конду́ктор SE *NPlur.* -а́ *m.an*: (train, bus) conductor
коне́ц EE (е) *m.in*: end • в конце́ концо́в in the end, after all
коне́чно *parenthetical word and particle*: of course
конкуре́нт SS *m.an*: rival
констру́кция SS *f.in*: construction
консульта́ция SS *f.in*: advice; consultation; counselling
конто́ра SS *f.in*: office, office building
контра́ст SS *m.in*: contrast
контро́льный: • контро́льная рабо́та quiz
конфискова́ть OBA SS -ку́ют; *Pf.-Impf.* (*Impf. also* конфиско́вывать): confiscate
конфли́кт SS *m.in*: conflict
конце́рт SS *m.in*: concert
конча́ть АЙ SS -а́ют; *Impf.* (*Pf.* ко́нчить): end; finish
конча́ться АЙ SS -а́ются; *Impf.* (*Pf.* ко́нчиться): end; (*Pf.* сконча́ться): die
кончи́на SS *f.in*: death
ко́нчить И SS -чат; *Pf.* (*Impf.* конча́ть): end; finish
ко́нчиться И SS -чатся; *Pf.* (*Impf.* конча́ться): end
конь EE *NPlur.* ко́ни *m.an*: horse, steed; knight (*chess*)
копе́йка SS (e) *f.in*: kopeck
кора́бль EE *m.in*: ship
ко́рень SE (e) *NPlur.* ко́рни *m.in*: root
коридо́р SS *m.in*: corridor
корми́ть И MS ко́рмят; *Impf.* (*cf. Pf.* на-, по-): feed
коро́бка SS (o) *f.in*: box
коро́бочка SS (e) *f.in*: *dim. of* коро́бка: box
коро́ва SS *f.an*: cow
коро́вка SS (o) *f.an*: • бо́жья коро́вка ladybug
короле́вский: royal, regal • короле́вская пе́шка King's pawn (*chess*)
коро́ткий M (o) *short forms* ко́роток, коротка́, ко́ротко, ко́ротки [*or old-fashioned* ко́роток, коротка́, ко́ротко, ко́ротки]; *compar.* коро́че: short

ко́смос SS *m.in*: outer space
костьі́ль EE *m.in*: crutch
костю́м SS *m.in*: clothes; suit • купа́льный костю́м bathing suit, swimsuit
ко́фе *indeclinable; m.in* [*or n.in*]: coffee
ко́фточка SS (e) *f.in*: blouse
коша́чий *special adj*: cat-like, cat's
ко́шка SS (e) *f.an*: cat
кра́жа SS *f.in*: theft
край[1] SE *Loc.* (в) -ю́, *NPlur.* -я́ *m.in*: country, region
край[2] SE *Loc.* (на) -ю́, *NPlur.* -я́ *m.in*: edge, border
кра́йне *adv*: extremely
кра́йний S (e): farthest, extreme • по кра́йней ме́ре at least
кран SS *m.in*: faucet, spigot
краси́вый S: beautiful
кра́сить И SS -сят; *Impf.* (*cf. Pf.* по-, вы́-): paint
кра́ска SS (о) *f.in*: paint
красноарме́ец SS (e) *m.an*: Red Army soldier
красноречи́вый S: eloquent
красноре́чие SS *n.in*: eloquence
кра́сный M (e) [*sh.neut.* красно́, *sh.Plur.* красны́] *also used as m.an noun*: red; Red, Bolshevik
красота́ ES *NPlur.* красо́ты *f.in*: beauty • Красота́! (*Slang*) Splendid!
красть Д ES краду́т; крал, кра́ла, кра́ли; *past adv.* кра́в(ши); *Impf.* (*cf. Pf.* у-): steal
кра́ткий M (o) *compar. avoided*: brief, short
кра́ткость SS *f.in*: brevity
креди́т SS *m.in*: credit • в креди́т on credit
кре́мовый S: cream, cream-colored
кре́пкий M (o) [*sh.Plur.* крепки́]: strong
крестья́нин SS *NPlur.* крестья́не, *GPlur.* крестья́н *m.an*: peasant
крестья́нский: peasant
крети́н SS *m.an*: cretin
крик SS *Part.* -у *m.in*: shout
кри́кнуть НУ SS -нут; *intrans; Pf.* (*Impf.* крича́ть): shout
кри́тик SS *m.an*: critic
крити́ческий: critical
крича́ть Ч-А ES -ча́т; *intrans; Impf.* (*Pf.* кри́кнуть): shout
крова́ть SS *f.in*: bed
кровь SE *Loc.* (в/на) -и́, *NPlur.* кро́ви (*Irreg. fixed expressions* изби́ть (расшиби́ть, etc.) до кро́ви to make bloody by beating, hitting, etc.) *f.in*: blood
кро́ме *prep.* +*Gen*: except • кроме того besides
круг[1] SE *m.in*: circle (*in geometry*); a circular object
круг[2] SE *Loc.* (в) -у́ *m.in*: circle (of friends, people); area, sphere
кру́глый M [*sh.Plur.* круглы́]: round
круго́м *adv*: around; round about; completely, entirely; *prep.* +*Gen*: around
кру́жка SS (e) *f.in*: mug, large glass
кружо́к EE (o) *m.in*: circle, club
кру́пный M (e) [*sh.Plur.* крупны́]: big, large
крути́ться И MS -тятся; *Impf*: whirl
круше́ние SS *n.in*: wreck
крыльцо́ EE (e) *NPlur.* кры́льца *n.in*: porch, stoop
кры́ша SS *f.in*: roof
кста́ти *adv*: to the point, apropos; at the same time; at the right time, opportunely; *parenthetical word*: by the way
куда́ *adv*: where
куда́-нибудь *adv*: somewhere; anywhere
куда́-то *adv*: somewhere
ку́дри E *Plur. only; m.in*: curls
кула́к[1] EE *m.in*: fist
кула́к[2] EE *m.an*: kulak (*wealthy peasant, small farmer in early Soviet Russia, a class later liquidated by the government*)
культу́ра SS *f.in*: culture
купа́льный: bathing, swimming • купа́льный костю́м swimsuit, bathing suit
купа́ние SS *n.in*: bathing; swimming

купа́нье SS (и) *n.in*: bathing; swimming
купа́ться АЙ SS -а́ются; *Impf.* (*cf. Pf.* ис-, вы́-): bathe, swim
купе́ческий: merchant's
купи́ть И MS -пят; *Pf.* (*Impf.* покупа́ть): buy
кури́ть И MS ку́рят; *Impf*: smoke
ку́рица SS *NPlur.* ку́ры [*or* ку́рицы] *f.an*: hen
куро́рт SS *m.in*: health resort
курс SS *m.in*: course
курсово́й: • курсова́я рабо́та term paper
ку́ртка SS (о) *f.in*: jacket
кусо́к EE (о) *m.in*: piece
кусо́чек SS (e) *m.in. dim. of* кусо́к: piece
ку́хонный S (e): kitchen
ку́ча SS *f.in*: heap, pile • ку́ча де́нег lots of money
ку́чер SE *NPlur.* -а́ *m.an*: coachman
ку́чер-аджа́рец *both parts inflected; m.an*: Adzharian coachman

Л

лаборато́рия SS *f.in*: laboratory • лингафо́нная лаборато́рия language lab
ла́дно *adv*: well; harmoniously, all right
ла́дно *particle*: all right! OK!
ладо́нь SS *f.in*: palm
ладья́ EE (e) *f.in*: castle, rook
лай SS *m.in*: bark, barking
ла́мпа SS *f.in*: lamp
ла́мпочка SS (e) *f.in*: light bulb
ланч SS *m.in*: lunch
ла́па SS *f.in*: paw
ле́бедь SE *NPlur.* ле́беди *m.an*: swan
лев EE (e) *m.an*: lion
ле́вый S [*or* M] *sh.fem. avoided; also used as m.an noun*: left; leftist
лёгкий E (о) *sh.masc.* лёгок, *compar.* ле́гче: light; easy; slight • лёгкая атле́тика track and field
лего́нько *adv*: gently
ле́гче *compar. of* лёгкий light; easy; slight
лёд EE (ё) *Part.* -у, *Loc.* (во/на) -у́ *m.in*: ice • лёд тро́нулся the ice has broken
ледене́ть ЕЙ SS -е́ют; *intrans; Impf.* (*cf. Pf.* за-, о-): grow cold
лежа́ть Ч-А ES -жа́т; *pres. adv.* лёжа *intrans; Impf*: lie, recline
лека́рство SS *n.in*: medicine
ле́ксико-граммати́ческий: *only second part inflected*: lexico-grammatical, vocabulary-and-grammar
лексико́н SS *m.in*: vocabulary
ле́ктор SS *m.an*: lecturer
ле́кция SS *f.in*: lecture
лень[1] SS *f.in*: laziness
лень[2] SS *predicate*: • мне лень это де́лать I am too lazy to do this
ле́стница SS *f.in*: stairs
ле́стничный S (e): staircase • ле́стничная площа́дка (staircase) landing
лете́ть Е ES -тя́т; *intrans; One-way Impf.* (*Non-One-way Impf.* лета́ть): fly
ле́тний S (e): summer
ле́то SS *Plur. hypothetical* (*see also* год) *n.in*: summer
ле́том *adv*: in summer
лётчик SS *m.an*: pilot
лече́бница SS *f.in*: clinic
лечи́ть И MS -чат; *Impf*: take care of, treat
лечи́ться И MS -чатся; *Impf*: be treated (by a doctor)
лечь Г SE ля́гут, -гу, -жет; ляг! [*or* ложи́сь!]; лёг, легла́, легли́; *past adv.* лёгши; *intrans; Pf.* (*Impf.* ложи́ться): lie down, recline
ли́вень SS (e) *m.in*: downpour
лимона́д SS *Part.* -у *m.in*: lemonade; soda
лингафо́нный: • лингафо́нная лаборато́рия language lab

лингвист SS *m.an*: linguist
лингвистика SS *f.in*: linguistics
линия SS *f.in*: line • линия морского прибоя shoreline
линять АЙ SS -яют; *intrans*; *Impf.* (*cf. Pf.* по-, с-): fade, run (*said of colors*)
лирика SS *f.in*: lyricism; sentiments, sentimentality
лист[1] ES *NPlur*. листья *m.in*: leaf (of a plant)
лист[2] EE *m.in*: leaf, sheet (of paper)
литература SS *f.in*: literature
литься ЛЙ ЕМ [*or* ЕЕ] льются; лейся! [лился *or* old-fashioned лился] *Impf.* pour
лифт SS *m.in*: elevator
лицо[1] ES *n.an*: person, personage
лицо[2] ES *n.in*: face; (grammatical) person
личность SS *f.in*: personality • переходить на личности get personal
личный S (е): personal
лишённый E *short forms* лишён, -ена, -ено, -ены *compar.* -ённее: lacking
лишить И ES -шат; *Pf.* (*Impf.* лишать): deprive
лишь[1] (*often unstressed*) particle: only
лишь[2]; (*often unstressed*) conjunction: as soon as, no sooner • лишь только = лишь
лоб EE (о) *Loc.* (во/на) -ý (*Irreg. fixed expressions* по лбу *or* по лбу) *m.in*: brow, forehead
ловкий М (о) [*sh.Plur.* ловки] *compar.* ловчее [*or* ловче]: clever; adroit
логический: logical
лодка SS (о) *f.in*: boat
лодочка SS (е) *f.in*: *dim. of* лодка: boat
ложиться И ES -жатся; *Impf.* (*Pf.* лечь): lie down
ложный S (е): false
ложь EE (о) *ISg.* ложью *f.in*: lie
локон SS *m.in*: lock (of hair), curl
локоть SE (о) *NPlur*. локти *m.in*: elbow
ломать АЙ SS -ают; *Impf.* (*cf. Pf.* с-): break
лопнуть НУ SS -нут; *intrans*; *Pf.* (*cf. Impf.* лопаться): burst • Чтоб тебе лопнуть! Drop dead!
лотерейный: lottery
лотерея SS *f.in*: lottery
лошадь SE *NPlur*. лошади, *IPlur*. лошадьми [*or* лошадями] *f.an*: horse
луг SE *Loc*. (на) -ý, *NPlur*. -á *m.in*: meadow
лужа SS *f.in*: puddle
луна ES *f.in*: moon
лунатик SS *m.an*: somnambulist, sleep-walker
лунатический: somnambulant
лунный S (е): lunar • лунный вечер moonlit evening
лучше *compar. of* хороший; *adv*: preferably, better; ты бы лучше овец кормила you'd better feed the sheep; *predicate*: be (feeling) better; больному лучше the patient is better; *parenthetical word*: rather, more precisely
лучший S *short forms avoided*: better; best
лыжа SS *f.in*: ski
любимый S *also used as m./f.an noun*: beloved; favorite
любитель SS *m.an*: fan, lover (of things); afficianado; amateur
любить И MS -бят; *pres. pass. ptcpl.* любимый; *Impf*: love; like
любоваться ОВА SS -буются; *Impf.* admire
любовница SS *f.an*: mistress
любой[1] *pronom. adj. inflected like ordinary adj*: any
любой[2] *pronoun inflected like ordinary masc. anim. adj*: anyone
люди (*Plur. of* человек) *Plur. only*; *GPl.* людей, *PPl.* людях, *DPl.* людям, *IPl.* людьми: people
людоед SS *m.an*: cannibal
людоедка SS (о) *f.an*: female cannibal
лягаться АЙ SS -аются; *Impf.* kick, kick one another

М

магазин SS *m.in*: store • университетский: магазин campus store
мадам *indeclinable; f.an*: madame; ma'am
май SS *Plur. hypothetical; m.in*: May • Первое мая May Day
мал E *no long forms; no compar.* (*see also* маленький: small): too small
маленький *short forms* мал, мала, мало, малы; *compar.* меньше (*see also* мал: too small): small
малиновый S: crimson
мало[1] *numeral; Acc.* мало; *no other forms*: few
мало[2] *predicate*: it is not enough, it's not much
мало[3] *adv compar.* меньше: little, not much, not enough
мальчик SS *m.an*: boy
мальчишка SS (е) *m.an*: boy
мама SS *f.an*: mom, mommy
манёвр SS *m.in*: manuever
маневрировать ОВА SS -руют; *intrans*; *Impf.* (*cf. Pf.* с-): manuever
марка SS (о) *f.in*: brand; (postage) stamp
марксистский: Marxist
Марс[1] SS *m.an*: Mars (god)
Марс[2] SS *m.in*: Mars (planet)
март SS *m.in*: March
масса SS *f.in*: mass; lots
мастер SE *NPlur*. -á *m.an*: expert • мастер спорта expert athlete (*official athletic rank*)
масштаб SS *m.in*: scale
мат SS *m.in*: checkmate
математика SS *f.in*: mathematics
материализм SS *m.in*: materialism
материалист SS *m.an*: materialist
материальный S (е): material • материальные затраты expenses
материя SS *f.in*: material, cloth; matter
матрац SS *m.in*: mattress; box-spring
матушка SS (е) *f.an*: mother; wife of a priest
матч SS *m.in*: match, game
мать SE *ASg.= NSg., all other forms are from* матерь SE *NPlur*. матери *f.an*: mother
махнуть НУ ES -нут; *intrans*; *Pf.* (*cf. Impf.* махать): wave • махнуть рукой decide not to bother
мачеха SS *f.an*: step-mother
машина SS *f.in*: car, automobile, vehicle; machine • сушильная машина dryer; стиральная машина washer
машинальный S (е): mechanical
машинистка SS (о) *f.an*: typist
машинка SS (о) *f.in*: typewriter
маяк EE *m.in*: lighthouse
мебель SS *f.in*: furniture
мёд SE *Part.* -у, *Loc.* (в) -ý *m.in*: honey
медленный S (е) [*sh.masc.* медленен *or* медлен]: slow
медный S (е): copper, brass
между (*often unstressed*) *prep. +Inst*: between • между тем meanwhile; между прочим by the way, incidentally
международный S (е): international
межпланетный S (е): interplanetary
мелкий М (о) [*sh.Plur.* мелки] *compar.* мельче: shallow; small; petty
мелочь[1] SE *NPlur*. мелочи *f.in*: trifle, something insignificant
мелочь[2] S *no Plur. f.in*: small change
мельче *compar. of* мелкий: smaller
менее *compar. adv*: less
меньше *compar. of* маленький *and* мало[3]: smaller; less; fewer
мера SS *f.in*: measure • по крайней мере at least
мёрзнуть (НУ) SS -нут; мёрз [*or* мёрзнул], мёрзла, мёрзли; *no pres. adv*; [*past adv.* мёрзнув(ши) *or* мёрзши]; *intrans*; *Impf.* (*cf. Pf.* за-): be cold, freeze
местность SS *f.in*: area, locality
местный S (е): local
место SE *n.in*: place, spot; space; position • взять на место управляющего hire as a manager
месяц SS *m.in*: month

метр SS *m.in*: meter
мех SE *Part.* -у, *Loc.* (в/на) -ý, *NPlur.* -á (*Irreg. fixed expressions* шýба, *etc.* на мехý fur-lined coat) *m.in*: fur
мечтá EE *GPlur.* avoided; *f.in*: dream
мечтáть АЙ SS -áют; *intrans*; *Impf.* dream
мешáть АЙ SS -áют; *intrans*; *Impf.* (*cf. Pf.* по-): disturb; prevent
мещанин SS *NPlur.* мещáне, *GPlur.* мещáн *m.an*: petty bourgeois; Philistine
мещáнка SS (о) *f.an*: petty bourgeois (*woman*); Philistine
мизантрóп SS *m.an*: misanthrope
микрофильм SS *m.in*: microfilm
микрофóн SS *m.in*: microphone
миленький S (е) *short forms avoided, no compar*: dear; nice
милиционéр SS *m.an*: policeman (in the USSR and Russia)
милиция SS *f.in*: police (in the USSR and Russia)
миллиардéр SS *m.an*: billionaire
миллиóн SS *m.in*: million
миллионéр SS *m.an*: millionaire
милостыня SS *f.in*: alms
милость SS *f.in*: favor, grace • милости прóсим welcome
милый М [*sh.Plur.* милы] *also used as m./f.an noun*: nice, sweet; dear, darling
мимо *adv. and prep.* +*Gen*: by, past
минерáльный S (е): mineral • минерáльная водá mineral water
минус SS *m.in*: minus
минýта SS *f.in*: minute; moment
минýтный S (е): brief • дéло минýтное a moment's affair • минýтное заседáние brief meeting
минýточка SS (е) *f.in. dim. of* минýта: minute; moment • Минýточку! Wait a second!
мир[1] SE *m.in*: world
мир[2] SE *Plur. hypothetical; m.in*: peace
мироздáние SS *n.in*: the universe
мистер SS *m.an*: mister
миф SS *m.in*: myth
мнóгие *pronominal adj. inflected like Plur. anim. ordinary adj*: many
многочисленный S (е) *sh.masc.* многочислен: numerous
мнóжественный S (е) [*sh.masc.* мнóжественен *or* мнóжествен]: multiple • мнóжественное числó plural
мнóжество SS *n.in*: multitude; a great number
могýчий S: powerful
мóда SS *f.in*: fashion, style • журнáл мод fashion magazine
модéль SS *f.in*: model
мóдный S [*or* M] (е): fashionable
мóжно *predicate*: you can (it is possible); you can (it is permissible)
мозг SE *Loc.* (в) -ý *m.in*: brain
мóкрый М [*sh.Plur.* мóкры]: wet
молитва SS *f.in*: prayer
молодéц EE (е) *m.an*: good worker, student, etc. • Молодéц! Nice going!
молодóй M *short forms* мóлод, молодá, мóлодо, мóлоды; *compar.* молóже: young
молокó ES *Plur. hypothetical; n.in*: milk
мóлча *adv*: silently, wordlessly
молчáть Ч-А ES -чáт; *intrans*; *Impf.* be silent
момéнт SS *m.in*: moment
монтёр SS *m.an*: electrician
монумéнт SS *m.in*: monument, statue
моргáть АЙ SS -áют; *intrans*; *Impf.* (*cf. Pf.* моргнýть): blink
моргнýть НУ -ýт; *intrans; Pf.* (*cf. Impf.* моргáть) blink
мóре SE (*Irreg. fixed expressions* нá море [*or* на мóре] (*ASg. and PSg.*); по мóрю [*or* по мóрю]) *n.in*: sea
морзист SS *m.an*: Morse code signaller
мóроженое *used as n.in noun*: ice cream
морóз SS *Part.* -у *m.in*: frost • Дéд Морóз Santa Claus
морскóй sea • морскóй прибóй surf
московский: Moscow

Мосполигрáф SS *m.in*: Москóвская полигрáфия Moscow Printing (name of a printshop)
мост EE [*or* SE] *Loc.* (на) -ý (*Irreg. fixed expressions* нá мост [*or* на мóст]; под мостóм [*or* под мóстом *or* пóд мостом] *m.in*: bridge
мостовáя *used as f.in noun*: pavement
мочь Г МЕ мóгут, могý, мóжет; мог, моглá, могли; *no pres. adv.; past adv.* мóгши; *intrans; Impf.* (*cf. Pf.* с-): be able, can • мóжет быть perhaps
мошéнник SS *m.an*: rogue, scoundrel
мрак SS *m.in*: gloom, darkness
мрáчный М (е) [*sh.Plur.* мрачны]: gloomy; somber
мудрёный S [*or old-fashioned* E]: abstruse, complicated
муж SE *NPlur.* мужья *GPlur.* мужéй *m.an*: husband
мужчина SS *m.an*: man
музéй SS *m.in*: museum
мýзыка SS *f.in*: music
музыкáнт SS *m.an*: musician
мусульмáнин SS *NPlur.* мусульмáне, *GPlur.* мусульмáн *m.an*: Moslem
мусульмáнский: Moslem
мýчить И SS -чат [*or* мýчают]; *Impf*: torture
мыло SE *n.in*: soap
мыльный S (е): soap
мысль SS *f.in*: thought
мытьё EE (е) *Plur. hypothetical; n.in*: (the process of) washing
мыть МОЙ SS мóют; *Impf.* (*cf. Pf.* вы-, по-): wash
мыться МОЙ SS мóются; *Impf.* (*cf. Pf.* вы-, по-): wash oneself
мягкий М (о) [*sh.Plur.* мягки]: soft

Н

наблюдéние SS *n.in*: observation
набрáться n/v A EM [*or* EE] -берýтся; [-брáлся *or old-fashioned* -брался]; *Pf.* (*Impf.* набирáться): collect, be collected; gather, be gathered
набрóситься И SS -сятся; *Pf.* (*Impf.* набрáсываться): pounce upon, fall upon, come at
навéрно *adv. and parenthetical word*: probably, most likely
навéрное = навéрно
навéрх *adv*: upward; upstairs
нáглый М: impudent
награбить И SS -бят; *Pf*: get a lot of loot robbing people • награбленная добыча loot
над (*unstressed*) *prep.* +*Inst*: over, above; on
надгрóбный S (е): • надгрóбная плитá tombstone, gravestone, monument
надевáть АЙ SS -áют; *Impf.* (*Pf.* надéть): put on
надéжда SS *f.in*: hope
надéть Н SS -дéнут; *ppp* надéтый S; *Pf.* (*Impf.* надевáть): put on
надéяться А SS -дéются; *Impf.* (*cf. Pf.* по-): hope
нáдо *predicate*: (one) must, has to
надоедáть АЙ SS -áют; *intrans; Impf.* (*Pf.* надоéсть): bore; make (smb) tired of (smt)
надоéсть ES -едят, -ем -éшь -éст -едим -едите; *Imperative (avoided)* -éшь! -éл, -éла, -éли; *intrans. Pf.* (*Impf.* надоедáть): bore; make (smb) tired of (smt) • мне надоéла граммáтика I have had enough of grammar
надóлго *adv*: for a long time
надоýмить И SS -мят; *Pf.* (*Impf.* надоýмливать): advise, give the idea
нáдпись SS *f.in*: inscription
наéхать SS -éдут -езжáй! *intrans; Pf.* (*Impf.* наезжáть): run over
нажáть М ES -жмут; *ppp* нажáтый S; *Pf.* (*Impf.* нажимáть): press
нажимáть АЙ SS -áют; *Impf.* (*Pf.* нажáть): press
назáд *adv*: back, backwards; ago
назвáние SS *n.in*: name • под назвáнием by the name of

назва́ть n/v A EM -зову́т; *Pf.* (*Impf.* называ́ть): call, name
назначе́ние SS *n.in*: assignment
назрева́ть АЙ SS -а́ют; *intrans*; *Impf.* (*Pf.* назре́ть): become imminent, be brewing
называ́ть АЙ SS -а́ют; *Impf.* (*Pf.* назва́ть): call, name
называ́ться АЙ SS -а́ются; *Impf*: be called
наибо́лее *adv*: most
наизу́сть *adv*: by heart • зна́ть/учи́ть наизу́сть know/learn by heart
наилу́чший S *short forms avoided*: best
найти́ EE -йду́т; нашёл -шла́ -шли́; *past adv.* -йдя́; *past act. ptcpl.* -ше́дший; *ppp* на́йденный S; *Pf.* (*Impf.* находи́ть): find
найти́сь EE -йду́тся; нашёлся -шла́сь -шли́сь; *past adv.* -йдя́сь; *past act. ptcpl.* -ше́дшийся; *Pf.* (*Impf.* находи́ться): be found, turn up
накле́ивать АЙ SS -ают; *Impf.* (*Pf.* накле́ить): glue on, put up (signs, etc.)
накле́ить И SS -е́ят; *Pf.* (*Impf.* накле́ивать): glue on, put up (signs, etc.)
наконе́ц *adv. and parenthetical word*: at last
накрыва́ть АЙ SS -а́ют; *Impf.* (*Pf.* накры́ть): cover; set (the table)
накры́ть КРОЙ SS -кро́ют; *ppp* накры́тый S; *Pf.* (*Impf.* накрыва́ть): cover; set (the table)
нале́во *adv*: to the left
налива́ть АЙ SS -а́ют; *Impf.* (*Pf.* нали́ть): pour
нали́ть ЛИ EM -лью́т; -ле́й! нали́л, налила́, нали́ли; *ppp* на́литый M; *Pf.* (*Impf.* налива́ть): pour
нали́чный S (e): on hand, available • нали́чные (де́ньги) cash
намёк SS *m.in*: hint, allusion
намы́литься И SS -лятся; *Pf.* (*Impf.* намы́ливаться): lather up, soap oneself
нанести́ C EE -несу́т; -нёс, -несла́, -несли́; *past adv.* -неся́, *past active ptcpl.* -нёсший; *Pf.* (*Impf.* наноси́ть): inflict • нанести́ визи́т pay a visit
нанима́ть АЙ SS -а́ют; *Impf.* (*Pf.* наня́ть): hire, rent
нанима́ться АЙ SS -а́ются; *Impf.* (*Pf.* наня́ться): get a job, be hired
наня́ть ЙМ EM найму́т; на́нял, наняла́, на́няли; *ppp* на́нятый M; *Pf.* (*Impf.* нанима́ть): hire, rent
наня́ться ЙМ EE найму́тся; наня́лся [*or* на́нялся] *Pf.* (*Impf.* нанима́ться): get a job, be hired
наоборо́т *adv*: on the contrary
напеча́тать АЙ SS -ают; *Pf.* (*cf. Impf.* печа́тать): print; publish
написа́ть A MS -пи́шут; *Pf.* (*cf. Impf.* писа́ть): write
напи́ток SS (o) *m.in*: drink, beverage
напо́лнить И SS напо́лнят *Pf.* (*Impf.* наполня́ть): fill
напомина́ть АЙ SS -а́ют; *Impf.* (*Pf.* напо́мнить): remind
напо́мнить И SS -нят; *Pf.* (*Impf.* напомина́ть): remind
напра́вить И SS -вят; *Pf.* (*Impf.* направля́ть): direct
направля́ться АЙ SS -я́ются; *Impf.* (*Pf.* напра́виться): make one's way
напра́во *adv*: to the right
напра́сно¹ *predicate*: it is in vain, no use; it is a mistake
напра́сно² *adv*: vainly, in vain, to no purpose; wrongly, unjustly, mistakenly
наприме́р *parenthetical word*: for example
напрока́т *adv*: for hire, for rent • взя́ть напрока́т rent
напряжённо *adv*: intensely
напуга́ть АЙ SS -а́ют; *Pf.* (*cf. Impf.* пуга́ть): frighten
нарза́н SS *Part.* -у *m.in*: narzan (*mineral water*)
нарисова́ть ОВА SS -су́ют; *Pf.* (*cf. Impf.* рисова́ть): paint, draw
наро́д SS *Part.* -у *m.in*: people; the people
наро́дный S (e): national; folk • наро́дная му́зыка folk music
наро́чно *adv*: on purpose, purposely
нару́жность SS *f.in*: exterior; (external) appearance, looks
нару́шить И SS -шат; *Pf.* (*Impf.* наруша́ть): violate (rule, etc.); disturb, upset
населе́ние SS *n.in*: population
наслажде́ние SS *n.in*: enjoyment, delight

насле́дие SS *n.in*: legacy
на́смерть *adv*: to death
насме́шливо *adv*: sarcastically
на́сморк SS *m.in*: (head) cold, sinus problem • табле́тки от на́сморка cold tablets
насобира́ть АЙ SS -а́ют; *no ppp*; *Pf*: collect a large/sufficient amount
наста́ивать АЙ SS -ают; *intrans*; *Impf.* (*Pf.* настоя́ть): insist
наста́ть Н SS -ста́нут; *intrans*; *Pf.* (*Impf.* настава́ть): come, begin
насто́лько *adv*: so, to such a degree, to such extent
настоя́щее *adj. used as n.in noun*: the present (time)
настоя́щий (*see also* настоя́щее) S: present; real, genuine
настрое́ние SS *n.in*: mood
наступа́ть¹ АЙ SS -а́ют; *intrans*; *Impf*: advance, take the offensive
наступа́ть² АЙ SS -а́ют; *intrans*; *Impf.* (*Pf.* наступи́ть): step (on smt); come, set in, fall
наступи́ть И MS -сту́пят; *intrans*; *Pf.* (*Impf.* наступа́ть): step (on smt); come, set in, fall
насчёт *prep.* +*Gen*: concerning
научи́ть И MS -у́чат; *Pf.* (*cf. Impf.* учи́ть): teach
научи́ться И MS -у́чатся; *Pf.* (*cf. Impf.* учи́ться): learn
нахму́риться И SS -рятся; *Pf.* (*Impf.* нахму́риваться): frown, scowl
находи́ться И MS -хо́дятся; *Impf*: be, be present; be located • находи́ться в сомне́нии be in doubt
национализи́ровать ОВА SS -руют; *Pf.-Impf*: nationalize
нача́ло SS *n.in*: beginning
нача́льство SS *n.in*: authorities
нача́ть Н EM -чну́т; на́чал, начала́, на́чали; *ppp* на́чатый M; *Pf.* (*Impf.* начина́ть): begin
нача́ться Н EE -чну́тся; начался́; *Pf.* (*Impf.* начина́ться): begin
начина́ть АЙ SS -а́ют; *Impf.* (*Pf.* нача́ть): begin
начина́ться АЙ SS -а́ются; *Impf.* (*Pf.* нача́ться): begin
небе́сный S (e): heavenly
не́бо SE *NPlur.* небеса́ *n.in*: sky
небольшо́й *no compar*; *short forms* невели́к, -а́, -о́, -и́: small
небоскрёб SS *m.in*: skyscraper
небре́жный S (e): careless, negligent
небри́тый S: unshaven
нева́жный M (e) [*sh.Plur.* нева́жны] *no compar*: unimportant
неве́жливый S: rude, impolite
неви́нный S (e): innocent
невозмо́жно *adv. and predicate*: (it is) impossible
невраст́еник SS *m.an*: neurotic
не́где *predicate*: there is no place • мне не́где жи́ть I have nowhere to live
негодя́й SS *m.an*: rascal
негодя́щий S: (*Colloq.*) worthless, good-for-nothing
неда́вно *adv*: recently
недалеко́ *adv*: not far
неде́ля SS *f.in*: week
недово́льный S (e): dissatisfied
недоста́ток SS (o) *m.in*: deficiency, lack; drawback
не́жность SS *f.in*: tenderness
не́жный M (e) [*sh.Plur.* не́жны]: tender
незаме́тно *adv*: inconspicuously, without being noticed
незапя́тнанный S (e) *sh.masc.* незапя́тнан: unstained, unblemished
незнако́мец SS (e) *m.an*: stranger
незнако́мый S: unfamiliar, unknown
неизве́стно *predicate*: it is unknown • неизве́стно, где он nobody knows where he is
неизве́стность SS *f.in*: uncertainty, obscurity
неинтере́сный S (e): uninteresting
неисправи́мость SS *f.in*: incorrigibility
нeи́стово *adv*: furiously, in a frenzy
неи́стовый S *no compar*: furious
неисчерпа́емый S: inexhaustible
не́когда *predicate*: there is no time

не́которые *pronoun and pronom. adj. inflected like ordinary Plur. adj*: certain (ones); some

не́который *pronom. adj. inflected like ordinary adj*: certain, a certain

не́куда *predicate*: • мне́ не́куда идти́, etc. I have nowhere to go, etc.

нельзя́ *predicate*: you can't (it is impossible); you can't (it is forbidden)

нема́лый М *no compar*: considerable

неме́дленно *adv*: immediately

неме́цкий German

немно́го[1] *adv*: a little, some, not much; somewhat, slightly

немно́го[2] *numeral; Acc.* немно́го, *Gen./Prep.* немно́гих, *Dat.* -им, *Inst.* -ими: some; few, a few

ненави́деть Е SS -дят; *no ppp; Impf*: hate

не́нависть SS *f.in*: hatred

ненадо́лго *adv*: for a short time

необразо́ванный S (e) *sh.masc.* необразо́ван: uneducated

необходи́мый S: necessary

необыкнове́нный S (e): unusual

необыча́йный S (e): extraordinary

неограни́ченный S (e) *sh.masc.* неограни́чен: unlimited

неодобре́ние SS *n.in*: disapproval

неожи́данно *adv*: unexpectedly

непло́хо *adv*: not too badly, rather well; *predicate*: it's pretty good

неподви́жный S (e): motionless

непокра́шенный S *no compar*: unpainted

непоня́тно *adv*: incomprehensibly; *predicate* it is not clear

непра́вда SS *f.in*: falsehood, lie

непра́вильно *adv*: incorrectly

неприли́чный S (e): improper

непу́ганый S *no compar*: undeveloped, virgin, uncivilized

нерв SS *m.in*: nerve • игра́ть на не́рвах (deliberately) irritate; де́йствовать на не́рвы get on one's nerves

не́рвничать АЙ SS -ают; *intrans; Impf*: be nervous, be worried

не́рвно *adv*: nervously

несгора́емый S: fireproof

не́сколько[1] *adv*: somewhat, rather, slightly

не́сколько[2] *numeral; Acc.anim.* не́скольких *or* не́сколько, *Acc.inan.* не́сколько, *Gen./Prep.* -их, *Dat.* -им, *Inst.* -ими (*set phrase* по не́скольку [по не́сколько] дней, etc. several days in a row, etc.): some, several, a few

неслы́ханный S (e) *sh.masc.* неслы́хан: unheard-of

неслы́шно *adv*: silently

несоверше́нный S (e): imperfect • несоверше́нный вид imperfective aspect

нести́ С ЕЕ несу́т; нёс, несла́, несли́; *pres. active ptcpl.* (*old-fashioned*) несо́мый; *past adv.* нёсши; *One-way Impf*. (*Non-One-way Impf.* носи́ть): bring, take, carry

нести́сь С ЕЕ несу́тся; нёсся, несла́сь, несли́сь; *past adv.* нёсшись; *One-way Impf*. (*Non-One-way Impf.* носи́ться): rush, tear along

нестри́женный S *no compar*: needing a haircut

несча́стный S (e) *also used as m./f.an noun*: unhappy, unfortunate; poor, wretched person

несча́стье SS (и) *n.in*: misfortune

нет[1] *particle*: no

нет[2] *predicate*: there is no; it is absent

нетороплвый S: leisurely

нетру́дно *adv*: easy, not too difficult

не́ту *predicate; same as* нет: there is no; it is absent

неуда́чный S (e): unsuccessful

неудо́бно *adv.*: awkwardly; *predicate*: it is uncomfortable, it is inconvenient, it is improper, it is awkward, it is embarrassing

неудо́бный S (e): uncomfortable; awkward, embarrassing

неудово́льствие SS *n.in*: displeasure

неуже́ли *particle*: really

неуспева́емость SS *f.in*: • академи́ческая неуспева́емость scholastic failure, academic deficiency

нехвата́ть АЙ SS -а́ет; *Impersonal; Impf*. (*Pf.* нехвати́ть): be needed, be lacking • мне́ нехвата́ет де́нег I don't have enough money

нехоро́ший Е *no compar*: bad

нехорошо́ *adv*: not too well, rather poorly; *predicate*: it's pretty bad

неча́янный S (e) *sh.masc.* неча́ян: accidental

не́чего *predicate pronoun; no Nom. form; Acc.* что *used only with prepositions*: его́ не́ за что люби́ть there is nothing to love him for; ему́ не́чего е́сть he has nothing to eat

не́что *pronoun; Acc.* не́что, *no other forms*: something

нигде́ *adv*: nowhere

ни́же *compar. of* ни́зкий; *adv*: downstream; below (*later in the text*); *prep.* +*Gen*.: downstream from

ни́жний: lower

ни́зко *adv*: low

ни́зкий: low

никако́й *pronom. adj. inflected like ordinary adj; infixed prepositions, e.g.,* ни о како́м, etc. about no, etc.: no, none whatsoever

никогда́ *adv*: never

никто́ *pronoun*: no one

никуда́ *adv*: nowhere

ничего́ *adv. and predicate*: it's ok, not bad, all right; so-so

ничто́ *pronoun*: nothing

ни́щенство SS *n.in*: begging

ни́щий М *also used as m./f.an noun*: poor, impoverished; poor, impoverished person

новобра́чные *used as Plur. anim. noun*: newlyweds

но́вость SE *NPlur*. но́вости *f.in*: (Sg.) a piece of news; (Pl.) news

но́вый М [*sh.Plur.* но́вы́]: new • Но́вая экономи́ческая поли́тика (НЭП) New Economic Policy (*in the USSR in the 20s*); что но́вого? what's new?

нога́ ЕЕ *ASg.* но́гу, *NPlur.* но́ги (*Irreg. fixed expressions* за́ ногу, за́ ноги, на́ ногу, на́ ноги); сиде́ть ного́й за́ ногу (ного́й на́ ногу) to sit with one's legs crossed; заки́нуть но́гу за́ ногу (но́гу на́ ногу) cross one's leg (while sitting); переступа́ть с ноги́ на́ ногу shuffle one's feet; смотре́ть под ноги look at one's feet, look where one is going) *f.in*: foot; leg

но́готь SE (о) *NPlur.* но́гти *m.in*: fingernail, thumbnail, toenail

но́жка SS (о) *f.in*: *dim. of* нога́: leg; foot; (table, chair, etc.) leg

ноздря́ ЕЕ *NPlur.* но́здри *f.in*: nostril

ноль ЕЕ (*see also* нуль; *as a mathematical term* нуль *is usually preferred; in other meanings the NASg. is usually* ноль *and the other cases are usually from* нуль) *m.in*: zero

но́мер SE *NPlur*. -а́ *m.in*: number; issue; size; room (in a hotel)

норма́льный S (e): normal

нос SE *Loc*. (в/на) -у́ (*Irreg. fixed expressions* не пока́зывать но́су [*or* но́са] not to show up, be in hiding; и́з носу [*or* из но́су *or* из но́са]; под но́сом under one's nose, in front of one's eyes) *m.in*: nose

носа́тый S: big-nosed

носи́ть И MS но́сят; *pres. pass. ptcpl.* носи́мый; *Impf*: carry; wear

носи́ться И MS но́сятся; *Impf*. *Non-One-way Impf.* (*One-way Impf.* нести́сь): rush, tear, run around

носки́ (*Plur. of* носо́к) ЕЕ (о) *m.in*: socks

носо́к ЕЕ (о) *m.in*: sock

ночева́ть ОВА SS -чу́ют; *intrans; Impf*. (*cf. Pf.* пере-): spend the night

ночно́й *no short masc, other short forms avoided*: night, nocturnal

ночь SE *Loc*. (в) -и́, *NPlur.* но́чи (*Irreg. fixed expressions* за́ ночь in one night, overnight; на́ ночь for the night; до́ ночи [*or* до ночи́] till night; с утра́ до́ ночи) *f.in*: night

но́чью *adv*: at night

Russian-English Glossary

нравиться И SS -вятся; *Impf.* (*cf. Pf.* по-): please • мне нравится снег I like snow

нудный М (е) [*sh.Plur.* нудны́]: boring; depressing

нужно *predicate*: (one) must, has to

нужный М (е) *sh.Plur.* нужны [*or old-fashioned* нужны]: necessary

нуль ЕЕ (*also* ноль) *m.in*: zero

НЭП SS *m.in*: (Новая Экономическая Политика) New Economic Policy (in the USSR in the 1920s)

О

оба *numeral* (*masc. and neut.*): both

обвинение SS *n.in*: accusation

обвиняемый *used as m./f.an noun*: defendant

обводить И MS -водят; *pres. pass. ptcpl.* -водимый; *Impf.* (*Pf.* обвести): enclose; encircle • обводить взглядом cast a glance over

обе *numeral* (*fem*): both

обед SS *m.in*: dinner

обедать АЙ SS -ают; *intrans; Impf.* (*cf. Pf.* по-): dine

обернуться НУ ES -нутся; *Pf.* (*Impf.* обёртываться [*or* оборачиваться]): turn around

обеспеченный S (е) *sh.masc.* обеспечен: guaranteed; well-to-do

обещание SS *n.in*: promise

обещать АЙ SS -ают; *Pf.-Impf.* promise

обидеть Е SS -дят; *ppp* обиженный S; *Pf.* (*Impf.* обижать): offend, insult

обидеться Е SS -дятся; *Pf.* (*Impf.* обижаться): be offended

обидный S (е): offensive

обижать АЙ SS -ают; *Impf.* (*Pf.* обидеть): offend, insult

обижаться АЙ SS -аются; *Impf.* (*Pf.* обидеться): take offence, get angry

облачить И ES -чат; *Pf.* (*Impf.* облачать): robe, clothe

облегчить И ES -чат; *Pf.* (*Impf.* облегчать): simplify, make easier; make lighter, less heavy

облечь К ЕЕ облекут, -ку, -чёт; облёк, облекла, облекли; *past adv.* облёкши; *Pf.* (*Impf.* облекать): clothe, shroud

обливаться АЙ SS -аются; *Impf.* (*Pf.* облиться): pour (smt.) over oneself • обливаться потом sweat, perspire

облить ЛЙ ЕМ обольют; облей! облил, облила, облили; *ppp* облитый М; *Pf.* (*Impf.* обливать): pour over

обмануть НУ MS обманут; *Pf.* (*Impf.* обманывать): deceive

обманывать АЙ SS -ают; *Impf.* (*Pf.* обмануть): deceive

обменяться АЙ SS -яются; *Pf.* (*Impf.* обмениваться): exchange

обморок SS *m.in*: faint, swoon • упасть/свалиться в обморок faint

обмотать АЙ SS -ают; *Pf.* (*Impf.* обматывать): wrap, wind (around)

обнимать АЙ SS -ают; *Impf.* (*Pf.* обнять): embrace

обнять НИМ ММ обнимут; обнял, обняла, обняли; *ppp* обнятый М; *Pf.* (*Impf.* обнимать): embrace

обогащать АЙ SS -ают; *Impf.* (*Pf.* обогатить): enrich

обожать АЙ SS -ают; *no ppp; Impf.* adore

обойный S (е): wallpaper

оборачиваться АЙ SS -аются; *Impf.* (*Pf.* обернуться): turn around

обрадованно *adv*: with pleasure, overjoyed

обрадовать ОВА SS -дуют; *Pf.* (*cf. Impf.* радовать): make happy

обрадоваться ОВА SS -дуются; *Pf.* (*cf. Impf.* радоваться): become happy

образец ЕЕ (е) *m.in*: model

образование SS *n.in*: formation; education • высшее образование higher education

образовать ОВА SS -зуют; *Pf. and, in non-past, Impf.* (*Impf. also* образовывать): form

обрамить И SS -мят; *Pf.* (*Impf.* обрамлять): frame, put into a frame

обратить И ES -тят; -щу; *ppp* обращённый Е; *Pf.* (*Impf.* обращать): turn • обратить внимание pay attention

обратиться И ES -тятся; -щусь; *Pf.* (*Impf.* обращаться): turn to, appeal, address • обратиться к фактам consider the facts

обратно *adv*: back

обрез SS *m.in*: edge • денег у меня в обрез I have no money (not a penny) to spare

обругать АЙ SS -ают; *Pf.* (*Impf.* обругивать): call names, tear to pieces

обсудить И MS -судят; *ppp* обсуждённый Е; *Pf.* (*Impf.* обсуждать): discuss

обсуждать АЙ SS -ают; *Impf.* (*Pf.* обсудить): discuss

обувь SS *f.in*: shoes, footwear

обход SS *m.in*: round • пойти в обход make the rounds

обходить И MS -ходят; *Impf.* (*Pf.* обойти): go around

общежитие SS *n.in*: dormitory; hostel

общество SS *n.in*: society

общий[1] М: common

общий[2] Е [*sh.Plur.* общи]: general

объявить И MS -явят; *Pf.* (*Impf.* объявлять): announce

объявление SS *n.in*: announcement, advertisement

объяснение SS *n.in*: explanation

объяснить И ES -нят; *Pf.* (*Impf.* объяснять): explain

объяснять АЙ SS -яют; *Impf.* (*Pf.* объяснить): explain

обыкновенный S (е): ordinary

обыск SS *m.in*: search

обыскать А MS -ыщут; *Pf.* (*Impf.* обыскивать): frisk, search

обычный S (е): usual, ordinary

обязанность SS *f.in*: responsibility; duty

обязательный S (е): obligatory

овальный S (е): oval

оглушить И ES -шат; *Pf.* (*Impf.* оглушать): stun; deafen

оглянуться НУ MS оглянутся; *Pf.* (*Impf.* оглядываться): glance back

ого *interjection*: Gee, Gee whiz!

огонёк ЕЕ (ё) *m.in*: *dim. of* огонь: light; fire

огонь ЕЕ (о) *m.in*: light; fire

огород SS *m.in*: garden

огорчаться АЙ SS -аются; *Impf.* (*Pf.* огорчиться): be distressed

огорчение SS *n.in*: distress, chagrin

огорчить И ES -чат; *Pf.* (*Impf.* огорчать): make sad, make unhappy, distressed

огорчиться И ES -чатся; *Pf.* (*Impf.* огорчаться): become distressed

ограбить И SS -бят; *Pf.* (*Impf.* ограблять): rob

ограбление SS *n.in*: robbery

огрызаться АЙ SS -аются; *Impf.* (*Pf.* огрызнуться): snap

огурчик SS *m.in*: *dim. of* огурец: cucumber; pickle, gherkin; *also used as a term of approval*, e. g. Гроб — огурчик This is a peach of a coffin

одевать АЙ SS -ают; *Impf.* (*Pf.* одеть): dress, clothe

одеваться АЙ SS -аются; *Impf.* (*Pf.* одеться): get dressed

одежда SS *f.in*: clothes

одеколон SS *Part.* -у *m.in*: eau de Cologne

одетый S: dressed, clothed

одеть Н SS оденут; *ppp* одетый S; *Pf.* (*Impf.* одевать): dress, clothe

одеться Н SS -денутся; *Pf.* (*Impf.* одеваться): get dressed

одеяло SS *n.in*: blanket

один *special adj. and numeral*: one; alone • один и тот же one and the same

одинаковый S: identical

одинокий S *compar. avoided*: lonely

одиночество SS *n.in*: lonliness, solitude

одиночка[1] SS (е) *f.in*: solitary confinement cell; row-boat (for one person)

одиночка[2] SS (е) *both m.an and f.an*: lone, single person

однажды *adv*: once

однако[1] *interjection*: you don't say so!

одна́ко[2] *conjunction and parenthetical word*: however; but; though
одновре́менный S (e): simultaneous • одновре́менная игра́ simultaneous match (*chess*)
одногла́зый S: one-eyed
однообра́зный S (e): monotonous
одноэта́жный S (e): single-story
одобре́ние SS *n.in*: approval
оживи́ть И ES -вя́т; *Pf.* (*Impf.* оживля́ть): revive
ожида́ть АЙ SS -а́ют; *no ppp*; *Impf*: expect
о́зеро SS *NPlur.* озёра *n.in*: lake
озлобля́ть АЙ SS -я́ют; *Impf.* (*Pf.* озло́бить): embitter
означа́ть АЙ SS -а́ют; *no ppp*; *Impf*: mean, signify
оказа́ться A MS -ка́жутся; *Pf.* (*Impf.* ока́зываться): turn out (to be)
ока́зываться АЙ SS -аются; *Impf.* (*Pf.* оказа́ться): turn out (to be)
океа́н SS *m.in*: ocean
окно́ ES (o) *n.in*: window
о́ко SE *NPlur.* о́чи *n.in*: eye
о́коло[1] *prep. +Gen*: around, by, near, close to; nearly, approximately
о́коло[2] *adv*: around, about, close by
оконча́ние SS *n.in*: ending
оконча́тельный S (e): final
око́нчить И SS -чат; *Pf.* (*Impf.* ока́нчивать): finish, end
око́нчиться И SS -чатся; *Pf.* (*Impf.* ока́нчиваться): finish, end
око́шечко SS (e) *NPlur.* -и *n.in*: *dim. of* окно́: window; (cashier's) window
око́шко SS (e) *NPlur.* -и *n.in*: *dim. of* окно́: window; (cashier's) window
окра́ина SS *f.in*: outskirts
окра́ска SS (o) *f.in*: dyeing
окружа́ть АЙ SS -а́ют; *Impf.* (*Pf.* окружи́ть): surround
о́ксфордский *and* оксфо́рдский: Oxford
октя́брь EE *m.in*: October
октя́брьский: October • Октя́брьская револю́ция Bolshevik (October) Revolution
оку́рок SS (o) *m.in*: cigarette butt
оледене́ть ЕЙ SS -е́ют; *intrans*; *Pf.* (*Impf.* оледене́вать): freeze, not be able to move
олимпи́йский: Olympian • Олимпи́йские и́гры Olympics
омыва́ться АЙ SS -а́ются; *Impf.* (*Pf.* омы́ться): be washed (*in the geographical sense*), be on the shores of
опа́сность SS *f.in*: danger
опа́сный S (e): dangerous • опа́сная бри́тва straight razor
о́пера SS *f.in*: opera
опера́ция SS *f.in*: operation
описа́ть A MS -пи́шут; *Pf.* (*Impf.* опи́сывать): describe • описа́ть круг make a circle, circumscribe
оплати́ть И MS опла́тят; *Pf.* (*Impf.* опла́чивать): pay for
опозо́рить И SS -рят; *Pf.* (*cf. Impf.* позо́рить): disgrace, defame
опохмеля́ться АЙ SS -я́ются; *Impf.* (*Pf.* опохмели́ться): nurse a hangover
опроверже́ние SS *n.in*: correction (published in a newspaper, magazine etc.)
опусти́ть И MS опу́стят; *Pf.* (*Impf.* опуска́ть): lower, let down
опусти́ться И MS -пу́стятся; *Pf.* (*Impf.* опуска́ться): sink; be lowered • у меня́ опусти́лись ру́ки I lost heart
опя́ть *adv*: again
организа́тор SS *m.an*: organizer
организа́ция SS *f.in*: organization
организо́ванный S (e) *sh.masc.* организо́ван: organized
организова́ть ОВА SS -зу́ют; *Pf. and, in non-past, Impf.* (*Impf. also* организо́вывать): organize
организо́вывать АЙ SS -ают; *Impf.* (*Pf. and Impf.* организова́ть): organize
органи́ческий: organic
ору́дие SS *n.in*: instrument

осатане́ть ЕЙ SS -е́ют; *intrans*; *Pf.* (*cf. Impf.* сатане́ть): become enraged, lose temper
освещённый E *ppp of* освети́ть: illuminated
освободи́ться И ES -дя́тся; *Pf.* (*Impf.* освобожда́ться): free oneself, become free
ослепи́тельный S (e): blinding
ослепи́ть И ES -пя́т; *Pf.* (*Impf.* ослепля́ть): blind
осмо́тр SS *m.in*: inspection
осмотре́ть E MS -смо́трят; *ppp* осмо́тренный S; *Pf.* (*Impf.* осма́тривать): inspect, look over
основа́ть ОВА ES *non-past* -ну́ют *avoided*; *Pf.* (*Impf.* осно́вывать): found, establish
особня́к EE *m.in*: residence, mansion
осо́бый S: special, particular
остава́ться ES СТА-ВАЙ остаю́тся; остава́йся! *pres. adv.* остава́ясь; *Impf.* (*Pf.* оста́ться): remain, stay
оста́вить И SS -вят; *Pf.* (*Impf.* оставля́ть): leave, abandon
оставля́ть АЙ SS -я́ют; *Impf.* (*Pf.* оста́вить): leave, abandon
остально́й E *pronom. adj. inflected like ordinary adj*: remaining, other, rest
остана́вливать АЙ SS -ают; *Impf.* (*Pf.* останови́ть): stop
остана́вливаться АЙ SS -аются; *Impf.* (*Pf.* останови́ться): stay; stop
останови́ть И MS -о́вят; *Pf.* (*Impf.* остана́вливать): stop
останови́ться И MS -но́вятся; *Pf.* (*Impf.* остана́вливаться): stay, stop; stop, cease doing smt.
оста́ток SS (o) *m.in*: residue; leftovers
оста́ться H SS оста́нутся; *Pf.* (*Impf.* остава́ться): remain, stay, be left over
остолбене́лый S: dumbfounded
осторо́жно *adv*: carefully
остри́ть И EE -ря́т; *intrans*; *Impf.* (*cf. Pf.* с-): make jokes
остри́чь Г ES остригу́т, -гу́, -жёт; -стри́г, -стри́гла, -стри́гли; *past adv.* остри́гши; *Pf.* (*Impf.* острига́ть): clip, cut
остро́та SS *f.in*: witticism, joke
о́стрый M (ё)*sh.masc.* остёр [*or* о́стр *sh.neut.* о́стро́, *sh.Plur.* о́стры́]: sharp
отбо́рный S (e): choice, select
отвезти́ З EE -зу́т; -вёз, -везла́, -везли́; *past adv.* -везя́, *past active ptcpl.* -вёзший; *Pf.* (*Impf.* отвози́ть): take off to (someplace *in a vehicle*)
отвести́ Д EE -веду́т; -вёл, -вела́, -вели́; *past adv.* -ведя́; *past active ptcpl.* -ве́дший; *Pf.* (*Impf.* отводи́ть): take off to (someplace), lead off to
отве́т SS *m.in*: answer • в отве́т in reply, in answer
отве́тить И SS -тят; *intrans*; *Pf.* (*Impf.* отвеча́ть): answer
отве́тственный S (e) [*sh.masc.* отве́тственен *or* отве́тствен]: responsible • отве́тственный рабо́тник executive, senior bureaucrat
отвеча́ть АЙ SS -а́ют; *intrans*; *Impf.* (*Pf.* отве́тить): answer
отвори́ться И ES [*or* MS] отво́рятся; *Pf.* (*Impf.* отворя́ться): open
отдава́ть ДА-ВАЙ ES -даю́т; -дава́й! *pres. adv.* -дава́я; *Impf.* (*Pf.* отда́ть): give back, return
отдалённый S (e) *sh.masc.* отдалён: distant, remote
отда́ть ЕМ -даду́т -да́м, -да́шь, -да́ст, -дади́м, -дади́те -да́й! о́тдал, отдала́, о́тдали; *ppp* о́тданный M [*or* S] *Pf.* (*Impf.* отдава́ть): give back, return
отде́л SS *m.in*: department; section • отде́л ка́дров personnel office
отде́латься АЙ SS -аются; *Pf.* (*Impf.* отде́лываться): escape, get off (with)
отдели́ть И MS -де́лят; *ppp* отделённый E; *Pf.* (*Impf.* отделя́ть): separate
отде́лка SS (o) *f.in*: decoration, trimming
отде́льный S (e): separate
отдохну́ть НУ ES -ну́т; *intrans*; *Pf.* (*Impf.* отдыха́ть): rest
отдыха́ть АЙ SS -а́ют; *intrans*; *Impf.* (*Pf.* отдохну́ть): rest
отдыха́ющий *used as m./f.an noun*: vacationer
оте́ц EE (e) *m.an*: father

Russian-English Glossary

отказа́ть А MS -ка́жут; *intrans; Pf.* (*Impf.* отка́зывать): refuse
отказа́ться А MS -ка́жутся; *Pf.* (*Impf.* отка́зываться): refuse
отка́зывать АЙ SS -ают; *intrans; Impf.* (*Pf.* отказа́ть): refuse
отка́зываться АЙ SS -аются; *Impf.* (*Pf.* отказа́ться): refuse
откла́дывать АЙ SS -ают; *Impf.* (*Pf.* отложи́ть): put off, away; postpone
отключа́ть АЙ SS -а́ют; *Impf.* (*Pf.* отключи́ть): disconnect, turn off, cut off (*electricity*)
отключи́ть И ES -ча́т; *Pf.* (*Impf.* отключа́ть): disconnect, turn off, cut off (electricity)
открыва́ть АЙ SS -а́ют; *Impf.* (*Pf.* откры́ть): open
открыва́ться АЙ SS -а́ются; *Impf.* (*Pf.* откры́ться): open
откры́тие SS *n.in*: opening; discovery
откры́тка SS (о) *f.in*: postcard
откры́тый S: open
откры́ть КРОЙ SS -кро́ют; *ppp* откры́тый S; *Pf.* (*Impf.* открыва́ть): open; discover
откры́ться КРОЙ SS -кро́ются; *Pf.* (*Impf.* открыва́ться): open; come to light, be revealed
отку́да *adv*: whence, from where • Отку́да ты́ э́то зна́ешь? How do you know that?
отлете́ть Е ES -тя́т; *intrans; Pf.* (*Impf.* отлета́ть): fly off; come off
отлича́ть АЙ SS -а́ют; *Impf.* (*Pf.* отличи́ть): distinguish
отли́чно *adv*: perfectly, excellently • Отли́чно! Splendid!
отли́чный S (е): perfect, excellent
отложи́ть И MS -ло́жат; *Pf.* (*Impf.* откла́дывать): put off, put away; postpone
отломи́ться И MS -ло́мятся; *Pf.* (*Impf.* отла́мываться): break off
отмени́ть И MS отме́нят; *ppp* отменённый Е; *Pf.* (*Impf.* отменя́ть): cancel
отме́тка SS (о) *f.in*: mark, grade • поста́вить отме́тку give a grade
отмыва́ть АЙ SS -а́ют; *Impf.* (*Pf.* отмы́ть): wash off, clean
отмы́ть МОЙ SS -мо́ют; *ppp* отмы́тый S; *Pf.* (*Impf.* отмыва́ть): wash off, clean
отнести́ С ЕЕ -несу́т; -нёс, -несла́, -несли́; *past adv.* -неся́, *past active ptcpl.* -нёсший, *Pf.* (*Impf.* относи́ть): take, carry off to (someplace)
отнима́ть АЙ SS -а́ют; *Impf.* (*Pf.* отня́ть): take away
относи́ть И MS -но́сят; *pres. pass. ptcpl.* -носи́мый; *Impf.* (*Pf.* отнести́): take, carry off to (someplace)
относи́ться И MS -но́сятся; *Impf*: relate to
отноше́ние SS *n.in*: relation • име́ть отноше́ние к have a relation to, be related to
отню́дь *adv*: by no means, not at all
отня́ть НИМ ММ отни́мут; о́тнял, отняла́, отня́ли; *ppp* о́тнятый М; *Pf.* (*Impf.* отнима́ть): take away
отодвига́ть АЙ SS -а́ют; *Impf.* (*Pf.* отодви́нуть): move away
отодви́нуть НУ SS -нут; *Pf.* (*Impf.* отодвига́ть): move away
отопле́ние SS *n.in*: heating
отпере́ть ПР ЕМ отопру́т; о́тпер, отперла́, о́тперли; *past adv.* отпере́в [*or* о́тперши], *past active ptcpl.* о́тперший, *ppp* о́тпертый М; *Pf.* (*Impf.* отпира́ть): unlock, open
отпира́ть АЙ SS -а́ют; *Impf.* (*Pf.* отпере́ть): unlock, open
отпра́вить И SS -вят; *Pf.* (*Impf.* отправля́ть): send
отпра́виться И SS -вятся; *Pf.* (*Impf.* отправля́ться): set out, set off
отправле́ние SS *n.in*: departure
отправля́ть АЙ SS -я́ют; *Impf.* (*Pf.* отпра́вить): send
отправля́ться АЙ SS -я́ются; *Impf.* (*Pf.* отпра́виться): set out, set off
о́тпуск SE *NPlur.* -а́ (*Irreg. fixed expressions* бы́ть (находи́ться) в отпуску́ [or в о́тпуске] be on vacation) *m.in*: vacation
отпусти́ть И MS -пу́стят; *Pf.* (*Impf.* отпуска́ть): let go, release
отража́ть АЙ SS -а́ют; *Impf.* (*Pf.* отрази́ть): reflect; repel
отража́ться АЙ SS -а́ются; *Impf.* (*Pf.* отрази́ться): be reflected
отрази́ться И ES -зя́тся; *Pf.* (*Impf.* отража́ться): be reflected
отрасти́ С ЕЕ -расту́т; -ро́с, -росла́, -росли́; *past adv.* -ро́сши; *intrans; Pf.* (*Impf.* отраста́ть): grow
отрица́тельно *adv*: negatively

отрица́тельный S (е): negative • отрица́тельная сторона́ drawback
отскочи́ть И MS -ско́чат; *intrans; Pf.* (*Impf.* отска́кивать): jump away, jump back
отстава́ть СТА-ВА́Й ES -стаю́т; -става́й! *pres. adv.* -става́я; *intrans; Impf.* (*Pf.* отста́ть): leave alone; fall behind
отста́лый S (*see also* отста́ть: lag): backward
отста́ть Н SS -ста́нут; *intrans; Pf.* (*Impf.* отстава́ть): leave alone; fall behind, lag
отступи́ть И MS -сту́пят; *intrans; Pf.* (*Impf.* отступа́ть): step back; back down
отступле́ние SS *n.in*: retreat
отсю́да *adv*: from here
отта́лкиваться АЙ SS -аются; *Impf.* (*Pf.* оттолкну́ться): push off
отту́да *adv*: from there
отходи́ть И MS -хо́дят; *intrans; Impf.* (*Pf.* отойти́): move away; depart
отча́яние SS *n.in*: despair
о́тчество SS *n.in*: patronymic
охвати́ть И MS охва́тят; *Pf.* (*Impf.* охва́тывать): grip, seize
охо́титься И SS -тятся; *Impf*: go after, want to have
охо́тник SS *m.an*: hunter
охо́тничий *special adj*: hunting
охо́тно *adv*: willingly
оцени́ть И MS оце́нят; *ppp* оценённый Е; *Pf.* (*Impf.* оце́нивать): estimate, evaluate
очеви́дно *predicate*: it is obvious, evident; *adv. and parenthetical word*: obviously, evidently
о́чень *adv*: very
очередно́й next, routine
о́чередь SE *NPlur.* о́череди *f.in*: queue, line; turn • по о́череди in turn
очну́ться НУ ES -ну́тся; *Pf*: come to, regain consciousness
очути́ться И MS очу́тятся; *1Sg.* avoided; *Pf*: find oneself, come to be (somewhere)
ошара́шивать АЙ SS -ают; *Impf.* (*Pf.* ошара́шить): strike dumb, flabbergast
ошиба́ться АЙ SS -а́ются; *Impf.* (*Pf.* ошиби́ться): be mistaken
оши́бка SS (о) *f.in*: mistake

П

па́дать АЙ SS -ают; *intrans; Impf.* (*cf. Pf.* па́сть, упа́сть): fall
паде́ж ЕЕ *m.in*: case
паке́т SS *m.in*: package
па́лец SS (е) *m.in*: finger • большо́й па́лец thumb
па́луба SS *f.in*: deck
пальто́ *indeclinable; n.in*: coat
па́мять SS *f.in*: memory
па́па SS *m.an*: papa, daddy
па́ра SS *f.in*: pair; couple • видова́я (глаго́льная) па́ра aspect pair
пара́д SS *m.in*: parade
паралле́льный S (е): parallel
пардо́н *interjection*: (I beg your) pardon; *also*: проси́ть пардо́ну beg pardon (*Slang*)
па́рень SE (е) *NPlur.* па́рни *m.an*: guy
парикма́хер SS *m.an*: barber; hairdresser
парикма́херская *used as f.in noun*: barber shop, hairdresser's
па́рк SS *m.in*: park
парово́й *no masc. short form; other short forms hypothetical*: steam
паро́дия SS *f.in*: parody
парохо́д SS *m.in*: steamship
парти́йный S (е) *also used as m./f.an noun*: (Communist) party member
па́ртия SS *f.in*: party; batch, lot; game
партнёр SS *m.an*: partner • видово́й партнёр aspect partner
па́спорт SE *NPlur.* -а́ *m.in*: passport

пассажи́р SS *m.an*: passenger
па́сть Д ES паду́т; па́л, па́ла, па́ли; *past adv.* па́в(ши); *intrans*; *Pf.* (*cf. Impf.* па́дать): fall
паха́ть А MS па́шут; *pres. adv. avoided*; *Impf.* (*cf. Pf.* вс-): plough
па́хнуть (НУ) SS -нут; па́х [*or* па́хнул], па́хла, па́хли; *no pres. adv*; [*past adv.* па́хнув(ши) *or* па́хши]; *intrans*; *Impf* smell
пе́на SS *f.in*: foam, suds
пена́л SS *m.in*: pencil box
пе́ние SS *n.in*: singing
пенсне́ *indeclinable; n.in*: pince-nez
пе́рвый *numeral inflected like adj*: first • пе́рвый со́рт first-rate
переверну́ться НУ ES -ну́тся; *Pf.* (*Impf.* переве́ртываться [*or* перевора́чиваться]): turn over, capsize
перевести́ Д ЕЕ -веду́т; -вёл, -вела́, -вели́; *past adv.* -ведя́; *past active ptcpl.* -ве́дший; *Pf.* (*Impf.* переводи́ть): take across; translate • дух перевести́ take a deep breath
перево́д SS *m.in*: money order; translation
переводи́ть И MS -во́дят; *pres. pass. ptcpl.* -води́мый; *Impf.* (*Pf.* перевести́): take across; translate
перегоро́дка SS (о) *f.in*: partition
пе́ред (*often unstressed*) *prep.* +*Inst*: before; in front of • перед тем как before
передава́ть ДА-ВА́Й ES -даю́т; -дава́й! *pres. adv.* -дава́я; *Impf.* (*Pf.* переда́ть): pass on, hand over
переда́ть ЕМ -даду́т -да́м, -да́шь, -да́ст, -дади́м, -дади́те -да́й! пе́редал, передала́, пе́редали; *ppp* пе́реданный М [*or* S] *Pf.* (*Impf.* передава́ть): pass on, hand over
переда́ться ЕЕ [*or* ЕМ] -даду́тся, -да́мся -да́шься -да́стся -дади́мся -дади́тесь -да́йся! [-да́лся *or old fashioned* -дался́] *Pf.* (*Impf.* передава́ться): pass, be transmitted
переда́ча SS *f.in*: handing over; broadcast
передвига́ть АЙ SS -а́ют; *Impf.* (*Pf.* передви́нуть): move, rearrange
передви́нуть НУ SS -нут; *Pf.* (*Impf.* передвига́ть): move; rearrange
переде́лка SS (о) *f.in*: redoing, remodeling, renovation
переде́лывать АЙ SS -ают; *Impf.* (*Pf.* переде́лать): alter, re-do
пере́дний S (е): front
передразни́ть И MS передра́знят; *Pf.* (*Impf.* передра́знивать): mimic
перее́зд SS *m.in*: moving (from one place to another)
переезжа́ть АЙ SS -а́ют; *Impf.* (*Pf.* перее́хать): move
перее́хать SS -е́дут -езжа́й! *no ppp*; *Pf.* (*Impf.* переезжа́ть): move
переимено́вываться АЙ SS -аются; *Impf.* (*Pf.* переименова́ться): be renamed
перейти́ ЕЕ -йду́т; -шёл -шла́ -шли́; *past adv.* -йдя́; *past active ptcpl.* -ше́дший; *ppp* перейдённый Е; *Pf.* (*Impf.* переходи́ть): move; transfer
переки́нуться НУ SS -нутся; *Pf.* (*Impf.* переки́дываться): (*Slang*) kick the bucket
перекра́сить И SS -сят; *Pf.* (*Impf.* перекра́шивать): dye, re-dye; re-paint
перекрести́ться И MS -кре́стятся; *Pf.* (*Impf.* перекре́щиваться): cross oneself
переме́на SS *f.in*: change
перемени́ть И MS -ме́нят; *ppp* переменённый Е; *Pf.* (*Impf.* переменя́ть): alter, change
перемени́ться И MS -ме́нятся; *Pf.* (*Impf.* переменя́ться): change
переноси́ть И MS -но́сят; *pres. pass. ptcpl.* -носи́мый; *Impf.* (*Pf.* перенести́): carry; transport
перено́ска SS (о) *f.in*: carrying
переночева́ть ОВА SS -чу́ют; *intrans, except in the phrase* переночева́ть ночь; *Pf.* (*cf. Impf.* ночева́ть): spend the night
переоде́тый S: disguised
переписа́ть А MS -пи́шут; *Pf.* (*Impf.* перепи́сывать): rewrite
перепи́сывать АЙ SS -ают; *Impf.* (*Pf.* переписа́ть): rewrite

переплыва́ть АЙ SS -а́ют; *Impf.* (*Pf.* переплы́ть): swim or sail across
переплы́ть В ЕМ -плыву́т; *no ppp*; *Pf.* (*Impf.* переплыва́ть): swim or sail across
перепуга́ть АЙ SS -а́ют; *Pf*: scare
переска́з SS *m.in*: retelling
перестава́ть СТА-ВА́Й ES -стаю́т; -става́й! *pres. adv.* -става́я; *intrans*; *Impf.* (*Pf.* переста́ть): cease, stop (doing something)
переставля́ть АЙ SS -я́ют; *Impf.* (*Pf.* переста́вить): move
переста́ть Н SS -ста́нут; *intrans*; *Pf.* (*Impf.* перестава́ть): cease, stop (doing something)
пересчита́ть АЙ SS -а́ют; *Pf.* (*Impf.* пересчи́тывать): count
перетащи́ть И MS -та́щат; *Pf.* (*Impf.* перета́скивать): drag, move
переходи́ть И MS -хо́дят; *Impf.* (*Pf.* перейти́): cross • переходи́ть на ли́чности get personal
перече́сть ЧТ ЕЕ -чту́т; -чёл, -чла́, -чли́; *past adv.* -чтя́; *no past active ptcpl.*; *Pf.* (*Impf.* перечи́тывать): re-read
перечи́тывать АЙ SS -ают; *Impf.* (*Pf.* перечита́ть [*or* перече́сть]): re-read
перпендикуля́рный S (е): perpendicular
перча́тка SS (о) *f.in*: glove
пе́сня SS (е) *f.in*: song
песча́ный S: sandy
петуши́ный S: rooster's, rooster-like
петь ПОЙ ES пою́т; *no pres. adv*; *ppp* пе́тый S; *Impf.* (*cf. Pf.* с-, про-): sing
печа́льный S (е): sad
печа́тать АЙ SS -ают; *Impf.* (*cf. Pf.* на-): print; publish; type • печа́тать на маши́нке type
печа́ть SS *f.in*: seal; stamp; press
пе́чка SS (е) *f.in*: stove
пе́шка[1] SS (е) *f.an*: pawn (*person*)
пе́шка[2] SS (е) *f.in*: pawn (*chess piece*)
пешко́м *adv*: on foot
пиани́но *indeclinable; n.in*: upright piano
пивна́я *used as f.in noun*: tavern, pub
пи́во SS *Plur. hypothetical*; *n.in*: beer
пиджа́к ЕЕ *m.in*: jacket
пижо́н SS *m.an*: fop; jerk
пина́ть АЙ SS -а́ют; *ppp avoided*; *Impf.* (*cf. Pf.* пну́ть): kick
пиро́жное *used as n.in noun*: pastry
писа́тель SS *m.an*: writer
писа́ть А MS пи́шут; *pres. adv. avoided*; *Impf.* (*cf. Pf.* на-): write
пи́сьменный *written*; writing • пи́сьменный экза́мен written exam; пи́сьменный сто́л desk
письмо́ ES (е) *n.in*: letter
письмоно́сец SS (е) *m.an*: mailman (Old-fashioned)
пита́ться АЙ SS -а́ются; *Impf*: feed, nourish oneself
пи́ть ПЙ ЕМ пьют; пе́й! [*with negative*, не пи́л, не пи́ло, не пи́ли *or old-fashioned* не́ пил, не́ пило, не́ пили, *but* не пила́] *ppp* (*old-fashioned*) пи́тый М; *Impf.* (*cf. Pf.* вы́-): drink
пла́вание SS *n.in*: swimming
плака́т SS *m.in*: sign, placard, poster; slogan
пла́кать А SS -чут; *intrans*; *Impf*: cry
пла́н SS *m.in*: plan, outline
пласти́нка SS (о) *f.in*: plate; recording, record
плати́ть И MS -тят; *Impf.* (*cf. Pf.* за-): pay
пла́тье SS *GPlur.* пла́тьев *n.in*: dress
плащ ЕЕ *m.in*: raincoat
плеска́ться А MS пле́щутся [*or* АЙ SS плеска́ются] *Impf*: splash; lap
плечо́ ЕЕ *NPlur*. пле́чи, *GPlur*. пле́ч (*Irreg. fixed expressions* за́ плечи [*or* за пле́чи], на́ плечи [*or* на плечи́]) *n.in*: shoulder
плита́ ES *f.in*: stove; slab • надгро́бная плита́ gravestone, monument
плодотво́рный S (е): fruitful
пло́ский S [*or* M] (о) *compar.* пло́ще: flat
пло́хо[1] *predicate*: it is bad; • мне пло́хо I feel ill
пло́хо[2] *adv*: poorly, badly

плохо́й M [*sh.Plur.* плохи́] *compar.* ху́же: bad
площа́дка SS (о) *f.in*: open flat space • ле́стничная площа́дка (staircase) landing
пло́щадь SE *NPlur.* площади́ *f.in*: square
плуг SE *m.in*: plough
плыть В ЕМ плыву́т; *intrans; One-way Impf. (Non-One-way Impf.* пла́вать): float; swim; sail
плю́нуть НУ SS -нут; *intrans; Pf. (cf. Impf.* плева́ть): spit • плю́нуть на всё э́то not bother with it all, not give a damn
пляж SS *m.in*: beach
по-англи́йски *adv*: in English
побе́да SS *f.in*: victory
побежа́ть ES -бегу́т -бегу́ -бежи́шь -бежи́т -бежи́м -бежи́те; *intrans; Pf*: run
поби́ть[1] БЙ ES -бью́т; -бе́й! *ppp* поби́тый S; *Pf. (Impf.* побива́ть): beat (a record)
поби́ть[2] БЙ ES -бью́т; -бе́й! *ppp* поби́тый S; *Pf. (cf. Impf.* бить): beat, mug
побли́же *compar.* of бли́зкий: a little closer
побо́льше *compar.* of большо́й *and* мно́го: a few more, a little more
побри́ть БРЕЙ SS -бре́ют; *ppp* побри́тый S; *Pf. (cf. Impf.* брить): shave
побри́ться БРЕЙ SS -бре́ются; -бре́юсь, -бре́ется *Pf. (cf. Impf.* бри́ться): shave
поведе́ние SS *n.in*: behavior
пове́жливей *compar.* of ве́жливый polite: a little more polite
повезти́[1] З ЕЕ -зу́т; -вёз, -везла́, -везли́; *past adv.* -везя́, *past active ptcpl.* -вёзший; *Pf*: take; start hauling
повезти́[2] З ЕЕ -везёт; -везло́; *Impersonal; Pf.* • мне́ повезло́ I was lucky
поверну́ть НУ ES -нут; *ppp* повёрнутый S; *Pf. (Impf.* повора́чивать): turn
поверну́ться НУ ES -ну́тся; *Pf. (Impf.* повора́чиваться *or old-fashioned* повёртываться): turn
поверте́ть Е MS -ве́ртят; *ppp* пове́рченный S; *Pf*: twirl
по́весть SE *NPlur.* повести́ *f.in*: story; short novel
по-ви́димому *parenthetical word*: apparently
по́вод SS *m.in*: excuse, pretext
повора́чивать АЙ SS -ают; *Impf. (Pf.* поверну́ть): turn
повора́чиваться АЙ SS -аются; *Impf. (Pf.* поверну́ться [*or Colloquial* повороти́ться]): turn
поворо́т SS *m.in*: bend, turn
повтори́ть И ES повторя́т; *Pf. (Impf.* повторя́ть): repeat; review
повторя́ть АЙ SS -я́ют; *Impf. (Pf.* повтори́ть): repeat; review
погаси́ть И MS -га́сят; *Pf. (cf. Impf.* гаси́ть): extinguish, turn off
поги́бнуть (НУ) SS -нут; -ги́б, -ги́бла, -ги́бли; *past adv.* -ги́бши; *intrans; Pf. (Impf.* погиба́ть): perish
погна́ться ММ [*or* ME] -го́нятся; [-гна́лся *or old-fashioned* -гнался́]; *Pf*: chase
поговори́ть И ES -ря́т; *intrans; Pf*: have a talk
пого́да SS *f.in*: weather
погре́ться ЕЙ SS -е́ются; *Pf*: warm oneself
погружа́ться АЙ SS -а́ются; *Impf. (Pf.* погрузи́ться): sink; dive
погрузи́ться И ES -зя́тся; *Pf. (Impf.* погружа́ться): sink; dive
погрусте́ть ЕЙ SS -е́ют; *intrans; Pf*: become sad
под (*normally unstressed*) *prep.* +Inst. (location), +Acc. (motion): underneath, beneath, under • под у́тро towards morning, by morning; под назва́нием named, called; под предло́гом on the pretext of; отда́ть под суд bring to justice
пода́вленный[1] S *short forms* пода́влен, -лена, -лено, -лены *compar.* -лéннее: crushed (by grief, etc.)
пода́вленный[2] S *short forms* пода́влен, -ленна, -ленно, -ленны *compar.* -лéннее: depressed, dispirited; muffled (sound)
подари́ть И MS -да́рят; *Pf. (Impf.* дари́ть): give as a present
пода́рок SS (о) *m.in*: present, gift
пода́ть ЕМ -даду́т -да́м, -да́шь, -да́ст, -дади́м, -дади́те -да́й! по́дал, подала́, по́дали; *ppp* по́данный M [*or* S] *Pf. (Impf.* подава́ть): serve; give • пода́ть заявле́ние apply

подая́ние SS *n.in*: alms
подбежа́ть ES -бегу́т -бегу́ -бежи́шь -бежи́т -бежи́м -бежи́те; *intrans; Pf. (Impf.* подбега́ть): run up to
подборо́док SS (о) *m.in*: chin
подва́л SS *m.in*: basement
подвести́ Д ЕЕ -веду́т; -вёл, -вела́, -вели́; *past adv.* -ведя́; *Pf. (Impf.* подводи́ть): lead up to, bring up to; let down
подгото́вить И SS -вят; *Pf. (Impf.* подгота́вливать *or* подготовля́ть): prepare
подгото́виться И SS -то́вятся; *Pf. (Impf.* подгота́вливаться *or* подготовля́ться): prepare, get ready
подгото́вка SS (о) *f.in*: training, preparation
подде́лывать АЙ SS -ают; *Impf. (Pf.* подде́лать): counterfeit, forge
подде́льный S (e): fake, imitation
поде́лать АЙ SS -ают; *Pf*: do • Я ничего́ не могу́ с собо́й поде́лать I can't help myself
подели́ть И MS -де́лят; *ppp* поделённый Е; *Pf. (cf. Impf.* дели́ть): divide; share
поднима́ть АЙ SS -а́ют; *Impf. (Pf.* подня́ть): lift, raise
поднима́ться АЙ SS -а́ются; *Impf. (Pf.* подня́ться): rise; go up
подня́ть НИМ ММ подни́мут [*or* поды́мут]; по́днял, подняла́, по́дняли; *ppp* по́днятый M; *Pf. (Impf.* поднима́ть *or* подыма́ть): lift, raise
подня́ться НИМ ME [*or* MM] подни́мутся [*or* поды́мутся]; [подня́лся́ *or old-fashioned* подня́лся]; *Pf. (Impf.* поднима́ться *or* подыма́ться): ascend, go up • подня́лся ве́тер a wind came up
подо́бный S (e): similar, like
подожда́ть n/v A ЕМ -жду́т; *ppp avoided*; *Pf*: wait
подозре́ние SS *n.in*: suspicion
подозри́тельный S (e): suspicious, shady
подойти́ ЕЕ подойду́т; подошёл -шла́ -шли́; *past adv.* подойдя́; *past act. ptcpl.* подоше́дший; *intrans; Pf. (Impf.* подходи́ть): approach, go up to
подоко́нник SS *m.in*: windowsill
подо́хнуть (НУ) SS -нут; -до́х, -до́хла, -до́хли; *past adv.* -до́хши; *intrans; Pf. (Impf.* подыха́ть): die • я чуть не подо́х I almost died
подпи́сывать АЙ SS -ают; *Impf. (Pf.* подписа́ть): sign; caption
подпи́сываться АЙ SS -аются; *Impf. (Pf.* подписа́ться): sign; be captioned
подплы́ть В ЕМ -плыву́т; *intrans; Pf. (Impf.* подплыва́ть): swim up to
подпры́гивать АЙ SS -ают; *intrans; Impf. (Pf.* подпры́гнуть): bounce up and down
подру́га SS *f.an*: (female) friend
по-друго́му *adv*: different, differently
подря́д *adv*: in a row
подска́кивать АЙ SS -ают; *intrans; Impf. (Pf.* подскочи́ть): jump up and down
подскочи́ть И MS -ско́чат; *intrans; Pf. (Impf.* подска́кивать): jump up
подстели́ть И MS -сте́лят; *Pf. (Impf.* подстила́ть): spread
подстрели́ть И MS -стре́лят; *Pf. (Impf.* подстре́ливать): wound, wing
подстрига́ть АЙ SS -а́ют; *Impf. (Pf.* подстри́чь): cut hair, give a haircut
подстрига́ться АЙ SS -а́ются; *Impf. (Pf.* подстри́чься): get a haircut
подстри́женный *ppp of* подстри́чь: with (one's) hair (recently) cut
подстри́чь Г ES -стригу́т, -гу́, -жёт; -стри́г, -стри́гла, -стри́гли; *past adv.* -стри́гши; *Pf. (Impf.* подстрига́ть, *cf. Impf.* стричь): cut hair, give a haircut
подстри́чься Г ES -стригу́тся, -гу́сь, -жётся; -стри́гся, -стри́глась, -стри́глись; *past adv.* -стри́гшись; *Pf. (Impf.* подстрига́ться): get a haircut

подýмать АЙ SS -ают; *intrans; Pf. (cf. Impf.* дýмать): think • Подýмаешь! Big deal!

подýшка SS (e) *f.in*: pillow

подходи́ть И MS -хо́дят; *intrans; Impf. (Pf.* подойти́): approach, come up; suit, be appropriate

подъе́зд SS *m.in*: entrance

подъе́хать SS -е́дут -езжа́й! *intrans; Pf. (Impf.* подъезжа́ть): drive up

по́езд SE *NPlur*. -á *m.in*: train

пое́здка SS (o) *f.in*: trip

поезжа́й *Imperative of* éхать *and* пое́хать: go! drive! ride!

пое́хать SS -е́дут поезжа́й! [*or Colloquial* езжа́й!], *with negative* не е́зди! *intrans; Pf. (cf. Impf.* éхать): go, drive, ride

пожа́ловаться ОВА SS -луются; *Pf. (cf. Impf.* жа́ловаться): complain

пожа́луй *particle and parenthetical word*: perhaps

пожа́луйста *particle*: please; thank you; here you are

пожа́р SS *m.in*: fire

пожа́рник SS *m.an*: fireman

пожа́рный *also used as m.an noun*: fire; fireman

пожела́ть АЙ SS -а́ют; *no ppp, Pf. (cf. Impf.* жела́ть): wish

поже́ртвовать ОВА SS -твуют; *Pf. (cf. Impf.* же́ртвовать): donate

поза́втракать АЙ SS -ают; *intrans; Pf. (cf. Impf.* за́втракать): have breakfast

позва́ть n/v A EM -зову́т; *ppp* по́званный; *Pf. (cf. Impf.* зва́ть): call

позво́лить И SS -лят; *Pf. (Impf.* позволя́ть): allow, permit • Позво́льте! Just a second, now — hold on!

позвони́ть И ES -ня́т; *intransitive; Pf. (cf. Impf.* звони́ть): call, telephone; ring

по́здно[1] *predicate*: (it is) late

по́здно[2] *adv*: late, tardily

поздра́вить И SS -вят; *Pf. (Impf.* поздравля́ть): congratulate

позелене́ть ЕЙ SS -е́ют; *intrans; Pf. (cf. Impf.* зелене́ть): turn green

познако́миться И SS познако́мятся; *Pf. (cf. Impf.* знако́миться): get acquainted, meet

позолоти́ть И ES -тя́т; *ppp* позоло́ченный S; *Pf. (cf. Impf.* золоти́ть): gild

позо́рить И SS -рят; *Impf. (cf. Pf.* o-): disgrace, defame

поиска́ть A MS -и́щут; *Pf.* look for, search for

по́иски (*Plur. of* по́иск SS) *m.in*: search

пои́ть И MS поя́т [*or* ES поя́т]; *Impf. (cf. Pf.* на-): give to drink; water

пойма́ть АЙ SS -а́ют; *Pf. (cf. Impf.* лови́ть): catch

пойти́ ЕЕ -йду́т; пошёл -шла́ -шли́; *past adv.* -йдя́; *past act. ptcpl.* -ше́дший; *intrans; Pf. (cf. Impf.* идти́): go

пока́[1] *adv*: in the meantime; for the time being

пока́[2] *particle*: bye! see ya!

пока́[3] *conjunction* while

показа́ть A MS -ка́жут; *Pf. (Impf.* пока́зывать): show

показа́ться A MS -ка́жутся; *Pf. (Impf.* пока́зываться): seem; appear

пока́зывать АЙ SS -ают; *Impf. (Pf.* показа́ть): show

покати́ться И MS пока́тятся; *Pf*: roll

покача́ть АЙ SS -а́ют; *Pf*: rock, swing • покача́ть голово́й shake one's head

пока́чиваться АЙ SS -аются; *Impf*: rock back and forth

покида́ть АЙ SS -а́ют; *Impf. (Pf.* поки́нуть): leave, abandon

поки́нуть НУ SS -нут; *Pf. (Impf.* покида́ть): leave, abandon

покла́дистый S: complaisant, obliging

поклони́ться И MS -кло́нятся; *Pf*: bow

поко́йница SS *f.an*: the deceased (female)

поко́йный S (e) *also used as m./f.an noun*: late, deceased

покопа́ться АЙ SS -а́ются; *Pf*: rummage around

покори́ться И ES покоря́тся; *Pf. (Impf.* покоря́ться): submit, resign oneself

поко́рно *adv*: submissively, humbly

покоря́ться АЙ SS -я́ются; *Impf. (Pf.* покори́ться): submit, resign oneself

покра́сить И SS -сят; *Pf. (cf. Impf.* кра́сить): dye; paint

покрасне́ть ЕЙ SS -е́ют; *intrans; Pf. (cf. Impf.* красне́ть): blush

покрыва́ло SS *n.in*: shawl; bedspread

покры́ть КРОЙ SS -кро́ют; *ppp* покры́тый S; *Pf. (Impf.* покрыва́ть): cover

покупа́ть АЙ SS -а́ют; *Impf. (Pf.* купи́ть): buy

поку́пка SS (o) *f.in*: purchase

пол[1] SE *Loc.* (в/на) -ý (*Irreg. fixed expressions* с по́лу [*or* с по́ла]; по́ по́лу; на́ пол) *m.in*: floor

пол[2] SE *NPlur*. по́лы *m.in*: sex

полага́ть АЙ SS -а́ются; *Impf*: be customary, be appropriate; be supposed to

полго́да SE *oblique forms have the stem* полу-, *e.g., GSg.* полуго́да, *DSg.* полуго́ду, *etc.; m.in*: half a year

по́лдень SS (e) *oblique forms have the stem* полу- [*or* пол-] *e.g., GSg.* полу́дня [*or* по́лдня] *DSg.* полу́дню [*or* по́лдню], *etc.* (*Irreg. fixed expressions* за́ полдень [*or* за по́лдень] after noon) *m.in*: noon

полдня́ *N-ASg. only*: half a day

поле́зный S (e): useful

полете́ть E ES -тя́т; *intrans; Pf*: fly

полива́ть АЙ SS -а́ют; *Impf. (Pf.* поли́ть): pour on; water

поликли́ника SS *f.in*: clinic

поли́тика SS *f.in*: politics; policy • Но́вая экономи́ческая поли́тика (НЭП) New Economic Policy (in the USSR)

поли́ть ЛЙ EM -лью́т; -ле́й! по́лил, полила́, по́лили; *ppp* поли́тый M; *Pf. (cf. Impf.* полива́ть): pour on; water

поли́ться ЛЙ EM [*or* EE] -лью́тся; -ле́йся! [-ли́лся *or old-fashioned* -лился́] *Pf*: begin to pour

полице́йский: *also used as m.an noun*: police; policeman

по́лночь SS *oblique forms have the stem* полу- [*or* пол-] *e.g., GDPSg.* полу́ночи [*or* по́лночи] (*Irreg. fixed expressions* за́ полночь [*or* за по́лночь] after midnight) *f.in*: midnight

по́лный[1] E [*or old fashioned* M] (o) *sh.masc.* по́лон: full, complete • по́лная фо́рма long form (of adjectives and participles)

по́лный[2] M (o) [*sh.Plur.* полны́] *sh.masc.* по́лон: exhaustive, rich

полови́на SS *f.in*: half

положе́ние SS *n.in*: situation

положи́тельный S (e): positive

положи́ть И MS -ло́жат; *Pf. (cf. Impf.* класть): put, place; propose; assume • поло́жим let's assume

поло́ска SS (o) *f.in*: stripe; strip

полоте́нце SS (e) *n.in*: towel

полста́ *oblique cases avoided*; fifty (half a hundred) (Colloquial)

полти́нник SS *m.in*: half a ruble

полтора́ста *numeral, ASg.* полто́раста, *GPDISg.* полу́тораста a hundred and fifty

полукре́сло SS (e): chair with stuffed seat

полуо́бморок SS *m.in*: half-faint, semi-conciousness

получа́ть АЙ SS -а́ют; *Impf. (Pf.* получи́ть): get, receive

получи́ть И MS -лу́чат; *Pf. (Impf.* получа́ть): get, receive

получа́са *oblique forms have the stem* полу-, *e.g., GSg.* получа́са, *DSg.* получа́су, *etc.; m.in*: half an hour

по́льза SS *f.in*: use; advantage

по́льзоваться ОВА SS -зуются; *Impf. (cf. Pf.* вос-): use

по́льский: Polish

по-маркси́стски *adv*: like a Marxist, in a Marxist fashion

поме́ньше *compar. of* ма́ленький *and* ма́ло[3]: a little smaller, fewer

помере́ть МР EM помру́т; по́мер, померла́, по́мерли; *past adv.* поме́рев [*or* поме́рши], *past active ptcpl.* поме́рший; *intrans; Pf. (Impf.* помира́ть): die

помести́ть И ES -тя́т; *Pf. (Impf.* помеща́ть): place

помеша́ть АЙ SS -а́ют; *intrans; Pf. (cf. Impf.* меша́ть): disturb; prevent

помира́ть АЙ SS -а́ют; *intrans; Impf. (Pf.* помере́ть): die

помнить И SS помнят; *Impf*: remember
помогать АЙ SS -ают; *intrans*; *Impf*. (*Pf*. помочь): help
по-моему *adv*: in my opinion
помочь Г МЕ -могут, -могу, -может; -мог, -могла, -могли; *past adv*. -могши; *intrans*; *Pf*. (*Impf*. помогать): help
помощник SS *m.an*: helper, assistant
помощь SS *f.in*: help, assistance • скорая помощь ambulance; при помощи by means of, with the help of
помыть МОЙ SS -моют; *ppp* помытый S; *Pf*. (*cf. Impf*. мыть): wash
помыться МОЙ SS -моются; *Pf*. (*cf. Impf*. мыться): wash, get washed
понадобиться И SS -бятся; понадобься! [*or* понадобись!], понадобьтесь! *Pf*: become necessary
поневоле *adv*: willy-nilly
по-немецки *adv*: in German; in a German fashion
понести С ЕЕ -несут; -нёс, -несла, -несли; *past adv*. -неся, *past active ptcpl*. -нёсший; *Pf*: carry
понимать АЙ SS -ают; *Impf*. (*Pf*. понять): understand, comprehend, realize
понравиться И SS -вятся; *Pf*. (*cf. Impf*. нравиться): like
понятие SS *n.in*: concept; idea • понятия не имею I have no idea
понять ЙМ ЕМ поймут; понял, поняла, поняли; *ppp* понятый М; *Pf*. (*Impf*. понимать): understand, comprehend, realize
пообедать АЙ SS -ают; *intrans*; *Pf*. (*cf. Impf*. обедать): dine
попадать АЙ SS -ают; *intrans*; *Impf*. (*Pf*. попасть): get to someplace, make one's way to
попасть Д ES -падут; -пал, -пала, -пали; *past adv*. -пав(ши); *intrans*; *Pf*. (*Impf*. попадать): get to someplace, make one's way to • попасть под (лошадь, машину, etc.) get run over (by a horse, a car, etc.)
поплыть В ЕМ -плывут; *intrans*; *Pf*: start swimming
по-прежнему *adv*: as before
попросить И MS -просят; *Pf*. (*cf. Impf*. просить): ask, request
популярный S (е): popular
попытаться АЙ SS -аются; *Pf*. (*cf. Impf*. пытаться): attempt, endeavor
пора[1] *predicate*: it is time
пора[2] ЕЕ *ASg*. пору, *NPlur*. поры (*Plur. used mostly in these expressions*: с тех/этих/каких пор since then/now/when, до тех/сих/этих/каких пор till then/now/when, на первых порах at first) *f.in*: time • с тех пор как since
поражать АЙ SS -ают; *Impf*. (*Pf*. поразить): strike, startle, astound
поразительный S (е): striking
поразить И ES -зят; *Pf*. (*Impf*. поражать): strike, startle, astound
поранить И SS поранят; *Pf*. (*cf. Pf.-Impf*. ранить): hurt, injure
порваться n/v А ЕМ [*or* ЕЕ] -рвутся; [-рвался *or old-fashioned* -рвался]; *Pf*. (*cf. Impf*. рваться): tear
порог SS *m.in*: threshold
порошок ЕЕ (о) *Part*. -у *m.in*: powder • стиральный порошок (powdered) detergent
портрет SS *m.in*: portrait
портфель SS *m.in*: briefcase
поручить И MS -ручат; *Pf*. (*Impf*. поручать): commission, charge
порядок SS (о) *Part*. -у *m.in*: order • всё в порядке everything's OK
порядочный S (е): decent, respectable
поселить И ES [*or* MS] поселят; *ppp* поселённый Е; *Pf*. (*Impf*. поселять): settle, lodge
посёлок SS (о) *m.in*: settlement, village
по-семейному *adv*: family-style
посереть ЕЙ SS -еют; *intrans*; *Pf*. (*cf. Impf*. сереть): turn grey, go grey
посетить И ES -тят; -щу; *ppp* посещённый Е; *Pf*. (*Impf*. посещать): visit
посещать АЙ SS -ают; *Impf*. (*Pf*. посетить): visit
посидеть Е ES -дят; *intrans*; *Pf*: sit for a while

поскользнуться НУ ES -нутся; *Pf*. (*Impf*. поскальзываться): slip, slide
послать ES -шлют; *ppp* посланный; *Pf*. (*Impf*. посылать): send
после *adv*: afterward; *prep*. +*Gen*: after
последний S (е): last
последовать ОВА SS -дуют; *intrans*; *Pf*. (*cf. Impf*. следовать): follow
послезавтра *adv*: day after tomorrow
послушать АЙ SS -ают; *Pf*: listen
послышаться Ч-А SS -шатся; *Imperative avoided*; *Pf*. (*cf. Impf*. слышаться): be heard
посмеяться А ES -смеются; *Pf*: have a good laugh
посмотреть Е MS -смотрят; *ppp* посмотренный S; *Pf*. (*cf. Impf*. смотреть): see, take a look
посоветовать ОВА SS -туют; *intrans*; *Pf*. (*cf. Impf*. советовать): advise
посочувствовать ОВА SS -твуют; *intrans*; *Pf*. (*cf. Impf*. сочувствовать): sympathize
поспать ЕМ -спят; *intrans*; *Pf*: sleep
посреди *adv. and prep*. +*Gen*: in the midst (of), in the middle (of)
посредине *adv*, *prep*. +*Gen*: in the middle of
поставить И SS -вят; *Pf*. (*cf. Impf*. ставить): place • поставить условие impose a condition
поссориться И SS -ятся; *Pf*. (*Impf*. ссориться): quarrel, have a fight (verbal)
постараться АЙ SS -аются; *Pf*. (*cf. Impf*. стараться): try
постель SS *f.in*: bed, bedding
постирать АЙ SS -ают; *Pf*. (*cf. Impf*. стирать): wash (clothes)
постичь Г SS -стигнут; -стиг, -стигла, -стигли; *past adv*. -стиг(ши) [*or* -стигнув(ши)]; *Pf*. (*Impf*. постигать): befall, strike; understand
посторонний S (е) *masc. short form hypothetical; also used as m.an noun*: extraneous; strange; outsider, stranger
пострадавший *used as m./f.an noun*: victim
построить И SS -строят; *Pf*. (*cf. Impf*. строить): build • построить карьеру build/base a career (on something)
постскриптум SS *m.in*: postscript
поступать АЙ SS -ают; *intrans*; *Impf*. (*Pf*. поступить): enroll, enter • поступать на работу get a job
поступить И MS -ступят; *intrans*; *Pf*. (*Impf*. поступать): enroll, enter • поступить на работу get a job
постучать Ч-А ES -чат; *intrans*; *Pf*: knock
посуда SS *f.in*: dishes
посыпать АЙ SS -ают; *Pf*. (*Impf*. посыпать): sprinkle
посыпать А SS -сыплют -сыпь! [*or* -сыплют, -сыплю -сыпешь -сыпет -сыпем -сыпете] *Pf*. (*Impf*. посыпать): sprinkle
потащить И MS -тащат; *Pf*: begin to drag
по-твоему *adv*: in your opinion
потерпевший *used as m./f.an noun*: victim, survivor
потерять АЙ SS -яют; *Pf*. (*cf. Impf*. терять): lose
потолок ЕЕ (о) *m.in*: ceiling
потом *adv*: then
потому *adv*: because
потонуть НУ MS -нут; *intrans*; *Pf*. (*Impf*. потопать *or* тонуть): sink, drown (*Colloquial*)
потратить И SS -тят; *Pf*. (*cf. Impf*. тратить): spend
потребовать ОВА SS -буют; *Pf*. (*cf. Impf*. требовать): demand
потрогать АЙ SS -ают; *Pf*: touch
потрясение SS *n.in*: shock
потухнуть (НУ) SS -нут, -тух, -тухла, -тухли; [*past adv*. -тухнув(ши) *or* -тухши]; *intrans*; *Pf*. (*Impf*. потухать): go out, die out • сердце его потухло his heart sank
потянуть НУ MS -тянут; *Pf*. (*cf. Impf*. тянуть): pull, tug
поучительный S (е): instructive
по-французски *adv*: in French
похитить И SS -тят; -щу; *ppp* похищенный S; *Pf*. (*Impf*. похищать): steal, carry off
поход SS *m.in*: trip, journey
походка SS (о) *f.in*: gait, step

314   Russian-English Glossary

похо́жий S: similar
похорони́ть И MS -хоро́нят; *Pf.* (*cf. Impf.* хорони́ть): bury
по́хороны E *Plur. only; f.in*: funeral
поцара́пать АЙ SS -ают; *Pf.* (*cf. Impf.* цара́пать): scratch, bruise
поцелу́й SS *m.in*: kiss
по́чва SS *f.in*: soil; basis • на по́чве owing to, because of
почему́ *adv*: why
почему́-то *adv*: somehow, for some reason
почерне́ть ЕЙ SS -е́ют; *intrans; Pf.* (*cf. Impf.* черне́ть): turn black
почини́ть И MS -чи́нят; *Pf.* (*Impf.* починя́ть): repair
почи́стить И MS -тят; *Pf.* (*cf. Impf.* чи́стить): clean
почита́ть АЙ SS -а́ют; *Pf.*: read for a while
по́чта SS *f.in*: mail; post-office
почтальо́н SS *m.an*: mailman
почта́мт SS *m.in*: central post office
почти́ *adv*. almost
почти́тельно *adv*: with respect, deferentially
почто́вый S: postal
почу́вствовать ОВА SS -твуют; *Pf.* (*cf. Impf.* чу́вствовать): feel
по́шлый M: common, vulgar
пошути́ть И MS -шу́тят; *intrans; Pf.* (*cf. Impf.* шути́ть): joke
пощекота́ть АЙ MS -щеко́чут; *no ppp*; tickle
поэ́ма SS *f.in*: poem
поэ́т SS *m.an*: poet
поэтизи́ровать ОВА SS -руют; *Pf.-Impf.*: poeticize
поэ́тому *adv*: therefore
появи́ться И MS -я́вятся; *Pf.* (*Impf.* появля́ться): appear, show up
появля́ться АЙ SS -я́ются; *Impf.* (*Pf.* появи́ться): appear, show up
пра́вда[1] *predicate*: it is true; Это пра́вда? Is it true?
пра́вда[2] *adv*: really; Она́ пра́вда выхо́дит за́муж? She's really getting married?
пра́вда[3] SS *f.in*: truth
пра́вило SS *n.in*: rule
пра́вильный S (e): correct
прави́тельство SS *n.in*: government
пра́во SE *n.in*: right • не име́ть пра́ва have no right
пра́вый[1] S [or M] *sh.fem. avoided; also used as m.an noun*: right (*as opposed to left*); rightist
пра́вый[2] M *used mostly in short forms*: right, correct (*used mostly with persons*, e. g. Вы пра́вы. You're right.)
пра́здник SS *m.in*: holiday
пра́здничный S (e): holiday
пра́ктика SS *f.in*: practice
практи́ческий: practical
пра́чечная *used as f.in noun*: laundromat, laundry service
превосхо́дный S (e): superb
преврати́ть И ES -тя́т; -щу́; *ppp* превращённый E; *Pf.* (*Impf.* превраща́ть): convert, transform
превраще́ние SS *n.in*: transformation
предвари́тельный S (e): preliminary
предводи́тель SS *m.an*: leader, marshal • предводи́тель дворя́нства marshal of the nobility
предлага́ть АЙ SS -а́ют; *Impf.* (*Pf.* предложи́ть): offer
предло́г SS *m.in*: excuse, pretext • под каки́м предло́гом under what pretext
предложе́ние SS *n.in*: proposal
предложи́ть И MS -ло́жат; *Pf.* (*Impf.* предлага́ть): propose; offer
предме́т SS *m.in*: subject; topic; object
предполага́ть АЙ SS -а́ют; *Impf.* (*Pf.* предположи́ть): suppose
предпочита́ть АЙ SS -а́ют; *Impf.* (*Pf.* предпоче́сть): prefer
председа́тель SS *m.an*: chairman
представи́тель SS *m.an*: representative
предста́вить И SS -вят; *Pf.* (*Impf.* представля́ть): present • предста́вить себе́ imagine, conceive
представля́ться АЙ SS -я́ются; *Impf.* (*Pf.* предста́виться): present itself; seem

предстоя́ть Й-А ES -стоя́т; *Imperative avoided; intrans; Impf*: be in store, lie ahead
предупреди́ть И ES -дя́т; *ppp* предупреждённый E; *Pf.* (*Impf.* предупрежда́ть): warn, forewarn
предупрежда́ть АЙ SS -а́ют; *Impf.* (*Pf.* предупреди́ть): warn, forewarn
пре́жде *adv*: before; first; formerly; *prep.* +*Gen*: before
презира́ть АЙ SS -а́ют; *no ppp; Impf*: despise
презре́ние SS *n.in*: scorn
презри́тельный S (e): scornful, spiteful
прекра́сный S (e): beautiful; excellent
премно́го *adv*: extremely, exceedingly
преодоле́ть ЕЙ SS -е́ют; *ppp* преодолённый S; *Pf.* (*Impf.* преодолева́ть): overcome
преподава́ние SS *n.in*: teaching
преподава́тель SS *m.an*: teacher
преподава́ть ДА-ВАЙ ES -даю́т; -дава́й! *pres. adv.* -дава́я; *Impf.* (*Pf.* препода́ть): teach
преста́виться И SS -ста́вятся; *Pf.* (*Impf.* представля́ться): (*Slang*) kick the bucket
представля́ться АЙ SS -я́ются; *Impf.* (*Pf.* преста́виться): (*Slang*) kick the bucket
преступле́ние SS *n.in*: crime
престу́пник SS *m.an*: criminal
престу́пный S (e): criminal • престу́пная карье́ра life of crime
при (*normally unstressed*) *prep.* +*Prep*: at; at the time of; with • при по́мощи with the aid of
прибавля́ть АЙ SS -я́ют; *Impf.* (*Pf.* приба́вить): add
прибе́гнуть (НУ) SS -бе́гнут; -бе́г [or -бе́гнул], -бе́гла, -бе́гли; [*past adv.* -бе́гнув(ши) or -бе́гши]; *intrans; Pf.* (*Impf.* прибега́ть): resort to
прибежа́ть ES -бегу́т -бегу́ -бежи́шь -бежи́т -бежи́м -бежи́те; *intrans; Pf.* (*Impf.* прибега́ть): come running
приближа́ться АЙ SS -а́ются; *Impf.* (*Pf.* прибли́зиться): approach
прибли́зиться И SS -зятся; *Pf.* (*Impf.* приближа́ться): approach
прибо́й SS *m.in*: surf
при́быль SS *f.in*: profit
прибы́ть SM -бу́дут; [при́был, прибыла́, при́были]; *intrans; Pf*; (*Impf.* прибыва́ть): arrive
привезти́ З EE -зу́т; -вёз, -везла́, -везли́; *past adv.* -везя́, *past active ptcpl.* -вёзший; *Pf.* (*Impf.* привози́ть): bring (*in a vehicle*)
привести́ Д EE -веду́т; -вёл, -вела́, -вели́; *past adv.* -ведя́; *past active ptcpl.* -ве́дший; *Pf.* (*Impf.* приводи́ть): bring (i. e. lead)
приве́т SS *m.in*: greetings, regards; Hi!
привле́чь К EE -влеку́т, -ку́, -чёт; -влёк, -влекла́, -влекли́; *past adv.* -влёкши; *Pf.* (*Impf.* привлека́ть): attract
приводи́ть И MS -во́дят; *pres. pass. ptcpl.* -води́мый; *Impf.* (*Pf.* привести́): bring, lead in
привози́ть И MS -во́зят; *pres. pass. ptcpl.* -вози́мый; *Impf.* (*Pf.* привезти́): bring (*by vehicle*)
привыка́ть АЙ SS -а́ют; *intrans; Impf.* (*Pf.* привы́кнуть): get used to something
привы́кнуть (НУ) SS -нут; -вы́к, -вы́кла, -вы́кли; *past adv.* -вы́кши; *intrans; Pf.* (*Impf.* привыка́ть): get used to something
привы́чка SS (e) *f.in*: habit
привяза́ться А MS -вя́жутся; *Pf.* (*Impf.* привя́зываться): become attached to
пригласи́ть И ES -ся́т; *Pf.* (*Impf.* приглаша́ть): invite
приглаша́ть АЙ SS -а́ют; *Impf.* (*Pf.* пригласи́ть): invite • «приглаша́ются на рабо́ту...» (*announcement*) "wanted:..."
приглаше́ние SS *n.in*: invitation
пригова́ривать[1] SS -ают; *Impf.* (*Pf.* приговори́ть): sentence
пригова́ривать[2] АЙ SS -ают; *no ppp; Impf*: repeat, keep saying
пригово́р SS *m.in*: sentence
приговори́ть И ES -ря́т; *Pf.* (*Impf.* пригова́ривать): sentence
пригоди́ться И ES -дя́тся; *Pf.* (*Impf.* пригожда́ться): come in handy

Russian-English Glossary

при́город SS *m.in*: suburb
пригото́вить И SS -вят; *Pf.* (*Impf.* пригота́вливать *or* приготовля́ть): prepare
пригото́виться И SS пригото́вятся; *Pf.* (*Impf.* пригота́вливаться *or* приготовля́ться): prepare
придвига́ть АЙ SS -а́ют; *Impf.* (*Pf.* придви́нуть): move (up), draw (up)
приду́мать АЙ SS -ают; *Pf.* (*Impf.* приду́мывать): think up
приду́мывать АЙ SS -ают; *Impf.* (*Pf.* приду́мать): think up
прие́зд SS *m.in*: arrival
приезжа́ть АЙ SS -а́ют; *intrans*; *Impf.* (*Pf.* прие́хать): arrive
приём SS *m.in*: method, procedure, device; reception
прие́хать SS -е́дут -езжа́й! *intrans*; *Pf.* (*Impf.* приезжа́ть): arrive
прижима́ть АЙ SS -а́ют; *Impf.* (*Pf.* прижа́ть): press, clasp
приз SE *m.in*: prize
признава́ться ES признаю́тся; признава́йся! *Impf.* (*Pf.* призна́ться): confess
призна́ть АЙ SS -а́ют; *Pf.* (*Impf.* признава́ть): admit
призна́ться АЙ SS -а́ются; *Pf.* (*Impf.* признава́ться): confess
прийти́ ЕЕ приду́т; [приди́! *or* приходи́!] пришёл -шла́ -шли́; *past adv.* придя́; *past act. ptcpl.* прише́дший; *intrans*; *Pf.* (*Impf.* приходи́ть): come, arrive • мне в го́лову не пришло́ it never occurred to me
прийти́сь ЕЕ придётся; пришло́сь; *impersonal*, *Pf.* (*Impf.* приходи́ться): have to, be obliged to • ему́ тяжело́ пришло́сь he had a hard time
приказа́ть А MS -ка́жут; *Pf.* (*Impf.* прика́зывать): order
приключе́ние SS *n.in*: adventure
прикоснове́ние SS *n.in*: touch
прикры́ть КРОЙ SS -кро́ют; *ppp* прикры́тый S; *Pf.* (*Impf.* прикрыва́ть): close, cover
прила́вок SS (о) *m.in*: counter
примени́ть И MS -ме́нят; *ppp* применённый Е; *Pf.* (*Impf.* применя́ть): employ
приме́р SS *m.in*: example; sample
примеря́ть АЙ SS -я́ют; *Impf.* (*Pf.* приме́рить): try on
при́мус SS [*or* SE *NPlur.* -а́] *m.in*: primus-stove (for cooking)
принадлежа́ть Ч-А ES -жа́т; *intrans*; *Impf.*: belong to
принести́ С ЕЕ -несу́т; -нёс, -несла́, -несли́; *past adv.* -неся́, *past active ptcpl.* -нёсший; *Pf.* (*Impf.* приноси́ть): bring
принима́ть АЙ SS -а́ют; *Impf.* (*Pf.* приня́ть): take, receive, accept • принима́ть во внима́ние take into consideration
приноси́ть И MS -но́сят; *pres. pass. ptcpl.* -носи́мый; *Impf.* (*Pf.* принести́): bring
при́нцип SS *m.in*: principle • из при́нципа on principle
приня́ть (Й)М MM при́мут; при́нял, приняла́, при́няли; *ppp* при́нятый М; *Pf.* (*Impf.* принима́ть): take, accept • приня́ть ва́нну/душ take a bath/shower
приня́ться (Й)М ME при́мутся; приня́лся [*or* приня́лся] *Pf.* (*Impf.* принима́ться): get, begin, start • приня́ться за рабо́ту get to work
приобрета́ть АЙ SS -а́ют; *Impf.* (*Pf.* приобрести́): get, obtain, purchase
припа́док SS (о) *m.in*: fit; attack • серде́чный припа́док heart attack
припа́сть Д ES -паду́т; -па́л, -па́ла, -па́ли; *past adv.* -па́в(ши); *intrans*; *Pf.* (*Impf.* припада́ть): press oneself (to)
приса́живаться АЙ SS -аются; *Impf.* (*Pf.* присе́сть): sit for a short while; perch
присе́сть Д SS -ся́дут; -се́л, -се́ла, -се́ли; *past adv.* -се́в(ши); *intrans*; *Pf.* (*Impf.* приса́живаться): sit for a short while; perch
прислу́шаться АЙ SS -а́ются; *Pf.* (*Impf.* прислу́шиваться): listen
присоедини́ться И ES -ня́тся; *Pf.* (*Impf.* присоединя́ться): join
при́стань SE [*or* SS] *NPlur.* при́стани *f.in*: pier, wharf
приста́ть Н SS -ста́нут; *intrans*; *Pf.* (*Impf.* пристава́ть): put in, come alongside; pester
приступа́ть АЙ SS -а́ют; *intrans*; *Impf.* (*Pf.* приступи́ть): set about, get down to
приступи́ть И MS -сту́пят; *intrans*; *Pf.* (*Impf.* приступа́ть): set about, get down to • приступи́ть к де́лу get down to work
прися́жный: • прися́жный заседа́тель juror
притвори́ться И ES -творя́тся; *Pf.* (*Impf.* притворя́ться): pretend (to be)
приходи́ть И MS -хо́дят; *intrans*; *Pf.* (*Impf.* прийти́): come, arrive
приходи́ться И MS -хо́дится; *impersonal*; *Impf.* (*Pf.* прийти́сь): have to, be obliged to
прича́стие SS *n.in*: participle • страда́тельное прича́стие passive participle; действи́тельное прича́стие active participle
причи́на SS *f.in*: cause; reason
прия́тель SS *m.an*: friend
прия́тельница SS *f.an*: (female) friend
прия́тный S (e): nice, pleasant
про (*usually unstressed*) *prep.* +Acc: about
проанализи́ровать ОВА SS -руют; *Pf.* (*cf. Impf.* анализи́ровать): analyse
пробежа́ть ES -бегу́т -бегу́ -бежи́шь -бежи́т -бежи́м -бежи́те; *no ppp*; *Pf.* (*Impf.* пробега́ть): run through, run past
проби́ть БЙ ES -бью́т; -бе́й! проби́л, проби́ла, про́били; *ppp avoided*; *Pf.* (*cf. Impf.* би́ть): strike (said of a clock)
проби́ться БЙ ES -бью́тся; -бе́йся! *Pf.* (*Impf.* пробива́ться): force one's way through
пробле́ма SS *f.in*: problem
прова́л SS *m.in*: gap, gorge
провали́ться MS И -ва́лятся; *Pf.* (*Impf.* прова́ливаться): disappear; fall through; fail
прове́рить И SS -рят; *Pf.* (*Impf.* проверя́ть): verify
провести́ Д ЕЕ -веду́т; -вёл, -вела́, -вели́; *past adv.* -ведя́; *past active ptcpl.* -ве́дший; *Pf.* (*Impf.* проводи́ть): lead; spend (time)
прови́нция SS *f.in*: provinces; backwater
проговори́ть И ES -ря́т; *Pf.* (*Impf.* прогова́ривать): say
продава́ть ДА-ВАЙ ES -даю́т; -дава́й! *pres. adv.* -дава́я; *Impf.* (*Pf.* прода́ть): sell
продаве́ц ЕЕ (e) *m.an*: seller, store assistant
прода́ть ЕМ -даду́т -да́м, -да́шь, -да́ст, -дади́м, -дади́те -да́й! про́дал, продала́, про́дали; *ppp* про́данный М [*or* S] *Pf.* (*Impf.* продава́ть): sell
проде́лать АЙ SS -ают; *Pf.* (*Impf.* проде́лывать): perform, accomplish
продемонстри́ровать ОВА SS -руют; *Pf.* (*cf. Impf.* демонстри́ровать): demonstrate
продолжа́ть АЙ SS -а́ют; *Impf.* (*Pf.* продо́лжить): continue
продолжа́ться АЙ SS -а́ются; *Impf.* (*Pf.* продо́лжиться): continue
продолже́ние SS *n.in*: continuation
продо́лжить И SS -жат; *Pf.* (*Impf.* продолжа́ть): continue
проду́кты (*Plur. of* проду́кт SS *m.in*): produce, food, groceries
проезжа́ть АЙ SS -а́ют; *Impf.* (*Pf.* прое́хать): go by, go through
прое́кт SS *m.in*: project
прое́хать SS -е́дут -езжа́й! *no ppp*; *Pf.* (*Impf.* проезжа́ть): go by, go through
прожива́ть АЙ SS -а́ют; *intrans*; *Impf.*: live, reside
прожи́ть В ЕМ -живу́т; *Perf*: live (a certain time)
про́за SS *f.in*: prose
проигра́ть АЙ SS -а́ют; *Pf.* (*Impf.* прои́грывать): lose
прои́грывать АЙ SS -ают; *Impf.* (*Pf.* проигра́ть): lose
произво́л SS *m.in*: arbitrariness • бро́сить на произво́л судьбы́ throw to the winds of fate
произноше́ние SS *n.in*: pronunciation
произойти́ ЕЕ произойду́т; произошёл -шла́ -шли́; *past adv.* произойдя́; *past act. ptcpl.* происше́дший [*or* происше́дший]; *intrans*; *Pf.* (*Impf.* происходи́ть): happen; come from, descend from
происходи́ть И MS -хо́дят; *intrans*; *Impf.* (*Pf.* произойти́): happen; come from, descend from

пройти́ ЕЕ -йду́т; прошёл -шла́ -шли́; *past adv.* -йдя́; *past act. ptcpl.* -ше́дший; *ppp* про́йденный S; *Pf. (Impf.* проходи́ть): pass; get through; go, cover (a certain distance)
прока́рмливаться АЙ SS -аются; *Impf. (Pf.* прокорми́ться): support oneself; feed oneself
пролепета́ть А MS -лепе́чут; *ppp avoided; Pf. (cf. Impf.* лепета́ть): blabber, mutter, mumble
пролета́рий SS *m.an*: proletarian
пролива́ть АЙ SS -а́ют; *Impf. (Pf.* проли́ть): spill
проли́ть ЛЙ ЕМ -лью́т; -ле́й! про́лил, пролила́, про́лили; *ppp* проли́тый М; *Pf. (Impf.* пролива́ть): spill
промежу́ток SS (о) *m.in*: interval
проника́ть АЙ SS -а́ют; *intrans; Impf. (Pf.* прони́кнуть): penetrate; get into
прони́кнуть (НУ) SS -нут; -ни́к, -ни́кла, -ни́кли; *past adv.* -ни́кнув(ши) or -ни́кши]; *intrans; Pf. (Impf.* проника́ть): penetrate; get into
пропада́ть АЙ SS -пада́ют; *intransitive; Impf. (Pf.* пропа́сть): disappear; perish
пропа́сть Д ES -паду́т; -па́л, -па́ла, -па́ли; *past adv.* -па́в(ши); *intrans; Pf. (Impf.* пропада́ть): disappear; perish
прописа́ться А MS -пи́шутся; *Pf. (Impf.* пропи́сываться): register
про́пуск SE *NPlur.* -а́ *m.in*: pass (document) pass, permit
пропусти́ть И MS -пу́стят; *Pf. (Impf.* пропуска́ть): let pass, let through
просиде́ть Е ES -дя́т; *ppp* проси́женный S; *Pf. (Impf.* проси́живать): sit (for a certain time)
проси́ть И MS -сят; *Impf. (cf. Pf.* по-): ask, request • ми́лости про́сим welcome
просну́ться НУ ES -ну́тся; *Pf. (Impf.* просыпа́ться): wake up
проспа́ть ЕМ -спя́т; *ppp* про́спанный S; *Pf. (Impf.* просыпа́ть): oversleep
прости́ть И ES -тя́т; *Pf. (Impf.* проща́ть): forgive, pardon
про́сто *adv*: simply; *predicate*: (it is) simple
просто́й М [*sh.Plur.* просты́] *compar.* про́ще: simple
просту́да SS *f.in*: (head, chest) cold, sinus trouble
простуди́ться И MS -сту́дятся; *Pf. (Impf.* простужа́ться): catch cold
просу́нуть НУ SS -нут; *Pf. (Impf.* просо́вывать): shove, thrust
просыпа́ть[1] АЙ SS -а́ют; *Impf. (Pf.* проспа́ть): oversleep
просыпа́ть[2] АЙ SS -а́ют; *Impf. (Pf.* просы́пать): spill (said of dry stuffs)
просы́пать SS просы́плют; -плю -пешь [or -плешь] -пет [or -плет] -пем [or -плем] -пете [or -плете]; просы́пь! *Pf. (Impf.* просыпа́ть[2]): spill (said of dry stuffs)
просыпа́ться АЙ SS -а́ются; *Impf. (Pf.* просну́ться): wake up
про́сьба SS *f.in*: request
протестова́ть ОВА SS -ту́ют; *intrans; Impf*: protest
про́тив *prep. +Gen*: against; across from; *predicate*: be against
проти́вник SS *m.an*: opponent, adversary
противополо́жный S (е): contrary, opposite
протира́ть АЙ SS -а́ют; *Impf. (Pf.* протере́ть): wipe
протоко́л SS *m.in*: protocol
протя́гивать АЙ SS -ают; *Impf. (Pf.* протяну́ть): extend; stretch out
протяну́ть НУ MS -тя́нут; *Pf. (Impf.* протя́гивать): extend; stretch out
профе́ссор SE *NPlur.* -а́ *m.an*: professor
профсою́з SS *m.in*: trade union
профсою́зный S (е): trade union • профсою́зная кни́жка trade union member's document in booklet form
прохла́дный S (е): cool
проходи́ть И MS -хо́дят; *Impf. (Pf.* пройти́): pass
прохо́жий S *also used as m.an noun*: passing by; passer-by
проце́нт SS *m.in*: percent
проце́сс SS *m.in*: process; trial
проче́сть ЧТ ЕЕ -чту́т -чёл, -чла́, -чли́; *past adv.* -чтя́; *no past active ptcpl.; Pf. (Impf.* прочи́тывать): read

про́чий S *pronom. adj. inflected like ordinary adj*: other • ме́жду про́чим by the way
прочита́ть АЙ SS -а́ют; *Pf. (Impf.* прочи́тывать): read
проше́дший S *short forms avoided*: gone, bygone, past • проше́дшее вре́мя past tense
прошепта́ть А MS -ше́пчут; *ppp* прошёптанный S; *Pf. (cf. Impf.* шепта́ть): whisper
про́шлый S: past; last
проща́ть АЙ SS -а́ют; *Impf. (Pf.* прости́ть): forgive • проща́йте good-bye, farewell
проща́ться АЙ SS -а́ются; *Impf. (Pf.* прости́ться): say goodbye
пружи́на SS *f.in*: spring
пры́гать АЙ SS -а́ют; *intrans; Impf. (cf. Pf.* пры́гнуть): jump, leap
пры́гнуть НУ SS -нут; *intrans; Pf. (cf. Impf.* пры́гать): jump, leap
прыжо́к ЕЕ (о) *m.in*: jump, leap • прыжо́к в длину́ long jump
пря́мо *adv. and particle*: straight, direct • пря́мо в глаза́ right to one's face
прямо́й М [*sh.Plur.* прямы́]: direct
пря́тать А SS пря́чут; *Impf. (cf. Pf.* с-): hide
псевдони́м SS *m.in*: pseudonym
психиа́тр SS *m.an*: psychiatrist
психиатри́ческий: psychiatric • психиатри́ческая лече́бница mental hospital
психи́ческий: mental, psychic(al)
психопа́т SS *m.an*: psychopath
пти́ца SS *f.an*: bird
пу́блика SS *f.in*: public; audience
публи́чный S (е): public
пуга́ть АЙ SS -а́ют; *Impf. (cf. Pf.* ис-, на-): frighten
пуга́ться АЙ SS -а́ются; *Impf. (cf. Pf.* ис-, на-): take fright, be scared
пу́ля SS *f.in*: bullet
пуска́ть А SS -а́ют; *Impf. (Pf.* пусти́ть): let in, admit
пусти́ть И MS -тят; *Pf. (Impf.* пуска́ть): let in, admit; throw • пусти́ть по ве́тру throw to the winds
пусто́й М [*sh.Plur.* пусты́]: empty
пусты́нный S (е): deserted
пусть *particle and conjunction*: let, let (him, etc.) • пусть хо́лодно, пусть ве́тер let it be cold, let it be windy, I don't mind
пустяко́вый S: trifling
путеше́ствие SS *n.in*: trip
путеше́ствовать ОВА SS -твуют; *intrans; Impf*: travel
путь ЕЕ *GPDSg.* пути́; *m.in*: way • попа́сть на ло́жный путь get on the wrong track
пыль SS *Loc.* (в) -и́ *Plur. hypothetical; f.in*: dust
пы́льный М (е): dusty
пыта́ться АЙ SS -а́ются; *Impf. (cf. Pf.* по-): try
пы́шный М (е) [*sh.Plur.* пы́шны́]: splendid, magnificent
пья́ница SS *both m.an and f.an*: drunkard
пья́ный М [*sh.Plur.* пья́ны́] *also used as m.an noun*: drunk
пята́к ЕЕ *m.in*: five-kopek piece
пятёрка SS (о) *f.in*: five-ruble note
пя́тница SS *f.in*: Friday
пятно́ ES (е) *n.in*: spot

Р

рабо́та SS *f.in*: work • курсова́я рабо́та term paper; контро́льная рабо́та quiz; на рабо́те at work, at the office; поступи́ть на рабо́ту get a job; наня́ться (устро́иться) на рабо́ту get a job; приглаша́ем на рабо́ту help wanted
рабо́тать АЙ SS -а́ют; *intrans; Impf*: work
рабо́тник SS *m.an*: employee, worker
работя́га SS *both m.an and f.an*: hard worker
рабо́чий S *also used as m.an noun*: working; worker, workingman
равноду́шный S (е): indifferent

Russian-English Glossary 317

ра́вный E (e) *sh.masc.* ра́вен: equal • всё равно́ anyway; all the same; мне всё равно́ I don't care

рад S *no long forms; no comparative*: glad

ра́ди *preposition and postposition*: for the sake of

радика́льный S (e): radical, drastic, absolute

ра́дио *indeclinable; n.in*: radio

радиосигна́л SS *m.in*: radio signal

радиоста́нция SS *f.in*: radio station

ра́довать OBA SS -дуют; *Impf.* (*cf. Pf.* об-, по-): make happy

ра́доваться OBA SS -дуются; *Impf.* (*cf. Pf.* об-, по-): enjoy, be happy at

ра́достный S (e): joyful

ра́дость SS *f.in*: joy

раз SE GPlur. -# (*Irreg. fixed expression* ни ра́зу not (even) once) *m.in*: time, occasion • как раз just; на э́тот раз this time, for once

разбега́ться АЙ SS -а́ются; *Impf.* (*Pf.* разбежа́ться): scatter

разбива́ть АЙ SS -а́ют; *Impf.* (*Pf.* разби́ть): break

разбира́ться АЙ SS -а́ются; *Impf.* (*Pf.* разобра́ться): understand, be knowledgeable about

разби́ть БЙ ES разобью́т; разбе́й! *ppp* разби́тый S; *Pf.* (*Impf.* разбива́ть): break

разби́ться БЙ ES разобью́тся; разбе́йся! *Pf.* (*Impf.* разбива́ться): crash • разби́ться на́смерть crash to death, kill oneself

разбогате́ть ЕЙ SS -е́ют; *intrans; Pf.* (*cf. Impf.* богате́ть): grow rich

ра́зве *particle*: really • Ра́зве не так? Isn't it so?; perhaps; *conjunction*: except that, except perhaps

разверну́ть НУ ES -ну́т; *ppp* развёрнутый S; *Pf.* (*Impf.* развёртывать *or* развора́чивать): unfold, open

развесели́ться И ES -ля́тся; *Pf.* (*Impf.* развеселя́ться): cheer up

развести́сь Д EE -веду́тся; -вёлся, -вела́сь, -вели́сь; *past adv.* -ведя́сь; *past active ptcpl.* -ве́дшийся; *Pf.* (*Impf.* разводи́ться): divorce

разво́д SS *m.in*: divorce

развора́чивать АЙ SS -ают; *Impf.* (*Pf.* разверну́ть): unfold, open

разгова́ривать АЙ SS -ают; *intrans; Impf.*: converse

разгово́р SS (*Irreg. fixed expressions* и разгово́ру [*or* разгово́ра] нет (быть не мо́жет) there's no use talking about it; без разгово́ру without any objections) *m.in*: conversation

разгу́ливать АЙ SS -ают; *intrans; Impf.*: stroll about

разда́ться ЕЕ [*or* EM] -даду́тся; -да́мся -да́шься -да́стся -дади́мся -дади́тесь -да́йся! [-да́лся *or old fashioned* -да́лся] *Pf.* (*Impf.* раздава́ться): be heard

раздева́ть АЙ SS -а́ют; *Impf.* (*Pf.* разде́ть): undress

раздева́ться АЙ SS -а́ются; *Impf.* (*Pf.* разде́ться): get undressed

разде́л SS *m.in*: section

раздели́ть И MS -де́лят; *ppp* разделённый E; *Pf.* (*Impf.* разделя́ть): divide; share

раздели́ться И MS -де́лятся; *Pf.* (*Impf.* разделя́ться): separate, divide up, split

разде́ть Н SS -де́нут; *ppp* разде́тый S; *Pf.* (*Impf.* раздева́ть): undress

разде́ться Н SS -де́нутся; *Pf.* (*Impf.* раздева́ться): undress

раздражённо *adv*: exasperatedly, with irritation

разжига́ть АЙ SS -а́ют; *Impf.* (*Pf.* разже́чь): kindle

разлива́ть АЙ SS -а́ют; *Impf.* (*Pf.* разли́ть): pour

разме́р SS *m.in*: dimension, size

разноси́ть И MS -но́сят; *Impf.* (*Pf.* разнести́): deliver

ра́зный S (e): various, different

разойти́сь ЕЕ разиду́тся; разошёлся -шла́сь -шли́сь; *past adv.* разойдя́сь; *past act. ptcpl.* разоше́дшийся; *Pf.* (*Impf.* расходи́ться): part, separate; get divorced

разоре́ние SS *n.in*: ruin, bancruptcy

разреза́ть АЙ SS -а́ют; *Impf.* (*Pf.* разреза́ть): cut, slit

разреза́ть A SS -жут; *Pf.* (*Impf.* разреза́ть): cut, slit

разреша́ть АЙ SS -а́ют; *Impf.* (*Pf.* разреши́ть): allow, permit

разреши́ть И ES -ша́т; *Pf.* (*Impf.* разреша́ть): allow, permit

разруба́ть АЙ SS -а́ют; *Impf.* (*Pf.* разруби́ть): cut

разъе́хаться SS -е́дутся; -езжа́йся! *Pf.* (*Impf.* разъезжа́ться): disperse, separate, go, ride away from each other

разыгра́ть АЙ SS -а́ют; *Pf.* (*Impf.* разы́грывать): act out; draw (*as in a lottery*)

разы́грывать АЙ SS -ают; *Impf.* (*Pf.* разыгра́ть): act out; draw (*as in a lottery*)

разыска́ть A MS -ы́щут; *Pf.* (*Impf.* разы́скивать): find

райо́н SS *m.in*: area

ра́ковина SS *f.in*: sink, lavatory bowl

ра́ма SS *f.in*: frame

ра́на SS *f.in*: wound

ра́но *adv*: early; *predicate*: (it is) early

ра́ньше *compar. of* ра́нний: earlier; *adv*: formerly, before; first of all

раскла́няться АЙ SS -яются; *Pf.* (*Impf.* раскла́ниваться): take leave, bow out

раскле́ивать АЙ SS -ают; *Impf.* (*Pf.* раскле́ить): paste up, stick up

раскопа́ть АЙ SS -а́ют; *Pf.* (*Impf.* раска́пывать): dig up, unearth

раскры́ть КРОЙ SS -кро́ют; *ppp* раскры́тый S; *Pf.* (*Impf.* раскрыва́ть): open

раскры́ться КРОЙ SS -кро́ются; *Pf.* (*Impf.* раскрыва́ться): open

распахну́ться НУ ES -ну́тся; *Pf.* (*Impf.* распа́хиваться): open wide; fly open

расписа́ние SS *n.in*: schedule

располэти́сь З EE -зу́тся; -по́лзся, -ползла́сь, -ползли́сь; *past adv.* -по́лзшись; *Pf.* (*Impf.* располза́ться): crawl away

распоро́ть O MS -по́рют; *ppp* распо́ротый S; *Pf.* (*Impf.* распа́рывать): rip open, rip apart

распределя́ть АЙ SS -я́ют; *Impf.* (*Pf.* распредели́ть): allocate, distribute

рассве́т SS *m.in*: dawn, daybreak

рассерди́ться И MS -се́рдятся; *Pf.* (*cf. Impf.* серди́ться): get angry

расска́з SS *m.in*: story

рассказа́ть A MS -ка́жут; *Pf.* (*Impf.* расска́зывать): tell

расска́зывать АЙ SS -ают; *Impf.* (*Pf.* рассказа́ть): tell

расспра́шивать АЙ SS -ают; *Impf.* (*Pf.* расспроси́ть): question

расспроси́ть И MS -спро́сят; *Pf.* (*Impf.* расспра́шивать): question

расста́вить И SS -вят; *Pf.* (*Impf.* расставля́ть): arrange

расставля́ть АЙ SS расставля́ют; *Impf.* (*Pf.* расста́вить): arrange

расста́ться Н SS -ста́нутся; *Pf.* (*Impf.* расстава́ться): part

расстоя́ние SS *n.in*: distance

расстре́л SS *m.in*: execution

расстреля́ть АЙ SS -я́ют; *Pf.* (*Impf.* расстре́ливать): shoot, execute

расха́живать АЙ SS -ают; *intrans; Impf.*: strut

расхо́д SS *m.in*: expense, cost

расходи́ться И MS -хо́дятся; *Impf.* (*Pf.* разойти́сь): disperse

расцве́т SS *m.in*: flourishing, flowering

расчеса́ть A MS -че́шут; *ppp* расчёсанный S; *Pf.* (*Impf.* расчёсывать): comb

расши́риться И SS -рятся; *Pf.* (*Impf.* расширя́ться): expand

ращение SS *n.in*: growing

рва́ный S: torn

реализа́ция SS *f.in*: realization

реали́зм SS *m.in*: realism

реа́льность SS *f.in*: reality

реа́льный S (e): real; realizable, practical

ребёнок SS NPlur. де́ти, GPlur. дете́й, PPlur. де́тях, DPlur. де́тям, IPlur. детьми́; *m.an*: child

ребя́та S Plur. only; *n.an*: guys

рёв SS *m.in*: roar, howl

реве́ть ES реву́т; *intrans; Impf.*: roar, bellow

революцио́нный S (e): revolutionary

револю́ция SS *f.in*: revolution

регистра́ция SS *f.in*: registration

регистри́ровать OBA SS -руют; *Impf.* (*cf. Pf.* за-): register

регуля́рный S (e): regular

редактор SS [or SE NPlur. -á] m.an: editor
редакционный S (е): editorial • редакционные кабинеты newspaper (editor's) offices
редакция SS f.in: editorial offices
редко adv: seldom, rarely
режим SS m.in: regime
результат SS m.in: result
резюмировать ОВА SS -руют; Pf.-Impf: sum up
река ES ASg. реку [or ES] (Irreg. fixed expressions за реку [or за реку or за реку]; на реку [or на реку or на реку]) f.in: river
рекомендовать ОВА SS -дуют; Pf.-Impf: recommend
религиозный S (е): religious
ремонт SS m.in: repairs • капитальный ремонт major repairs, overhaul
ремонтировать ОВА SS -руют; Impf. (cf. Pf. от-): repair
репортёр SS m.an: reporter
ресница SS f.in: eyelash
ресторан SS m.in: restaurant
ресторанчик SS m.in: dim. of ресторан: restaurant
рецепт SS m.in: prescription; method, way, practice
речь SE NPlur. речи f.in: speech
решать АЙ SS -ают; Impf. (Pf. решить): decide
решаться АЙ SS -аются; Impf. (Pf. решиться): make up one's mind
решительность SS f.in: decisiveness
решительный S (е): resolute, determined
решить И ES -шат; Pf. (Impf. решать): decide
ржать n/v A ES ржут; pres. adv. avoided; intrans; Impf: neigh
риск SS Part. -у m.in: risk • идти на риск take a chance
рисовать ОВА SS -суют; Impf. (cf. Pf. на-): paint; draw
рисунок SS (о) m.in: drawing
род SE NPlur. роды m.in: genus; gender (grammatical); kind • в своём роде in its own way
родители S Plur. only; m.an: parents
родительный S (е): genitive
родиться[1] И ЕМ [or ЕЕ] -дятся; родился; Pf. (Impf. родиться[2] or рождаться): be born
родиться[2] И ES -дятся; Impf. (Pf. родиться[1]): be born
родной E no masc. short form; other short forms avoided: native, home • родной город home town
рождаться АЙ SS -аются; Impf. (Pf. and Impf. родиться): be born
рождение SS n.in: birth
рожок ES (о) Gplur. рожек m.in: dim. of рог: horn; shoe horn
розовый S compar. розовее: pink, rose-colored
розыск SS m.in: search, hunt • уголовный розыск police (the arm of Soviet and Russian police that deals with non-political crime)
рок-группа SS f.in: rock group
роль SE NPlur. роли f.in: role
роман SS m.in: novel
рубашка SS (е) f.in: shirt
рубить И MS -бят; Impf. (cf. Pf. раз-, от-, на-, по-): chop, hack
рублик SS m.in: dim. of рубль: ruble
рубль ЕЕ m.in: ruble
ругать АЙ SS -ают; Impf. (cf. Pf. об-, вы-, от-): curse; scold
ругаться АЙ SS -аются; Impf. (cf. Pf. вы-): curse, swear, yell
рука ЕЕ ASg. руку, NPlur. руки (Irreg. fixed expressions за руку, за руки; на руку, на руки) f.in: hand, arm • голыми руками with one's bare hands; по рукам it's a deal
рукав ЕЕ NPlur. -а m.in: sleeve
руководитель SS m.an: advisor; leader
рукописный S (е): manuscript; hand-written
рукоплескания (Plur. of рукоплескание SS n.in): clapping, applause
руль ЕЕ m.in: rudder; steering wheel
русский also used as m./f.an noun: Russian; a Russian
русско-английский: Russian-English
рухнуть НУ SS -нут; intrans; Pf. (cf. Impf. рушиться): collapse

ручка SS (е) f.in: pen; dim. of рука arm, hand
рыбий special adj: fish
рыжий M also used as m.an noun: red; red-haired; red-haired person
рынок SS (о) m.in: market • чёрный рынок black market
рысь SS Loc. (на) -и Plur. hypothetical; f.in: trot
рыться РОЙ SS роются; Impf: rummage around
ряд SE Loc. (в) -у (Irreg. fixed expressions два (три, четыре) ряда two, etc. rows; в ряде случаев in a number of cases) m.in: row; line
рядом adv: alongside; close
ряса SS f.in: cassock, priest's robe

С

сад SE Loc. (в) -у m.in: garden
садиться И ES -дятся; Impf. (Pf. сесть): sit down
садовый S: garden
самовар SS m.in: samovar
самолёт SS m.in: airplane
самостоятельно adv: independently
самоубийство SS n.in: suicide • совершить самоубийство commit suicide
самый S pronom. adj. inflected like ordinary adj: most; the very • тот же самый the same; на самом деле in fact
сандалия SS f.in: sandal
сапог ЕЕ GPlur. -# m.in: boot, shoe
саркастический: sarcastic
сатана ЕЕ m.an: Satan, devil
сатана ЕЕ both m.an and f.an: (pejorative term for a person) son-of-a-gun
сатира SS f.in: satire
сатирический: satirical
сбежать ES сбегут, сбегу, сбежишь, сбежит, сбежим, сбежите; intrans; Pf. (Impf. сбегать): run down, away
сбор SS m.in: collection; pl. preparations
сборник SS m.in: collection
сбрить БРЕЙ SS -бреют; ppp сбритый S; Pf. (Impf. сбривать): shave off
свадебный S (е): wedding • свадебный ужин wedding reception
свадьба SS (е) f.in: wedding
свалиться И MS -валятся; Pf. (Impf. сваливаться): collapse, fall down • свалиться в обморок faint
свежий E [sh.Plur. свежи]: fresh
свекровь SS f.an: mother-in-law (husband's mother)
сверкать АЙ SS -ают; intrans; Impf. (cf. Pf. сверкнуть): glitter
свернуть НУ ES -нут; intrans; Pf. (Impf. свёртывать or сворачивать): turn
сверхмощный S [or M] (е) sh.fem. avoided; no compar: high-powered
сверху adv: from above, from the top; on the surface
свести Д ЕЕ сведут; свёл, свела, свели; past adv. сведя; past active ptcpl. сведший; Pf. (Impf. сводить): lead, bring, take • свести знакомство strike up an acquaintance
свет[1] SS Part. -у, Loc. (на) -у Plur. hypothetical; m.in: light
свет[2] SS Plur. hypothetical; m.in: world
светиться И MS -тятся; Impf: shine
светлеть ЕЙ SS -еют; intrans; Impf. (cf. Pf. по-): brighten
светлый E (е) sh.masc. светел: light
светский: fashionable, genteel; wordly • светское общество high society
свеча ЕЕ NPlur. свечи f.in: candle
свидание SS n.in: meeting; date • до свидания goodbye
свидетельство SS n.in: certificate
свитер SS [or SE NPlur. -á] m.in: sweater
свобода SS f.in: freedom
свободный S (е) also used as m.an noun: free; vacant
свой[1] special adj: one's own • в своём роде in one's own way;

Russian-English Glossary 319

свой² *special adj. used as m.anim. noun*: свой (челове́к) insider, one of us

свя́занный¹ S *short forms* свя́зан, -зана, -зано, -заны *compar.* -занне́е: connected, tied up with

свя́занный² S *short forms* свя́зан, -занна, -занно, -занны *compar.* -занне́е: constrained, forced, unnatural

связа́ться А MS -вя́жутся; *Pf.* (*Impf.* свя́зываться): get involved with, get mixed up with

свя́зывать АЙ SS -ают; *Impf.* (*Pf.* связа́ть): bind, tie up

связь SS (*Irreg. fixed expressions* в связи́ с чём-л., в э́той связи́ in reference to smt, to this) *f.in*: connection; communications

свято́й M *also used as m.an noun*: holy; saint

свяще́нник SS *m.an*: priest

сгоре́ть E ES -ря́т; *intrans; Pf.* (*Impf.* сгора́ть): burn up

сдава́ть ДА-ВА́Й ES сдаю́т; сдава́й! *pres. adv.* сдава́я; *Impf.* (*Pf.* сдать): rent out; turn in, hand in

сдать ЕМ сдаду́т, сдам, сдашь, сдаст, сдади́м, сдади́те сдай! *ppp* сда́нный Е; *Pf.* (*Impf.* сдава́ть): rent out; turn in, hand in

сда́ча SS *f.in*: change, difference between price and amount tendered • де́ньги без сда́чи exact change

сде́лать АЙ SS -ают; *Pf.* (*cf. Impf.* де́лать): do, make • сде́лать/нанести́ визи́т make a visit; сде́лать шаг take a step; сде́лать карье́ру make one's career, push one's way to the top

сде́латься АЙ SS -аются; *Pf.* (*cf. Impf.* де́латься): become

сдёргивать АЙ SS -ают; *Impf.* (*Pf.* сдёрнуть *for a single act and* сдёргать *for more than one*): pull off

сдёрнуть НУ SS -нут; *Pf.* (*Impf.* сдёргивать): pull off, jerk off

сеа́нс SS *m.in*: performance

се́вер SS *m.in*: north

се́верный S (е): northern • се́верное сия́ние northern lights, Aurora Borealis

се́веро-за́пад SS *m.in*: northwest

сего́дня *adv. and indeclinable n.in*: today

сего́дняшний S (е): today's

седо́й M: grey, grey-haired

сезо́н SS *m.in*: season

сей *special adj., stem* с- *plus the forms of* он/она́/оно́ *except* Nom. сей, сё, сия́ сий *and ASg.fem.* сию́: this • до сих пор up to now

сейча́с *adv*: now • сейча́с же immediately

секрета́рша SS *f.an*: (female) secretary

секрета́рь ЕЕ *m.an*: (female or male) secretary

секре́тный S (е): secret

секу́нда SS *f.in*: second

се́кция SS *f.in*: section

семе́йный S (е): family

семе́йство SS *n.in*: family

семе́стр SS *m.in*: semester

семина́р SS *m.in*: seminar

семья́ ES (е) GPlur. семе́й *f.in*: family

сенсацио́нный S (е): sensational

серде́чный S (е): heart; cordial, hearty • серде́чный припа́док heart attack

серди́тый S: angry

серди́ться И MS -дятся; *Impf.* (*cf. Pf.* рас-): be angry, get angry

се́рдце SE (е) *n.in*: heart

сере́бряный S: silver

середи́на SS *f.in*: middle

се́рый M: grey

серьёзно *adv*: seriously

серьёзный S (е): serious

сестра́ ES (ё) NPlur. сёстры, GPlur. сестёр *f.an*: sister

сесть Д SS ся́дут; [сядь! *or* сади́сь!] сел, се́ла, се́ли; *past adv.* сев(ши); *intrans; Pf.* (*Impf.* сади́ться): sit down • сесть в тюрьму́ go to jail; сесть в трамва́й take/board a streetcar

сжать М ES сожму́т; *ppp* сжа́тый S; *Pf.* (*Impf.* сжима́ть): squeeze, compress • сжать зу́бы grit one's teeth

сжечь ЖГ ЕЕ сожгу́т, сожгу́; сожжёт; сжёг, сожгла́, сожгли́; *past adv.* сжёгши; *ppp* сожжённый; *Pf.* (*Impf.* сжига́ть): burn something

сжига́ть АЙ SS -ают; *Impf.* (*Pf.* сжечь): burn something

сза́ди *adv*: from behind, from the rear; behind; *prep. +Gen*: behind

сигна́л SS *m.in*: signal

сиде́нье SS (и) *n.in*: seat

сиде́ть Е ES -дят; *pres. adv.* си́дя; *intrans; Impf*: sit

си́ла SS *f.in*: strength, force • изо всей си́лы with all one's might; выбива́ться из сил wear oneself out

си́льно *adv*: strongly, greatly

си́льный M (ё) *short forms* силён, сильна́, си́льно, сильны́ [*or old-fashioned* си́лен, си́льны]: strong, powerful

симпати́чный S (е): nice

си́ний M: dark blue

системати́ческий: systematic

си́тец SS (е) *Part.* -у *m.in*: chintz, cotton print

си́течко SS (е) NPlur. -и *n.in*: (tea) strainer

ситуа́ция SS *f.in*: situation

си́тцевый S: chintz; cotton print

сия́ние SS *n.in*: radiance • се́верное сия́ние northern lights, Aurora Borealis

сказа́ть А MS ска́жут; *Pf;* (*for Impf. use* говори́ть): say, tell

скала́ ES *f.in*: cliff

скаме́ечка SS (е) *f.in. dim. of* скамья́ bench

скаме́йка SS (е) *f.in*: bench

скамья́ ЕЕ (е) GPlur. скаме́й [*or* ES (и) GPlur. скаме́й] *f.in*: bench

ска́терть SE NPlur. ска́терти *f.in*: tablecloth

скати́ться И MS ска́тятся; *Pf.* (*Impf.* ска́тываться): run down, roll down

сквозь *prep. +Gen*: through

скла́дывать АЙ SS -ают; *Impf.* (*Pf.* сложи́ть): put together

скле́ивать АЙ SS скле́ивают; *Impf.* (*Pf.* скле́ить): glue together

скле́ить И SS -ят; *Pf.* (*Impf.* скле́ивать): glue together

скользну́ть НУ ES -нут; *intrans; Pf.* (*cf. Impf.* скользи́ть): slip • скользну́ть взгля́дом make a quick glance over

ско́лько¹ *adv*: how much, to what extent

ско́лько² *numeral; Acc.anim.* ско́льких *or* ско́лько, *Acc.inan.* ско́лько, *Gen./Prep.* -их, *Dat.* -им, *Inst.* -ими (*set phrase* по ско́льку [по ско́лько] дней, *etc.*): how much, how many days, etc.

ско́лько-нибудь *adv. and numeral;* (*only* ско́лько *is inflected*): any, an indefinite amount

сконча́ться АЙ SS -аются; *Pf*: pass away, die

скоре́е *compar. of* ско́рый: sooner; *adv*: preferably, sooner, rather • скоре́е всего́ most likely, most probably

ско́ро *adv*: soon

ско́рость SS *f.in*: speed

ско́рый M: quick • ско́рая по́мощь ambulance

скро́мность SS *f.in*: modesty

скро́мный M (е) [*sh.Plur.* скромны́]: modest

скры́ться КРОЙ SS скро́ются; *Pf.* (*Impf.* скрыва́ться): hide

скуча́ть АЙ SS -ают; *intrans; Impf*: be bored

ску́чный M (е) [*sh.Plur.* ску́чны́]: boring

сла́бый M [*sh.Plur.* слабы́]: weak

сла́ва SS *f.in*: glory • сла́ва бо́гу thank God

сла́дкий M (о) *compar.* сла́ще: sweet

сле́ва *adv*: to the left

слегка́ *adv*: slightly

след SE (*Irreg. fixed expressions* без следа́; ни следа́ not a trace) *m.in*: track, trace

следи́ть И ES -дят; *Impf.* (*cf. Pf.* про-): watch; follow

сле́довать ОВА SS -дуют; *intrans; Impf.* (*cf. Pf.* по-): follow; ought, should • тебе́ сле́дует бо́льше есть you ought to eat more

сле́дом *adv*: right behind

сле́дующий S: following, next

слеза́ть АЙ SS -а́ют; *intrans*; *Impf.* (*Pf.* слезть): climb down
слезть З SS -зут; слез, сле́зла, сле́зли; *past adv.* сле́зши; *intrans*; *Pf.* (*Impf.* слеза́ть): climb down
сли́шком *adv*: too
слова́рь ЕЕ *m.in*: dictionary
сло́вно *conjunction and particle*: as if; like
сло́во SE *n.in*: word • по слова́м Оста́па according to Ostap
сложи́ть И MS сло́жат; *Pf.* (*Impf.* скла́дывать): put together
сло́жный М (е) [*sh.Plur.* сложны́]: difficult
слома́ть АЙ SS -а́ют; *Pf.* (*cf. Impf.* лома́ть): break
слома́ться АЙ SS -а́ются; *Pf.* (*cf. Impf.* лома́ться): break
слуга́ ES *m.an*: servant
слу́жащий S *also used as m./f.an noun*: employee
слу́жба SS *f.in*: service; job, work
служе́бный S (е): work
служи́ть И MS -жат; *Impf.*: work
слу́чай SS *m.in*: event • в тако́м слу́чае in that case
случа́ться АЙ SS -а́ются; *Impf.* (*Pf.* случи́ться): happen; occur
случи́ться И ES -а́тся; *Pf.* (*Impf.* случа́ться): happen; occur
слу́шать АЙ SS -ают; *Impf.*: listen • слу́шать курс take a course
слыха́ть SS *no non-past*; *Impf.*: hear
слы́шать Ч-А SS -шат; *Imperative avoided*; *pres. pass. ptcpl.* слы́шимый; *Impf.* (*cf. Pf.* у-): hear
слы́шаться Ч-А SS -шатся; *Imperative avoided*; *Impf.* (*cf. Pf.* по-): be heard
слы́шно[1] *adv*: audibly
слы́шно[2] *predicate and parenthetical word*: one can hear; they say, it is rumored • что слы́шно? any news?
слы́шный М (е) [*sh.Plur.* слышны́]: audible
сме́лый М [*sh.Plur.* смелы́]: bold
смени́ть И MS сме́нят; *ppp* сменённый Е; *Pf.* (*Impf.* сменя́ть): change, replace
смерте́льный S (е): fatal, lethal
сме́ртный S (е) *also used as m.an noun*: mortal • сме́ртный пригово́р death sentence
смерть SE *NPlur.* сме́рти (*Irreg. fixed expressions* до́ смерти very much; он при́ смерти he's dying) *f.in*: death • борьба́ не на жизнь, а на́ смерть [*or* на́ смерть] fight to the death
смех SS *Part.* -у (*Irreg. fixed expressions* (мне) не до сме́ху [*or* не до сме́ха] (I) don't feel like laughing; подня́ть кого́-л. на́ смех ridicule smb) *m.in*: laughter
смеша́ть АЙ SS -а́ют; *Pf.* (*Impf.* сме́шивать): mix
сме́шивать АЙ SS -ают; *Impf.* (*Pf.* смеша́ть): mix
смешно́й Е (о): funny
смея́ться А ES смею́тся; *Impf.*: laugh
смотре́ть Е MS -рят; *ppp* (*old-fashioned*) смо́тренный S; *Impf.* (*cf. Pf.* по-): look, watch • смотре́ть телеви́зор/телеви́дение watch television
смотря́ *present adv. of* смотре́ть: depending • смотря́ кто́ (что́, где́, etc.): it depends who (what, where, etc.); смотря́ по depending on, in accordance with
смочь Г МЕ смо́гут, смогу́, смо́жет; смог, смогла́, смогли́; *past adv.* смо́гши; *intrans*; *Pf.* (*cf. Impf.* мочь): be able
смыва́ть АЙ SS -а́ют; *Impf.* (*Pf.* смыть): wash off, rinse off
смыва́ться АЙ SS -а́ются; *Impf.* (*Pf.* смы́ться): wash off, come off
смысл SS *m.in*: sense • в како́м смы́сле? in what sense?
смыть МОЙ SS -мо́ют; *ppp* смы́тый S; *Pf.* (*Impf.* смыва́ть): wash off, rinse off
снача́ла *adv*: at first
снег SE *Part.* -у, *Loc.* (в/на) -у́, *NPlur.* -а́ *m.in*: snow
сни́зу *adv*: from below, from the bottom
снима́ть АЙ SS -а́ют; *Impf.* (*Pf.* снять): take off, remove; take (pictures); rent
сно́ва *adv*: again
снять НИМ ММ сни́мут; *ppp* сня́тый М; *Pf.* (*Impf.* снима́ть): take off, remove; take (pictures); rent
соба́ка SS *f.an*: dog
соба́чий *special adj*: dog's

собира́ть АЙ SS -а́ют; *Impf.* (*Pf.* собра́ть): gather, collect • собира́ть ве́щи pack
собира́ться АЙ SS -а́ются; *Impf.* (*Pf.* собра́ться): collect oneself; intend, be about to; get ready
собра́ние SS *n.in*: meeting
собра́ть n/v А ЕМ -беру́т; *Pf.* (*Impf.* собира́ть): gather, collect • собра́ть ве́щи pack
собра́ться n/v А ЕМ [*or* ЕЕ] -беру́тся; [-бра́лся *or old-fashioned* -бра́лся]; *Pf.* (*Impf.* собира́ться): gather; collect oneself; intend, be about to; get ready
со́бственник SS *m.an*: owner, proprietor; *coll.* bourgeois
собственнору́чно *adv*: with one's own hands
со́бственность SS *f.in*: property
со́бственный S (е) [*sh.masc.* со́бственен *or* со́бствен]: one's own
собы́тие SS *n.in*: event
соверше́ние SS *n.in*: perpetration
соверше́нно *adv*: completely
соверше́нный S (е): perfect • соверше́нный вид глаго́ла perfective aspect
соверши́ть И ES -ша́т; *Pf.* (*Impf.* соверша́ть): accomplish, perform • соверши́ть самоуби́йство commit suicide
сове́т SS *m.in*: advice
сове́товать ОВА SS -туют; *intrans*; *Impf.* (*cf. Pf.* по-): advise
сове́тский: Soviet
совме́стный S (е): joint, combined
совреме́нник SS *m.an*: contemporary
совсе́м *adv*: entirely, completely • совсе́м не not at all
согла́сен (*sh.masc. of* согла́сный[2]) • я согла́сен I agree
согласи́ться И ES -ся́тся; *Pf.* (*Impf.* соглаша́ться): agree
согла́сный[1] *also used as m.in noun*: consonantal; consonant
согла́сный[2] S (е): agreeable (to); in accordance (with)
соглаша́ться АЙ SS -а́ются; *Impf.* (*Pf.* согласи́ться): agree
согну́ться НУ ES -ну́тся; *Pf.* (*Impf.* сгиба́ться): stoop, bend
содержа́ние SS *n.in*: content
сожале́ние SS *n.in*: regret • к сожале́нию unfortunately
созда́ние[1] SS *n.in*: creation (artistic), making
созда́ние[2] SS *n.an* [*or n.in*]: creature
созда́ть ЕМ -даду́т -да́м, -да́шь, -да́ст, -дади́м, -дади́те -да́й! со́здал, создала́, со́здали; *ppp* со́зданный М [*or* S] *Pf.* (*Impf.* создава́ть): create
созна́ние SS *n.in*: consciousness • без созна́ния unconscious
сойти́ ЕЕ сойду́т; сошёл -шла́ -шли́; *past adv.* сойдя́; *past act. ptcpl.* соше́дший [*or old-fashioned* сше́дший]; *intrans*; *Pf.* (*Impf.* сходи́ть): go down • сойти́ с ума́ go out of one's mind
сократи́ть И ES -тя́т; -щу́; *ppp* сокращённый Е; *Pf.* (*Impf.* сокраща́ть): shorten
сокращённо *adv*: in abbreviated form
сокро́вище SS *n.in*: treasure
солга́ть n/v А ЕМ -лгу́т, -лгу́, -лжёт; *intrans*; *Pf.* (*cf. Impf.* лгать): lie
солёный М *short forms* со́лон, солона́, со́лоно, солоны́; *compar.* солоне́е: salty
со́лнечный S (е): sun; sunny
со́лнце SS *n.in*: sun
солонова́тый S: a little salty
соль SE *NPlur.* со́ли *f.in*: salt
сомнева́ться АЙ SS -а́ются; *Impf.* (*cf. Pf.* усомни́ться): doubt
сомне́ние SS *n.in*: doubt
сон ЕЕ (о) *m.in*: sleep, dream • ви́деть сон dream; спать ве́чным сном lie in (*lit.* sleep) eternal sleep
со́нный S (е): sleepy
сообража́ть АЙ SS -а́ют; *Impf.* (*Pf.* сообрази́ть): ponder, think things over, figure out
сообрази́ть И ES -зя́т; *Pf.* (*Impf.* сообража́ть): ponder, think things over, figure out
сообща́ть АЙ SS -а́ют; *Impf.* (*Pf.* сообщи́ть): inform
сообще́ние SS *n.in*: report; message; communication, transportation
сообщи́ть И ES -ща́т; *Pf.* (*Impf.* сообща́ть): inform

соотве́тствие SS *n.in*: conformity
сопе́рница SS *f.an*: rival
соревнова́ние SS *n.in*: competition
сорт SE *NPlur.* -á *m.in*: grade, quality • пе́рвый сорт first-class
сосе́д SS *NPlur.* сосе́ди *GPlur.* сосе́дей *m.an*: neighbor
сосе́дка SS (о) *f.an*: neighbor woman
сосе́дний S (e): neighboring
соси́ска SS (о) *f.in*: frankfurter
соскользну́ть НУ ES -нут; *intrans; Pf.* (*Impf.* соска́льзывать): slip off
соску́читься И SS -чатся; *Pf.*: become bored
соста́вить И SS -вят; *Pf.* (*Impf.* составля́ть): put together; make up
составля́ть АЙ SS -я́ют; *Impf.* (*Pf.* соста́вить): put together; make up
состоя́ние SS *n.in*: state, condition
состоя́ться Й-А ES -оя́тся; *Imperative avoided; Pf.*: take place
со́тня SS (e) *f.in*: hundred
сохрани́ть И ES -ня́т; *Pf.* (*Impf.* сохраня́ть): save, preserve
социали́зм SS *m.in*: socialism
социалисти́ческий: socialist
социа́льный S (e): social
сочине́ние SS *n.in*: composition, paper
сочини́ть И ES -ня́т; *Pf.* (*Impf.* сочиня́ть): compose, make up
сою́з SS *m.in*: union; conjunction
спа́льня SS (e) *f.in*: bedroom
спаса́ть АЙ SS -а́ют; *Impf.* (*Pf.* спасти́): save
спаса́ться АЙ SS -а́ются; *Impf.* (*Pf.* спасти́сь): escape
спаси́бо *particle*: thanks, thank you; *parenthetical word*: *predicate*: thanks to, it's a good thing (that); *indeclinable n.in*: thanks
спасти́ С ЕЕ спасу́т; спас, спасла́, спасли́; *past adv.* спа́сши; *Pf.* (*Impf.* спаса́ть): save
спасти́сь С ЕЕ спасу́тся; спа́сся, спасла́сь, спасли́сь; *past adv.* спа́сшись; *Pf.* (*Impf.* спаса́ться): escape
спать ЕМ спят; *pres. adv. avoided; intrans; Impf.*: sleep
спекта́кль SS *m.in*: performance, show
сперва́ *adv*: at first
специали́ст SS *m.an*: specialist
спеши́ть И ES -ша́т; *intrans; Impf.* (*cf. Pf.* по-): hurry, be in a hurry
спина́ ES *ASg.* спи́ну (*Irreg. fixed expressions* за́ спину; на́ спину) *f.in*: back
спи́нка SS (о) *f.in*: *dim. of* спина́ back; back (of chair, etc.)
спи́сок SS (о) *m.in*: list
спи́чка SS (e) *f.in*: match
сплеча́ *adv*: with all one's might
спозара́нку *adv*: very early
споко́йно *adv*: quietly, peacefully, easily • Споко́йно! Take it easy!
споко́йный S (e): quiet, peaceful • споко́йной но́чи good night
спо́рить И SS -рят; *intrans; Impf.* (*cf. Pf.* по-): argue
спорт SS *m.in*: sports • ма́стер спо́рта expert athlete (*official athletic rank*)
спо́соб SS *m.in*: means, method
спосо́бный S (e): able, talented; capable of
споткну́ться НУ ES -ну́тся; *Pf.* (*Impf.* спотыка́ться): stumble over, against
спра́ва *adv*: to the right
спра́виться И SS -вятся; *Pf.* (*Impf.* справля́ться): cope, manage
спра́вочник SS *m.in*: reference book
спра́вочный S (e): information • спра́вочный отде́л reference department; спра́вочное бюро́ information service
спра́шивать АЙ SS -ают; *Impf.* (*Pf.* спроси́ть): ask
спроси́ть И MS -сят; *Pf.* (*Impf.* спра́шивать): ask
спряже́ние SS *n.in*: conjugation
спря́тать А SS спря́чут; *Pf.* (*cf. Impf.* пря́тать): hide
спуска́ться АЙ SS -а́ются; *Impf.* (*Pf.* спусти́ться): descend, go down
спусти́ться И MS -тятся; *Pf.* (*Impf.* спуска́ться): descend, go down
сравне́ние SS *n.in*: comparison • по сравне́нию by comparison
сравни́тельно *adv*: comparatively
сража́ться АЙ SS -а́ются; *Impf.* (*Pf.* срази́ться): fight
срази́ть И ES -зя́т; *Pf.* (*Impf.* сража́ть): slay
сра́зу *adv*: immediately
среди́ *prep.* +*Gen*: among, in the middle of; amongst • среди́ бе́ла дня in broad daylight
Средизе́мный *used only in*: Средизе́мное мо́ре Mediterranean Sea
сре́дний S (e): middle; average
сре́дство SS *n.in*: means; remedy • жить не по сре́дствам live beyond one's means; приня́ть сре́дство от take something (some medicine) for; сре́дство для воло́с hair lotion; hairdye
срок SS *Part.* -у *m.in*: time • к сро́ку in time
сро́чно *adv*: immediately, urgently
ссо́ра SS *f.in*: quarrel
ссо́риться И SS –ятся; *Impf.* (*Pf.* по-): quarrel, have a fight (verbal)
СССР *indeclinable; m.in*: (Сою́з Сове́тских Социалисти́ческих Респу́блик) USSR (Union of Soviet Socialist Republics)
ста́вить И SS -вят; *Impf.* (*cf. Pf.* по-): place • ста́вить печа́ть stamp; ста́вить усло́вие impose a condition
стадио́н SS *m.in*: stadium
ста́йка SS (e) *f.in*: school (of fish)
стака́н SS *m.in*: glass
станови́ться И MS -но́вятся; *Impf.* (*Pf.* стать): become
стано́к ЕЕ (о) *m.in*: machine-tool, loom, lathe, etc.
стара́ться АЙ SS -а́ются; *Impf.* (*cf. Pf.* по-): try
стари́к ЕЕ *m.an*: old man
старичо́к ЕЕ (о) *m.an*: *dim. of* стари́к old man
стару́ха SS *f.an*: old woman
стару́шка SS (e) *f.an*: *dim. of* стару́ха old woman
ста́рший S *short forms avoided; also used as m.an noun*: elder; older; senior; a senior person
ста́рый М [*sh.neut.* старо́, *sh.Plur.* ста́ры]: old
стать Н SS ста́нут; *intrans; Pf.* (*Impf.* станови́ться): become; begin; happen
статья́ ЕЕ (e) *f.in*: article
стащи́ть И MS -щат; *Pf.* (*Impf.* ста́скивать): drag down
стекло́ ES (о) *NPlur.* стёкла *n.in*: glass, pane
стекля́нный S (e): glass
стена́ ES *ASg.* сте́ну [*or old-fashioned* ЕЕ *ASg.* стену́, *NPlur.* сте́ны] (*Irreg. fixed expressions* за́ стену *or* за сте́ну; на́ стену *or* на сте́ну; в стена́х э́того до́ма within the walls of this house) *f.in*: wall
стере́ть ТР ES сотру́т; стёр, стёрла, стёрли; *past adv.* стере́в [*or* стёрши], *past active ptcpl.* стёрший, *ppp* стёртый S; *Pf.* (*Impf.* стира́ть²): erase, wipe off
стира́льный S (e): • стира́льный порошо́к detergent powder; стира́льная маши́на washing machine
стира́ть¹ АЙ SS -а́ют; *Impf.* (*cf. Pf.* вы́-, по-): wash (clothes)
стира́ть² SS -а́ют; *Impf.* (*Pf.* стере́ть): erase, wipe off
сти́рка SS (о) *f.in*: washing, doing the laundry
стих ЕЕ *m.in*: verse
стихотворе́ние SS *n.in*: poem
стихотво́рец SS (e) *m.an*: poet (*old-fashioned*)
сто́имость SS *f.in*: value
сто́ить И SS сто́ят; *no ppp; Impf.*: cost; be worth
стол ЕЕ *m.in*: table (*furniture*), desk
стол ЕЕ *m.in*: cuisine; office, department • а́дресный стол information desk, information service
сто́лик SS *m.in*: *dim. of* стол table
столи́ца SS *f.in*: capital
столкну́ться НУ ES -ну́тся; *Pf.* (*Impf.* ста́лкиваться): collide, run into
столо́вая *used as f.in noun*: cafeteria
столо́вка SS (о) *f.in*: *Colloq. for* столо́вая cafeteria

сто́лько¹ *numeral; Acc.anim.* сто́льких *or* сто́лько, *Acc.inan.* сто́лько, *Gen./Prep.* -их, *Dat.* -им, *Inst.* -ими (*set phrase* по сто́льку [по сто́лько] дней, *etc.* so many days in a row): so much, so many

сто́лько² *adv*: so much, as much, to such an extent

сто́н SS *m.in*: moan

сто́рож SE *NPlur.* -á *m.an*: guard

сторона́ EE *ASg.* сто́рону, *NPlur.* сто́роны (*Irreg. fixed expressions* по о́бе сто́роны [*or* сторо́ны] on both sides; на все четы́ре сто́роны [*or* сторо́ны] anywhere, in any direction) *f.in*: direction; side • отрица́тельная сторона́ drawback; не гляде́ть/смотре́ть по сторона́м not look around, not watch where one is going

стоя́нка SS (о) *f.in*: parking • автомоби́льная стоя́нка parking lot

стоя́ть Й-А ES -стоя́т; *pres. adv.* сто́я *intrans; Impf:* stand • сто́й! stop! halt!

страда́льчески *adv*: full of suffering

страда́тельный S (е): • страда́тельное прича́стие passive participle

страда́ть АЙ SS -а́ют; *intrans; Impf:* suffer

страна́ ES *f.in*: country

страни́ца SS *f.in*: page

стра́нность SS *f.in*: eccentricity; oddity

стра́нный М (е): strange

стра́стный S (е): passionate

стра́х SS *Part.* -у (*Irreg. fixed expressions* со стра́ху [*or* со стра́ха] from fear) *m.in*: fear

стра́шный М (е) [*sh.Plur.* страшны́]: frightful, awful

стрела́ ES *f.in*: arrow

стреля́ть АЙ SS -я́ют; *ppp* стре́лянный S; *Impf.* (*cf. Pf.* вы́стрелить): shoot

стреми́ться И ES -мя́тся; *Impf*: rush, stream

стри́жка SS (е) *f.in*: haircut

стри́чься Г ES стригу́тся, -гу́сь, -жётся; стри́гся, стри́глась, стри́глись; *no pres. adv; past adv.* стри́гшись; *Impf.* (*cf. Pf.* по-, о-): get a haircut

стро́ить И SS стро́ят; *pres. pass. ptcpl.* стро́имый; *Impf.* (*cf. Pf.* по-): build

стро́й¹ SS *m.in*: system, structure • выходи́ть из стро́я become unusable

стро́й² SE *Loc.* (в) -ю́ *m.in: military term:* formation; commission

строка́ EE *NPlur.* стро́ки [*or* ES] *f.in*: line

стро́чка SS (е) *f.in: dim. of* строка́: line

структу́ра SS *f.in*: structure

студе́нт SS *m.an*: student

студе́нтка SS (о) *f.an*: (female) student

студе́нт-хи́мик SS *both parts inflected m.an*: chemistry student

студе́нческий: student

сту́л SS *NPlur.* сту́лья *m.in*: chair

стуча́ть Ч-А ES -ча́т; *intrans; Impf.* (*cf. Pf.* сту́кнуть): knock

суббо́та SS *f.in*: Saturday

сувени́р SS *m.in*: souvenir

сугро́б SS *m.in*: snow-drift

су́д EE *m.in*: court; trial • отда́ть под су́д prosecute

суда́рыня SS *f.an*: madame

суди́ть И MS -дя́т; *pres. pass. ptcpl.* суди́мый; *Impf*: judge; try

судьба́ ES (е) *f.in*: fate

сумасше́дший S *short forms avoided; also used as m./f.an noun*: mad; mad person, lunatic

суме́ть ЕЙ SS -е́ют; *intrans; Pf.* (*cf. Impf.* уме́ть): be able, manage

су́мма SS *f.in*: sum

су́нуть НУ SS -нут; *Pf.* (*cf. Impf.* сова́ть): stick in

су́п SE *Part.* -у *m.in*: soup

суперма́ркет SS *m.in*: supermarket

сургу́ч EE *m.in*: (sealing) wax

сургу́чный S (е): (sealing) wax

су́рово *adv*: sternly

су́слик SS *m.an*: gopher; sweetie (*endearing way of addressing an intimate friend*)

су́ффикс SS *m.in*: suffix

сухо́й М [*sh.Plur.* сухи́]: dry

суши́лка SS (о) *f.in*: dryer

суши́льный S (е): • суши́льная маши́на dryer

суши́ть И MS -шат; *pres. active ptcpl.* су́шащий; *Impf.* (*cf. Pf.* вы́-): dry

существова́ть ОВА SS -тву́ют; *intrans; Impf.* (*cf. Pf.* про-): exist

су́щность SS *f.in*: essence

схвати́ть И MS -тят; *Pf.* (*Impf.* схва́тывать): grab

схвати́ться И MS -тятся; *Pf.* (*Impf.* схва́тываться): grab

сходи́ть¹ И MS схо́дят; *intrans; Impf.* (*Pf.* сойти́): go off, get down

сходи́ть² И MS схо́дят; *intrans; Pf.* (*cf. Impf.* ходи́ть): go, walk somewhere (and come back)

схо́дни S (е) *Plur. only; m.in*: gangplank

сце́на SS *f.in*: stage; scene

сцена́рий SS *m.in*: scenario

счастли́вый S *short forms* сча́стлив, -а, -о, -ы [*or old-fashioned* счастли́в, -а, -о, -ы]: happy; lucky

сча́стье SS (и) *n.in*: happiness • к сча́стью fortunately

счёт SE *NPlur.* -á (*Irreg. fixed expressions* на теку́щем счету́; на чьём-л. счету́) *m.in*: count; account; expense • жи́ть на чужо́й счёт live at others' expense

счита́ть АЙ SS -а́ют; *Impf.* (*cf. Pf.* сче́сть; сосчита́ть): consider; count

счита́ться АЙ SS -а́ются; *Impf*: be considered

США *Plur. only; indeclinable:* (Соединённые Шта́ты Аме́рики) USA

сши́ть ШЙ ES сошью́т; сше́й! *ppp* сши́тый S; *Pf*: sew, make (clothes)

съе́сть ES -едя́т, -е́м, -е́шь, -е́ст, -еди́м, -еди́те; -е́шь! -е́л -е́ла е́ли; *past adv.* -е́в(ши); *ppp* съе́денный S; *Pf.* (*Impf.* съеда́ть): eat

съе́хаться SS -е́дутся; -езжа́йся! *Pf.* (*Impf.* съезжа́ться): assemble, gather

сыгра́ть АЙ SS -а́ют; *Pf.* (*cf. Impf.* игра́ть): play • сыгра́ть в я́щик (*Slang*) kick the bucket

сы́н¹ SE *m.an*: son, child (*metaphorical*, e.g., child of one's native land):

сы́н² SE *NPlur.* сыновья́ *GPlur.* сынове́й *m.an*: son (*male child*)

сы́рость SS *f.in*: dampness

сы́тый М: full (of food), satisfied

сюда́ *adv*: here, hither

сюже́т SS *m.in*: plot

Т

табле́тка SS (о) *f.in*: pill

табли́ца SS *f.in*: table (*arrangement of data*)

табуре́т SS *m.in*: stool

табуре́тка SS (о) *f.in*: stool

таи́ть И ES тая́т; таи́! *Impf*: hide, conceal

та́йный S (е): secret

та́к¹ *adv*: thus, so, like this • та́к и бы́ть so be it; та́к как as, since; ка́к же та́к? how come? во́т та́к that's the way it is

та́к² *particle*: Что́ с тобо́й? — Та́к, ничего́. What's the matter with you? — Nothing in particular.

так³ *unstressed particle*: так что́ же де́лать? so what's to be done?

так⁴ *unstressed conjunction*: then, so

та́кже *adv. and conjunction*: also, too, as well

тако́в E *predicate adjective, short forms only*: such, of this kind

тако́й E *pronom. adj. inflected like ordinary adj*: such • что́ тако́е? what's the matter? что́ тако́е «сто́л»? what is 'a table'? what kind of thing is 'table'? тако́й же the same; в тако́м слу́чае in that case

такси́ *indeclinable; n.in*: taxi

тала́нт SS *m.in*: talent

Russian-English Glossary 323

тала́нтливый S: talented
та́нец SS (e) *m.in*: dance
танцева́ть ОВА SS -цу́ют; *Impf.* (*cf. Pf.* с-): dance
таска́ть АЙ SS -а́ют; *Non-One-way Impf.* (*One-way Impf.* тащи́ть): drag
тва́рь SS *f.an*: creature
тверди́ть И ES -дя́т; *Impf.*: repeat; affirm
твёрдый М [*sh.Plur.* твёрды́] *compar.* твёрже: hard; firm
твори́ться ES И -ря́тся; *Impf.*: happen, go on
т. е. = то́-есть: i. e., that is
теа́тр SS *m.in*: theater
театра́льный S (e): theater
те́кст SS *m.in*: text
телеви́зор SS *m.in*: television set • смотре́ть телеви́зор watch television; по телеви́зору on television
телегра́мма SS *f.in*: telegram
телегра́ф SS *m.in*: telegraph
телеграфи́ровать ОВА SS -руют; *Pf.-Impf.*: telegraph, wire
телёнок SS (o) *NPlur.* теля́та, *GPlur.* теля́т *m.an*: calf
телефо́н SS *m.in*: telephone • по телефо́ну by telephone
те́ло SE *n.in*: body
те́ма SS *f.in*: topic, subject
темнота́ ES *Plur. hypothetical; NPlur.* темно́ты *f.in*: dark, darkness; dark spot
тёмный E (e) *sh.masc.* тёмен: dark
темпера́ментный S (e): vigorous; passionate; lively, vivacious
тень SE *Loc.* (в) -и́, *NPlur.* те́ни *f.in*: shadow, shade
тепе́рь *adv*: now
тёплый E (e) *sh.masc.* тёпел: warm
те́рмин SS *m.in*: term
террори́ст SS *m.in*: terrorist
терпели́во *adv*: patiently
террито́рия SS *f.in*: territory
теря́ть АЙ SS -я́ют; *Impf.* (*cf. Pf.* по-): lose • теря́ть вре́мя waste time
тётка SS (o) *f.an*: aunt; woman
тетра́дь SS *f.in*: notebook
тётя SS [*GPlur.* -# *or* -ей] *f.an*: aunt; woman
те́хника SS *f.in*: technique; technology; machinery
тече́ние SS *n.in*: course; current • по тече́нию with the current, downstream; в тече́ние during
тёща SS *f.an*: mother-in-law (*wife's mother*)
тип[1] SS *m.an*: odd person, (strange) character
тип[2] SS *m.in*: type, model
типи́чный S (e): typical
ти́тульный S (e): title • ти́тульный лист title page
ти́хий М [*sh.Plur.* ти́хи́]: quiet; silent • Ти́хо! Quiet! Silence!
ти́ше *compar.* of ти́хий: quieter • Ти́ше! Quiet! Silence!
това́р SS *Part.* -у *m.in*: goods
това́рищ SS *m.an*: comrade
тогда́ *adv*: then
тогда́шний S (e): of the time
то́-есть *parenthetical word*: that is
толкну́ть НУ ES -ну́т; *ppp avoided; Pf.* (*cf. Impf.* толка́ть): shove, push
толпа́ ES *f.in*: crowd
то́лстенький *also used as m./f.an noun* fat; chubby; a fat, chubby person
то́лстый М [*sh.Plur.* то́лсты́] *compar.* то́лще; *also used as m./f.an noun*: thick; fat; a fat, chubby person
толстя́к EE *m.an*: fat man
то́лько *adv; conjunction; particle*: only
топи́ть И MS то́пят; *Impf.* (*cf. Pf.* у-, по-): drown
топо́р EE *m.in*: axe
топо́рик SS *m.in*: hatchet
то́пот SS *Part.* -у *m.in*: tread, tramp
топта́ть А MS то́пчут; *Impf.* (*cf. Pf.* по-, рас-): stamp, trample
торг SS *Plur. hypothetical; m.in*: bargaining, haggling
торгова́ть ОВА SS -гу́ют; *Impf.*: trade, deal

торгова́ться ОВА SS -гу́ются; *Impf.*: bargain, haggle
торго́вый S: trade
торже́ственный S (e) [*sh.masc.* торже́ственен *or* торже́ствен]: solemn
торжествова́ть ОВА SS -тву́ют; *Impf.*: triumph
торжеству́юще *adv./short neut. form of the present participle of* торжествова́ть: triumphantly
торопи́ться И MS -ро́пятся; *Impf.* (*cf. Pf.* по-): hurry
тот *special adj*: that • в то́м-то и де́ло that's the point; то́т же the same; с тех пор since then; к тому́ же moreover; ме́жду тем meanwhile; чем... тем... the... the ... (*as in* 'the more the merrier'); до тех пор until then; до тех пор пока́ (не) until; пе́ред тем как before; по́сле того́ как after; тем бо́лее especially since, the more so since
то́чка SS (e) *f.in*: point • то́чка зре́ния point of view
то́чно[1] *conjunction*: as though, as if, like
то́чно[2] *parenthetical word and particle*: yes, true
то́чно[3] *adv*: exactly, precisely; punctually
то́чность SS *f.in*: precision
трава́ ES *f.in*: grass
тра́вка SS (o) *f.in*: *dim. of* трава́: grass
травяни́стый S: grassy
траге́дия SS *f.in*: tragedy
трамва́й SS *m.in*: streetcar, trolley
транспара́нт SS *m.in*: sign, picket sign
тра́нспорт SS *m.in*: transportation
тра́тить И SS -тят; *Impf.* (*cf. Pf.* по-, ис-): spend
тре́бовать ОВА SS -буют; *Impf.* (*cf. Pf.* по-): demand
тре́боваться ОВА SS -буются; *Impf.* (*cf. Pf.* по-): be needed
треск SS *Part.* -у *m.in*: cracking
тре́тий[1] *special adj*: third
тре́тий[2] *special adj. used as m.anim. noun*: third man
тре́тье *special adj. used as n.inan. noun*: dessert
тро́гать АЙ SS -ают; *Impf.* (*cf. Pf.* тро́нуть): touch
тро́е *numeral*: three, group of three
тро́нуть НУ SS -нут; *Pf.* (*cf. Impf.* тро́гать): touch; disturb
тро́нуться НУ SS -нутся; *Pf.* (*cf. Impf.* тро́гаться): start • лёд тро́нулся the ice has broken
труд EE *m.in*: work; difficulty • с трудо́м with difficulty
труди́ться И MS -дятся; *Impf.* (*cf. Pf.* по-): work, labor
труднова́тый S: somewhat difficult, tough
тру́дный М (e) [*sh.Plur.* трудны́]: difficult
трудя́щийся *also used as m.an noun*: working; worker, workingman
труп SS *m.in*: corpse
тру́ппа SS *f.in*: troupe, company
трусли́вый S: cowardly
трясти́ С EE трясу́т; тряс, трясла́, трясли́; *past adv.* тря́сши; *Impf.*: shake, tremble
трясти́сь С EE трясу́тся; тря́сся, трясла́сь, трясли́сь; *past adv.* тря́сшись; *Impf.*: shake, tremble
туале́т SS *m.in*: bathroom, toilet
туберкулёз SS *m.in*: tuberculosis
туда́ *adv*: there
тума́нный S (e): misty
тупи́ца SS *both m.an and f.an*: blockhead
тупова́тый S: somewhat dull
тупо́й М [*sh.Plur.* тупы́]: dull
туре́цкий Turkish
тури́ст SS *m.an*:
тури́ст-одино́чка *both parts inflected; m.an.*: a tourist who is not part of an excursion group
турни́р SS *m.in*: tournament
тут *adv*: here; at this point
ту́фля SS (e) *f.in*: slipper; shoe
ту́ча SS *f.in*: cloud
тще́тно *adv*: in vain
тысячето́нный S (e): thousand-ton
тюрьма́ ES (e) *f.in*: jail • сесть в тюрьму́ go to jail

тяжёлый E: heavy; difficult, hard
тяну́ть НУ MS -нут; *pres. adv. avoided;* pull • тяну́ть вре́мя procrastinate

У

убежа́ть ES убегу́т, убегу́, убежи́шь, убежи́т, убежи́м, убежи́те; *intrans; Pf. (Impf.* убега́ть*):* run off, away
убива́ть АЙ SS -а́ют; *Impf. (Pf.* уби́ть*):* kill, murder
уби́йство SS *n.in:* murder
убира́ть АЙ SS -а́ют; *Impf. (Pf.* убра́ть*):* clean up; put away, remove, take away
уби́ть БЙ ES убью́т; убе́й! *ppp* уби́тый S; *Pf. (Impf.* убива́ть*):* kill, murder
убо́рная *used as f.in noun:* bathroom, restroom
убра́ть n/v A EM уберу́т; *Pf. (Impf.* убира́ть*):* clean up; put away, remove, take away
уважа́емый S: respected, honored
уважа́ть АЙ SS -а́ют; *no ppp; Impf.* respect
уваже́ние SS *n.in:* respect • из уваже́ния out of respect
уважи́тельный S (е): respectful; valid • уважи́тельная причи́на good reason
увезти́ З ЕЕ -зу́т; увёз, увезла́, увезли́; *past adv.* увезя́, *past active ptcpl.* увёзший; *Pf. (Impf.* увози́ть*):* take away
увели́чиваться АЙ SS -аются; *Impf. (Pf.* увели́читься*):* grow, rise
увели́чить И SS -чат; *Pf. (Impf.* увели́чивать*):* increase; enlarge
увели́читься И SS -чатся; *Pf. (Impf.* увели́чиваться*):* grow, rise
уве́ренность SS *f.in:* confidence • уве́ренность в себе́ self-confidence
уве́ренный[1] S *short forms* уве́рен, -рена, -рено, -рены *compar.* -ре́ннее: sure (of something)
уве́ренный[2] S (е) *short forms* уве́рен, -ренна, -ренно, -ренны *compar.* -ре́ннее: confident, firm (step, tone, etc.)
увести́ Д ЕЕ уведу́т; увёл, увела́, увели́; *past adv.* уведя́; *past active ptcpl.* уве́дший; *Pf. (Impf.* уводи́ть*):* take away, lead away
уви́деть Е SS -дят; *ppp* уви́денный S; *Pf. (cf. Impf.* ви́деть*):* see; catch sight of
уводи́ть И MS уво́дят; *pres. pass. ptcpl.* -води́мый; *Impf. (Pf.* увести́*):* take away, lead away
увози́ть И MS уво́зят; *pres. pass. ptcpl.* -вози́мый; *Impf. (Pf.* увезти́*):* take away (in a vehicle)
уво́лить И SS -лят; *Pf. (Impf.* увольня́ть*):* fire, dismiss
угада́ть АЙ SS -а́ют; *Pf. (Impf.* уга́дывать*):* guess
уговори́ть И ES -ря́т; *Pf. (Impf.* угова́ривать*):* persuade
уго́дно[1] *particle:* (кто) уго́дно (who)ever, (что) уго́дно (what)ever, etc.
уго́дно[1] *predicate:* like, please; что ва́м уго́дно? what would you like? как ва́м уго́дно as you like, as you please
у́гол[1] ЕЕ (о) *Loc.* (в/на) -у́ *m.in:* corner
у́гол[2] ЕЕ (о) *m.in:* angle
уголо́вный S (е) *also used as m.an noun:* criminal • уголо́вный ро́зыск police (*the arm of Soviet and Russian police that deals with non-political crime*)
угости́ть И ES -тя́т; *Pf. (Impf.* угоща́ть*):* entertain, treat
угрю́мый S: sullen, gloomy
удава́ться ДА-ВАЙ ES удаю́тся; удава́йся! *pres. adv.* удава́ясь; *Impf. (Pf.* уда́ться*):* succeed; manage
удали́ться И ES -ля́тся; *Pf. (Impf.* удаля́ться*):* leave; move away
уда́р SS *m.in:* blow
ударе́ние SS *n.in:* stress, accent
уда́рить И SS -рят; *Pf. (Impf.* ударя́ть*):* hit, strike
уда́риться И SS -рятся; *Pf. (Impf.* ударя́ться*):* strike, bump into
ударя́ть АЙ SS -я́ют; *Impf. (Pf.* уда́рить*):* hit, strike
уда́ться ЕЕ [*or* EM] -даду́тся, -да́мся -да́шься -да́стся -дади́мся -дади́тесь -да́йся! [-да́лся *or old fashioned* -дался́] *Pf. (Impf.* удава́ться*):* succeed, manage
уда́ча SS *f.in:* success, luck

уда́чный S (е): successful
удиви́тельный S (е): surprising, amazing
удиви́ть И ES -вя́т; *Pf. (Impf.* удивля́ть*):* surprise, amaze
удиви́ться И ES -вя́тся; *Pf. (Impf.* удивля́ться*):* wonder, become surprised, amazed, astonished
удивле́ние SS *n.in:* astonishment, amazement, surprise
удивля́ть АЙ SS -я́ют; *Impf. (Pf.* удиви́ть*):* surprise, amaze
удивля́ться АЙ SS -я́ются; *Impf. (Pf.* удиви́ться*):* wonder, become surprised, amazed, astonished
удира́ть АЙ SS -а́ют; *intrans; Impf. (Pf.* удра́ть*):* take off, clear out
удо́бно *adv:* conveniently, comfortably; *predicate:* it is comfortable, convenient, proper
удо́бный S (е): comfortable; convenient
удо́бство SS *n.in:* comfort, convenience
удовлетворённость SS *f.in:* satisfaction
удово́льствие SS *n.in:* satisfaction, pleasure • с удово́льствием with pleasure
уезжа́ть АЙ SS -а́ют; *intrans; Impf. (Pf.* уе́хать*):* leave (by vehicle)
уе́хать SS -е́дут -езжа́й! *intrans; Pf. (Impf.* уезжа́ть*):* leave (by vehicle)
у́жас SS *m.in:* horror
ужа́сный S (е): horrible
уже́ *adv:* already; by now; уже́ не no longer; *particle:* э́то уже́ друго́е де́ло that's quite a different matter
у́жин SS *m.in:* supper
у́зкий М (о) [*sh.Plur.* узки́] *compar.* у́же (*see also* у́зок: too narrow): narrow
узна́ть АЙ SS -а́ют; *Pf. (Impf.* узнава́ть*):* find out; recognize
у́зок М (о) [*sh.neut.* узко́, *sh.Plur.* узки́] *no long form; no compar.* (*see also* у́зкий: narrow): too narrow
уйти́ ЕЕ уйду́т; ушёл ушла́ ушли́; *past adv.* уйдя́; *past act. ptcpl.* уше́дший; *intrans; Pf. (Impf.* уходи́ть*):* leave
указа́ть A MS ука́жут; *Pf. (Impf.* ука́зывать*):* indicate, point out
украи́нский: Ukrainian
укра́сить И SS -сят; *Pf. (Impf.* украша́ть*):* adorn, decorate
укра́сть Д ES украду́т; укра́л, укра́ла, укра́ли; *past adv.* укра́в(ши); *Pf. (cf. Impf.* кра́сть*):* steal
украша́ть АЙ SS -а́ют; *Impf. (Pf.* укра́сить*):* adorn, decorate
укры́тый S: concealed, covered
уле́чься Г SE уля́гутся, -гусь, -жется; *imperative avoided;* улёгся, улегла́сь, улегли́сь; *past adv.* улёгшись; *Pf. (Impf.* укла́дываться*):* lie down
у́лица SS *f.in:* street
у́личный S (е): street
улыба́ться АЙ SS -а́ются; *Impf. (Pf.* улыбну́ться*):* smile
улыбну́ться НУ ES -ну́тся; *Pf. (Impf.* улыба́ться*):* smile
ум ЕЕ *m.in:* intellect; mind • сойти́ с ума́ go out of one's mind, go mad, go crazy; на уме́ on one's mind
уменьша́ться АЙ SS -а́ются; *Impf. (Pf.* уме́ньшиться*):* decrease
умере́ть МР ЕМ умру́т; у́мер, умерла́, у́мерли; *past adv.* умере́в [*or* уме́рши], *past active ptcpl.* уме́рший; *intrans; Pf. (Impf.* умира́ть*):* die
уме́ть ЕЙ SS -е́ют; *intrans; Impf. (cf. Pf.* с-*):* be able, know how
умира́ть АЙ SS -а́ют; *intrans; Impf. (Pf.* умере́ть*):* die
у́мный Е (ё): clever, intelligent, smart
у́мственный S (е) [*sh.masc.* у́мственен *or* у́мствен]: mental
умыва́ться АЙ SS -а́ются; *Impf. (Pf.* умы́ться*):* wash (oneself)
умы́ться МОЙ SS умо́ются; *Pf. (Impf.* умыва́ться*):* wash (oneself)
унести́ С ЕЕ унесу́т; унёс, унесла́, унесли́; *past adv.* унеся́, *past active ptcpl.* унёсший; *Pf. (Impf.* уноси́ть*):* carry off
универса́м SS *m.in:* supermarket
университе́т SS *m.in:* university
университе́тский: university • университе́тский магази́н campus store
уничтоже́ние SS *n.in:* elimination, destruction
уноси́ть И MS -но́сят; *pres. pass. ptcpl.* -носи́мый; *Impf. (Pf.* унести́*):* carry off

упа́сть Д ES упаду́т; упа́л, упа́ла, упа́ли; *past adv.* упа́в(ши); *intrans; Pf.* (*cf. Impf.* па́дать): fall
уплати́ть И MS упла́тят; *Pf.* (*Impf.* упла́чивать): pay
уплыва́ть АЙ SS -а́ют; *intrans; Impf.* (*Pf.* уплы́ть): float away; sail away; swim away
уплы́ть В EM -плыву́т; *intrans; Pf.* (*Impf.* уплыва́ть): float away; sail away; swim away
употреби́ть И ES -бя́т; *Pf.* (*Impf.* употребля́ть): use
употребля́ть АЙ SS -я́ют; *Impf.* (*Pf.* употреби́ть): use
употребля́ться АЙ SS -я́ются; *Impf.*: be used
управля́ть АЙ SS -я́ют; *intrans; Impf.*: rule; control
упражне́ние SS *n.in*: exercise
упрости́ть И ES -тя́т; *Pf.* (*Impf.* упроща́ть): simplify
ура́ *interjection*: Hurrah! Three cheers!
уро́д SS *m.an*: freak, monster
уро́к SS *m.in*: lesson, class
урони́ть И MS уро́нят; *Pf.* (*cf. Impf.* роня́ть): drop
уса́тый S: mustached
ускоря́ть АЙ SS -я́ют; *Impf.* (*Pf.* уско́рить): speed up, quicken
уследи́ть И ES -дя́т; *intrans; Pf.* (*Impf.* усле́живать): follow
усло́вие SS *n.in*: condition • поста́вить усло́вие impose a condition; усло́вия рабо́ты working conditions, terms
услы́шать Ч-А SS -шат; *Pf.* (*cf. Impf.* слы́шать): hear
успева́ть АЙ SS -а́ют; *intrans; Impf.* (*Pf.* успе́ть): have time (to do smt.), manage (to do smt.) in time
успе́ть ЕЙ SS -е́ют; *intrans; Pf.* (*Impf.* успева́ть): have time (to do smt.), manage (to do smt.) in time
успе́х SS *m.in*: success
успе́шный S (e): successful
успоко́ить И SS -о́ят; *Pf.* (*Impf.* успока́ивать): calm down
успоко́иться И SS -о́ятся; *Pf.* (*Impf.* успока́иваться): calm down
уста́лый S (*see also* уста́ть: get tired): tired
уста́ть Н SS -ста́нут; *intrans; Pf.* (*Impf.* устава́ть): get tired
у́стный S (e): oral
устра́ивать АЙ SS -ают; *Impf.* (*Pf.* устро́ить): arrange
устра́иваться АЙ SS -аются; *Impf.* (*Pf.* устро́иться): get settled • устра́иваться на рабо́ту find a job
устро́ить И SS -о́ят; *Pf.* (*Impf.* устра́ивать): arrange
устро́иться И SS -о́ятся; *Pf.* (*Impf.* устра́иваться): get settled • устро́иться на рабо́ту find a job
уступа́ть АЙ SS -а́ют; *Impf.* (*Pf.* уступи́ть): give in, concede
уступи́ть И MS усту́пят; *Pf.* (*Impf.* уступа́ть): give in, concede
усы́ Е *Plur. only; m.in*: mustache
утопи́ть И MS уто́пят; *Pf.* (*cf. Impf.* топи́ть): drown (somebody)
у́тренний S (e): morning
у́тро SS (*Irreg. fixed expressions* с утра́; до утра́; от утра́ до утра́; к утру́ [*or* к у́тру]; по утра́м; утра́ми) *n.in*: morning • до́брое у́тро good morning
у́тром *adv.*: in the morning
ухвати́ть И MS ухва́тят; *Pf.* (*Impf.* ухва́тывать): lay hold of, seize
у́хо SE *NPlur.* у́ши (*Irreg. fixed expressions* за́ ухо, за́ уши by the ear(s); на́ ухо, на́ уши (in)to one's ear) *n.in*: ear
ухо́д SS *m.in*: leaving, departure
уходи́ть И MS ухо́дят; *intrans; Impf.* (*Pf.* уйти́): leave • мно́го де́нег ухо́дит на еду́ a lot of money is spent on food
уча́ствовать ОВА SS -твуют; *intrans; Impf.*: take part, participate
уча́стие SS *n.in*: participation; sympathy, concern • приня́ть уча́стие take part in; show sympathy
уче́бник SS *m.in*: textbook
учи́ть[1] И MS у́чат; *Impf.* (*cf. Pf.* вы́-, на-): teach
учи́ть[2] И MS у́чат; *Impf.* (*cf. Pf.* вы́-): learn • учи́ть наизу́сть memorize
учи́ться[1] И MS у́чатся; *Impf.* (*cf. Pf.* вы́-, на-): learn
учи́ться[2] И MS у́чатся; *Impf.*: study
ушиби́ть ES ушибу́т; уши́б, уши́бла, уши́бли; *ppp* уши́бленный S; *Pf.* (*Impf.* ушиба́ть): injure

Ф

фа́брика SS *f.in*: factory
фа́кт SS *m.in*: fact
фами́лия SS *f.in*: last name, surname
фане́ра SS *f.in*: plywood
фане́рный S (e): plywood
фанта́зия SS *f.in*: fantasy; imagination
Фаренге́йт Fahrenheit • 32 гра́дуса по Фаренге́йту 32 degrees Fahrenheit
фаши́ст SS *m.an*: Fascist, Nazi
феода́льный S (e): feudal
фигу́ра SS *f.in*: figure; chessman
фи́зика SS *f.in*: physics
филосо́фствовать ОВА SS -твуют; *intrans; Impf.*: philosophize
фильм SS *m.in*: movie
фина́л SS *m.in*: finale
фи́рма SS *f.in*: firm
флако́н SS *m.in*: bottle, flask
фле́йта SS *f.in*: flute
фона́рь ЕЕ *m.in*: lamp
фонд SS *m.in*: fund; foundation
фо́рма SS *f.in*: form; uniform • кра́ткая фо́рма short form (of adjectives and participles); по́лная фо́рма long form
фото́граф SS *m.an*: photographer
фотогра́фия SS *f.in*: photograph • снять фотогра́фию take a picture
фра́за SS *f.in*: sentence; phrase
францу́з SS *m.an*: Frenchman
францу́зский: French
фрукт SS *m.in*: fruit
фунт SS *m.in*: pound
фурго́н SS *m.in*: wagon
футбо́льный S (e): soccer
футля́р SS *m.in*: case, container

Х

хала́тик SS *m.in*: dim. of хала́т dressing-gown
халту́ра SS *f.in*: hack-work; moonlighting
халту́рить И SS -рят; *intrans; Impf.*: do hack-work; moonlight
халту́рщик SS *m.an*: hack-worker; moonlighter
хам SS *m.an*: lout; insolent person
хара́ктер SS *m.in*: character, personality
хвали́ть И MS -лят; *pres. pass. ptcpl.* хвали́мый; *Impf.* (*cf. Pf.* по-): praise
хвата́ть АЙ SS хвата́ет; *Impersonal; Impf.* (*Pf.* хвати́ть): suffice; be enough
хвати́ть И MS хва́тит; *Impersonal; intrans; Pf.* (*Impf.* хвата́ть): suffice; be enough
хворости́нка SS (о) *f.in*: dim. of хворости́на stick, switch
хи́мия SS *f.in*: chemistry
хиру́рг SS *m.an*: surgeon
хладнокро́вие SS *n.in*: composure, sang-froid
хлеб SS *m.in*: bread
хлебопёк SS *m.an*: baker
хлопотли́вый S: busy, bustling
ход[1] SE *Part.* -у *Plur.* hypothetical; (*Irreg. fixed expressions* на ходу́ without stopping; в ходу́ (in use)) *m.in*: motion; work
ход[2] SE *NPlur.* ходы́ [*or* хо́ды] (*Irreg. fixed expressions* на пе́рвом (второ́м, *etc.*) ходу́) *m.in*: move (in a game)
ходи́ть И MS -дят; *intrans; Non-One-way Impf.* (*One-way Impf.* идти́): go, walk, come; move • ходи́ть на заня́тия/уро́ки attend classes; ходи́ть в пальто́ wear a coat
хозя́ин SS *NPlur.* хозя́ева, *GPlur.* хозя́ев *m.an*: owner; host
хозя́йка SS (e) *f.an*: owner, mistress (of the house); hostess

хозя́йственный S (e) [*sh.masc.* хозя́йственен *or* хозя́йствен]: household • хозя́йственные де́ньги money for household expenses
хозя́йство SS *n.in*: household • вести́ хозя́йство keep the house
хокке́йный: hockey
холл SS *m.in*: hall
хо́лод SE *Part.* -у, *NPlur.* -á *m.in*: cold
холоди́льник SS *m.in*: refrigerator
холо́дный M (e) *short forms* хо́лоден, холодна́, хо́лодно, хо́лодны́: cold
холосто́й M *short forms* хо́лост, холоста́, хо́лосто, хо́лосты: unmarried, single
хор SE [*or* SS] *m.in*: chorus; choir
хоро́ший E *compar.* лу́чше: good • Хорошо́ О.К., all right
хоте́ть ES хотя́т, хочу́, хо́чешь, хо́чет, хоти́м, хоти́те; *Imperative avoided; intrans; Impf*: want
хоте́ться ES хо́чется *Impersonal; Impf* • мне́ хо́чется I want
хоть *(often unstressed) conjunction; particle*: although; even if • хо́ть бы if only; at least
хотя́[1] *particle*: хотя́ бы if only
хотя́[2] *conjunction*: although, though; even if
хо-хо́ *interjection*: Ho-ho!
худе́е *compar. of* худо́й[1]: thinner, skinnier
худо́жник SS *m.an*: artist
худо́й[1] M [*sh.Plur.* ху́ды]: thin, skinny; old, worn out, full of holes
худо́й[2] M *compar.* ху́же: bad
ху́же *compar. of* худо́й[2] *and* плохо́й: worse
хулига́н SS *m.an*: hooligan
хулига́нство SS *n.in*: hooliganism

Ц

цари́ца SS *f.an*: Tsarina
цвет[1] SE *NPlur.* -á *m.in*: color
цвет[2] SS *Plur. hypothetical*; (*Irreg. fixed expressions* в цвету́ in bloom; во цвете́ лет in one's heyday) *m.in*: blossoms; blossom-time; best part
цвета́ *Plur. of* цвет color
цвето́к[1] EE (о) *NPlur.* цветы́ *m.in*: potted plant
цвето́к[2] EE (о) *NPlur.* цветы́ *m.in*: blossom
цветы́ *Plur. of* цвето́к[1] potted plant *and* цвето́к[2] blossom
целова́ть ОВА SS -лу́ют; *Impf.* (*cf. Pf.* по-): kiss
целова́ться ОВА SS -лу́ются; *Impf.* (*cf. Pf.* по-): kiss (each other)
це́лый M: whole, entire
цель *f.in*: goal, object • с како́й це́лью why, for what purpose
Це́льсий SS *m.an*: Celsius • ноль гра́дусов по Це́льсию zero degrees Celsius
цена́ ES *ASg.* це́ну *f.in*: price
це́нный S [*or* M] (e): valuable
цент SS *m.in*: cent
центр SS *m.in*: center
центра́льный S (e): central
цини́зм SS *m.in*: cynicism
цита́та SS *f.in*: citation, quote
ци́фра SS *f.in*: number; digit; sum; figure
цыга́нка SS (о) *f.an*: Gypsy (female)
цыга́нский: Gypsy

Ч

чаёк EE (ё)*Part.* -ý *m.in*: *dim. of* чай tea
чай SE *Part.* -ю, *Loc.* (в) -ю́ *m.in*: tea
ча́йник SS *m.in*: teapot
час SE (*Irreg. fixed expressions* два (три, четы́ре) часа́; че́тверть часа́; о́коло ча́су [*or* часа́] for about an hour *or* around one o'clock; в кото́ром часу́? в пе́рвом (второ́м, *etc.*) часу́; на тако́м-то часу́ езды́ after (we) have been driving for so many hours) *m.in*: hour • Кото́рый час? What time is it?

ча́стный S (e): private
ча́сто *adv*: often
часть SE *NPlur.* ча́сти *f.in*: part
ча́стый M *compar.* ча́ще: frequent
часы́ E *Plur. only; m.in*: clock; watch; timer
ча́ще *compar. of* ча́стый: more frequent *and* ча́сто: more frequently, more often
челове́к SS *NPlur.* лю́ди, *GPlur.* люде́й, *PPlur.* лю́дях *DPlur.* лю́дям, *IPlur.* людьми́ [*after numerals these plural forms are also possible: GAPlur.* челове́к, *P* -ах, *D* -ам, *I* -ами] *m.an*: man
челове́ческий: human; humane
че́люсть SS [*or* SE; *NPlur.* че́люсти] *f.in*: jaw, jaw bone
чемода́н SS *m.in*: suitcase
чемпио́н SS *m.an*: champion
чепуха́ EE *Plur. hypothetical; f.in*: nonsense
че́рез (*often unstressed*) *prep.* +*Acc*: across; in, after (*in time expressions*)
черни́ла S *Plur. only; n.in*: ink
черноволо́сый S: dark-haired
черноу́сый S: dark-mustached
чёрные[1] *used as Plur. anim. noun*: black (*in chess and checkers: one of* the two sides participating in the game)
чёрные[2] *used as Plur. inan. noun*: black (*in chess and checkers: one of the two sets of pieces*)
чёрный E (e) *sh.masc.* чёрен; *also used as m.an noun (see also* чёрные): black; Black (ethnic term)
чёрт SE *NPlur.* че́рти (*Irreg. fixed expression* ни чёрта not a button) *m.an*: devil • чёрт возьми́! damn! како́го чёрта why the hell; чёрт зна́ет что a hell of a mess; Вот чёрт! Damn!
чеса́ться A MS че́шутся; *pres. adv. avoided; Impf*: itch
че́стный M (e) [*sh.Plur.* че́стны́]: honest; honorable
четве́рг EE *m.in*: Thursday
чин SE *m.in*: rank
чини́ть И MS чи́нят; *Impf.* (*cf. Pf.* по-): repair
число́ ES (e) *n.in*: number • мно́жественное число́ plural (*gram.*)
чи́стить И SS -тят; *Impf.* (*cf. Pf.* по-, вы́-): clean
чи́стка SS (о) *f.in*: cleaning
чи́стый M [*sh.Plur.* чи́сты́] *compar.* чи́ще: clean; pure
чита́ть АЙ SS -а́ют; *ppp* (*rare*) чи́танный S; *Impf.* (*cf. Pf.* про-, проче́сть): read • чита́ть ле́кцию give a lecture
чита́ться АЙ SS -а́ются; *Impf*: read, be read
чиха́ть АЙ SS -а́ют; *intrans; Impf.* (*cf. Pf.* чихну́ть): sneeze
член[1] *m.an*: member (of an organization)
член[2] SS *m.in*: member (of the body, of a sentence, etc.)
чрезвыча́йно *adv*: extraordinarily, to a great degree
чте́ние SS *n.in*: reading
что *pronoun* what • к чему́? what for?
чтоб = чтобы
что́бы[1] *particle*: may (*expressing a wish*)
что́бы[2] *conjunction*: in order to, in order that; lest; whether
что́-нибудь *pronoun*; (*only* что *is inflected*): something
чу́вство SS *n.in*: feeling, sense • чу́вство ю́мора sense of humor
чу́вствовать ОВА SS -твуют; *Impf.* (*cf. Pf.* по-): feel, sense • чу́вствовать себя́ feel
чужо́й E *no masc. short form; other short forms avoided; also used as m.an noun*: strange, (like) an outsider; someone else's, not your own
чуло́к EE (о) *GPlur.* -# *m.in*: stocking
чуть *adv*: hardly, scarcely; nearly • чуть не almost; чуть не подо́х I almost died

Ш

шаг SE (*Irreg. fixed expressions* два (три, четы́ре) шага́; ни ша́гу not a (single) step; на ка́ждом шагу́ at one's every step) *m.in*: step, pace
шаль SS *f.in*: shawl

шампа́нское *used as n.in noun*: champagne
ша́нс SS *m.in*: chance; opportunity
ша́пка SS (о) *f.in*: cap
ша́р SE (*Irreg. fixed expressions* два́ (три́, четы́ре) шара́) *m.in*: sphere • земно́й ша́р Earth, the globe
шарф SS *m.in*: scarf
шахклу́б SS *m.in*: chess club
шахмати́ст SS *m.an*: chess player
ша́хматный S (е): chess • ша́хматная доска́ chessboard; ша́хматная фигу́ра chessman
ша́хматы S *Plur. only; f.in*: chess
шахсе́кция SS *f.in*: chess section
ша́шка SS (е) *f.in*: checker
ша́шки *Plur. of* ша́шка: checkers
швырну́ть НУ ES -ну́т; *ppp avoided*; *Pf.* (*cf. Impf.* швыря́ть): chuck, throw
шевели́ться И ES [*or* MS] шеве́лятся *Impf.* (*cf. Pf.* (по)шевельну́ться, пошевели́ться): move, stir
шеде́вр SS *m.in*: masterpiece
шепну́ть НУ ES -ну́т; *ppp avoided*; *Pf.* (*cf. Impf.* шепта́ть): whisper
шере́нга SS *f.in*: rank; file
ше́я SS *f.in*: neck
шика́рный S (е): chic, stylish
широ́к Е *no long form; no compar.* (*see also* широ́кий: wide): too wide
широ́кий М [*sh.neut.* широко́, *sh.Plur.* широки́] *compar.* ши́ре *see also* широ́к: too wide):
шить¹ ШЙ ES шью́т; шей! *ppp* ши́тый S; *Impf.* (*cf. Pf.* с-): sew, make (clothes)
шить² ШЙ ES шью́т; шей! *ppp* ши́тый S; *Impf.* (*cf. Pf.* за-): sew, mend clothes
шкату́лка SS (о) *f.in*: box, case
шкаф SE *Loc.* (в/на) -у́ *m.in*: dresser; cupboard; closet
шко́льник SS *m.an*: student (in primary and secondary school)
шко́льный S (е): school
шку́ра SS *f.in*: skin, hide, pelt
шлёпнуть НУ SS -нут; *Pf.* (*cf. Impf.* шлёпать): swat; (*Slang*) bump off
шля́па SS *f.in*: hat
шоки́ровать ОВА SS -руют; *Pf.-Impf.* shock
шо́рты S *Plur. only;* [*GPlur.* шорт *or* шо́ртов] *f.in* [*or m.in*]: shorts
шоссе́ *indeclinable; n.in*: highway
шоссе́йный S (е): highway • шоссе́йная доро́га highway
штаны́ Е *Plur. only; m.in*: pants
шторм SS [*or* SE] *NPlur.* -á *m.in*: storm
штраф SS *m.in*: fine
шту́ка SS *f.in*: thing
шу́ба SS *f.in*: fur coat
шум SS *Part.* -у *m.in*: noise • без шу́ма silently
шуме́ть Е ES -мя́т; *intrans; Impf.* make a noise
шу́мный М (е) [*sh.Plur.* шумны́]: noisy
шути́ть И MS -тя́т; *intrans; Impf.* (*cf. Pf.* по-): joke
шу́тка SS (о) *f.in*: joke

Щ

ще́дро *adv*: generously, lavishly
щека́ ЕЕ *ASg.* щёку [*or* щеку́], *NPlur.* щёки *f.in*: cheek
щёлкнуть НУ SS -нут; *Pf.* (*cf. Impf.* щёлкать): click
щель SE *Loc.* (в) -и́, *NPlur.* ще́ли *f.in*: crack, slit
щети́на SS *f.in*: stubble
щипа́ть А MS щи́плют *Impf.* (*cf. Pf.* (у)щипну́ть): sting

Э

экза́мен SS *m.in*: exam • вступи́тельный экза́мен entrance exam; у́стный экза́мен oral exam; пи́сьменный экза́мен written exam
экземпля́р SS *m.in*: copy, one of a number (of books, etc.)
эконо́мика SS *f.in*: economy; economics
экономи́ческий: economic
эконо́мия SS *f.in*: economy
экску́рсия SS *f.in*: excursion, tour
экспеди́ция SS *f.in*: expedition
эксперти́за SS *f.in*: examination
экс-хи́мик SS *only second part inflected; m.an*: ex-chemist
элега́нтный S (е): elegant
электри́ческий: electric
электроста́нция SS *f.in*: power station
эмигра́нт SS *m.an*: emigrant, emigre
эмигри́ровать ОВА SS -руют; *intrans; Pf.-Impf.* emigrate
эне́ргия SS *f.in*: energy
э́олова • э́олова а́рфа: Aeolian harp
эстра́да SS *f.in*: stage
эта́ж ЕЕ *m.in*: floor
этике́тка SS (о) *f.in*: label
эффе́кт SS *m.in*: effect • произвести́ эффе́кт make an impression

Ю

ю́бка SS (о) *f.in*: skirt
ю́го-восто́к SS *m.in*: southeast
ю́мор SS *Part.* -у *m.in*: humor • чу́вство ю́мора sense of humor
юмори́ст SS *m.an*: humorist; comedian
юмористи́ческий: humorous, funny
Юпи́тер¹ SS *m.an*: Jupiter (*god*)
Юпи́тер² *m.in*; Jupiter (*planet*)

Я

я́блоко SS *NPlur.* -и *n.in*: apple
яви́ться И MS я́вятся; *Pf.* (*Impf.* явля́ться): appear; present oneself
язы́к ЕЕ *m.in*: language; tongue
язычёк ЕЕ (ё)*m.in*: *dim. of* язы́к tongue; latch
я́ма SS *f.in*: pit • выгребна́я я́ма cesspool
я́ркий М (о) [*sh.Plur.* ярки́]: bright
я́ростно *adv*: furiously
я́рость SS *f.in*: fury
я́сный М (е) [*sh.Plur.* ясны́]: clear
я́хта SS *f.in*: yacht
ячейка SS (е) *f.in*: cell
я́щик SS *m.in*: box; drawer
я́щичек SS (е) *m.in*: *dim.* я́щик box; drawer

RUSSIAN ENDINGS

NOUNS: ACCUSATIVE CASE ENDINGS — ANIMATE vs. INANIMATE NOUNS

The form of the accusative ending depends on the *declension class* of the noun and (for #-declension singular and for all plurals) on *animacy*: if inanimate, Accusative=Nominative; if animate, Accusative=Genitive.

Decl.	*Ending*	*Nom.*	*Acc.*	*Gen.*	*Nom.*	*Acc.*	*Gen.*
SINGULAR							
a-decl.	-у	сестра́	сестру́	сестры́			
o-decl.	=Nom.	чудо́вище	=чудо́вище	чудо́вища			
ь-decl.	=Nom.	ма́ть	=ма́ть	ма́тери			
		ANIMATE			*INANIMATE*		
#-decl.	Nom./Gen.	бра́т	бра́та	=бра́та	сто́л	=сто́л	стола́
PLURAL							
a-decl.	Nom./Gen.	сёстры	сестёр	=сестёр	ру́чки	=ру́чки	ру́чек
o-decl.	Nom./Gen.	чудо́вища	чудо́вищ	=чудо́вищ	слова́	=слова́	сло́в
ь-decl.	Nom./Gen.	ма́тери	матере́й	=матере́й	ве́щи	=ве́щи	веще́й
#-decl.	Nom./Gen.	бра́тья	бра́тьев	=бра́тьев	столы́	=столы́	столо́в

GENITIVE PLURAL ENDINGS

The Genitive Plural ending depends (1) on the *stem final consonant* (for all but ь-declension) and (2) on *stress* (for o- and a-declensions). Palatalized consonants and ч щ ш ж require -ей (e.g., словаре́й below in boldface); with a- and o-declension nouns, however, use -ей after these consonants only if the noun is end-stressed (see поле́й and доле́й, below). Otherwise, use zero. Stem-stressed nouns in -ня having an inserted vowel lack ь after final -н (see ба́шен, below). For illustrations of all types of stem final consonants, see the following page.

DECL.	*ENDINGS*	*STEM-FINAL CONSONANT*			
		Plain, й, ц		Pal., ч, щ, ш, ж	
ь-decl.	-ей			ве́щь веще́й	
#-decl.	-ов or **-ей**	сто́л столо́в		**слова́рь словаре́й**	
				stem-stressed GPlur	*end-stressed GPlur*
o-decl.	-# or **-ей**	сло́во сло́в		жили́ще жили́щ	по́ле поле́й
a-decl.	-# or **-ей**	кни́га кни́г		ды́ня ды́нь	до́ля доле́й
				ба́шня ба́шен	

Some nouns occur only in Plural forms, so you can't tell what declension class they belong to. If they are *masc.*, their *GPlur.* is like the #-decl.; if *neut.*, like o-decl.; if *fem.*, like a-decl. E.g., штаны́ *m.in* →*GPlur.* штано́в 'pants'; но́жницы *f.in* → *GPlur.* но́жниц 'scissors'.

INSERTED VOWEL LETTER

HOW TO DROP IT (from the Nominative Singular of #-decl. nouns):	*NSg.*	→	other cases (e.g., ISg.)
— If vowel letter precedes, replace the inserted vowel with й:	заём SS (ё)	→	за́ймом
— If л precedes, replace the inserted vowel with ь:	лёд SS (ё)	→	льдо́м
— If к follows е or ё, replace the inserted vowel with ь,	зверёк EE (ё)	→	зверько́м
unless the preceding consonant is ч щ ш ж or ц:	кусо́чек SS (е)	→	кусо́чком
— If й follows, replace the sequence with ь:	у́лей SS (е)	→	у́льем
— Otherwise, drop the inserted vowel with no other change:	орёл EE (ё)	→	орло́м
	коне́ц EE (е)	→	концо́м

HOW TO ADD IT (to the Genitive Plural of a- and o-declension nouns):	*NSg.*	→	*GPlur.*
— If ь precedes the final consonant, replace ь with the inserted vowel:	сва́дьба SS (е)	→	сва́деб
— If ь precedes the ending, replace ь with the inserted vowel and add й:	го́стья SS (и)	→	го́стий
	статья́ EE (е)	→	стате́й
— If the next to last consonant is й, replace it with the inserted vowel:	ча́йка SS (е)	→	ча́ек
— Otherwise, insert the vowel just before the last consonant of the stem:	ку́кла SS (о)	→	ку́кол
— SPECIAL CASE: stem-stressed nouns in -ня lack final -ь:	ба́шня SS (е)	→	ба́шен

NOUNS: ILLUSTRATION OF SPELLING RULES

1. ы ➔ и after ч щ ш ж к г х (columns 7 and 8.)
2. о ➔ е after ч щ ш ж ц when unstressed (columns 6 and 7).
3. -е ➔ и in the Prepositional (and fem. Dative) endings of nouns in -ий/-ия/-ие (column 5).

The effects of spelling rules are shown in boldface. Parentheses and brackets show the effects of stress.

#-DECLENSION

	1. BASIC	2. PAL.	3. -й-	4. -ь-	5. -и-	6. -ц-	7. -чщшж-	8. -кгх-
Singular:								
N.	стол	словарь	музей		гений	матра́ц	марш	кио́ск
A. =Nom./Gen.								
G.	стола́	словаря́	музе́я		ге́ния	матра́ца	ма́рша	кио́ска
P.	столе́	словаре́	музе́е		**ге́нии**	матра́це	ма́рше	кио́ске
D.	столу́	словарю́	музе́ю		ге́нию	матра́цу	ма́ршу	кио́ску
I.	столо́м	словарём	музе́ем		ге́нием	**матра́цем** (отцо́м)	**ма́ршем** (ножо́м)	кио́ском
Plural:								
N.	столы́	словари́	музе́и	бра́тья(irr.)	ге́нии	матра́цы	**ма́рши**	**кио́ски**
A. = Nom./Gen.								
G.	столо́в	словаре́й	музе́ев	бра́тьев	ге́ниев	**матра́цев** (отцо́в)	ма́ршей	кио́сков
P.	стола́х	словаря́х	музе́ях	бра́тьях	ге́ниях	матра́цах	ма́ршах	кио́сках
D.	стола́м	словаря́м	музе́ям	бра́тьям	ге́ниям	матра́цам	ма́ршам	кио́скам
I.	стола́ми	словаря́ми	музе́ями	бра́тьями	ге́ниями	матра́цами	ма́ршами	кио́сками
	table	*dictionary*	*museum*	*brothers*	*genius*	*mattress (father)*	*march (knife)*	*kiosk*

A-DECLENSION

	1. BASIC	2. PAL.	3. -й-	4. -ь-	5. -и-	6. -ц-	7. -чщшж-	8. -кгх-
Singular:								
N.	бу́ква	ды́ня	иде́я	статья́ (е)	ли́ния	певи́ца	ба́ржа	кни́га
A.	бу́кву	ды́ню	иде́ю	статью́	ли́нию	певи́цу	ба́ржу	кни́гу
G.	бу́квы	ды́ни	иде́и	статьи́	ли́нии	певи́цы	**ба́ржи**	**кни́ги**
P.	бу́кве	ды́не	иде́е	статье́	**ли́нии**	певи́це	ба́рже	кни́ге
D.	бу́кве	ды́не	иде́е	статье́	**ли́нии**	певи́це	ба́рже	кни́ге
I.	бу́квой	ды́ней	иде́ей	статьёй	ли́нией	**певи́цей** (овцо́й)	**ба́ржей** (душо́й)	кни́гой
Plural:								
N.	бу́квы	ды́ни	иде́и	статьи́	ли́нии	певи́цы	**ба́ржи**	**кни́ги**
A. = Nom./Gen.								
G.	букв	дынь [стезе́й]	иде́й	стате́й	ли́ний	певи́ц	барж [ханже́й]	книг
P.	бу́квах	ды́нях	иде́ях	статья́х	ли́ниях	певи́цах	ба́ржах	кни́гах
D.	бу́квам	ды́ням	иде́ям	статья́м	ли́ниям	певи́цам	ба́ржам	кни́гам
I.	бу́квами	ды́нями	иде́ями	статья́ми	ли́ниями	певи́цами	ба́ржами	кни́гами
	letter	*melon [path]*	*idea*	*article*	*line*	*singer (ewe)*	*barge (soul) [hypocrite]*	*book*

O-DECLENSION

	1. BASIC	2. PAL.	3. -й-	4. -ь-	5. -и-	6. -ц-	7. -чщшж-	8. -кгх-
Singular:								
N.	сло́во	по́ле		уще́лье (и)	зда́ние	**со́лнце** (лицо́)	жили́ще (плечо́)	во́йско
A. = Nom.								
G.	сло́ва	по́ля		уще́лья	зда́ния	со́лнца	жили́ща	во́йска
P.	сло́ве	по́ле		уще́лье	**зда́нии**	со́лнце	жили́ще	во́йске
D.	сло́ву	по́лю		уще́лью	зда́нию	со́лнцу	жили́щу	во́йску
I.	сло́вом	по́лем		уще́льем	зда́нием	**со́лнцем** (лицо́м)	**жили́щем** (плечо́м)	во́йском
Plural:								
N.	слова́	поля́		уще́лья	зда́ния	со́лнца	жили́ща	войска́
A. = Nom./Gen.								
G.	слов	поле́й		уще́лий	зда́ний	солнц	жили́щ	войск
P.	слова́х	поля́х		уще́льях	зда́ниях	со́лнцах	жили́щах	войска́х
D.	слова́м	поля́м		уще́льям	зда́ниям	со́лнцам	жили́щам	войска́м
I.	слова́ми	поля́ми		уще́льями	зда́ниями	со́лнцами	жили́щами	войска́ми
	word	*field*		*ravine*	*building*	*sun (face)*	*dwelling*	*army (shoulder)*

Ь-DECLENSION

	2. PAL	(The only stem-final consonants in this declension are paired pal. and ч щ ш ж.)	7 -ч щ ш ж-
Singular:			
N.	тетра́дь		ве́щь
A.	тетра́дь		ве́щь
G.	тетра́ди		ве́щи
P.	тетра́ди		ве́щи
D.	тетра́ди		ве́щи
I.	тетра́дью		ве́щью
Plural:			
N.	тетра́ди		ве́щи
A. = Nom./Gen.			
G.	тетра́дей		веще́й
P.	тетра́дях		веща́х
D.	тетра́дям		веща́м
I.	тетра́дями		веща́ми
	copybook		*thing*

OTHER CASES: Locative, Partitive, and Vocative

Nouns which have a *Locative case* are listed in the glossary with the Locative ending (-у́, -ю́, -и́) and with the preposition which requires that case (в, на, or both, abbreviated as в/на).

  шка́ф SE *Loc.* (в/на) -у́ *m.in:* → в шкафу́ 'in the cupboard,' на шкафу́ 'on the cupboard'

Most mass-nouns of the #-declension have a *Partitive case* ending: -у/-ю.

  сы́р SE *Part.* -у *m.in:* → сы́ру 'some cheese'

A few nouns have a *Vocative case* ending, cited in full in the glossary, e.g., Бо́г *Voc.* Бо́же! 'God!'

INSTRUMENTAL SINGULAR — Variants

Instrumental Singular -ой (-ей) can be replaced by -ою (-ею): большо́й кни́гой = большо́ю кни́гою.

STEM CHANGES IN THE PLURAL: Nominative Plural is the key form

Some nouns exhibit a stem change which runs throughout the plural cases. For example, the word for 'sky' has singular forms based on the stem неб- (не́бо не́ба не́бе не́бу не́бом) and plural forms based on the stem небес- (небеса́ небе́с небеса́х небеса́м небеса́ми). In such instances the glossary lists the Nominative Plural form, on whose stem all of the remaining cases are based: не́бо SE *NPlur.* небеса́.

STRESS PATTERNS FOR NOUNS

Information on stress is given by two capital letters printed right after the headword in the glossary. The first capital letter tells you where the stress falls in the Singular forms; the second letter tells you where the stress falls in the Plural forms. The letter S means **Stem** stress; E means **End** stress. In cases where End stress would fall on the zero ending, stress falls on the preceding vowel, as illustrated by these Nominative Sg. (сто́л) and Genitive Plur. (зе́ркал) forms:

  сто́л EE → **сто́л** стола́ столе́ столу́ столо́м *etc.*
  зе́ркало SE → *Plural:* зеркала́ **зе́ркал** зеркала́х зеркала́м зеркала́ми

In the following display of typical stress patterns the Accusative Plural is omitted because it is invariably identical to either the Nominative (for inanimates) or the Genitive (animates). Pattern M (stress *Moves* to the stem) is not labelled with the letter M; rather, the two specific forms which pattern M affects (*ASg.* and *NPlur.*) are cited as irregular. For example, рука́ EE *ASg.* ру́ку, *NPlur.* ру́ки means that all endings are stressed except those two (plus the *APlur.* for inanimate nouns).

	SS	SS	EE	SE	SE	ES	ES
N	бу́ква	уро́к	сто́л	сло́во	са́д	письмо́	жена́
A	бу́кву	уро́к	сто́л	сло́во	са́д	письмо́	жену́
G	бу́квы	уро́ка	стола́	сло́ва	са́да	письма́	жены́
P	бу́кве	уро́ке	столе́	сло́ве	са́де	письме́	жене́
D	бу́кве	уро́ку	столу́	сло́ву	са́ду	письму́	жене́
I	бу́квой	уро́ком	столо́м	сло́вом	са́дом	письмо́м	жено́й
N	бу́квы	уро́ки	столы́	слова́	сады́	пи́сьма	жёны
G	бу́кв	уро́ков	столо́в	сло́в	садо́в	пи́сем	жён
P	бу́квах	уро́ках	стола́х	слова́х	сада́х	пи́сьмах	жёнах
D	бу́квам	уро́кам	стола́м	слова́м	сада́м	пи́сьмам	жёнам
I	бу́квами	уро́ками	стола́ми	слова́ми	сада́ми	пи́сьмами	жёнами

ADJECTIVES USED AS NOUNS — The Accusative Case and Animacy

Generally, adjectives agree with the nouns they modify, i.e., the noun determines what ending the adjective will have. In some instances, however, adjectives may be used as nouns; in such instances the form of the accusative case depends upon gender and (in masculine and plural adjectives) animacy. The glossary gives this information using the same abbreviations as for nouns, e.g.,

насекóмое	*adj. used as n.an noun*: insect.
рýсский	*also used as m./f.an noun*: Russian
бéлые	*adj. used as Plur.inan. noun*: white (chess pieces)

Gender	*Accusative ending*	*Examples*
Feminine Sg.	-ую (-юю)	рýсскую 'Russian (woman)'
Neuter Sg.	=Nominative	насекóмое 'insect'
Masculine and Plural	=Nominative if inanimate	глáсный 'vowel'
		глáсные 'vowels'
		столóвые 'cafeterias'
	=Genitive if animate	рýсского 'Russian' (man)
		рýсских 'Russians'
		насекóмых 'insects'

INSERTED VOWEL LETTER in masculine short forms

Use the same rules for adding the inserted vowel as you do for nouns. The glossary indicates which vowel to insert as it does for nouns, i.e., by printing the vowel within parentheses right after the stress code.

— If ь precedes the final consonant, replace it with the inserted vowel:	довóльный S (е)	→ довóлен
— If the next to last consonant is й, replace it with the inserted vowel:	спокóйный S (е)	→ спокóен
— Otherwise, insert the vowel just before the last consonant:	ýмный Е (ё)	→ умён
— SPECIAL CASE: stem-stressed adjectives in -ний lack final ь:	дрéвний S (е)	→ дрéвен

STRESS PATTERNS FOR ADJECTIVES — Short forms and Comparatives

The one capital letter after an adjective headword tells you where the stress falls in the short forms and in the comparative form. (Long forms never shift stress; all long forms are stressed on the same syllable as the headword, so no stress code is required.) The letters S and E mean the same thing for adjectives as they do for nouns: S = **Stem** stress and E = **End** stress. In cases where End stress would fall on the zero ending (masculine), stress falls on the preceding vowel, just as it does for nouns, e.g.,

ýмный (ё) Е = **умён** умнá умнó умны́

In addition, the letter M stands for **Moving** stress, i.e., stress moves from the stem to the feminine ending:
слáвный (е) М = слáвен **славнá** слáвно слáвны

The rule for the comparative is two-fold:

(1) If the adjective stem ends in a velar consonant (к г х), the ending will be -e and the immediately preceding syllable will be stressed, no matter what the stress code is (see жáркий — жáрче, below).

(2) Otherwise, if any short form is stressed on the ending, either obligatorily or optionally, then stress will fall on the comparative ending -ée; conversely, if no short forms are stressed (i.e., code S with no optional variants), then the ending -ee is unstressed, e.g.,

сурóвый S	→ сурóв сурóва сурóво сурóвы **сурóвее**
áлый S [*or* M]	→ áл áлá áло áлы **алée**
слáвный (е) М	→ слáвен славнá слáвно слáвны **славнée**
ýмный (ё) Е	→ умён умнá умнó умны́ **умнée**

STRESS PARADIGMS

	ужáсный S (е)	горя́чий Е	цéлый М	смешнóй Е (о)	живóй М	жáркий М (о)
masc.	ужáсен	горя́ч	цéл	смешóн	жив	жáрок
fem.	ужáсна	горячá	целá	смешнá	живá	жаркá
neut.	ужáсно	горячó	цéло	смешнó	жи́во	жáрко
Plur.	ужáсны	горячи́	цéлы	смешны́	жи́вы	жáрки
Compar.	ужáснее	горячéе	целéе	смешнéе	живée	жáрче

COMPARATIVE FORMS — Stem Final Velars

If the stem final consonant is a velar consonant, the comparative ending is -e, the immediately preceding syllable is stressed, and the velar consonants undergoes alternation (к→ч, г→ж, х→ш); if the stem final consonant is not a velar, then the regular ending is -ее: жа́ркий, жа́рче, дорого́й, доро́же, сухо́й, су́ше, BUT у́мный, умне́е

COMPARATIVE VARIANT ENDING -ей

The ending -ее (whether stressed or not) may be replaced by -ей: умне́е = умне́й.

ADJECTIVES LACKING SHORT AND COMPARATIVE FORMS

These types of adjective lack short and comparative forms: (1) those in -ся and -ский, e.g., вью́щийся, ру́сский, (2) pronominal adjectives, e.g., кото́рый, (3) numerical adjectives, e.g., второ́й, and (4) special adjectives, e.g., э́тот.

ADVERBIAL AND PREDICATE FORMS

Adjectives in -ский form adverbs in -ски, e.g., истори́ческий 'historical' истори́чески 'historically'.

Neuter short adjectives (ending -о/-е) may function as adverbs, e.g., холо́дный 'cold' хо́лодно 'coldly', неуклю́жий 'clumsy' неуклю́же 'clumsily'. Sometimes such forms are entered as separate headwords, as when there is a difference in stress (мало́ *adj.* vs. ма́ло *adv.*).

Some neuter short forms may be used as predicates, i.e., they may be used alone to form complete sentences, e.g., Хо́лодно 'It (the weather) is cold'. Sometimes such forms are entered as separate headwords with the label *predicate*, e.g., хо́лодно *adverb; predicate:* coldly; it is cold.

SPELLING

Forms affecting by the two spelling rules that affect nouns (ы → и and о → е) are in boldface in the following chart. In addition, forms with the NSg. masculine stressed ending **-о́й** are also printed in boldface.

	UNSTRESSED ENDINGS					STRESSED ENDINGS		
	BASIC	Pal.	-чщшж-	-кгх-	-ц-	BASIC	-чщшж-	-кгх-
MASCULINE								
N.	бе́лый	си́ний	**хоро́ший**	**ру́сский**	ку́цый	**второ́й**	**большо́й**	**плохо́й**
A. = Nom./Gen.								
G.	бе́лого	си́него	**хоро́шего**	ру́сского	**ку́цего**	второ́го	большо́го	плохо́го
P.	бе́лом	си́нем	**хоро́шем**	ру́сском	**ку́цем**	второ́м	большо́м	плохо́м
D.	бе́лому	си́нему	**хоро́шему**	ру́сскому	**ку́цему**	второ́му	большо́му	плохо́му
I.	бе́лым	си́ним	**хоро́шим**	**ру́сским**	ку́цым	вторы́м	**больши́м**	**плохи́м**
FEMININE								
N.	бе́лая	си́няя	хоро́шая	ру́сская	ку́цая	втора́я	больша́я	плоха́я
A.	бе́лую	си́нюю	хоро́шую	ру́сскую	ку́цую	втору́ю	большу́ю	плоху́ю
G.	бе́лой	си́ней	**хоро́шей**	ру́сской	**ку́цей**	второ́й	большо́й	плохо́й
P.	"	"	"	"	"	"	"	"
D.	"	"	"	"	"	"	"	"
I.	"	"	"	"	"	"	"	"
NEUTER = MASCULINE, except:								
N.	бе́лое	си́нее	хоро́шее	ру́сское	ку́цее	второ́е	большо́е	плохо́е
PLURAL								
N.	бе́лые	си́ние	**хоро́шие**	**ру́сские**	ку́цые	вторы́е	**больши́е**	**плохи́е**
A. = Nom./Gen.								
G.	бе́лых	си́них	**хоро́ших**	**ру́сских**	ку́цых	вторы́х	больши́х	плохи́х
P.	"	"	"	"	"	"	"	"
D.	бе́лым	си́ним	**хоро́шим**	**ру́сским**	ку́цым	вторы́м	больши́м	плохи́м
I.	бе́лыми	си́ними	**хоро́шими**	**ру́сскими**	ку́цыми	вторы́ми	больши́ми	плохи́ми
	white	*blue*	*good*	*Russian*	*short*	*second*	*big*	*bad*

Stems that have a vowel letter before the ending take endings identical to those of си́ний, e.g., the nominative forms длинноше́ий, длинноше́яя, длинноше́ее, длинноше́ие 'long-necked'.

SPECIAL ADJECTIVES have ordinary adjective endings except for the forms in **boldface**:

MASC.									
N.	**мой**	**наш**	**этот**	**третий**	**чей**	**сам**	**сёстрин**	**тот**	**весь**
A. = Nom./Gen.									
G.	моего́	на́шего	э́того	тре́тьего	чьего́	самого́	**сёстриного**	того́	**всего́**
P.	моём	на́шем	э́том	тре́тьем	чьём	само́м	**сёстрином**	том	**всём**
D.	моему́	на́шему	э́тому	тре́тьему	чьему́	самому́	**сёстриному**	тому́	**всему́**
I.	мои́м	на́шим	э́тим	тре́тьим	чьим	сами́м	**сёстриным**	**тем**	**всем**
FEM.									
N.	**моя́**	**на́ша**	**э́та**	**тре́тья**	**чья**	**сама́**	**сёстрина**	**та**	**вся**
A.	**мою́**	**на́шу**	**э́ту**	**тре́тью**	**чью**	саму́*	**сёстрину**	**ту**	**всю**
G.	мое́й	на́шей	э́той	тре́тьей	чьей	само́й	**сёстриной**	той	**всей**
P.=D.=I.=G.									
NEUT.									
N.	**моё**	**на́ше**	**э́то**	**тре́тье**	**чьё**	**само́**	**сёстрино**	**то**	**всё**
PLUR.									
N.	**мои́**	**на́ши**	**э́ти**	**тре́тьи**	**чьи**	**са́ми**	**сёстрины**	**те**	**все**
A. = Nom./Gen.									
G.	мои́х	на́ших	э́тих	тре́тьих	чьих	сами́х	**сёстриных**	**тех**	**всех**
P.	"	"	"	"	"	"	"	"	"
D.	мои́м	на́шим	э́тим	тре́тьим	чьим	сами́м	**сёстриным**	**тем**	**всем**
I.	мои́ми	на́шими	э́тими	тре́тьими	чьи́ми	сами́ми	**сёстриными**	**те́ми**	**все́ми**
	my	*our*	*this*	*third*	*whose*	*self*	*sister's*	*that*	*all*

*Feminine Accusative Singular саму́ has an old-fashioned variant самоё.

твой	твоя́	твоё	твои́	'your'	is identical to мой
свой	своя́	своё	свои́	'own'	is identical to мой
ваш	ва́ша	ва́ше	ва́ши	'your'	is identical to наш
оди́н	одна́	одно́	одни́	'one'	is identical to э́тот

Personal possessives are like сёстрин (e.g., Са́шин 'Sasha's').
Animal possessives are like тре́тий (e.g., во́лчий 'wolf's, wolfish, lupine').

LAST NAMES ending in -ин or -ов

The masculine forms are like nouns, except *Inst.*; the feminine and plural are like special adjectives.

	Masc.	*Fem.*	*Plural*	*Masc.*	*Fem.*	*Plural*
N.	Ильи́н	Ильина́	Ильины́	Петро́в	Петро́ва	Петро́вы
A.	Ильина́	Ильину́	Ильины́х	Петро́ва	Петро́ву	Петро́вых
G.	"	Ильино́й	"	"	Петро́вой	"
P.	Ильине́	"	"	Петро́ве	"	"
D.	Ильину́	"	Ильины́м	Петро́ву	"	Петро́вым
I.	**Ильины́м**	"	Ильины́ми	**Петро́вым**	"	Петро́выми

PRONOUNS: он(о́), она́, они́, кто, and что have ordinary adjective endings except for the forms in **boldface**:

N.	я	ты		мы	вы	он(о́)	она́	они́	кто	что
A.	меня́	тебя́	себя́	нас	вас	его́	её	их	кого́	"
G.	"	"	"	"	"	"	"	"	"	**чего́**
P.	мне	тебе́	себе́	"	"	нём	**ней**	них	ком	**чём**
D.	"	"	"	нам	вам	ему́	**ей**	им	кому́	чему́
I.	мной	тобо́й	собо́й	на́ми	ва́ми	им	**ей/ею**	и́ми	**кем**	**чем**

Forms of он, оно́, она́, они́ are prefixed with н- when used as the object of a preposition, e.g., от него́ 'from him', but not when the Genitives of these forms have the possessive meaning ('his'), e.g., от его́ сестры́ 'from his sister'.

PREFIXED PRONOUNS AND PRONOMINAL ADJECTIVES

Prepositions are placed between the prefixes не-/ни- and -что/-кто/-какой, e.g., не́чего → не́ о чем; никто́ → ни с кем; никако́й → ни в каком. Prepositions are likewise placed between the two elements of друг дру́га: друг с дру́гом. Placement of prepositions before or after the prefixes ко́е- and кой- is optional, e.g., either в ко́е-что́ or ко́е во что (without hyphens).

NUMERALS

1 — оди́н 'one' is a Special Adjective declined like э́тот.

2, 3, 4, and 'both' — these numerals have unique sets of endings:

	masc. neut.	*fem.*	*masc. neut.*	*fem.*	*(no gender distinction)*	
N. A.=N./G.	два́	две́	о́ба	о́бе	три́	четы́ре
G. P.	двух́ "		обо́их "	обе́их "	трёх "	четырёх "
D.	двум́		обо́им	обе́им	трём	четырём
I.	двумя́		обо́ими	обе́ими	тремя́	четырьмя́

5 - 30 — are declined like singular ь-declension nouns.

N=A	пя́ть	во́семь	оди́ннадцать	двена́дцать
G=P=D	пяти́	восьми́	оди́ннадцати	двена́дцати
I.	пятью́	восемью́ *or:* восьмью́	оди́ннадцатью	двена́дцатью

Like пя́ть: ше́сть, се́мь, де́вять, де́сять, два́дцать, три́дцать.
Like оди́ннадцать: четы́рнадцать.
Like двена́дцать: трина́дцать, пятна́дцать, шестна́дцать, семна́дцать, восемна́дцать, девятна́дцать.

50 - 80 — are declined like singular ь-declension nouns, but lack final -ь.

N=A	пятьдеся́т	се́мьдесят	во́семьдесят
G=P=D	пяти́десяти	семи́десяти	восьми́десяти
I.	пятью́десятью	семью́десятью	восемью́десятью *or:* восьмью́десятью

Like пятьдеся́т: шестьдеся́т

40, 90, 100, 150 — have only two forms:

N=A	со́рок	девяно́сто	сто́	полтора́ста
G=P=D=I	сорока́	девяно́ста	ста́	полу́тораста

HUNDREDS — the first element has its usual endings; -сто́ is o-declension, except for the Nominative.

N=A	две́сти	три́ста	четы́реста	пятьсо́т	восемьсо́т
G.	двухсо́т	трёхсо́т	четырёхсо́т	пятисо́т	восьмисо́т
P.	двухста́х	трёхста́х	четырёхста́х	пятиста́х	восьмиста́х
D.	двумста́м	трёмста́м	четырёмста́м	пятиста́м	восьмиста́м
I.	двумяста́ми	тремяста́ми	четырьмяста́ми	пятьюста́ми	восемьюста́ми *or:* восьмьюста́ми

Like пятьсо́т: шестьсо́т, семьсо́т, девятьсо́т.

THOUSAND — ты́сяча has the forms of an a-declension noun.

COLLECTIVE NUMERALS are inflected like ordinary adjectives, except for the Nominative.

N. A=N/G	дво́е	че́тверо
G=P	двои́х	четверы́х
D.	двои́м	четверы́м
I.	двои́ми	четверы́ми

Like дво́е: тро́е
Like че́тверо: пя́теро, ше́стеро, се́меро, во́сьмеро, де́вятеро, де́сятеро.

ONE AND A HALF — *Nom./Acc. masc./neut.* полтора́, *Nom./Acc. fem.* полторы́, *oblique* полу́тора.

VERBS: THE TWO CONJUGATIONS — NON-PAST ENDINGS

The 3rd Person Plural non-past ending tells you which conjugation the verb belongs to: -ут (-ют) = First Conjugation; -ят (-ат) = Second Conjugation. In the glossary these endings are printed with the last letter or two preceding the ending (or the whole root), e.g., де́лать **-ают** = де́лают; написа́ть **-пи́шут** = напи́шут; рисова́ть **-су́ют** = рису́ют; говори́ть **-ря́т** = говоря́т.

Number	Person		First Conj.	Second Conj	
Singular	1st:	я	-у/-ю	▶-ю/-у	
	2nd:	ты	▼-ёшь	-ишь	
	3rd:	он/она́/оно́	▼-ёт	-ит	
Plural	1st:	мы	▼-ём	-им	
	2nd:	вы	▼-ёте	-ите	
	3rd:	они́	-ут/-ют	-ят/-ат	←KEY FORM: 3rd Plural

▼ = Velar alternation: мо́гут → мо́жешь, мо́жет…
▶ = Dental and Labial alternation: сидя́т → сижу́

SPELLING RULES FOR FIRST PERSON SINGULAR

Here's how you select which vowel letter to use in the 1Sg. form (-у vs. -ю):

First Conjugation:	Same as key form:	if -ют, then:	-ю
		if -ут, then:	-у
Second Conjugation:	After ч щ ш ж:		-у.
	After л, н, р, or vowel:		-ю

CONSONANT ALTERNATIONS
These alternations take place regularly (see сидя́т and мо́гут, below):

1st Sg. of the SECOND Conjugation				FIRST Conj. -е-	
Labials ▶		Dentals ▶		Velars ▼	
п → пл		т → ч		к → ч	
б → бл		д → ж		г → ж	
м → мл		з → ж			
в → вл		с → ш			
ф → фл		ст → щ			

VERB PARADIGMS ILLUSTRATING THE SPELLING RULES AND ALTERNATIONS

FIRST CONJ. (No stems end in ц or х)					*SECOND CONJ.* (No stems end in ц or кгх)			
Plain	Vowel	Pal.(л)	чщшж	▼	р л н	Vowel	▶	чщшж
кладу́	зна́ю	колю́	пишу́	могу́	звоню́	стою́	**сижу́**	лежу́
кладёшь	зна́ешь	ко́лешь	пи́шешь	**мо́жешь**	звони́шь	стои́шь	сиди́шь	лежи́шь
кладёт	зна́ет	ко́лет	пи́шет	**мо́жет**	звони́т	стои́т	сиди́т	лежи́т
кладём	зна́ем	ко́лем	пи́шем	**мо́жем**	звони́м	стои́м	сиди́м	лежи́м
кладёте	зна́ете	ко́лете	пи́шете	**мо́жете**	звони́те	стои́те	сиди́те	лежи́те
кладу́т	зна́ют	ко́лют	пи́шут	мо́гут	звоня́т	стоя́т	сидя́т	лежа́т
put	*know*	*prick*	*write*	*can*	*phone*	*stand*	*sit*	*lie*

PAST ENDINGS
The Past endings are added to the same stem as the Infinitive ending -ть:

Infinitive		писа́-ть
Past	*masculine*	писа́-л
	feminine	писа́-ла
	neuter	писа́-ло
	Plural	писа́-ли

If there is any discrepancy between the infinitive stem and the Past stem, or between the masculine, feminine, and the other forms of the Past, then the masculine, feminine, and plural forms will be cited after the non-past form(s), separated by a semi-colon. The neuter is only rarely cited, as it is normally like the plural (несли́ → несло́).

    нести́ ЕЕ -су́т;   нёс несла́ несли́ 'carry' (No -л in masc.)
    вести́ ЕЕ веду́т;   вёл вела́ вели́ 'lead' (No stem final consonant in Past.)
    умере́ть ЕМ умру́т;   у́мер умерла́ у́мерли 'die' (Stem change; no -л in masc; stress on prefix.)

THE IMPERATIVE ENDING

The Imperative is formed on the Non-past stem. If the stem ends in a vowel letter, add -й. If it ends in a consonant, three conditions apply: (1) if the *1Sg.* is stressed (non-past patterns E and M), add -и́; (2) otherwise, if the stem ends in a cluster of consonants or in щ, add unstressed -и; (3) for all other verbs, add -ь.

Stem	Ending	Example	Glossary information			
Vowel	-й	читáй(те)!	читáть SS	-á-	-ют	'read'
		рисýй(те)!	рисовáть SS	-сý-	-ют	'draw'
		кýй(те)!	ковáть ES	-ку-	-ю́т	'forge'
		стóй(те)!	стоя́ть ES	-о-	-я́т	'stand'
		смéйся! (смéйтесь!)	смея́ться ES	-е-	-ю́тся	'laugh'
E or M stress	-й	говори́(те)!	говори́ть	ES -р-я́т		'speak'
		скажи́(те)!	сказáть	MS скáж-ут		'say'
S, cluster	-и	пóмни(те)!	пóмнить	SS пó-	-мн-	-ят 'remember'
		ры́щи(те)!	ры́скать	SS ры́-	-щ-	-ут 'ransack'
S, no cluster	-ь	отвéть(те)!	отвéтить	SS -тят		'answer'
		вы́плачь(те)!	вы́плакать	SS вы́плач-ут		'cry'

Irregular Imperatives are listed in the glossary after the non-past form(s) and are followed by an exclamation point, e.g. пи́ть SM пью́т пей! 'drink' (This Imperative is irregular in having an inserted vowel).

STRESS PATTERNS FOR VERBS

The first English capital letter after the infinitive tells you where the stress falls in the Non-past forms; the second letter tells you where the stress falls in the Past forms. As in the case of nouns and adjectives, S means **Stem** stress and E means stress on the first vowel of the **Ending**. If the ending is zero (i.e., past masc.), End-stress falls on the last syllable of the stem, e.g.,

прийти́ EE приду́т;   **пришёл** пришлá пришлó пришли́
вести́сь EE веду́тся;   **вёлся** велáсь велóсь вели́сь

For past tense forms the letter M means the same thing it does for short adjectives: stress **Moves** from the stem to the feminine ending, e.g.,

бы́ть SM бýдут;   бы́л **былá** бы́ло бы́ли

For non-past forms the letter M means the stress **Moves** from the stem to the First Person Singular ending, e.g.,

писáть MS   пишу́ пи́шешь пи́шет пи́шем пи́шете пи́шут

Stem stress generally means that the stress falls on the same stem syllable as it does in the headword (infinitive). But sometimes the stressed syllable of the infinitive doesn't show up in the Non-past or Past; in such cases, stress falls on the last syllable of the stem: рисовáть SS рису́ют.

SAMPLE PARADIGMS ILLUSTRATING STRESS PATTERNS

SS	MS	ES	EE	EM
встрéчу	**прошу́**	говорю́	веду́	беру́
встрéтишь	прóсишь	говори́шь	ведёшь	берёшь
встрéтит	прóсит	говори́т	ведёт	берёт
встрéтим	прóсим	говори́м	ведём	берём
встрéтите	прóсите	говори́те	ведёте	берёте
встрéтят	прóсят	говоря́т	веду́т	беру́т
встрéтить	проси́ть	говори́ть	вести́	брáть
встрéтил	проси́л	говори́л	вёл	брáл
встрéтила	проси́ла	говори́ла	велá	**бралá**
встрéтило	проси́ло	говори́ло	велó	брáло
встрéтили	проси́ли	говори́ли	вели́	брáли
meet	*ask*	*say*	*lead*	*take*

PARTICIPLES AND DEVERBAL ADVERBS

Here is a summary of the suffixes used for these forms. As you can see from the examples, Imperfective verbs have 6 forms and Perfectives (right-hand column) have 3. The past passive participle and the past adverb of Imperfective verbs aren't much used in the modern language; hence the brackets.

	Present	Past
Adverb:	-Я (-А)	-В(ШИ)
Active participle:	-Щ-ИЙ	-ВШ-ИЙ
Passive participle:	-М-ЫЙ	-НН-ЫЙ/-Т-ЫЙ

EXAMPLES: читая   [читав *or* читавши]   прочитав [*or:* прочитавши]
         читающий   читавший   прочитавший
         читаемый   [читанный]   прочитанный

PRESENT ADVERB: SUFFIX -Я (-А after ч щ ш ж)

The suffix is added to the Non-past stem: нес-ут → неся, говор-ят → говоря, держат → держа.
Stress: If non-past S, then stress the stem; if M or E, stress the suffix.
Irregular forms are labelled "*pres. adv.*" in the glossary, e.g.,
    стоять ES -оят *pres. adv.* стоя (You'd expect stress on the suffix with pattern E in the non-past.)

PRESENT ACTIVE PARTICIPLE: SUFFIX -Щ- + adjective endings

The suffix replaces the -т of the 3rd Plur: пишут → пишущий, просят → просящий
The particle -ся does not have the variant -сь after vowels: строиться → строящийся, строящаяся
Unlike ordinary adjectives, active participles have no short forms.
Stress is on the same syllable as in the *3rd Plur.* except:
    if 2nd conj. and non-past M, stress shifts to the vowel before -щ- (просят → просящий).
Irregular forms are labelled "*pres. active ptcpl.*" in the glossary, e.g.,
    любить MS -бят *pres. active ptcpl.* любящий (You'd expect stress on -я-.)

PRESENT PASSIVE PARTICIPLE: SUFFIX -М- + adjective endings

The suffix is identical to the *1st Plur*: читаем → читаемый, рисуем → рисуемый.
This participle is normally formed only from transitive verbs which have a vowel before unstressed -ем.
It may also be formed from 2nd conjugation verbs in -ить (сердить → сердимый), but only in an elevated archaic style. If a particular verb allows an -ить verb participle to be used in normal style, the glossary notes it with the label "*pres. pass. ptcpl.*", e.g.,
    строить SS -оят *pres. pass. ptcpl.* строимый
A few other verbs allow the present passive participle, some of them irregular in form. These verbs have that same stylistic flavor as most -ить verbs. In the glossary they are entered in parentheses as supplementary information with the label "*old-fashioned*", e.g.,
    нести EE -сут; нёс несла несли (*old-fashioned pres. pass. ptcpl.* несомый)

PAST ADVERB: SUFFIX -В(ШИ)

The suffix -в (or, lesser used, -вши) is added to the Past stem: сказать → сказав *or:* сказавши.
With verbs in -ся only the longer variant occurs: видеться → видевшись.
Stress falls on the same syllable as in the Infinitive.
Irregular and variant forms are entered in the glossary with the label "*past adv.*" e.g.,
    увести EE уведут; увёл увела увели; *past adv.* уведя
    растереть ES разотрут; растёр растёрла растёрли; *past adv.* растерев [*or:* растёрши]

PAST ACTIVE PARTICIPLE: SUFFIX -ВШ- + adjective endings

This participle is formed in the same way as the past adverb in -вши: сказать → сказавший.
The particle -ся does not have the variant -сь after vowels: построиться → построившаяся, построившуюся, построившееся, построившиеся, etc.
Unlike ordinary adjectives, active participles have no short forms.
If a verb has a stem change in the past adverb, the past active participle will also have that stem change and nothing will be said about it in the glossary. For example, the following entries imply the participles укравший and испёкший, respectively:
    украсть ES украдут; украл украла украли; *past adv.* укравши
    испечь EE -пекут; -пёк -пекла -пекли; *no pres. adv; past adv.* -пёкши
Irregular forms, including cases where the past adverb and past active participle are formed from different stems, are entered in the glossary with the lablel "*past active ptcpl.*" e.g.,
    увести EE уведут; увёл увела увели; *past adv.* уведя; *past active ptcpl.* уведший
    растереть ES разотрут; растёр растёрла растёрли; *past adv.* растерев [*or:* растёрши]; *past active ptcpl.* растёрший

PAST PASSIVE PARTICIPLE: SUFFIXES -нн- or -т- + adjective endings.

The past passive participle (abbreviated *ppp*) is formed mostly from Perfective verbs that are transitive (i.e., those capable of having an object in the Accusative case). Imperfective verbs derived from Perfective partners by means of a suffix (e.g., перечи́тывать, derived from перечита́ть by means of the suffix -ыва-) lack the *ppp*. The *ppp* from other Imperfective verbs is seldom used.

The suffix -нн- sometimes entails velar alternation (-▼-), sometimes labial/dental alternation (-▶-), and sometimes no alternation of the preceding consonant, depending on the type of verb it is tacked on to. Thus, there are four possible suffixes:

(1) -нн- with verbs in -ать (-ять).   (3) -▼-нн- with consonant-stem verbs.
(2) -▶-нн- with -ить verbs of the 2nd conjugation.   (4) -т- with -нуть verbs (plus some irregulars)

If the stress should shift in a past participle in such a way as to change the stem vowel from -е- to -ё-, this fact will be noted in the glossary by citing the participle with the label "*ppp*", e.g.,

    поверну́ть ES -ну́т *ppp* повёрнутый S

Stress in Short forms is indicated by a capital letter (S, E, or M) after the long form. In most cases, there are rules that govern the stress of short forms (see below), but if an irregular *ppp* is listed in the entry, the stress code is always given, e.g.,

    вби́ть ES вобью́т вбе́й! *ppp* вби́тый S → вбит вбита́ вби́то вби́ты
    распи́ть EM разопью́т распе́й! *ppp* распи́тый M [*or* S] → распи́т распита́ распи́то распи́ты

In Short forms double -нн- is replaced by single -н-: ска́занный S → ска́зан ска́зана ска́зано ска́заны.

(1) -АТЬ (-ЯТЬ) → -АНН- (-ЯНН-)

For verbs in -ать (-ять), replace the infinitive ending -ть with the suffix -нн-ый S.
Stress retracts one syllable from stressed -а́ть (-я́ть): сказа́ть → ска́занный S.
Some irregulars (verbs in -ать/-ять with -н- or -м- in the non-past) have the suffix -т-, e.g.
    заня́ть EM займу́т; за́нял заняла́ за́няли; *ppp* за́нятый M

(2) -ИТЬ → -▶-ЕНН- (-▶-ЁНН-) if second conjugation.

For 2nd conj. verbs in -ить replace -ить with the suffix -▶-енн-ый (-▶-ённ-ый).
Consonant alternation is the same as in the 1st Sg. (Labial and Dental): купи́ть → ку́пленный.
Stress retracts one syllable with non-past pattern M: купи́ть MS → ку́пленный S.
Verbs with non-past pattern E have Short forms with pattern E. Others (S and M) have S in the Short forms:

  E   зарази́ть ES -зя́т   заражённый E   заражён   заражена́   заражено́   заражены́
  S   постро́ить SS -о́ят   постро́енный S   постро́ен   постро́ена   постро́ено   постро́ены
  M   купи́ть MS -пят   ку́пленный S   ку́плен   ку́плена   ку́плено   ку́плены

Some irregulars have т/щ or д/жд alternations instead of т/ч, д/ж: запрети́ть ES -тя́т -щу́; *ppp* запрещённый S

(3) Consonant stems → -▼-ЕНН- (-▼-ЁНН-)

For verbs that have a consonant before the infinitive ending (-сть, -зть, -сти́, -зти́), and also verbs in -чь, add the suffix -▼-енн-ый (-▼-ённ-ый) to the *non-past stem*. (The 3rd Plur. Key form for the non-past is listed right after the stress code in the glossary.)

Consonant alternation is the same as in the four non-past -e- endings of first conjugation verbs (Velar); the only verbs that have velar consonants are those with infinitives in -чь:

    подстри́чь ES -стригу́т -гу́ -жёт → подстри́женный S

The stress pattern is like the past tense, either E or S (consonant stems don't normally have M):

    увести́ EE уведу́т; увёл увела́ → уведённый E
      (= уведён уведена́ уведено́ уведены́)
    вы́грызть SS -зут вы́грызи! -грыз -грызла -грызли → вы́грызенный S
      (= вы́грызен вы́грызена вы́грызено вы́грызены)
    подстри́чь ES -стригу́т -гу́ -жёт; -стри́г -стри́гла -стри́гли → подстри́женный S
      (= -стри́жен -стри́жена -стри́жено -стри́жены)
    испе́чь EE -пеку́т -ку́ -чёт; -пёк -пекла́ -пекли́ → испечённый E
      (= -печён -печена́ -печено́ -печены́)

There are a few exceptional cases, e.g., закля́сть EM -кляну́т *ppp* закля́тый M (with -т- instead of -нн-).

(4) -НУТЬ → -НУТЫЙ

For verbs in -нуть, replace the infinitive ending -ть with the suffix -т-ый S.
Stress retracts one syllable from stressed -ну́ть: согну́ть → со́гнутый S.

FULL VERB PARADIGM

This paradigm contains all the aspect, tense, voice, and deverbal forms of the verb. The conditional mood is not listed, being everywhere identical to the past tense plus the particle бы (читáл бы, читáла бы, etc.).

ACTIVE VOICE and passive participles

ЧИТÁТЬ (Imperfective) — ПРОЧИТÁТЬ (Perfective)

Past	Present	Future	Imperative	Adverb	Active ptcpl.	Passive ptcpl.
читáл	читáю	бýду читáть	читáй	читáя	читáющий	читáемый
читáла	читáешь	бýдешь читáть	читáйте	[читáв[ши]][1]	читáвший	[чи́танный][1]
читáло	читáет	бýдет читáть				
читáли	читáем	бýдем читáть				
	читáете	бýдете читáть				
	читáют	бýдут читáть				
прочитáл	———[2]	прочитáю	прочитáй	———[2]	———[2]	———[2]
прочитáла		прочитáешь	прочитáйте	прочитáв[ши]	прочитáвший	прочи́танный S
прочитáло		прочитáет				прочи́тан
прочитáли		прочитáем				прочи́тана
		прочитáете				прочи́тано
		прочитáют				прочи́таны

PASSIVE VOICE has only the forms listed below and is only Imperfective.

ЧИТÁТЬСЯ 'be read'

читáлся				читáющийся[3]	
читáлась				читáвшийся[3]	
читáлось	читáется	бýдет читáться			
читáлись	читáются	бýдут читáться			

FOOTNOTES TO THE FULL PARADIGM
1. [читáв[ши]], [чи́танный] The past adverb and ppp of Imperfective verbs are not much used in the modern language.
2. ——— Perfective verbs lack the present tense, present adverb, and present participles.
3. читáющийся, читáвшийся These forms are passive by virtue of the particle -ся; their suffixes (-щ- and -вш-) are like those of active participles. The form читáющийся is virtually synonymous with the present passive participle читáемый '(which is) being read.'

VERB TYPES THAT LACK A FULL PARADIGM are listed below.

1. REFLEXIVE VERBS lack passive forms.
ЧИТÁТЬСЯ 'be legible'
Reflexive verbs are those with -ся/-сь that have meanings other than passive, e.g., читáться in the meaning 'be legible', (по)старáться 'try', мы́ться 'wash (oneself)', etc. Such verbs have all of the forms listed above for active voice, except for passive participles (which are lacking for all intransitive verbs).

2. IMPERSONAL VERBS have only these forms: infinitive, 3rd Person Singular non-past, Neuter past. Some have -ся and mean 'feel like', e.g., Мне не читáется 'I don't feel like reading'. Many of those without -ся have to do with weather and natural phenomena, e.g., Мороси́ло 'It was drizzling'.
ЧИТÁТЬСЯ 'feel like reading': читáлось, читáется

3. FREQUENTATIVE VERBS are used mostly in the past tense and are all Imperfective.
ЧИ́ТЫВАТЬ 'read repeatedly, from time to time': чи́тывал, чи́тывала, чи́тывало, чи́тывали 'used to read'

4. SOME VERBS LACK ASPECT PARTNERS
A number of Imperfective verbs lack Perfective partners (e.g., рабóтать *Impf*: work). The converse is also true, especially for action-type Perfectives (e.g., порисовáть *Pf*: draw a little). Some verbs serve both functions (e.g., колонизовáть 'colonize') and are labelled "*Pf.-Impf.*" in the Glossary. True partners (those which are identical in meaning) are listed in parentheses like this: "перечитáть *Pf.* (*Impf.* перечи́тывать): reread"; most true partners are related by virtue of an imperfectivizing suffix, e.g., -ыва-, -ай-, -вай-. False partners (those which have a slight difference in meaning or a different range of meanings) are listed with the abbreviation *cf.*: "прочитáть *Pf.* (*cf. Impf.* читáть): read"; most false partners are related by virtue of one having a prefix, the other not.